국내최초의 한문 주석본

풍몽룡의 동주열국지

풍몽룡의 동주열국지

국내 최초의 한문 주석본

2

진문시대

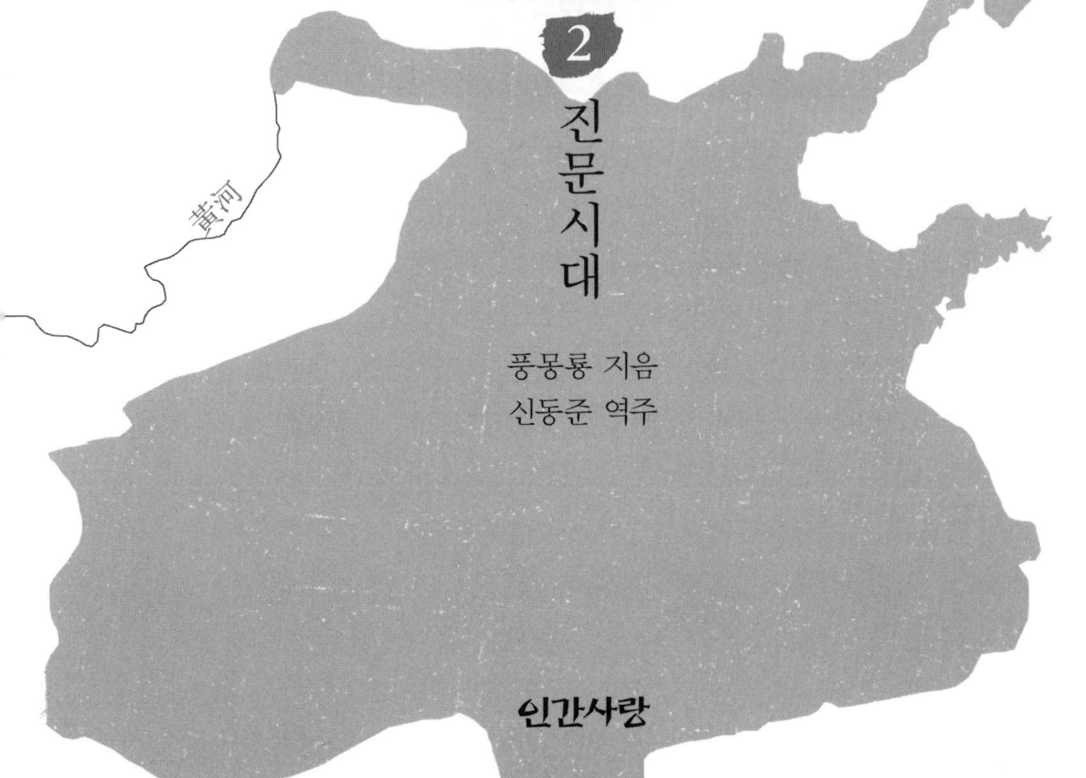

풍몽룡 지음

신동준 역주

인간사랑

●표시는 독자의 이해를 돕기 위해 진문시대 제후국의 위치와 현재 지명을 같이 표기했다.

차 례

제2부 진문시대晉文時代

제44회

일러두기

1. 본서는 지난 1973년 인민문학출판사人民文學出版社에서 출간한 『동주열국지東周列國志』 상하 2권을 저본으로 하여 완역한 것이다. 이밖에도 지난 2005년 중국의 악록서사岳麓書社에서 출간한 『동주열국지』 도문본圖文本과 지난 1974년 대만의 문원서국文源書局에서 출간한 『동주열국지』 등을 참고했다. 국내 번역본으로는 김구용과 최이산 및 김영문 번역본을 주로 참고했다.

2. 『열국지』는 여타 『삼국연의』와 마찬가지로 장회소설章回小說 형식으로 편제돼 있다. 모두 108회回이다. 1회는 2개 이야기로 구성돼 있다. 제목 자체가 2개로 구성돼 있는 이유다. 본서 역시 원문과 마찬가지로 2개의 단락으로 나누면서 따로 제목을 붙였다. 기존의 국내 번역본들처럼 각 회回의 제목은 따로 붙이지 않은 것이다. 원문에 충실한 번역을 의도한 결과다.

3. 인명과 지명 모두 우리 한자음을 기준으로 했다. 처음 나오는 경우만 한자를 병기하는 것으로 했다. 다만 단락이 자주 바뀌면서 혼동될 우려가 있을 때는 재차 병기했다. 통상적인 음과 다르게 발음될 때는 각주에서 그 배경을 자세히 설명해 놓았다.

4. 중국의 지명은 수천 년 동안 그대로 이어지고 있는 경우가 매우 많다. 이는 원래의 지명대로 표기했고, 지명이 바뀐 경우는 본문에 해설 형식으로 덧붙여 놓았다. 또한 독자들의 이해를 돕기 위해 원문에 나오는 연호에 기원전 몇 년 등의 서력기원을 덧붙여 『열국지』의 사서史書로서의 의미를 부각시켰다.

5. 『열국지』에는 수많은 성어와 격언, 속담 등이 등장한다. 원문과 각주에 그 의미를 상세히 풀이해 놓았다. 4자성어가 그렇듯이 한문구절로 암기할 경우 오래 기억되는 점을 감안해 번역문 곁에 원문에 나오는 한문도 덧붙여 놓았다. 독자들의 이해에 도움을 주고자 한 것이다.

6. 『열국지』가 다루는 시대는 무려 550년에 달한다. 내용도 복잡하고 등장인물도 매우 많다. 더욱 헷갈리는 것은 시대구분이다. 본서는 기존의 춘추전국시대 구분법과 달리 춘추시대와 전국시대를 잇는 '춘추전국지제春秋戰國之際' 즉 오월시대의 존재를 인정해 크게 3분했다. 이어 다시 춘추시대를 최초로 패업을 이룬 제환공齊桓公의 시대와 두 번째로 패업을 이룬 진문공晉文公의 시대 및 진문공 사후 중원의 진晉나라와 남방의 강국 초楚나라가 천하의 패권을 놓고 다투는 진초晉楚시대로 3분했다. 통상적인 춘추전국시대를 모두 5개의 시대로 세분한 셈이다. 이는 당시 천하의 패권을 장악한 나라를 중심으로 한 구분으로 필자가 처음으로 시도한 것이기도 하다. 이런 분류가 독자들로 하여금 춘추전국시대를 일목요연하게 파악하는 데 나름 도움이 될 것으로 본다.

제2부 진문시대晉文時代

제25회

49話 지혜로운 순식이 가도멸괵을 행하다
– 지순식가도멸괵智荀息假道滅虢

진헌공은 안으론 여희驪姬에게 혹하고, 밖으론 양오와 동관오 등 이오二五에게 미혹되어 태자 신생申生을 더욱 멀리하며 여희 소생의 해제奚齊를 총애했다.

태자 신생은 조심하여 부친의 명을 받들었다. 부친에게 효순한데다 여러 번 군사를 이끌고 가 전공을 세웠다. 여희가 진헌공과 신생을 이간질할 틈을 찾지 못한 이유다.

하루는 여희가 배우 시施를 소집해 속셈을 털어놓았다.

"장차 태자 신생을 폐하고 해제를 태자로 세우고자 하는데, 어떤 계책을 쓰는 게 좋겠소?"

배우 시가 대답했다.

"신생과 중이重耳 및 이오夷吾 등 세 공자가 모두 먼 곳에 있으니 누가 감히 부인이 하고자 하는 일을 가로막겠습니까?"

여희가 말했다.

"세 공자 모두 강장強壯하오. 세상일을 많이 겪어 경험이 풍부한데다 조정 내에도 그들의 당여黨與가 많소. 내가 감히 손을 쓰지 못하는 이유요."

배우 시가 말했다.

"그러면 한 사람씩 제거하십시오."

여희가 물었다.

"누구를 먼저 없애야 하오?"

배우 시가 대답했다.

"신생부터 제거해야 합니다. 그는 성품이 인자하고 정결합니다. 성품이 정결한 사람은 작은 수치에도 크게 부끄러워합니다. 또 인자한 사람일수록 남을 해치는 일을 꺼립니다. 작은 수치를 부끄러워하는 사람은 분한 일을 당하면 참지 못하고, 남을 해치는 일을 꺼리는 사람은 무함을 당하면 스스로를 해치기 십상입니다. 지금 비록 주공을 배알하는 태자의 발걸음이 뜸해졌다고는 하나 주공은 평소 신생의 사람됨을 알고 있어 특이한 계교로 태자를 비방할지라도 쉽게 믿지 않을 것입니다. 부인은 한밤에 주공에게 읍소泣訴하십시오. 태자의 좋은 면을 칭찬하다가 낌새를 봐 헐뜯는다면 주공도 거의 믿게 될 것입니다."

여희가 배우 시의 말을 좇았다. 한밤에 일어나 흐느껴 울기 시작했다. 진헌공은 크게 놀라 우는 까닭을 물었다. 거듭 물어도 여희는 울기만 했다. 진헌공이 약간 언성을 높이자 여희가 대답했다.

"첩이 비록 말을 해도 군후는 필시 믿지 않을 것입니다. 첩이 우는 까닭은 다름이 아니라 오랜 동안 주공을 모시며 기쁘게 해드리지 못할 것 같은 생각이 들기 때문입니다."

진헌공이 물었다.

"어째서 그런 상서롭지 못한 말을 하는가?"

여희가 눈물을 거두며 말했다.

"첩이 듣건대, 신생은 성품이 밖으론 인자하고 안으론 참을성이 많다고 합니다. 그는 곡옥曲沃 땅에 있으면서 백성들에게 많은 은혜를 베풀어 백성들이 그를 위해서라면 죽는 것도 사양치 않을 것이라고 합니다. 아마도 신생은 나중에 그 백성들을 쓸 데가 있어서 그럴 것입니다. 그는 매양 사람들에게 말하기를, '주공이 첩에 빠져 있으니 반드시 나라가 어지러워질 것이다.'라고 한답니다. 온 조정이 이를 알고 있는데 주공만 모르고 있는 것입니까? 주공이 모른다면 이는 나라를 평안케 하는 노릇이 아닐뿐더러 그 재앙이 결국 주공에게 미칠 것입니다. 주공은 어째서 소첩을 죽여서라도 신생에게 잘못했다고 사과하지 않는 것입니까? 그래야만 신생의 그런 생각을 미연에 막을 수 있습니다. 보잘것없는 소첩 때문에 앞으로 백성들을 혼란에 빠뜨리는 일이 있어서는 안 될 것입니다."

진헌공이 말했다.

"신생이 백성에게도 인자한데 어찌 아비에게 불인不仁하겠는가?"

여희가 말했다.

"첩도 처음엔 그 점을 의아하게 생각했습니다. 하지만 밖사람들의 말에 따르면 신생은 늘 말하고 다니기를, '필부가 행하는 인仁과 윗사람이 행하는 인은 같지 않다. 필부는 부모를 사랑하는 애친愛親을 인으로 삼지만 윗사람은 나라를 이롭게 하는 이국利國을 인으로 삼는다. 실로 나라에 이로우면 어찌 어버이를 돌보겠는가?'라고 한다는 것입니다."

진헌공이 말했다.

"그는 결백한 걸 좋아하오. 어찌 불효의 오명을 듣는 것을 두려워하지 않겠는가?"

여희가 대답했다.

"옛날 주유왕은 태자 의구宜臼를 죽이지 않고 신나라로 추방한 탓에 나중에 신후申侯가 견융을 끌어들여 주유왕을 여산 아래서 죽이고 의구를 옹립했습니다. 그가 바로 주평왕으로 동주東周의 시조입니다. 오늘날에도 주유왕의 악명은 더욱 높아지고 있지만 부왕을 죽게 만들었다는 이유를 들어 주평왕을 비판하는 사람은 없습니다."

이 말을 듣자 진헌공은 마음이 오싹해지는 송연悚然한 모습을 보였다. 곧 벌떡 일어나 옷을 입고 말했다.

"부인 말이 옳소. 어찌해야 좋겠소?"

여희가 대답했다.

"주공은 늙었다는 구실을 대고 나라를 신생에게 내주십시오. 신생이 나라를 얻으면 그의 욕심은 채워질 것입니다. 그리되면 주공에게 관용을 베풀지도 모릅니다. 옛날 주공의 선군인 곡옥무공曲沃武公이 지금의 진晉나라인 익翼나라를 겸병한 것도 골육 간에 벌어진 일이 아닙니까? 곡옥무공은 익나라의 소자후小子侯를 죽인 덕분에 통일된 진나라를 이룩할 수 있었습니다. 신생의 뜻도 이와 같을 것입니다. 주공은 차라리 신생에게 속히 나라를 넘겨주는 게 가장 좋을까 합니다."

진헌공이 화를 냈다.

"불가하오. 나는 무력과 위엄을 갖고 있소. 덕분에 제후들에게 임할 수 있었소. 지금 내가 보위에 있으면서 나라가 없다면 무武가 있다고 말할 수 없고, 자식을 이기지 못하면 위威가 있다고 말할 수 없소. 무릇 '무'와 '위'를 잃으면 남이 나를 제압하는 법이오. 비록 살아 있다 한들 죽는 것만도 못하오. 그대는 근심치 마시오. 내가 곧 처리하겠소."

여희가 말했다.

"근래 적적족赤狄族인 고락씨皐落氏가 우리나라 변경을 여러 차례 침공한 적이 있습니다. 주공은 왜 신생으로 하여금 저들을 치게 하지 않는 것입니까? 그리하면 신생이 용병을 얼마나 잘하는지 여부를 알 수 있을 것입니다. 만일 싸워서 지면 그를 벌할 명분이 생깁니다. 또 싸워서 이기면 그는 민중을 얻은 셈이어서 틀림없이 자신의 공로와 실력을 믿고 딴 뜻을 품을 것입니다. 그가 딴 뜻을 품고 있다는 사실을 밝혀 처벌하면 백성들도 반드시 승복할 것입니다. 어느 경우든 신생이 적을 무찔러 이기면 변경을 평안케 할 수 있을 뿐만 아니라 태자의 능력도 판단할 수 있습니다. 그런데도 주공은 왜 신생으로 하여금 저들과 싸우도록 하지 않는 것입니까?"

진헌공이 말했다.

"좋소."

이튿날 진헌공이 즉시 신생에게 명해 곡옥의 무리를 이끌고 고락씨를 토벌토록 했다. 소부少傅인 이극里克이 간했다.

"태자는 바로 군주의 다음 분입니다. 군주가 행차할 때 태자가 나라를 대신 보살피는 감국監國의 역할을 수행하고, 조석으로 수랏상을 살피고 문안하는 이유입니다. 지금 태자를 먼 곳에 가 있도록 한 것도 옳지 못한데, 하물며 군사를 이끌고 싸움에 나가게 해서야 되겠습니까?"

진헌공이 대답했다.

"신생은 이미 누차 군사를 이끌고 출정한 적이 있소."

이극이 말했다.

"그때는 주공을 따라 출정한 것입니다. 하지만 이제 태자로 하여금 용병을 임의로 하도록 맡기는 이른바 전제專制를 허용하는 것은 옳지 못합니다."

진헌공은 얼굴을 위로 쳐들면서 딴전을 부렸다.

"과인에게 아들이 9명이나 있소. 아직 누구를 태자로 삼을지 결정하지 못했소. 경은 여러 말 하지 마시오."

이극이 더 이상 간하지 못하고 궁에서 물러나온 뒤 대부 호돌狐突에게 이 사실을 말했다.

호돌이 탄식했다.

"장차 태자의 신변이 위험해지겠다!"

호돌이 곧 신생에게 서신을 보내 그 싸움에 나가지 말 것을 권했다.

'싸워서 이기면 더욱 시기를 받을 터이니 차라리 나라 밖으로 달아나느니만 못합니다.'

태자 신생은 호돌의 서신을 받고 탄식했다.

"부친이 나에게 군사를 이끌고 싸우러 가라고 한 것은 나를 미워하는 동시에 내 속셈을 떠보자는 것이다. 그러나 군부의 명을 어기면 그 죄는 더욱 커질 것이다. 차라리 전쟁에 나가 싸우다 죽으면 오히려 내 명성은 남을 것이다."

신생은 마침내 군사를 이끌고 가 지금의 산서성 문희현 소재의 직稷과 산서성 임의현 부근의 상桑 땅에서 고락씨의 군사와 크게 싸웠다. 고락씨가 대패해 달아났다. 신생이 사람을 진헌공에게 보내 승첩勝捷을 고했다. 여희가 진헌공에게 말했다.

"태자는 과연 용병에 능하니, 앞으로 어찌할 생각입니까?"

진헌공이 말했다.

"그의 죄상이 드러나지 않았으니 기다릴 수밖에 없소."

호돌은 앞으로 진나라가 큰 혼란에 빠질 것을 예감했다. 곧 중병에 걸렸다는 핑계를 대고 이내 문은 닫은 채 바깥출입을 금하는 이른바 두문불출杜門不出을 행했다.

당시 진나라 주변에는 우虞와 괵虢이라는 소국이 있었다. 두 나라 모두 주왕실과 성이 같은 희씨姬氏의 나라로, 마치 입술과 이빨처럼 서로 의지하는 순치상의脣齒相依의 모습을 하고 있었다. 진나라는 이들 두 나라와 경계를 같이하고 있었다.

괵공虢公의 이름은 추醜였다. 성품이 교만하고 싸움을 좋아했다. 가끔 진나라 남쪽 변경을 침공했다. 남쪽 변경의 관원이 진헌공에게 급보를 올렸다. 진헌공은 직접 나서 괵나라를 치고자 했다. 여희가 청했다.

"이번에는 왜 신생을 보내려하지 않는 것입니까? 그의 위명威名은 이미 널리 알려졌고 용병에도 능하니 틀림없이 성공할 것입니다."

그러나 진헌공은 여희의 말이 깊이 뇌리에 박힌 까닭에 신생이 싸움에 나가 괵나라마저 이길 경우 그를 제압하기 어렵다고 생각해 주저했다. 이내 대부 순식荀息에게 물었다.

"괵나라를 쳐도 되겠소?"

순식이 대답했다.

"우나라와 괵나라는 서로 친합니다. 우리가 괵나라을 치면 우나라는 틀림없이 괵나라를 도울 것입니다. 군사를 옮겨 우나라를 치면 이번엔 괵나라가 틀림없이 우나라를 도울 것입니다. 신은 두 적을 동시에 상대해 이긴 경우를 본 적이 없습니다."

진헌공이 다시 물었다.

"그렇다면 괵나라를 도무지 어찌할 수 없다는 말이오?"

순식이 대답했다.

"신이 듣건대, 괵공은 여색을 크게 좋아한다고 합니다. 주공은 나라 안의 미녀를 뽑아 춤과 노래를 가르친 뒤 화려한 옷을 입히고 잘 꾸민 수레에 태워 괵공에게 보낸 뒤 비루한 말로 화평을 구걸하는 모습을 보이십시오. 괵공은 틀림없이 기뻐할 것이고, 여색에 빠져 나라 일을 제대로 돌보지 않을 것이며, 마침내 충성스런 신하들을 꺼리며 멀리할 것입니다. 그때 우리는 다시 뇌물을 견융犬戎에게 보내 괵나라를 침공토록 사주한 뒤 이들이 싸우는 틈을 타 일을 도모하면 가히 괵나라를 멸망시킬 수 있을 것입니다."

진헌공이 이를 좇았다. 이내 진나라에서 가장 아름다운 여인을 뽑아 괵공에게 보냈다. 괵공은 미녀를 받아들이려 했다. 대부 주지교舟之僑가 간했다.

"이는 진나라가 우리나라를 낚으려는 수작입니다. 주공은 어째서 그 미끼를 삼키려는 것입니까?"

괵공은 듣지 않고 마침내 진나라의 화평제의를 수락했다. 이후 괵공은 낮이면 음탕한 음악을 즐기고, 밤이면 미녀와 붙어 지냈다. 다른 일에 정신을 쓸 겨를이 없었다. 조회를 열어 국정 보고를 받는 일이 점차 드물어졌다.

대부 주지교가 다시 간했다. 대로한 괵공이 주지교를 멀리 떨어진 지금의 산서성 평륙현 북쪽의 하양관下陽關으로 보내 그곳을 지키게 했다.

얼마 후 진나라의 뇌물을 받아먹은 견융은 괵나라 경계를 침공했다. 견융의 군사는 위예渭汭 땅에서 패퇴했다. 분노한 견융의 군주가 국력을 기울이다시피 해 다시 군사를 일으켰다. 첫 전투의 승리에 고무된 괵공은 군사를 이끌고 가 견융에 대항했다. 두 나라 군사는 지금의 하남성 영보현 북쪽의 상전桑田에서 대치했다.

형세가 이리 되자 진헌공이 다시 순식에게 물었다.

"괵나라와 견융이 대치하고 있으니 괵을 쳐도 좋겠소?"

순식이 말했다.

"우나라와 괵나라의 밀접한 교섭이 아직 떨어지지 않고 있습니다. 신에게 한 가지 계책이 있습니다. 오늘 괵나라를 취하고 이튿날 우나라를 취하는 계책에 해당합니다."

진헌공이 물었다.

"경의 계책이 어떤 것이오."

순식이 대답했다.

"먼저 우나라에 후한 뇌물을 제공해 괵나라로 가는 길을 빌리십시오. 괵나라를 친 뒤 다시 곧바로 돌아와 우나라마저 치는 이른바 가도벌괵假道伐虢[1]의 계책이 그것입니다."

진헌공이 물었다.

"우리가 새로이 괵나라와 강화했는데 괵나라를 정벌할 명분이 없소. 게다가 우나라가 우리를 믿을지도 의문이오."

순식이 대답했다.

"주상은 은밀히 남비南鄙[2]를 지키는 관원으로 하여금 괵나라 경계를 쳐들어가게 하십시오. 그러면 괵나라 변경 관원이 반드시 우리나라에 항의할 것입니다. 우리는 이를 구실로 삼으면 됩니다. 그런 뒤 우나라에 길을 빌려달라는 청을 넣으면 됩니다."

진헌공이 그 계책을 썼다. 괵나라의 변경 관원은 과연 진晉나라에 와서 우호조약 위반을 따졌다. 양쪽이 말다툼을 하다가 마침내 군사를 동원해 서로 공격했다. 괵공은 견융의 공격에 대비하고 있는 까닭에 이 실랑이에 참견할 겨를이 없었다.

진헌공이 순식에게 말했다.

"이제 괵나라를 치더라도 명분이 서지 않을까 걱정할 필요는 없을 듯하오. 다만 우나라에 줄 뇌물을 무엇으로 해야 할지 잘 모르겠소."

순식이 대답했다.

"우공은 성품이 탐욕스럽습니다. 지보至寶가 아니면 그의 마음을 움직일 수 없습니다. 무릇 2가지 보물을 보내야 하는데 주공이 그것을 내놓을

1 『열국지』에는 가도벌괵假道伐虢으로 표현돼 있으나 『춘추좌전』 「노희공 2년」조에 처음으로 나오는 가도멸괵假道滅虢 표현이 더 널리 알려져 있다.

2 이 대목의 원문은 북쪽 변경을 뜻하는 북비北鄙이다. 당시 괵나라는 진晉나라의 남쪽에 있었다. 남비南鄙의 착오이다. 번역문은 '북비'를 '남비'로 바꿔 놓았다.

지 걱정입니다."

진헌공이 말했다.

"경은 그게 뭔지 말해 보시오."

순식이 대답했다.

"우공이 가장 갖고 싶어 하는 것은 좋은 옥구슬과 천리마입니다. 주공은 수극垂棘 땅에서 캐낸 백벽白璧과 굴산屈產 땅에서 생산된 명마를 갖고 있지 않습니까? 그 두 가지 보물을 주고 길을 빌려달라고 말하면 그는 백벽과 명마를 탐내 우리 계책에 말려들 것입니다."

진헌공이 말했다.

"그 두 가지 물건은 나의 지극한 보물이오. 어찌 남에게 내줄 수 있겠소?"

순식이 말했다.

"신도 주공이 허락하지 않을 줄 알았습니다. 우리가 우나라의 길을 빌려 괵나라를 치면 괵나라는 우나라의 원조가 없는 까닭에 틀림없이 망할 것입니다. 괵나라가 망하면 우나라가 홀로 버틸 수 없습니다. 그 경우 백옥과 명마가 어디로 가겠습니까? 백벽은 밖 창고인 외부外府에 보관하고, 명마는 밖 외양간인 외구外廐에 맡겨 둔 것에 불과합니다. 이 또한 잠시 동안 그리하는 것일 뿐입니다."

대부 이극이 말했다.

"우나라에는 2명의 현신이 있습니다. 궁지기宮之奇와 백리해百里奚가 그들입니다. 모두 현명하게 일을 처리하는 것으로 소문이 나 있습니다. 이들이 틀림없이 간하고 막을 터인데 그땐 어찌할 것입니까?"

순식이 대답했다.

"우공은 욕심만 많은데다 어리석은 자입니다. 비록 두 현신이 간할지라도 듣지 않을 것입니다."

진헌공이 즉시 수극의 백벽과 굴산 땅의 명마를 순식에게 내주면서 우나라 길을 빌리도록 했다.

우공은 처음에 진나라 사자가 와 길을 빌려달라고 할 것이라는 소문을 듣고는 괵나라를 치려는 속셈인 것을 알고 내심 크게 화를 냈다. 그러나 급기야 백벽과 명마를 보자 자신도 모르는 사이에 기쁨이 용솟음쳤다. 손으로 백벽을 만지고 눈으로 명마를 바라보며 순식에게 물었다.

"이것은 그대 나라의 지극한 보배로 천하에 둘도 없는 희귀한 것인데 어째서 은혜롭게도 과인에게 주려는 것이오?"

순식이 대답했다.

"과군은 군후의 현명함을 사모하고 군주의 강성함을 두려워합니다. 감히 이런 보물을 간직할 수 없다며 기꺼이 대국에 바치는 것입니다."

우공이 말했다.

"비록 그렇다 할지라도 틀림없이 과인에게 하고 싶은 말이 있을 것이오."

순식이 대답했다.

"괵나라가 번번이 우리 남쪽 변경을 침공해 왔습니다. 과군은 종묘사직을 보전하기 위해 괵나라에 강화를 청했습니다. 하지만 괵나라는 화평의 서약이 채 식기도 전에 날마다 우리를 책망하며 침공하고 있습니다. 과군이 대국의 길을 빌려 괵나라의 죄를 문책하려는 이유입니다. 다행히 괵나라를 이기면 노획물은 모두 군후 차지가 될 것입니다. 과군은 군후와 더불어 우호동맹을 맺고 대대로 돈독히 지내길 원할 뿐입니다."

우공이 크게 기뻐했다.

궁지기가 간했다.

"주공은 그 요청을 허락하지 마십시오. 예로부터 입술이 망하면 이가 시리다는 뜻의 순망치한脣亡齒寒 속담이 있습니다. 진나라는 동성同姓의 나라를 대상으로 씹어 삼킨 게 한두 나라가 아닙니다. 지금까지 진나라가 우리 우나라와 괵나라를 감히 침범하지 못하는 것은 우리 두 나라가 순치脣齒의 관계를 맺고 입술이 이를 보호하듯 서로 돕고 있기 때문입니다. 괵나라가 망하면 틀림없이 바로 이튿날 그 재앙이 우리 우나라에도 닥칠 것입니다."

우공이 말했다.

"진나라 군주가 귀중한 보물을 아끼지 않고 보내 과인과 교환交歡하기를 청하는데 과인이 어찌 대단치도 않은 길을 아낀단 말인오? 더구나 진나라는 괵나라보다 10배나 강하오. 괵나라를 잃고 진나라를 얻는 것이 어째서 우리에게 불리하단 말이오? 그대는 물러간 뒤 과인이 하는 일에 참견하지 마시오."

궁지기가 다시 간하려고 하자 백리해가 그의 소매를 당겼다. 밖으로 나가자 궁지기가 백리해에게 물었다.

"그대는 나를 도와 한마디라도 하기는커녕 오히려 나를 말리니 이는 무슨 까닭이오?"

백리해가 대답했다.

"내가 듣건대, 어리석은 사람에게 옳은 말을 하는 것은 마치 주옥珠玉을 길에다 버리는 것과 같다고 했소. 옛날 하나라 걸桀이 관용봉關龍逢을 죽이고, 은나라 주紂가 비간比干을 죽인 것도 그들이 너무 심하게 간하는 이른바 강간强諫을 했기 때문이오. 그대도 '강간'을 계속하다가는 목숨이 위험해지오."

궁지기가 탄식했다.

"그러면 우나라는 틀림없이 망하고 말 것이오. 내가 어찌 그대와 함께 우나라를 떠나지 않을 수 있겠소?"

백리해가 말했다.

"그대가 떠나는 것은 괜찮소. 그러나 나까지 떠나면 그대의 나라를 등진 죄가 더욱 무거워질 것이오. 나는 차라리 서서히 떠날 생각이오."

그날 밤, 궁지기가 집안 식구들 모두 이끌고 어디론지 떠났다. 그는 자신이 가는 곳을 아무에게도 가는 곳을 말하지 않았다.

당시 순식은 본국으로 돌아와 곧바로 진헌공에게 보고했다.

"우공이 백벽과 명마를 받고 길을 빌려 주기로 허락했습니다."

진헌공이 직접 군사를 이끌고 가 괵나라를 치려고 했다. 이극이 입궁해 말했다.

"괵나라를 멸망시키는 것은 쉬운 일입니다. 번거롭게 직접 가지 않아도 됩니다."

진헌공이 물었다.

"괵나라를 멸하는 데 어떤 계책이라도 갖고 있소?"

이극이 대답했다.

"괵나라는 상양上陽에 도읍하고 있습니다. 도성으로 가는 문호가 하양下陽입니다. 하양관下陽關만 격파하면 괵나라는 온전할 수 없습니다. 신이 비록 재주는 없으나 미로微勞나마 다해 괵나라를 치겠습니다. 성공 못하면 그 죄를 달게 받겠습니다."

진헌공이 이를 좇아 이극을 대장, 순식을 부장으로 삼았다. 이극과 순식이 병거 400승을 이끌고 괵나라를 치러갔다. 출병 직전 한 번 더 우나라로 사자를 보내 진나라 군사가 당도하는 날짜를 알렸다. 우나라에 당도하자 우공이 순식에게 말했다.

"과인이 귀국의 소중한 보물을 받았으니 그 보답을 하고 싶소. 과인이 군대를 이끌고 귀국을 돕겠소."

순식이 대답했다.

"군후가 군사를 일으켜 우리를 돕는 것보다 하양관을 우리에게 바치는 게 나을 것입니다."

지혜로운 순식이 가도멸괵을 행하다

우공이 의아해했다.

"하양관은 괵나라 땅이오. 과인이 어떻게 남의 땅을 줄 수 있겠소?"

순식이 말했다.

"신이 듣건대, 괵공은 지금 견융과 상전桑田 땅에서 싸우는 중인데 아직 승부가 나지 않았다고 합니다. 군후는 괵군을 돕는다는 핑계로 괵나라에 병거를 보내면서 그 병거 안에 진나라 병사를 태워주십시오. 그러면 하양관을 쉽게 얻을 수 있습니다. 신에게 얇은 철판으로 병거를 감싼 철엽거鐵葉車 100승이 있습니다. 군주는 그 철엽거도 함께 쓰십시오."

우공이 이를 좇았다. 하양관의 수장守將은 주지교舟之僑였다. 그는 우나라 병거가 구원 차 왔다는 말을 곧이듣고 관문을 순순히 열어 주었다. 관문 안으로 병거가 열을 지어 들어갔다. 그 병거 속엔 진나라 갑병甲兵이 가득 들어 있었다. 진나라 군대는 관문을 완전히 들어간 뒤 일제히 병거에서 뛰어내렸다. 크게 놀란 주지교는 황급히 관문을 닫으려 했으나 때는 이미 늦었다.

이들을 뒤쫓아온 이극이 군사를 휘몰아 곧바로 하양관 안으로 진입했다. 하양관을 잃은 주지교는 괵공에게 처벌을 당할까 두려운 나머지 군사를 이끌고 진나라에 투항했다. 이극은 주지교를 향도嚮導로 삼아 도읍인 상양을 향해 나아갔다.

당시 괵공은 상전 땅에 있다가 진나라 군사가 하양관을 함락시켰다는 보고를 받고 급히 회군했다. 견융은 그 뒤를 사정없이 엄습했다. 괵공은 크게 패해 달아났다. 한숨을 돌린 괵공이 자신을 따르는 병거를 헤아려보니 간신히 수십 승에 불과했다.

괵공은 상양에 돌아가 성을 굳게 닫고 지키기만 했다. 그가 거느린 병력으로는 도성을 지키는 게 고작일 뿐이다. 적군을 물리치기에는 병력이 턱없이 부족했다. 그는 망연자실할 뿐이었다.

진나라 군사는 도성 밑에 이르러 포위망을 구축했다. 도성 안팎의 연락이 끊어졌다. 진나라 군사는 8월에 포위했는데 12월이 되어도 포위를 풀지 않았다. 상양 성안은 양식과 땔감이 모두 떨어졌다. 괵공은 포위망을 뚫으려고 누차 싸웠으나 번번이 실패했다.

병사들은 지쳐 쓰러지고 백성들은 밤낮없이 울부짖었다. 주지교는 이극의 명을 받고 쪽지를 쓴 뒤 화살에 끼워 성안으로 쏘아 보냈다. 괵공에게 항복을 권하는 내용이었다.

괵공이 말했다.

"우리 선군은 천자의 경사卿士가 되어 제후들을 부려왔다. 과인이 한낱 제후에 불과한 진후晉侯에게 항복할 수는 없다."

그는 야음을 틈타 가솔과 함께 성문을 열고 도성을 빠져나가 경사京師

인 낙양으로 달아났다. 이극은 이들을 뒤쫓지 않았다.

상양 성안의 백성들은 향화香火와 등촉燈燭을 밝히고 입성하는 진나라 군사를 영접했다. 이극은 흩어진 백성들이 모여들도록 조치하고 추호도 노략질을 하지 않았다. 이어 군사를 반으로 나눠 절반의 군사를 괵나라 도성을 수비하기 위해 잔류시켰다.

이극은 괵나라 부고에 있는 보물을 모두 끌어내 싣고 왔다. 보물 10분의 3과 괵나라의 궁녀를 우공에게 바쳤다. 우공이 크게 기뻐했다.

이극은 사자를 진헌공에게 보내 승첩을 고한 뒤 병을 핑계로 우나라 도성 밖에 주둔한 채 휴식을 취했다.

그가 병사들에게 말했다.

"병이 나으면 곧바로 회군하겠다."

우공이 수시로 이극에게 음식과 탕약을 보내며 안부를 물었다. 그런지 1달이 지났다. 하루는 첩자가 우공에게 말했다.

"지금 진후晉侯가 군사를 이끌고 우리나라 교외에 와 있습니다."

우공이 사람을 보내 그 까닭을 알아오게 했다. 그 사람이 돌아와 보고했다.

"괵나라를 치러간 이극이 성공하지 못했는지 걱정되어 직접 접응하러 왔다고 합니다."

우공이 말했다.

"그러지 않아도 과인이 직접 진후와 만나 서로 우호를 다질 생각이었다. 마침 진후가 직접 왔으니 이는 과인이 바라던 바다."

우공이 황망히 교외로 나가 진헌공을 영접했다. 진헌공과 우공이 서로 손을 잡고 사례했다. 진헌공이 우공에게 함께 기산箕山에서 사냥 솜씨를 겨뤄볼 것을 제의했다. 우공이 자신의 사냥 솜씨를 자랑할 요량으로 흔쾌히 수락했다. 곧 성안의 갑병과 견고한 수레 및 좋은 말을 모두 기산으로 출동시켰다. 우공은 사냥 시합에 이겨야겠다는 생각에 진헌공과 함께 말을 달리며 사냥하는 데에만 골몰했다.

오전 7시인 진시辰時에 시작한 사냥이 오후 3시인 신시申時가 되어도 끝나지 않았다. 이때 문득 궁인 한 사람이 달려와 성안에 불이 났다고 보고했다. 진헌공이 우공에게 말했다.

"이는 필시 민가에서 부주의로 낸 불일 것이니 아마도 쉽게 끌 수 있을 것입니다. 청컨대 몰이사냥을 한 번만 더 합시다."

대부 백리해가 가만히 우공에게 말했다.

"들리는 말에 따르면 성안에서 난리가 났다고 합니다. 이곳에 더 머무를 여가가 없습니다."

우공이 진헌공에게 작별을 고하고 먼저 도성으로 회군했다. 반쯤 갔을 때 백성들이 떼를 지어 오고 있었다. 피난 가는 백성들이 우공을 보자 말했다.

"성지城池는 이미 빈틈을 노리고 쳐들어온 진나라 군사에 의해 점령됐습니다."

우공이 화를 내며 큰 소리로 장수들에게 명했다.

"속히 병거를 몰아 진격하라!"

우공이 성 가까이 당도해 보니 성루에 한 장수가 난간을 의지하고 서 있었다. 투구와 갑옷이 선명하고 위풍이 늠름했다. 그 장수가 성 밑을 굽어보며 우공에게 말했다.

"지난번 군후가 우리에게 길을 빌려주고, 이번에 다시 우리에게 나라까지 빌려주니 삼가 그 은혜에 감사드립니다."

다름 아닌 이극이었다. 우공이 분을 참지 못해 곧 성문을 치려고 했다. 이때 성위에서 딱따기인 방자梆子 소리가 울리면서 살들이 빗발치듯 쏟아져 내렸다. 우공이 병거를 급히 후퇴시키면서 한편으로 사냥을 나갔던 군

백리해

대의 후군後軍에게 전령을 보내 속히 올 것을 재촉했다.

이때 한 병사가 급히 말을 달려와 보고했다.

"주공의 뒤를 따라오던 후군은 진나라 군사에게 차단돼 살육을 당하거나 항복했다고 합니다. 후군의 병거와 마필 모두 진나라 소유가 됐고, 진나라 군사가 곧 이곳에 들이닥칠 것이라고 합니다."

우공은 진퇴양난의 처지에 빠지게 됐다. 그가 길게 탄식했다.

"궁지기의 간언을 듣지 않은 게 후회스럽다."

곁에 있는 백리해를 돌아보며 물었다.

"그때 경은 왜 과인에게 한마디도 간하지 않았는가?"

백리해가 대답했다.

"주공이 궁지기의 간언도 안 들었는데 어찌 제 말을 듣겠습니까? 당시 신이 말하지 않은 것은 이 몸이나마 주공 곁에 머물며 모시려고 그런 것입니다."

우공이 이러지도 저러지도 못한 위급한 처지에 빠져 있을 때 뒤쪽에서 병거 한 대가 달려 왔다. 타고 있는 사람은 괵나라의 항장降將 주지교였다. 우공은 그를 보자 자신도 모르게 얼굴에 부끄러운 기색이 떠올랐다. 주지교가 말했다.

"군후는 순식의 말을 듣고 괵나라를 돕지 않았다가 이제 군후의 나라마저 잃게 됐습니다. 이 지경이 된 이상 타국으로 망명을 가느니 차라리 진나라로 귀순하는 편이 나을 것입니다. 진후는 덕이 있고 관대한 분이므로 틀림없이 군후를 해치지 않을 것입니다. 진나라 군사는 또 군후를 민망하게 여기는 까닭에 후하게 대접할 것입니다. 군후는 의심치 마십시오."

우공이 주저하며 결단하지 못했다. 당시 진헌공이 뒤따라 당도했다. 곧 우공에게 사람을 보내 만나자고 청했다. 우공은 가보지 않을 수 없었다. 진헌공이 우공을 보자 웃으며 말했다.

"과인이 여기 온 것은 나의 백벽과 명마를 되찾기 위한 것이오."

그러고는 좌우에 명해 우공을 뒤 수레에 태우게 했다. 진나라 영채에 도착하자 우공을 군중에 억류했다. 백리해는 우공 곁을 바짝 따라다니면서 정성스럽게 모셨다. 어떤 사람이 이를 비웃었다. 그 얘기를 들은 백리해가 말했다.

"나는 오랫동안 우나라의 국록을 받은 자이다. 내가 이렇게 주공을 모시는 것은 그 은혜에 보답하려는 것이다."

진헌공은 성안으로 들어가 백성들을 안심시켰다. 순식이 왼손에 백벽, 오른손에 명마의 말고삐를 잡고 진헌공 앞에 나타났다.

"신의 계책이 이뤄진 까닭에 이제 백벽은 주공의 부고에 반납하고, 명마는 주공의 마구간에 돌려드리겠습니다."

진헌공은 크게 기뻐했다.

염옹이 이를 시로 읊었다.

백벽과 명마가 지보라 해도	璧馬區區雖至寶
어찌 일국 사직과 비교하랴	請將社稷較何如
순식 기책 자랑할 일 없으니	不誇荀息多奇計
그보단 우공 우행을 비웃다	還笑虞公眞是愚

진헌공은 우공을 데리고 온 뒤 죽일 심산이었다. 순식이 간했다.

"그는 어리석은 자입니다. 살려둔들 무슨 일을 하겠습니까!"

진헌공이 이를 좇아 우공虞公을 우공寓公[3]의 예로 대접했다. 또 백벽과 명마를 도로 내주며 말했다.

"과인은 그대가 길을 빌려준 은혜를 잊지 않겠소."

괵나라의 대부 주지교는 진나라에 와 대부가 됐다. 그는 진헌공에게 백리해를 천거했다. 진헌공 주지교를 시켜 등용할 뜻을 백리해에게 전하게 했다. 백리해가 거절했다.

"나는 옛 군주의 신하로서 세상을 마칠 생각이오."

주지교가 돌아간 뒤 백리해가 탄식했다.

"군자는 다른 곳으로 떠날지언정 원수의 나라로 가서는 안 된다. 하물며 벼슬을 살 수 있겠는가? 내가 어쩔 수 없어 벼슬을 살게 될지라도 진晉나라에선 벼슬하지 않을 것이다."

주지교는 백리해가 이런 말을 했다는 소문을 듣자, 자신의 단점을 지적한 게 싫은 나머지 내심 불쾌하게 생각했다.

3 우공寓公은 원래 『예기』 「교특생郊特牲」에 따르면 나라를 잃고 남의 나라에 빌붙어 사는 제후를 말한다. 후대에는 타국에 망명해 객거客居하는 관원과 귀족 등을 가리켰다.

50話 곤궁한 백리해가 소를 먹이다 재상이 되다
– 궁백리사우배상窮百里飼牛拜相

당시 진목공秦穆公 임호任好는 즉위한 지 6년이 지났으나 아직 중궁中宮을 맞이하지 못했다. 그는 대부 공자 집縶으로 하여금 진晉나라로 가 구혼하게 했다. 진헌공의 큰 딸로 태자 신생의 동복누이인 백희伯姬를 아내로 맞이할 생각이었다.

진헌공은 진목공의 청혼을 받고 태사太史 소蘇에게 그 혼사에 대해 시초점蓍草占을 쳐보게 했다. 태사 소가 시초점을 쳐서 얻은 괘효는 64괘 가운데「뇌택귀매괘雷澤歸妹卦」제6효爻였다.

그 효사爻辭는 이러했다.

장사가 염소를 찔렀으나	士刲羊
웬일인지 피가 나지 않다	亦無衁也
여인이 광주리 받았으나	女承筐
선물이 들어 있지 않다	亦無貺也
서쪽 이웃이 책망하건만	西鄰責言
가히 갚을 길이 없다	不可償也

태사 소가 점괘인 주사繇辭를 보고 곰곰이 생각해 본 뒤 말했다.

"진秦나라는 서쪽에 위치하고 있습니다. 책망한다는 말이 있으니 이는 진秦과 진晉 두 나라가 화목할 징조가 아닙니다.「귀매괘歸妹卦」는 남녀가 장가들고 시집가는 것을 나타낸 괘이지만 상괘上卦인 진괘震卦의 제6효가 움직여 이괘離卦로 변하면 「귀매괘」는 「화택규괘火澤睽卦」로 바뀝니다. 어그러진다는 뜻의 「화택규괘」나 걸린다는 뜻의 '이괘' 모두 길한 괘사가 아닙니다. 이 혼사는 해서는 안 될 듯합니다."

진헌공은 다시 태복太卜 곽언郭偃에게 거북점을 쳐보게 했다. 곽언은 구갑龜甲을 불에 구워 금간 것을 보니 길조였다.

그 점사占辭는 이러했다.

소나무 잣나무 이웃하니	松柏爲鄰
계속 외숙 생질이 되다	世作舅甥
우리 군주 3번 정해주니	三定我君
혼인하면 이롭고	利於婚媾
싸우면 불리하다	不利寇

태사 소는 시초점이 더 적중한다며 태복 곽언과 논쟁했다. 진헌공이 태사 소에게 말했다.

"그대도 지난날 시초점보다 거북점을 따르는 게 낫다고 말한 적이 있지 않았소? 이미 거북점에 길하다고 나왔으니 또 무엇을 갖고 따지겠소. 과인이 듣건대 진秦나라는 옛날 진문공秦文公 때 꿈에서 상제上帝의 명을 받고 난 이후 점차 강대해졌다고 하오. 과인이 이 청혼을 거절해서는 안 될 것이오."

그러고는 마침내 공자 집縶에게 혼사 허락의 뜻을 전했다.

공자 집이 사명使命을 마치고 진나라로 돌아가던 길이었다. 도중에 한 사람을 만났다. 얼굴이 피를 바른 듯이 붉고, 수염은 그 끝이 거슬러 올라간 규염虯髥이었다. 그 사람은 두 손으로 괭이를 쥐고 밭을 일구고 있었다. 괭이로 한 번 땅을 찍으면 땅이 몇 자씩 파헤쳐졌다.

공자 집이 그 사람에게 괭이를 가져오라고 하여 살펴보았다. 이어 좌우 수행원에게 그 괭이를 들어보라고 했다. 아무도 들어 올리지 못했다. 공자 집이 크게 놀라 성명을 물었다. 그 사람이 대답했다.

"성은 공손公孫, 이름은 지枝, 자는 자상子桑입니다. 진군晉君의 먼 친척뻘이 됩니다."

공자 집이 말했다.

"그대 같은 인재가 어째서 아직까지 이런 밭두렁에서 땅이나 파며 엎드려 있는 것이오?"

공손지公孫枝가 대답했다.

"천거해 주는 사람이 없기 때문입니다."

공자 집이 정중히 청했다.

"나와 함께 진秦나라에 가겠소?"

공손지가 대답했다.

"선비는 알아주는 사람을 위해 죽는다는 뜻의 '사위지기자사士爲知己者死' 속담이 있소. 대부가 이끌어 주면 따라가겠습니다. 이는 제가 원래 바라던 일인 고소원固所願이기도 합니다."

공자 집이 공손지와 함께 수레를 타고 진나라로 돌아갔다. 곧바로 진목공에게 혼사에 대한 수락을 받았다는 사실을 고하고, 도중에 공손지를 데리고 오게 된 사연을 소상히 설명했다. 진목공은 곧바로 공손지에게 대부 벼슬을 줬다.

진목공은 다시 공자 집을 진헌공에게 보내 폐백을 바치고 백희를 맞을 채비를 했다. 폐백을 받은 진헌공이 신하들에게 물었다.

"백희가 시집을 갈 때 따라갈 남자 종인 잉신媵臣을 누구로 하면 좋겠소?"

주지교가 나서 말했다.

"백리해는 우리 진나라에서 벼슬을 살지 않겠다고 말했습니다. 그의 마음은 도무지 헤아릴 수 없습니다. 그를 멀리하는 게 좋습니다. 이번에 그를 잉신으로 쓰십시오."

진헌공이 백리해를 백희의 잉신으로 삼아 진秦나라로 보냈다.

원래 백리해는 우虞나라 출신으로 자는 정백井伯이었다. 나이 30세가 되어 두씨杜氏를 아내로 맞이했다. 둘 사이에 아들 하나를 두었다. 백리해는 집안이 크게 가난했다. 열국을 돌아다니며 벼슬을 구할 생각을 했다. 다만 처자가 의탁할 곳이 없는 까닭에 떠나지 못하고 망설였다.

두씨가 남편에게 말했다.

"첩이 듣건대 장부는 뜻을 천하 사방에 둔다고 했습니다. 당신은 한창 장년의 나이입니다. 밖에 나가 벼슬을 구하려 하지도 않은 채 구구하게 처자식이나 지키고 앉아 궁상을 떨고 있는 것입니까? 집안 살림은 첩이 어떻게 해서든지 꾸려나갈 터이니 집안 걱정은 하지 마십시오."

당시 그의 집안엔 알을 품고 있는 암탉 한 마리가 있을 뿐이었다. 두씨는 그 암탉을 잡았다. 부엌에 들어갔으나 나무가 없었다. 두씨는 할 수 없이 대문의 빗장을 빼서 닭을 삶았다. 또 누렇게 마른 배추시래기로 반찬을 만들고 조를 찧어 좁쌀 밥을 지었다.

백리해가 조밥과 고기반찬을 오랜만에 배부르게 먹었다. 두씨는 남편과 작별하면서 아들을 품에 안은 채 옷소매를 부여잡고 울었다.

"훗날 부귀해지더라고 이 몸을 잊지 마십시오."

백리해가 집을 떠나 먼저 제나라로 갔다. 제양공 밑에서 벼슬을 살아보려고 각방으로 애를 썼으나 아무도 그를 천거해 주는 사람이 없었다. 객지에서 오랫동안 머물다보니 곤궁한 행색이 말이 아니었다. 마침내 지금의 안휘성 숙주현 서쪽의 질銍 땅에서 걸식하는 신세가 됐다. 그의 나이 40세였다.

당시 질 땅에 건숙蹇叔이란 사람이 살고 있었다. 그는 백리해의 용모가 특이한 것을 보고 말했다.

"그대는 밥을 빌어먹을 사람이 아닌 것 같소."

건숙은 백리해의 성명을 묻고 자기 집으로 데려갔다. 백리해에게 음식을 주면서 자기 집에 머물게 하고는 천하 시국에 대해 얘기해 보았다. 백리해의 말은 청산에 흐르는 물처럼 거침이 없고 조리가 정연했다. 건숙은 백리해의 지견이 출중함을 보고 탄식했다.

"그대 같은 인재가 이처럼 궁핍한 처지에 놓여 있다니 어찌 운이라고 하지 않을 수 있겠소?"

건숙은 백리해를 자기 집에 살게 하면서 의형제를 맺었다. 나이는 건숙이 백리해보다 한 살 위인 까닭에 백리해가 건숙을 형이라고 불렀다. 건숙의 살림살이도 가난했다. 백리해는 동내 소를 길러 주며 약간의 식량을 얻어와 밥값에 보탰다.

당시는 마침 제나라 공자 무지가 제양공을 시해하고 보위에 오른 때였다. 무지는 방을 내걸어 인재를 초모招募했다. 백리해가 초모에 응하려고 하자 건숙이 만류했다.

"죽은 제양공의 두 아들이 지금 나라 밖에 있소. 무지가 자기 분수를 모르고 보위를 찬탈했소. 그는 틀림없이 실패하고 말 것이오."

백리해는 건숙의 말을 듣고 당초의 생각을 버렸다. 이후 주왕실의 왕자 퇴頹가 소를 좋아하는 까닭에 소를 잘 기르는 사람에게 후한 보수를 준다는 소문을 들었다. 백리해가 작별을 고하고 주나라로 가고자 했다. 건숙이 말했다.

"대장부는 경솔히 남에게 몸을 맡겨서는 안 되오. 남의 밑에서 벼슬을 살다가 그 사람이 몰락했다고 해서 그를 버리면 불충不忠이 되고, 그렇다고 환난을 같이 하는 것도 지혜롭지 못한 일이 되기 때문이오. 이번에 주나라로 갈지라도 아우는 신중하게 처신해야 하오. 나도 곧 집안일을 정리하고 주나라로 갈 것이오. 그때 서로 만나도록 합시다."

백리해가 주나라로 가 왕자 퇴를 만났다. 소를 기르는 방법을 자세히 설명했다. 왕자 퇴는 크게 기뻐하면서 가신으로 삼고자 했다. 당시 건숙이 제나라의 질銍 땅에서 주나라로 왔다. 그는 백리해와 함께 왕자 퇴를 알현했다. 건숙이 궁에서 물러나오며 백리해에게 말했다.

"왕자 퇴는 뜻만 클 뿐 재주가 없는 사람이오. 그는 참소와 아첨을 잘하는 무리에 둘러싸여 있소. 넘봐서는 안 될 일을 엿보고 있는 까닭에 내가 보기에 그는 틀림없이 실패할 것이오. 아무래도 주나라를 떠나는 게 좋을 듯하오."

백리해는 오랫동안 처자식과 떨어져 있었던 까닭에 고향인 우나라로 돌아가고 싶었다. 그는 건숙에게 이젠 고향으로 돌아갈 생각이라고 말했다. 건숙이 대답했다.

"지금 우나라에는 어진 신하가 하나 있는데 이름이 궁지기宮之奇라고 하오. 나와는 전부터 잘 아는 사이인데 서로 못 본 지도 오래됐소. 동생이 우나라로 돌아가겠다면 나도 동행하겠소."

백리해와 건숙이 함께 우나라로 갔다. 백리해가 객지를 떠도는 동안 아내 두씨는 너무 가난해 도저히 살림을 꾸려나갈 수 없었다. 두씨 모자는 벌써 다른 곳으로 유리걸식遊離乞食을 떠났다. 어디로 갔는지 아무도 알지 못했다. 텅 빈 자신의 집에 들른 백리해는 그 소식을 듣고 크게 상심했다.

한편 건숙은 궁지기와 만나 서로 반갑게 인사를 나누고 겸하여 백리해가 비범한 인물이란 걸 말했다. 궁지기가 백리해를 우공에게 천거했다. 우공이 백리해에게 중대부中大夫 벼슬을 주었다.

건숙이 백리해에게 말했다.

"내가 우공을 보니 안목이 좁고 자기 의견만 고집하며 남의 말을 듣지 않을 사람이오. 그 역시 유망한 주인이 될 것 같지 않소."

백리해가 말했다.

"이 동생은 너무 오랫동안 빈궁하게 살아왔습니다. 마치 물고기가 땅 위에 있는 것과 같아 우선 한모금의 물이라도 얻어 마셔야 살 수 있는 처지입니다."

건숙이 말했다.

"아우가 가난 때문에 벼슬을 살겠다니 내가 차마 아우를 말리지는 못하겠소. 훗날 만일 나를 만나고 싶거든 송나라 명록촌鳴鹿村으로 나를 찾아오시오. 그 땅은 깊숙하고 청아한 곳이오. 나는 앞으로 그곳에 가서 자리를 잡고 살 생각이오."

건숙은 백리해와 작별하고 우나라를 떠났다. 백리해는 마침내 고국인 우나라에 머물며 우공을 섬겼다. 나중에 우공은 진나라 대부 순식의 계책에 넘어가 나라를 잃고 말았다. 그는 우공을 버리지 않고 진晉나라까지 따라와 섬겼다. 그러면서 그는 늘 이같이 말했다.

"내가 전에 지혜롭지 못해 우공을 섬겼다. 이제 와서 그가 나라를 잃었다고 해서 그에게 충성하지 않을 수는 없다."

이 와중에 진헌공이 주지교의 진언에 따라 백리해를 진秦나라에 시집을 보내는 백희의 잉신으로 지목하고 나섰다. 백리해가 한탄했다.

"내가 천하를 건질 수 있는 재주인 제세지재濟世之才를 지니고 있건만 훌륭한 주인을 만나지 못해 대지大志를 펴지 못하는구나. 늙은 나이에 시집가는 여자의 잉신이 되니 남의 하인이나 첩의 신세와 무엇이 다르겠는가? 내게 이보다 더 큰 욕이 어디 있는가?"

백리해는 신부의 행차를 따라가다가 도중에 달아났다. 그는 송나라로 달아날 작정이었다. 하지만 길이 막혀 발길을 초나라로 돌렸다. 지금의 하남성 남양시인 초나라의 완성宛城 가까이 이르렀을 때였다. 완성 사람들이 사냥을 하다가 때마침 지나가는 백리해를 보고는 혹여 다른 나라에서 온 첩자가 아닐까 의심했다. 곧 백리해를 붙잡아 결박했다.

백리해가 해명했다.

"나는 우나라 사람이오. 나라가 망했기에 혼란을 벗어나려고 달아났다가 이곳에 이르게 된 것이오."

완성 사람이 물었다.

"그대는 뭘 잘하는가?"

백리해가 대답했다.

"소를 기를 줄 아오."

완성 사람들이 그의 결박을 풀어 주고 소를 기르게 했다. 소들이 날로 살이 찌고 윤기가 돌았다. 완성 사람들이 크게 기뻐했다. 그 소문을 궁중의 초왕도 듣게 됐다. 곧 궁으로 백리해를 불렀다.

"소를 기르는데도 도道가 있는가?"

백리해가 대답했다.

"때를 어기지 않고 넉넉히 먹이고, 힘을 낭비하지 않도록 잘 아껴 주고, 기르는 사람의 마음과 소의 마음이 일치해야 합니다."

초왕이 감탄했다.

"참으로 좋소, 그대의 말이! 그 말은 소에게만 해당하는 게 아니라 말을 기르는데도 통할 듯하오."

그러고는 백리해를 말 사육을 담당한 어인圉人으로 임명한 뒤 남해南海 일대로 보내 말들을 기르게 했다.

한편 진목공은 진晉나라에서 보낸 잉첩과 잉신의 명단에 백리해의 이름이 올라 있는데도 사람이 오지 않은 것을 괴이하게 생각하고 공자 집을 불러 물었다. 공자 집이 대답했다.

"그는 우나라 신하 출신인데 도중에 달아났다고 합니다."

진목공이 자가 자상子桑인 공손지에게 물었다.

"자상은 진晉나라에 살았으니 백리해의 재략才略이 어떤지 알 것이오. 그는 과연 어떤 사람이오?"

공손지가 대답했다.

"그는 현자입니다. 전에 우공에게 간해도 소용없을 걸 알고 간하지 않았습니다. 그것만으로도 그의 지혜를 알 수 있습니다. 우공을 따라 진나라에 가 있을 때 우공에 대한 의리 때문에 진나라의 신하가 되길 거부했습니다. 그것만으로도 그의 충성을 알 수 있습니다. 그는 원래 천하를 경영할 만한 재주인 이른바 경세지재經世之才를 지녔으나 아직 때를 만나지 못했을 뿐입니다."

진목공이 물었다.

"과인이 어찌해야 백리해를 데려다 쓸 수 있겠소?"

공손지가 대답했다.

"신이 듣건대, 백리해의 처자가 지금 초나라에 있다고 합니다. 그래서 초나라로 도망갔을 것입니다. 주공은 초나라로 사람을 보내 그를 찾아보게 하십시오."

그날로 진나라 사자가 초나라로 갔다. 사자가 돌아와 진목공에게 보고했다.

"백리해는 동쪽 바닷가에서 초나라 군주를 위해 말을 기른다고 합니다."

진목공이 물었다.

"과인이 많은 폐백을 초나라에 주고 백리해를 요구하면 초나라 군주가 내주지 않겠소?"

공손지가 대답했다.

"그러면 백리해는 영영 오지 못합니다."

진목공이 물었다.

곤궁한 백리해가 소를 먹이다 재상이 되다

"왜 그렇단 말이오?"

공손지가 대답했다.

"초나라 군주가 백리해에게 말을 기르게 한 것을 보면 아직 백리해의 현명함을 모르고 있는 듯합니다. 주공이 많은 폐백을 주고 백리해를 데려오려고 하면 이는 그들에게 백리해의 현명함을 일러주는 것입니다. 초왕이 이를 알면 반드시 백리해를 자국에서 등용할 것입니다. 어찌 우리에게 넘겨주겠습니까? 주공은 달아난 잉신을 잡아다 치죄治罪한다며 하찮은 물건을 몸값 명목으로 보내십시오. 전에 관중도 이런 계책을 써서 노나라를 무사히 벗어난 적이 있습니다."

진목공이 말했다.

"좋소."

진秦나라 사자가 진목공의 지시에 따라 숫염소 가죽 다섯 장을 갖고 초나라로 갔다. 사자가 이를 초왕에게 바치면서 말했다.

"폐읍敝邑에 천신賤臣 백리해란 자가 있습니다. 지금 상국에 도망쳐 와 있습니다. 과군은 그를 잡아 죄를 다스림으로써 앞으로 달아나려는 자들을 경계하고자 합니다. 청컨대 염소 가죽 5장을 바쳐 그를 되돌려 받는 대속전代贖錢으로 삼을까 합니다."

초왕은 진秦나라의 환심을 잃을까 두려워 동해를 지키는 관원으로 하여금 백리해를 포박해 진나라 사자에게 넘겨주도록 했다. 백리해가 떠나려 하자 동해 사람들 모두 죽임을 당할 것이라며 그를 붙들고 눈물을 흘렸다. 백리해가 웃으며 말했다.

"내가 듣건대 진후秦侯는 패왕伯王의 뜻을 품고 있다고 합니다. 그런 사람이 무엇이 급해 달아난 잉신 한 사람을 찾겠소? 나를 보내달라고 초나라에 요구한 것은 나를 임용하려는 생각이 있기 때문일 것이오. 내가 이번에 가면 부귀하게 될 터인데 무엇 때문에 우는 것이오?"

백리해가 급히 수거囚車에 올라타고 떠났다. 백리해 일행이 진나라 국경에 이르자 진목공의 명을 받은 공손지가 이미 마중을 나와 있었다. 공손지가 곧바로 백리해의 결박을 풀고 안내했다. 도성에 이르자 진목공이 그를 궁중으로 소집해 상면했다. 진목공이 물었다.

"금년 춘추가 어찌되오?"

백리해가 대답했다.

"겨우 70세입니다."

진목공이 탄식했다.

"아깝다, 너무 늙었다!"

백리해가 웃으며 말했다.

"주공이 저로 하여금 나는 새를 쫓게 하거나 맹수를 잡아 오게 하면 신은 이미 늙어 쓸 곳이 없다고 하겠습니다. 하지만 만일 신에게 자리에 앉아 국사를 획책케 한다면 저는 아직 젊습니다. 옛날 강태공은 나이 80세에 위수渭水 가에서 낚시질을 했지만 주문왕은 그를 수레에 싣고 돌아간 뒤 그의 이름 상尙을 높여 상보尙父로 호칭하며 마침내 주나라를 세웠습니다. 신이 오늘 군주를 알현한 것과 당시 강태공이 문왕을 만난 것을 비교하면 신은 아직도 10세나 젊습니다."

진목공이 그 말이 장壯하게 생각했다. 안색을 바로잡으며 말했다.

"폐읍이 융적戎狄 사이에 끼어 있어 중원의 제후들과 회맹을 하지 못하고 있는 실정이오. 노인장은 과인에게 무엇을 가르쳐 주실 생각이오. 폐읍이 열국에 뒤지지 않게 해주면 매우 다행으로 여기겠소."

백리해가 대답했다.

"군후가 신을 멸망한 나라의 포로로 생각지 않고, 신의 나이도 괘념치 않고, 허심탄회하게 하문下問하니 신의 어리석은 소견이나마 말씀 드리지 않을 수 없습니다. 무릇 이곳 옹주雍州와 기산岐山의 땅은 주문왕과 주무왕이 일어난 곳입니다. 산은 늑대 이빨처럼 들쭉날쭉하고, 들판은 긴 뱀의 형국을 이루고 있습니다. 주왕실은 능히 이 좋은 곳을 지키지 못하고 우리 진나라에게 내줬습니다. 이는 바로 하늘이 진나라를 도운 것입니다. 또 융적 사이에 있으니 이는 오히려 우리 진나라의 군사를 굳세게 만드는 것입니다. 중원의 회맹에 참여치 않았으니 이는 오히려 힘을 기르는 결과를 낳았습니다. 지금 진나라와 서융西戎 사이에 소국이 수십 개 존재하니 이들을 무찔러 병탄하면 족히 농사지어 식량을 풍족히 할 수 있고, 그 백성들의 호적을 토대로 군적軍籍을 만들면 그 어떤 나라와도 싸울 수 있습니다. 이것이 바로 중원의 열국과 비교할 때 진나라가 유리한 점입니다. 주공은 다만 덕으로 백성을 어루만지고 무력으로 서쪽 일대를 정벌해야 합니다. 그렇게 해서 중국의 서쪽을 모두 차지하십시오. 연후에 진나라의 험준한 산천을 방패로 삼아 중원에 임하면서 기회를 보아 진격하십시오. 그러면 군후는 중원의 열국에 은덕을 베풀 수도 있고, 위엄을 보일 수도 있습니다. 그러면 능히 패업伯業을 이룰 수 있습니다."

진목공이 자신도 모르는 사이 벌떡 일어나 말했다.

"과인에게 정백井伯이 있는 것은 제환공에게 중보仲父가 있는 것과 같다!"

진목공은 백리해와 함께 3일 동안 침식寢食을 잊고 천하사를 논했다. 두 사람의 생각에 일치되지 않는 게 없었다. 진목공이 백리해에게 상경上卿의 벼슬을 주고 진나라의 정사를 맡겼다.

이후 진나라 백성들 모두 백리해를 오고대부五羖大夫로 불렀다. 진목공이 소에게 꼴을 먹이는 백리해를 데려다가 상경으로 삼고, 초나라는 백리해의 몸값으로 간신히 염소가죽 5장을 받고 그를 내줬다는 소문이 널리 유포된 결과다.

염옹이 이를 시로 읊었다.

죄인 재상 삼으니 기이하다	脫囚拜相事眞奇
관중 이후 백리해 나타났다	仲後重聞百裏奚
서쪽 진나라 크게 빛났으니	從此西秦名顯赫
인재 몸값 5장 가죽 값이다	不虧身價五羊皮

당시 백리해는 상경 벼슬을 사양하고 다른 사람을 천거했다.

백리해가 천거한 사람이 과연 누구인지 알 길이 없으니 다음 회를 보라.

제26회

51話 백리해가 문빗장의 노래를 듣고 아내를 알다 –가염이백리인처歌扊扅百里認妻

당시 진목공은 백리해의 재주를 깊이 안 까닭에 상경으로 삼고자 했다. 그러나 백리해는 사양하며 말했다.

"신의 재주는 신의 벗인 건숙蹇叔에게 미치지 못합니다. 그의 재주는 신보다 10배나 뛰어납니다. 주공이 나라를 잘 다스리고자 하면 건숙을 초빙해 나라 일을 맡긴 뒤 신으로 하여금 그를 돕게 하십시오."

진목공이 말했다.

"그대의 재주는 과인이 보았기에 익히 알지만 건숙의 현명함에 대해선 아직 들어본 적이 없소."

백리해가 대답했다.

"건숙의 현명함에 대해선 비단 주공뿐만 아니라 그의 고국인 제나라와 그가 살고 있는 송나라 사람들도 모르고 있습니다. 신만은 그의 현명함을 알고 있습니다. 전에 신이 제나라에 있을 때 공자 무지에게 몸을 맡기려고 한 적이 있습니다. 건숙이 말렸습니다. 덕분에 신은 제나라를 떠났고, 공자 무지로 인한 재앙에서 벗어날 수 있었습니다. 이후 신은 주나라로 가 왕자 퇴에게 몸을 맡기려고 했습니다. 그때도 건숙이 만류했습니다. 덕분에 신은 주나라를 떠났고, 왕자 퇴로 인한 재앙에서 벗어날 수 있었습니다. 신은 이후 우나라로 돌아가 우공 밑에서 벼슬을 살려고 했습니다. 그때도 건숙은 만류했습니다. 당시 신은 너무 가난한 탓에 녹봉을 받기 위해 우나라 조정에 들어가 우공을 섬겼습니다. 결국 신은 진晉나라의 포로가 되고 말았습니다. 그때도 건숙의 충고를 들었더라면 포로가 되는 수치를 면할 수 있었습니다. 그의 말을 듣지 않았다가 거의 죽을 뻔했습니다. 이것만 보아도 건숙의 지혜가 신보다 월등하다는 걸 알 수 있습니다. 그는 지금 송나라 명록촌에 은거하고 있습니다. 그를 속히 초빙토록 하십시오."

진목공이 공자 집을 송나라 명록촌으로 보냈다. 장사꾼으로 가장한 공자 집은 건숙을 초빙하기 위해 많은 폐백을 준비했다. 백리해도 건숙에게 보내는 편지를 썼다.

공자 집이 행랑을 꾸린 뒤 소가 끄는 수레 2승을 이끌고 송나라 명록촌으로 갔다. 명록촌에 당도해 일대를 보니 몇 사람이 밭을 갈다가 밭두렁 위에 올라가 쉬면서 돌아가며 노래를 불렀다.

그 노래는 이러했다.

산이 높으니, 타고 갈 가마 없다	山之高兮無輦
진흙수렁이니, 길 밝힐 촛불 없다	途之濘兮無燭
언덕 오르니, 샘물 달고 기름지다	相將隴上兮泉甘而土沃

열심히 경작하니, 땅이 오곡 주다　　勤吾四體兮分吾五穀
세끼 거르지 않으니, 배가 부르다　　三時不害兮饔飧足
이처럼 천명 즐기니, 영욕도 없다　　樂此天命兮無榮辱

공자 집이 수레 속에서 이 노래를 들었다. 그 노래엔 풍진風塵의 속기俗氣가 없었다. 탄복하며 수레 모는 어자御者에게 말했다.

"옛말에 이르기를, '마을에 군자 있으면 비루한 풍속도 교화된다.'고 했다. 이제 건숙 선생이 있는 마을에 들어서니 밭가는 백성도 고고하게 은둔하려는 기풍이 있다. 그 현명함을 알 만하다."

공자 집이 수레에서 내려 밭가는 농부에게 물었다.

"건숙 선생의 집이 어디에 있소?"

농부가 반문했다.

"왜 선생의 집을 묻는 것이오?"

공자 집이 대답했다.

"선생의 옛 친구 백리해가 서신을 써 내게 주면서 그분을 모셔오라고 했소."

농부가 손가락으로 가리켰다.

"앞쪽으로 계속 가면 죽림 속에 그윽한 곳이 나타나오. 왼쪽엔 샘이 있고, 오른쪽엔 괴석怪石이 있소. 그 가운데 띠 풀로 엮어 만든 작은 모려茅廬 한 채가 있소. 그곳이 바로 건숙 선생의 집이오."

공자 집이 공수拱手하여 칭사稱謝한 뒤 다시 수레에 올랐다. 반 리里쯤 가자 과연 대나무 숲 사이로 모려 한 채가 보였다. 풍경이 그윽하고 청아했다.

농서거사隴西居士의 시 가운데 은거시隱居詩가 있다.

진목공

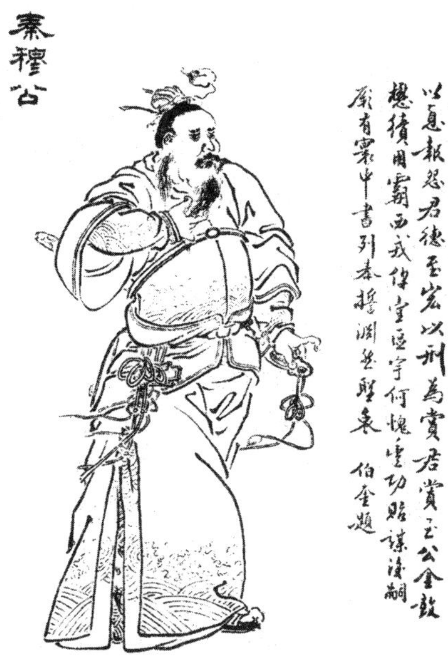

푸른 대숲 경치 매우 그윽하니	翠竹林中景最幽
그 즐거움 외에 무엇을 구하랴	人生此樂更何求
하얀 돌 위 실구름 피어오르니	數方白石堆雲起
한 줄기 맑은 샘 시내로 흐르다	一道淸泉接澗流
산수 취미 알면 잔나비와 놀고	得趣猿猴堪共樂
세상 잊으면 사슴과 놀 수 있다	忘機麋鹿可同遊
홍진의 일은 하늘 저편에 두고	紅塵一任漫天去
베개 높여 누운 선생 태평하다	高臥先生百不憂

공자 집은 모려 앞에서 수레를 멈추고 종자를 시켜 사립문을 두드리게 했다. 동자 하나가 사립문을 열고 나와 물었다.

"가객佳客은 어디서 오셨습니까?"

공자 집이 대답했다.

"건숙 선생을 방문하러 왔다."

동자가 말했다.

"선생은 지금 없습니다."

공자 집이 물었다.

"선생은 어디로 가셨는가?"

동자가 대답했다.

"이웃 어른과 시냇물을 구경하러 돌로 만든 다리인 석량石梁에 가셨습니다. 조금 있으면 돌아올 것입니다."

공자 집은 감히 안으로 들어가지 못하고 모려 앞에 있는 바위 위에 앉아 건숙이 돌아오기를 기다렸다. 동자는 문을 반쯤 닫고 집안으로 들어갔다.

얼마 후 한 대한大漢이 서쪽 밭두렁 길로 걸어오는 게 보였다. 눈썹이 굵고, 고리눈을 하고 있었다. 얼굴이 네모나고 몸집이 장대했다. 등에 죽은 사슴 두 마리를 메고 걸어 왔다. 공자 집은 그 용모가 비범한 걸 보고 일어나서 맞이했다. 대한은 죽은 사슴을 땅바닥에 내려놓고 공자 집에게 정중히 인사했다. 공자 집이 성명을 묻자 그가 대답했다.

"저의 성은 건蹇이고, 이름은 병丙입니다. 자는 백을白乙이라고 합니다."

공자 집이 물었다.

"건숙 선생은 어떤 관계입니까?"

건병이 대답했다.

"저의 부친입니다."

공자 집이 다시 정중히 예를 베풀면서 칭송했다.

"실로 오랫동안 그대의 명성을 들어왔소."

건병이 물었다.

"족하足下는 누구십니까? 무슨 일로 궁벽한 이곳까지 귀한 걸음을 했는지요?"

공자 집이 대답했다.

"건숙 선생의 친구인 백리해가 지금 진나라에서 벼슬을 하고 있습니다. 그분이 서신을 써 주면서 존공尊公에게 갖다 드리라고 했습니다."

건병이 권했다.

"청컨대 선생은 초당으로 들어가 잠깐 앉아 계십시오. 부친이 곧 돌아올 것입니다."

그러고는 사립문 두 짝을 밀어젖힌 뒤 공자 집에게 먼저 들어가기를 권했다. 이어 다시 사슴 두 마리를 어깨에 메고 마당으로 들어와 초당 앞에 부려놓았다. 동자가 뛰어 나와 사슴을 부엌으로 갖고 들어갔다.

건병은 초당에 올라오자 다시 공자 집과 서로 예를 베풀고 주인과 빈객의 자리에 각각 앉았다. 공자 집은 건병과 함께 농사와 양잠 등과 관한 얘기를 나누다가 화제를 무예로 옮겨갔다. 건병의 무예에 관한 식견은 대단했다. 공자 집은 내심 감탄하면서 혼잣말을 했다.

"실로 그 아비에 그 자식이다. 정백井伯의 천거가 헛말이 아니다."

두 사람은 동자가 올린 차를 마셨다. 건병이 동자를 불러 사립문 앞으로 나가 건숙이 돌아오는지 살피게 했다. 잠시 후 동자가 들어와 알렸다.

"노옹老翁이 오십니다."

건숙은 이웃 노인 두 사람과 함께 어깨를 나란히 하고 집 앞에 이르렀다. 사립문 곁에 수레가 2대 있는 것을 보고 놀랐다.

"우리 마을에 어떻게 이런 수레가 있단 말인가?"

건병이 문 밖까지 나와 그 까닭을 알렸다. 건숙이 두 노인과 함께 초당으로 들어가 공자 집과 인사를 나눴다. 자리를 정한 후 건숙이 먼저 말했다.

"소아小兒가 말하기를, '공이 나의 아우 정백의 서신을 갖고 왔다.'고 하는

데 그것을 좀 보여주시오."

공자 집이 백리해의 서신을 바쳤다. 건숙이 봉함을 뜯고 그 서신을 보았다. 골자는 대략 이러했다.

저는 형장兄長의 말을 듣지 않다가 하마터면 우나라의 패망에 휩쓸릴 뻔했습니다. 다행히 진군秦君이 현량을 좋아해 목부牧夫로 일하던 이 아우의 몸값을 치르고 불러들여 진나라의 정사를 맡겼습니다. 제가 아무리 생각해도 형장의 식견과 재주를 따를 길이 없습니다. 청컨대 형장이 이 아우와 함께 진나라의 앞날을 도모해 주기 바랍니다. 진군은 형장의 명성을 듣고 목마르게 기다리고 있습니다. 진군이 대부 공자 집에게 명해 포폐布幣를 들고 가 형장을 봉영奉迎케 했습니다. 오직 원컨대 형장은 산 속에서 나와 평생 품어온 뜻을 펴기 바랍니다. 형장이 산림山林을 사랑해 굳이 그곳에 머무르겠다면 저도 명록鳴鹿의 들판으로 형장을 찾아가 함께 살도록 하겠습니다.

건숙이 백리해의 서신을 다 읽고 말했다.

"정백이 어떻게 해서 진나라 군주에게 알려지게 됐는지요?"

공자 집은 백리해가 진晉나라의 잉신이 되어 가던 도중 초나라로 달아나고 진목공이 소문을 듣고 염소 가죽 5장의 몸값을 주고 빼내온 자초지종을 모두 얘기한 뒤 이같이 말했다.

"우리 주공이 정백에게 상경 벼슬을 내리고자 하는데 그는 재주가 선생만 못한 까닭에 선생이 진나라에 오셔야만 감히 벼슬을 살겠다며 굳이 받질 않고 있습니다. 우리 주공이 폐백을 저에게 내주시며 속히 선생을 모셔오라고 명한 이유입니다."

그러고는 즉시 좌우 종자에게 명해 수레 안의 상자 안에서 진목공이 보낸 초빙 서찰인 징서徵書와 예물용 폐백을 꺼내오게 했다. 종자들이 징서와 폐백을 초당 위에 늘어놓았다. 노인 두 사람은 산야의 농부인 까닭에 이런 굉장한 물건을 처음 보았다. 크게 놀라 공자 집을 돌아보고 말했다.

"우리는 귀인이 오는 줄도 모르고 미처 자리를 피하지 못했습니다."

공자 집이 대답했다.

"그게 무슨 말씀이오니까? 우리 주공은 마치 메마른 볏모가 비를 바라듯 건숙 선생을 기다리고 있습니다. 두 분 노인장도 건숙 선생이 진나라에 임할 수 있도록 말 한마디라도 권해 주시면 감사하겠습니다."

두 노인이 건숙에게 권했다.

"진나라가 이토록 현자를 존중하니, 귀인이 온 뜻을 물리쳐서는 안 될 것이오."

건숙이 대답했다.

"지난날 우공은 정백을 높이 등용하지 않았다가 패망하고 말았소. 만일 진군秦君이 허심虛心하게 현자를 임용할 생각이면 정백 한 사람만으로도 부족할 게 없소. 나는 이제 늙어서 세상에 소용이 될 수 있다는 생각을 끊은 지 이미 오래 됐소. 이제 와서 세속과 상종할 수는 없소. 원컨대 가져온 폐백은 도로 거두고, 대부는 나의 뜻을 진군에게 잘 설명해 주시오."

공자 집이 말했다.

"선생이 가지 않으면 정백도 필시 혼자만 진나라에 머무르려 하지 않을 것입니다."

건숙이 한동안 말없이 앉아 있다가 탄식했다.

"정백이 큰 재주를 품고도 아직 시험해 보지 못한 채 벼슬을 기다린 지 너무 오래되었소. 이제야 밝은 군주를 만났으니 내가 가서 그의 뜻을 성취시키는 데 도와주지 않을 수 없소. 다만 정백을 위해 가긴 하겠으나 오래 머물지 않고 이곳으로 돌아와 밭을 갈도록 하겠소."

이때 동자가 들어와 사슴 곡기가 다 익었다고 고했다. 건숙이 상머리에 놓인 술독에서 새로 빚은 술을 떠오도록 했다. 그는 술과 사슴고기 안주로 빈객을 대접했다. 공자 집은 서쪽 자리에 앉았다. 두 노인은 건숙 옆에 앉아 질그릇 잔에 술을 따라 서로 권하며 나무젓가락으로 안주를 집어 먹었다. 흔연히 취하고 배불리 먹느라고 날이 저무는 것도 몰랐다.

그날 밤, 공자 집은 초당에서 잤다. 이튿날 아침, 이웃 두 노인이 술 단지를 들고 와 건숙을 전별했다. 전날처럼 술을 마시느라 한참 동안 지체했다. 공자 집은 건병의 재주를 칭찬하고 이번 길에 같이 진나라로 갔으면 좋겠다고 말했다. 건숙이 이를 허락했다. 그는 진목공이 보낸 예물을 이웃 두 노인에게 나눠 주며 부탁했다.

"내 집이나 잘 보살펴 주오. 이번에 가기는 가지만 오래 머물지 않을 것이니 이내 다시 만나게 될 것이오."

그리고는 다시 집안사람들에게 분부했다.

"부지런히 농사에 힘을 써 논밭을 황폐하게 만들어서는 안 된다."

이웃 두 노인은 정중한 태도로 건숙과 작별 인사를 했다. 건숙은 공자 집이 끌고 온 2개의 수레 가운데 한 수레를 탔다. 아들 백을병白乙丙 즉 건병이 그 수레를 몰았다. 공자 집은 다른 수레를 타고 나란히 명록촌을 떠났다.

이들은 밤이 되면 자고 새벽이면 일어나 수레를 몰았다. 이내 먼 길을 여행해 진나라 도성의 교외 가까이에 이르렀다. 공자 집이 먼저 수레를 몰아 궁중으로 들어갔다. 진목공을 배알한 뒤 복명했다.

"건숙 선생은 이미 교외에 당도했습니다. 그의 아들 건병도 뛰어난 장수의 재주인 휘곽지재揮霍之才[1]가 있기에 함께 데리고 왔습니다. 그 역시 기용할 만한 인재입니다."

1 휘곽지재揮霍之才는 민첩하고 신속하게 움직이는 재주를 말한다. 장형張衡의 「서경부西京賦」에 휘곽揮霍 표현이 나온다.

진목공이 크게 기뻐했다. 즉시 백리해로 하여금 교외로 나가 건숙을 영접케 했다.

건숙이 궁으로 들어가자 진목공은 전상殿上에서 뜰에까지 내려와 영접했다. 진목공이 건숙에게 자리를 내주면서 말했다.

"정백이 여러 번이나 선생의 현명함을 말했소. 선생은 무엇으로 과인을 가르쳐 줄 생각이오?"

건숙이 대답했다.

"진나라는 중원에서 멀리 떨어진 서쪽에 위치해 있고, 융적과 이웃하고 있습니다. 지세는 험하고 군사는 강해 나아가면 족히 적과 싸울 수 있고 물러서면 족히 강토를 지킬 수 있습니다. 그런데도 중원과 어깨를 나란히 하지 못하는 것은 주공의 위엄과 덕이 부족하기 때문입니다. 위엄이 없으면 누가 두려워하고, 덕이 없으면 누구를 포용할 수 있겠습니까? 천하가 진나라를 두려워하지 않고 진나라가 천하를 포용할 수 없다면 앞으로 무엇을 갖고 패업을 이룰 수 있겠습니까?"

진목공이 물었다.

"위엄과 덕 가운데 어느 것이 앞서는 것이오?"

건숙이 대답했다.

"덕으로 근본을 삼고 위엄으로 덕의 미진한 부분을 보완해야 합니다. 덕만 있고 위엄이 없으면 나라의 위엄이 깎입니다. 또 위엄만 있고 덕이 없으면 백성들이 안으로 뭉치지 못하고 무너질 것입니다."

진목공이 말했다.

"과인은 덕도 펴고 위엄도 세우고자 하는데 어찌해야만 하오?"

건숙이 대답했다.

"진나라에는 오랑캐 풍속이 섞여 있어 백성들 가운데 예교禮敎를 아는 자가 드뭅니다. 은덕과 위엄이 무엇인지 알지 못하고 귀천도 분명히 구별하지 않고 있습니다. 청컨대 신은 주공을 위해 먼저 교화하고, 연후에 형벌을 엄하게 적용하겠습니다. 교화가 널리 행해지면 백성은 윗사람을 존경할 줄 알게 됩니다. 그런 뒤에 은혜를 베풀어야만 백성들이 감사할 줄 알고, 형벌을 행하면 두려워할 줄 알게 됩니다. 그러면 상하가 손발처럼 서로 제 구실을 할 것입니다. 제나라의 관중도 절도節度와 법제가 엄격한 군대로 천하를 호령하고 그를 대적할 자가 없는 것도 바로 이 때문입니다."

진목공이 물었다.

"실로 선생의 말처럼 하면 가히 천하의 패권을 잡을 수 있겠소?"

건숙이 대답했다.

"그것만으로는 안 됩니다. 무릇 천하를 재패하려면 3가지 사항을 경계해야 합니다. 첫째, 욕심을 버려야 합니다. 둘째, 분노하지 말아야 합니다. 셋째, 조급히 서두르지 말아야 합니다. 욕심이 많으면 잃는 것이 많고, 분노하면 어려워하는 자가 많아지고, 조급히 서두르면 실패가 많아집니다. 무릇 일이란 크고 작은 걸 잘 살펴서 추진해야 합니다. 어찌 욕심을 낼 수 있습니까? 상대와 자신을 저울질해서 경중을 따져야 합니다. 어찌 분노할 수 있습니까? 완급을 감안해 일을 추진해야 합니다. 어찌 조급히 서두를 수 있습니까? 주공이 이 3가지를 경계하면 패업에 가까워질 수 있습니다."

진목공이 다시 물었다.

"실로 훌륭한 말씀이오. 청컨대 선생이 과인을 위해 오늘날의 완급 사항이 어떤 것인지 일러주시기 바랍니다."

건숙이 대답했다.

"진나라는 서융의 이웃에 나라를 세웠습니다. 좋든 싫든 그게 화복禍福의 근원입니다. 이제 제후齊侯는 늙었고, 그의 패업도 시들어 갈 것입니다. 주공은 실로 옹위雍渭[2]의 백성을 잘 위무하십시오. 여세를 몰아 여러 융족을 호령하며 휘하로 부르되 복종치 않는 융족은 정벌하십시오. 융족이 모두 복종하면 강군을 육성하면서 중원의 변화를 기다리십시오. 제나라가 쇠약해지면 그 뒤를 이어 군후의 덕과 대의를 천하에 펴십시오. 그리하면 주공이 설령 패업을 원치 않을지라도 그것을 사양할 수 없는 지경에 이를 것입니다."

진목공이 감탄했다.

"과인이 두 노인장을 얻었는데, 실로 두 분 모두 서민의 장長이 될 만합니다."

그러고는 건숙을 우서장右庶長, 백리해를 좌서장左庶長으로 삼았다. 두 사람의 지위는 모두 상경上卿이다. 진나라 백성들이 두 사람을 통칭해 2명의 재상宰相이라는 취지에서 2상二相이라고 부른 이유다. 진목공은 건숙의 아들 건병에게도 대부 벼슬을 줬다.

'2상'은 함께 정사를 돌보며 법을 세워 백성들을 교화시켰다. 백성의 후생厚生과 나라의 이익을 도모하고 온갖 폐단을 제거했다. 진나라가 크게 다스려진 이유다.

사관이 이를 시로 읊었다.

집과 백리해 건숙이 차례로 천거해	子縶薦奚奚薦叔
진나라 조정에 인재들 모이게 하다	轉相汲引布秦庭
진목공처럼 현사 좋아할 수 있다면	但能好士如秦穆
인재 구할 때 출신과 지체를 따질까	人傑何須問地靈

진목공은 현재賢才가 타국에서 많이 배출되는 것을 알고는 더욱 여러 나라를 두루 살펴 인재를 초빙코자 했다. 공자 집은 진秦나라 출신 서기술

2 옹위雍渭의 옹雍은 진나라 도성인 옹성雍城, 위渭는 옹성 주위를 흐르는 위수渭水를 의미한다. '옹위'는 지금의 섬서성인 관중關中 지역을 달리 표현한 말이다.

백리해가 문빗장의 노래를 듣고 아내를 알다

西乞術[3]이 현명한 것을 알고 천거했다. 진목공은 곧바로 서기술을 등용했다. 백리해는 전부터 진晉나라 출신 유여繇余가 큰 경륜을 품은 인물이란 얘기를 들었다. 진나라 출신인 공손지에게 사적으로 물어보자 공손지가 대답했다.

"유여는 진晉나라에 있을 때 불우했습니다. 지금은 서융에서 벼슬을 살고 있습니다."

백리해가 유여에 대해 탄식하며 아까워했다.

3 서기술西乞術은 자가 서기西乞, 이름이 술術이다. 여기의 기乞는 통상 구할 걸乞의 의미로 사용되나 물건을 주거나 빌려준다는 의미로 사용될 때는 '기'로 읽는다. 서기술뿐만 아니라 『춘추좌전』의 기乞 자가 들어간 인명은 모두 '걸'이 아니라 '기'로 읽는다. 극기郤乞, 진기陳乞, 석기石乞 등이 그 실례이다.

한편 백리해의 아내 두씨는 남편이 출세를 위해 집을 나간 뒤 날마다 길쌈을 하며 근근이 살아갔다. 몇 년 뒤 흉년이 들었다. 두씨는 굶주림을 벗어나기 위해 고향을 떠났다. 임시로 남의 집 행랑에 붙어 지내며 그 집의 일을 도와주는 드난살이로 떠돌아다녔다. 한번 고향을 떠난 두씨는 이리저리 옮겨 다니다가 마침내 유리걸식 끝에 진秦나라로 오게 됐다.

두씨는 삯빨래를 하며 살았다. 백리해의 아들 이름은 시視이고, 자는 맹명孟明이다. 장성했지만 날마다 마을 사람과 함께 사냥이나 하고 씨름놀이만 할 뿐 살림은 거들떠보지 않았다. 두씨가 여러 번 타일렀으나 듣지 않았다.

백리해가 진나라 재상이 되자 두씨는 비로소 남편 이름을 소문에 듣게 됐다. 두씨는 자신의 남편이 아닐까 의심해 몇 번이나 백리해가 타고 가는 수레 안을 바라보았다. 그러나 거리가 멀어 확인할 수 없었다.

그러던 차에 두씨는 백리해의 부중府中에서 여자 빨래꾼을 구한다는 소문을 들었다. 그녀는 자원해 들어갔다. 부중에 들어간 두씨는 다른 여인들보다 부지런히 일했다. 부중 사람들 모두 두씨가 남보다 배나 일을 잘한다고 좋아했다.

하지만 두씨는 한 번도 백리해와 만날 기회를 얻지 못했다. 하루는 백리해가 당상에 나와 앉아 동서 양무兩廡 아래서 악공들이 연주하는 음악을 듣고 있었다. 두씨가 부중 사람에게 말했다.

"노첩老妾이 음악을 자못 음률을 알고 있습니다. 원컨대 저 음악 소리를 들어볼 수 있도록 저를 저곳으로 데려가 주십시오."

부중 사람이 두씨를 이끌고 가서 악공들에게 소개했다.

악공 한 사람이 무슨 악기를 배웠는지 물었다.

두씨가 말했다.

"금琴[4]도 타고 노래도 부릅니다."

악공은 두씨에게 거문고를 내줬다. 두씨가 거문고를 타며 노래하자 노랫소리가 처량하고 한스러웠다. 악공들은 조용히 귀를 기울여 들으며 두런거렸다.

"우리도 그 솜씨에는 미치지 못하겠소."

두씨가 거문고 탄주를 마치자 악공들이 다시 한 번 청했다. 두씨가 말했다.

"노첩은 유리걸식을 하면서 이곳에 왔습니다. 오랫동안 노래를 해본 적이 없어 큰 소리가 안 나옵니다. 원컨대 정경에게 여쭤 당상에 올라가 노래를 할 수 있도록 허락을 받아주십시오."

악공이 이를 백리해에게 다가가 어떤 일의 가부나 의견 따위를 묻는 품稟을 행했다. 백리해가 이를 수락했다. 두씨가 당상에 올라가 기둥 왼쪽에 자리를 잡았다. 두씨가 머리를 다소곳이 숙이고 옷깃을 여미고 단정히 노래를 불렀다.

후대에 '문빗장의 노래'의 뜻인 「염이가扊扅歌」로 널리 알려진 그 노래는 이러했다.

백리해여, 염소 가죽 다섯 장이여	百里奚, 五羊皮
이별하던 그때를 기억할까	憶別時
암탉을 삶고	烹伏雌
누런 시래기 찧으면서	舂黃齏
문빗장으로 불 지핀 그날	炊扊扅
오늘 부귀하니 날 잊었을까	今日富貴忘我爲

4 금琴은 중국 전래의 칠현금七絃琴을 말한다. 엄밀히 말하면 6현六絃으로 된 거문고와 다른 악기이는 하나 여러모로 닮았다. 번역문은 금琴을 모두 '거문고'로 번역해 놓았다.

백리해여, 염소 가죽 다섯 장이여　　百里奚, 五羊皮
아비는 고량진미 먹건만　　父粱肉
자식은 배가 고파 울다　　子啼饑
지아비는 좋은 비단옷 입었건만　　夫文繡
지어미는 삯빨래를 하고 있다　　妻澣衣
슬프다, 부귀하니 날 잊었을까　　嗟乎, 富貴忘我爲

백리해여, 염소 가죽 다섯 장이여　　百里奚, 五羊皮
그 가난하던 시절　　昔之日
그대 떠날 때 난 흐느껴 울었다　　君行而我啼
오늘 이 순간　　今之日
그댄 높이 앉고 난 떨어져 있다　　君坐而我離
슬프다, 부귀하니 날 잊었을까　　嗟乎, 富貴忘我爲

백리해는 그 노래를 듣고 크게 놀란 모습으로 악연愕然히 앉아 있었다. 곧 두씨를 앞으로 불러 자세히 물어보았다. 오랫동안 생이별했던 아내 두씨였다. 백리해와 두씨는 서로 붙들고 통곡했다.

한참 만에 백리해가 물었다.

"우리 아들은 지금 어디 있소?"

두씨가 흐느껴 울며 간신히 대답했다.

"마을사람과 어울려 사냥을 나갔습니다."

백리해는 사람을 시켜 아들을 데려오게 했다. 백리해 부부는 오랜만에 다시 결합했다. 진목공은 백리해가 처자와 만났다는 소식을 듣고 곡식 1천 종鍾과 황금과 비단을 실은 수레 한 대를 이들에게 내렸다. 이튿날 백리해는 아들 맹명시를 이끌고 입궁해 진목공에게 사은했다. 진목공은 맹명시를 대부에 임명하고, 서기술 및 백을병과 함께 장군의 칭호를 내렸다. 이어 이들을 '3수三帥'로 칭하면서 오로지 정벌의 일을 전담케 했다.

52話 진목공이 진보를 포획해 꿈을 증명하다
– 획진보목공증몽獲陳寶穆公證夢

당시 강융姜戎의 군주 오리吾離가 진나라에 복종하지 않은 채 난폭하게 진나라를 침공했다. 진나라의 세 장수가 군사를 이끌고 가서 강융을 정벌했다. 오리는 싸움에서 패하자 진晉나라로 달아났다. 마침내 진秦나라는 과주瓜州 땅을 차지했다.

그 무렵 서융의 군주 적반赤斑이 진秦나라가 자못 강성한 것을 보고는 신하 유여繇余를 진나라에 사자로 보냈다. 그는 떠나는 유여에게 진목공의 사람됨을 살펴보고 오도록 명했다. 유여가 진나라로 오자 진목공이 함께 원유苑囿에서 노닐며 삼휴대三休臺로 올라갔다. 진목공은 누대 위에서 화려한 궁실과 아름다운 원유를 자랑했다.

유여가 물었다.

"군후가 이것들을 만들기 위해 귀신을 부렸습니까, 아니면 사람을 부려 만들었습니까? 귀신을 부렸다면 귀신들이 괴로웠을 것이고, 사람을 부렸다면 백성들이 크게 괴로웠겠습니다."

진목공이 그 말을 괘씸히 여겨 핀잔을 주었다.

"그대 융이戎夷의 나라는 예악과 법도가 없는데 무엇을 갖고 백성을 다스리오?"

유여가 웃고 대답했다.

"중원은 예악과 법도를 내세우고 있으나 사실 이는 중국이 어지럽기에 나온 것입니다. 옛날 성인들은 문자와 법을 만들긴 했어도 백성들과 굳게 약속하고 최소한으로 다스렸습니다. 후대에 이르러서는 사람들이 날로 교만하고 음탕해져 예악의 이름 아래 스스로를 분식粉飾한 것입니다. 또 군주는 법도의 위엄을 빌려 백성들을 감독하고 형벌을 내린 것입니다. 백성들의 원망이 날로 높아가고 신하가 군주를 죽이거나 내쫓는 일이 빚어진 이유입니다. 하지만 융이의 나라는 그렇지 않습니다. 군주가 순후한 덕으로 아랫사람을 대하는 까닭에 아랫사람은 충성과 신의로 군주를 섬깁니다. 위아래가 한결같아 서로 속이는 일이 없고, 해석을 놓고 서로 다투는 문화나 법률도 없습니다. 다스린다는 느낌조차 없습니다. 이것이 바로 지치至治입니다."

진목공이 아무 대답도 못했다. 그는 돌아가서 유여에게서 들은 바를 백리해에게 말했다. 백리해가 대답했다.

"유여는 원래 진晉나라의 현인입니다. 신도 익히 그의 명성을 들어왔습니다."

진목공이 크게 놀라 삼가며 불안해하는 모습으로 축연蹴然히 불쾌한 기색을 드러냈다.

"과인이 듣건대 이웃나라에 성인이 있다는 것은 근심거리라고 합니다. 이제 유여 같은 현자가 서융에 등용돼 앞으로 우리 진나라의 우환이 될 터이니 어찌해야 좋소?"

백리해가 대답했다.

"내사內史 요廖는 기지奇智가 많은 사람입니다. 주공은 그와 함께 상의하십시오."

진목공은 곧바로 내사 요를 불러 이를 상의했다. 요가 말했다.

"융주戎主 적반赤斑은 궁벽하고 황량한 변경에 사는 까닭에 중국의 아름다운 성색聲色을 아직 듣지 못했습니다. 주공이 시험 삼아 그에게 노래를 잘하는 미색을 보내십시오. 적반의 웅지를 미색과 노래로 빼앗으면서 한편으론 우리나라에 와 있는 유여를 붙들어두고 귀국 기일을 어기게 하십시오. 융주 적반이 정사를 게을리 하도록 유도하고, 군신이 서로 의심하게 만들면 그들의 나라도 탈취할 수 있습니다. 하물며 한낱 신하인 유여 한 사람을 취하는 것쯤이야 문제될 게 있겠습니까?"

진목공이 말했다.

"알았소."

이후 진목공은 늘 유여와 자리를 같이 했다. 음식을 먹을 때도 같은 그릇에 먹으면서 자신의 곁을 떠나지 못하게 했다. 유여가 관사에 나가 있을 때는 늘 건숙과 백리해 및 공손지가 번갈아 가면서 그의 짝이 되었다. 이들은 서융의 지형과 험한 곳 및 평탄한 곳에 대해 묻고, 서융 병력의 강약과 허실에 관해 꼬치꼬치 캐물었다. 그 사이 많은 시간이 지났다.

그 사이 진목공은 음악에 능숙한 미녀 6명을 선발한 뒤 내사 요로 하여금 이들 미녀를 이끌고 서융에 보빙報聘 사절로 다녀오게 했다. 내사 요가 서융의 군주 적반에게 이들 미녀를 바쳤다.

융주 적반이 크게 기뻐했다. 낮이면 미녀들의 노래를 듣고, 밤이면 미녀들을 끼고 놀기에 정신이 없었다. 마침내 정사를 멀리했다.

유여는 진나라에 머문 지 1년이 지난 뒤에야 귀국했다. 융주는 그의 귀국이 늦은 것을 의아하게 생각했다. 유여가 해명했다.

"신은 날마다 귀국을 청했으나 진군秦君이 굳이 신을 붙들고 보내주지 않아 귀국이 늦어졌습니다."

그러나 적반은 유여가 두 마음을 품은 것이나 아닌지 의심하며 전처럼 가까이하지 않았다. 유여 또한 적반이 여인과 음악에 빠져 정사를 돌보지 않는 걸 보고 거듭 간하지 않을 수 없었다. 적반은 이를 들으려 않았다.

이 틈을 노려 진목공이 은밀히 사람을 서융으로 보내 유여를 초청했다. 마침내 유여가 서융을 버리고 귀순했다. 진목공이 곧바로 그를 아경亞卿으로 삼은 뒤 건숙 및 백리해와 함께 정사를 돌보게 했다. 상경 다음의 아경이 된 유여는 마침내 진목공에게 서융 정벌의 계책을 고했다.

서기술과 백을병 및 맹명시 등 세 명의 장수가 군사를 이끌고 서융으로 진격했다. 이들은 이미 서융의 지형과 길을 훤히 알고 있었다. 적반은 이들을 대적할 수 없어 이내 항복했다.

후대인이 이를 시로 읊었다.

우공은 간언 안 듣다 포로 되고	虞違百里終成虜
융주는 유여 잃고 나라도 잃다	戎失繇余亦喪邦
현재에게 나라 맡길 수 있으니	畢竟賢才能幹國
제나라와 진나라 강성이 그렇다	請看齊霸與秦强

원래 서융의 군주 적반은 융족의 영수였다. 모든 융족이 그에게 복종하며 그의 지배 아래 있었다. 이들은 적반이 진나라에 항복하고 귀순했다는 소식을 듣자 크게 두려워했다. 진나라에 땅을 바치고 칭신稱臣하는 자들이 속출했다.

진목공은 논공행상을 한 뒤 문무백관을 모아 크게 연회를 베풀었다. 신하들이 번갈아가며 진목공에게 헌수獻壽의 술잔을 올렸다. 잔치가 파하자 진목공은 크게 취해 궁으로 돌아갔다.

환궁 후 침상에 눕자 잠에서 깨어나지 못했다. 궁인들이 크게 놀라 밖에 알렸다. 문무백관이 모두 내궁의 문 앞에 와 안부를 물었다. 태자 앵罃은 곧 태의太醫를 불러 진맥케 했다. 맥박과 호흡은 평상시와 다름이 없었다. 다만 눈을 감고 있고 말과 동작을 하지 못할 뿐이었다.

태의가 말했다.

"이건 아마도 몸에 귀신이 붙은 탓인 듯합니다."

태자 앵이 내사 요에게 명해 기도를 올리게 했다. 내사 요가 말했다.

“이를 시궐尸厥이라고 합니다. 주공은 필시 이상한 꿈을 꾸고 있을 것입니다. 스스로 깨어날 때까지 기다려야 합니다. 놀라게 해서는 안 됩니다. 기도는 무익한 일입니다.”

태자 앵이 침상 곁에서 지켜봤다. 밥 먹을 때나 잠잘 때나 곁을 떠나지 않았다. 5일 만에 비로소 깨어났다. 진목공은 이마에 온통 땀을 비처럼 흘리면서 연거푸 외쳤다.

“괴이하고, 괴이하다!”

태자 앵이 꿇어앉아 물었다.

“군부君父의 기체氣體는 어떻습니까? 어째서 그토록 오랫동안 주무셨습니까?”

진목공이 반문했다.

“잠시 졸았을 뿐이다.”

태자 앵이 말했다.

“주무신 지 5일이 지났습니다. 혹여 이상한 꿈을 꾼 게 아닙니까?”

진목공은 깜짝 놀라 물었다.

“네가 어찌 그걸 아는가?”

태자 앵이 대답했다.

“내사 요가 그렇게 말했습니다.”

진목공이 즉시 내사 요를 탑전榻前에 불러 꿈얘기를 했다.

“과인이 이번에 꿈을 꿨소. 꿈속에 한 부인이 비빈妃嬪처럼 성장하고 나타났소. 용모는 예쁘고 단정하며 살결은 눈처럼 희었소. 손에 하늘이 내린 부적인 천부天符를 쥐고 말하기를, ‘상제의 명을 받들어 그대를 데리러 왔다.’고 했소. 과인이 그 부인의 뒤를 따라갔소. 문득 몸이 구름 속에 있는 듯했소. 앞길은 멀고 아득해 끝이 안 보였소. 그러다가 한 궁궐에 이르렀는데 단청이 현란하고 9척의 옥계玉階 위엔 주렴珠簾이 드리워져 있었소. 부인은

■ 진목공이 진보를 포획해 꿈을 증명하다

과인을 이끌고 층계 밑에 이르자 과인에게 절하라고 했소. 잠시 후 주렴이 걷히면서 전상殿上이 보였소. 기둥은 황금을 박았고 수놓은 비단 휘장은 빛나서 눈이 부셨소. 전각 가운데 한 왕자王者가 면류관을 쓴 채 곤룡포를 입고 구슬로 만든 자리에 앉아 있었소. 좌우 신하들이 시립하고 있어 위의威儀가 자못 대단했소. 왕이 '사례賜禮'를 전명傳命하자 내시 같은 신하가 벽옥碧玉으로 만든 잔에 술을 가득 부어 과인에게 주었소. 술맛과 향기는 비할 바 없이 좋았소. 다시 왕이 간책簡冊 하나를 좌우 신하에게 내리자 곧 당상에서 큰 소리로 과인의 이름을 부르며 말하는 소리가 들렸소. '임호任好는 성지聖旨를 받들라. 너는 진晉나라의 난리를 평정하라.'는 내용이었소. 연거푸 2번이나 분부가 내렸소. 곁에 있던 부인이 다시 과인에게 전상의 왕자에게 사은의 절을 올리게 한 뒤 다시 과인을 이끌고 궐 밖으로 나갔소. 과인이 그 부인에게 이름을 물었더니 그 부인이 대답키를, '첩은 보부인寶夫人입니다. 태백산太白山 서쪽 기슭에 사는데 그 산은 바로 군후의 나라인 진나라 안에 있습니다. 군후는 이런 얘기를 들어본 적이 없는지요? 첩의 지아비는 섭군葉君입니다. 그는 남양南陽 땅에 별거하고 있습니다. 1년 내지 2년에 한 번씩 첩과 만납니다. 군후가 첩을 위해 사당을 지어 주면 첩은 응당 군주로 하여금 패업을 성취해 만세에 이름을 전하도록 돕겠습니다.'라고 했소. 과인이 묻기를, '진晉나라에 무슨 난리가 일어나기에 과인에게 평정의 분부가 나온 것이오?'라고 했소. 보부인이 대답키를, '이는 하늘의 기밀이라 미리 누설할 수 없습니다.'라고 했소. 그때 어디선지 종소리가 울려왔소. 마치 우레 소리처럼 커서 과인은 크게 놀라 깨어나게 됐소. 이게 무슨 징조인지 모르겠소?"

내사 요가 말했다.

"지금 진후晉侯가 여희를 총애한 나머지 태자 신생을 멀리하고 있습니다. 어찌 변란이 일어나지 않을 리 있겠습니까? 천명이 주공께 내렸으니 이는 주공의 복입니다."

진목공이 다시 물었다.

"보부인은 어떤 여인이오?"

내사 요가 대답했다.

"신은 이같이 들었습니다. 선군인 진문공秦文公 때 진창陳倉 사람이 땅속에서 이상한 물건 하나를 잡았습니다. 형태가 마치 볼록한 주머니 같고, 빛깔은 황백색이고, 꼬리는 짧고, 발은 6개 달렸고, 주둥이는 날카로웠습니다. 진창 사람이 그 짐승을 선군께 바치려고 가던 도중 길에서 두 동자를 만났습니다. 두 동자는 진창 사람에게 끌려가는 짐승을 보자 서로 손뼉을 치고 웃으며 말하기를, '네가 죽은 사람을 학대하더니 이제 산 사람의 손에 붙들렸구나!'라고 했습니다. 진창 사람이 그 말의 뜻을 묻자 두 동자가 대답키를, '이는 위猬라는 짐승이오. 땅 속에 살며 시체의 뇌수腦髓만 파먹고 삽니다. 사람의 정기를 얻어 능히 사람으로 변할 수 있습니다. 그대는 저 짐승을 신중히 다뤄야 합니다.'라고 했습니다. 그러자 그 위란 짐승이 주둥이를 벌리고 능히 사람의 말을 하더랍니다. 사람의 말로 이르기를, '저 두 동자는 사람이 아니오. 하나는 암컷이며 하나는 수컷이오. 이들의 이름은 진보陳寶라고 하오. 돌로 만든 꿩의 정기精氣요. 진보의 수컷을 얻는 자는 왕자王者, 암놈을 얻은 자는 패자霸者가 되오.'라고 했습니다. 진창 사람이 이내 위라는 짐승을 버리고 두 동자를 잡으려고 쫓아갔습니다. 두 동자가 문득 꿩으로 변해 날아갔습니다. 진창 사람이 이를 선군께 고하자 선군은 이 사실을 간책簡冊에 기록해 두라고 명했습니다. 그 기록이 지금도 내부內府에 있고, 내사인 신이 이를 관장하고 있습니다. 간책을 열어 보면 그 내용을 알 수 있습니다. 진창산은 바로 태백산 서쪽에 있습니다. 주공이 시험 삼아 두 산 사이에 가서 사냥을 하며 꿩의 자취를 찾아보십시오. 그러면 이번 꿈의 징조를 밝힐 수 있을 것입니다."

진목공은 선조인 진문공 때 일을 적어놓은 간책을 가져오게 했다. 읽어 보니 과연 내사 요의 말과 같았다. 곧 내사 요에게 자신이 꾼 꿈도 자세히 기록해 내부에 함께 보관케 했다.

이튿날 진목공이 문무백관의 조례를 받았다. 신하들이 진목공의 몽조夢兆를 칭하했다. 진목공이 명했다.

"태백산 기슭으로 사냥을 갈 수 있게 속히 준비토록 하라."

진목공 일행이 먼 길을 굽이굽이 달려 태백산 서쪽으로 갔다. 진창산에 도달할 무렵 몰이꾼들의 그물에 꿩 한 마리가 걸렸다. 온 몸이 옥빛이었다. 흠 하나 없었고 광채가 사람의 눈을 쏘았다. 그 꿩은 잡히자마자 돌 꿩인 석계石鷄로 변했다. 광채는 변하질 않았다. 몰이꾼들은 곧바로 그 석계를 진목공에게 바쳤다.

내사 요가 축하했다.

"이것이 바로 보부인寶夫人입니다. 암컷을 얻는 자는 패자霸者가 된다고 했으니 이 어찌 길조가 아니겠습니까? 주공은 응당 진창산에 보부인의 사당을 세우십시오. 틀림없이 보부인이 내리는 복을 받을 것입니다."

진목공이 크게 기뻐했다. 곧 그 석계를 난초 달인 물로 목욕시키고, 비단 이불에 싸서 옥궤에 담았다. 그날로 목공들을 불러 모은 뒤 목재를 베어 산 위에 사당을 세우게 했다.

진목공은 석계를 모신 사당의 이름을 보부인사寶夫人祠로 짓고, 진창산의 이름을 보계산寶鷄山으로 고쳤다. 유사有司를 둔 뒤 1년에 춘추로 2번 제사를 지내게 했다. 제사를 올리는 날이면 새벽마다 산 위에서 꿩 우는 소리가 들렸다. 3리 밖에서도 들릴 정도였다.

간혹 1년 또는 2년에 한 번씩 보계산 위에서 길이가 10여장 되는 붉은 빛이 일어나면서 우레 소리가 은은히 들려왔다. 보부인의 남편인 섭군葉君이 찾아온 것을 의미하는 것이었다. 섭군은 수꿩의 정精이다. 보부인이 진목공의 꿈속에서 말한 것처럼 그 수꿩은 남양南陽 땅에서 따로 떨어져 살고 있었다.

그로부터 4백여 년 뒤 유수劉秀가 남양 땅에서 태어난 뒤 전한을 찬탈해 신新나라를 세운 왕망王莽을 죽이고 유씨 천하를 회복하며 후한의 광무제光武帝가 됐다. '진보의 수컷을 얻는 자는 왕자王者가 된다.'는 조짐이 그대로 들어맞은 셈이다.

끝내 진목공이 진晉나라의 변란을 어떻게 평정할 것인지 알고자 하면 다음 회를 보라.

제27회

53話 여희가 교계를 써 신생을 죽이다
– 여희교계살신생驪姬巧計殺申生

진헌공은 우나라와 괵나라를 병탄한 뒤 신하들로부터 경하를 받았다. 오직 여희만은 내심 울울불락鬱鬱不樂했다.

그녀는 원래 태자 신생에게 괵나라 정벌을 맡겨 이기거나 지거나 계책을 써 제거코자 했으나 이극이 신생 대신 가 성공을 거둔 탓이다. 당분간은 신생을 제거할 구실을 찾기가 어렵게 됐다.

여희가 다시 계책을 마련키 위해 배우 시를 불렀다.

"이극은 신생의 일당이오. 그의 공이 크고 지위가 높아 대적할 길이 없소. 어찌해야 하오?"

배우 시가 계책을 말했다.

"순식荀息은 백벽 한 개와 명마 한 필로 우나라와 괵나라를 멸했습니다. 그의 지혜는 이극보다 낫고, 그의 공훈 또한 이극의 밑에 있다고 할 수 없습니다. 순식을 해제와 탁자의 스승으로 삼을 수만 있다면 이극을 대적하고도 남습니다."

여희는 진헌공에게 청해 마침내 순식을 해제와 탁자의 스승으로 삼았다.

하루는 여희가 다시 배우 시를 불렀다.

"순식은 이제 우리 당여黨與가 됐소. 하지만 이극이 틀림없이 우리의 모든 계책을 간파할 것이오. 어찌해야 이극을 제거할 수 있겠소? 이극만 제거하면 태자 신생도 우리 뜻대로 도모할 수 있을 것이오."

배우 시가 말했다.

"이극은 겉으로는 강경하지만 속으로는 여러 사항을 많이 고려顧慮하는 사람입니다. 실로 이해를 따져서 그의 마음을 움직이면 틀림없이 한쪽으로 치우치지 않으려고 중립의 태도를 취할 것입니다. 그리되면 그를 우리 편으로 거둬 쓰는 것이나 다름없습니다. 그는 술을 좋아합니다. 부인은 어린 양고기를 장만해 주십시오. 내가 그의 집에 가서 술을 마시면서 그의 마음이 어떤지 떠보겠습니다. 그가 우리 편에 들어오면 그건 부인의 복입니다. 또 들어오지 않으면 나는 한낱 광대인 까닭에 장난조로 말했다고 하면 그뿐입니다. 저에게 무슨 죄를 물을 수 있겠습니까?"

여희가 기뻐했다.

"좋은 계책이오."

그러고는 배우 시에게 술과 많은 음식을 만들어 주었다. 배우 시가 이극을 만나 말했다.

"대부는 이번에 우나라와 괵나라 사이를 달리느라 노고가 많았습니다. 제가 대부에게 술 한 잔을 올리고 싶습니다. 틈을 내주면 대부를 찾아뵙고 즐거운 한때를 갖고자 하는데, 어떻습니까?"

이극이 허락했다. 배우 시는 하인들을 시켜 술과 음식을 이극의 집으로 옮기게 했다. 이극은 그의 내자內子[1] 맹孟과 함께 서쪽에 앉아 빈객노릇을 했다. 비록 자신의 집이지만 대접을 받는 쪽이 자신이기 때문에 그리한 것이다. 배우 시는 이극 내외에게 재배한 뒤 술잔을 올렸다. 이어 이극 옆에 앉아 시음侍飮을 하면서 익살과 우스갯소리로 이극의 마음을 흡족하게 했다.

술이 얼큰해졌을 때 배우 시가 일어나 춤을 추며 이극에게 헌수獻壽했다. 이어 이극의 내자 맹에게 말했다.

"내주內主는 저에게 술 한 잔과 안주 한 점만 먹여주십시오. 제가 요즘 새로 지은 노래가 있습니다. 내주를 위해 그 노래를 부르겠습니다."

이극의 내자 맹이 무소뿔로 만든 잔인 시굉兕觥에 술을 가득 부어 건네주고 이어 안주로 어린 양의 비장脾臟을 집어주면서 물었다.

"새 노래의 제목이 무엇이오?"

배우 시가 대답했다.

"제목은 한가롭게 즐긴다는 뜻의 「가예暇豫」입니다. 대부가 노래의 뜻을 알고 군주를 섬기면 가히 부귀를 보전할 수 있을 것입니다."

그러고는 목을 가다듬어 노래를 불렀다. 가사는 이러했다.

한가히 노닐며 안 친해지니	暇豫之吾吾兮
어리석은 까마귀만도 못하다	不如烏烏
모두 울창한 나무에 있는데	衆皆集於菀兮

1 내자內子는 『춘추좌전』「노희공 24년」조에 따르면 원래 경대부卿大夫의 부인을 말한다. 『안자춘추』에는 남의 처妻를 지칭하는 용어로 나온다. 청나라 때의 유월兪樾은 『소부매한화小浮梅閒話』에서 자신의 처에 대한 통칭으로 사용했다. 현재는 자신의 부인을 지칭할 때만 사용된다.

너만 홀로 고목에 남아 있다　　爾獨於枯
울창한 나무 더욱 무성한데　　菀何榮且茂兮
메마른 나무 도끼날 부르다　　枯招斧柯
이제 도끼날 이르게 됐으니　　斧柯行及兮
너와 메마른 나무 어찌되나　　奈爾枯何

노래가 끝나자 이극이 웃으며 물었다.

"울창한 나무와 메마른 나무는 각각 무엇을 의미하는 것이오?"

배우 시가 대답했다.

"사람에 비유한 말입니다. 그 어미가 정부인이 되고 그 아들이 군주가 되면 이는 뿌리가 깊고 가지가 무성하다고 할 수 있습니다. 중인衆人을 상징하는 중조衆鳥들이 나무에 의탁할 것입니다. 그게 바로 울창한 나무인 원목菀木입니다. 만일 그 어미가 이미 죽어 없고 그 아들마저 비방을 받는다면 앞으로 재앙이 이를 것입니다. 이는 뿌리가 흔들리고 잎이 떨어지는 나무와 같아 중조가 모이지 않을 것입니다. 그것이 바로 메마른 나무인 고목枯木입니다."

배우 시는 말을 마치고 집으로 돌아갔다. 이극은 배우 시가 돌아간 후 뭔가 불만스러워 즐겁지 않은 앙앙불락怏怏不樂의 모습이었다. 술상을 치우게 한 뒤 곧바로 서방書房에 들어갔다. 홀로 서방 앞뜰을 거닐며 오랫동안 배회했다. 그날 저녁 이극은 저녁밥도 먹지 않은 채 등불을 밝히고 자리에 누웠다. 이불속에서 이리저리 돌아눕는 전전반측輾轉反側만 할 뿐 도무지 잠을 이루지 못했다. 이리도 생각하고 저리도 생각하며 이같이 판단했다.

'배우 시는 군주와 여희로부터 안팎으로 총애를 받아 궁금宮禁을 마음대로 출입하고 있는 자다. 오늘 노래는 내게 말하고 싶은 게 있어 부른 게

여희가 교계를 써 신생을 죽이다

분명하다. 그는 하고 싶은 말을 다하지 못한 것 같으니 날이 밝는 대로 찾아가 물어보리라.'

한밤중이 되자 마음이 다급해져 도무지 잠을 이룰 수 없었다. 마침내 한밤중인데도 좌우 시종에게 분부했다.

"지금 당장 배우 시의 집으로 가서 그를 은밀히 불러오도록 해라. 내가 급히 물어볼 말이 있다고 전해라."

배우 시는 이극의 전갈을 받고 그 까닭을 짐작했다. 급히 의관을 갖추고 심부름 온 사람의 뒤를 따라 이극의 집으로 갔다. 그는 이극의 침소로 들어갔다. 이극이 배우 시를 침상 곁으로 불러앉히고 손으로 그의 무릎을 어루

만지며 물었다.

"아까 낮에 그대가 말한 완목과 고목에 관한 얘기는 내가 대강 짐작은 하겠소. 혹여 곡옥에 있는 태자의 일이 아니오? 그대는 필시 들은 바가 있을 터이니 숨기지 말고 자세히 말해보시오. 한 가지라도 숨겨서는 안 되오."

배우 시가 말했다.

"오래전부터 말씀드리려 했습니다. 다만 대부가 태자 신생의 스승이기에 감히 바로 말씀드리지 못했습니다. 혹여 대부가 제 말씀을 괴이하게 여길까 두렵기도 했습니다."

이극이 말했다.

"나로 하여금 미리 재앙을 면하게 해준다는 것은 그대가 나를 아낀다는 증거요. 내가 어찌 그대를 괴이하게 여기겠소?"

배우 시가 이극의 베개 곁에 다가가 머리를 숙이고 속삭였다.

"주공은 이미 군부인君夫人에게 태자 신생을 죽이고, 부인의 아들 해제를 내세우기로 약속했고, 계책도 세워 놓았습니다."

이극이 물었다.

"그 기도를 막을 수 없겠소?"

배우 시가 대답했다.

"대부는 군부인이 주공의 마음을 사로잡고 있고, 중대부中大夫 양오와 동관오 두 사람이 주공의 총애를 받고 있다는 것도 잘 아실 것입니다. 군부인은 안에서, 두 중대부는 밖에서 태자 교체를 주장하고 있습니다. 설령 누가 제지코자 한들 과연 그리할 수 있겠습니까?"

이극이 말했다.

"주공의 명을 좇아 태자를 죽이는 것도 내가 차마 못할 일이고, 태자를 도와 주공에게 대항하는 것도 내가 차마 감당할 수 없는 일이오. 내가 중립에 서서 아무 편에도 들지 않으면 가히 그 재앙에서 벗어날 수 있겠소?"

배우 시가 대답했다.

"가합니다."

배우 시가 물러가자 이극은 잠을 이루지 못하고 아침이 되길 기다렸다. 그는 왕년에 태복 곽언郭偃이 자기에게 한 말을 적어둔 간책을 꺼내 읽었다. 손가락을 꼽아보니 올해가 바로 그로부터 10년째 되는 해였다. 곽언은 10년 안에 진晉나라가 혼란에 빠진다고 했다. 이극이 탄식했다.

"복서卜筮의 이치가 어찌 이토록 신통한 것인가!"

이튿날 아침, 이극이 대부 비정보丕鄭父[2]의 집으로 갔다. 이극이 비정보에게 좌우를 내보내도록 한 뒤 말을 꺼냈다.

"태복 곽언과 태사 소蘇의 말이 오늘날 맞아 들어가는 것 같소."

비정보가 물었다.

"무슨 소문이라고 들었습니까?"

이극이 대답했다.

"지난밤에 배우 시가 내게 와서 말하기를, '주공이 앞으로 태자를 죽이고 해제를 세우고자 한다.'고 했소."

비정보가 물었다.

"대부는 그 말에 뭐라고 대답했소?"

이극이 대답했다.

"나는 중립을 지키겠다고 했소."

비정보가 말했다.

"대부의 말은 타오르는 불 속에 섶을 더 넣은 격이오. 그대는 겉으로라도 여희 일당을 불신하는 모습을 보여야 했소. 그랬으면 이들은 내심 이를

2 비정보丕鄭父를 두고 『춘추좌전』은 '비정보'와 '비정丕鄭'을 혼용하고 있다. 『사기』는 오직 '비정'으로만 표기해 놓았다. 보父는 남성의 미칭美稱인 보甫의 의미로 사용된 듯하다. 원래의 이름은 '비정'으로 보는 게 합리적이다.

꺼려 음모를 늦추려고 했을 것이오. 그대는 그 틈을 타 태자의 당여黨與를 많이 심어 태자의 위치를 견고히 만든 뒤 주공에게 바른 말로 간해 주공의 그릇된 마음을 바꿔 놓아야 했소. 그래야만 올바른 행동을 취했다고 말할 수 있소. 설령 그리했을지라도 이 일의 성패를 쉽게 짐작할 수 없는 게 현재 진나라 조정의 상황이오. 이제 그대가 중립을 취하면 태자는 더욱 외로워질 것이오. 진나라의 화난은 선 자리에서 기다릴 수 있을 정도로 빨리 닥칠 것이오."

이극이 발을 굴리며 안타까워했다.

"애석하다, 어째서 이 일을 그대와 함께 일찍 상의하지 않은 것인가?"

이극은 비정보와 작별한 뒤 수레를 타고 돌아오는 길에 짐짓 수레 밑으로 떨어졌다. 이튿날 이극은 다리를 다쳐 걸을 수 없다는 핑계를 대고 조회에 나가지 않았다.

사신이 시를 지어 이를 탄식했다.

광대가 잔치 차리고 춤을 추니	特羊具享優人舞
노래 한마디로 태자를 폐립하다	斷送儲君一曲歌
대신에게 식견 없음을 비웃으니	堪笑大臣無遠識
중립으로 혼란 자초하게 그렇다	卻將中立佐操戈

당시 배우 시는 이극의 집에서 돌아오자마자 즉시 여희에게 그 일을 보고했다. 여희가 크게 기뻐했다. 그날 밤, 여희가 진헌공에게 말했다.

"태자가 곡옥에 가 있은 지도 꽤 오래됐습니다. 군후는 어째서 한 번도 부르지 않는 것입니까? 태자에게 사자를 보내 첩이 태자를 보고 싶어 한다고 전해 주십시오. 첩은 태자에게 덕을 베풀어 단석간旦夕間[3]에라도 태자와 관련한 모함에서 벗어나고자 합니다. 어찌 생각하십니까?"

진헌공은 이를 좇아 태자 신생을 소환했다. 신생은 부름을 받고 곧바로 곡옥을 떠나 도성인 강성絳城으로 돌아왔다. 진헌공을 재배하고 알현한 뒤 내궁으로 들어가 여희에게 인사했다. 여희가 잔치까지 베풀고 신생을 극진히 대접했다. 여희의 태도는 극히 살가웠다.

이튿날 신생은 다시 궁궐에 들어가 어제의 환대에 사례했다. 여희는 신생을 붙들어 앉히고 후히 대접한 뒤 돌려보냈다.

그날 밤, 여희가 진헌공 앞에서 눈물을 흘리며 하소연했다.

"첩은 태자의 마음을 돌려 세우기 위해 부르게 했고 예의를 갖춰 극진히 대접했습니다. 그런데 뜻밖에도 태자는 더욱 무례하게 굴었습니다."

진헌공이 물었다.

"어떻게 무례하게 굴었단 말이오?"

여희가 대답했다.

"첩이 오늘 태자에게 오찬을 대접했습니다. 태자는 술을 청해 마시고 얼큰히 취하더니 첩에게 말하기를, '아버님은 늙었소. 젊은 어머니 마음은 어떻소?'라고 했습니다. 첩은 화가 나 대답하지 않았습니다. 그러자 또 말하기를, '옛날 우리 할아버지는 늙게 되자 소실인 나의 모친 강씨를 부친에게 내줬습니다. 이제 나의 부친도 늙었으니 틀림없이 물려 줄 것이 있을 터이니 그것을 받을 사람이 아들인 내가 아니고 누구이겠소?'라고 했습니다. 그러고는 앞으로 다가와 첩의 손을 잡으려고 했습니다. 첩은 이를 뿌리치고 간신히 욕을 면했습니다. 만일 주공이 첩을 믿을 수 없다면 첩이 시험 삼아 태자와 함께 궁원에서 놀 때 누대 위에서 이를 지켜보십시오. 틀림없이 그런 모습을 보게 될 것입니다."

진헌공이 대답했다.

3 단석간旦夕間은 '아침저녁 사이'의 뜻으로 시기나 상태 따위의 위급함이 절박한 상황을 가리킨다. 조석간朝夕間과 같다.

"그리 하겠소."

날이 밝자 여희는 신생을 불러 내궁의 궁원을 함께 거닐었다. 여희는 미리 머리에 꿀을 발라뒀다. 벌과 나비들이 그 꿀 냄새를 맡고 분분히 모여들었다. 여희가 신생에게 말했다.

"태자는 어째서 나를 위해 이 벌과 나비들을 쫓아주지 않는 것이오?"

신생은 멋도 모르고 여희의 뒤를 따라가며 소매로 열심히 여희의 머리에 모여드는 벌과 나비를 쫓았다. 당시 진헌공은 멀리 누대 위에서 이를 보고는 신생이 여희에게 해괴한 희롱을 하는 것으로 생각했다.

대로한 진헌공이 곧바로 신생을 잡아들여 죽이려고 했다. 여희가 무릎을 꿇고 고했다.

"첩이 태자를 불러오게 했는데 지금 그를 죽이면 이는 첩이 태자를 죽인 게 됩니다. 이 일은 궁궐 안에서 일어나 애매한 일인 까닭에 바깥사람들은 그 진상을 알지 못합니다. 군후는 잠시 참도록 하십시오."

진헌공이 곧 신생을 곡옥으로 돌려보냈다. 이어 사람을 시켜 은밀히 신생의 다른 죄과를 찾아내게 했다.

며칠 뒤 진헌공이 적환翟桓 땅으로 사냥을 나갔다. 여희는 배우 시와 은밀히 상의한 뒤 사자를 곡옥의 신생에게 보냈다. 사자가 신생에게 말했다.

"주공이 꿈을 꿨는데 태자의 친모인 제강齊姜이 나타나 말하기를, '첩이 굶주리고 있는데도 받아먹을 음식이 없소.'라고 했답니다. 저에게 명하기를, '속히 태자에게 가서 제강에게 제사를 지내라고 전하라.'고 했습니다."

당시 제강의 사당은 곡옥 땅에 따로 설치돼 있었다. 사자의 전갈을 받은 신생이 제물을 갖추고 제강에게 제사를 지냈다. 전례에 따라 제사를 지낸 조육胙肉을 진헌공에게 보냈다. 지방으로 사냥을 나간 진헌공이 아직 돌아오지 않은 까닭에 궁인들은 조육을 궁중에 그대로 놓아두었다. 6일 뒤 진헌공이 회궁回宮했다. 그 사이 여희는 조육에 독약을 뿌려두고, 조육과 같이 보낸 제주祭酒에는 짐새의 독으로 만든 짐독鴆毒을 넣었다. 이를 진헌공에게 바치며 말했다.

"군후가 사냥을 나간 사이 첩의 꿈에 제강이 나타나 배가 고파 견딜 수 없다고 호소했습니다. 이를 태자에게 전하고 제사를 지내도록 했습니다. 태자가 조육과 제주를 보내왔습니다. 군후에게 올리려고 그 동안 간직해 두었습니다."

진헌공이 술잔을 들어 마시려는데 여희가 무릎을 꿇고 말했다.

"밖에서 온 술과 음식이니 불가불 시식해야 합니다."

진헌공이 말했다.

"그렇게 하시오."

여희가 내시를 시켜 그 술을 땅에 붓게 했다. 땅바닥이 대뜸 부풀어 올랐다. 크게 놀란 진헌공은 곧바로 개를 불러 조육을 던져 줬다. 개가 먹고는 그대로 쓰러져 죽었다. 여희가 믿을 수 없다는 표정을 지으며 어린 내시를 불러 맛을 보도록 했다. 어린 내시가 먹으려 하지 않자 억지로 술과 고기를 먹였다. 술과 고기가 어린 내시의 목구멍으로 넘어가자마자 몸의 일곱 구멍으로 피를 흘리며 죽어 자빠졌다.

여희가 크게 놀란 체하며 당 아래로 뛰어 내려가서 외쳤다.

"하늘이여, 하늘이여! 이 나라는 본래 태자의 나라이고 군부君父도 늙은 마당에 얼마 안 되는 그 동안을 기다리지 못하고 기어코 군부君父를 시해하려는 것인가!"

말을 마치고는 두 줄기 눈물인 쌍루雙淚를 하염없이 흘렸다. 여희가 다시 진헌공 앞에 꿇어 엎드리면서 목멘 소리로 호소했다.

"태자가 이런 짓을 하는 것은 모두 우리 모자 때문입니다. 원컨대 주공은 이 술과 고기를 첩에게 내리십시오. 첩은 차라리 군후 대신 죽어 태자의 마음을 기쁘게 해주겠습니다."

그러고는 그 술을 마시려고 덤벼들었다. 진헌공이 그 술을 뺏어 땅에 쏟아버리면서 기가 막혀 말을 하지 못했다. 여희가 땅바닥에 쓰러져 통곡하면서 크게 원망했다.

"태자는 실로 모질구나! 부친마저 시해하려 드니 하물며 다른 사람이야 말할 게 있겠는가? 전에 군후가 태자를 폐하려고 했을 때도 첩이 말렸고, 궁원에서 희롱했을 때도 군후가 죽이려는 것을 내가 애써 살려줬는데 이젠 군후까지 해치려 드니 첩이 군후에게 잘못 말한 죄가 너무 크구나!"

진헌공이 한동안 말을 하지 못하다가 두 손으로 여희를 일으키면서 비로소 입을 열었다.

"그대는 그만 일어나시오. 고孤가 응당 이 일을 여러 대부들에게 알리고 그 적자賊子를 참하고 말겠소."

곧 조당에 나가 모든 대부들을 불러오게 했다. 대부 호돌狐突은 오래전부터 두문불출한 까닭에 나오지 않았다. 대부 이극은 다리를 다쳤다는 핑계를 대고 나오지 않았다. 대부 비정보는 마침 타관에 가 있어 나오지 못했다. 나머지 대부들은 모두 조당朝堂에 모였다.

진헌공이 먼저 태자 신생이 역모를 꾀하고 있다고 말했다. 신하들은 진헌공이 오래 전부터 태자를 폐하려고 했던 것을 알고 있었다. 서로 얼굴만 쳐다볼 뿐 감히 입을 열지 못했다.

동관오가 나서 말했다.

"태자 신생은 실로 무도합니다. 청컨대 신이 주공을 위해 역모를 꾀한 그의 죄를 벌하겠습니다."

진헌공이 동관오를 대장, 양오를 부장을 삼은 뒤 병거 2백 승을 내주며 곡옥을 치게 했다. 진헌공은 두 장수에게 이같이 당부했다.

"태자는 여러 차례 군사를 이끌고 참전한 까닭에 용병을 잘하오. 마땅히 조심해야 할 것이오."

대부 호돌은 비록 두문불출하고 있었으나 일이 있을 때마다 은밀히 사람을 시켜 조당의 일을 알아오게 했다. 그는 동관오와 양오가 병거를 점검하고 있다는 소식을 듣고는 틀림없이 곡옥을 치러 가리라는 것을 알았다. 곧 사람을 곡옥으로 보내 태자 신생에게 이를 알렸다. 신생이 태부太傅 두원관杜原款에게 고하자 두원관이 말했다.

"조육胙肉을 궁중에 6일간 두었으니 그 사이 누가 독을 푼 게 분명합니다. 태자는 반드시 군부에게 서장書狀을 올려 무고함을 해명하십시오. 신하들 가운데 어찌 태자를 돕는 자가 없겠습니까? 팔짱을 끼고 있다가 죽음을 맞는 속수취사束手就死를 당할 순 없습니다."

신생이 대답했다.

"부친은 여희가 아니면 기거하되 편하지 않고, 음식을 먹어도 배부르지 않다고 합니다. 내가 스스로 해명에 나섰다가 무고함을 밝히지 못하면 죄만 더 짓게 됩니다. 다행히 나의 무고함이 밝혀질지라도 부친이 여희를 사랑하는 터에 어떻게 죄를 다스리겠습니까? 공연히 그 일로 부친의 마음만 상하게 할 뿐입니다. 어느 경우든 부친의 마음만 상하게 만드는 것입니다. 차라리 내가 죽느니만 못합니다."

두원관이 권했다.

"그렇다면 다른 나라로 출분出奔했다가 후일을 도모하는 게 어떻습니까?"

신생이 사양했다.

"부친이 자식의 무죄를 살피지 못해 치려는 터에 자식이 부친을 시해하려 했다는 죄명을 쓰고 출분하면 세인들이 앞으로 그 자식을 올빼미인 치효鴟梟처럼 불효한 자식이라고 비난할 것입니다. 또 출분할지라도 모든 잘못을 부친에게 돌린다면 이는 부친을 폄훼하는 일이 됩니다. 사리가 그런데도 신하이자 자식인 신자臣子가 군주이자 부친인 군부君父의 잘못을 천하에 퍼뜨리면 열국의 제후의 웃음거리가 될 것입니다. 안으로 부모에게 곤욕을 당하고 밖으로 제후들에게 곤욕을 당하면 이는 2중의 곤욕인 중곤重困이 됩니다. 신하인 내가 죄를 벗어나기 위해 군주를 버리면 죽음이 두려워 달아났다는 누명만 쓰게 됩니다. 내가 듣건대, '인자仁者는 군주를 미워하지 않고, 지자智者는 2중의 곤욕인 중곤을 당하지 않고, 용자勇者는 죽음을 피하지 않는다.'고 했습니다."

그러고는 곧 붓을 들어 대부 호돌에게 보내는 서신을 썼다.

> 신생에게 죄가 있어 감히 죽음을 마다할 수 없습니다. 비록 그러하나 군부는 늙고 해제와 탁자는 어린 까닭에 나라에 많은 어려움이 닥칠 듯합니다. 백씨伯氏는 힘써 나라를 보필해 주십시오. 신생은 비록 죽으나 백씨의 은혜를 입은 바가 실로 많았습니다.

그러고는 군부인 진헌공이 머무는 북쪽을 향해 재배한 뒤 목을 매고 자진했다.

신생이 죽은 이튿날 동관오가 군사를 이끌고 곡옥 땅에 당도했다. 동관오는 신생이 이미 죽은 걸 알고는 두원관만 붙잡아 수거囚車에 싣고 돌아온 뒤 이같이 보고했다.

"태자는 자신의 죄를 피할 길이 없다는 걸 알고 자진했습니다."

진헌공은 두원관에게 태자의 죄를 밝히도록 했다. 두원관이 크게 울부짖었다.

"하늘이여, 원망스럽다! 이 두원관이 죽지 않고 짐짓 포로가 된 것은 억울하게 죽은 태자의 결백한 마음을 밝히기 위한 것이다. 조육을 6일 동안 궁중에 놓아두었으니 누가 독을 넣어 변하지 않을 리 있겠는가?"

여희가 병풍 밖으로 나오면서 급하게 명했다.

"이번 일은 두원관이 태자를 잘못 보도輔導한 탓이다. 어째서 그를 빨리 죽이지 않는 것인가?"

대로한 진헌공이 역사力士에게 명해 구리망치인 동추銅鎚로 두원관의 머리를 내리치게 했다. 두원관의 머리가 깨져 즉사했다. 신하들 모두 이 참혹한 광경을 보고 암암리에 눈물을 흘렸다.

54話 진헌공이 죽으며 순식에게 후사를 맡기다
– 헌공임종촉순식獻公臨終囑荀息

며칠 뒤 동관오와 양오가 배우 시를 불러다 놓고 말했다.

“공자 중이重耳와 공자 이오夷吾는 죽은 태자 신생과 한 몸이라고 할 수 있다. 신생은 죽었으나 두 공자가 아직 살아 있어 커다란 걱정이오.”

배우 시가 여희에게 두 공자도 잡아들여 제거해야 한다고 고했다. 그날 밤, 여희가 진헌공에게 울며 호소했다.

“첩이 들으니 중이와 이오도 신생과 함께 이번 음모에 가담했다고 합니다. 태자가 죽자 두 공자는 첩에게 그 죄를 뒤집어씌운 뒤 날마다 군사를 훈련하면서 도성을 습격해 첩을 죽이고 대사를 도모하겠다고 한답니다. 군후도 불가불 자세히 살펴야 할 것입니다.”

그러나 진헌공은 내심 ‘설마’ 하며 믿지 않았다. 이튿날 아침, 근신近臣이 보고했다.

“포蒲와 굴屈 땅의 두 공자가 근친覲親하러 오다가 태자 신생의 변을 듣고는 곧바로 수레를 돌려 돌아갔다고 합니다.”

진헌공이 말했다.

“나를 보러 왔다가 하직 인사도 하지 않은 채 돌아갔다면 신생의 음모에 가담했다가 그 음모가 탄로 난 것을 알았기 때문일 것이다.”

곧 시인寺人 발제勃鞮에게 명해 군사를 이끌고 포 땅으로 가 공자 중이를 사로잡아 오게 했다. 또 대부 가화賈華에게도 군사를 이끌고 굴 땅으로 가 공자 이오를 잡아 오게 했다.

대부 호돌이 차자인 호언狐偃을 불러 말했다.

"공자 중이는 늑골이 통뼈이고 눈 하나에 동자가 두 개씩 있는 이른바 변협중동騈脅重瞳[4]의 귀상을 하고 있다. 생김새가 괴위魁偉하고 본바탕이 현명하니 훗날 큰일을 이룰 것이다. 더구나 신생이 이미 죽었으니 그 다음은 응당 중이의 차례가 되어야 한다. 너는 속히 포 땅으로 가서 공자 중이를 도와 타국으로 피신시켜라. 네 형인 호모狐毛와 함께 지성껏 섬겨 훗날의 거사를 도모해야 한다."

호언은 부친인 호돌의 분부를 받고 형인 호모와 함께 밤새 지금의 섬서성 습현 서북쪽의 포성蒲城으로 달려가 중이에게 몸을 맡겼다. 중이는 발제가 군사를 이끌고 자신을 잡으러 온다는 소식을 듣고 크게 놀랐다. 곧 모씨 형제와 함께 타국으로 출분할 일을 논의하는 와중에 발제의 군사가 성 밖에 당도했다. 수문장이 성을 닫고 발제의 군사와 싸우려 하자 중이가 분부했다.

"군부의 명을 거역해서는 안 된다. 성문을 닫지 마라."

성문이 열리자 발제의 군사가 중이의 집을 에워쌌다. 중이는 호모 형제와 함께 황급히 후원 쪽으로 달아났다. 발제가 칼을 뽑아들고 이들의 뒤를 쫓았다. 호모 형제가 먼저 담 위로 뛰어 올랐다. 이들이 중이를 담 위로 끌어 올리는 참이었다. 발제가 벌써 쫓아와서 중이의 옷소매를 붙잡고 칼로 내리쳤다. 중이가 급히 몸을 튼 덕분에 칼이 빗나가 옷소매만 잘려나갔다. 그 와중에 중이는 담을 뛰어넘어 위기를 벗어날 수 있었다. 발제는 부득이 중이의 소매만 갖고 돌아가 보고했다.

4 갈비뼈가 하나로 연결된 통뼈인 변협騈脅과 겹으로 된 눈동자인 중동重瞳은 예로부터 기인奇人의 상징으로 거론됐다. '변협'은 일종의 기형畸形으로 변륵騈肋과 같은 말이다. 『춘추좌전』「노희공 23년」조와 『사기』「관채세가管蔡世家」에 나오는 공자 중이의 경우 이외에는 그 사례를 찾기가 힘들다. '중동' 역시 전설적인 군주인 순舜과 초한지제楚漢之際 당시의 항우項羽 등이 주인공이었던 것으로 전해지고 있다. 현재는 '중동'을 백내장의 결과로 보는 견해가 중론이다.

중이는 호모 형제와 함께 이적夷狄의 나라인 적翟나라로 달아났다. 적나라 군주는 전날 밤에 푸른 용이 성벽 위에 서려 있는 꿈을 꾸었다. 그는 공자 중이가 두 신하를 이끌고 온 걸 보고 흔연히 영접했다.

얼마 후 성 밑으로 수레들이 잇달아 달려오더니 급하게 성문을 열어달라고 외쳤다. 중이는 자신을 잡으러 온 병사들인 줄로 알았다. 곧바로 적나라 군사들에게 활을 쏘아 쫓아달라고 부탁했다. 성 밑에서 크게 외치는 소리가 들려왔다.

"우리는 추병追兵이 아니오. 공자 중이를 추수追隨코자 따라온 진나라 신하들이오."

중이가 성 위에 올라가서 그들을 굽어보았다. 맨 앞 수레에 탄 사람은 조최趙衰였다. 자는 자여子餘로 대부 조위趙威의 동생이다. 진나라 조정에서 대부벼슬을 하고 있었다. 중이가 말했다.

"조최가 왔으니 내 앞으로 걱정이 없겠구나."

하고 성문을 열어 영접하게 했다. 그 나머지 사람들은 위주魏犨, 호야고狐射姑[5], 전힐顚頡, 개자추介子推[6], 선진先軫 등이었다. 모두 진나라에서 명망이 높은 인사들이었다. 그 이외의 사람들은 말고삐를 잡거나 봇짐이라도 짊어지며 충성하겠다고 온 사람들이었다. 이외에도 살림꾼인 호숙壺叔 등 수십 명도 그 무리 안에 끼여 있었다.

5 호야고狐射姑를 두고 간혹 '호역고' 내지 '호사고'로 읽으나 『춘추곡량전』에는 호야고狐夜姑로 나온다. 당나라 때 육덕명陸德明은 통상 '역고'로 읽으나 '야고'로 읽기도 한다고 설명했다.

6 개자추介子推가 『춘추좌전』에는 개지추介之推로 나온다. 그러나 『여씨춘추呂氏春秋』와 『한비자』 및 『사기』「진세가」 등은 모두 개자추介子推로 되어 있다. 굴원의 「구장九章, 석왕일惜往日」은 개자介子, 채옹蔡邕의 「금조琴操」는 개자수介子綏로 나온다. 『사기』「중니제자열전」에는 개산자연介山子然, 당나라 고황顧況의 「의고삼수擬古三首」에는 개추介推로 나온다. 여기의 지之는 허사虛詞이고, 자子는 경사敬詞로 사용된 것이다. 유향劉向의 「열선전列仙傳」에는 왕광王光으로 나온다. 개자추를 숭상한 도가의 별칭이다.

중이는 그들을 보고 크게 놀랐다.

"그대들은 조정에 있어야 할 분들인데 어째서 이곳까지 온 것이오?"

조쵀 등이 일제히 대답했다.

"주상이 덕을 잃고 요망한 계집을 총애해 태자를 죽였습니다. 틀림없이 진나라에 큰 난리가 일어날 것입니다. 우리는 평소 공자가 관인寬仁하고 선비를 아낀다는 것을 알고 있기에 공자를 모시고자 망명해 온 것입니다."

적나라 군주는 중이의 요청을 좇아 궁문을 열고 그들을 받아들이게 했다. 성안으로 들어온 그들은 중이를 배알했다. 중이가 감읍感泣했다.

"여러 군자가 이처럼 합심해 도와주겠다고 하니 마치 골육骨肉이 서로 붙어 있는 것과 같소. 생사 간에 감히 그 은덕을 잊지 않겠소."

위주가 팔을 걷어붙이며 말했다.

"공자가 포 땅을 다스린 지 몇 년 만에 그곳 백성들 모두 공자를 위해서라면 죽는 것도 두려워 않을 정도로 공자의 덕에 감격해하고 있습니다. 만일 적나라 도움을 얻고 포 땅 백성을 군사로 사용해 도성으로 쳐들어가면 대신들 가운데 울분을 참지 못하던 자들이 내응할 것입니다. 이어 요망한 것들을 모두 제거하고, 사직을 평안케 하고, 민인民人을 다독이십시오. 그리하는 게 노상에서 유리걸식하며 도망 다니는 망명객 신세보다 낫지 않겠습니까?"

중이가 조용히 대답했다.

"그대의 말은 비록 장하나 군부를 놀라게 하는 일은 망명한 자식으로서 감히 할 바가 아니오."

위주는 한낱 용부勇夫에 불과했다. 그는 중이가 자기 말을 듣지 않는 걸 보고 울분을 삭이지 못해 이를 갈았다. 발로 땅을 구르며 옆 사람에게 말했다.

"공자가 여희의 무리를 마치 맹호나 사갈蛇蝎처럼 무서워하니, 어느 세월에 큰일을 성취한단 말인가?"

호언이 위주를 돌아보며 말했다.

"공자는 여희를 두려워하는 게 아니오. 군부에 대한 효성과 명의名義가 훼손되지 않을까 두려워할 뿐이오."

그제야 위주가 입을 다물었다. 고인古人이 중이를 따라 망명한 당대 인물을 읊은 게 있다.

포성 땅 공자가 여희에게 무함당해	蒲城公子遭讒變
수레 올라 서쪽으로 번개처럼 가다	輪蹄西指奔如電
따라나선 자가 어찌 이리도 많을까	擔囊仗劍何紛紛
그 영웅들 모두 산서의 선비들이다	英雄儘是山西彥
이러한 선비들이 다퉈 공자 따르니	山西諸彥爭相從
그 재주는 구름 삼키고 비를 토하다	吞雲吐雨星羅胸
문신의 지략은 하늘기둥을 떠받들고	文臣高等擎天柱
무신의 용맹은 바다 무지개 올랐다	武將雄誇駕海虹
그대는 아직 조성자 보지 못했을까	君不見, 趙成子
겨울 온정처럼 부하를 감싸주었다	冬日之溫徹人髓
그대는 또 사공계를 보지 못했을까	又不見, 司空季
육도삼략으로 치국평천하 이뤘으니	六韜三略饒經濟
호씨 형제 지혜로운 부친을 두었고	二狐肺腑兼尊親
기이한 계책 내며 임기응변 능하다	出奇制變圓如輪
위주는 용맹해 날래기가 범과 같고	魏犨矯矯人中虎
가타는 힘이 세 1천 균 무게도 들다	賈佗彊力輕千鈞
전힐은 기개 높아 홀로 뜻을 행하고	顚頡昂藏獨行意
선진은 올곧아 시종 막히는 게 없고	直哉先軫胸無滯

개자추의 절개와 견줄 자 누구일까	子推介節誰與儔
백번 단련한 쇠를 숫돌에 간 듯하니	百煉堅金任磨礪
그들은 위아래로 중이의 수족 되고	頡頏上下如掌股
천하 유랑하며 제 진 초를 편력하다	周流遍歷秦齊楚
어디를 가나 서로 떨어지지 않았고	行居寢食無相離
온갖 고생 겪으며 군신이 합심했다	患難之中定臣主
고래로 진짜 군주는 신령이 도우니	古來眞主百靈扶
풍운이 용과 범 따르듯 외롭지 않다	風虎雲龍自不孤
오동나무에 봉황이 모여드는 법이니	梧桐種就鸞鳳集
어찌 조정에 남은 무리와 어울릴까	何問朝中蒴共枯

공자 중이는 어려서부터 겸손했고 선비들을 예우했다. 17세 때 호언을 부친처럼 섬겼고, 조최를 스승으로 섬겼다. 자라서는 호언의 아들 호야고를 형처럼 섬겼다. 조야를 막론하고 유명한 선비와 서로 사귀고 왕래했다. 중이가 비록 망명길에 올라 숱한 환난을 겪었으나 그를 따르는 호걸들이 매우 많았다.

한편 대부 극예郤芮와 여생呂甥은 속마음을 터놓고 얘기할 만큼 깊이 사귀었다. 이들은 공자 이오夷吾를 섬겼다. 괵석虢射[7]은 공자 이오의 외숙이었다. 세 사람은 따로 굴 땅으로 달려가 이오의 당여가 되었다. 이들은 이오를 만나자 진헌공이 보낸 가화賈華의 군사가 조만간 굴 땅에 들이칠 것이라고 알렸다. 이오는 즉시 명을 내려 군대를 점검했다. 성을 지킬 심산이었다.

가화는 원래 이오를 꼭 잡아 갈 생각은 없었다. 그는 군사를 이끌고 굴

7 괵석虢射의 '석'을 두고 『사기정의』는 석石과 음이 같다고 했다. '석'은 화살을 쏘아 맞힌다는 뜻이다. 단순히 쏜다는 뜻의 '사'와 차이가 있다. 재상의 벼슬 이름인 복야僕射를 뜻할 때는 '야'로 읽는다.

땅에 당도하자 짐짓 포위를 느슨하게 했다. 이어 사람을 시켜 몰래 이오에게 자신의 마음을 알렸다. 그 사람은 글을 쓴 뒤 화살에 꽂아 성안으로 쏘아 보냈다. 그 화살에 꽂힌 글의 내용은 대략 이러했다.

> 공자는 될 수 있는 대로 빨리 달아나십시오. 주공이 보낸 군사가 계속해서 이곳으로 올 것이니 그들을 대적할 수 없습니다.

이오가 극예에게 말했다.

"중이가 적翟나라에 가 있으니 이제 우리도 적나라로 출분하는 게 어떻겠소?"

극예가 대답했다.

"지금 주공은 두 공자가 공모했다는 이유로 군사를 보내 잡아오라고 했습니다. 두 공자가 각각 달아났다가 한 곳에 모이면 여희에게 이간질할 구실을 주게 됩니다. 그러면 군사가 다시 적나라로 쳐들어 올 것입니다. 차라리 양梁나라로 가는 게 낫습니다. 양나라는 지리적으로 진秦나라와 가깝고, 진나라는 지금 한창 강성합니다. 또 우리와는 혼인을 한 사돈의 나라이기도 합니다. 주공이 세상을 떠나면 공자는 진秦나라의 힘을 빌려 본국으로 돌아가 군위君位를 도모할 수 있습니다."

이오가 이를 좇아 양나라로 달아났다. 가화는 이오를 추격하는 척하다가 돌아간 뒤 진헌공에게 이오를 놓쳤다고 복명했다. 진헌공이 대로했다.

"두 공자 가운데 하나도 잡지 못하니 무엇 때문에 군사를 보낸 것인가?"

좌우에 명해 가화를 곧바로 결박해 참하게 했다. 비정보가 간했다.

"주공이 포와 굴 땅에 성을 쌓게 하고 두 공자로 하여금 군사를 모아 방비토록 했으니 이오를 잡아오지 못한 게 가화의 죄가 아닙니다."

양오가 말했다.

진헌공이 죽으며 순식에게 후사를 맡기다

"이오는 보잘것없는 인물이니 족히 걱정할 게 없습니다. 하지만 중이는 현명하다는 칭송을 듣고 있고, 많은 인재가 그를 따라갔기에 지금 궁중이 비다시피 됐습니다. 더구나 적나라는 우리나라와 대대로 원수지간입니다. 적나라를 치지 않고 중이를 제거하지 않으면 반드시 후환이 있을 것입니다."

진헌공이 가화를 용서한 뒤 근시를 보내 발제를 불렀다. 발제는 가화가 하마터면 죽을 뻔했다가 가까스로 죽음을 모면했다는 소식을 들었다. 먼저 진헌공 앞에 나아가 군사를 이끌고 적나라를 치겠다고 자청했다. 진헌공이 곧바로 허락했다.

발제가 군사를 이끌고 적나라 도성을 향해 쳐들어갔다. 적나라도 군사를 진나라와 접경지대인 지금의 산서성 길현 동쪽의 채상採桑으로 보내 영격케 했다. 두 나라 군사가 서로 대치하면서 2달 넘는 시간이 지났다. 대부 비정보가 조회를 마친 뒤 진헌공에게 말했다.

"부자지간의 인연은 끊으려 해도 끊을 수 없습니다. 두 공자의 죄상이 뚜렷이 드러난 것도 아닙니다. 게다가 그들은 이미 국외로 출분했는데 뒤를 쫓아가 죽이는 것은 지나친 처사입니다. 또 적나라를 완전히 이긴다는 보장도 없습니다. 지금 우리 사졸들에게 노고만 안기고 있습니다. 인국隣國의 비웃음만 살 뿐입니다."

당시 진헌공은 마음이 어느 정도 진정된 뒤였다. 곧 발제를 본국으로 소환했다.

그러나 그는 중이와 이오의 당여가 이토록 많으니 틀림없이 해제의 앞날에 이롭지 못할 것으로 생각했다. 곧 명을 내려 여러 공자들을 모두 추방했다. 진나라 공족公族들은 감히 더 머물지 못했다. 마침내 여희 소생 해제를 태자로 세웠다.

동관오와 양오 및 순식을 제외하고는 모두 팔짱을 끼고 세상을 탄식했다. 대다수 신하들은 늙고 병들었다는 핑계를 댄 뒤 벼슬을 내놓고 두문불출했다. 때는 주양왕 원년이자 진헌공 26년인 기원전 651년이었다.

이해 가을 9월, 진헌공은 제환공이 주도하는 규구 회맹에 참가하려다가 회맹이 끝나 참여치 못하고 돌아오던 도중 병만 얻고 환궁했다. 여희가 와병한 진헌공의 발치에 앉아 울며 말했다.

"군후는 골육간의 상쟁을 염려해 공자들을 모두 추방했습니다. 이 판국에 첩의 아들을 태자로 삼았습니다. 만일 군후가 돌아가시기라도 하는 날이면 우리 모자는 어찌해야 합니까? 첩은 여자의 몸인데다 해제 또한 나이가 어리니 여러 공자들이 외국의 원조를 얻어 쳐들어오기 십상입니다. 그 경우 첩은 누구에게 기대야 합니까?"

진헌공이 대답했다.

"부인은 너무 근심하지 마시오. 태자의 태부인 순식이 있소. 그는 충신이오. 충신은 이심二心을 갖지 않는다고 했소. 내가 응당 그에게 어린 태자를 잘 보살피라고 당부하겠소."

곧 순식을 침궁으로 불렀다. 순식이 탑전에 이르자 진헌공이 물었다.

"과인이 듣건대, '선비는 입신할 때 충신忠信을 기본으로 삼는다.'고 했소. 무엇을 일러 '충'과 '신'이라고 하는 것이오?"

순식이 대답했다.

"전력을 다해 주인을 섬기는 진심사주盡心事主를 '충', 죽을지언정 말을 바꾸지 않는 사불식언死不食言을 '신'이라고 합니다."

진헌공이 말했다.

"과인은 어리고 약한 태자를 태부에게 부탁하고자 하오. 태부는 태자를 맡을 뜻을 허락하겠소?"

순식이 머리를 조아리며 대답했다.

"신이 어찌 감히 사력을 다해 받들지 않을 리 있겠습니까?"

진헌공은 그 말을 듣자 자신도 모르는 사이 눈물을 흘렸다. 장막 뒤에서 여희가 흐느껴 우는 소리가 들렸다.

며칠 뒤 진헌공이 숨을 거뒀다. 여희는 해제를 안고 나와 순식에게 안겨줬다. 해제의 나이가 겨우 11세였다. 순식은 진헌공의 유언을 좇아 해제를 주상主喪으로 모셨다. 문무백관 모두 자기 자리로 가 통곡했다.

여희도 진헌공의 유명을 좇아 순식에게 상경上卿, 양오 및 동관오에게 좌우 사마司馬의 벼슬을 내렸다. 또 좌우 사마로 하여금 군사를 이끌고 국내를 순행케 했다. 혹여 있을 변란을 미연에 방지코자 한 것이다. 모든 일은 일단 관백關白[8]인 순식에게 보고한 뒤 그의 지시에 따라 처리토록 했다.

진나라는 그 이듬해를 새 군주의 원년으로 삼고, 열국의 제후들에게 부고를 보냈다.

끝내 해제가 며칠이나 보위에 앉아 있을지 알고자 하면 다음 회를 보라.

8 관백關白은 진술陳述 내지 품고稟告의 뜻이다. 『한서』「곽광전霍光傳」에 권신 곽광에게 미리 보고하는 것을 '관백'으로 표현한 대목이 나온다. 당나라 때 일본이 이 용어를 수입해 섭정攝政의 의미로 사용했다. 헤이안平安 시대 때 후지와라藤原가 최초의 '관백'이 됐다. 이후 섭정을 하며 '관백'의 직책을 맡은 것을 섭관攝關으로 표현했다. 조선조 중엽 왜란을 일으킨 도요토미도 '관백'의 자리에 있었다.

제28회

55話 이극이 두 어린 군주를 죽이다
– 이극량시고주里克兩弑孤主

당시 순식이 공자 해제를 주상으로 세우자 문무백관 모두 상차喪次[1]청廳에 이르러 곡을 했다. 호돌만은 병을 핑계로 궁중에 가지 않았다.

이극이 비정보에게 물었다.

"어린 해제가 보위에 오르게 됐소. 망명한 두 공자는 앞으로 어찌 대응할지 모르겠소?"

비정보가 대답했다.

"이 일은 오직 순식의 생각에 달려 있소. 함께 순식을 찾아가 그의 뜻을

1 상차喪次는 영구靈柩를 모셔 놓고 상례를 치르는 빈소殯所를 말한다. 『사기』 「진세가晉世家」에 이극이 '상차'에 있는 해제를 죽였다는 표현이 나온다.

살펴보기로 합시다."

두 사람이 함께 수레에 올라 순식의 부중으로 갔다. 순식이 두 사람을 맞아들였다. 이극이 순식에게 말했다.

"주상은 안가晏駕했고, 공자 중이와 이오는 외국에 있소. 그대는 이제 이 나라의 재상이 됐소. 공은 장자인 중이를 맞이해 보위를 잇게 하지 않고 첩 소생을 세웠소. 장차 무엇으로 백성들을 승복시키려는 것이오? 신생과 중이 및 이오의 당여는 여희와 해제 모자를 원망하고 있소. 그 원한이 골수에 사무쳐 있소. 지금까지 주공 때문에 참아왔소. 그러나 이제 주상이 세상을 버렸다는 소문을 들으면 반드시 달리 도모하는 바가 있을 것이오. 진秦나라와 적나라가 밖에서 오고, 안에서 백성들이 호응하는 일이라도 생기면 앞으로 어찌 대처할 생각이오?"

순식이 대답했다.

"나는 선군의 유탁遺託을 받았고, 해제의 스승 역할을 맡아왔소. 해제는 나의 군주에 해당하오. 해제 이외에 다른 군주가 있다는 것을 나는 모르오. 만일 나의 힘이 군주인 해제에 대한 충성심을 따라가지 못한다면 나에겐 오직 죽음이 있을 뿐이고, 저승으로 가 선군에게 사죄할 작정이오."

비정보가 물었다.

"죽는 건 무익한 일이오. 어째서 달리 도모하려 하지 않는 것이오?"

순식이 대답했다.

"나는 이미 충심을 다해 보필하겠다고 선군께 맹서했소. 설령 죽는 게 무익할지라도 어찌 감히 식언할 수 있겠소?"

두 사람이 거듭 권했으나 순식의 마음은 철석鐵石 같아 말을 바꾸지 않았다. 두 사람은 부득불 순식과 작별하고 부중을 나왔다. 돌아가는 길에 이극이 비정보에게 말했다.

"나는 순식과 동료의 정의情誼가 있어 이해관계를 예로 들어 거듭 충고

했지만 그가 고집을 부리며 듣지 않고 있소. 이를 어찌하면 좋겠소?"

비정보가 대답했다.

"그는 해제를 위해 애쓰고, 우리는 중이를 위해 애쓸 뿐이오. 피차 품은 뜻을 성취하기 위해 노력할 수밖에 없소. 그가 하는 일을 어찌 불가하다고 말할 수 있겠소?"

두 사람은 공자 중이를 돕기로 밀약했다. 이극의 심복 역사力士가 명을 받고 변복한 뒤 궁중의 시위侍衛와 역인役人들 틈에 섞여 궁 안으로 들어갔다. 이어 해제가 상차喪次로 나온 틈을 노려 문득 달려들어 점괴苫塊[2] 옆에서 척살했다.

곁에 있던 배우 시가 해제 곁에 있다가 칼을 들고 대들었다가 역사의 칼을 맞고 죽었다. 일순 상막喪幕 안에 일대 혼란이 일어났다. 당시 순식은 곡을 마치고 막 물러나온 참이었다. 해제가 척살됐다는 보고를 받고 크게 놀라 황망히 상막 안으로 들어갔다. 이어 해제의 시체를 어루만지며 통곡했다.

"내가 선군으로부터 탁고託孤의 유명遺命을 받고도 보호하지 못했으니 모두 나의 죄이다."

곧바로 기둥에다 자기 머리를 짓찧으면서 죽으려고 했다. 여희가 급히 사람을 시켜 말린 뒤 말했다.

"선군의 영구가 지금 빈소에 있소. 대부만 홀로 선군의 유촉을 아랑곳하지 않으려는 것이오. 해제는 죽었지만 아직 그의 동생 탁자가 있소. 대부는 그를 보호해야 할 것이오."

순식은 책임을 물어 상막을 지키던 졸개 수십 명을 주살한 뒤 곧바로 백관회의를 열고 탁자를 옹립했다. 탁자의 나이가 겨우 9살이었다. 이극과 비정보는 변란에 대해 아무것도 모르는 체하며 귀가한 뒤 새 군주를 옹립하

2 점괴苫塊는 상주가 머무는 곳을 가리킨다. 점苫은 풀로 만든 돗자리, 괴塊는 베개로 사용하는 흙덩이를 말한다. 부모상 때 효자는 '점' 위에 머물며 '괴'를 베고 잠을 잤다.

는 자리에도 참여하지 않았다.

회의가 열리자 양오가 말했다.

"이번에 태자를 죽인 자는 이극과 비정보입니다. 이들은 선태자先世子 신생을 위해 보복한 것입니다. 지금 두 사람이 공의公議에 참석하지 않은 게 그 증거입니다. 청컨대 상경은 군사를 동원해 이들을 치시기 바랍니다."

순식이 말했다.

"두 사람은 우리 진나라의 노대신이오. 그 뿌리가 깊고 당여 또한 견고하오. 칠여대부七輿大夫[3] 가운데 절반이 그 두 사람의 문하에서 배출되었소. 섣불리 이들을 쳤다가 이기지 못하면 오히려 대사를 그르치게 되오. 차라리 그런 뜻을 숨겨 두 사람의 마음을 안심시킨 뒤 천천히 그 일을 도모해야 하오. 우선 상례부터 마치고 개원하고 군위를 안정시켜야 하오. 이어 밖으로 이웃 나라들과 우호를 맺고 안으로 이극과 비정보의 당을 분산시켜야만 하오. 그리하면 우리 뜻대로 도모할 수 있을 것이오."

양오는 조정에서 물러나오면서 동관오에게 말했다.

"순식은 충성스럽기는 하지만 꾀가 없는 사람이오. 일을 하는 게 어리석고 더디니 그를 믿을 수 없다. 이극과 비정보는 비록 동지이지만 이극은 선태자 신생의 스승이었던 까닭에 신생의 죽음에 깊은 원한을 품고 있소. 이극만 제거하면 비정보의 의지는 절로 시들해질 것이오."

동관오가 물었다.

"어찌해야 이극을 제거할 수 있소?"

양오가 대답했다.

"이제 장지로 해제의 관을 운구할 날이 가까워졌소. 그날 갑사들을 동

3 칠여대부七輿大夫는 제후가 행차할 때 7대의 부거副車를 이끌고 뒤따르는 대부를 말한다. 좌항左行을 맡은 공화共華를 포함해 우항右行을 맡은 가화賈華와 숙견叔堅, 추천騅歂, 유호纍虎, 특궁特宮, 산기山祁 등이 그들이다. 모두 신생 휘하의 대부들이었다.

문 밖에 매복시켜 놓았다가 이극이 상여를 전송하러 나오거든 급습하여 척살하면 되오. 한 사람의 힘으로도 넉넉히 제거할 수 있소."

동관오가 말했다.

"그리하는 게 좋겠소. 나의 식객 가운데 도안이屠岸夷란 자가 있소. 그는 능히 3천 균鈞의 짐을 등에 진 채 땅에 발이 닿지 않을 정도로 달음박질을 할 수 있는 장사요. 그자에게 좋은 벼슬 한 자리를 주기로 약속하면 능히 부릴 수 있소."

동관오는 귀가 후 도안이를 밀실로 불러 도와줄 것을 당부했다.

원래 도안이는 대부 추천騅遄과 잘 아는 처지였다. 도안이는 추천에게 동관오의 음모를 고하고 나서 어찌하는 게 좋을지 물었다. 추천이 대답했다.

"선태자 신생의 억울한 죽음을 온 백성들이 통탄하고 있소. 모두 여희 모자 때문에 생긴 일이 아니오? 지금 이극과 비정보 두 대부는 여희 일당을 섬멸하고 공자 중이를 옹립하려 하고 있소. 그것은 바로 의거에 해당하고. 그대가 못된 무리를 도와 충성스런 자를 죽이면 그것은 바로 불의한 짓이오. 우리들이 반드시 그대를 용납지 않을 것이오. 뿐만 아니라 그대는 만대에 이르도록 헛되이 오명만 남길 것이오. 결코 그 일을 해서는 안 되오."

도안이가 말했다.

"저와 같은 소인이야 나랏일에 대해 무엇을 알겠습니까? 지금이라도 가서 못하겠다고 거절하면 어떻겠습니까?"

추천이 말했다.

"그대가 거절하면 그는 틀림없이 다른 사람을 시켜서라도 그 일을 도모할 것이오. 그대는 거짓으로 그 일을 하겠다고 허락하는 게 낫소. 수락해 놓은 뒤 칼을 뒤로 돌려 그 역당逆黨을 무찌르시오. 그런 뒤 공자 중이를 영립迎立하면 우리는 그대의 공을 잊지 않을 것이오. 그대는 앞으로 부귀를 누리고 천추에 영명令名을 날릴 것이오. 불의한 자들의 편을 들다가 몸을 망치겠소? 어느 쪽이 그대에게 득이 되겠소?"

도안이가 말했다.

"대부의 가르침이 옳습니다."

추천이 물었다.

"변절하진 않겠소?"

도안이가 대답했다.

"대부가 의심하신다면 청컨대 이 자리서 맹서코자 합니다."

도안이가 그 자리서 닭을 잡았다. 삽혈하고 맹서한 뒤 돌아갔다.

추천이 비정보 집에 가서 이를 고했다. 비정보가 다시 이극에게 이를 전했다. 이극과 비정보는 각각 자기 부중의 갑병을 정비한 뒤 장송일葬送日에 함께 거사키로 했다. 발인하는 날이 되자 이극이 병을 핑계로 장례에 참석하지 않았다.

도안이가 동관오에게 말했다.

"모든 대부가 참석했지만 이극만은 나타나지 않았습니다. 이는 하늘이 그의 목숨을 재촉하는 것입니다. 청컨대 갑병 300명만 주십시오. 내가 이극의 집을 에워싸고 집안 식구들을 도륙하겠습니다."

동관오가 크게 기뻐하며 곧바로 병사 300명을 내줬다. 도안이는 이들을 이끌고 가 이극의 집을 포위하는 척했다. 이극 또한 짐짓 사람을 묘소까지 보내 성안에 변이 일어난 사실을 순식에게 알렸다. 순식이 크게 놀라 까닭을 묻자 동관오가 대답했다.

"이극이 기회를 얻어 난을 일으키려 한다고 하기에 제가 서둘러 가객家客 등을 시켜 갑병을 이끌고 가 공격케 했습니다. 성공하면 상경의 공이 될 것입니다. 성공하지 못할지라도 제가 한 일이니 상경에게는 누가 돌아가지 않을 것입니다."

그 말을 듣자 순식이 초조해했다. 서둘러 장례를 마치고 곧 동관오와 양

이극이 두 어린 군주를 죽이다

오에게 명해 병사를 이끌고 가 이극을 치게 했다. 이어 궁으로 돌아가 탁자를 받들어 모신 채 조당에 앉아 좋은 소식이 오기만을 기다렸다.

한편 동관오의 군사는 먼저 도성안의 동쪽 저잣거리에 당도했다. 이때 저편에게 도안이가 급히 와서는 동관오에게 품할 일이 있다는 핑계를 대고 군막 안으로 들어갔다. 그는 동관오 앞에 이르자 문득 팔을 뻗어 동관오의 머리를 움켜쥐고 목을 분질렀다. 동관오는 즉사했다. 대장을 잃은 군중에서 큰 혼란이 일어났다.

도안이가 병사들을 향해 크게 외쳤다.

"공자 중이가 진秦나라와 적翟나라 병사를 이끌고 이미 성 밖에 와 있다. 나는 선제자의 원한을 풀기 위해 대부 이극의 명을 받고 간사한 무리를 죽이고자 한다. 이어 공자 중이를 맞이해 옹립할 것이다. 그대들 가운데 나를 따르고자 하는 자는 모두 오라. 원치 않는 자는 스스로 살길을 찾아 떠나도록 하라."

병사들은 중이가 보위에 오른다는 말을 듣고는 모두 기뻐 날뛰면서 도안이를 따르겠다고 나섰다.

당시 양오는 동관오가 살해됐다는 소식을 듣고 급히 조당으로 달려갔다. 그는 순식과 함께 탁자를 모시고 출분할 생각이었다. 그러나 양오가 미처 조당에 이르기도 전에 도안이가 그를 추격해 왔다. 이극과 비정보를 비롯해 추천까지 가병을 이끌고 일제히 뒤를 쫓아왔다.

양오가 도저히 출분할 길이 없다고 판단해 이내 칼을 빼 자신의 목을 찌르려고 했다. 그러나 미처 찌르기도 전에 도안이가 쫓아와 한손으로 그를 붙잡아 꼼짝하지 못하게 했다. 이때 이극이 쫓아오던 여세를 타고 칼을 휘둘렀다. 양오는 그 칼을 맞고 두 동강이 났다.

당시 칠여대부七輿大夫 가운데 좌항左行을 맡은 공화共華도 집안의 갑사를 이끌고 싸움을 도우러 왔다. 이들은 일제히 조문朝門으로 쇄도해 들어갔다. 이극이 칼을 들고 앞장섰다. 비정보 등 나머지 사람들은 그 뒤를 따랐다.

이들이 조당으로 들어오자 신하들 모두 크게 놀라 사방으로 달아났다. 오직 순식만 안색을 바꾸지 않은 채 앉아 있었다. 왼팔로 탁자를 안고, 오른팔 옷소매로 그를 감쌌다. 탁자는 놀란 나머지 순식의 품안에서 울음을 터뜨렸다. 순식이 이극에게 말했다.

"이 어린 아이에게 무슨 죄가 있겠소? 차라리 나를 죽일지언정 선군의 이 한 점 혈육을 살려 주시오."

이극이 말했다.

"신생은 지금 어디 계시오? 그 역시 선군의 혈육이기는 매일반이오."

그러고는 도안이를 돌아보며 말했다.

"아직도 손을 쓰지 않은 것인가?"

도안이가 순식의 품 안에 있는 탁자를 빼앗은 뒤 섬돌 위로 세게 내던졌다. '철버덕「跎蹋」' 하는 소리만 들릴 뿐이었다. 머리가 깨져 고깃덩이인 육병肉餠이 되고 말았다.

대로한 순식이 칼을 뽑아들고 이극에게 덤벼들었다. 하지만 도안이의 칼을 맞고 쓰러져 죽었다.

도안이가 여세를 몰아 궁중으로 쳐들어갔다. 여희가 당황해 진헌공의 후궁인 가군賈君이 거처하는 곳으로 달아났다. 가군은 궁문을 굳게 닫고 받아주지 않았다. 여희는 다시 후원으로 달아났으나 숨을 곳이 없자 연못의 다리 위에서 물속으로 몸을 던져 죽었다. 이극은 여희의 시체를 끌어낸 뒤 참시斬屍케 했다.

여희의 친정 동생 소희少姬는 비록 탁자의 생모이지만 선군의 사랑도 받지 못했고 권세도 부리지 못했다. 이극 등은 소희를 죽이진 않고 별실에 감금했다. 이어 양오와 동관오 및 배우 시 등의 일족은 모두 잡아 죽였다.

염선髥仙이 시를 지어 여희에 대해 탄식했다.

신생을 모함해 죽인 뜻이 뭔가	譖殺申生意若何
어린 아들 세우려 한 게 아닐까	要將稚子掌山河
일조에 어미와 자식 도륙되니	一朝母子遭駢戮
배우 시의 노래가 사람 웃기다	笑殺當年暇豫歌

인륜에 어긋난 유명遺命을 좇아 서얼庶孼을 옹립하려다가 횡사한 순식을 비웃은 시가 있다.

혼암한 군주의 명 어찌 좇을까	昏君亂命豈宜從

죽음으로 맹서한 게 잘못이다　　猶說硜硜效死忠
가도멸괵의 지모 어디 갔을까　　璧馬智謀何處去
군신 다 속수무책으로 끝났다　　君臣束手一場空

이극이 문무백관을 조당에 모아 놓고 말했다.

"이제 서얼들은 모두 제거했소. 여러 공자 가운데 중이가 가장 나이도 많고 현명하니 응당 그를 옹립해야 하오. 여러 대부들이 동의하면 청컨대 이 죽간竹簡에 서명해 주시오."

비정보가 말했다.

"이 일은 원로 대부 호돌이 없으면 안 되오."

이극이 곧바로 사람을 시켜 대부 호돌을 모셔 오도록 수레를 보냈다. 호돌이 사양했다.

"이 노부老夫의 두 아들이 망명한 공자 중이를 따르고 있소. 나까지 중이를 맞이하는 일에 가담하면 내가 해제와 탁자를 시해한 게 되오. 나는 이미 늙었소. 여러 대부들이 하는 대로 따르겠소."

호돌의 전갈을 듣자 이극은 붓을 들어 죽간에다 맨 먼저 서명했다. 비정보 이하 공화共華와 가화賈華 및 추천騅遄 등 30여 명이 서명을 마쳤다. 뒤에 온 사람은 죽간에 이름을 올리지도 못했다.

이극은 도안이에게 임시로 상사上士의 직함을 준 뒤 표문을 받들고 적나라로 가서 중이를 모시고 돌아오게 했다. 중이는 도안이가 바치는 표문을 펴보았으나 호돌의 서명이 없는 것을 의아하게 여겨 망설였다. 위주가 나서서 말했다.

"모시러 왔는데도 가지 않으려 하니 언제까지 나그네 노릇을 하려는 것입니까?"

중이가 대답했다.

"이는 그대가 알 바가 아니오. 여러 공자들이 아직 많은데 왜 하필 나란 말인가? 더구나 해제와 탁자가 죽임을 당한 지 얼마 되지 않았다. 틀림없이 그 일당이 모두 쫓겨나지는 않았을 것이다. 한번 들어가면 일이 여의치 않을 때 다시 빠져나오려고 해도 어찌 그럴 수 있겠는가? 하늘이 만일 나를 도와 보위를 내릴 양이면 지금 나라를 얻지 못한다고 해서 어찌 근심하겠는가?"

호언이 말했다.

"국상과 혼란을 틈타 일을 도모하는 것은 미명美名이 될 수 없습니다. 가지 마십시오."

공자 중이가 이를 좇아 도안이에게 사양의 뜻을 밝혔다.

"나는 부친에게 죄를 짓고 사방으로 도망 다니며 간신히 목숨을 부지하고 있소. 부친이 생존했을 때도 조석 문안과 수라상 보살피는 정성을 다하지 못했고, 돌아가신 후에도 염습을 보지 못한데다 곡哭하는 예도 다하지 못했소. 그런 처지에 내가 어찌 혼란을 틈타 나라를 탐할 수 있겠소? 그대는 돌아가서 여러 대부들에게 다른 공자를 옹립하라고 말해 주시오. 나는 그 어떤 결정에도 반대하지 않을 것이오."

도안이가 부득불 귀국한 뒤 이극에게 사실대로 보고했다. 이극이 다시 사신을 적나라로 보내 설득하려고 하자 대부 양유미梁繇靡가 말했다.

"여러 공자들 가운데 누구는 군주가 될 수 없는 것이오? 이오도 있는데 어째서 모시려 하지 않는 것이오?"

이극이 대답했다.

"이오는 욕심이 많고 잔인하오. 무릇 욕심이 많으면 신의가 없고, 잔인하면 친한 사람이 없는 법이오. 어느 모로 보나 그는 공자 중이만 못하오."

양유미가 말했다.

"그렇기는 하나 이오가 중이를 제외한 다른 공자보다는 낫지 않소?"

대부들도 이오를 모시는 게 좋겠다고 서로 말했다. 이극이 부득불 좇지 않을 수 없었다. 양유미가 도안이와 함께 이오를 모시기 위해 양나라로 갔다.

한편 공자 이오는 양나라에 망명해 있으면서 양백梁伯의 딸과 아내로 맞이해 아들 하나를 낳았다. 이름을 어圉라고 지었다. 그는 양나라에서 편히 지내며 본국에서 변란이 일어나기만 기다렸다. 어지러운 틈을 타 입국한 뒤 보위를 노릴 심산이었다.

그러던 차에 부친인 진헌공이 세상을 떠났다는 소식을 듣게 됐다. 곧바로 여생에게 명해 굴성屈城을 엄습케 했다. 여생이 손쉽게 굴성을 점거했다. 당시 순식은 다른 긴급한 사안이 많아서 굴성 탈환을 생각할 겨를이 없었다. 얼마 후 이오는 다시 해제와 탁자가 피살됐다는 소문을 들었다. 또 여러 대부들이 공자 중이를 맞아들여 옹립하려 한다는 소문도 들려왔다.

이때 굴성을 점령하고 있는 여생이 자세한 국내 소식을 알려왔다. 이오는 곧바로 괵석虢射 및 극예郤芮와 상의했다. 중이를 제치고 나라를 차지하기 위한 방안에 대한 논의였다. 이런 상황에서 양유미 일행이 자신을 모시러 온다는 소식이 듣게 됐다. 그는 손으로 이마를 찰싹 치며 말했다.

"하늘이 나라를 중이로부터 빼앗아 내게 주려는 것이다!"

자신도 모르는 사이 얼굴에 희색이 드러났다. 극예가 말했다.

"중이인들 어찌 나라를 얻는 걸 싫어했겠습니까? 그가 귀국하지 않은 것은 필시 의심할 만한 일이 있기 때문일 것입니다. 공자도 경솔히 이들을 믿지 마십시오. 무릇 국내에 있는 자들이 국외에 있는 사람을 모셔다가 보위에 앉히려는 것은 이들이 모두 큰 욕심을 갖고 있기 때문입니다. 지금 진나라에서 나라 일을 좌지우지하는 사람은 이극과 비정보 두 사람입니다. 공자는 앞으로 많은 뇌물을 장만해 두 사람을 매수해야 합니다. 그럴지라도 안심해선 불가합니다. 무릇 호혈虎穴에 들어가려면 틀림없이 날카로운 무기를 가져야 합니다. 공자도 본국에 돌아가시려면 반드시 강국의 도움을 받아야 합니다. 이웃 나라 가운데 진秦나라가 가장 강합니다. 공자는 사람을 진나라로 보내 원조를 청하십시오. 진나라가 우리의 요청을 수락하면 그땐 귀국해도 좋습니다."

이오가 극예의 말을 좇았다. 이극에게 지금의 산서성 분양汾陽의 밭 1백만 전田, 비정보에게 지금의 산서성 분하汾河와 황하가 합류하는 지역인 부규負葵 일대의 밭 70만 전을 각각 하사한다는 글을 써서 봉한 뒤 도안이에게 내주며 돌아가서 두 대부에게 전하라고 분부했다.

이오는 도안이와 함께 온 양유미를 돌려보내지 않았다. 진秦나라에 구원을 청하는 서신을 쓴 뒤 이를 양유미에게 건네며 진나라에 전달토록 했다. 서신에는 진晉나라 대부들이 자신을 옹립코자 한다는 내용이 담겨 있었다. 진목공은 양유미가 전해준 서신을 읽고 건숙에게 말했다.

"지난날 꿈속에서 상제가 나타나 진晉나라의 난은 과인이 개입해야 평정된다고 말한 적이 있소. 과인이 듣건대 중이와 이오 모두 현공자賢公子라고 하오. 앞으로 두 공자 가운데 한 사람을 택해 옹립코자 하는데 누가 더 나은지 모르겠소."

건숙이 대답했다.

"지금 중이는 적나라, 이오는 양나라에 있습니다. 모두 우리나라에서 아주 가깝습니다. 주공은 어째서 사자를 두 곳에 보내 부친상을 당한 것을 조문한 뒤 두 공자의 사람됨을 살피려 하지 않는 것입니까?"

진목공이 말했다.

"그리하겠소."

곧바로 공자 집縶으로 하여금 먼저 중이에게 조문하고, 이어 이오를 찾아가게 했다. 공자 집이 먼저 중이를 만나 진목공의 이름으로 조문했다. 문상의 예가 끝나자 중이가 즉시 물러났다. 공자 집이 부득이 문지기에게 진목공의 뜻을 전하게 했다.

"공자가 이번에 귀국할 의향이면 과군이 군사를 보내 공자의 전구前驅가 되겠다고 했소. 그대는 공자에게 그리 전해주시오."

문지기가 안으로 들어가 이 말을 전했다. 공자 중이가 곧 조최와 함께 이를 상의했다. 조최가 말했다.

"국내서 모시러 왔을 땐 거절하고, 외국의 원조를 배경으로 돌아가면 비록 귀국할지라도 영광스럽지 못할 것입니다."

중이는 이를 좇아 밖으로 나온 뒤 공자 집에게 말했다.

"귀국 군후가 은혜롭게도 망명중인 나 중이를 조문하고 더구나 보위까지 잇게 해주겠다니 고맙기 그지없습니다. 그러나 망명한 이 사람에게는 달리 보물이랄 것도 없습니다. 오직 인의仁義와 효친孝親을 보배로 생각하고 있습니다. 부친의 죽음만 생각해도 뭐라 말씀드릴 길이 없는데 어찌 감히 딴 뜻을 품겠습니까?"

말을 마치고는 다시 땅에 엎드려 통곡했다. 이어 이마를 숙여 공손히 공자 집에게 예를 표한 뒤 물러났다. 사사로운 얘기는 단 한마디도 하지 않았다. 공자 집은 중이의 이런 행보를 보고는 내심 현명하다고 생각했다. 그는 탄식하며 적나라를 떠나 양나라로 가 조문했다. 조문의 예가 끝나자 이오가 먼저 공자 집에게 말했다.

"대부는 진군秦君의 명을 받들어 망명중인 사람에게 조문을 했으니, 장차 무엇으로 가르침을 주실 것입니까?"

공자 집은 이오에게 진晉나라가 혼란스런 이런 기회를 틈타 본국으로 돌아가 보위를 도모하라고 권했다. 이오가 머리를 숙여 칭사稱謝했다. 곧 안으로 들어가서 극예와 상의했다.

"진군이 나의 즉위를 허락했소."

극예가 말했다.

"진나라가 무엇 때문에 우리에게 사사로운 정을 베풀고자 하는 것입니까? 앞으로 우리에게 반드시 요구하는 바가 있을 것입니다. 공자는 미리 나라의 땅을 크게 베어 뇌물로 주는 게 좋을 것입니다."

이오가 물었다.

"크게 땅을 베어 주면 우리 진나라에 큰 손해가 아니겠소?"

극예가 대답했다.

"공자는 귀국하지 못하면 결국 양나라에서 일개 필부로 삶을 마칠 터인데 진晉나라의 땅을 단 한 조각이라도 차지할 수 있겠습니까? 그때 진나라는 다른 사람의 물건이 될 텐데 공자는 무엇을 아끼려는 것입니까?"

이오가 다시 사랑채로 나가 공자 집의 손을 잡고 간청했다.

"본국에 있는 이극과 비정보도 나의 즉위를 허락했소. 그때도 나는 이들에게 사례하면서 결코 박하게 하지 않았소. 실로 귀국 군후의 은총에 힘입어 귀국케 된다면 하서 하외河外의 5개 성읍을 모두 바쳐 그 은덕에 1만분의 일이나마 갚도록 하겠습니다."

이오가 소매 속에서 계약서를 내놓으면서 후덕한 표정을 지었다. 공자 집이 사양하려 하자 이오가 다시 말했다.

"비록 망명중이기는 하나 나에게 황금 40일鎰과 백옥으로 만든 노리개가 6쌍 있소. 이를 공자의 수행원에게 바치도록 하겠소. 공자가 귀국 군후에게 잘 말씀드려 주면 결코 공자의 은혜를 잊지 않을 것이오."

그제야 공자 집이 못이기는 체하며 그 문서와 뇌물을 모두 받았다.

사신이 이를 시로 읊었다.

중이는 상주가 된 걸 슬퍼하고	重耳憂親爲喪親
이오는 나라 얻었다고 기뻐하다	夷吾利國喜津津
조문 받는 모습이 크게 다르니	但看受弔相懸處
두 사람의 성패 이미 결정 났다	成敗分明定兩人

56話 진목공이 진나라 변란을 처음 평정하다
–목공일평진란穆公一平晉亂

당시 공자 집은 귀국한 뒤 두 공자를 만나본 일을 진목공에게 소상히 보고했다.

진목공이 말했다.

“중이의 현명함이 이오보다 훨씬 낫다. 과인은 반드시 중이를 옹립할 것이다.”

공자 집이 물었다.

“주공이 진晉나라에 군주를 세워주는 뜻이 진晉나라를 위한 것입니까, 아니면 주공에게 신의가 있다는 것을 천하에 알리기 위한 것입니까?”

진목공이 대답했다.

“우리가 무엇 때문에 진晉나라를 걱정하겠소? 과인이 의로운 행동을 한다는 것을 천하에 널리 알리고자 할 뿐이오.”

공자 집이 말했다.

“주공이 진晉나라를 위하고자 하면 현군賢君을 앉히고, 천하에 이름을 떨치고자 하면 현명치 못한 자를 앉히느니만 못합니다. 어느 쪽을 택해도 똑같이 진晉나라의 보위를 잇게 해주었다는 찬사를 듣게 됩니다. 다만 현명한 자를 세우면 진나라는 우리 위에 올라서게 될 것이고, 어리석은 자를 세우면 진나라는 우리 밑에 있게 될 것입니다. 이 두 가지 가운데 어느 쪽이 우리에게 유리하겠습니까?”

진목공이 말했다.

“그대의 말이 과인의 폐부肺腑를 시원하게 만들어 주었소.”

진목공이 진나라 변란을 처음 평정하다

진목공이 곧 공손지公孫枝로 하여금 병거 300승을 이끌고 가 이오를 옹립케 했다.

진목공의 부인은 진나라 태자 신생의 친누이동생인 백희伯姬이다. 시집 온 후 목희穆姬로 불렸다. 목희는 어렸을 때 진헌공의 차비次妃인 가군賈君의 궁에서 자랐다. 커서도 매우 현숙한 덕을 지니고 있었다. 목희는 공손지가 이오를 옹립하러 간다는 말을 듣고 이오에게 보내는 편지를 써 건네주었다. 그 내용은 이러했다.

> 공자가 귀국해 즉위하면 반드시 가군을 각별히 대우해 주기 바라

오. 여러 공자들이 난리 때문에 국외로 출분했다고 하는데 그들에게 아무런 죄가 없소. 잎이 무성해야 뿌리와 줄기도 번성한다는 엽무본영葉茂本榮이란 말이 있소. 사람의 집안도 마찬가지요. 그대는 반드시 여러 공자들을 받아들여야 하오. 그래야만 진晉나라가 견고해질 것이오.

이오는 목희의 환심을 잃는 게 두려워 일일이 말씀대로 하겠다는 답장을 써서 보냈다.

당시 제환공은 진나라가 혼란에 빠져 있다는 소식을 듣고 열국의 제후를 모아 대책을 세우려고 직접 고량高梁 땅으로 갔다. 거기서 제환공은 진秦나라 군대가 이미 진晉나라를 위해 출동했고, 주혜왕도 대부인 왕자 당黨을 파견해 왕자 당이 이미 군사를 이끌고 진晉나라에 당도했다는 소식을 들었다.

제환공은 공손 습붕을 보내 주나라 및 진나라 군사와 합세하게 했다. 공손 습붕은 두 나라 군사와 합세해 이오를 옹립하는 일에 참여했다. 여생도 굴성으로부터 군사를 이끌고 와 합세했다. 제환공은 진나라 사태가 순조롭게 풀리자 고량 땅에서 제나라로 돌아갔다.

이극과 비정보는 국구國舅 호돌을 청해 모든 절차를 관장케 했다. 호돌이 신하들과 함께 법가法駕를 갖추어 갖고 진나라 경계까지 나가서 이오를 영접했다. 이오는 법가를 타고 도성인 강도絳都에 도착해 즉위했다. 그가 바로 진혜공晉惠公이다. 즉위한 해를 개원 원년으로 삼았다. 그때가 주양왕 2년인 기원전 650년이었다.

원래 진나라 백성들은 평소 공자 중이의 현명함을 사모한 까닭에 중이가 즉위키를 기대했다. 중이 대신 이오가 즉위하자 크게 실망했다.

진혜공 이오는 즉위 직후 아들 어圉를 태자로 세웠다. 호돌과 괵석虢射

을 상대부, 여생과 극예를 중대부, 도안이를 하대부로 삼았다. 나머지 문무 백관은 이전의 벼슬자리에 그대로 있게 했다.

진혜공은 또 양유미로 하여금 왕자 당을 따라 주왕실로 가 자신이 나라를 얻게 해준 것에 감사를 표하게 했다. 대부 한간韓簡도 공손 습붕을 따라 제나라로 가 감사를 표하게 했다.

다만 진秦나라의 공손지만이 진혜공 이오가 약속한 하서의 5개 성읍을 받은 뒤에 가려고 진晉나라에 남아 있었다. 진혜공은 그 넓은 땅을 베어 주기 싫어서 신하들을 불러 놓고 상의했다. 괴석이 여생에게 눈짓인 목시目視를 하자 여생이 나서 말했다.

"주공이 진秦나라에게 뇌물을 주겠다고 약속한 것은 우선 귀국해야만 보위에 오를 수 있었기 때문입니다. 이젠 이미 귀국해 이 나라는 주공의 것이 됐습니다. 약속한 땅을 진秦나라에 주지 않는다고 해서 진나라가 어찌 하겠습니까?"

이극이 나서 말했다.

"주공이 나라를 얻은 이때 강한 이웃 나라에 믿음을 잃어서는 안 됩니다. 기왕 약속한 땅을 주느니만 못합니다."

극예가 말했다.

"5개 성읍을 내주면 이는 우리 진나라 영토의 절반을 내주는 게 됩니다. 진秦나라가 비록 막강한 병력을 보유하고 있을지라도 5개 성읍을 강제로 빼앗지는 못할 것입니다. 더구나 선군이 백전百戰을 불사한 경영經營 끝에 비로소 차지한 땅입니다. 그런 땅을 어떻게 함부로 버릴 수 있겠습니까?"

이극이 반박했다.

"이미 선군이 고생해서 얻은 땅이라는 것을 알았으면 무엇 때문에 주겠다고 약속한 것이오? 약속해 놓고 주지 않으면 진秦나라가 분노하지 않을 수 있겠소? 선군이 곡옥曲沃에서 이곳으로 옮길 당시 곡옥은 작은 땅에 불과했소. 그러나 선정을 베풀고 스스로를 채찍질하는 자강불식自强不息을 행한 덕분에 마침내 대국을 이룰 수 있었소. 이제 주공이 능히 정사에 힘쓰고 이웃 나라와 의좋게 지내면 5개 성읍이 없는 걸 걱정할 필요가 있겠소?"

극예가 이극을 크게 꾸짖었다.

"이극의 말은 진秦나라에 대한 우리의 신의를 지키기 위한 게 아닙니다. 주공이 준다고 약속한 분양 땅 1백만 전을 혹여 받지 못할까 겁이 나 한 말입니다. 진나라를 예로 들어 말한 것에 지나지 않습니다."

비정보가 이극의 소매를 잡아당겨 참으라는 암시를 줬다. 이극이 화가 나 극예에게 대꾸하려다가 그만 두었다. 진혜공이 다시 물었다.

"안 주면 신의를 잃고, 주면 우리나라가 약해질 것이오. 성읍을 한두 개쯤 주는 게 어떻겠소?"

여생이 대답했다.

"성읍을 한두 개 주는 것으로 신의를 지켰다고 말할 수 없습니다. 오히려 진秦나라 비위만 거스를 뿐입니다. 차라리 딱 잘라 거절하십시오."

진혜공은 이를 좇아 여생에게 거절하는 내용의 국서를 쓰게 했다. 그 내용은 대략 이러했다.

> 당초 이오는 하서河西의 5개 성읍을 할양키로 약속했습니다. 오늘 다행히 귀국해 종묘사직을 지키게 됐습니다. 이오는 군후의 은덕을 생각해 그 약속을 실천코자 했습니다. 그런데 대신들이 이의를 제기하기를, '국토는 선군의 땅이거늘 주공이 망명한 신분으로 어찌 멋대로 남에게 주기로 약속했습니까?'라고 했습니다. 과인은 이로 인해 대신들과 다투었으나 아직 과인의 뜻대로 할 수 있는 형편이 못 됩니다. 군후는 그 기한을 좀 더 늦춰 주십시오. 과인은 감히 그 약속을 잊지 않겠습니다.

진혜공이 물었다.

"누가 과인을 위해 이 국서를 갖고 진나라에 갔다 오겠는가?"

비정보가 자청하자 진혜공이 허락했다. 원래 진혜공은 귀국하기 전에 비정보에게도 부규 땅 70만 전을 주기로 약속했다. 진나라에 대해서도 5개 성읍을 주지 않을 터이니 이극과 비정보에게도 약속을 지킬 리가 없었다. 비정보는 비록 말은 하지 않았으나 내심 원한을 품었다. 그가 사자를 자청한 이유다. 진나라에 가서 그 일을 호소코자 한 것이다.

마침내 비정보는 공손지를 따라 진나라로 갔다. 진목공을 알현한 뒤 국서를 올렸다. 진목공이 국서를 읽고 난 뒤 안상案上을 치며 대로했다.

"과인은 원래부터 이오에 대해 군주의 자격이 없다고 생각했다. 과연 오늘 그 도적에게 사기를 당하고 말았다."

그러고는 사자로 온 비정보를 참수하라고 호령했다. 공손지가 말했다.

"이는 비정보의 죄가 아닙니다. 원컨대 주상은 그를 용서하십시오."

진목공이 분노가 채 가라앉지 않은 목소리로 비정보에게 물었다.

"누가 이오에게 과인을 배신하라고 사주했는가? 과인이 그 자를 찾아내 참하고 말겠다."

비정보가 말했다.

"청컨대 군후는 좌우를 잠시 물리쳐 주십시오. 신이 아뢸 말씀이 있습니다."

진목공의 안색이 약간 부드러워졌다. 좌우 대신들에게 명해 옥좌 주변의 주렴珠簾 밖으로 물러나게 했다. 그들이 물러나자 비정보에게 다가가 읍을 한 뒤 물었다.

비정보가 대답했다.

"진晉나라의 여러 대부들 가운데 군후의 은덕에 감격해하지 않는 자가 없습니다. 모두 5개 성읍을 드리고자 합니다. 오직 여생과 극예 두 사람만이 이오와 신하들 사이에 끼어들어 방해하고 있습니다. 군후는 사자로 하여금 많은 폐백을 갖고 가 진나라를 빙문聘問케 하십시오. 그때 좋은 말로 그 두 사람을 부르십시오. 두 사람이 오거든 그때 잡아 죽이면 됩니다. 군후가 공자 중이를 밀어주면 신은 이극과 함께 이오를 몰아내고 군후의 조처에 호응하겠습니다. 공자 중이를 세울 수 있다면 대대로 군후를 섬기겠습니다. 그리하는 게 어떻겠습니까?"

진목공이 대답했다.

"그 계책이 묘하오. 실로 그리 하는 게 원래 과인의 본심이었소."

진목공이 대부 냉지冷至를 사자로 삼은 뒤 많은 폐물을 갖고 비정보를 따라 진나라로 가도록 했다. 여생과 극예를 유인해서 죽일 작정이었다.

여생과 극예의 생명이 어찌 될지 알 길이 없으니 다음 회를 보라.

제29회

57話 진혜공이 군신들을 대거 주살하다
– 진혜공대주군신晉惠公大誅群臣

원래 이극은 공자 중이를 봉영奉迎해 옹립할 생각이었다. 중이가 사양한 상황에서 이오가 도인이를 통해 분양의 밭을 주겠다는 언질을 주었다. 이극은 욕심이 동하기도 하고 이오를 모시자는 여러 사람의 의견도 있어 마침내 이오를 받아들인 것이다.

그런데 이오는 즉위하자마자 약속한 땅을 아예 줄 생각도 하지 않았다. 게다가 괵석과 여생 및 극예 등만 중용하고 이전의 중신을 소원疏遠하게 대했다.

이극은 내심 승복할 수 없었다. 진혜공에게 약속대로 하서의 5개 성읍을 내줘야 한다고 권한 이유다. 나름 사리에 맞는 말이기는 했다. 그러나 극예는 곧바로 이극이 자신의 이익을 위해 그런 소릴 했다고 반박했다. 이극은 화가 나지 않을 수 없었다. 뱃속에서부터 끓어오르는 분노를 꾹 참았다. 화가 나기는 했지만 자기 이익 때문이 아니라고 구구히 변명할 상황도 아니었기 때문이다. 이극은 조문朝門을 하고 나왔으나 얼굴에 원망하는 기색이 떠오르는 것을 자제할 길이 없었다.

당시 극예 등은 비정보가 진나라 사자를 자청하자 혹여 그가 이극과 더불어 무슨 음모라도 꾸미지 않을까 우려했다. 곧 사람을 보내 두 사람의 거동을 감시케 했다. 비정보도 극예 등이 사람을 보내 자기 행동을 살피지나 않을까 의심했다. 사자가 되어 진나라로 갈 때 이극을 아예 만나지도 않고 곧바로 떠난 이유다.

이극은 비정보와 상의하기 위해 사람을 보냈으나 이미 비정보는 진나라로 떠난 뒤였다. 그는 말을 타고 뒤를 쫓아갔다. 성 밖까지 갔으나 끝내 만나보지 못하고 돌아왔다. 이극을 감시하던 자가 곧바로 극예에게 이를 보고했다. 극예가 급히 관복으로 갈아입고 궁에 들어가서 진혜공께 말했다.

"이극은 주공이 자신의 실권을 빼앗았다고 말하고 있습니다. 약속한 분양 땅을 주지 않는다고 원망을 품고 있습니다. 그는 비정보가 진나라에 사자로 간다는 얘기를 듣고는 몸소 수레를 몰아 그 뒤를 쫓아갔습니다. 틀림없이 무슨 공모를 하고 있는 것입니다. 신이 듣건대 전날 이극은 중이와 사이가 좋다고 합니다. 주공을 옹립한 것은 그의 본뜻이 아닙니다. 만일 그가 중이와 내통해 안팎에서 들고 일어나면 이를 어떻게 막을 수 있겠습니까? 이극에게 죽음을 내리십시오. 후환을 미리 뽑아야 합니다."

진혜공이 말했다.

"그는 과인의 즉위에 적잖은 공을 세웠소. 무슨 구실로 그를 죽인단 말이오?"

극예가 대답했다.

"이극은 해제와 탁자를 시해하고, 또 탁고 유명을 선군으로 받은 상경 순식까지 죽였습니다. 그 죄는 비할 데 없이 큽니다. 입국을 도운 공로 사사로운 공로인 사로私勞이고, 군주를 시해한 죄를 벌하는 것은 공의公義입니다. 명군은 '사로'로 인해 '공의'를 폐하지 않는 법입니다. 청컨대 신이 군명을 받들어 이극을 치러 가도록 허락해 주십시오."

진혜공이 허락했다.

"대부가 가서 그렇게 하시오."

극예가 곧바로 이극의 집으로 갔다.

"주공이 명을 내려 그대에게 말씀을 전하게 했소. 이르기를, '그대가 아니었던들 과인은 보위에 오르지 못했을 것이다. 감히 그대의 공을 잊을 수 없다. 비록 그러하나 그대는 지난날 두 군주와 한 대신을 죽였다. 과인이 그대의 군주 노릇을 하기 힘든 이유다. 종묘사직을 이어받은 과인이 어찌 선군의 유명을 받들지 않을 수 있는가? 과인을 위해 행한 사사로운 공로 때문에 대의를 폐할 수는 없는 일이다. 오직 그대 스스로 결단하라.'고 했소."

이극이 말했다.

"해제와 탁자를 폐하지 않았다면 주공이 어떻게 보위에 오를 수 있었겠소! 이제 나에게 죄를 덮어씌우고자 하니 무슨 핑계인들 없겠소? 신은 군명을 받들겠소."

극예가 자진을 독촉했다. 이극이 칼을 뽑아 들고 땅을 박차고 솟아오르며 크게 부르짖었다.

"하늘이여, 원통하다! 충성을 다하고도 죄를 뒤집어쓰니, 내가 죽어도 그 원통함은 세상이 알게 될 것이다. 내가 지하에 가서 무슨 면목으로 순식을 대할 수 있겠는가?"

이극이 자신의 목을 찌르고 죽었다.

극예가 환궁해 이극의 죽음을 보고했다. 진혜공은 크게 기뻐했다.

염선이 시를 지어 이극을 비난했다.

이오를 데려오자마자 죽음 당하니 纔入夷吾身受兵
당초 왜 신생을 위해 안 죽었을까 當初何不死申生
지금 중립이 완전치 않은 걸 알다 方知中立非完策
순식 명성에 미치지 못하게 됐다 不及荀家有令名

진혜공이 이극을 죽이자 많은 신하들이 불복했다. 기거祁擧, 공화共華, 가화賈華, 추천騅遄 등은 공공연히 원망하는 말을 했다. 진혜공이 이들마저 죽이려고 하자 극예가 간했다.

"비정보가 이제 밖에 나가 있는데 옛 군주의 신하들을 많이 죽이면 비정보가 의심을 품고 반역할지도 모릅니다. 그 대부를 죽여서는 안 됩니다. 주공은 우선 참으십시오."

진혜공이 극예에게 물었다.

"진부인秦夫人이 과인에게 가군賈君을 잘 대우하고, 국외로 축출된 공자들을 모두 불러들이라고 했소. 이를 어찌하면 좋겠소?"

극예가 대답했다.

"공자들 가운데 어느 누가 보위에 오르고 싶지 않을 리 있겠습니까? 그들을 불러서는 안 됩니다. 다만 가군을 잘 보살피라는 진부인의 부탁은 들어줘도 무방할 것입니다."

진혜공은 가군의 거처로 갔다. 당시 가군은 나이에 비해 아직도 아리따운 모습을 지니고 있었다. 진혜공은 가군을 보자 문득 음욕이 솟았다.

"진부인은 과인에게 부탁하기를, 그대와 더불어 환란을 나누라고 했소. 나를 거절하지 마시오."

그러고는 가군 앞으로 다가가 허리를 끌어안았다. 궁녀들이 서로 웃으며 그곳을 피했다. 가군은 진혜공의 위엄에 눌려 억지로 따르지 않을 수 없었다. 일이 끝나자 눈물을 흘리며 말했다.

"첩은 불행해 선군을 모시던 몸으로 수절한 채 세상을 마치지 못하고 다시 주공에게 몸을 잃은 신세가 됐소. 첩의 몸이야 아까울 게 없지만 원컨대 선태자先世子 신생의 원한을 씻어 주시오. 나는 그 일을 진부인에게 알려 수절 못한 죄를 속죄할까 하오."

진혜공이 말했다.

"해제와 탁자가 모두 죽임을 당했으니 신생의 원한은 풀린 셈이오."

가군이 말했다.

"소문을 듣자니 선태자의 시신은 아직도 곡옥 땅 신성新城에 거적으로 싸인 채 묻혀 있다고 하오. 주상은 그의 무덤을 좋은 곳으로 옮기고 시호도 추증해야 할 것이오. 그래야 그의 원혼이 평안을 얻을 것이오. 백성들 또한 군후가 그리 하길 바라고 있소."

진혜공이 그리할 것을 약속했다. 진혜공은 극예의 사촌동생인 극기郤乞에게 명해 곡옥 땅에 가서 좋은 묘지를 골라 신생의 유해를 개장하게 했다. 이어 태사로 하여금 신생의 시호를 논의해 책정케 해다. 신하들은 선태자 신생의 시호를 논의한 뒤 효도가 지극하고 몸가짐이 경건하다는 의미에서 공태자共太子라고 지었다. 진혜공은 대부 호돌로 하여금 신성에 가서 공태자 신생의 묘소에 제사를 올리게 했다.

극기는 곡옥 땅에 가서 특별히 망자의 의금衣衾과 관곽棺槨, 명기冥器, 목우木偶 등 개장에 필요한 물건을 정갈하게 마련한 뒤 무덤을 팠다. 극기가 신생의 시신을 보니 살아 있을 때와 조금도 다름이 없었다. 그러나 시신에서 나는 냄새가 지독해 도저히 그 냄새를 맡을 수 없었다. 무덤을 판 인부들 모두 코를 감싸 쥐었다. 구역질이 나 더는 일을 할 수 없었다. 극기가 시신 앞에서 분향재배한 뒤 고했다.

"태자는 생전에 그다지도 결백하더니 죽어선 어찌 이다지도 불결한 것입니까? 이 불결한 냄새가 태자의 것이 아니라면 원컨대 그 악취로 사람을 놀라게 하지 마소서."

극기가 말을 마치자 문득 악취가 씻은 듯이 사라지고 이상한 향내가 났다. 일손을 놓았던 사람들은 다시 신생의 유해를 염하고 입관을 마친 뒤 고원高原에 묘소를 잡아 장례를 지냈다. 곡옥의 백성들은 성을 비우다시피 하고 모두 몰려나와 신생의 상여를 전송했다. 이들 모두 눈물을 흘리며 신생을 애도했다.

장례를 지낸 지 사흘 뒤 호돌이 제물을 갖고 곡옥 땅에 당도했다. 그는 진혜공의 명에 따라 신생의 위패를 놓고 제사를 올렸다. 신생의 묘비에 '진공태자지묘晉共太子之墓'라고 쓰고 석공으로 하여금 이를 새기게 했다.

제사를 마친 호돌이 귀경하기 위해 산을 내려오다가 문득 보니 정기旌旗들이 쌍쌍이 나부끼고 창검이 겹겹이 둘러처진 곳에 1대一隊의 군마가 이쪽으로 오는 모습이 보였다. 호돌은 이들이 누구인지 몰라 황급히 길을 피하려 했다.

그때 대열 속에서 부거副車에 탄 한 사람이 호돌 쪽으로 달려왔다. 수레 위에 탄 사람은 모발이 반백斑白이고, 몸에 금포錦袍를 입었고, 손에 홀笏을 쥐고 있었다. 그는 조용히 수레에서 내려와 호돌에게 읍하며 말했다.

"태자가 할 말이 있다고 하여 모셔 가려고 왔습니다. 청컨대 국구國舅는 잠시 걸음을 옮기십시오."

호돌이 보니 바로 태자의 태부 두원관이었다. 호돌은 문득 정신이 황홀해져 그가 이미 죽은 사람이란 것도 잊고 물었다.

"태자가 지금 어디 계시오?"

두원관이 뒤쪽의 큰 수레를 가리키며 대답했다.

"저것이 바로 태자의 수레입니다."

호돌이 두원관을 따라 큰 수레 앞에 이르러 신생을 알현했다. 공태자 신생은 관을 쓰고, 칼을 차고 있었다. 생전의 모습 그대로였다. 신생은 어자御者로 하여금 수레에서 내려 호돌을 인도해 수레 위로 모시게 했다. 호돌이 수레 위로 오르자 신생이 말했다.

"국구는 그간 이 신생을 잊지 않았소?"

호돌이 눈물을 흘리며 말했다.

"태자의 원통한 죽음은 길 가는 사람 모두 알고 있어 슬피 울지 않은 사람이 없습니다. 이 호돌이 무슨 목석이라고 어찌 잊을 리 있겠습니까?"

신생이 말했다.

"상제上帝는 내가 생전에 인효仁孝한 것을 어여삐 여겨 이미 나를 교산喬山의 주인으로 삼았소. 이오가 서모인 가군에게 무례한 짓을 저지른 탓에 내가 그 불결한 짓을 미워해 이번의 천장遷葬을 물리치려 했소. 불결한 냄새를 피운 이유요. 그러나 백성들의 중의衆意에 어긋날까 우려해 그만두었소. 오늘날 열국의 제후들 가운데 진군秦君이 가장 현명하오. 나는 진晉나라를 통째로 진秦나라에 주고 진나라 사람들로 하여금 나의 제사를 받들게 할 생각이오. 국구는 이를 어찌 생각하오?"

호돌이 대답했다.

"태자가 아무리 진군晉君을 미워할지라도 그 백성이야 무슨 죄가 있습니까? 또 진나라 선대의 군주에게도 무슨 죄가 있겠습니까? 태자가 동성 동족을 버리고 이성異姓의 나라에서 제사를 받겠다고 하니 이는 인효한 덕에 어긋나는 일인 듯합니다."

신생이 말했다.

"국구의 말씀도 옳소. 그러나 나는 이미 그리하겠다고 상제에게 고했소. 지금 국구가 그리 말하니 내가 다시 한 번 상주해 보겠소. 국구는 앞으로 7일 동안 이곳에 머물러 있어야 하오. 신성의 서쪽 마을에 한 무당이 살고 있소. 내가 앞으로 그에게 빙의憑依해 상제에게 고한 결과를 알리겠소."

두원관이 수레 밑에 있다가 호돌을 불렀다.

"국구는 이제 태자와 이별할 때가 되었소."

그러고는 호돌을 수레 밑으로 끌어내렸다. 호돌이 그만 발을 헛디뎌 땅바닥에 나자빠졌다. 순간 수레와 인마는 간 데 없고, 호돌은 신성의 외관外館에 누워 있었다. 그가 크게 놀라 좌우 사람에게 물었다.

"내가 어째서 이곳에 있는 것인가?"

한 시종이 대답했다.

"국구는 제사를 마친 뒤 축문을 불사르고 나더니 문득 그 자리에 엎어졌습니다. 저희들이 아무리 불러도 깨어나지 않기에 수레 위에 붙들어 올리고 이곳으로 돌아와 침상에 뉘였습니다. 이제 아무 탈이 없는 것 같아 실로 다행입니다."

호돌은 자신이 꿈을 꾸었다는 것을 알았지만 내심 이상하게 여겼을 뿐 남에게 말하지는 않았다. 다만 몸이 아프다는 핑계를 대고 신성의 외관에 머물러 있었다. 외관에 머문 지 7일째 되던 날 오후 미시未時와 신시申時 중간쯤 되는 시각에 문지기가 안으로 들어와 보고했다.

"성의 서쪽에 사는 무당이 국구를 뵙겠다고 찾아왔습니다."

호돌이 그 무당을 들어오도록 했다. 좌우 시종을 모두 물리친 뒤 홀로 방 안에 앉아 무당을 기다렸다. 무당이 들어와 호돌에게 절을 하고 말했다.

"저는 원래 귀신과 말을 주고받을 줄 압니다. 지금 교산의 주인은 진나라 선태자 신생입니다. 그분이 제게 자신의 뜻을 국구에게 전해달라고 부탁했습니다. 그러면서 전하기를, '이번에 다시 상제에게 고했더니 단지 그 자의 몸을 욕되게 하며 그 후사後嗣를 참하는 것으로 벌을 내리고, 진나라엔 해가 없을 것이라고 말했다.'고 했습니다."

호돌이 짐짓 모르는 체하고 물었다.

"누구의 죄를 벌한다는 것이오?"

무당이 대답했다.

"태자가 명하기를, '다만 그렇게 전하라.'고 했습니다. 저 역시 누구의 죄인지 알지 못합니다."

호돌이 좌우를 불러 황금과 비단을 내오게 해 보수로 주면서 이 일을 입 밖에 내지 말 것을 당부했다. 무당은 머리를 조아려 사례한 뒤 물러갔다.

호돌은 도성으로 돌아오자마자 은밀히 비정보의 아들 비표丕豹를 자기 집으로 청한 뒤 전후사정을 얘기했다. 비표가 말했다.

"주공의 거동이 사리에 어긋나고 과장이 많으니 필시 극종克終[1]을 하지 못할 것입니다. 진나라의 주인은 공자 중이가 아니겠습니까?"

두 사람이 한창 앞날을 얘기하고 있을 때 문지기가 들어와 보고했다.

"비대부丕大夫가 진秦나라에 사자로 갔다가 돌아왔습니다. 지금 조당에서 복명하는 중이라고 합니다."

비표는 부친이 귀국했다는 소식을 듣자 호돌에게 작별인사를 하고 집으로 돌아갔다.

당시 비정보는 예물을 가득 실은 수레를 이끌고 보빙報聘 차 온 진秦나라 사자 냉지冷至와 함께 귀국했다. 도성인 강도 교외에 이르렀을 무렵 진혜공이 이극을 죽였다는 소식을 들었다.

그는 자신도 혹시 거기에 연루되지나 않았는지 걱정했다. 수레를 돌려 진秦나라로 돌아가 사태의 추이를 지켜보고 싶은 마음이 들었다. 그러나 도성엔 아들 비표가 있었다. 내심 이같이 생각했다.

'내가 진으로 달아나면 아들에게 누가 미칠 것이다!'

비정보는 망설이며 결단하지 못했다. 진퇴양난進退兩難이었다. 이 와중

1 극종克終은 원래 불교용어로 인과因果의 결과를 의미한다. 극克은 필必의 뜻으로 원인에 따른 결과, 종終은 결과의 궁극적인 모습을 가리킨다. 여기서는 주어진 수명壽命을 뜻한다.

에 마침 볼 일이 있어 교외로 나온 대부 공화共華와 만났다. 그를 맞아 인사를 나눈 뒤 이극이 죽게 된 연유를 물었다. 공화가 자초지종을 자세히 말했다.

비정보가 물었다.

"내가 도성으로 들어가도 괜찮겠소?"

공화가 대답했다.

"이극과 어울린 사람들 모두 조정에 남아 있소. 나도 그 가운데 한 사람이오. 주공은 이극 한 사람만 죽였을 뿐 아직은 다른 사람에게 파급波及되지 않고 있소. 더구나 그대는 진秦나라에 사자로 갔다 온 사람이오. 아무것도 몰랐다고 핑계를 대면 별다른 일은 없을 것이오. 두려워하며 타국으로 달아나면 오히려 이극과 함께 죄를 저질렀다고 자공自供하는 것이 되오."

비정보가 이를 좇았다. 수레를 재촉해 도성인 강도로 들어갔다. 먼저 궁성에 들어가 사명使命을 완수했음을 복명했다. 이어 진秦나라 사자 냉지를 인도해 진혜공을 알현케 했다. 냉지가 알현을 마친 뒤 예물을 바쳤다. 진혜공이 진나라 국서를 받아 보니 대략 이런 내용이었다.

> 진晉나라와 진秦나라는 장인과 사위의 나라입니다. 진晉나라에 있는 땅은 진秦나라에 있는 것이나 다름없습니다. 여러 대부가 각각 자기 나라에 충성하는 것은 당연한 일입니다. 과인이 어찌 진晉나라 대부들의 반대를 무릅쓰고 그 땅을 꼭 얻으려고 하겠습니까? 공연히 귀국 대부들의 심정만 상하게 할 뿐입니다. 다만 과인에게 국경에 관한 문제가 하나 생겼습니다. 귀국의 대부 여생 및 극예와 만나 의논하고 싶습니다. 하루라도 빨리 두 대부가 와서 속히 만나고자 하는 과인의 마음을 위안해 주면 다행이겠습니다.

그러고는 말미에 '하서의 5개 성읍을 할양하겠다고 약속한 지권地券을 돌려드리겠습니다.'라는 추신이 있었다.

진혜공은 작은 이익도 탐하는 사람이었다. 그는 진나라에서 보내온 예물이 풍족한데다 증빙문서인 지권까지 돌려주겠다고 하자 크게 기뻐했다. 곧바로 여생과 극예를 진나라에 보내 진목공의 후의에 보답코자 했다. 극예가 은밀히 여생에게 말했다.

"진나라 사자가 이번에 온 것을 호의로 생각해선 안 되오. 예물이 융숭하고 말도 달콤한 폐중언감幣重言甘[2]에 해당하오. 대략 우리를 유인하려는 속셈인 듯하오. 우리가 진나라로 가면 반드시 우리를 겁박해 땅을 빼앗으려 할 것이오."

자가 자금子金인 여생이 말했다.

"나 역시 곰곰이 생각해 보니 진秦나라가 우리 진晉나라를 두려워할 이유가 없소. 필시 비정보가 이극의 소식을 듣고 자신도 죄를 모면하지 못할까 두려운 나머지 진秦나라와 함께 그런 음모를 꾸민 듯하오. 그는 진나라 손을 빌려 우리를 제거한 뒤 난을 일으킬 심산이오."

극예가 말했다.

"비정보는 이극과 함께 공도 같이 세운 한 몸과 같은 인물이오. 이극이 죽었는데 비정보가 어찌 두려워하지 않겠소? 자금子金의 판단이 옳소. 조정 신하들 가운데 절반이 이극과 비정보의 일당이오. 만일 비정보에게 어떤 음모가 있다면 틀림없이 함께 일을 꾸미는 자들이 더 있을 것이오. 우선 진秦나라 사자부터 돌려보낸 뒤 서서히 비정보의 동태를 살펴보기로 합시다."

여생이 대답했다.

2 폐중언감幣重言甘은 어떤 목적을 이루기 위해 많은 뇌물로 유인하는 것을 지칭한다. 『춘추좌전』「노희공 10년」조에 '폐중이언감幣重而言甘, 유아야誘我也' 표현이 나온다.

"그리합시다."

여생이 진혜공 앞으로 가 말했다.

"진秦나라 사자 냉지를 먼저 보내십시오. 주공은 말하기를, '우리 진晉나라가 아직 안정이 덜 돼 긴급한 나랏일을 돌볼 수 있게 얼마간 말미를 주시오. 오래잖아 귀국 군후의 말씀대로 보내드리도록 하겠소.'라고 하십시오."

진나라 사자 냉지가 홀로 환국했다. 여생과 극예의 심복은 밤마다 비정보 집 근처에 숨어서 비정보의 동정을 살폈다.

비정보는 여생과 극예가 전혀 진나라로 갈 기미를 보이지 않자 더 기다리지 못하고 남몰래 기거와 공화, 가화, 추단 등을 집으로 초청했다. 이들은 서로 의논을 하다가 5경이 돼서야 각각 귀가했다. 비정보 집 근처에 숨어서 이를 지켜본 심복은 돌아가서 본대로 얘기했다. 극예가 말했다.

"여러 사람에게 무슨 일이 생겨 한밤중에 모인 것인가? 필시 역모일 것이다."

곧 여생과 상의한 뒤 사람을 시켜 도안이를 불렀다. 도안이가 오자 극예가 말했다.

"그대에게 재앙이 닥치게 생겼으니 이를 어찌해야 좋겠소?"

도안이가 크게 놀라 물었다.

"그 재앙이 어디서 오는 것입니까?"

극예가 대답했다.

"그대는 전에 이극을 도와 어린 군주를 시해했소. 그로 인해 이극은 법에 의해 처벌을 받았소. 주공은 앞으로 그대의 죄도 다스리겠다고 했소. 나는 그대에게 주공을 옹립한 공이 있는 것을 아는 까닭에 그대가 주륙을 당하는 꼴을 그대로 보고 있을 수 없소. 그래서 미리 귀띔해 주는 것이오."

도안이가 눈물을 흘리며 사정했다.

"저는 한낱 용부勇夫에 불과합니다. 남의 말만 듣고 시키는 대로 했을 뿐입니다. 무엇이 죄가 되는지도 몰랐습니다. 대부는 제발 저를 구해주십시오."

극예가 말했다.

"주공의 진노를 풀 길은 없소. 다만 계책이 하나 있기는 하오. 그 계책대로 하면 재앙에서 벗어날 수 있소."

도안이가 무릎을 꿇고 그 계책을 물었다. 극예가 황망히 부축해 일으킨 뒤 은밀히 말했다.

"지금 비정보가 이극의 무리를 이끌고 새 군주를 모시려 하고 있소. 그는 칠여대부七輿大夫와 함께 모반해 주공을 내쫓고 공자 중이를 옹립할 작정이오. 그대는 주공으로부터 벌을 받을 것처럼 꾸미고 비정보와 접촉하도록 하시오. 그를 믿게 만든 뒤 그들의 비밀을 모두 알아내 나에게 알려 주시오. 그리하면 내가 주공에게 말해 전에 비정보에게 주기로 한 부규의 밭 가운데 30만 전을 떼어 그대에게 포상토록 주선하겠소. 게다가 그대는 곧 중용될 터이니 이극 때문에 저지른 죄를 걱정할 일도 없게 될 것이오."

도안이가 기뻐하며 물었다.

"이 몸이 죽을 곳에서 다시 살아난 것은 모두 두 대부의 은덕입니다. 어찌 감히 두 분을 위해 힘을 다하지 않겠습니까? 다만 저는 말이 서투르니 비정보에게 어떻게 말을 붙여야 좋겠습니까?"

여생이 대답했다.

"그건 내가 모두 가르쳐 주겠소."

그러고는 예상되는 여러 경우에 대비한 문답을 만들어 도안이에게 숙기熟記케 했다.

이날 밤, 도안이가 비정보의 집 대문을 두드렸다. 문지기에게 긴밀히 고할 일이 있다고 말했다. 비정보는 술에 취해 잠을 자고 있어 만날 수 없다고 문지기를 시켜 거절하면서 만나주지 않았다. 도안이는 대문 앞에서 서성이며 밤이 깊었는데도 돌아가지 않았다. 비정보가 할 수 없이 불러들였다. 도안이가 비정보를 보자 바로 무릎을 꿇고 엎드려 말했다.

"대부는 저의 목숨을 구해 주십시오."

비정보가 놀라 까닭을 묻자 도안이가 대답했다.

"전에 제가 이극을 도와 탁자를 시해했다는 이유로 주공이 저를 참형에 처한다고 하니 이를 어쩌면 좋겠습니까?"

비정보가 말했다.

"지금 여생과 극예가 권력을 잡고 있는데 어째서 그들에게 사정하지 않는 것이오?"

도안이가 대답했다.

"저를 죽이려는 음모를 꾸민 자가 바로 그 두 놈입니다. 제가 그 두 놈의 살을 씹지 못하는 게 한인데 어찌 그들에게 사정할 수 있겠습니까?"

비정보는 도안이의 속마음을 알 길이 없어 슬며시 떠보았다.

"그대 생각엔 이 일을 어찌 처결하면 되겠소?"

도안이가 말했다.

"공자 중이는 원래 인효仁孝해 선비들의 인심을 얻고 있습니다. 백성들 역시 군주로 모시고자 합니다. 진秦나라도 이오가 지난날의 약속을 지키지 않아 크게 분개하고 있습니다. 다시 중이를 보위에 세울 생각을 갖고 있습니다. 차제에 대부가 친서 한 장만 써주시면 제가 밤낮을 가리지 않고 적나라로 가서 중이에게 올리고, 또 진秦나라와 적나라가 출병토록 만들겠습니다. 대부도 선태자 신생의 당을 규합해 국내서 호응하십시오. 우리는 먼저 여생과 극예의 목을 베고, 이어 주공을 쫓아낸 뒤 공자 중이를 모시면 됩니다. 그리하면 모든 일에 차질이 없을 것입니다."

비정보가 물었다.

"그대의 그런 뜻에 변함이 없겠는가?"

도안이는 곧바로 손가락 하나를 입으로 깨물어 피를 내며 맹서했다.

"만일 도안이가 이심貳心을 품었으면 응당 저의 일족이 도륙을 당할 것입니다."

비정보가 비로소 그를 믿었다. 그는 이튿날 3경에 다시 도안이와 만나 그 일을 상의키로 했다. 이튿날 밤, 도안이가 다시 비정보의 집으로 갔다. 그곳에는 이미 기거와 공화, 추단, 가화 등이 와 있었다. 잠시 뒤 숙견叔堅과 누호累虎, 특궁特宮, 산기山祈 등 네 사람도 와 있었다. 이들 모두 선태자 신생의 문하에 있던 사람들이었다.

비정보와 도안이까지 합치면 모두 10명이었다. 이들은 다시 앞일을 의논한 뒤 각각 삽혈하고 힘을 합쳐 공자 중이를 옹립키로 맹서했다.

후대인이 이를 시로 읊었다.

구원 청하는 도안이만 의심하고	只疑屠岸來求救
여생과 극예 간계 알지 못하다	誰料奸謀呂郤爲
뛰는 자 위에 나는 자가 있으니	强中更有强中手
1인의 사술로 9인이 위기에 처하다	一人行詐九人危

비정보는 9명의 동지들을 극진히 대접했다. 이들 모두 취해서 헤어졌다. 비정보의 집에서 나온 도안이는 몰래 극예의 집으로 가 이를 고했다. 극예가 말했다.

"그대의 말이 사실일지라도 증거가 없으면 소용이 없다. 반드시 비정보의 친서를 얻어내야 그 역적들의 죄를 다스릴 수 있다."

도안이가 이튿날 밤에 다시 비정보의 집으로 갔다. 그는 공자 중이를 모시러 가겠다면서 속히 친서를 써달라고 청했다. 비정보는 이미 친서를 다 쓰고 말미에 10명의 이름을 열거해 놓았다. 9명이 서명인 화압花押을 이미

진혜공이 군신들을 대거 주살하다

한 상태였다. 마지막 열 번째가 도안이였다. 도안이는 비정보에게 붓[3]을 청해 자기 이름 밑에 화압을 했다. 비정보는 서간을 잘 봉함해 도안이 손에 꼭 쥐어 주면서 당부했다.

"부디 조심하여 다녀오시오. 이 일이 누설돼서는 안 되오."

도안이는 그 서간을 받자 지보至寶를 얻은 양 기뻐하며 나는 듯이 극예의 집으로 가 바쳤다. 극예가 서간을 보고 난 뒤 도안이를 자기 집에 숨겨 두었다. 이어 편지를 소매 안에 넣은 뒤 여생과 함께 국구國舅 칭호를 받고

3 '붓'의 원문은 필筆이다. '필'은 통상 도필刀筆로 표현했다. 당시는 종이가 나오기 전인 까닭에 죽간竹簡에 글을 썼다. 이때 글자를 잘못 쓸 경우 칼로 수정했다. 흔히 '도필'로 통칭한 이유다. 글 쓰는 것을 전문으로 한 아전衙前을 도필지리刀筆之吏로 표현한 것도 바로 이 때문이다.

있는 괵석虢射의 집으로 갔다. 이들은 그 서간을 괵석에게 내보이며 자초지종을 자세히 설명한 뒤 이같이 덧붙였다.

"신속하게 비정보 일당을 제거하지 않으면 당장 무슨 변이 일어날지 예측할 수 없습니다."

괵석이 그날 밤으로 궁궐로 가 궁문을 두드렸다. 진혜공을 만난 자리에서 비정보의 음모를 소상히 고했다.

"내일 아침 일찍 이들을 소집해 역모죄로 다스려야 합니다. 비정보의 친서가 그 증거입니다."

이튿날 진혜공이 아침 일찍 조회를 열었다. 여생과 극예는 미리 조당의 벽에 둘러친 휘장 뒤에 무사들을 매복시켜 놓았다. 문무백관이 조례를 마치자 진혜공이 비정보를 불러 물었다.

"과인을 몰아내고 중이를 맞이하려는 너의 음모를 알고 있다. 과인이 그 죄를 다스리겠다."

비정보가 변명하려고 하자 극예가 칼에 기댄 자세로 크게 꾸짖었다.

"네가 도안이에게 서간을 주어 적나라로 보내지 않았는가? 주공이 복이 많아 도안이는 이미 성 밖에서 도성을 지키고 있던 우리 병사에 의해 붙잡혔다. 그 품속에서 나온 밀서에 10명의 이름이 낱낱이 적혀 있었다. 이제 도안이가 모두 자백했으니 너의 변명은 들을 필요조차 없다."

진혜공이 그 서간을 어안御案 아래로 내던졌다. 여생은 그 서간을 주워 들고 거기에 적힌 10명의 이름을 차례로 부르면서 무사들로 하여금 그들을 잡아 묶게 했다. 당시 공화는 휴가를 얻고 집에 있던 참이어서 조례에 나오지 않았다. 극예는 공화를 나포키 위해 따로 무사들을 그의 집으로 보냈다.

포박당한 8명은 서로 얼굴만 쳐다볼 뿐 할 말이 없었다. 살기 위해 땅 속이라도 들어가고 싶었으나 그리할 수도 없었다. 진혜공이 무사들에게 호령했다.

"저놈들을 조문 밖으로 끌어내 참하라!"

8명 가운데 가화가 나서 큰 소리로 외쳤다.

"신이 지난날 선군의 명을 받아 굴 땅을 치러 갔을 때 주공이 달아날 수 있게 가만히 놓아주지 않았습니까? 그 공을 생각해 한번만 죽음을 면케 해줄 수 없겠습니까?"

여생이 꾸짖었다.

"너는 당시 선군을 섬기며 우리 주공을 살려 줬고, 이젠 우리 주공을 섬기며 중이와 내통했다. 실로 반복무상反覆無常[4]한 소인이다. 속히 나가 주륙誅戮을 받아라."

가화는 말문이 막혔다.

비정보 등 8명은 속수무책으로 죽임을 당했다. 집에 있던 공화는 비정보를 비롯한 동지들이 비밀이 누설되는 바람에 모두 죽었다는 소식을 들었다. 곧바로 가묘家廟로 가 하직 인사를 드렸다. 이어 궁에 가 벌을 받기로 결심했다. 동생인 공사共賜가 만류했다.

"가시면 죽습니다. 왜 타국으로 달아나지 않는 것입니까?"

공화가 대답했다.

"진秦나라에 사자로 갔던 비정보가 돌아오는 길에 이극이 죽은 소식을 듣고 도성에 들어오지 않으려 하는 것을 내가 권해 들어오게 했다. 남을 사지에 빠뜨려 놓고 홀로 살고자 하는 것은 대장부가 할 짓이 아니다. 나라고 살고 싶은 생각이 없는 건 아니지만 죽은 비정보를 저버릴 수는 없다."

포리捕吏들이 닥치기 전에 조정으로 나아가 죽음을 청했다. 진혜공은 공화도 참수토록 했다. 비표丕豹는 부친이 참수 당했다는 소식을 듣자 나는 듯이 진秦나라로 망명해 화를 면했다.

4 반복무상反覆無常은 언행이 이랬다저랬다 일정하지 않은 것을 말한다. 배반과 복종을 번갈아 한다는 뜻의 반복무상叛服無常과 구별해야 한다.

진혜공이 이극과 비정보 일족을 모두 도륙코자 했다. 극예가 간했다.

"형벌을 죄인의 처자에게까지 미치지 않게 하는 것이 예로부터의 제도입니다. 역모를 꾀한 자들이 모두 죽었으니 족히 여러 사람에게 본보기가 되었을 것입니다. 하필 많은 목숨을 죽여 백성들을 떨게 만들려는 것입니까?"

진혜공이 이를 좇아 일족을 용서하고 죽이지 않았다. 도안이의 공을 높이 평가해 중대부로 삼고, 부규 밭 30만 전을 내렸다.

한편 진나라로 달아난 비정보의 아들 비표는 진목공을 알현하자 땅에 엎드려 통곡했다. 진목공이 그 까닭을 묻자 비표는 부친이 모반을 꾀하게 된 연유와 피살된 경위를 자세히 고했다. 이어 진혜공을 제거할 계책을 건의했다.

"진후晉侯는 진秦나라로부터 받은 대은大恩을 저버리고, 국내의 소원小怨만 보복하고 있습니다. 문무백관 모두 두려워 떨고 있고, 백성들 또한 복종하지 않고 있습니다. 만일 군후가 약간의 군사를 동원해 치면 진나라는 이내 내란으로 뒤집힐 것입니다. 그러면 진晉나라 보위의 폐립은 군후가 원하는 대로 할 수 있습니다."

진목공이 신하들의 의견을 물었다. 건숙이 대답했다.

"비표의 말대로 진晉나라를 치면 이는 신하를 도와 군주를 치는 게 됩니다. 대의에 비춰 볼 때 불가합니다."

백리해가 말했다.

"백성이 불복하면 반드시 내변內變이 있게 마련입니다. 군후는 그때를 기다린 뒤 진晉나라를 도모하도록 하십시오."

진목공이 말했다.

"과인도 비표의 말을 의아하게 생각했소. 진후晉侯가 하루아침에 9명의 대부를 죽였는데 민심이 복종하지 않았다면 어찌 그런 일을 행할 수 있겠소. 하물며 전쟁은 내응이 없으면 반드시 성공한다고 보장할 수도 없소."

마침내 비표는 뜻을 이루지 못한 채 진秦나라에 머물며 대부 벼슬로 살게 됐다. 때는 진혜공 2년이자 주양왕 3년인 기원전 649년의 일이다.

58話 관중이 병석에서 후임 재상을 논하다
-관중병탑론상管夷吾病榻論相

같은 해에 주나라 왕자 대帶는 이락伊雒 땅의 융족에게 은밀히 뇌물을 보내 우호를 맺은 뒤 융병戎兵으로 하여금 경사京師를 치게 했다. 그는 도성 안에서 쳐들어오는 융병과 내응키로 약속했다.

융병이 마침내 입구入寇해 왕성인 낙양성을 포위했다. 주공周公 공孔과 소백召伯 요廖는 전력을 기울여 굳게 왕성을 지켰다. 왕자 대가 감히 내응하지 못한 이유다. 주양왕이 사자를 열국의 제후에게 보내 위기를 알리면서 구원을 청했다.

진목공과 진혜공은 일찍부터 주왕실과 우호관계를 맺을 생각을 갖고 있었다. 융병을 물리치기 위해 각각 군사를 이끌고 출병했다. 융병은 제후들의 군사가 몰려온다는 소식을 듣고는 일제히 동문을 불사르고 일대를 약탈한 뒤 달아났다. 진혜공은 싸움터에서 진목공과 만났다. 얼굴에 부끄러운 기색이 떠올랐다.

진혜공은 그 자리에서 진목공의 측근으로부터 목희의 밀서를 받았다. 내용은 대략 가군을 간통한 진혜공의 짐승 같은 짓을 꾸짖고, 열국에 망명 중인 여러 공자들을 본국으로 불러들이지 않는 것에 대한 책망이었다. 끝으로 이전의 잘못을 고치고 전통적인 진진晉秦 간의 우호를 회복하라고 당부했다.

진혜공은 문득 진秦나라의 속셈이 의심스러워 서둘러 회군했다.

실제로 진목공의 출병에 따라온 비표는 진목공에게 밤에 진晉나라 군사를 기습할 것을 권했다. 진목공이 거절했다.

"피차 천자를 돕기 위해 근왕군勤王軍을 이끌고 이곳에 왔소. 과인이 비록 진晉나라에 사원私怨이 있을지라도 대의를 위해 이곳에 온 진후晉侯를 공격할 수는 없소."

진목공과 진혜공 모두 각각 본국으로 돌아갔다.

당시 제환공도 관중에게 군사를 내주면서 속히 경사로 가 주왕실을 구하라고 분부했다. 관중이 군사를 이끌고 경사에 이르렀을 때는 융병이 달아난 뒤였다. 관중은 곧바로 사자를 융족에게 보내 융주戎主를 크게 꾸짖었다. 융주는 제나라 위세에 겁이 난 나머지 곧 사자를 보내 사과했다.

"우리 융족이 어찌 감히 경사를 범하려고 했겠습니까? 감숙甘叔인 왕자 대가 우리를 부르기에 갔을 뿐입니다."

주양왕은 그제야 이번 사변의 배경을 알게 됐다. 곧 감甘 땅에 봉해진 왕자 대를 추방했다. 왕자 대는 제나라로 달아났다. 융주는 다시 사자를 경사에도 보내 주양왕에게 사죄하고 강화를 청했다. 주양왕이 이를 수락했다.

주양왕은 관중이 자신의 보위를 안정시켜 준 공을 잊지 않고 있는 터에 또다시 융족의 사죄를 받아내 준 것에 크게 고마워했다. 곧 관중을 위해 커다란 연회를 베풀었다. 이어 관중을 제나라 상경에 해당하는 예우로 대접하려 했다. 관중이 사양했다.

"우리 제나라에는 대대로 고씨高氏와 국씨國氏의 두 상경이 있습니다. 신이 어찌 감히 외람되이 상경의 대접을 받을 수 있겠습니까?"

관중이 재삼 겸양했다. 결국 주양왕으로부터 하경下卿의 예우를 받고 돌아왔다.

이해 겨울, 관중이 병으로 눕게 됐다. 제환공은 직접 관중의 부중으로 가서 문병했다. 관중이 병으로 수척해진 것을 보고 안타까워했다. 관중의 손을 잡고 말했다.

"중보仲父의 병이 매우 심하오. 불행히도 중보가 다시 일어나지 못한다면 과인은 앞으로 누구에게 국정을 맡겨야 하오?"

당시 영척과 빈수무는 이미 앞뒤로 세상을 떠난 뒤였다. 관중이 탄식했다.

"참으로 아까운 건 영척입니다."

제환공이 물었다.

"영척 말고는 인물이 없단 말이오? 포숙아에게 맡기고자 하는데 어찌 생각하오?"

관중이 대답했다.

"포숙아는 군자입니다. 국정을 맡길 수 없는 이유입니다. 그는 선악을 너무나도 분명히 구분합니다. 물론 선을 좋아하는 것은 가합니다. 그러나 악을 미워하는 마음이 너무 심합니다. 그런 포숙아 밑에서 누가 견뎌낼 수 있겠습니까? 포숙아는 심지어 어느 누구의 조그마한 한 가지 악을 보아도 평생 잊지 않습니다. 이것이 그의 결점입니다."

제환공이 물었다.

"그럼 습붕은 어떻소?"

관중이 말했다.

"그런대로 가합니다. 습붕은 아랫사람에게 묻는 것을 부끄러워하지 않고, 자기 집에 있을 때도 공사公事를 잊지 않는 사람입니다."

그러고는 큰 숨을 내쉬면서 다시 말했다.

"하늘이 습붕을 이 세상에 내보낸 것은 신의 혀 노릇을 하도록 한 것이 아닌가 하는 생각이 들 정도로 신의 의사를 잘 전달했습니다. 신이 죽으면 어찌 혀만 홀로 남아서 살 수 있겠습니까? 주공이 습붕을 임용할지라도 오랫동안 부리지는 못할 것입니다."

제환공이 다시 물었다.

"그렇다면 역아는 어떻소?"

관중이 병석에서 후임 재상을 논하다

관중이 대답했다.

"주공이 묻지 않았을지라도 말씀드릴 참이었습니다. 저 역아와 수초 및 개방 등 3인을 가까이 해서는 안 됩니다."

제환공이 물었다.

"역아는 전에 자식을 삶아 과인에게 별미를 맛 보여준 사람이오. 자기 자식보다 과인을 사랑한 게 확실한데도 의심하는 것이오?"

관중이 대답했다.

"사람의 정이란 자식을 사랑하는 것 이상으로 다른 것을 사랑할 수는 없는 법입니다. 그런데도 그는 제 자식에게 차마 못할 짓을 했습니다. 그런 사람이 주공에게 무슨 짓인들 못하겠습니까?"

제환공이 물었다.

"수초는 스스로 궁형宮刑을 받고 환관이 되어 과인을 섬겨왔소. 자신의 몸보다 과인을 더 사랑한 것인데도 그를 의심해야겠소?"

관중이 대답했다.

"사람은 자기 몸보다 귀한 게 없습니다. 그런데도 자신의 몸에 차마 못할 짓을 했습니다. 그런 사람이 주공에게 무슨 짓인들 못하겠습니까?"

제환공이 물었다.

"위나라 공자 개방은 태자의 몸으로 천승千乘인 나라의 보위까지 버리고 제나라에 와 과인의 신하가 된 사람이오. 과인도 그를 총행寵幸하고 있소. 그는 부모가 죽었을 때도 상례를 치르러 가지 않았소. 자신의 부모보다 과인을 더 사랑한 것이니 의심할 여지가 없을 것이오."

관중이 대답했다.

"사람은 자기 부모보다 더 가까운 사람이 없습니다. 그런데 그는 부모에게 차마 못할 짓을 했습니다. 그런 사람이 주공에게 무슨 짓인들 못하겠습니까? 하물며 사람이 천승인 나라의 군주가 되고 싶다는 것은 사람의 욕심 가운데 가장 큰 것입니다. 그런데도 그가 보위를 버리고 주공 밑에 와 있는 것은 그보다 더 큰 것을 노리고 있기 때문입니다. 주공은 반드시 그를 멀리하고 가까이하지 마십시오. 가까이하면 틀림없이 나라가 어지러워질 것입니다."

제환공이 물었다.

"이들 3인은 과인을 섬긴 지 오래됐소. 그런데도 중보는 어째서 지금까지 그들에 대해 한마디 말도 하지 않다가 이제 와서 그런 말을 하는 것이오?"

관중이 대답했다.

"신이 말하지 않은 것은 그들을 총애하는 주공의 마음을 상하게 하고 싶지 않았기 때문입니다. 신이 있으면 그들은 감히 방자하게 굴 수 없습니다.

비유컨대 그들이 물이라면 신은 제방에 해당합니다. 신은 이제까지 물이 넘치는 것을 막아왔습니다. 이제 제방이 사라지면 물이 제멋대로 흐를 것입니다. 큰 우환이 아닐 수 없습니다. 주공은 반드시 이들을 멀리해야 합니다."

제환공은 한동안 말없이 있다가 관중의 부중을 떠났다.

끝내 관중의 운명이 어찌될 것인지 알고자 하면 다음 회를 보라.

제30회

59話 진진秦晉 양국이 용문산에서 크게 싸우다
- 진진대전룡문산秦晉大戰龍門山

제환공을 모시고 관중의 부중으로 간 좌우의 근시들은 관중이 병상에서 역아와 수초 및 개방 등 3인을 멀리하라고 당부하고, 습붕을 정경으로 천거한 얘기를 들었다. 그중 한 사람이 그날 들은 걸 역아에게 고자질했다. 역아가 포숙아를 찾아가 말했다.

"중보가 상국이 된 것은 전적으로 포숙아 그대가 천거했기 때문이 아닙니까? 이번에 주공이 관중을 문병 갔을 때 '포숙아에게 국정을 맡겨서는 안 됩니다.'라고 말하며 습붕을 천거했습니다. 그 말을 듣고 저 같은 사람도 내심 크게 분개했습니다."

포숙아가 웃으며 대답했다.

"그게 바로 내가 관중을 천거한 이유요. 그는 나라를 위해 충성할 뿐 자신의 벗에게 사정을 베풀지 않는 사람이오. 그가 주공에게 말해 나에게 사구司寇 벼슬을 주고 간사하고 망령된 무리를 내쫓게 했다면 그나마 그대 같은 사람이 붙어 있을 여지가 있을 것이오. 그러나 나에게 국정을 맡겼으면 그대 같은 무리가 어찌 감히 제나라 조정에 용납이나 될 수 있겠소?"

역아는 포숙아의 말에 크게 부끄러워하면서 물러났다.

하루 지나 제환공이 다시 관중의 집으로 갔다. 병상의 관중은 이미 말을 하지 못했다. 포숙아와 습붕은 관중의 손을 잡고 눈물을 흘렸다. 그날 밤, 관중이 세상을 떠났다. 제환공이 통곡하며 말했다.

"슬프다, 중보여! 하늘이 과인의 팔을 꺾어 놓았다!"

제환공은 상경 고호高虎로 하여금 관중의 상사喪事를 감독하면서 빈례殯禮와 장례葬禮를 모두 후하게 치르도록 했다. 관중이 생전에 녹으로 받던 땅과 전답을 모두 그 아들에게 줬다. 그의 자손들로 하여금 대대로 대부 벼슬을 이어받게 했다.

역아가 대부 백씨伯氏에게 말했다.

"지난날에 주공이 대부가 받았던 병읍騈邑땅 3백 호戶를 빼앗아 관중에게 내주었소. 이제 관중이 죽었는데 대부는 왜 주공에게 말해 그 땅을 도로 찾지 않는 것이오? 내가 주공 곁에서 그대를 도와 드리겠소."

대부 백씨가 울며 대답했다.

"나는 원래 공이 없었기에 채읍을 잃었을 뿐이오. 중보는 비록 죽었으나 그의 공로는 영원히 남을 것이오. 그런 터에 내가 무슨 면목으로 그 땅을 돌려달라고 말할 수 있겠소?"

역아가 길게 탄식했다.

"중보는 죽었어도 오히려 백씨로 하여금 저렇듯 심복하게 만들었다. 실로 나 같은 자들은 소인배이다."

이후 제환공은 관중의 유언대로 공손 습붕에게 국정을 맡겼다. 습붕은 1달도 안 돼 병이 나 세상을 떠났다. 제환공이 길게 탄식했다.

"중보는 성인이다. 어떻게 습붕이 과인을 오래 섬기지 못할 것을 알았단 말인가!"

제환공은 포숙아에게 습붕의 자리를 대신토록 했다. 포숙아가 굳이 사양했다. 제환공이 말했다.

"이제 조정에서는 경만한 사람이 없소. 경은 누구에게 그 자리를 양보할 생각이오?"

포숙아가 대답했다.

"신이 지나치게 선을 좋아하고 악을 미워한다는 것은 주공도 잘 아는 바입니다. 청컨대 주공이 역아와 수초 및 개방 등 3인을 멀리하겠다면 감히 명을 받들겠습니다."

제환공이 말했다.

"중보도 전에 그런 말을 했소. 과인이 어찌 경의 말을 따르지 않을 수 있겠소?"

그날로 3인을 내쫓고 다시 조정에 들어오지 못하게 했다. 포숙아가 국정을 맡았다.

그때 회수 일대에 사는 회이淮夷가 기杞나라를 침공했다. 기나라 군주가 제환공에게 급히 구원을 청했다. 제환공이 송나라와 노나라, 진陳나라, 위나라, 정나라, 허나라, 조나라 등 7국 군주를 소집한 뒤 연합군을 이끌고 가 회이를 쳤다. 이어 기나라 도성을 연릉緣陵 땅으로 옮겼다.

열국의 제후가 아직도 제환공의 명에 복종한 것은 제나라가 포숙아를 정경으로 기용하고, 포숙아가 관중의 정사와 제도를 버리지 않았기 때문이다.

한편 당시 진晉나라는 진혜공 즉위 이후 해마다 기후가 불순해 오곡이 제대로 익지 않았다. 5년째 큰 흉년이 들었다. 나라의 창고는 텅 비고 백성들은 먹을 게 없었다. 타국의 식량을 빌리지 않을 수 없게 됐다. 진秦나라는 바로 이웃이어서 거리도 가깝고, 서로 혼인한 사이였다. 진나라로부터 식량을 빌리기로 했다. 단지 하서의 5개 성읍을 할양하지 않은 까닭에 말하기가 거북했다.

극예가 말했다.

"우리가 진나라에 한 약속을 저버린 것은 아닙니다. 기한을 좀 늦춰 달라고 청했을 뿐입니다. 이제 우리가 곡식을 꿔달라고 요청하는데도 진나라가 꿔주지 않는다면 이는 우리와 우호관계를 끊는 게 됩니다. 그러면 우리가 약속을 지키지 않아도 명분이 서게 됩니다."

진혜공이 말했다.

"경의 말이 옳소."

진혜공이 대부 경정慶鄭을 시켜 보옥을 갖고 진나라로 가 곡식을 빌려오게 했다. 진晉나라의 요청을 받은 진목공이 신하들을 소집해 이를 상의했다.

"진晉나라가 약속한 5개 성읍을 내주지 않으면서 이제 흉년이 들자 곡식을 꾸러 왔소. 줘야 하오, 주지 말아야 하오?"

건숙과 백리해가 이구동성으로 대답했다.

"천재天災는 돌고 돕니다. 어느 나란들 흉년이 들지 않겠습니까? 재앙을 구휼하고 이웃을 돕는 것은 제후가 해야 할 떳떳한 도리입니다. 그 도리에 따라 행동하면 하늘이 반드시 우리에게 복을 내릴 겁니다."

진목공이 말했다.

"과인이 진晉나라에 베푼 덕이 적지 않소."

대부 공손지가 말했다.

"진晉나라에 후하게 베푼 뒤 그 보답을 얻으면 우리 진秦나라에 무슨 손해가 있겠습니까? 만일 저들이 시치미를 떼고 보답하지 않으면 잘못은 저들에게 있습니다. 진晉나라 백성조차 잘못을 저지른 저들의 군주를 미워하면 누가 우리를 대적하겠습니까? 반드시 저들에게 곡식을 꿔줘야 합니다."

비표가 부친의 원수를 갚을 생각에 문득 주먹으로 자리를 치며 말했다.

"진후晉侯가 무도하기에 하늘이 재앙을 내린 것입니다. 저들이 기아에 허덕이는 이때를 틈타 쳐들어가면 쉽게 진晉나라를 멸할 수 있습니다. 이번 기회를 놓쳐선 안 됩니다."

유여가 나서 말했다.

"인자仁者는 남의 위기를 틈타 이익을 취하지 않고, 지자智者는 요행으로 성공을 노리지 않습니다. 사리가 이와 같으니 곡식을 꿔주는 게 옳습니다."

진목공이 말했다.

"나를 저버린 자는 진후이지만 굶주린 사람은 무고無辜한 진나라 백성이오. 진후의 소행이 밉다고 그 노여움을 차마 그 나라 백성에게 옮길 수는 없소."

진秦나라는 곡식 수만 석을 위수渭水로 운반하고, 다시 하수河水와 분수汾水를 통해 진晉나라 도성으로 수송했다. 진秦나라 도읍 옹주雍州와 진晉나라 도성 강도絳都 사이에 수로를 따라 곡식을 운반하는 배들이 이물과 고물이 서로 맞닿을 정도로 열을 지어 갔다. 사가들은 이를 범주지역泛舟之役이라고 불렀다. 진晉나라 기근을 구휼했다는 뜻이다. 진晉나라 백성들이 진秦나라의 구휼에 감격해했다.

사관이 시를 지어 진목공의 선행을 칭송했다.

진혜공 무도해 천재가 닥치니	晉君無道致天災
수로가 붐비도록 곡식 대주다	雍絳紛紛送粟來

누가 배신한 자를 도와줬을까　　　　誰肯將恩施怨者
진목공의 덕과 도량 실로 크다　　　　穆公德量果奇哉

이듬해 겨울, 이번에는 거꾸로 진秦나라에 흉년이 들고, 진晉나라에 큰 풍년이 들었다. 진목공이 건숙과 백리해에게 말했다.

"과인은 지금 풍흉豊凶은 어디에나 든다는 두 경의 언급이 생각나오. 작년 겨울 진나라의 청을 거절했다면 이제 흉년을 당해 곡식을 갚아달라고 말하기 어려웠을 것이오."

비표가 말했다.

"진군晉君은 탐욕스럽고 신의가 없습니다. 주공이 빌려준 곡식의 상환을 청할지라도 그는 필시 곡식을 갚아주지 않을 것입니다."

진목공은 내심 그럴 리가 없을 것으로 생각했다. 곧 대부 냉지에게 명해 보물을 갖고 진나라로 가 곡식을 구하게 했다. 냉지가 보물을 바치며 지난해에 꿔준 곡식의 상환을 청했다. 진혜공이 하서 일대의 곡식을 거둬 상환에 응하고자 했다. 극예가 말했다.

"우리가 진秦나라에 곡식을 줄 경우 진나라에 주기로 한 5개 성읍도 주지 않을 수 없게 됩니다."

진혜공이 물었다.

"과인은 곡식만 보낼 생각이다. 어찌 땅까지 줄 수 있겠는가?"

극예가 반문했다.

"무엇 때문에 곡식을 주려고 하는 것입니까?"

진혜공이 대답했다.

"지난해에 진秦나라가 범주지역泛舟之役으로 베푼 은혜에 보답하기 위한 것이오."

극예가 말했다.

진진秦晉 양국이 용문산에서 크게 싸우다

"만일 '범주지역'을 진나라의 은덕이라고 한다면 지난날 주공을 옹립한 공은 더 큰 은덕에 해당합니다. 주공은 하서의 5개 성읍을 주지 않아 그 큰 은덕을 저버렸습니다. 그런 터에 큰 은덕은 갚지 않은 채 곡식을 보내준 작은 은덕만 갚으려고 하는 것은 앞뒤가 맞지 않습니다."

경정이 말했다.

"지난해에 신이 주공의 명을 받고 진나라에 가서 곡식을 청했을 때 진후秦侯는 두말 않고 수락했습니다. 그 마음씨가 매우 아름답다고 하겠습니다. 그런데도 이제 우리가 곡식을 보내지 않는다고 하면 진후는 우리를 원망할 것입니다."

여생이 말했다.

"진秦나라가 우리 진晉나라에 곡식을 꿔준 것은 우리나라를 좋아해서 그런 게 아닙니다. 진나라는 하서 5개 성읍을 기어이 받기 위해 곡식을 보낸 것입니다. 곡식을 주지 않으면 진秦나라가 우리를 원망할 것입니다. 그러나 곡식을 줄지라도 땅을 주지 않으면 역시 우리를 원망할 것입니다. 어느 경우든 원망을 듣기는 마찬가지인데 뭣 때문에 곡식을 주려는 것입니까?"

경정이 대답했다.

"남의 불행을 다행으로 여기는 것은 불인不仁, 남의 은혜를 배반하는 것은 불의不義입니다. 불인하고 불의하면 앞으로 어떻게 나라를 지킬 수 있겠습니까?"

한간韓簡이 말했다.

"경정의 말이 옳습니다. 작년에 진秦나라가 우리에게 곡식을 주지 않았다면 당시 주공의 맘이 어떠했겠습니까?"

국구 괵석이 나서 말했다.

"지난해에 하늘이 우리 진晉나라에 기근이 들게 한 것은 진秦나라에 기회를 준 것입니다. 그런데도 진나라는 우리를 치지 않고 오히려 곡식을 빌려줬습니다. 이는 매우 어리석은 짓이었습니다. 올해는 하늘이 진秦나라에 기근이 들게 한 것은 우리 진晉나라에 기회를 준 것입니다. 우리가 무엇 때문에 하늘의 뜻을 거스르면서까지 진나라를 취하지 않아야 한단 말입니까? 신의 어리석은 생각으로는 양梁나라 군주와 약속한 뒤 이번 기회를 이용해 진秦나라를 정벌해야 합니다. 이후 진나라 땅을 반씩 나눠 갖는 것이 상책이라고 봅니다."

진혜공이 괵석의 말을 좇기로 했다. 그는 진秦나라 사자 냉지를 불러 말했다.

"폐읍은 몇 해 동안 기근이 들어 백성들이 유리걸식하는 형편이었소. 올해 간신히 풍년이 들어 백성들이 고향으로 돌아오고 있소. 올해 수확한 곡식으로는 필요한 식량을 자급하는 수준에 지나지 않소. 남을 구제하기에는 턱없이 부족하오."

냉지가 말했다.

"과군은 귀국과 인척관계에 있는 까닭에 5개 성읍을 못 받았지만 책망하지 않았고, 작년에도 빌려달라는 곡식을 거절하지도 않았습니다. 남이 어려울 때 서로 돕는 것을 동환상휼同患相恤이라고 합니다. 과군은 군후의 위급을 구해주었는데 군후는 그 보답을 하지 못하겠다고 하니 신이 돌아가서 어떻게 복명해야 좋을지 실로 난처합니다."

극예와 여생이 한 목소리로 냉지를 꾸짖었다.

"너는 전에 비정보와 함께 짜고 많은 예물을 갖고 와 우리를 유인하려 하지 않았는가? 다행히 하늘이 우리로 하여금 그 간계를 일러준 덕분에 너희들 꾐에 빠지지 않았다. 이번에 또 다시 와서 음험한 혀를 놀리는 것인가? 속히 돌아가서 너의 군주에게 전하라. 우리 진晉나라 곡식이 먹고 싶으면 군사를 이끌고 와 빼앗아 가는 길밖에 없다고 말이다."

냉지는 분노를 품고 물러갔다.

경정이 조정을 나오면서 태복 곽언郭偃에게 말했다.

"주공이 은덕을 저버리고 이웃나라를 화나게 만들었으니 곧 재앙이 닥칠 듯하오."

곽언이 대답했다.

"금년 가을, 사록沙鹿 땅의 산이 무너지고 초목이 모두 자빠졌소. 무릇 산천은 나라의 근본이오. 산천에 이런 이변이 생겼으니 앞으로 망국의 재앙이 있을 듯싶소. 대략 그 시기가 바로 이때인 듯하오."

사신史臣이 시를 지어 진혜공을 풍자했다.

먼 길에 배 띄워 곡식을 보냈건만　　泛舟遠道賑饑窮

기근 든 진나라에 갚을 생각 없다 偏遇秦饑意不同
자고로 배은망덕한 사람 많았지만 自古負恩人不少
진혜공 같은 자는 일찍이 없었지 無如晉惠負秦公

냉지가 귀국해 진목공에게 복명했다.

"진晉나라가 곡식을 못 주겠다고 합니다. 뿐만 아니라 양나라와 함께 군사를 일으켜 우리나라를 칠 작정입니다."

진목공이 대로했다.

"사람의 무도한 모습이 이 지경에 이를 줄이야 어찌 알았겠는가! 과인은 먼저 양나라를 쳐부순 뒤에 진나라를 칠 것이다."

백리해가 말했다.

"양백梁伯은 토목공사를 좋아해 나라 안에 빈 땅만 있으면 성을 쌓고 집을 짓는다고 합니다. 그 성이나 집에 백성들이 들어가 사는 것도 아닙니다. 백성들 모두 부역에 멀미를 내고 있다고 합니다. 백성들의 원망을 사고 있는 탓에 양백이 진晉나라를 도와 우리를 치지는 못할 것입니다. 진후晉侯는 무도한데다 여생 및 극예 등은 스스로 강군을 보유하고 있다고 자부하고 있습니다. 이들이 강주絳州의 병력을 대거 동원하면 틀림없이 중원의 서쪽 변경인 이곳이 전쟁으로 시끄러울 것입니다. 병서에는 먼저 움직여서 남을 제압하는 이른바 선발제인先發制人의 계책이 실려 있습니다. 지금 주공은 현명하고 대부들은 주공의 명에 열복悅服하고 있습니다. 이를 배경으로 진晉나라로 쳐들어가 진후晉侯의 배은망덕한 죄를 성토하면 반드시 이길 수 있습니다. 승세를 몰아 양나라를 치면 저들은 고엽枯葉처럼 떨어지고 말 것입니다."

진목공이 백리해의 말을 그럴 듯하게 여겨 곧바로 삼군을 일으켰다. 건숙과 유여로 하여금 태자 앵을 보필해 나라를 지키게 했다. 맹명시孟明視로 하여금 순찰군을 이끌고 변방을 돌면서 여러 융족을 제압케 했다.

진목공은 백리해와 함께 중군을 이끌었다. 서기술西乞術과 백을병白乙丙은 진목공의 어가를 호위했다. 공손지는 우군, 공자 집은 좌군을 이끌었다. 삼군의 병력은 병거 400승이었다. 진용을 갖춘 진秦나라 군사가 호호탕탕浩浩蕩蕩 쳐들어갔다.

진晉나라 서쪽 변경을 관할하는 비재鄙宰가 급히 진혜공에게 위급을 고했다. 진혜공이 신하들을 소집해 물었다.

"진秦나라가 무고無故히 군사를 일으켜 우리의 경계를 침범했으니 이를 어떻게 막아야 하오?"

경정이 말했다.

"저들이 쳐들어오는 것은 주공이 은혜를 저버렸기 때문입니다. 어찌 무고히 쳐들어온다고 하는 것입니까? 신의 어리석은 생각으론 솔직히 사죄하고 강화하는 게 옳을 줄 압니다. 주기로 한 5개 성읍을 베어주며 성의를 지키면 우리가 전쟁을 뜻하는 간과干戈의 재난을 면할 수 있을 것입니다."

진혜공이 대로했다.

"당당한 천승의 나라가 땅을 베어 주고 강화를 청한다면 과인은 과연 무슨 면목으로 군주 노릇을 하겠는가?"

그러고는 좌우 시위에게 명해 경정을 참하도록 한 뒤 출병할 뜻을 밝혔다. 국구 괵석이 말했다.

"출병하기 전에 먼저 장수를 참하는 것은 군의 사기에 이롭지 못합니다. 잠시 용서한 뒤 그로 하여금 출전해 공을 세움으로써 속죄케 하십시오."

진혜공이 경정에게 종군을 명했다. 그는 당일 병거와 군마를 사열하고 병거 600승을 골랐다. 이어 극보양郤步揚과 가복도家僕徒, 경정慶鄭, 아석蛾晳 등의 장수를 좌우로 나눠 각각 군사를 거느리게 했다. 괵석은 중군, 도안이는 선봉이 됐다. 이들은 강주를 떠나 서쪽 변경을 향해 진군했다.

당시 진혜공의 융거戎車를 끄는 말은 이른바 소사小駟로 불리는 4필의 말이었다. 이 말들은 정나라로부터 선물로 받은 것이었다. 소사는 몸집이 작았으나 영리했다. 온 몸의 털과 갈기에 윤기가 흘렀다. 걸음이 빠르면서도 조용했다. 진혜공이 평소 크게 사랑한 말이었다.

경정은 소사의 융거에 탄 진혜공을 보고 간했다.

"자고로 출정은 국가의 대사입니다. 군대의 총수는 반드시 자국에서 태어난 말을 타야 합니다. 그래야만 그 나라 사람의 마음을 알고, 모든 지시에 순종하며 따르기 때문입니다. 나아가 그 나라 도로에도 익숙합니다. 장병이 싸움터에서 말들을 자기 뜻대로 부리는 이유입니다. 지금 대적을 맞이해 싸우는 마당에 타국산 말이 이끄는 수레를 타고자 하니 주공의 신상에 이롭지 못할까 두렵습니다."

진혜공이 화를 냈다.

"이 말들은 과인이 오랫동안 타고 다닌 말들이다. 쓸데없는 소리를 하지 마라."

당시 진秦나라 군사는 이미 하동河東으로 건너와 3번 싸워 3번 모두 이겼다. 진晉나라 변경의 수장들 모두 쥐가 달아나듯 도망쳐 버렸다. 진秦나라 군사는 장구長驅하여 곧바로 지금의 산서성 직산 부근의 한원韓原에 이른 영채를 차렸다.

진혜공은 적군이 한원까지 진격했다는 보고를 받고는 이맛살을 찌푸렸다.

"적이 우리나라 깊숙이 쳐들어왔으니 어찌하면 좋겠는가!"

경정이 또 나서 말했다.

"주공이 스스로 불러들인 적인데 또 무엇을 묻는 것입니까?"

진혜공이 화를 냈다.

"무례하다, 과인 앞에서 썩 물러가라."

이날 진晉나라 군사는 한원에서 10리쯤 떨어진 곳에 영채를 세웠다. 이어 한간을 시켜 적의 동정을 살펴보고 오게 했다.

한간이 돌아와 보고했다.

"진秦나라 군사는 비록 우리보다 숫자는 적으나 싸우고자 하는 사기는 우리보다 10배는 더한 듯합니다."

진혜공이 물었다.

"그 까닭이 무엇이오?"

시호가 정定이어서 훗날 한정백韓定伯으로 불린 한간이 대답했다.

"지난날 주공은 진秦나라의 도움을 기대하고 양나라로 출분했습니다. 이어 진나라의 지원 덕분에 나라를 얻었습니다. 또 진나라가 보내준 양식으로 기근을 면했습니다. 이토록 3번이나 은혜를 입고도 단 한 차례도 보답하지 않았습니다. 진秦나라 군신의 마음에 공히 울분이 쌓인 이유입니다. 그런 만큼 진나라의 삼군은 모두 우리의 배은망덕을 책망하려는 마음으로 가득 차 있습니다. 그 예기가 날카로워 우리보다 10배는 더 강한 듯합니다."

진혜공이 또 화를 냈다.

"그건 경정의 어투와 똑같소. 그대로 그런 말을 하는 것이오? 과인은 차제에 죽음을 무릅쓰고 진秦나라와 한바탕 결전을 벌일 생각이오."

진혜공이 한간으로 하여금 다시 진秦나라 진영에 가서 싸움을 청하게 했다. 한간이 진나라 진영에게 가서 진혜공의 말을 전했다. "과인에게 병거 600승이 있으니 족히 군후와 겨뤄볼 만하오. 군후가 퇴사退師하면 그 또한 과인이 바라는 바요. 만일 군후가 퇴사하지 않으면 과인은 군후를 피해 싸우고 싶지 않으나 여기에 온 우리 삼군의 장병은 어찌 군후를 피하려 하겠는가?"

진목공이 웃으며 말했다.

"어린 유자孺子가 어찌 이다지도 교만하단 말인가?"

그러고는 공손지에게 명해 진晉나라 군영 앞에 가서 자신을 대신해 대답하게 했다.

"군후가 나라를 얻으려 하기에 과인이 도와줬고, 곡식을 꿔달라고 하기에 곧바로 보내줬소. 이제 군후가 싸우길 원하는데 내가 어찌 그대의 소원을 들어주지 않을 수 있겠는가?"

한간이 진秦나라 군영에서 물러나오며 탄식했다.

"진후秦侯의 말이 모두 이치에 맞다. 내가 앞으로 어디서 죽게 될지 그 장소를 모르겠다."

당시 진혜공은 곽언을 수레의 오른쪽에 타 호위를 담당하는 거우車右로 삼고자 했다. 여러 장수들이 적절치 못하다고 간했다. 경정만이 좋다고 찬동했다. 진혜공이 말했다.

"경정은 진秦나라 편인데 내가 어찌 곽언에게 거우를 맡기겠는가?"

그러고는 가복도를 거우로 삼았다. 또 극보양으로 하여금 융거를 몰게 했다.

진晉나라 군사는 마침내 한원의 들판으로 나가 진秦나라 군사를 영격迎擊했다. 백리해는 진목공과 함께 둔덕에 올라가 진晉나라 군사가 엄청나게 많은 것을 보고는 진목공에게 말했다.

"진후晉侯는 이제 우리 손에 잡혀 죽을 것입니다. 주공은 직접 나가서 싸우지 말고 구경만 하십시오."

진목공이 손으로 하늘을 가리키며 대답했다.

"진후晉侯가 나의 은덕을 너무나 많이 저버렸소. 하늘에 이치가 없다면 모르겠으나 천도가 있어 이를 안다면 과인은 틀림없이 이길 것이오."

진秦나라 군사는 진목공의 명을 따라 지금의 산서성 하진현 북쪽의 용문산龍門山 아래서 전열을 정비하고 진晉나라 군사를 기다렸다. 진晉나라 군사가 이내 당도해 포진했다. 양쪽 군사가 반원형으로 대치했다. 각각 중군에서 북을 울리며 군대를 전진시켰다.

진晉나라 선봉 도안이는 자신의 용력을 믿었다. 손에 창날이 길고 자루까지 강철로 된 혼철창渾鐵槍 1자루를 들고 있었다. 무게가 어찌 100근에 그치겠는가? 그는 앞장서서 진秦나라 군사의 진을 뚫고 들어가 닥치는 대로 적을 찔렀다. 그 기세에 눌린 진秦나라 병사들이 사방으로 흩어졌다. 이때 진秦나라 장수 백을병과 마주쳤다.

두 장수가 서로 어울려 50여 합을 싸웠다. 승부가 나지 않았다. 두 장수는 힘을 다해 치고 찔렀으나 상대방이 거꾸러지지 않자 크게 화를 냈다. 각각 수레에서 뛰어내려 서로 붙들고 한 덩어리가 되어 싸웠다. 도안이가 외쳤다.

"내가 너와 단 둘이서 사생을 결단하겠다. 남의 도움을 받으면 대장부가 아니다."

백을병이 대꾸했다.

"나도 내 힘으로 널 사로잡을 셈이다. 그래야 영웅이 될 수 있다."

이들은 아무도 가까이 못 오도록 분부했다. 서로 무기도 팽개친 채 격투를 시작했다. 서로 주먹으로 치고 발로 차면서 자신들도 모르게 진秦나라 군진의 뒤쪽으로 밀려들어갔다.

진혜공은 이 모습을 보고는 급히 한간과 양유미를 불러 각각 군대를 이끌고 가 진秦나라 군사의 왼쪽 진을 치게 했다. 이어 자신은 가복도 등과 함께 중군을 이끌고 진秦나라 군사의 오른쪽 진을 쳤다. 진혜공은 한간이 출진하기 직전 진秦나라 군진의 중간 지점에서 서로 만나기로 약속했다.

당시 진목공은 진晉나라 군사가 양로로 나눠 쳐들어오는 걸 보고는 자신도 군사를 양로로 나눠 적을 맞이했다. 진혜공의 융거는 진秦나라 진영으로 달려들어 오다가 공손지와 마주쳤다. 진혜공은 가복도로 하여금 공손지를 맞이해서 싸우게 했다. 공손지는 1만 명의 사내도 당해낼 수 없을 정도의 용력인 이른바 만부부당지용萬夫不當之勇을 지니고 있었다. 가복도가 어찌 그를 상대할 수 있겠는가?

진혜공은 가복도가 쩔쩔매는 모습을 보고는 수레를 모는 극보양에게 분부했다.

"조심해서 고삐를 잡으라. 과인이 직접 가복도를 돕겠다."

공손지는 가복도를 놔둔 채 화극을 빗겨들고 큰 소리로 외쳤다. 그 소리가 마치 벽력霹靂과 같아 하늘을 진동시켰다. 진혜공의 융거에 함께 타고 있던 국구 괵석은 그 소리에 깜짝 놀라 수레 바닥에 엎드렸다. 감히 숨소리조차 못 냈다.

당시 진혜공의 융거를 끄는 소사小駟는 전쟁을 겪어본 적이 없었다. 소사 역시 크게 놀라 어자御者인 극보양이 모는 방향으로 가지 않고, 앞쪽만 바라보고 어지럽게 뛰었다. 그러다가 마침내 진흙수렁에 빠지고 말았다. 극보양이 힘껏 채찍질을 했으나 소사는 몸집이 작고 힘도 미약했다. 말들이 수렁에서 발을 빼지 못하고 허우적댔다. 진혜공 등이 위급한 상황에 처해 있을 때 마침 경정이 탄 수레가 진혜공 옆을 지나갔다.

진혜공이 급히 경정을 불렀다.

"그대는 속히 과인을 구하라!"

경정이 비아냥거렸다.

"똑똑한 괵역은 어디에 있기에 저를 부르십니까?"

진혜공이 애원했다.

"그대는 속히 와서 그 병거에 과인을 태워주오."

경정이 대답했다.

"주공은 소사를 타야만 편하고 안전하다고 말하지 않았습니까? 신이 다른 사람에게 말해 주공을 구하도록 조치하겠습니다."

경정이 수레머리를 왼쪽으로 돌려 지나가버렸다. 극보양은 다른 병거를 불러 진혜공을 구출하려고 했으나 진秦나라 군사가 주위를 에워싸고 쳐들어오는 까닭에 어떻게 손을 쓸 길이 없었다.

한편 한간과 양유미는 군사를 이끌고 진秦나라 군진 속으로 돌진해 들어갔다. 한간은 마침 진목공이 이끄는 적의 중군과 마주쳤다. 곧바로 진목공을 치려고 달려가자 서기술이 앞을 가로막았다. 이들은 서로 30여 합을 싸웠으나 승부가 나질 않았다.

이때 진晉나라 장수 아석이 군사를 이끌고 나타나 한간과 함께 서기술을 앞뒤로 공격했다. 마침내 서기술이 양쪽의 협공을 당하지 못해 한간이 휘두르는 창에 찔려 병거 아래로 떨어졌다. 이때 양유미가 한간을 향해 크게 외쳤다.

"쓰러진 적장을 취할 때가 아니다. 속히 저 진후秦侯를 사로잡아야 한다."

한간이 서기술을 버려둔 채 군사를 휘몰아 진목공이 탄 융로戎輅 쪽으로 내달렸다. 당황한 진목공이 탄식했다.

"내가 이제 오히려 무도한 진晉나라에 사로잡히는 몸이 되는구나. 도대체 천도天道는 어디에 있단 말인가?"

진목공의 탄식이 허공으로 사라지기도 전에 서쪽 일각에서 3백여 명의 용사들이 나타났다. 이들이 일제히 고함을 치며 나타났다.

"우리의 은혜로운 군주인 은주恩主에게 손을 대지 마라!"

진목공은 고함 소리 나는 곳을 돌아봤다. 이들 모두 봉두난발蓬頭亂髮에 웃통을 벗은 단견袒肩의 모습이었다. 발엔 짚신인 초리草履를 신고 있었는데, 뛰는 것이 나는 듯했다. 손엔 대감도大砍刀, 허리엔 궁전弓箭을 차고 있었다. 마치 혼세마왕混世魔王 휘하의 귓병鬼兵들처럼 거칠게 날뛰었다. 이들의 발길이 이르는 곳마다 진晉나라 병사들이 어지럽게 칼에 찔려 나자빠졌다.

진목공을 잡으려던 한간과 양유미는 황망히 몸을 돌려 난데없이 나타난 이들과 싸워야만 했다. 이때 북쪽에서 한 사람이 병거를 휘몰아 나는 듯이 달려왔다. 바로 경정이었다. 그가 큰 소리로 외쳤다.

"이곳에서 싸울 겨를이 없소. 지금 주공이 진秦나라 군사에게 포위된 채 용문산 진흙수렁에 빠져 있소. 속히 가서 구출해야만 하오!"

한간 등이 크게 놀란 나머지 진秦나라 군사와 싸울 마음의 여유를 잃었다. 이내 3백여 명의 장사들과 싸우다 말고 진혜공을 구하기 위해 황급히 용문산을 향해 달려갔다. 그러나 그때는 이미 진혜공이 공손지에게 사로잡혀간 뒤였다.

진혜공과 같이 있던 가복도와 괵석 및 극보양 등도 포획된 채 진秦나라 군영으로 끌려갔다. 한간이 발을 구르며 원통해했다.

"진군秦君을 사로잡았다면 주공과 서로 바꿀 수 있었는데, 경정이 우리를 망쳐 놓았다."

양유미가 말했다.

"주공이 적군에 잡혀 갔으니 우리만 어떻게 돌아갈 수 있는가?"

마침내 이들은 무기를 버리고 진秦나라 영채로 가서 투항했다. 이들은 진혜공과 함께 한곳에 갇히게 됐다.

한편 3백여 명의 장사들은 진목공을 구한데 이어 서기술까지 구했다. 진秦나라 군사는 승세를 몰아 진晉나라 군사를 엄살했다. 용문산 밑에 진晉나라 군사의 시체가 언덕을 이뤘다. 출전한 병거 600승 가운데 무사히 탈출한 것은 간신히 10 중 2~3에 지나지 않았다.

당시 경정은 진혜공이 사로잡혔단 얘기를 들은 후 분전한 덕분에 포위망을 뚫고 빠져나올 수 있었다. 도중에 땅바닥에 쓰러져서 신음하는 아석을 봤다. 부상한 아석을 자기 수레에 싣고 진나라로 돌아갔다.

염옹이 한원대전韓原大戰을 읊은 시가 있다.

용문산 아래 가득한 주검 한탄하니	龍門山下歎輿屍
혼군이 은혜 저버려 빚어진 일이다	只爲昏君不報施
두 나라 선악은 승패로 드러났으니	善惡兩家分勝敗
밝은 천도가 어찌 모를 리 있을까	明明天道豈無知

진목공은 진秦나라 군사의 대채大寨로 돌아온 뒤 자가 정백井伯인 백리해에게 말했다.

"과인이 정백의 말을 듣지 않았다가 하마터면 진晉나라의 웃음거리가 될 뻔했소."

이때 3백여 명의 장사들이 일제히 영채 앞에 이르러 진목공에게 머리를 조아렸다. 진목공이 물었다.

"그대들은 대관절 어떤 사람들인데 과인을 위해 그토록 사력을 다해 싸웠는가?"

한 장사가 대답했다.

"군후는 몇 년 전에 좋은 말들을 잃어버린 일을 기억하고 있습니까? 저희들은 당시 그 말들을 잡아먹은 자들입니다."

몇 년 전에 진목공이 신하들을 이끌고 지금의 섬서성 건현 인근의 양산梁山으로 사냥을 나간 적이 있었다. 그날 밤, 진목공 일행은 좋은 말 몇 마리를 잃어버렸다. 진목공이 관원들을 시켜 말을 찾아오게 했다. 관원들이 기산岐山 아래 이르렀을 때 산 아래 계곡에서 야인野人 3백여 명이 모여 말고기를 먹고 있었다. 관원들은 이 광경을 숨어서 본 뒤 이내 돌아와 고했다.

"속히 군사를 보내 추포追捕하면 말 도둑을 모두 잡아 올 수 있습니다."

진목공이 길게 탄식했다.

"말은 이왕 죽었는데 그것 때문에 사람까지 죽여서야 되겠는가? 그 사람들을 잡아 죽이면 백성들은 내가 짐승을 귀하게 여기고, 사람을 천하게 생각한다고 나무랄 것이다.”

그러고는 군중에 있는 좋은 술 수십 독을 꺼내오게 한 뒤 수레에 싣고 가 야인에게 주게 했다. 관리들이 술 수십 독을 수레에 싣고 기산 아래로 내려가 전하면서 진목공의 분부도 덧붙였다.

“주공이 말씀하시기를, ‘좋은 말고기를 먹으면서 술을 마시지 않으면 사람이 상한다.’고 했다. 이번에 좋은 술을 하사한 이유다.”

그 말을 들은 야인들이 머리를 조아려 진목공의 은덕에 감격해하면서 술을 나눠 마셨다. 술을 다 마신 뒤 거듭 감탄했다.

“말을 도둑질한 죄를 벌하지 않았을 뿐 아니라 우리의 몸이 상할까 염려해 좋은 술까지 하사하셨다. 우리가 무엇으로 그 은혜를 갚을 수 있는가?”

이들은 은혜를 갚기 위해 골몰하던 참에 진목공이 진晉나라를 친다는 소문을 들었다. 이들 모두 목숨을 버릴 각오로 싸움을 돕기 위해 한원에 온 것이다. 이들이 한원에 이르렀을 때 마침 진목공이 적에게 포위돼 있었다. 이들이 일제히 용맹을 발휘해 진목공을 구출한 배경이다.

실로 다음 시의 교훈과 같다고 하겠다.

오이 심은 곳 오이 나고	種瓜得瓜
콩 심은 곳에 콩이 나지	種豆得豆
박하게 베풀면 박한 보답	施薄報薄
후하게 베풀면 후한 보답	施厚報厚
은혜 입고 보은을 모르면	有施無報
금수와 다를 게 무엇일까	何異禽獸

진목공이 이들의 말을 듣고 하늘을 우러러 탄식했다.

“야인조차 오히려 은덕을 갚는 의리가 있는데, 오로지 진후晉侯만 어찌

된 사람인가?"

진목공이 다시 야인에게 물었다.

"그대들 가운데 벼슬을 원하는 사람이 있으면 나서라. 과인이 벼슬을 내리겠다."

3백여 명의 장사들이 일제히 말했다.

"저희는 야인입니다. 다만 은주恩主가 베푼 은혜를 갚고자 했을 뿐입니다. 벼슬은 원하는 바가 아닙니다."

진목공이 이들에게 각각 황금과 비단을 내렸다. 야인들은 이를 받지 않고 돌아갔다. 진목공은 더욱 찬탄해 마지않았다.

후대인이 이를 시로 읊었다.

한원산 아래서 두 나라 싸우니	韓原山下兩交鋒
진나라 군사가 목공 포위하다	晉甲重重困穆公
지난날 말 도둑 잡아 죽였으면	當日若誅收馬士
목공이 어찌 살아날 수 있을까	今朝焉得出樊籠

진목공이 장수들을 점검했다. 오직 백을병 한 사람만 보이지 않았다. 병사들을 풀어 사방으로 수색케 했다. 한 병사가 토굴 속에서 사람의 숨소리가 나는 것을 들었다. 토굴 속엔 백을병과 도안이가 쓰러져 있었다. 두 사람은 싸움터에서 서로 붙들고 주먹싸움을 하다가 승부를 내지 못하고, 부지불식간에 토굴 속까지 들어가게 된 것이다. 두 사람 모두 기력이 다해 굴 속에서 기절해 있었다. 그런데도 두 사람은 서로 상대방을 움켜쥐고 있었다.

병사들이 두 사람을 떼어 놓은 뒤 수레에 각각 태우고 본채로 돌아왔다. 진목공이 깨어난 백을병에게 말을 건넸으나 그는 한참 동안이나 말을 못했다. 병사 한 사람이 진목공 앞에 나와 두 사람이 싸운 장면을 자세히 설명했다. 진목공이 탄복했다.

"두 사람 모두 호한好漢이다."

이어 좌우를 돌아보며 물었다.

"이 진晉나라 장수의 이름을 아는 사람이 있는가?"

공자 집이 나가 수레 안을 들여다본 뒤 말했다.

"이 사람은 용사勇士 도안입니다. 신이 지난번에 진나라 두 공자의 죽음을 조문하러 갔을 때 이 도안이가 본국 대신의 명을 받고 신을 마중하러 나왔습니다."

진목공이 물었다.

"이 사람을 진晉나라로 보내지 말고 붙들어 두었다가 우리 진秦나라에서 유용하게 쓰면 어떻겠소?"

공자 집이 대답했다.

"진晉나라 태자인 탁자를 시해하고 이극 등을 죽인 것은 모두 그가 직접 하거나 그의 간악한 수단에서 나온 것입니다. 주공은 하늘을 대신해 그를 주살해야만 합니다."

진목공은 좌우에 명해 도안이를 참수케 했다. 이어 직접 금포錦袍를 벗어 백을병을 덮어 준 뒤 백리해에게 명해 백을병을 병거에 싣고 먼저 귀국해 의원에게 몸을 보여주게 했다. 진나라로 돌아간 백을병은 약을 복용한 뒤 몇 말이나 되는 피를 토했다. 반년 뒤 간신히 기력을 회복했다. 하지만 이는 모두 훗날의 얘기다.

60話 진목희가 누대에 올라 사면을 요구하다
–목희등대요대사穆姬登臺要大赦

당시 크게 승리를 거둔 진목공은 영채를 뽑고 회군할 준비를 서둘렀다. 이어 갇혀 있는 진혜공에게 사람을 보내 자신의 뜻을 전했다.

"군후가 과인을 피하려 하지 않았기에 과인도 군후를 피하지 않았소. 과인은 군후를 데리고 우리 도성으로 회군코자 하오. 폐읍에 당도하면 과인에게 청죄請罪하길 바라오."

진혜공은 그 말을 전해 듣고 머리를 푹 숙인 채 아무 말도 하지 못했다. 진목공은 공손지로 하여금 병거 100승을 이끌고 가서 진혜공을 압송케 했다. 괵석과 한간, 양유미, 가복도, 극보양, 곽언, 극기 등이 머리를 풀어헤치고 때 묻은 얼굴을 한 채 맨발로 걷고 노숙하면서 그 뒤를 따라갔다. 진晉나라 신하들은 마치 친상을 당해 분상奔喪을 가는 상주喪主와 같았다.

진목공이 따로 사람을 시켜 이들 대부들에게 위로의 말을 전했다.

"너희 신하들이 과인에게 말하기를, '진晉나라 곡식이 먹고 싶거든 군사를 이끌고 와 빼앗아 가라.'고 했다. 과인이 너희 군주를 잡아가는 것은 오로지 너희 진나라 곡식을 얻어내려는 취지이다. 그렇지 않다면 무엇 때문에 구태여 이런 심한 짓을 하겠는가? 너희들은 진나라에 군주가 없는 것을 걱정하지 말고, 너무 슬퍼하지도 마라."

한간 등이 머리 숙여 재배한 뒤 자신들의 말을 전해 달라고 사자에게 부탁했다.

"군후가 과군의 어리석음을 불쌍히 여겨 그간 여러 번 너그러운 조처를 베풀어 주셨습니다. 어찌 심히 군다고 말할 수 있겠습니까? 황천후토皇天后

士도 군후가 지금까지 한 말씀을 들어서 잘 알고 있을 것입니다. 신 등이 어찌 감히 베푸신 은덕을 감사히 받는 배사拜賜를 하지 않을 수 있겠습니까?"

진秦나라 군사가 이내 도읍인 옹주雍州 접경에 이르렀다. 진목공은 문무백관을 불러 상의했다.

"과인이 상제의 명을 받아 진晉나라 내란을 평정하고 이오를 옹립했소. 그러나 이오는 누차 과인의 은덕을 저버렸소. 이는 곧 이오가 상제에게 죄를 지은 것이나 다름없소. 과인은 이제 그를 죽여 상제에게 제물로 바치고, 교사郊祀를 지내 하늘의 은덕에 보답코자 하오. 경들은 어찌 생각하오?"

공자 집이 말했다.

"주공의 말씀이 지당합니다."

공손지가 나서 말했다.

"불가합니다. 진晉나라는 대국입니다. 우리는 이번에 그 나라 백성을 많이 포로로 잡았습니다. 이미 그들로부터 원망을 받고 있는 처지입니다. 다시 그들의 군주를 죽이면 그들은 더욱 분노할 것입니다. 앞으로 진晉나라가 우리에게 보복할 때는 우리가 진晉나라에 보복한 것보다 더 심할 것입니다."

공자 집이 말했다.

"신의 뜻은 쓸데없이 진후晉侯를 죽이자는 게 아닙니다. 공자 중이를 대신 세우기 위해 그리하자는 취지입니다. 무도無道한 자를 죽이고, 유도有道한 자를 세워 주면 진나라 백성들이 우리의 은덕을 칭송하기에 겨를이 없을 터인데 무슨 원망이 있겠습니까?"

공손지가 말했다.

"물론 공자 중이는 인인仁人입니다. 자고로 부자형제 사이일지라도 현우賢愚에 큰 차이가 있습니다. 중이는 부친이 죽었을 때 그 기회를 이용해 이익만 도모하는 것은 자식된 도리가 아니라고 생각해 보위를 사양했다고 합

진목희가 누대에 올라 사면을 요구하다

니다. 그런 사람이 동생 이오가 죽었다고 해서 그걸 빌미로 기꺼이 즉위코자 하겠습니까? 그가 보위를 사양하면 결국 다른 사람을 세워야 합니다. 그렇다면 그 사람이 이오와 무슨 차이가 있겠습니까? 설령 중이가 수락할지라도 그는 틀림없이 죽은 동생의 원수를 갚고자 할 것이니 주공의 원수가 될 수밖에 없습니다. 주공이 이오를 죽이는 것은 지난날 그에게 베푼 은덕을 모두 버리고, 중이와 새로이 원수를 맺는 게 됩니다. 주공의 의도가 옳지 않다고 간하는 이유입니다."

진목공이 물었다.

"그렇다면 이오를 추방하거나, 무한정 감금하거나, 복위시키거나 3가지 방안밖에 없소. 어느 것이 우리에게 이롭겠소?"

공손지가 대답했다.

"이오를 감금해 두면 그는 보위를 잃은 일개 필부에 불과하니 우리에게 무슨 이득이 되겠습니까? 또 타국으로 추방하면 그는 틀림없이 복위를 위해 온갖 짓을 꾸밀 터이니 말썽이 생기지 않을 수 없습니다. 그를 복위시키느니만 못합니다."

진목공이 물었다.

"그것은 이번에 애써 싸운 공을 무너뜨리는 게 아닌가?"

자가 자상子桑인 공손지가 대답했다.

"신의 뜻은 덮어놓고 복위시키자는 게 아닙니다. 첫째, 반드시 하서의 5개 성읍을 할양토록 다짐을 받아야 합니다. 둘째, 그의 아들인 태자 어圉를 우리나라에 볼모로 보내도록 해야 합니다. 이런 조건 하에 복위를 허락하면 이오는 죽을 때까지 감히 우리에게 못된 짓을 못할 것입니다. 훗날 그가 죽고 그의 아들 어가 보위를 계승하면 다시 어에게 덕을 베풀어 진晉나라가 대대로 우리 진나라를 받들도록 만들어야 합니다. 공손 집의 건의와 신의 건의 가운데 어느 쪽이 우리에게 더 큰 이익이 되겠습니까?"

진목공이 탄복했다.

"자상의 계산은 몇 대 앞까지 내다보고 있는 것이오!"

진목공은 그의 건의를 좇아 진혜공을 영대산靈臺山의 이궁離宮에 안치했다. 1천 명의 병사를 차출해 이궁을 지키게 했다.

진목공은 진혜공을 영대산으로 보낸 뒤 도성을 향해 떠나려던 참이었다. 문득 한 무리의 내시들이 상복을 입고 삼 띠를 두른 모습으로 나타났다. 진목공은 내심 부인 목희가 변을 당한 게 아닐까 우려돼 황급히 물어보려 했다. 그가 입을 열기도 전에 내시들이 목부인穆夫人의 전갈을 고했다.

"상천上天이 재앙을 내려 진진秦晉 양국이 우호를 버리고 무기를 들게 했으니 애통한 일입니다. 진군晉君이 사로잡힌 것은 첩의 수치이기도 합니다. 만일 그가 아침에 잡혀 들어오면 첩은 저녁에 죽을 것입니다. 이제 첩은 특별히 내시들에게 상복을 입혀 군후의 군사를 마중하도록 보냅니다. 진후를 용서하는 것은 곧 첩을 용서하는 것과 같습니다. 모쪼록 군후가 양찰亮察하시기 바랍니다."

진목공이 크게 놀라 물었다.

"부인은 궁중에서 어찌하고 있는가?"

한 내시가 말했다.

"부인은 내궁에서 진후晉侯가 사로잡혔다는 소식을 듣자 곧바로 상복을 입은 뒤 태자를 데리고 걸어서 궁실을 나갔습니다. 두 분은 궁실 밖 후원으로 가서 그곳의 숭대崇臺 위에 초막을 얽고 그 속에 기거하고 있습니다. 이어 숭대 밑에 수십 층에 달하는 장작더미를 쌓아두게 했습니다. 조석 끼니를 올리는 사람은 그 장작더미를 밟고 오르는 형편입니다. 부인은 우리에게 분부하기를, '진후가 도성으로 끌려오는 날에는 이 몸이 즉시 숭대에서 자결할 것이다. 너희는 장작더미에 불을 놓아 내 몸을 불사르도록 하라. 그것으로 형제의 정을 표할 생각이다.'라고 했습니다."

진목공이 다시 탄식했다.

"자상이 진후를 죽이지 말라고 권했기에 망정이지 그렇지 않았더라면 부인의 목숨까지 잃게 할 뻔했다."

이어 내시들에게 평상복으로 갈아입게 한 뒤 내시들 편으로 목희에게 이런 내용의 전갈을 보냈다.

> 과인은 머지않은 날에 진후를 본국에 돌려보낼 작정이오.

내시들로부터 진목공의 전갈을 받고 나서야 목희는 비로소 내궁으로 들어갔다. 한 내시가 무릎을 꿇고 목희에게 물었다.

"진후는 그간 이익을 보면 의리를 잊는 견리망의見利忘義[1]의 모습을 보였습니다. 주공을 거듭 배신하고, 가군을 잘 돌봐 달라는 부인의 간곡한 부탁을 저버린 게 그렇습니다. 진후가 사로잡혀 곤욕을 치르는 것은 스스로 취한 것입니다. 그런데 부인은 어찌해서 그토록 상심한 것입니까?"

목희가 대답했다.[1]

"어진 사람은 원한이 있을지라도 친족을 잊지 않고, 노할지라도 예의를 버리지 않는다는 뜻의 '인자수원불망친仁者雖怨不忘親, 수노불기례雖怒不棄禮' 격언을 들은 적이 있다. 만일 진후가 진나라에 잡혀와 죽는다면 나 또한 죄를 짓는 것이다!"

내시들 가운데 군부인의 현덕賢德을 칭송하지 않는 자가 없었다.

필경 진혜공이 어떻게 귀국할 것인지 알고자 하면 다음 회를 보라.

1 견리망의見利忘義는 『한서』「번역등관근주전樊酈滕灌靳周傳」에 나온다. 이와 반대되는 것이 『논어』「헌문」에 나오는 견리사의見利思義이다. 이익을 보면 의리를 생각한다는 뜻이다.

제31회

61話 진혜공이 분노해 대부 경정을 죽이다
– 진혜공노살경정晉惠公怒殺慶鄭

당시 진혜공은 영대산에 갇혀 있으면서 누이인 목희가 자신을 구해주지 않는다며 내심 크게 원망했다. 그는 목희가 자신을 구하기 위해 내시들에게 상복을 입히고 죽을 작정으로 진목공을 거역한 일을 전혀 모르고 있었다. 그는 참다못해 한간에게 말했다.

"지난날에 진나라가 우리에게 청혼했을 때 선군이 태사太史 소蘇에게 점을 치게 했소. 당시 점괘에 이르기를, '서쪽 이웃이 책망의 말을 하니 혼인하면 이롭지 않다.'고 했소. 당시 그 점괘를 좇아 혼인시키지 않았던들 필시 두 나라의 분쟁은 없었을 것이오."

한간이 대답했다.

"진秦나라와 혼인한 것이 어찌 선군의 잘못이겠습니까? 진군秦君이 혼인한 사이임을 생각해 주공을 도와줬기에 망정이지 그렇지 않았다면 주공이 어떻게 보위에 오를 수 있었겠습니까? 주공은 즉위 후 자신을 도와준 진秦나라를 쳤으니 이야말로 호의를 배신으로 갚은 셈입니다. 진秦나라가 우리의 처지였다면 그리하지는 않았을 것입니다. 주공은 그런 점을 양찰亮察해야 합니다."

진혜공은 대답을 못한 채 입을 다물었다.

얼마 후 진목공이 공손지에게 명해 영대산으로 가 진혜공을 문안하게 했다. 이어 환국을 허락한다는 말도 전하게 했다.

공손지는 영대산으로 가 진혜공에게 말했다.

"폐읍의 신하들 가운데 군후를 달갑게 여기는 사람은 하나도 없습니다. 과군은 숭대에 올라 죽음으로써 군후를 살리고자 한 군부인의 호소를 듣지 않을 수 없었고, 인척의 인연을 끊을 수 없다는 생각에 군후의 석방을 결정했습니다. 군후는 전에 약속한 하서의 5개 성읍을 우리에게 내주고, 귀국의 태자 어를 볼모로 보내십시오. 그러면 언제든지 본국으로 돌아갈 수 있습니다."

진혜공은 그제야 목희가 얼마나 자신을 위해 애썼는지 알게 됐다. 부끄러운 생각에 차마 얼굴을 들지 못했다. 진혜공이 곧 극기郤乞를 본국으로 보내 자신의 지시를 전하게 했다. 극기는 여생에게 하성의 5개 성읍을 할양하고 태자 어를 볼모로 보내라는 진혜공의 지시를 전했다.

여생이 곧바로 진나라 도성으로 갔다. 그는 진목공 앞에 나아가 하서 5개 성읍의 지도와 그곳에서 나는 전곡의 수량 및 호구수 등을 기록한 문서를 바쳤다. 이어 태자로 인질로 보낸 뒤 진혜공을 모셔갈 뜻을 밝혔다. 진목공이 물었다.

"왜 이번에 태자를 데리고 오지 않았는가?"

여생이 대답했다.

"지금 국내가 어지럽기에 잠시 태자를 본국에 두고 왔습니다. 과군이 본국으로 입경入境하는 날 바로 출경出境할 것입니다."

진목공이 물었다.

"진나라는 무엇 때문에 늘 불화한 것인가?"

여생이 대답했다.

"폐읍의 군자들은 우리가 저지른 죄를 알기에 진秦나라가 베푼 은덕을 감사히 생각하고 있습니다. 다만 소인들은 사리에 어두워 우리 죄를 모르는 까닭에 그저 진나라에 복수할 생각만 하고 있습니다. 그로 인해 의견이 둘러 갈라져 불화합니다."

진목공이 말했다.

"그대 나라에선 아직도 군주가 돌아오기를 원하고 있는가?"

여생이 대답했다.

"군자들은 과군이 반드시 돌아올 걸로 믿고 있습니다. 태자를 인질로 보내 진나라와 친선하기를 바라는 이유입니다. 하지만 소인들은 과군이 틀림없이 돌아오지 못할 것으로 생각하고 있습니다. 이들은 태자를 옹립한 뒤 끝까지 저항하자는 입장입니다. 신의 어리석은 생각으론 군후가 지금까지 과군을 잡아 두었으니 이미 위엄을 세운 셈이고, 앞으로 과군을 놓아 주면 덕까지 세우는 게 됩니다. 덕과 위엄을 두루 행하는 이른바 덕위겸제德威兼濟는 패주伯主[1]가 열국의 제후를 거느리는 근본이기도 합니다. 군자의 마음을 상하게 하고, 소인의 분노를 격발시키면 과연 진나라에 무슨 이익이 있겠습니까? 지금까지 쌓아온 공덕을 버리면 이는 일조에 패업伯業을 버리는 거나 다름없습니다. 짐작컨대 군후는 그런 일은 하지 않을 듯해 말씀드

1 패주伯主의 '패伯'는 패覇와 같은 말이다. 통상 '백'으로 읽으나 패업覇業, 패왕覇王, 패주覇主 등의 의미로 사용될 때는 반드시 '패'로 읽어야 한다.

리는 것입니다."

진목공이 웃으며 말했다.

"과인의 뜻이 그대의 뜻과 같소."

진목공이 맹명시에게 명해 그날로 하서의 5개 성읍을 접수케 했다. 맹명시가 그곳에 가서 진晉나라와의 경계를 새로 정하고, 5개 성읍의 관청을 설치하고, 관원들로 하여금 5개 성읍을 지키게 했다.

진목공은 진혜공을 영대상 이궁으로부터 도읍인 옹주 교외의 공관으로 옮겨오게 했다. 그러고는 국빈으로 예우해 7뢰七牢[2]의 예로 대접했다. 연후에 공손지로 하여금 군사를 이끌고 진혜공과 여생 일행을 국경까지 전송케 해줬다.

무릇 소와 염소와 돼지를 각 한 마리씩 잡아 잔치하는 것을 일뢰一牢라고 한다. 칠뢰는 매우 융숭한 대접을 뜻한다. 진목공은 진晉나라와 우호관계를 회복코자 했다.

진혜공은 이해 9월에 패전해 포로가 됐다가 이해 11월에 이르러 간신히 석방됐다. 그는 포로로서 함께 고생한 신하들을 데리고 귀국했다. 괵석은 포로생활 도중 병을 얻어 죽었다.

당시 진晉나라 대부 아석은 진혜공이 돌아온다는 소식을 듣고 경정에게 권했다.

"그대는 주공을 구하려다가 오히려 한간으로 하여금 진군秦君을 사로잡을 기회를 놓치게 했소. 주공은 그로 인해 포로가 되는 치욕을 당했소. 이제 주공이 돌아오시면 그대는 틀림없이 죽음을 면치 못할 것이오. 왜 다른 나라로 달아나 재앙을 피하려 하지 않는 것이오?"

2 7뢰七牢는 『주례』「추관秋官, 대행인大行人」에 따르면 소와 양 및 돼지 등 삼생三牲을 각 7마리씩 대접하는 예품禮品을 말한다. 천자가 제후들을 대우할 때 '7뢰'를 내린다. '삼생'을 각 1마리씩 대접하는 것을 1뢰牢라고 한다.

경정이 대답했다.

"군법에 이르기를, '싸움에 패하면 죽어야 마땅하고, 장수로서 포로가 되어도 죽어야 마땅하다.'고 했소. 하물며 군주에게 잘못을 저질러 군주로 하여금 큰 곤욕을 당하게 한 것은 죄 가운데 대죄에 해당하오. 만일 주공이 돌아오지 않는다면 나는 가족을 이끌고 진秦나라로 가서 죽을 작정이었소. 다행히 주공이 귀국하게 됐으니 내가 어찌 주공으로 하여금 군법을 시행할 기회를 잃게 할 수 있겠소? 내가 이 나라에 머물러 있는 것은 앞으로 주공의 마음을 통쾌하게 해드리려는 것이오. 나아가 신하된 자들에게 죄를 지으면 모면할 길이 없다는 걸 보여주고자 하오. 그러니 내가 어찌 몸을 피할 리 있겠소?"

아석이 그 말을 듣고 크게 탄식하며 물러났다.

진혜공은 도성인 강도 가까이 이르자 태자 어가 호돌狐突과 극예郤芮, 경정慶鄭, 아석蛾晳, 사마열司馬說, 시인寺人 발제勃鞮 등을 이끌고 교외로 나와 영접했다.

진혜공은 수레를 타고 오다가 영접하는 신하들 무리 속에 경정이 있는 것을 보고는 일순 울화가 치밀어 올랐다. 가복도를 시켜 경정을 수레 앞으로 불러 오게 했다. 경정이 오자 물었다.

"네가 어찌 감히 과인을 보러 나온 것인가?"

경정이 대답했다.

"당초 주군이 신의 건의대로 진秦나라에 보은했다면 두 나라에 아무런 갈등이 없었을 것입니다. 나아가 신이 아뢴 대로 강화를 청했던들 결코 싸움은 일어나지 않았을 것입니다. 마지막으로 신이 소사를 타지 말라고 간했을 때 그 말을 들었다면 반드시 패전하지는 않았을 것입니다. 신의 주공에 대한 충성이 이처럼 지극한데도 어째서 신이 주공을 뵐 수 없다는 것입니까?"

진혜공이 분노해 대부 경정을 죽이다

진혜공이 말했다.

"너는 지금 이 자리에서도 할 말이 있다는 것인가?"

경정이 대답했다.

"신에게 3가지 죽을 죄가 있습니다. 첫째, 충언을 하고도 주공으로 하여금 그 충언을 듣도록 만들지 못했습니다. 둘째, 곽언을 거우車右로 천거하고도 주공으로 하여금 그를 기용토록 만들지 못했습니다. 셋째, 주공을 구하기 위해 한간과 양유미 등 몇몇 장수를 부르고도 능히 주공으로 하여금 진秦나라의 포로가 되지 않도록 하지 못했습니다. 청컨대 신에게 죽을죄를 내려주십시오. 그래서 신의 죄를 분명히 밝혀주기 바랍니다."

진혜공은 대답하지 못했다. 그는 양유미로 하여금 자기 대신 경정의 죄를 열거케 했다. 양유미가 경정 앞에서 말했다.

"네가 말한 3가지 죄는 죽을죄에 해당하지 않는다. 너에게는 죽을죄가 따로 3가지 있다. 너스스로 그 죄를 알지 못한단 말인가! 첫째, 진흙수렁에 빠진 주공이 때마침 지나가는 너를 급히 불렀는데도 너는 돌아보지도 않고 가버렸다. 둘째, 내가 거의 진후秦侯를 사로잡으려는 참이었는데 네가 와서 주공을 구출해야 한다고 재촉하는 바람에 군주를 구하는 일에 큰 차질을 빚었다. 셋째, 여러 장수가 주공을 도와 싸우다가 사로잡히는 몸이 됐는데 너는 힘써 싸우지도 않고 얼굴 하나 다친 곳 없이 도망쳐 버렸다. 죽을죄는 모두 이들 3가지이다."

경정이 말했다.

"삼군의 장병이 모두 이 이 자리에 있으니 청컨대 이 경정의 한마디 말을 들어주오. 싸우지 않고도 달아나면 군법에 따라 죽게 된다는 걸 뻔히 알면서도 싸우지도 않고 상처 하나 입지 않은 채 돌아와 가만히 앉아 사형을 기다리는 사람이 도대체 이 세상 어디에 있는 것이오?"

아석이 진혜공에게 간했다.

"경정은 죽음을 두려워 않고 있습니다. 그는 실로 용기 있는 사람입니다. 주공은 그를 용서하십시오. 그로 하여금 한원 싸움에서 패한 원한을 진秦나라에 갚게 하십시오."

양유미가 대신 대답했다.

"싸움은 이미 패전으로 끝났소. 이제 죄인을 등용해 원수를 갚게 하면 천하 사람들이 진나라엔 그토록 사람이 없느냐고 비웃을 것이오."

가복도가 간했다.

"경정이 3번이나 충언한 것은 사실이니 그것만으로도 죄를 사면해 줄만 합니다. 그를 죽여 군주의 법을 시행하느니 오히려 용서해 군주의 어진 덕을 선양하는 게 더 나을 듯합니다."

양유미가 다시 말했다.

"나라가 강하게 하는 요체는 오직 모든 일을 법대로 시행하는 데 있습니다. 형벌이 분명치 않고 법이 문란하면 누가 국법을 두려워하겠습니까? 경정을 죽이지 않으면 이후 다시 군사를 부릴 수 없을 것입니다."

진혜공이 사마열을 돌아보며 형의 집행을 재촉했다. 경정은 결국 참수형을 받았다.

염선은 경정 같은 신하 한 사람도 용납하지 못한 진혜공의 협량狹量을 시를 지어 한탄했다.

누가 은혜 저버리라고 가르쳤나	閉糴誰教負泛舟
간신만 용납하고 충신을 죽였다	反容奸佞殺忠謀
혜공 속 좁아 군주 될 자격 없다	惠公褊急無君德
평생 영대산에 갇혀야 할 인물이다	只合靈臺永作囚

양유미는 한원 전투 당시 진목공을 포위하는데 일단 성공한 까닭에 자신이 진목공을 꼭 잡을 수 있었다고 생각했다. 그때 경정으로부터 주공을 구출하라는 급보를 받고는 거의 잡게 된 진목공을 버려두고 혜공에게 달려갔다. 이로 인해 경정을 깊이 원망했고, 반드시 죽이려는 마음을 먹게 됐다.

경정이 죽임을 당하자 문득 하늘이 어두워지고, 초목도 처량한 빛을 띠었다. 밝던 해도 문득 간 곳 없고 검은 구름만 가득 모여들었다. 대부들이 흐느껴 우는 소리가 이곳저곳에서 일어났다.

이날 아석은 경정의 시신을 수습해 장사를 치러줬다. 그는 경정을 묻어 주면서 말했다.

"나는 이렇게나마 나를 병거에 싣고 돌아와 살려 준 은혜에 보답코자 하오."

진혜공이 귀국하자 태자 어가 볼모가 돼 공손지를 따라 진나라로 갔다.

진혜공은 진목공에게 사자를 보내 도안이의 시신을 돌려달라고 청했다. 그를 상대부의 예의로 장사 지내고, 그 아들에게 중대부의 벼슬을 줬다.

진목공의 부인인 누이 목희穆姬의 도움으로 복위케 된 진혜공 이오는 공자 중이를 크게 꺼렸다. 하루는 극예에게 말했다.

"과인이 진나라에 3달 동안 갇혀 있으면서 중이 때문에 크게 걱정했소. 혹시 나 없는 동안에 기회를 틈타 귀국해 보위를 차지하지나 않을까 우려한 것이오. 이제야 간신히 마음이 놓이오."

극예가 말했다.

"중이가 비록 외국에 있지만 끝내 심복지질心腹之疾이 될 것입니다. 반드시 그를 제거해야만 후환이 없을 것입니다."

진혜공이 물었다.

"누가 과인을 위해 능히 중이를 제거할 수 있겠소? 과인은 그 자에게 중상重賞을 아끼지 않겠소."

극예가 대답했다.

"시인寺人 발제勃鞮는 전에 포성을 치러 가서 달아나는 중이를 칼로 쳤다가 옷소매만 끊어온 사람입니다. 그는 중이가 귀국해 자신의 죄를 다스리지나 않을까 크게 두려워하고 있습니다. 주공이 중이를 제거코자 하면 대략 그 사람 말고는 따로 적임자가 없을 것입니다."

진혜공은 곧바로 발제를 불러 중이 제거에 관한 일을 은밀히 물었다. 발제가 대답했다.

"중이가 적나라에 머문 지 12년이나 됐습니다. 전에 적나라 군주가 구여咎如를 치고 그곳의 여인 2명을 잡아왔습니다. 한 사람은 숙외叔隗, 다른 한 사람은 계외季隗라고 합니다. 모두 천하절색입니다. 적나라 군주는 계외를 중이, 숙외를 중이의 심복인 조최에게 아내로 내주었습니다. 두 여인은 각각 남편을 섬기며 아들까지 낳았습니다. 이들 두 사람은 지금 부부생활의 즐거움에 빠져 다시는 우리를 괴롭힐 뜻이 없는 듯합니다. 신이 군사를 이끌고 가 적나라를 치면 적나라는 틀림없이 중이를 도와주기 위해 군사를 일으켜 대항할 것입니다. 그리되면 승패를 예측키 어려울 뿐만 아니라 주공의 뜻도 이룰 수 없습니다. 청컨대 역사力士 몇 명만 구해 주십시오. 신이 이들을 끌고 은밀히 적나라로 들어간 뒤 중이가 성 밖으로 놀러 나오는 때를 노려 척살토록 하겠습니다."

진혜공이 말했다.

"그 계책이 실로 묘하다."

그러고는 그 자리에서 황금 100일을 내줬다. 역사들을 고용해 중이 척살을 차질 없이 수행하라고 명했다. 이어 이같이 거듭 당부했다.

"그대는 빨리 준비해 3일 안에 적나라로 떠나라. 성공할 경우 마땅히 중용할 것이다."

예로부터 속담에 이르기를, '하지 않은 일은 남이 알 수 없고, 하지 않은 말은 남이 들을 수 없다.'고 했다. 진혜공의 당부가 비록 발제 한 사람에게만 은밀히 전해진 것 같지만 내시들 중에는 그 음모를 엿들은 자가 적지 않았다.

당시 국구 호돌은 발제가 황금을 흙처럼 뿌리고 다니면서 역사를 구한다는 소문을 듣고 의혹을 품었다. 비밀리에 그 이유를 두루 수소문했다. 원래 호돌은 원로대신이고 국구인 까닭에 내시들과 익히 아는 사이였다. 그 음모는 내시들의 입을 통해 곧 호돌의 귀에 들어갔다.

크게 놀란 호돌이 곧바로 밀서 한 통을 쓴 뒤 심복 부하에게 내주며 속히 적나라로 달려가 중이에게 전달하게 했다.

당시 적나라에 망명중인 중이는 적나라 군주와 함께 위수渭水 가에서 사냥을 하고 있었다. 문득 한 사람이 들판을 에워싼 몰이꾼들을 헤집고 들어와 중이를 수종한 호씨狐氏 형제를 만나고자 했다.

"나는 진晉나라의 노국구老國舅 호돌의 가서家書를 갖고 온 사람이오."

군졸로부터 보고를 받은 호모와 호언 형제가 서로 쳐다보며 말했다.

"부친이 이제까지 한 번도 서신을 보낸 적이 없는데 문득 가서를 보낸 것을 보면 국내에 무슨 일이 생긴 듯하다."

호씨 형제가 곧 가서를 갖고 온 사람을 불렀다. 그 사람은 가서를 전한 뒤 곧바로 절하며 인사하고는 왔던 길로 되돌아갔다. 호모 형제가 봉함을 뜯고 가서를 읽었다. 내용은 대략 이러했다.

> 주공이 공자 중이를 척살하려는 음모를 꾸미고 있다. 시인 발제를 시켜 3일 안에 진나라를 출발토록 했다고 한다. 너희 형제는 곧 이를 공자에게 알리고 속히 타국으로 피신토록 해라. 지체했다가 재앙을 당하는 일이 없도록 각별히 조심해라.

호모 형제가 크게 놀랐다. 곧 가서를 중이에게 바치고 사태가 급박하니 속히 피신할 것을 권했다. 중이가 대답했다.

"나의 처자가 모두 적나라에 있으니 이곳은 바로 나의 집이나 다름없소. 간다 한들 앞으로 어디로 간단 말이오?"

호언이 말했다.

"우리가 본국을 떠나 이곳에 온 것은 가정을 갖기 위한 게 아니고, 앞으로 나라를 도모하기 위한 것입니다. 더 멀고 안전한 곳으로 가기에는 우리의 힘이 부친 까닭에 잠시 이곳에 머물고 있을 뿐입니다. 이제 이곳에 머문 지도 오래됐습니다. 응당 다른 대국으로 옮겨가야 합니다. 발제가 이곳으로 온다고 하니 이는 하늘이 그를 통해 공자의 출발을 재촉하는 것입니다."

중이가 물었다.

"지금 당장 떠나야 한다면 어디로 가야 좋단 말이오?"

호언이 대답했다.

"제후齊侯가 비록 늙었지만 그의 패업은 아직 살아 있습니다. 그는 지금도 열국 제후들의 어려움을 구하고, 현사賢士를 녹용錄用하고 있습니다. 얼마 전에 관중과 습붕이 잇달아 죽었는데 아직 그를 보필할 만한 현신이 없는 상황입니다. 이럴 때 공자가 제나라에 가면 제후는 틀림없이 예를 갖춰 맞이할 것입니다. 진나라에 변란이 일어나면 공자는 제나라의 힘을 빌려 보위를 도모할 수도 있습니다."

중이가 이를 좇았다. 중이 일행은 곧 사냥을 멈추고 성안으로 돌아왔다. 곧 집으로 가서 아내 계외季隗에게 말했다.

"진군晉君이 나를 척살키 위해 사람을 보낸다고 하오. 혹여 독수毒手에 걸리지 않을까 두렵소. 먼 타국으로 떠날까 하오. 나는 어떻게든 진秦나라 및 초나라와 손을 잡고 고국故國을 회복할 생각이오. 그대는 응당 정성을 다해 두 아들을 잘 키워주시오. 대략 25년 동안만 나를 기다려 주시오. 그러고도 돌아오지 않으면 다른 데로 개가改嫁해도 좋소."

계외가 울며 대답했다.

"장부의 뜻은 천하에 두는 것이니 첩이 어찌 감히 만류할 수 있겠습니까? 허나 이제 첩의 나이 25세입니다. 앞으로 25년이 지나면 첩은 늙어 죽을 나이가 됩니다. 그런데 어찌 남에게 개가하겠습니까? 첩은 당연히 낭군을 기다리겠습니다. 제 염려는 하지 마십시오."

조최도 그의 아내 숙외에게 사정을 말하고 이별을 고했다. 그 얘기를 여기에 자세히 쓸 필요는 없을 것이다.

이튿날 아침, 중이는 집사 역할을 하는 호숙壺叔에게 타고 갈 수레를 준비하게 하고, 재무를 담당한 소리小吏 두수頭須에게는 노자로 쓸 금은과 비단을 챙기게 했다. 이런 저런 분부를 하는 와중에 호모 형제가 황급히 들어왔다.

“발제가 명을 받은 이튿날 곧바로 도성을 출발했다고 합니다. 부친은 아직 공자가 이곳을 출발하지 않았다면 이들의 독수에서 벗어나기 어려울 것으로 생각해 서신을 쓸 겨를도 없어 황급히 사람을 보냈습니다. 그 사람이 밤낮을 가리지 않고 달려와 방금 당도했습니다. 부친의 당부인즉 공자를 재촉해 빨리 피하되 촌각도 지체하지 말라는 것입니다.”

중이가 크게 놀랐다.

“발제가 어찌 이다지도 빨리 오는 것인가!”

중이는 미처 여장도 꾸리지 못한 채 호씨 형제와 함께 걸어서 성 밖으로 나갔다. 호숙은 중이가 이미 떠난 것을 알고 소가 끄는 수레 한 대를 마련해 급히 그 뒤를 쫓아갔다. 그는 중이를 만나자 수레에 태웠다. 조최와 구계 등이 뒤이어 중이를 좇아왔다. 이들은 탈 수레가 없어 모두 걸어서 갔다.

중이가 이들을 돌아보며 물었다.

“두수는 어째서 오지 않는 것인가?”

이들 가운데 한 사람이 대답했다.

“두수는 곳간에 있는 재물을 마치 돗자리를 말듯이 석권席卷해 달아났습니다. 어디로 갔는지 아무도 모릅니다.”

중이는 몸 하나 의지할 곳도 없는데다 수중에 노자 한 푼 없는 신세가 됐다. 심정이 매우 서글프고 괴로웠다. 사태가 이 지경에 이르렀으니 떠나지 않을 수도 없었다. 이들의 행색은 마치 상갓집 개와 같았고, 다급하기가 마치 그물을 벗어난 물고기와 같았다.

적나라 군주는 공자 중이가 적나라 도성을 떠난 지 반나절 만에 이 사실을 알았다. 중이에게 노잣돈을 보내고자 했으나 중이 일행이 멀리 가버린 바람에 어쩌지 못했다.

사신이 시를 지어 이를 증명했다.

적나라로 망명한 지 12년 되니　　流落夷邦十二年
엎드린 용은 아직 승천 못하다　　困龍伏蟄未升天
콩깍지는 왜 이렇게 급히 볶나　　豆箕何事相煎急[3]
쉼 없이 떠도니 오늘도 옮기다　　道路於今又播遷

원래 진혜공은 발제에게 중이를 척살하는 기한으로 3일의 말미를 주었다. 그런데 발제는 하루 앞당겨 진나라를 출발했다. 그는 왜 서둘러 떠난 것일까?

발제는 한낱 시중이나 드는 시인寺人에 지나지 않는다. 오로지 군주의 분부를 착실히 수행해 총애를 얻고자 한 것이다. 지난날 그는 진헌공의 명을 받고 도성을 칠 때도 중이를 죽이지 못하고 간신히 소매만 끊어 간 적이 있다. 이후 그는 중이가 자신에 대해 원한을 품고 있을 것으로 생각했다. 그러던 차에 이번에 또 진혜공의 분부를 받게 된 것이다.

이번에 중이를 죽이면 공도 크지만 무엇보다 자신을 짓눌러 온 걱정을 덜 수 있다고 생각했다. 그가 황금을 아낌없이 뿌려 역사 몇 사람을 구한 뒤 기일보다 하루 앞서 떠난 배경이다. 중이가 아무것도 모르는 사이 기습적으로 척살하는 게 첩경이라고 판단한 것이다. 하지만 국구 호돌이 이를 미리 알고 사람을 2번이나 보내 미리 피신케 할 줄이야 어찌 알았겠는가?

적나라에 당도한 발제는 중이에 대한 소식을 여러 가지로 알아봤으나 중이는 이미 적나라를 떠나고 없었다. 적나라 군주 역시 중이를 도와주기 위해 나라 안의 모든 관문과 나루터 관원에게 행인을 빠짐없이 검문하고

3 두기하사상전급豆箕何事相煎急 구절은 삼국시대 위문제魏文帝 조비曹丕가 동생 조식曹植에게 7보步 이내에 시 1수를 지으라고 하자 콩을 삶을 때 콩깍지를 태운다는 비유를 들어 형제간의 다툼을 풍자한 일화에서 인용한 것이다. 당시 조식이 지은 것으로 알려진 「칠보시七步詩」에는 '자두연두기煮豆燃豆萁, 상전태하급相煎何太急'으로 표현돼 있다.

엄중히 단속할 것을 명했다. 엄중히 검문하게 했다.

발제가 진나라에 있을 땐 군주를 가까이 모시는 힘 있는 환관이지만, 적나라에서는 간특한 간신배나 자객의 무리에 지나지 않았다. 만일 검문이라고 받게 되면 어찌 대답해야 좋은 것일까? 공자 중이의 행방을 조사하기 위해 적나라에 오랫동안 머물 수 없었던 이유다. 그는 앙앙불락하면서 돌아간 뒤 진혜공에게 성공하지 못한 까닭을 설명했다. 발제의 보고를 듣고 진혜공도 더 이상 어떻게 해볼 도리가 없었다. 여기서 중이에 관한 얘기는 잠시 덮어 두기로 하자.

62話 개자추가 허벅지 살을 베어 군주를 먹이다
–개자추할고담군介子推割股啖君

당시 공자 중이는 곧바로 제나라를 향해 갔다. 제나라로 가려면 위나라를 지나야만 했다. 이는 높은 곳에 오르려면 낮은 곳에서 출발하고, 먼 곳을 가려면 가까운 곳에서 시작해야 하는 이른바 '등고필자비登高必自卑, 행원필자이行遠必自邇' 이치와 같은 것이다.

적나라 경계를 벗어난 이후 중이 일행이 노상에서 겪은 고생은 이루 형언키 어려웠다. 그렇게 여러 날 여행해 위나라 경계에 이르게 됐다. 관을 지키던 위나라 관원이 신분을 물었다. 조최가 공자를 대신해 대답했다.

"우리 주인은 진晉나라 공자 중이입니다. 타국에서 피난하다가 이제 제나라로 가는 길입니다. 귀국의 길을 잠시 빌리고자 합니다."

위나라 관리가 곧바로 관문을 열고 이들을 맞아들였다. 곧 말을 타고 궁으로 달려가서 위문공衛文公에게 이를 보고했다. 위나라 상경 영속寧速이 중이 일행을 성안으로 영접해 들이고자 했다. 하지만 위문공은 중이를 탐탁잖게 생각했다.

"선군이 학을 좋아하다가 패망한 이후 과인은 초구楚丘 땅에 나라를 새로 세우다시피 했소. 그러나 진나라로부터는 일찍이 손톱만큼의 힘도 빌린 적이 없소. 위나라와 진나라는 비록 동성이지만 아직 동맹을 맺은 적도 없소. 더구나 망명 다니는 사람이 우리와 무슨 관계가 있단 말이오? 만일 이들을 불러들이면 체면상 잔치도 베풀어 줘야 하고 떠날 땐 노자라도 줘야 할 것이오. 그냥 쫓아버리는 편이 나을 것이오."

그러고는 수문장을 불러 중이 일행을 성안으로 받아들이지 말라고 분부했다. 중이 일행은 도성으로 들어가지 못하고 성 밖의 길을 따라 발걸음을 옮겨야 했다.

위주魏犨와 전힐顚頡이 중이 앞에 나서 말했다.

"위후衛侯 훼燬는 무례하기 짝이 없습니다. 공자는 응당 성 앞으로 가서 그를 꾸짖어야 합니다."

조최가 말했다.

"교룡蛟龍도 실세失勢하면 한낱 지렁이인 구인蚯蚓이나 다름없습니다. 공자는 매사 꾹 참아야 하고, 남에게 무례 여부를 따져서는 안 됩니다."

그날 중이 일행은 아직 아침끼니도 때우지 못한 채 허기를 달래가며 길을 걸었다. 한낮이 지나 오록五鹿이란 마을에 당도했다. 한 곳을 보니 농부들이 모여 점심밥을 먹고 있었다. 중이가 호언에게 밥을 좀 얻어오게 했다. 한 농부가 밥을 얻으러 온 호언에게 물었다.

"나그네는 어디서 오셨소?"

호언이 말했다.

"우리는 진나라 사람입니다. 수레 위에 타신 분이 우리 주인입니다. 먼 길을 나섰다가 양식이 떨어졌소. 원컨대 밥 한 끼니만 먹을 수 있게 해주시오."

농부가 웃으며 대답했다.

"당당한 사내대장부가 스스로 벌어먹지 못하고 밥을 얻으러 왔단 말이오? 우리는 농사짓는 사람들이라 배 불리 먹고 저 논밭을 갈아야 하오. 남에게 나눠줄 여분의 밥이 있을 리 있겠소?"

호언이 말했다.

"밥을 줄 수 없다면 밥을 담을 그릇 한 개만이라도 주십시오."

한 농부가 장난조로 흙덩이를 집어 호언에게 주면서 말했다.

"이 흙덩이로 식기를 만들면 될 것이오."

위주가 그 광경을 보고는 쫓아오면서 크게 꾸짖었다.

"촌부村夫들이 어찌 감히 우리를 모욕하는 것인가!"

위주가 그 농부의 식기를 빼앗아 땅에 내동댕이쳤다. 그릇은 박살났다. 중이도 크게 노해 수레에서 내려온 뒤 채찍을 휘두르며 농부를 치려고 했다. 호언이 급히 만류했다.

"밥을 얻기는 쉬워도 흙을 얻기는 어렵습니다. 토지는 바로 나라의 근본입니다. 하늘이 농부의 손을 빌려 공자에게 흙을 주었으니 이는 앞으로 나라를 얻을 징조입니다. 그런데 왜 이다지 분노하는 것입니까? 공자는 저 농부에게 절을 하고 그 흙덩이를 받아야 합니다."

중이가 호언의 말대로 수레에서 내려 농부에게 절을 하고 흙덩이를 받았다. 농부들은 그 까닭을 알 길이 없어 웃음을 터뜨리며 중이를 비웃었다.

"저 사람은 참으로 치인癡人이다!"

후대인이 이를 시로 읊었다.

토지는 응당 나라의 근본이니	土地應爲國本基
하늘이 사람을 통해 암시하다	皇天假手慰艱危
고명한 호언 조짐을 알았으니	高明子犯窺先兆
농부들 오히려 중이를 비웃다	田野愚民反笑癡

중이 일행이 다시 10리쯤 갔을 때였다. 자가 자여子餘인 조치를 비롯한 일행 모두 배가 고파 더 이상 걸을 수 없었다. 모두 나무 밑에 쉬기로 했다. 중이가 호모의 무릎을 베고 누웠다. 호모가 말했다.

"자여子餘가 항아리 속에 담은 밥인 호손壺飧을 갖고 있을 것입니다. 그가 뒤쳐져 따라오고 있으니 잠시 기다리면 밥을 먹을 수 있을 것입니다."

위주가 말했다.

"호손이 있다지만 자여 홀로 먹기에도 부족합니다. 내 생각엔 밥이 남아 있지 않을 것입니다."

여러 사람들이 다퉈 고사리를 캔 뒤 삶아 먹었다. 중이도 삶은 고사리를 받아먹었으나 목구멍 안으로 잘 넘어가지 않았다.

이때 문득 개자추가 어디서 났는지 고깃국 한 그릇을 들고 와 중이에게 바쳤다. 중이가 단숨에 그 고깃국을 맛있게 먹은 뒤 물었다.

"여기는 두메 구석인데 어디서 고기를 얻었소?"

개자추가 웃으며 대답했다.

"그것은 신의 허벅지 살입니다. 신이 듣건대, '효자는 살신殺身하여 부모를 섬기고, 충신은 살신하여 군주를 섬긴다.'고 했습니다. 지금 공자가 먹을 게 없어 굶주리고 있어 신이 허벅지 살을 베어 공자의 주린 배를 채워드린 것입니다."

중이가 눈물을 흘리며 말했다.

"망명이나 다니는 내가 그대에게 너무나 폐를 끼쳤소. 장차 무엇으로 은혜를 갚아야 할지 모르겠소."

개자추가 말했다.

"신이 오직 바라는 것은 공자가 속히 귀국해 신들로 하여금 군주의 팔다리 역할을 하는 이른바 고굉지신股肱之臣이 되도록 하는 것입니다. 신이 그 밖에 무엇을 바라겠습니까?"

염선이 이를 시로 읊었다.

효자는 몸 손상하지 않으니	孝子重歸全
부모 욕되게 하기 때문이지	虧體謂親辱
아, 슬프고 슬프다, 개자추여	嗟嗟介子推
허벅지 베어 군주 배 채우니	割股充君腹

몸을 의탁해 고굉이 되었고 委質稱股肱
한 몸 되어 화복을 같이하다 腹心同禍福
어찌 자기 몸 생각지 않을까 豈不念親遺
자고로 충효겸전은 어려우니 忠孝難兼局
자기 몸과 집만 위하는 자여 彼哉私身家
어찌 염치없이 국록 축내나 何以食君祿

중이 일행이 한참 기다리자 조최가 마침내 당도했다. 여러 사람이 더디게 온 이유를 묻자 조최가 대답했다.

"가시에 찔리고 정강이를 다쳐 빨리 걸을 수 없었소."

그러고는 메고 온 대바구니인 죽사竹笥 속에서 호손을 꺼내 중이에게 바쳤다.

중이가 말했다.

"자여는 배고프지도 않소? 왜 먹지 않은 것이오?"

조최가 대답했다.

"신臣 역시 비록 배가 고프기는 하나 차마 어찌 공자를 놔두고 저 혼자만 먹을 수 있겠습니까?"

호모가 위주를 돌아보고 말했다.

"호손을 그대가 갖고 왔으면 지금쯤 그대 뱃속에 들어가 똥이 됐을 것이다."

위주는 부끄러워 자리를 피했다. 중이는 고깃국을 먹은 까닭에 호손을 조최에게 내줬다. 조최는 물을 떠가지고 와 그 물에 밥을 만 뒤 여러 사람이 두루 먹게 했다. 중이가 탄복했다.

이후 중이 일행은 걸식을 하며 쉬지 않고 걸어 마침내 제나라에 당도했다. 제환공은 평소 중이가 현명하다는 평판을 익히 듣고 있었다. 중이 일행

개자추가 허벅지 살을 베어 군주를 먹이다

이 관문에 이르렀다는 보고를 받자 곧바로 사람을 교외까지 내보내 영접케 했다. 이어 공관公館에 맞아들인 뒤 크게 연회를 베풀었다. 연회 자리에서 제환공이 물었다.

"공자는 가족을 데리고 왔소?"

중이가 대답했다.

"망명 다니는 사람이라 자기 몸 하나도 보호하기 힘듭니다. 어떻게 식솔을 데리고 다니겠습니까?"

제환공이 말했다.

"과인은 홀로 자면 마치 한 해를 넘기는 것만큼이나 지루하오. 공자는 지금 객지에 나와 있으니 가까이서 수건과 빗인 건즐巾櫛을 시중 들 사람이 있어야 하오. 과인이 한번 알아보도록 하겠소."

그러고는 종중에서 가장 아름다운 여인을 골라 중이의 시중을 들게 하고, 또 수레와 말 20승을 공관으로 보내 줬다. 이후 중이와 신하들 모두 수레와 말을 갖게 됐다. 제환공은 또 창고를 맡은 늠인廩人과 주방을 맡은 포인庖人에게 명해 날마다 곡식과 고기를 중이 일행에게 공급하도록 했다.

중이가 크게 기뻐하며 감탄했다.

"일찍이 듣건대, '제후齊侯는 현인을 좋아하고 선비를 예로써 대우한다.'고 했다. 와서 보고난 뒤 그게 사실임을 알게 됐다. 그가 패업을 성취한 것도 당연한 일이다."

때는 주양왕 8년이자 제환공 42년인 기원전 644년이었다.

제환공이 전년에 포숙아에게 국정을 맡기면서 관중의 유언에 따라 수초豎貂, 옹무雍巫[4]로도 불린 역아易牙, 개방開方 등 3인을 측근의 자리에서 몰아냈다.

그러나 이후 제환공은 매사에 흥취를 잃고 말았다. 밥을 먹어도 맛이 없고, 잠을 자도 편안치 않았다. 농담을 하는 일도 없고, 웃는 일도 없었다.

장위희長衛姬가 말했다.

"주공은 3인을 내쫓았으나 나라가 더 잘 다스려지는 것 같지는 않고, 오히려 군후의 얼굴만 날로 초췌해지고 있습니다. 좌우 시신들이 군후의 마음을 잘 헤아려 시원스럽게 해드려야 하는데 그렇지 못한 듯합니다. 그럴 바에야 차라리 3인을 다시 불러들이는 게 낫지 않겠습니까?"

제환공이 말했다.

"과인도 그러고 싶은 생각이 있소. 그러나 3인을 다시 불러들이는 것은

4 옹무雍巫는 역아易牙의 다른 이름이다. '옹무'의 옹雍은 옹饔과 통한다. '옹인'은 궁중 요리사를 뜻한다. 무巫는 이름이다. 『사기』에는 '옹무'와 '역아'의 이름이 동시에 나온다. 『관자』에는 '역아'로만 기록돼 있다.

포숙아의 뜻을 거스르는 것이 되오."

장위희가 다시 말했다.

"포숙아인들 어찌 좌우에 시중드는 사람을 두지 않겠습니까? 더구나 주공은 늙으셨습니다. 무슨 이유로 이처럼 몸을 괴롭히는 것입니까? 군후는 식욕을 잃어 구미에 맞는 음식을 먹어야 한다는 구실로 먼저 역아를 부르십시오. 그러면 수초나 개방은 번거롭게 부르지 않아도 자연히 들어오게 될 것입니다."

제환공은 이를 좇았다. 역아를 소집해 음식을 맡아 보게 했다. 포숙아가 제환공에게 간했다.

"주공은 중보의 유언을 잊은 것입니까? 어째서 역아를 다시 부른 것입니까?"

제환공이 대답했다.

"그들 3인은 과인에게 필요한 사람들로, 나라에 해를 끼칠만한 위인이 못 되오. 중보의 유언이 좀 심했다는 생각이오."

그러고는 포숙아의 말을 들으려고 하지 않았다. 이후 역아뿐만 아니라 개방과 수초까지 불러들여 좌우에서 시중을 들게 했다. 얼마 후 포숙아는 울분을 참지 못해 이내 병이 들어 죽고 말았다. 제나라의 정사가 이때부터 크게 무너지기 시작했다.

끝내 뒷일이 어찌 될 것인지 알고자 하면 다음 회를 보라.

제32회

63話 안아아가 담장을 넘어가 순절하다
–안아아유장순절晏蛾兒逾牆殉節

제환공은 관중의 유언을 저버리고 마침내 3인을 다시 등용했다. 포숙아는 누차 간했으나 뜻대로 되지 않자 이내 울화병으로 죽고 말았다. 포숙아가 죽자 역아와 수초 및 개방 등 3인은 더욱 거리낌이 없었다. 이들은 늙고 무능해진 제환공을 속이면서 마침내 모든 권력을 틀어쥐고 멋대로 행사하기 시작했다. 이들 3인에게 복종하는 자는 누구나 귀인貴人이 되거나 부자富者가 됐다. 반대로 3인에게 거역하는 자는 죽임을 당하거나 쫓겨났다.

당시 정나라에 명의 한 사람이 있었다. 성은 진秦, 이름은 완緩, 자는 월인越人이었다. 그는 일찍이 정나라를 떠나 제나라 노촌盧村이란 곳에 산 까닭에 노의盧醫로도 불렸다.

진완은 젊을 적에 집 대문을 열어 놓고 오가는 행인을 후하게 대접했다. 하루는 장상군長桑君이란 사람이 그의 집에 머물게 됐다. 진완은 첫눈에 그가 이인異人이란 걸 알고 정성껏 대접했다. 그의 괴팍한 행동을 나무라지도 않았다.

장상군도 마침내 진완의 이런 태도에 감동해 신약神藥을 주고 대나무로 받은 이슬 등의 좋은 물인 이른바 상지수上池水에 타서 먹게 했다. 이후 진완의 눈이 거울처럼 밝아졌다. 어둠 속에서도 능히 귀신을 볼 수 있었다. 담 밖에 있는 사람도 그가 누구라는 것을 알아볼 수 있었다.

진환은 그런 투시력으로 환자를 진찰한 덕분에 환자의 오장육부를 훤히 볼 수 있었다. 고대에 편작扁鵲이란 신의神醫가 있었다. 그는 전설적인 삼황오제의 일원인 황제黃帝 헌원씨軒轅氏와 같은 시대 사람이었다. 그가 의약에 정통했다는 것은 널리 알려져 있다. 사람들은 진완의 의술이 신통한 것을 보고 그를 옛날의 신의에 비유하곤 했다. 마침내 그를 '편작선생'으로 부르는 지경이 됐다.

진완 즉 '편작선생'은 지난날 괵나라에 간 적이 있다. 그때 괵나라 태자가 문득 병으로 죽었다. 편작 선생이 그 소문을 듣고 궁으로 들어가 태자를 고치겠다고 말했다.

내시가 말했다.

"태자는 이미 죽었소. 선생의 의술이 아무리 고명한들 죽은 사람을 어떻게 다시 살릴 수 있겠소?"

편작선생이 말했다.

"청컨대 태자를 살릴 수 있을지 한번 시험해 보겠소."

내시는 궁 안으로 들어가 괵공에게 편작선생의 말을 전했다. 괵공이 눈물을 흘리며 편작선생을 맞아들여 태자의 시신을 보게 했다. 편작선생은 제자 양부陽膚를 시켜 시신 몇 곳에 석침石鍼을 놓게 했다. 얼마 후 태자가 소생했다. 편작선생이 탕약을 지어 태자에게 먹였다. 20여일 후 태자는 완전히 회생했다. 세인들이 편작선생을 두고 회생기사回生起死의 비술을 터득한 사람으로 칭송한 이유다.

이후 편작선생은 천하를 두루 유람하며 많은 사람의 병을 고쳤다. 하루는 제나라 도성 임치에 가서 제환공을 알현했다. 그가 제환공에게 말했다.

"군후는 살결인 주리腠裏 속에 병이 들어 있습니다. 속히 치료하지 않으시면 병이 악화할 것입니다."

제환공이 웃으며 대답했다.

"내 몸이 아무렇지도 않은데 무슨 병이 있단 말이오?"

편작선생은 더 이상 말하지 않고 물러갔다. 5일이 지난 뒤 편작선생이 다시 궁으로 들어가 제환공을 알현했다.

"군후의 병이 혈맥血脈에 있습니다. 이젠 치료하지 않으면 안 됩니다."

제환공이 불응했다. 5일 뒤 편작선생이 다시 제환공을 알현했다.

"군후의 병이 이미 장위腸胃에 있습니다. 속히 치료해야만 합니다."

제환공이 이번에도 불응했다. 편작선생이 물러간 뒤 제환공이 푸념했다.

"심하구나, 의원이 자신의 재주를 뽐내는 것이! 멀쩡한 사람을 보아도 병이 있다고 하는 것이 그렇다."

다시 5일이 지났다. 편작선생은 다시 궁에 가서 알현을 청했다. 그는 제환공의 안색을 한 번 살펴보고는 아무 말도 하지 않고 발길을 되돌려 나가버렸다. 제환공은 내시를 시켜 그 까닭을 물어보게 했다. 편작선생이 대답했다.

"제후齊侯의 병이 이미 골수骨髓로 옮겨 갔소. 주리에 있을 때는 탕약이나 고약인 탕의湯熨, 혈맥에 있었을 땐 침이나 돌침인 침폄鍼砭, 장위에 있을 때는 약술인 주료酒醪로 고칠 수 있었소. 그러나 이젠 병이 골수에 박혔으니 고칠 방법이 없소. 그래서 아무 말도 하지 않고 나온 것이오."

다시 5일이 지났다. 제환공이 마침내 발병했다. 사람을 시켜 편작선생을 불렀다. 편작이 묵었던 관역館驛의 주인이 말했다.

"편작선생은 닷새 전에 떠났습니다."

제환공이 크게 후회했으나 어쩔 도리가 없었다.

원래 제환공은 정실만 3명이나 두었다. 첫째는 왕희王姬, 둘째는 서희徐姬, 셋째는 채희蔡姬이다. 모두 자식이 없었다. 왕희와 서희는 일찍 세상을 떠났고, 채희는 제환공을 희롱한 죄로 친정인 채나라로 쫓겨 갔다. 제환공은 이들 3명의 정실 이외에도 정실에 준하는 6명의 여부인如夫人[1]을 두고 있었다. 이들 모두 제환공의 총애를 받아 각각 아들을 1명씩 낳았다.

첫째 장위희長衛姬는 공자 무휴無虧, 둘째 소위희少衛姬는 공자 원元, 셋째 정희鄭姬는 공자 소昭, 넷째 갈영葛嬴은 공자 반潘, 다섯째 밀희密姬는 공자 상인商人, 여섯째 송화자宋華子는 공자 옹雍을 낳았다. 이들 이외에도 잉첩媵妾으로서 아들을 둔 여인이 매우 많았다.

정실에 준하는 이들 6명의 첩실 가운데 제환공을 가장 오래 모신 사람은 장위희였다. 6명의 공자들 가운데 가장 나이 많은 공자 역시 장위희 소생의 무휴였다. 역아와 수초는 장위희와 아주 친하게 지냈다. 한때 역아와 수초가 제환공에게 청해 공자 무휴를 태자로 세울 것을 허락받은 바 있다. 소위희의 아들 공자 원도 보위를 노리고 있었다.

이후 제환공은 공자 소가 현명하다는 것을 알고 그를 더욱 사랑하게 되었다. 규구 회맹 당시 관중과 상의한 뒤 송양공에게 공자 소의 앞날을 부탁한 이유다. 위나라 공자로 있다가 제나라 제환공을 섬긴 공자 개방은 갈영 소생의 공자 반과 친했다. 그 역시 반을 태자로 세우려는 계책을 꾸미고 있었다. 밀희 소생의 공자 상인은 남에게 베푸는 것을 좋아해 자못 민심을 얻

1 여부인如夫人은 원래 부인과 같다는 의미였으나 이후 첩실妾室을 뜻하는 말로 전용됐다.

고 있었다. 생모인 밀희 역시 제환공의 총애를 받고 있었던 까닭에 그 또한 은근히 태자 자리를 노리고 있었다. 다만 공자 옹만은 워낙 미천한 가문 출신인 송화자 소생인 까닭에 분수를 지키며 몸조심을 했다.

5명의 공자가 각각 당여黨與를 만들어 서로 시기하고 미워한 이유다. 이는 마치 호랑이인 대충大蟲 다섯 마리가 각각 어금니와 손톱인 조아爪牙를 감추고 오직 먹이가 나타나기만을 기다리는 형국과 같았다.

제환공은 본래 영특한 사람이었다. 그러나 칼도 오래되면 날이 무디고 사람도 늙으면 기력이 줄어드는 법이다. 그 또한 늙어가면서 총명이 흐려졌다. 그는 오랫동안 제후들의 패자 노릇을 하며 품었던 뜻을 이룬 셈이어서 불만이 없는 처지였다. 게다가 그는 술과 여인을 크게 밝혔다. 마음을 깨끗이 지니고 욕심을 적게 하는 청심과욕淸心寡慾의 인물이 아니었다.

그런 탓에 노년인 오늘에 이르러 자연히 지기志氣가 쇠해지고 게을러졌다. 역아와 수초 및 개방 등 소인들을 등용하고 이들의 말만 들은 까닭에 눈과 귀가 가려져 나라의 실정을 알지 못했다. 그는 귀에 거슬리는 충언은 듣지 않고 마음을 흐뭇하게 해주는 아첨만 들었다. 사람들이 모두 즐겁게 잘 사는 줄 알고, 그들의 고통과 근심은 알지 못한 이유다.

5명의 공자는 저마다 생모를 시켜 태자 자리를 내주도록 제환공을 조르게 했다. 제환공 역시 공자 소를 태자로 낙점할 때까지 5명의 부인에게 어물어물 대답만 할 뿐 명확한 처분을 내리지 못했다.

그 와중에 중병에 걸리고 말았다. 공자도 『논어』「위영공」에서 사람이 먼 앞날을 내다보지 않으면 반드시 가까운 날에 근심이 닥친다는 뜻의 '인무원려人無遠慮, 필유근우必有近憂'를 언급한 적이 있다. 제환공이 바로 그 경우에 해당된다. 문득 병이 나 침상에 눕게 된 게 그렇다.

역아는 편작이 제환공을 4번째 알현한 뒤 그냥 가버리는 걸 보고 제환공의 병이 나을 수 없는 병임을 알아차렸다. 그는 수초와 함께 상의하며 한

가지 계책을 세웠다. 이튿날 패목牌木에 거짓으로 제환공의 전지傳旨를 써 궁문에 내걸었다. 그 내용은 대략 이러했다.

> 과인에게 가슴이 두근거리는 정충지질怔忡之疾이 생겼다. 사람의 소리를 듣는 것을 싫어하게 된 이유다. 군신과 공자 및 백성 등 그 누구를 막론하고 일절 입궁을 허락지 않는다. 수초는 굳게 궁문을 엄중히 지키고, 역아는 궁중의 갑병을 이끌고 순라巡邏를 하도록 하라. 모든 정사는 과인의 병이 나을 때까지 기다렸다가 고하도록 하라.

수초와 역아는 제환공의 거짓 전지를 쓴 패목을 내걸고 궁문을 철저히 통제했다. 이들은 다만 공자 무휴와 장위희만 궁중에 머물게 했다. 다른 공자들이 문안하러 왔으나 수초가 궁문에서부터 출입을 통제해 제환공과 상면하는 걸 막았다.

3일 후 제환공은 아직 죽지 않았다. 역아와 수초는 제환공의 좌우 근시와 시중드는 궁인에 이르기까지 남녀 할 것 없이 모두 궁문 밖으로 쫓아냈다. 이어 내궁으로 통하는 문을 봉쇄했다.

두 사람은 그리하고도 모자라 제환공의 침궁 주위에 높이 3장의 담을 쌓았다. 안팎이 모두 차단돼 바람이 샐 틈조차 없었다. 다만 담장 밑에 개구멍 같은 작은 구멍 하나만 뚫어 놓고 조석으로 어린 내시를 들여보내 제환공의 생사만 확인하고 나오게 했다. 두 사람은 궁중의 갑병을 이끌고 다른 공자들이 변란을 일으키지 못하도록 삼엄한 경계를 폈다.

며칠 동안 혼수상태로 침상에 누워 있던 제환공은 정신이 들어 일어나려 해도 일어날 수 없었다. 근시들이 있을 것으로 생각해 불렀으나 아무 대답도 들리지 않았다. 제환공이 두 눈을 크게 뜬 채 침실 안을 멍하니 바라볼 뿐이었다.

안아아가 담장을 넘어가 순절하다

이때 밖에서 '털썩' 소리가 났다. 사람이 높은 데서 떨어지는 소리 같았다. 이어 누군가 창문을 밀치고 침실 안으로 들어왔다. 제환공이 눈을 부릅뜨고 그쪽을 바라봤다. 서 있는 사람은 천첩賤妾인 안아아晏娥兒였다. 제환공이 말했다.

"몹시 시장한데 죽이 먹고 싶다. 나를 위해 죽을 좀 갖다 주겠는가?"

안아아가 대답했다.

"죽을 가져올 데가 없습니다."

제환공이 말했다.

"더운 물 한 모금이라도 마시고 싶다. 갈증을 풀어야겠다."

안아아가 대답했다.

"더운 물도 구할 수 없습니다."

제환공이 물었다.

"왜 그렇다는 것인가?"

안아아가 대답했다.

"역아와 수초가 변란을 일으켜 궁문을 폐쇄하고, 침궁 주변에 3장 높이의 담을 쌓았습니다. 안팎이 모두 차단돼 아무도 드나들 수 없습니다. 그러니 어디 가서 음식을 가져오겠습니까?"

제환공이 물었다.

"너는 어떻게 해서 이곳에 들어왔는가?"

안아아가 대답했다.

"첩은 전에 주공으로부터 꼭 한번 사랑을 받은 적이 있습니다. 이를 큰 은혜로 생각해 왔습니다. 첩이 목숨을 돌보지 않고 높은 담을 기어서 넘은 이유입니다. 첩은 군후가 눈을 감는 것이나마 마지막으로 지켜볼 생각입니다."

제환공이 물었다.

"태자 소는 어디 있는가?"

안아아가 대답했다.

"역아와 수초 두 사람에게 제지당해 궁 밖으로 나간 뒤 다시는 들어오지 못하고 있습니다."

제환공이 탄식했다.

"중보는 성인이 아닌가? 성인이 어찌 멀리 내다보지 않겠는가? 과인이 밝지 못해 오늘날 이 지경에 이르게 됐으니 당연한 일이다."

그러고는 마지막 기운을 다해 크게 부르짖었다.

"하늘이여, 하늘이여! 이 소백小白은 이렇게 죽어야만 합니까!"

같은 말을 잇달아 몇 번 부르짖더니 몇 차례 피를 쏟았다. 이어 안아아에게 말했다.

"나는 총첩寵妾이 6명, 아들이 10여 명이나 있다. 그러나 지금 눈앞에는 한 사람도 없다. 다만 너 하나만 나의 죽음을 배웅하고 있다. 내가 평소 너를 후대하지 못한 것이 심히 부끄럽다."

안아아가 말했다.

"청컨대 주공은 스스로 보중保重하십시오. 불행히도 돌아가시면 첩 역시 죽음으로 주공을 따라가겠습니다."

제환공이 탄식했다.

"내가 죽어서 영혼이 없다면 그만이다. 그러나 영혼이 있다면 무슨 면목으로 지하에 가서 중보를 만날 것인가!"

그러고는 옷소매로 얼굴을 가린 뒤 몇 번 탄식하는 소리를 내다가 숨을 거뒀다.

제환공은 주장왕 12년인 기원전 685년 5월에 즉위해 주양왕 9년인 기원전 643년에 세상을 떠났다. 보위에 있은 지 43년이고, 향년은 73세였다.

잠연潛淵 선생이 제환공의 장점을 기린 시가 있다.

동천 이후 주나라 기강 무너졌으나	姬轍東遷綱紀亡
제환공이 제후 이끌고 왕실 높이다	首倡列國共尊王
남으론 초나라 눌러 조공하게 하고	南征僭楚包茅貢
북으론 융적 무찔러 영토를 넓히다	北啓頑戎朔漠疆
패망한 두 나라 도와서 인덕 높이고	立衛存邢仁德著
태자 돕고 금법 밝혀 정의 드높이다	定儲明禁義聲揚
바르고 거짓이 없기로 명성 떨치니	正而不譎春秋許[2]

2 정이불휼正而不譎은 공자가 『논어』 「헌문」에서 제환공이 이룬 패업의 특징을 한마디로 요약해 표현한 것이다. 「헌문」의 같은 장에서 진문공의 패업을 휼이부정譎而不正으로 평한 것

제환공이 춘추오패 으뜸된 이유다	五伯之中業最强

제환공의 일생은 영웅의 삶이었지만 말로는 비참했다. 염선髥仙이 7언 절구로 이를 한탄했다.

40여 년 동안 방백 칭호와 위엄 있어	四十餘年號方伯
남쪽 치고 서쪽 눌러 대적할 자 없다	南摧西抑雄無敵
하루아침 병들어 눕자 소인들 날뛰니	一朝疾臥牙刁狂
죽은 관중 차마 눈을 감지 못하리라	仲父原來死不得

안아아는 제환공이 운명한 걸 보고 크게 통곡했다. 바깥사람들에게 알리려고 소리를 쳤으나 담이 높아 전해지질 않았다. 그녀는 담을 넘어 밖으로 나가려고 했으나 담 안에는 발판으로 삼을 만한 물건이 없었다. 안아아가 이리저리 생각하다가 탄식했다.

"내가 아까 죽어서 군후를 배웅하겠다고 말하지 않았던가? 군후의 시신을 염하는 것은 부녀자인 내가 알 바가 아니다."

그러고는 자신의 옷을 벗어 제환공의 시신을 덮어줬다. 이어 창문 2짝을 짊어지고 와 시신을 덮었다. 시신을 가릴 물건이 없기에 임시로 그리한 것이

과 대비된다. 제환공의 패업은 '정패正霸', 진문공의 패업은 '휼패譎霸'로 나눈 셈이다. 훗날 주희는 분석키를, '제환공은 초나라를 칠 때 대의를 내세워 말하고 속임수를 쓰지 않았다. 그러나 진문공은 위衛나라를 쳐 초나라를 싸움으로 끌어들이고 음모로써 승리를 취했으니 그 속임이 매우 심했다. 두 사람의 다른 일도 이와 같은 것이 많다. 공자가 이를 언급함으로써 그 숨은 사실을 드러낸 것이다.' 라고 했다. 공자의 이런 평가는 모든 패업을 일언지하에 폄하한 맹자와 극명한 대조를 이룬다. 공자의 제환공에 대한 우호적인 평가는 관중이 제환공을 도와 존왕양이尊王攘夷의 모범을 보인 사실과 밀접한 관련이 있다. 잠연潛淵 선생 즉 풍몽룡이 『열국지』에서 「헌문」의 '정이불휼' 구절을 인용한 것은 공자의 이런 평가에 적극 동조한 결과로 보아야 한다.

다. 안아아는 침상 밑에 엎드려 머리를 조아리며 말했다.

"군후의 영혼은 멀리 가지 말고 기다리십시오. 첩이 뒤따라 가 모시겠습니다."

그러고는 일어나 기둥에다 머리를 짓찧었다. 곧바로 머리가 깨져 죽었다. 현명하구나, 여인이여!

그날 밤, 어린 내시가 담 구멍을 통해 침실 안으로 들어갔다. 침실 안을 들여다보았다. 침실 기둥 아래 피가 흥건했다. 그 위에 시신 하나가 넘어져 있었다. 어린 내시가 깜짝 놀라 담 밖으로 빠져 나온 뒤 역아와 수초에게 보고했다.

"주공이 기둥에 머리를 들이받고 자진했습니다."

역아와 수초는 그 말이 믿어지지가 않았다. 곧 내시들을 시켜 담장 한 구석을 헐어낸 뒤 직접 들어가 침실 안을 둘러봤다. 기둥 아래 넘어져 있는 시체는 여인이었다. 두 사람이 크게 놀랐다. 뒤따라 들어온 내시들 가운데 한 사람이 손가락으로 시체를 가리키며 말했다.

"이 여인은 주공의 천첩인 안아아입니다."

그들은 상아로 장식한 침상 위를 살펴보았다. 창문 2짝이 침상을 덮고 있었다. 그 밑에는 말도 없고, 움직임도 없고, 지각도 없고, 감각도 없는 제환공이 누워 있었다. 오호嗚呼, 애재哀哉! 제환공의 목숨이 언제 끊어졌는지 알 길이 없었다.

수초는 그 자리에서 발상할 일을 역아와 상의했다. 역아가 말했다.

"발상은 천천히 나중에 합시다. 우선 공자 무휴를 옹립한 뒤 발상해야 하오. 그래야만 여러 공자들 사이에 분쟁이 일어나지 않을 것이오."

수초도 그리 생각했다. 두 사람이 함께 장위희 궁으로 가서 은밀히 고했다.

"주공이 이미 훙거薨去했습니다. 장유유서의 예법에 따라 부인의 아드님이 즉위하는 게 마땅합니다. 다만 선군은 생전에 공자 소를 태자로 세운 뒤 앞일을 송공宋公에게 부탁한 바 있습니다. 문무백관 가운데 이를 알고 있는 사람이 많습니다. 주공의 훙거 소식이 알려지면 많은 신하들이 태자 소를 도우려 할 것입니다. 신 등은 오늘 밤 야음을 틈타 궁중의 갑병을 이끌고 동궁으로 쳐들어가 태자 소를 죽인 뒤 공자 무휴를 옹립할 생각입니다. 그리되면 대사大事가 우리 뜻대로 이뤄지는 셈입니다."

장위희가 말했다.

"나는 부녀자요. 오직 경들이 알아서 잘 해주길 바랄 뿐이오."

역아와 수초가 각각 군사를 이끌고 태자 소를 잡으러 동궁으로 쳐들어갔다.

한편 태자 소는 궁중에 가서 부친을 문병하지 못해 늘 고대중이었다. 그날 밤, 태자 소는 등불을 밝히고 홀로 앉아 이런 생각 저런 생각을 하느라고 잠을 이루지 못했다. 이때 문득 정신이 황홀했다. 비몽사몽간에 한 부인이 나타났다. 태자 앞에 다가와 말했다.

"태자는 속히 몸을 피하지 않고 무엇을 하고 있는 것입니까? 이제 재앙이 닥쳐올 것입니다. 첩은 안아아입니다. 선공先公의 명을 받고 알리러 왔습니다."

태자 소가 그 까닭을 물으려고 했다. 부인이 태자를 붙들더니 갑자기 뒤로 밀었다. 1만 장丈이나 되는 심연深淵에 떨어지는 듯해 깜짝 놀라 잠을 깼다. 좌우를 둘러보니 부인은 없었다. 태자 소가 생각하니 몽조夢兆가 기이해 믿지 않을 수 없었다. 서둘러 시종을 시켜 길을 다닐 때 갖고 다니는 등인 행등行燈을 들고 따라오게 했다.

시종과 함께 동궁의 편문便門을 통해 밖으로 나가 상경 고호高虎의 집으로 갔다. 급히 대문을 두드렸다. 고호가 태자를 맞아들이면서 물었다. 태자가 방으로 들어가 꿈 얘기를 했다.

고호가 말했다.

“주공이 포병抱病한 지 반달이 지났습니다. 역아와 수초 두 간신이 궁 안팎을 격리해 바람 한 점 통하지 못하게 해 놓았습니다. 궁 안에서 무슨 일이 일어났는지 도무지 알 길이 없습니다. 태자의 이번 꿈은 흉이 많고 길은 적은 듯합니다. 꿈속에서 부인이 주공을 ‘선공’이라고 말했으니 주공이 홍거한 듯합니다. 그 몽조대로 그런 일이 있었다고 믿어야 신상에 이롭습니다. 그런 일이 없을 것으로 생각했다가는 큰일 날 수 있습니다. 태자는 잠시 국경 밖으로 몸을 피하는 게 좋을 듯합니다. 그래야 불측지변不測之變에 대비할 수 있습니다.”

태자 소가 물었다.

“어디로 가야 안신安身할 수 있소?”

고호가 대답했다.

“주공은 일찍이 송공에게 태자를 부탁한 일이 있습니다. 우선 송나라로 가는 게 좋습니다. 송공이 반드시 도와줄 것입니다. 우리 고씨는 대대로 제나라의 수국지신守國之臣인 까닭에 감히 태자를 모시고 출분할 수는 없습니다. 신의 문객門客으로 있는 하사下士 최요崔夭가 지금 도성 동문의 열쇠를 관장하고 있습니다. 신이 사람을 보내 동쪽 성문을 열도록 부탁할 터이니 태자는 오늘 밤 안으로 도성을 떠나십시오.”

고호의 말이 끝나기도 전에 문지기가 들어와 소식을 전했다.

“궁중 갑병이 동궁을 포위했다고 합니다.”

태자 소가 깜짝 놀라 얼굴이 흙빛이 됐다. 곧바로 시종 차림으로 변복한 뒤 고호의 심복부하 한 사람을 따라 동문 쪽으로 갔다. 동문에 도착하자 고호의 심복은 최요에게 속히 성문을 열어 내보내라는 고호의 분부를 전했다.

최요가 말했다.

"주공의 생사 여부를 아직 모르는 상황에서 사사로이 태자를 놓아주면 저 역시 죄를 면치 못합니다. 지금 보니 태자에게 변변한 시종 하나 없는 듯합니다. 이 최요를 버리지 않는다면 원컨대 태자를 모시고 송나라로 가고자 합니다."

태자 소가 크게 기뻐했다.

"그대가 동행하겠다니 그건 내가 바라던 바요."

이들은 곧바로 성문을 열고 나갔다. 최요가 평소 타고 다니던 수레를 끌고 나왔다. 태자 소를 수레에 태우고, 자신은 말고삐를 잡았다. 수레가 송나라를 향해 내달렸다.

역아와 수초가 궁중 갑사를 이끌고 동궁을 철통같이 에워싼 것은 태자 소가 궁을 빠져나간 뒤였다. 두 사람이 궁 안을 샅샅이 뒤졌으나 태자 소는 그림자도 보이지 않았다. 그들이 한창 뒤지고 있을 때 4경을 알리는 종소리가 들려왔다.

역아가 수초에게 말했다.

"우리가 동궁을 에워싼 것은 은밀히 급습해 태자를 잡고자 한 것이오. 날이 밝을 때까지 여기서 지체해서 다른 공자들이 이를 알게 되면 그들이 먼저 조당朝堂을 점거할 것이오. 그리되면 대사를 그르치게 되오. 속히 본궁으로 돌아가 공자 무휴를 옹립한 뒤 여러 공자들의 행보를 보아가며 다시 대책을 세웁시다."

수초가 대답했다.

"그 말이 내 뜻과 같소."

두 사람이 갑병을 거둬 돌아오는데 미처 본궁에 도착하기 전이었다. 조당의 조문朝門은 활짝 열려 있고, 문무백관이 분분히 모여들고 있었다. 그들은 고씨高氏, 국씨國氏, 관씨管氏, 포씨鮑氏, 진씨陳氏, 습씨隰氏, 남곽씨南郭氏, 북곽씨北郭氏, 여구씨閭邱氏 등 대성大姓의 자손과 그 신하들이었다.

그 이름을 헤아릴 수 없을 정도로 많았다.

그 많은 관원들은 역아와 수초가 궁중 갑병을 이끌고 어디론지 나갔다는 소식을 듣고는 틀림없이 궁중에 무슨 변이 일어났을 것으로 짐작했다. 그들은 관원들이 휴식을 취하는 조방朝房으로 가 궁중소식을 이리저리 탐문했다. 궁 안에서 제환공이 죽었다는 흉신凶信을 비롯해 동궁이 포위됐다는 소식 등 여러 얘기가 들려왔다. 말할 것도 없이 간신들이 기회를 틈타 난을 일으켰다는 내용이었다. 몇 사람이 한마디씩 했다.

"태자는 우리 선공이 세운 태자요. 만일 태자를 잃으면 우리는 무슨 면목으로 제나라의 신하 노릇을 할 수 있겠소?"

대신과 공족들이 삼삼오오 모여 태자를 구원할 방안을 상의했다. 마침 이때 역아와 수초가 갑병을 이끌고 궁으로 돌아오는 중이었다. 문무백관이 사방에서 몰려와 역아와 수초에게 중구난방으로 물었다.

"태자는 지금 어디에 있는 것인가?"

역아가 공수拱手하며 대답했다.

"태자 무휴는 지금 궁 안에 있소."

문무백관들이 일제히 말했다.

"공자 무휴는 태자로 책봉된 일이 없소. 그는 우리의 주공이 아니오. 속히 태자 소를 돌려주시오!"

수초가 칼에 기댄 채 큰 소리로 말했다.

"공자 소를 멀리 쫓아냈소. 선군의 유명을 좇아 장자 무휴를 옹립할 것이오. 복종하지 않는 자는 이 칼 아래 주륙을 당할 것이오."

여러 관원들이 분노를 터뜨리며 불평했다. 여기저기서 마구 떠들며 역아와 수초를 꾸짖었다.

"이건 너희 간신들의 수작이다. 죽은 군주를 속이고 산 사람을 능멸하며 권력을 휘둘러 태자의 폐립을 멋대로 한단 말인가? 너희가 공자 무휴를 옹립하면 우리는 맹세코 그의 신하가 되지 않겠다."

관중의 아들인 대부 관평管平이 나서 말했다.

"오늘 저 두 간신부터 제거해 화근은 없앤 뒤 다시 앞일을 상의합시다!"

그러고는 손에 든 상아홀로 수초의 정수리를 내리쳤다. 수초가 칼을 들어 두 번째 날아오는 관평의 상아홀을 막았다. 여러 관원들이 앞으로 나오면서 관평을 거들었다. 두 간신을 잡아 죽일 기세였다. 역아가 갑병을 향해 큰 소리로 말했다.

"갑사甲士들은 당장 손을 쓰지 않고 무엇 하는 것인가? 어디에 쓰려고 평소에 너희들을 기른 줄 아는가?"

수백 명의 갑사가 각각 무기를 들고 몰려오는 관원을 향해 쳐들어갔다. 관원들 손에는 무기가 없었다. 게다가 숫자가 턱없이 부족한 중과부적衆寡不敵이었고, 보유한 무력의 강약이 현저히 다른 강약부동强弱不同의 상황이었다. 맨주먹의 관원들이 어떻게 무기를 든 갑병을 이길 수 있겠는가?

'백옥白玉 계단 앞이 전지戰地가 되고, 금란전金鑾殿 위에 염왕閻王이 나타났다.'는 표현이 딱 들어맞는 일이 빚어졌다. 문무백관들 가운데 난군의 손에 죽어 쓰러진 자가 전체의 10분의 3가량 됐다. 그 밖에도 부상당한 관원이 극히 많았다. 살아남은 관원들은 어지럽게 뛰면서 조문 밖으로 달아났다.

역아와 수초가 문무백관들을 죽이거나 궁 밖으로 내쫓았을 때는 이미 날이 밝아 있었다. 두 사람은 공자 무휴를 모시고 와 조당에서 즉위식을 거행했다.

내시들이 종을 치고 북을 울렸다. 무휴를 호위하는 갑사들은 옥좌 양쪽으로 둥그렇게 들러 섰다. 그러나 계하階下에서 절하고 춤추며 새 군주에게 하례를 올리는 신하는 오직 역아와 수초 두 사람뿐이었다. 그 광경을 본 무휴는 부끄럽기도 하고 화도 났다. 역아가 말했다.

"대상大喪을 발표하지 않은 까닭에 여러 신하들이 아직 주공의 홍거 소식을 모르고 있습니다. 우선 원로대신인 국씨國氏와 고씨高氏부터 불러들이십시오. 그래야 문무백관이 소환에 응할 것이고, 또 그들을 위압해 복종시키는 압복壓服도 가능합니다."

공자 무휴가 이를 좇았다. 곧바로 내시 2명을 각각 우경右卿 국의중國懿仲과 좌경左卿 고호高虎의 부중으로 보내 두 사람을 불렀다. 국의중과 고호는 원래 주나라 천자로부터 제나라를 감국監國하기 위해 임명된 대신이었다. 이들은 대대로 제나라에서 상경으로 있었다. 문무백관이 공경하고 존경했다. 역아가 무휴에게 두 대신을 부르게 한 이유다.

국의중과 고호는 내시의 전갈을 받고 제환공이 죽은 것을 알았다. 두 대신은 각각 관복 대신 상복을 입고 조정에 들어가 상례喪禮를 올리고자 했다. 조문 밖까지 마중 나온 역아와 수초는 두 대신을 보고 황망히 붙들고 말했다.

"지금 새 군주가 어전에 나와 있습니다. 두 노대부老大夫는 잠깐이라도 길복으로 갈아입은 뒤 새 군주에게 하례하도록 하십시오."

국의중과 고호가 한목소리로 대답했다.

"돌아가신 선공의 빈소를 찾지 않고 새 군주에게 절하는 것은 예가 아니오. 또 여러 공자들 가운데 누군들 선공의 아들이 아니겠소? 이 노부老夫들이 누굴 택하겠소? 능히 상사를 주관해 거행하는 공자가 있으면 우리는 오직 그를 따를 것이오."

역아는 말문이 막혔다. 국의중과 고호가 조문 밖에서 하늘을 우러러 2번 절하고 크게 통곡한 뒤 돌아갔다. 공자 무휴가 물었다.

"대상大喪은 생겼는데 아직 장례도 치르지 못하고 있소. 신하들이 복종하지 않고 있으니 이를 어찌해야 좋소?"

수초가 대답했다.

"이번 일은 마치 범을 잡는 것에 비유할 수 있습니다. 오직 힘센 자만이 이길 수 있습니다. 주공은 정전正殿을 지키고 앉아 계십시오. 신 등이 정전의 동무東廡와 서무西廡에 갑사들을 도열시킨 뒤 분상하러 입조하는 공자가 있으면 즉시 창칼로 위협해 겁박劫迫토록 하겠습니다."

공자 무휴가 이를 좇았다. 장위희는 본궁의 갑사를 모두 수초에게 내주었다. 수초는 내시들을 모두 무장시키고, 궁녀들 가운데 키가 크고 힘센 여자는 무장시켜 갑사에 채워 넣었다. 역아와 수초는 각각 군사를 반씩 나눠 이끌면서 휘하의 갑사를 동무와 서무에 좌우로 도열시켰다.

한편 위나라 공자 개방은 역아와 수초가 무휴를 옹립했다는 소문을 듣고는 갈영 소생의 공자 반潘에게 말했다.

"태자 소는 지금 어디로 갔는지 흔적도 없습니다. 태자도 아닌 무휴가 보위에 오르는 상황에서 공자라고 해서 보위에 오르지 말라는 법이 있습니까?"

그러고는 마침내 공자 반을 내세워 집안의 장정과 평소에 길러온 사사死士를 모두 동원했다. 곧바로 궁궐의 우전右殿을 점거해 진을 쳤다.

당시 밀희 소생의 공자 상인도 소위희 소생의 공자 원과 함께 상의했다.

"우리 또한 선공의 피를 이어받은 자식들이다. 이 나라 강산을 나눠 갖지 않으면 안 된다. 지금 공자 반이 궁궐의 우전을 차지했다고 하니 우리도 좌전左殿을 차지해야 한다. 태자 소가 나타나면 양보하겠지만 나타나지 않을 경우 제나라를 넷으로 똑같이 나눠야 할 것이다."

공자 원은 공자 상인의 말에 동조했다. 결국 이들 역시 집안의 갑병과 평소 길러온 문하의 식객을 이끌고 궁궐로 몰려갔다. 공자 원은 좌전을 점거했고, 공자 상인은 조문에 진을 쳤다. 두 공자는 기각지세掎角之勢를 이뤄 서로 돕기로 했다.

역아와 수초는 공자 반潘과 원元 및 상인商人 등 세 공자의 무리가 많은 것을 보고 겁이 나서 정전만을 지킬 뿐 감히 나가서 공격하지 못했다. 세 공자 역시 역아의 수초의 강한 군대를 두려워한 나머지 각각 자기네 진영만 지킬 뿐 충돌을 피했다. 한 궁궐 안에 몇 개의 적국이 생긴 형국이었다. 도성의 저잣거리엔 행인의 인적도 끊겼다.

옛 사람이 이를 시로 읊었다.

봉각용루서 범과 표범 우는데	鳳閣龍樓虎豹嘶
창칼 병사들 궁궐에 가득하다	紛紛戈甲滿丹墀
네 마리 범 고기 다투는 모습	分明四虎爭殘肉
누가 먼저 머리 숙여 항복할까	那個降心肯伏低

당시 송화자 소생의 공자 옹은 일이 되어가는 꼴이 겁이 나 진秦나라로 출분했다. 진목공이 그를 대부로 삼았다. 이 얘기는 그만 하기로 하자.

64話 제나라 공자들이 조당을 크게 어지럽히다
-군공자대료조당群公子大鬧朝堂

한편 제나라 문무백관들은 태자 소가 출분한 까닭에 누구를 섬겨야 할지 몰라 망연자실했다. 모두 대문을 걸어 닫고 밖으로 나오지 않는 폐문불출閉門不出을 행했다. 원로대신 국의중과 고호는 나라의 어지러운 모습에 마음이 칼로 저미는 듯 아팠다. 나름 해결책을 강구했으나 뾰족한 대책이 떠오르지 않았다. 여러 공자가 서로 버티고 있는 동안 어느덧 2달이 넘는 시일이 흘렀다.

고호가 국의중에게 말했다.

"여러 공자가 보위를 차지할 욕심으로 서로 대치만 하고 있을 뿐이오. 아예 치상治喪할 생각조차 하지 않고 있소. 나는 오늘 죽을 각오로 공자 무휴에게 간언을 할 생각이오."

국의중이 대답했다.

"대부께서 먼저 들어가 말하시오. 나도 뒤따라 들어가 말하겠소. 우리는 함께 죽는 일이 있을지라도 할 말은 해야 하오. 그래야 우리가 여러 대에 걸쳐 작록을 받아온 은혜에 보답하는 게 되오."

고호가 말했다.

"단지 우리 두 사람만이 들어가 간하면 무슨 일이 해결되겠소? 무릇 제나라 녹을 먹는 자는 모두 제나라의 신하요. 문무백관의 집집마다 사람을 보내 불러 모은 뒤 함께 조당으로 갑시다. 공자 무휴를 받들어 이번 상례의 주상主喪으로 삼는 게 어떻겠소?"

국의중이 대답했다.

"태자가 없으니 장자인 무휴를 주상으로 삼는 게 당연하오. 무휴를 세울지라도 명분이 없다고 말하지는 못할 것이오."

두 노대신은 사람을 문무백관의 집으로 보내 관원들을 불러 모았다. 문무백관 모두 두 노대신을 따라 통곡하며 궁으로 들어갔다. 일반 관원들도 두 노대신이 나서는 걸 보고는 안심하며 각각 상복으로 차려 입고 다퉈 입궁했다.

조문을 지키던 수초가 앞장서 들어오는 고호를 막으면서 물었다.

"두 노대부가 이렇게 오시니 오신 뜻은 무엇입니까?"

고호가 대답했다.

"공자들이 서로 겨루며 양보하지 않으니 이러다간 한이 없겠소. 우리는 장자인 공자 무휴에게 청해 주상이 되어달라고 청하러 왔을 뿐 다른 뜻은 없소."

시초는 그제야 고호를 안내했다. 고호가 자신을 뒤따라 온 문무백관에게 손짓했다. 국의중과 여러 대부들이 고호의 뒤를 따라 곧바로 조당으로 갔다. 두 노대신과 문무백관이 무휴에게 청했다.

"신 등이 듣건대, '부모의 은혜는 천지와 같다.'고 했습니다. 자식된 자는 부모가 살아 계실 때 정성껏 공경하고 그 부모가 세상을 떠나시면 빈장殯葬을 잘해야 합니다. 이 세상에서 아비가 죽었는데도 염도 하지 않은 채 서로 부귀를 차지하려고 다퉜다는 얘기는 듣지도 보지도 못했습니다. 군주는 신하의 근본입니다. 군주가 불효한데 신하가 어찌 충성을 다하겠습니까? 선군이 훙거한 지 벌써 67일이나 지났습니다. 아직 입관도 못하고 있는 형편입니다. 공자는 정전에 버티고 있지만 과연 마음이 편안한 겁니까?"

두 노대부가 말을 마치자 신하들이 땅바닥에 엎드려 통곡했다. 무휴도 눈물을 흘리며 대답했다.

"고孤가 불효를 저질렀소. 그 죄는 하늘까지 미쳤을 것이오. 고도 장례를 치르고자 했으나 공자 원 등이 나를 겁박하기 위해 노리고 있으니 어떻게 장례를 치를 수 있겠소?"

국의중이 말했다.

"태자는 이미 다른 나라로 가고 없습니다. 공자가 가장 나이 많은 장자이니 상주가 되어 능히 염습을 하고 장례를 다스리면 대위大位는 자연 공자에게 돌아갈 것입니다. 공자 원 등이 좌우 전각과 조문을 점거하고 있으나 노신 등이 마땅히 대의로써 꾸짖으면 그 누가 감히 공자와 다툴 수 있겠습니까?"

공자 무휴가 눈물을 닦고 자리에서 내려와 두 노대신에게 절하고 말했다.

"그게 바로 고가 바라던 바요."

고호가 역아와 수초에게 분부했다.

"그대들은 계속 정전을 비롯해 동무와 서무를 지키시오. 장례를 치르기 위해 오는 공자들 가운데 상복을 입고 온 공자만 들여보내시오. 군사를 이끌고 오거나 무기를 들고 오는 공자는 즉시 잡아들여 그 죄를 다스리도록 하시오."

수초가 먼저 침궁으로 들어가 염을 하고 빈소를 차릴 일을 주선했다.

당시 제환공의 시신은 침상 위에 그대로 놓여 있었다. 2달이 지나도록 아무도 돌보지 않았다. 비록 추운 겨울이기는 했으나 시신이 부패해 피와 살이 낭자했고, 시취尸臭가 진동했다. 또 시충尸蟲이 개미떼처럼 생겨나 담장 밖까지 나와 사방으로 기어 다녔다.

처음에 사람들은 어디서 이런 벌레가 나오는지 몰랐다. 침상 곁으로 다가가 시신을 덮고 있는 창문 2짝을 들어내고 나서야 그 벌레들이 시골尸骨 안에서 들끓고 있는 것을 보았다. 처참한 광경에 모두 크게 놀랐다.

무휴가 통곡하자 신하들도 그를 따라 통곡했다. 그날로 관곽을 갖추고

제나라 공자들이 조당을 크게 어지럽히다

환공의 유해를 염해서 성대하게 입관했다. 환공의 육신은 시신이 워낙 부패해서 간신히 띠로 묶고 수의로 감싼 후 간신히 입관할 수 있었다.

안아아의 얼굴은 산 사람과 같았다. 몸도 상한 곳이 없었다. 고호 등은 그것만으로도 그녀의 충성과 매운 절개를 짐작할 수가 있어 차탄해 마지않았다.

제환공 시신의 입관을 끝내고 나서 고호와 국의중은 문무백관을 이끌고 조당으로 나왔다. 이어 무휴를 받들어 상주의 자리에 앉게 하고, 관원들은 각각 지위에 따라 차례로 늘어서서 곡을 했다. 그날 밤, 무휴와 문무백관 모두 영구 곁에서 숙직宿直했다.

당시 공자 원, 공자 반, 공자 상인은 각각 본궁의 바깥쪽에 진을 치고 있었다. 이들은 고호와 국의중이 상복을 입은 문무백관과 함께 입궁하는 걸 보고 무슨 일인지 알지 못했다. 나중에야 선군을 염하고, 무휴로 주상主喪으로 받들었다는 소식을 들었다. 무휴를 옹립했다는 소문마저 나돌았다. 세 공자의 진영에서 이런 전언傳言이 오갔다.

"세신世臣인 고호가 주동이 돼 이 일을 추진했으니 우리는 무휴와 더는 다툴 수 없게 되었소."

세 공자는 각각 자신의 군대를 해산해 집으로 보냈다. 이어 최복衰服으로 갈아입은 뒤 분상하기 위해 입궁했다. 형제들이 빈소에서 서로 만나 통곡했다.

당시 고호와 국의중 두 노대신이 무휴를 설득하지 않았으면 사태가 어떻게 전개될지 아무도 알지 못했다.

호증胡曾 선생이 시로써 이를 탄식했다.

충언 안 듣고 간신배 총애했다가	違背忠臣寵佞臣
형제들로 하여금 싸우게 만들었다	致令骨肉肆紛爭
두 국로가 화해 붙이지 않았던들	若非高國行和局
백골 남긴 채 장례도 못했으리라	白骨堆床葬不成

당시 태자 소는 송나라로 달아나 송양공을 만났다. 곧바로 땅에 엎드려 울면서 절하고 역아와 수초가 변란을 일으킨 사실을 호소했다. 송양공이 신하들을 소집한 뒤 물었다.

"지난날 제환공이 과인에게 부탁키를, '공자 소를 태자로 세우니 앞으로 잘 보호해 달라.'고 했소. 그런지 꼭 10년이 지났소. 과인은 제환공의 부탁을 잊은 적이 없었소. 이제 역아와 수초가 내란을 일으켜 태자를 쫓아냈소. 과인은 열국의 제후들과 회맹한 뒤 함께 제나라를 쳐 태자 소를 들여보내 보위에 앉힐 생각이오. 이를 성취하면 우리 송나라는 열국의 제후들 사이에서 크게 명성을 떨칠 것이오. 이후 제후를 다시 모아 회맹을 주도하면 곧 제환공의 패업을 계승하는 게 되오. 경들은 과인의 생각을 어찌 생각하오?"

한 대신이 출반出班해 말했다.

"우리 송나라는 제나라만 못한 점이 3가지 있습니다. 어찌 열국의 제후를 호령할 수 있겠습니까?"

송양공이 눈을 들어 그 대신을 굽어보았다. 송환공의 장자이자 송양공의 서형이었다. 그는 나라를 동생에게 양보하고 보위에 오르지 않았다. 송양공은 서형에게 상경의 벼슬을 내렸다. 그의 이름은 목이目夷, 자는 자어子魚였다.

송양공이 물었다.

"자어는 우리 송나라가 제나라보다 3가지 점에서 못하다고 했는데 그 까닭이 무엇이오?"

공자 목이가 대답했다.

"첫째, 제나라엔 태산泰山과 발해渤海라는 험준한 천연 장벽이 있고, 낭야琅琊와 즉묵卽墨 땅의 곡창지대가 있습니다. 그러나 우리 송나라는 국토가 작고 또 토질이 척박합니다. 또 군대도 적고 양식도 부족합니다. 이것이 제나라만 못한 첫 번째 이유입니다. 둘째, 제나라엔 고씨와 국씨라는 2명의 상경이 있습니다. 이들은 대대로 나라의 기둥 역할을 하고 있습니다. 또 관중, 영척, 습붕, 포숙아 등이 있어 국내외의 모든 일을 떠맡아 처리했습니다. 그러나 우리 송나라는 문무가 갖추어져 있지 못하고, 현재賢才가 등용되지 않고 있습니다. 이것이 제나라만 못한 두 번째 이유입니다. 셋째, 제환공이 북으로 산융을 쳤을 때 유아兪兒라는 산신이 나타나 길을 열어주었고, 교외에서 사냥했을 때 위사委蛇란 괴물이 그 모습을 드러냈습니다. 유아나 위사는 패업을 이루는 자의 눈에만 보이는 것이라고 합니다. 그러나 우리 송나라에선 금년 정월에 5개의 별이 떨어져 모두 돌로 변했고, 2월엔 강풍이 불어 6마리의 익조鷁鳥[3]가 뒤로 날라 가는 이변이 일어났습니다. 모두 위에서 아래로 내려오고, 앞으로 나아가려다가 오히려 뒤로 물러나는 구진반퇴求進反退의 모습입니다. 이상이 바로 우리 송나라가 제나라만 못한 3가지 이유입니다. 지금 우리 송나라는 나라를 보전하기에도 여가가 없는데 어느 겨를에 다른 사람까지 돌볼 수 있겠습니까?"

송양공이 말했다.

"과인은 늘 인의仁義를 모든 행동의 근본을 삼고 있소. 도움을 청하는 외로운 사람을 구하지 않으면 인이 아니고, 남의 부탁을 받고도 이행하지 않으면 의가 아닐 것이오."

그러고는 마침내 태자 소를 위해 열국에 격문을 보냈다. 내년 정월에 제나라 교외에 모여 제나라를 토벌하자는 내용이었다.

그 격문은 위나라에도 갔다. 위나라 대부 영속寧速이 말했다.

"태자는 적자로 세우되 적자가 없으면 장자로 세우는 게 떳떳한 예법입니다. 공자 무휴는 장자일 뿐만 아니라 지난날 우리 위나라를 지켜준 공로가 있습니다. 그는 우리 위나라의 은인입니다. 원컨대 주공은 이번 일에 참여하지 마십시오."

위문공이 말했다.

"공자 소가 제나라 태자인 것은 천하가 모두 아는 일이오. 지난날 공자 무휴가 우리나라를 도와준 것은 사은私恩이고, 태자 소를 보위에 앉히는

3 익조鷁鳥는 바람과 파도를 잘 견디는 새를 말한다. 『춘추좌전』 「노희공 16년」조에 따르면 당시 송나라 도성에 강풍이 불어 6마리의 익조가 바람에 밀려 거꾸로 날게 됐다고 한다. 『춘추공양전』에는 육익퇴비六鷁退飛 사건 이외에도 운석이 5개 떨어진 사실이 기록돼 있다. 여기서 예상치 못한 천재지변을 뜻하는 오석육익五石六鷁 성어가 나왔다.

것은 천하의 공의公儀요. 사은으로 인해 어찌 천하의 공의를 저버릴 수 있겠소?"

격문은 노나라에도 갔다.

격문을 보고 노희공魯僖公이 말했다.

"제환공은 태자 소의 앞날을 송공에게만 부탁하고 가까운 사이인 과인에겐 하지 않았다. 과인은 오직 장유유서長幼有序를 존중할 수밖에 없다. 만일 송나라가 공자 무휴를 친다면 과인은 응당 무휴를 도와줄 생각이다."

때는 주양왕 10년이자 제나라 공자 무휴 원년인 기원전 642년 3월이었다.

송양공은 위나라와 조나라 및 주邾나라 등 3국 군사와 연합했다. 태자 소와 함께 제나라로 쳐들어갔다. 4국 연합군이 제나라 도성의 교외에 이르러 진을 쳤다. 당시 역아는 중대부로 승진하면서 사마司馬에 임명돼 병권을 장악하고 있었다. 무휴는 역아로 하여금 군사를 이끌고 출성해 적군을 막게 했다. 수초는 성안에 남아 여러 일을 처리케 했다. 고호와 국의중 두 상경은 성지城池를 나눠서 지켰다.

고호가 국의중에게 말했다.

"우리가 무휴를 군주로 세운 것은 선군의 장례를 치르기 위한 것이었소. 결코 그를 주공으로 모시기 위한 게 아니었소. 지금 태자 소가 이미 제나라 안에 들어와 있고, 송양공의 도움을 받고 있소. 이치로 따져 봐도 그쪽이 옳소. 4국 연합군과 우리의 병력을 비교해도 그쪽이 강하오. 더구나 역아와 수초는 전날 문무백관을 마구 죽인데다 권력을 제멋대로 휘둘러 정사를 어지럽힌 자들이오. 앞으로도 이들은 우리 제나라의 후환거리가 될 것이오. 이번 기회를 이용해 이들을 제거하고, 태자 소를 영립迎立하면 공자들도 보위를 넘보는 식의 분수에 맞지 않는 희망인 비망非望도 버릴 것이오. 우리 제나라 역시 태산처럼 안정될 것이오."

국의중이 대답했다.

“역아가 군대를 이끌고 성 밖으로 나가 교외에 진을 치고 있소. 이 기회에 의논할 일이 있다는 핑계를 대고 수초를 불러들여 제거합시다. 이어 문무백관을 이끌고 태자 소를 봉영奉迎해 무휴 대신 보위에 앉히면 그만이오. 역아도 어찌할 수 없을 것이오.”

고호가 말했다.

“그 계책이 실로 묘하오!”

두 노대신은 곧바로 장사들을 성루에 매복시켰다. 이어 기밀機密 중사重事가 있다는 구실로 수초를 초청했다. 실로 덫을 놓아 맹호를 잡고, 향기로운 미끼를 놓아 물고기와 거북을 잡는 ‘주취기관금맹호做就機關擒猛虎, 안배향이조별어安排香餌釣鼈魚’의 계책이었다.

수초의 운명이 어찌 될지 알 길이 없으니 다음 회를 보라.

제33회

65話 송양공이 제나라를 치고 세자 소를 세우다
–송공벌제납자소宋公伐齊納子昭

고호는 역아가 군사를 이끌고 성 밖으로 나가자 이내 장사들을 성루에 매복시킨 뒤 사람을 보내 의논할 일이 있다며 수초를 불렀다. 수초는 조금도 의심하지 않고 거만한 모습을 보이며 성루로 왔다.

고호가 성루 안에 술상을 차려 놓고 수초를 대접했다. 술을 각각 3잔 마신 뒤 고호가 물었다.

"송공이 제후들을 규합한 뒤 태자 소를 앞세워 쳐들어왔소. 어찌 막아야 하오?"

수초가 대답했다.

"이미 역아가 군사를 이끌고 교외에 나가 있으니 좀 두고 봅시다."

고호가 말했다.

"적은 숫자가 많고 우리는 적으니 안심할 수 없소. 우리 제나라의 어려움을 구하기 위해 이 노부老夫가 그대의 귀중한 물건 하나를 빌리고자 하오."

수초가 대답했다.

"이 수초에게 무슨 능력이 있겠습니까? 노대부가 시킬 일이 있으면 시키십시오. 명에 따르겠습니다."

고호가 말했다.

"그대의 목을 빌려 송나라에 사죄해야겠소."

수초가 그 말을 듣고 악연愕然히 놀랐다. 후다닥 일어서자 고호가 좌우를 돌아보며 큰 소리로 분부했다.

"왜 속히 하수下手하지 않는 것인가?"

성루의 벽 사이에 숨어 있던 장사들이 일시에 뛰쳐나와 수초를 붙잡은 뒤 한 칼에 목을 쳐 죽였다.

고호가 성문을 활짝 열어 놓은 뒤 사람을 시켜 자신의 전언을 외치게 했다.

"태자가 이미 성 밖에 당도했다. 마중 나가고자 하는 사람은 나를 따르라."

제나라 백성들은 원래 역아와 수초를 미워했다. 그들이 떠받드는 공자 무휴가 민심을 얻지 못한 이유다. 백성들은 고호가 태자를 영접한다는 얘기를 듣자 이내 팔을 걷어붙이고 기꺼이 따라나섰다. 영접에 나선 백성이 어찌 수천 명에 그치겠는가?

당시 국의중은 궁궐로 가 급히 궁문을 두드렸다. 조당으로 들어가 무휴를 알현하며 이같이 말했다.

"민심이 태자 소를 추대하는 쪽으로 기울었습니다. 지금 백성들이 태자를 영접키 위해 성 밖으로 몰려나가고 있습니다. 노신으로서는 능히 막아낼

재간이 없습니다. 주공은 속히 피신할 계책을 강구해야 합니다."

무휴가 물었다.

"역아와 수초는 어디에 있소?"

국의중이 대답했다.

"역아의 승패는 알 수 없고, 수초는 이미 백성들에게 피살됐습니다."

무휴가 크게 화를 내며 언성을 높인다.

"백성이 수초를 죽일 때까지 경은 왜 그 일을 모르고 있었던 것이오?"

무휴는 좌우를 돌아보며 국의중을 포박할 기세를 보였다. 눈치를 챈 국의중이 곧바로 조문을 나왔다. 무휴가 분연히 칼을 뽑은 뒤 작은 수레에 올랐다. 내시 수십 명으로 하여금 뒤를 따르게 하면서 궁궐 밖으로 나갔다. 이어 장정들을 소집해 무장시킨 뒤 그들을 이끌고 나가 적을 막고자 했다.

명을 받은 내시들이 사방으로 분주히 돌아다니며 장정들을 모았다. 그러나 호응하는 사람이 한 명도 없었다. 오히려 무휴에게 원한을 가진 대부들 집안사람들이 그 소리를 듣고 몰려나왔다.

다음 시가 이를 증명한다.

은덕은 훗날 보답을 받으나	恩德終須報
원한 쌓으면 모면할 길 없다	冤仇撒不開
지난날 지은 허물의 죄 값이	從前作過事
상황 바뀌자 단번에 몰려오다	沒興一齊來

공자 무휴에게 원한을 품은 대부들의 집안은 지난날 그에게 항의하러 갔다가 역아에 의해 집안사람들이 살상당한 고씨高氏, 국씨國氏, 관씨管氏, 포씨鮑氏, 영씨寧氏, 진씨陳氏, 안씨晏氏, 동곽씨東郭氏, 남곽씨南郭氏, 북곽씨北郭氏, 공손씨公孫氏, 여구씨閭邱氏 등을 말한다.

이들 대성大姓 집안 출신 관원들은 당초 무휴의 편에 붙지만 않았을 뿐이다. 그러나 역아와 수초에게 관원들이 살해당한 후에는 사람마다 원한을 품고 각각 통분을 머금게 됐다. 그러던 차에 이들은 송양공이 태자 소를 이끌고 쳐들어왔고, 역아가 군사를 이끌고 영격에 나섰다는 소식을 듣게 됐다. 이들은 내심 역아가 지기를 은근히 바라면서도, 송나라 군사가 쳐들어와 참혹한 살육을 자행하지나 않을까 겁을 냈다. 이들 모두 귀태鬼胎[1]를 밴 듯 안절부절 못한 이유다. 이때 노대신 고호가 수초를 죽이고 태자 소를 영접하러 간다는 전언을 듣게 됐다. 기뻐하지 않는 자가 없었다.

"이제야 하늘이 눈을 뜨게 됐다!"

이들은 일제히 자기 몸을 방어할 무기를 들고 동문으로 갔다. 태자 소가 돌아오는 시식을 탐지코자 한 것이다. 그들은 마침 그쪽으로 수레를 타고 오는 무휴와 마주쳤다. 원수 같은 무휴와 만나자 눈이 절로 부릅떠졌다. 성난 관원과 가속들 가운데 한 사람이 앞장서자 사람들이 모두 그를 도왔다. 각각 창과 칼을 잡고 무휴를 에워쌌다. 무휴를 모시고 있는 내시들이 큰 소리로 꾸짖었다.

"주공이 여기 계시다. 너희들은 무례하게 굴지 말라."

사람들이 일제히 외쳤다.

"누가 우리 주공이란 말인가?"

그러고는 닥치는 대로 내시들을 쳐 죽였다. 무휴는 그들을 막을 수 없었다. 급히 수레에서 뛰어내려 달아나고자 했다. 그러나 이내 사람들에게 붙잡혀 죽임을 당하고 말았다.

무휴가 살해되는 바람에 당시 도성의 동문 일대는 마치 가마솥에서 물

1 귀태鬼胎를 두고 송나라 홍매洪邁는 『이견지지계夷堅支志癸』「양도진의楊道珍醫」에서 주먹 크기의 개구리처럼 생긴 태반으로 해석했다. 귀신과 교접한 결과로 보았다. 이후 남에게 알릴 수 없는 심사心事를 뜻하는 말로 통용됐다.

이 끓듯이 사람들이 바글거렸다. 노대신 국의중이 와서 설득과 위로를 하고 나서야 사람들이 가까스로 흩어져 귀가했다. 국의중은 사람을 시켜 무휴의 시신을 별관으로 옮기고 염을 하게 했다. 이어 고호에게 급히 사자를 보내 그 사실을 알렸다.

당시 역아는 군대를 성 밖의 동관東關에 주둔시킨 뒤 진을 치고 송나라 군사와 대치하고 있었다. 그날 밤, 군중에 퍼진 소문으로 인해 병사들이 동요한다는 급보를 받게 됐다. 소문의 내용은 이러했다.

"소문에 따르면 공자 무휴와 수초가 모두 죽임을 당했고, 상경 고호가 백성들을 이끌고 태자 소를 맞이하러 나오는 중이라고 한다. 우리는 역신 역아를 도와서는 안 된다."

역아는 군사들의 마음이 변한 걸 알았다. 가슴이 바늘로 찔리는 것처럼 다급했다. 급히 심복 부하 몇 사람을 이끌고 군중을 빠져나간 뒤 밤을 새워 노나라로 달아났다.

날이 샐 무렵 고호가 역아가 이끌던 제나라 군사의 군중에 이르렀다. 군사들을 위로한 뒤 곧바로 태자 소를 맞이하기 위해 연합군이 진을 친 곳으로 갔다. 송나라와 위나라, 조나라, 주邾나라 등 4국과 강화했다. 4국 모두 본국으로 철군했다.

고호는 태자 소를 모시고 임치성의 성 밖에 이르러 잠시 공관에 머물렀다. 곧 사자를 성안의 국의중에게 보냈다.

"법가를 준비한 뒤 문무백관과 함께 태자를 영접하러 나와 주시오."

공자 원元과 공자 반潘은 그 소식을 듣자 곧 공자 상인商人을 불러 상의했다.

"우리가 함께 성 밖으로 나가 새 군주를 마중하는 게 어떻겠소?"

공자 상인이 불만스러운 듯이 말했다.

"우리는 나라 안에 있으면서 대상大喪을 치렀소. 그러나 소昭는 홀로 살기 위해 망명했고 상차喪次에는 그림자도 안 비쳤소. 이제 그가 송나라의 무위武威를 빌려 아우인 주제에 형들을 능멸하며 제나라를 강탈하려 하고 있소. 이는 이치에 어긋나는 일이오. 듣자 하니 제후들의 군대도 모두 물러갔다고 하오. 우리가 각각 가병들을 이끌고 무휴의 원수를 갚는다는 구실을 내세워 소를 내쫓거나 죽이도록 합시다. 이어 대신들의 공론에 맡겨서 우리 세 사람 가운데 한 사람이 보위에 오르도록 합시다. 그러면 송나라의 절제節制도 받지 않을 것이고, 제후의 패주 노릇을 한 선공의 높은 기상이 스러지는 것도 막을 수 있소."

공자 원이 대답했다.

"그리하려면 일단 궁중의 명을 받들어 거사해야 할 것이오. 그래야 명분이 설 수 있소."

세 공자가 내궁으로 들어가서 장위희에게 품했다.

장위희가 울며 말했다.

"너희들이 무휴의 원수를 갚아 준다면 나는 죽어도 여한이 없겠다."

그러고는 곧 무휴를 따랐던 좌우 시종 등 한 무리의 궁인을 규합했다. 이들로 하여금 세 공자의 일당에 가담해 태자 소와 맞서게 했다. 죽은 수초 휘하에도 심복이 많았다. 이들 역시 수초의 원수를 갚기 위해 세 공자 편에 섰다. 이들은 곧바로 도성인 임치성의 각 성문을 점거하고 기세를 올렸다.

국의중은 이들 세 공자의 무리가 너무 많은 것을 보고 겁이 났다. 자신이 집무하는 상경上卿 부서府署의 부문府門을 굳게 닫고 감히 밖으로 나오지 못했다. 성안의 사정이 급변한 것을 알아차린 고호가 태자 소에게 말했다.

"무휴와 수초가 비록 죽었지만 그 일당이 아직도 남아 있습니다. 더구나 세 공자가 이들을 이끌면서 성문을 닫은 채 우리를 받아들이지 않을 태세입니다. 성안으로 들어가려면 이들과 싸워야 하는데 싸워서 이기지 못하면 지금까지 고생하며 쌓아온 전공前功이 모두 수포로 돌아갑니다. 다시 송나

■ 송양공이 제나라를 치고 세자 소를 세우다

라에 구원을 청하는 게 상책입니다."

태자 소가 대답했다.

"국로國老의 주장을 좇을 따름입니다."

고호가 태자 소를 모시고 다시 송나라로 달아났다. 당시 송양공은 군사를 이끌고 간신히 본국 경계까지 돌아갔을 때였다. 그는 태자 소가 되돌아오는 걸 보고 크게 놀라 까닭을 물었다. 고호가 태자 대신 사태가 일변한 것을 일일이 고했다. 송양공이 말했다.

"이는 과인이 너무 빨리 회군한 탓이오. 태자는 마음을 놓으시오. 과인이 있으니 공자는 임치성에 들어가지 못할까 근심하지 않아도 되오."

이어 즉시 대장 공손 고固에게 명해 병거와 병사들을 더 증강하게 했다. 지난번엔 위나라와 조나라 및 주나라 3국과 함께 기병한 까닭에 병거 200승을 동원했다. 이번엔 송나라 단독으로 가야 하는 까닭에 병거 400승을 출동시켰다. 공자 탕蕩이 선봉, 화어사華御事가 후군을 맡았다. 송양공은 몸소 중군을 이끌었다. 송나라 군사는 태자 소를 호송해 임치성에 들여보내기 위해 다시 송나라 국경을 떠나 제나라 안으로 쳐들어갔다.

송나라 군사가 제나라 교외에 당도하자 고호가 길잡이가 되어 앞장섰다. 동관을 지키던 제나라 관원은 고호가 송나라 군사의 맨 앞에 있는 것을 보고 곧바로 관문을 열고 맞아들였다. 송나라 군사는 임치성 바로 근접한 곳에 영채를 세웠다. 송양공은 성문이 굳게 닫혀 있는 걸 보고 삼군에 명해 공성攻城 기구를 갖추게 했다.

한편 성안에서 공자 상인은 공자 원과 공자 반에게 말했다.

"송나라 군사가 성을 치면 백성들이 반드시 놀라 동요할 것이오. 우리가 먼저 저들을 치도록 합시다. 다행히 이기면 좋고, 불행히도 지게 되면 각각 몸을 피했다가 다시 거사합시다. 군이 성안에서 사수하다가 열국 제후들의 군사까지 몰려오는 날이면 어찌하겠소?"

공자 원과 공자 반이 동의했다. 그날 밤, 세 공자는 성문을 열고 각각 군대를 이끌고 나갔다. 이들은 미리 정해 놓은 공격 신호에 따라 송나라 군영을 기습했다. 그러나 송나라 군사의 허실을 잘 알 수 없는 까닭에 먼저 송나라 선봉인 공자 탕의 전영前營을 쳤다. 공자 탕은 미처 손쓸 겨를도 없이 기습공격을 받자 영채를 버리고 달아났다.

송나라 중군 원수 공손 고는 이미 공자 탕의 전영을 잃었다는 급보를 받고는 곧바로 대군을 이끌고 달려갔다. 후군인 화어사도 고호와 함께 각각 군사를 이끌고 달려가 접응했다. 양측의 혼전은 날이 샐 때까지 계속됐다.

공자 상인과 공자 원 및 공자 반을 비롯해 죽은 공자 무휴를 추종하는 네 집안의 군사는 비록 수효는 많았으나 각각 자기 주인만을 위해 싸우기 때문에 서로 단결이 되지 않았다. 그러니 어찌 송나라 대군을 대적할 수 있겠는가? 그런 상황에서 하루 동안 혼전하다 보니 네 집안의 군사는 송나라 군사에게 도륙을 당하거나, 사방으로 나뉘어 달아나 버렸다.

혼전이 벌어질 때 공자 원은 혼란한 틈을 이용해 몇 사람과 함께 위나라로 달아났다. 태자 소가 입국하는 날이면 화를 면하지 못할 것을 알고 그리한 것이다. 공자 반과 공자 상인은 패잔병을 수습해 성안으로 들어갔다. 그러나 송나라 군사가 바짝 추격한 탓에 성문을 닫을 겨를이 없었다. 태자 소를 모시고 송나라로 출분했던 최요崔夭가 태자 소의 수레를 몰고 장구長驅하여 성안으로 앞장서 들어갔다.

상경 국의중은 공자 상인을 비롯한 네 집안의 군사가 패하고 태자 소가 입성했다는 전갈을 받자 곧바로 문무백관을 소집했다. 그날로 태자 소가 궁으로 들어가 즉위하고, 그 해로 원년을 삼았다. 그가 바로 제효공齊孝公이다.

제효공은 즉위 직후 노공행상을 했다. 최요를 대부로 삼았다. 이어 황금과 비단을 많이 내어 송나라 군사를 위로했다. 송양공은 제나라에서 5일간 머문 뒤 회군했다.

당시 노희공은 군사를 일으켜 무휴를 도우러 가다가 이미 태자 소가 즉위했다는 소식을 듣고 도중에서 돌아갔다. 이후 노나라와 제나라는 서로 사이가 좋지 못했다.

한편 성안으로 들어온 공자 상인과 공자 반은 한데 모여 향후 대책을 상의했다. 이들은 군사를 모아 태자 소의 입성을 저지코자 한 것은 모두 공자 원의 머리에서 나온 것이라며 책임을 그에게 돌렸다.

국의중과 고호는 이들이 함께 공모한 것임을 잘 알고 있었다. 그러나 제효공이 그들에 대한 원한을 풀고 형제간 우애를 다지는 계기를 만들어주기 위해 이를 묵인했다. 다만 이번 난리의 원래의 주모자인 역아와 수초 두 사람의 죄만은 다스리기로 했다. 국내에 남아 있던 두 사람의 가족과 일당을 모두 잡아 죽였다. 나머지 사람들은 모두 사면하거나 불문에 붙였다.

그해 가을 8월, 제효공이 선군인 제환공을 지금의 산동성 치박시 경내의 우수산牛首山 기슭인 우수강牛首堈에 장사지냈다. 그는 도굴을 방지하기 위해 큰 봉분을 3개 만들었다. 또 곁에 작은 무덤을 만들어 순절한 안아아를 매장했다.

또 공자 무휴와 공자 원에게 반란을 일으킨 죄를 물어 두 사람의 생모인 장위희와 소위희를 비롯해 그곳의 내시와 궁인까지 모두 잡아다가 제환공의 무덤에 순장해 버렸다. 당시 산채로 순장 당한 사람만 수백 명에 달했다.

훗날 사마씨司馬氏의 서진西晉 영가永嘉 말년에 천하가 크게 어지러울 때 우수강 부근의 촌사람들이 제환공의 무덤을 도굴했다. 거대한 봉분 안의 묘실 앞에 수은으로 채운 못이 있었다. 거기서 피어오르는 찬 기운과 독한 냄새가 코를 찔렀다. 아무도 감히 들어갈 수 없었던 이유다. 며칠 후 그 독한 기운과 냄새가 점차 사라졌다. 촌사람들이 사나운 개들을 이끌고 무덤 안으로 들어갔다.

그들은 무덤 안에서 금박으로 만든 부장품 누에인 금잠金蠶[2]을 수십 곡斛 꺼냈다. 그밖에도 주옥으로 꾸민 저고리인 주유珠襦와 옥으로 만든 함인 옥갑玉匣, 비단으로 만든 병장기 등도 무수히 나왔다. 무덤 안에는 해골이 낭자하게 흩어져 있었다. 모두 순장한 사람들 유골이었다. 당시 제효공이 얼마나 대규모로 장사 지냈는지 알 수 있다. 하지만 그것이 무슨 소용 있겠는가?

염선이 이를 시로 읊었다.

2 금잠金蠶은 제왕의 부장품副葬品으로 사용된 금박 누에를 가리킨다. 서진西晉 육홰陸翽의 『업중기鄴中記』에 따르면 영가 말년에 제환공의 묘에서 '금잠' 수십 박箔을 얻었다고 한다.

의총 3개가 산처럼 높고 크니	疑塚三堆峻似山
금잠 옥갑 도굴돼 모습 보이다	金蠶玉匣出人間
보물 묻으면 도굴되는 법이니	從來厚蓄多遭發
박장이 결코 인색 탓은 아니다	薄葬須知不是慳

66話 초성왕이 복병을 이용해 송양공을 겁박하다
– 초인복병겁맹주楚人伏兵劫盟主

얘기가 둘로 나뉜다. 당시 송양공은 제나라 군사를 치고 태자 소를 옹립한 뒤 마치 자신이 세상에 없는 대공이라도 세운 것처럼 자부했다. 그는 열국의 제후들을 소집해 회맹함으로써 제환공을 대신해 패주가 될 생각을 했다.

그러나 그는 송나라 형편으로 대국을 소집하는 게 어렵다는 것을 알고 있었다. 우선 등滕나라와 조曹나라, 주邾나라, 증鄫나라 등 소국의 군주와 조나라의 남쪽에서 회맹키로 했다.

약속한 날 조나라와 주나라 군주만 왔다. 작위가 자작인 등자滕子 영제嬰齊는 뒤늦게 왔다. 송양공은 이를 용납지 않고 영제를 별관에 가둬버렸다.

증군鄫君은 등자 영제가 감금당했다는 소문을 듣고서야 송나라 위세에 눌려 마지못해 회맹 장소로 달려갔다. 기일보다 이틀 늦게 당도했다. 송양공이 신하들에게 물었다.

"과인이 각국의 우호동맹을 이제 막 제의하는 마당에 증나라 같은 소국이 감히 게으름을 피워 기일을 어기고 이틀이나 늦게 왔소. 그 죄를 엄중히 다스리지 않으면 앞으로 어찌 위엄을 세울 수 있겠소?"

대부 공자 탕이 나서 말했다.

"지난날 제환공은 남정북벌南征北伐로 천하를 위압했으나 오직 동이東夷만은 굴복시키지 못했습니다. 주공이 중원을 위압코자 하면 먼저 동이부터 굴복시켜야 합니다. 동이를 굴복시키고자 하면 우선 증자鄫子를 앞세워야 합니다."

송양공이 물었다.

"증자를 어디에 쓰란 말이오?"

공자 탕이 대답했다.

"수수睢水의 물가에 풍우를 일으키는 수신水神이 살고 있습니다. 모든 동이 사람들이 그곳에다 사당을 짓고 춘하추동으로 4번 제사를 지내는데 한 번도 거른 적이 없을 정도로 정성을 들인다고 합니다. 실로 주공이 증자를 희생의 제물로 사용해 제사를 올리면 그 수신이 우리에게 복을 내릴 것입니다. 동이 사람들도 그 소식을 듣고 말하기를, '송공이 제후를 죽이고 살리는 힘을 갖고 있으니 누가 송공을 두려워하지 않겠는가?'라고 말하며 주공에게 복종할 것입니다. 연후에 동이의 힘을 빌려 열국의 제후를 정복하면 패업을 이룰 수 있습니다."

상경인 공자 목이目夷가 정색했다.

"불가, 불가합니다. 예로부터 작은 일에 큰 희생을 쓰지 않았습니다. 짐승의 목숨일지라도 생명을 소중히 여기기 때문입니다. 하물며 사람의 목숨이야 더 말할 나위가 없습니다. 무릇 제사는 사람을 위해 복을 비는 행사입니다. 만일 사람을 죽여 복을 빈다면 신도 흠향歆饗하지 않을 것입니다. 나라엔 법도에 따라 올리는 제사가 있어 예악과 제례를 관장하는 종백宗伯이 이를 전담해 거행하고 있습니다. 신이 보기에 수수의 수신은 한낱 요귀妖鬼에 불과합니다. 동이가 숭상하는 귀신을 주공 또한 숭상한다면 주공이 동이보다 낫다고 볼 수 없습니다. 어느 누가 주공에게 복종하겠습니까? 제환공이 40년 동안 패주 노릇을 한 것은 망한 나라를 존속시키고 제후들의 끊어진 후사를 잇게 해주는 이른바 존망계절存亡繼絶[3] 행보를 보였기 때문입

3 존망계절存亡繼絶은 패망 위기에 몰린 제후국을 존속시키고, 후사가 끊어진 제후국의 후사를 이어준다는 뜻이다. 『사기』와 『논어』 등에는 주왕실을 존중하며 사방의 이적夷狄을 물리치는 존왕양이尊王攘夷와 유사한 의미로 사용되고 있다. 『논어』 「요왈」은 '흥멸국興滅國, 계

니다. 주공은 이제 처음으로 회맹을 개최하면서 대뜸 제후를 죽여 요사한 귀신에게 아첨하려고 합니다. 신이 보건대 그리하면 열국 제후들이 두려운 나머지 우리를 배반하면 했지 결코 복종하진 않을 것입니다."

공자 탕이 반발했다.

"자어子魚의 말은 틀렸습니다. 주공이 패업을 도모하는 길은 제환공과 다릅니다. 제환공은 나라를 다스리고 부국강병을 이루는 데만 20여년이 걸렸습니다. 연후에 제후들의 회맹을 주도했습니다. 지금 주공은 능히 그만한 세월을 기다릴 수 있습니까? 무릇 패업을 천천히 도모할 때는 은덕을 써야 하지만, 급히 이루고자 할 때는 위력을 써야 합니다. 주공은 패업을 도모하면서 완급의 차이가 있다는 것을 먼저 살피지 않으면 안 됩니다. 우리가 동이의 습속에 동조하지 않으면 동이는 우리를 의심할 것이고, 열국의 제후에게 무섭게 굴지 않으면 열국의 제후가 먼저 우리를 만만히 볼 것입니다. 안으로 중원 제후들의 만만한 대상이 되고, 밖으로 동이의 의심을 사면 어떻게 패업을 달성할 수 있겠습니까? 옛날 주문왕은 주왕의 머리를 벤 뒤 태백기太白旗[4]에 거는 방법으로 천하를 얻었습니다. 이것이 당시 제후의 신분으로 천자인 주紂를 죽이고 큰 뜻을 이룬 배경입니다. 하물며 증나라 같은 소국의 군주를 희생으로 바치는 것을 꺼릴 필요가 있겠습니까? 주공은 증자를 제물로 사용하십시오."

송양공은 하루 속히 열국의 제후를 이끌고 싶어 했다. 마침내 공자 목이

절세繼絶世', 『예기』 「중용」은 '계절세, 거폐국擧廢國', 『한서』 「공신표서」는 '계절세, 입망국立亡國' 등으로 표현해 놓았다. '존망계절'은 춘추오패의 우두머리인 제환공이 처음으로 행한 것이다. 사가들이 패자를 평가하는 잣대로 '존왕양이'에 이어 '존망계절'을 언급하는 이유다.

4 태백기太白旗는 깃발과 술이 모두 흰색으로 되어 있고 깃발 가운데 태백신太白神을 그려 넣었다. 오행설에 따르면 흰색은 숙살肅殺을 의미한다. 역적이나 폭군을 주살할 때 태백기를 걸어놓고 형을 집행했다.

의 말을 듣지 않았다. 마침내 주문공邾文公을 시켜 증자를 끌어내 죽이게 했다. 이어 펄펄 끓는 가마솥에 삶아 수수의 수신에게 제물로 바쳤다.

송양공은 사람들을 동이의 군장君長들에게 보내 함께 모여 수수의 수신에게 제사지낼 것을 청했다. 동이의 군장들은 송양공의 정사를 잘 알지 못한 까닭에 단 한 사람도 응하지 않았다.

당시 구금되어 있던 등자 영제는 증자가 팽살烹殺됐다는 소문을 듣고 벌벌 떨었다. 사람을 시켜 많은 뇌물을 바치면서 석방해 주길 간청했다. 송양공은 그때서야 영제를 풀어 줬다.

조나라 대부 희부기僖負羈가 조공공曹共公 양襄에게 말했다.

"송나라는 조급하게 굴고 잔학한 짓을 하니 틀림없이 아무 일도 이루지 못할 것입니다. 차라리 도성으로 돌아가는 것만 못합니다."

조공공이 송양공에게 작별인사만 하고 곧바로 돌아갔다. 회맹 장소를 제공한 나라의 주인으로서 빈객으로 온 송양공에게 예의를 갖추지 않은 것이다. 송양공이 화를 냈다. 사람을 시켜 조공공을 책망했다.

"자고로 제후가 서로 만날 때는 예물을 차려 놓고 주인이 육포와 양식을 비롯해 소와 양과 돼지 등을 내어 큰 잔치를 이른바 포자희뢰脯資餼牢를 통해 빈주賓主의 우호를 나누는 법이오. 과인이 군후의 땅에 와서 머문 지 하루 이틀도 아닌데 우리 삼군三軍의 장병들은 아직 주인으로부터 대접을 받은 바가 없소. 원컨대 군후는 이 일을 알아서 잘 처리해 주기 바라오."

희부기가 대신 대답했다.

"무릇 공관을 제공하고 연회를 베풀어주는 일은 조빙朝聘할 때의 당연한 예의입니다. 지금은 상국 군후가 회맹이라는 공사公事로 인해 폐국의 남쪽 변경으로 온 것입니다. 과군은 창졸간에 명을 받고 급히 오느라 다른 준비를 하지 못했습니다. 이제 군후가 주인으로서의 예의를 다하지 못했다고 꾸짖으니 과군이 이를 매우 부끄럽게 생각할 것입니다. 상국 군후는 우리의 허물을 용서해 주십시오."

말은 그렇게 했지만 조공공은 도성으로 돌아갔다. 송양공이 크게 노했다. 군사를 옮겨 조나라 도성을 치라는 명을 내렸다. 공자 목이가 또 나서 간했다.

"옛날 제환공은 두루 열국 땅으로 가서 회맹했습니다. 그때마다 제환공은 후한 예물을 갖고 갔고 귀국할 때는 그냥 오거나 박한 예물을 받아 왔습니다. 맹회가 열린 그 나라의 대접이 박해도 이를 책망한 적이 없습니다. 또 초청한 제후가 오지 않았다고 해서 잡아 죽인 적도 없습니다. 이게 남의 힘 드는 일을 관대히 이해하고, 남의 사정을 긍휼히 여기는 패주의 아량입니다. 조나라가 이번에 결례를 했다고는 하나 주공에게 아무런 손해도 끼친 게 없습니다. 그런 터에 굳이 군사를 일으킬 필요가 있겠습니까?"

송양공은 공자 목이의 말을 듣지 않았다. 그는 공자 탕으로 하여금 병거 300승을 이끌고 가서 조나라 도성을 치게 했다.

공자 탕이 군사를 이끌고 가 조나라 도성을 포위했다. 희부기는 병법의 가르침을 좇아 방비를 엄중히 하면서 송나라 군사의 공격을 3달 동안 잘 막아냈다. 공자 탕은 조나라를 이길 방법이 없었다.

당시 정문공은 자진해서 초나라로 가 초성왕에게 조례朝禮를 올렸다. 그는 노나라와 제나라, 진陳나라, 채나라 등 4국 제후를 설득해 제나라 변경에서 초성왕과 함께 회맹했다.

송양공은 이 소식을 듣고 크게 놀랐다. 크게 2가지 이유였다. 첫째, 제나라와 노나라 가운데 한 나라가 패권을 잡을 경우 송나라는 그 나라와 경쟁하기 어려웠다. 둘째, 공자 탕이 조나라를 공격하다가 실리失利라도 하면 송나라 군사의 예기가 꺾일 뿐 아니라 열국 제후들의 비웃음을 살 수밖에 없었다. 곧바로 공자 탕을 소환한 이유다.

조공공은 송나라 군사가 다시 쳐들어올까 두려웠다. 곧바로 사자를 보내 송양공에게 사죄했다. 송나라와 조나라는 다시 친밀한 사이가 됐다.

이후에도 송양공의 마음은 늘 패업의 성취에 가 있었다. 그런데 작은 나라들도 복종하질 않았다. 이보다 큰 나라들은 오히려 멀리 떨어져 있는 초나라와 회맹했다. 송양공은 분하고 조급했다. 공자 탕을 불러 상의했다. 공자 탕이 말했다.

"지금 천하는 제나라나 초나라보다 큰 나라는 없습니다. 제나라는 지금까지 천하의 패권을 잡았으나 제환공 사후 나라가 어지러웠다가 이제 간신히 안정돼 아직 제대로 힘을 펴지 못하고 있습니다. 초나라는 스스로 왕호王號를 참칭하면서 중원으로 힘을 뻗치고 있기에 제후들이 두려워하고 있습니다. 주공은 많은 뇌물을 초나라로 보내면서 겸손한 언사로 부탁키를, '제후들이 우리 송나라에 협조토록 주선해 주십시오.'라고 하십시오. 그러면 초왕이 틀림없이 주선해 줄 것입니다. 초나라의 힘을 빌려 제후들을 모은 뒤 다시 제후들의 힘을 빌려 초나라를 누르십시오. 이것이 일종의 임기응변臨機應變 계책인 이른바 권의지계權宜之計입니다."

공자 목이가 나서 다시 간했다.

"제나라가 여러 제후들을 거느리고 있는 상황에서 무엇 때문에 우리에게 제후들을 내주고, 우리가 초나라에게 제후들의 협력을 주선해 달라고 부탁한들 초나라가 무엇 때문에 그리 하겠습니까? 아마도 그 일로 인해 전쟁의 발단이 열리지나 않을까 두렵습니다."

송양공은 목이의 말을 듣지 않았다. 그는 공자 탕에 명해 즉시 많은 뇌물을 수레에 싣고 초나라로 가게 했다. 공자 탕이 알현하자 초성왕이 오게 된 취지를 물은 뒤 명년 봄에 지금의 안휘성 부양시 경내의 녹상鹿上에서 송양공과 회동할 것을 허락했다. 공자 탕이 귀국 즉시 송양공에게 결과를 보고했다. 송양공이 말했다.

"녹상은 제나라 땅이니 제후齊侯에게 알리지 않을 수 없다."

공자 탕이 송양공의 명을 좇아 제나라로 가 빙례聘禮를 닦으면서 겸하여 초성왕과 녹상에서 회맹키로 한 사실을 전하고 제나라의 참석을 요청했다. 제효공은 곧바로 수락했다. 때는 송양공 11년이자 주양왕 12년 때인 기원전 640년의 일이다.

이듬해 봄 정월, 송양공이 먼저 녹상 땅에 당도했다. 맹서를 위한 단을 쌓은 뒤 제효공과 초성왕이 오기를 기다렸다. 2월 초순, 제효공이 녹상 땅에 왔다. 송양공은 자신이 지난날 제효공 옹립에 대공을 세운 것을 크게 자부했다. 상견례를 하는 동안 남에게 조금 고마운 일을 한 뒤 자랑하는 태도인 덕색德色을 띤 이유다. 제효공도 송양공의 은덕에 감사하는 마음을 지니고 있어 주인으로서 예를 다했다. 다시 20여 일이 지난 뒤 초성왕이 왔다.

송양공과 제효공은 초성왕을 접견하면서 벼슬의 고하로 순서를 정했다. 초성왕이 비록 왕호를 참칭하고 있었으나 주왕실로부터 받은 벼슬은 자작子爵에 불과했다. 공작公爵인 송양공은 윗자리를 차지하고, 후작侯爵인 제효공은 그 다음 자리를 차지하고, 자작인 초성왕에겐 맨 끝의 자리를 내줬다. 이는 송양공이 나서서 정한 것이었다.

회맹하는 날이 되자 3인은 함께 단상으로 올라갔다. 송양공은 의연한 자세로 맹단의 중앙에 앉아 패주가 되었다. 먼저 희생으로 잡은 소의 귀인 우이牛耳를 잡고 피를 마시면서 맹서를 했다. 조금도 겸양하는 빛이 없었다. 초성왕은 이를 보고 마음속으로 불쾌하게 생각했으나 억지로 삽혈하고 맹서했다. 맹서 의식이 끝나자 이름이 자보玆父인 송양공이 두 손을 잡고 말했다.

"이 자보가 욕되게도 선대의 뒤를 이어 주왕실의 빈객 노릇을 하고 있습니다. 과인이 덕이 박하고 힘이 미약해 스스로 헤아리지 못하는 바는 아니나 천하의 공사公事를 올바르게 수행하고 싶은 마음이 간절합니다. 과인의 충정을 알아주면 두 군후의 위세를 빌려 천하 제후들을 모두 폐방敝邦의

우盂 땅에 규합할 생각입니다. 두 분 군후가 과인의 계획에 동조하면 여러 제후를 이끌고 회맹에 참석해 주기 바랍니다. 그러면 큰 은혜로 생각하겠습니다. 원컨대 과인은 두 분 군후의 나라와 대대로 형제의 우호관계를 맺고 싶습니다. 과인이 제후들을 모아 회맹하려는 것은 우리 송나라의 전신인 옛 은殷나라 선왕을 본받고자 하는 것입니다.[5] 이는 두 분 군후의 위엄에 힘입어야 가능한 일입니다. 어찌 과인이 홀로 할 수 있겠습니까?"

제효공은 공수拱手하며 초성왕에게 사양했다. 초성왕 역시 공수하며 사양했다. 두 사람이 서로 겸양하는 바람에 오랫동안 결론이 나지 못했다. 송양공이 말했다.

"두 분 군후가 과인을 저버리지 않겠다면 함께 서서誓書에 서명을 해주시오."

그러고는 이번 회맹의 취지를 쓴 간독簡牘을 가져오게 한 뒤 먼저 초성왕 앞에 내놓고 청했다. 제효공은 그것을 보고 내심 불쾌하게 생각했다. 초성왕이 눈을 들어 간독을 훑어보니 대략 이런 내용이었다.

> 열국 제후들을 규합해 형제의 우의를 닦고자 한다. 회맹은 제환공의 의상지회衣裳之會를 본받고, 병거는 사용하지 않는다.

간독의 말미에 이미 송양공의 서명이 기입되어 있었다. 초성왕은 가소롭다는 듯이 암암리暗暗裡에 웃음을 머금은 채 송양공에게 말했다.

"군후는 능히 자력으로 제후들을 모을 수 있을 터인데 왜 하필 과인에게

5 송양공은 은殷나라 후손이라는 자부심과 주체의식이 뚜렷한 인물이었다. 『시경』의 「송頌」에 은나라를 기린 상송商頌이 실린 게 그 증거다. 「송」에는 '상송' 이외에도 주나라를 기린 주송周과 노나라를 기린 노송魯頌 등이 있다. 송양공이 제환공의 뒤를 이어 두 번째 패업을 이루기 위해 은나라를 개창한 탕왕湯王 등 은나라 선조를 기리고 나선 게 '상송'이 나오게 된 역사적 배경이다.

부탁하는 것입니까?"

송양공이 대답했다.

"정나라와 허나라는 오랫동안 군후의 진영 하에 있고, 근자에 진陳나라와 채나라도 제나라 땅에서 회맹하지 않았습니까? 군후의 영험한 힘을 빌리지 않으면 그들 가운데 거역하는 나라가 있을까 두렵습니다. 과인이 상국의 힘을 빌리고자 하는 이유입니다."

초성왕이 말했다.

"그렇다면 작위가 높은 제군齊君이 먼저 서명하십시오. 과인은 그 다음 줄에다 서명하겠소."

제효공이 말했다.

"과인은 송나라의 진영 하에 있는 것이나 다름없습니다. 지금 상국의 위령威令에도 오지 않는 제후라면 제나라가 어찌 오게 할 수 있겠습니까?"

초성왕이 웃으며 간독에 서명했다. 이어 붓을 제효공에게 주자 제효공이 말했다.

"초나라가 서명했는데 제나라까지 서명할 필요는 없을 것입니다. 과인은 죽을 고비를 여러 번 겪고 망명한 덕분에 요행히도 사직을 이어받게 됐습니다. 오늘 말석에 참여해 삽혈을 하게 된 것만도 영광인데 어찌 작위의 고하를 따지며 간독을 더럽힐 수 있겠습니까?"

그러고는 끝내 서명하지 않았다. 제효공의 심사를 살피건대 그는 송양공이 초성왕에게 먼저 간독을 내밀면서 서명을 청한 것을 두고 초나라를 중시하고 제나라를 경시한 것으로 파악한 것이다. 끝까지 서명하지 않은 이유다.

송양공은 자신이 제나라에 은덕을 베풀었다고 자부한 탓에 제효공이 진심에서 우러난 말을 한 것으로 생각했다. 그러고는 곧 간독을 거둬 넣었다. 이들 3국의 군주는 녹상에서 며칠을 더 보낸 뒤 정녕丁寧[6]히 작별인사를 나누고 헤어졌다.

염선이 시를 지어 이를 탄식했다.

열국 제후는 원래 중원 소속인데	諸侯原自屬中華
어찌해 남쪽 초나라에 빌붙었을까	何用紛紛乞楚家
한 뿌리서 난 한 나무로 알겠지만	錯認同根成一樹
딴 속셈 있는 줄 뉘라서 알았을까	誰知各自有丫叉

초성왕은 귀국한 뒤 녹상 땅에 다녀 온 경과를 영윤 투자문에게 말했다. 투자문이 물었다.

"송군宋君은 심하게 미친 듯합니다. 대왕은 왜 회맹의 증빙문서에 서명하고 송나라 요청을 수락한 것입니까?"

초성왕이 웃으며 대답했다.

"과인은 중원의 정치무대를 주도하고자 생각한 지 오래됐소. 다만 그 방편을 얻지 못한 게 한이었소. 이번에 송공이 제후들을 소집해 의상지회衣裳之會를 연다고 하니 과인이 그 기회를 이용해 중원의 제후들과 만나 회맹하는 것도 괜찮은 일이 아니겠소?"

대부 성득신成得臣이 나서 말했다.

"송공은 위인이 명예를 좋아할 뿐 실속이 없고, 남을 잘 믿으며 꾀가 없는 사람입니다. 회맹 장소에 갑사를 매복시켜 뒀다가 치면 곧바로 사로잡을 수 있을 것입니다."

초성왕이 말했다.

"과인의 생각도 그와 같소."

6 정녕丁寧은 더 이를 데 없이 간곡히 당부한다는 뜻의 부사어이다. 정녕叮嚀과 같다. '은근히' 내지 '자세히'의 뜻으로도 사용된다.

투자문이 말했다.

"송공에게 회맹에 참석하겠다고 약속하고 그를 사로잡으면 사람들이 우리 초나라를 신의 없는 나라라고 할 것입니다. 그리되면 무엇으로 제후들을 굴복시킬 수 있겠습니까?"

자가 자옥子玉인 성득신이 말했다.

"송공은 패주가 되는 것만 좋아할 뿐이오. 틀림없이 오만한 자세로 제후들을 대할 것이오. 제후들은 이런 모습에 익숙지 않아 송나라의 당여黨與가 되려고 하지 않을 것입니다. 이 기회에 주공이 송공을 사로잡아 우리 초나라의 위엄을 드러내고, 이어 그를 풀어줌으로써 초나라의 덕을 보여줘야 합니다. 그러면 제후들은 무능한 송공을 따르는 것을 부끄러워 할 것입니다. 제후들이 우리 초나라에 귀의하지 않고 어디에 귀의하겠습니까? 무릇 작은 신의에 얽매여 대공大功을 잃는 것은 양책良策이 아닙니다."

투자문이 말했다.

"자옥의 계책은 신이 미칠 바가 아닙니다."

초성왕이 성득신과 투발鬪勃을 장수로 삼았다. 두 사람은 각각 용사 500명을 뽑아 송양공을 겁박하는 훈련을 시킨 뒤 명에 따라 움직이도록 했다. 회맹을 겁박코자 하는 계책이 착착 진행됐음은 말할 것도 없다.

당시 송양공은 녹상에서 귀국한 뒤 흔연히 희색喜色을 띠며 공자 목이에게 말했다.

"초나라가 과인을 위해 제후들이 회맹에 참여토록 힘써 주겠다고 허락했소."

공자 목이가 간했다.

"초나라는 남쪽 오랑캐인 남이南夷입니다. 그들의 마음을 어떻게 예측할 수 있겠습니까? 주공은 그들의 말만 들었지 그들의 마음까지 읽은 것은 아닙니다. 신은 주공이 그들에게 속은 것이나 아닌지 두렵습니다."

송양공이 말했다.

"자어는 의심이 너무 많소. 과인은 매양 충신忠信으로 남을 대하는데, 남이 어찌 차마 과인을 속일 수 있겠소?"

송양공은 공자 목이의 말을 듣지 않았다. 이내 각국에 격문을 보냈다. 곧 맹회를 열 터이니 꼭 참석해 달라는 내용이었다. 또 사람을 먼저 우盂 땅에 보내 단을 쌓고 공관을 증축케 했다. 단과 공관을 매우 화려하게 장식토록 주문했다.

창고와 빈터에는 식량과 꼴을 잔뜩 쌓아 놓았다. 각국 제후들 수종의 양식과 말들의 먹이를 넉넉히 준비한 것이다. 제후들에게 연회를 베풀고 수종을 호궤犒饋하는 일을 하나하나 빠짐없이 두텁게 준비했다.

그해 가을 7월, 송양공이 무장하지 않은 수레를 타고 회맹장소인 우 땅으로 갔다. 공자 목이가 간했다.

"초나라는 강성한데다 신의가 없습니다. 청컨대 병거를 이끌고 가십시오."

송양공이 대답했다.

"과인은 천하 제후들에게 '의상지회'를 열겠다고 약속했소. 병거를 끌고 가면 이는 약속을 스스로 어기는 것이오. 그리하면 훗날 무엇으로 제후들에게 신의를 보일 수 있겠소."

공자 목이가 말했다.

"주공은 무장하지 않은 수레를 타고 가는 것으로 신의를 보이십시오. 신은 병거 100승을 회맹 장소에서 3리 떨어진 곳에 매복시키고 있다가 사태의 완급緩急을 좇아 대처하겠습니다."

송양공이 말했다.

"그대가 병거를 끌고 가면 과인이 끌고 가는 것과 무엇이 다르겠소? 결코 그리해서는 안 되오!"

송양공은 회맹장소로 행차하면서 공자 목이가 혹여 나라 안에 있다가 군사를 일으켜 회맹장소로 접응하러 오지나 않을까 걱정했다. 자신의 신의가 실추될 것으로 생각한 것이다. 공자 목이에게 함께 갈 것을 요구했다. 공자 목이가 대답했다.

"신도 주공만 보내서는 마음을 놓을 수 없습니다. 함께 가자고 청할 참이었습니다."

송양공과 목이가 함께 회맹장소로 갔다. 기일이 되자 초나라를 위시해 진陳나라, 채나라, 허나라, 조나라, 정나라 등 6국 군주가 차례로 우 땅에 당도했다. 제효공은 전에 불쾌한 꼴을 당해 오지 않았고, 노희공은 초나라와 통교한 적이 없어 오지 않았다.

송양공은 6국 군주를 영접하면서 각각 공관에 나눠 투숙케 했다. 영접사가 임무를 마치고 보고했다.

"각국 제후들이 모두 무장하지 않은 수레를 타고 왔습니다. 초왕 역시 비록 많은 시종을 데려오기는 했으나 역시 무장하지 않은 수레를 타고 왔습니다."

송양공이 말했다.

"과인도 초나라가 과인을 속이지 않으리라는 걸 알고 있었소."

태사太史가 회맹을 위한 길일을 택한 뒤 열국 군주에게 알렸다. 며칠 전에 이미 단상에서 일할 집사執事도 선발해 놓았다.

회맹의 날 새벽 오고五鼓, 단의 위아래 곳곳에 화톳불인 정료庭燎를 켜놓아 주변이 대낮처럼 밝았다. 단 옆에는 휴게소가 설치돼 있었다.

송양공이 먼저 단 아래로 가서 제후들이 오기를 기다렸다. 진목공陳穆公 곡穀, 채장공蔡莊公 갑오甲午, 정문공鄭文公 첩捷, 허희공許僖公, 업業, 조공공曹共公 양襄 등 5명의 군주가 차례로 단 앞에 이르렀다. 이들은 거기서 한식경이나 초성왕을 기다렸다. 초성왕 웅운熊惲은 동쪽 하늘이 밝아올 무렵 당도했다.

회맹 장소인 우盂 땅은 송나라 영토인 까닭에 주인의 예법에 따라 6국의 제후들에게 읍을 하고 겸양하는 모습을 취했다. 이어 주인과 빈객이 좌우로 나뉘어 동서 양쪽의 계단을 밟으며 단상으로 올라갔다.

오른쪽 계단은 빈객이 올라가는 계단이었다. 열국 제후들은 감히 먼저 올라가지 못하고 맨 앞을 초성왕에게 양보했다. 성득신과 투발 두 장수는 초성왕의 뒤를 바짝 붙어서 올라갔다. 다른 제후들도 각각 수행 신하들과 함께 올라갔다. 왼쪽 계단은 주인이 올라가는 계단이다. 송양공과 공자 목이만이 그 계단을 밟고 단상으로 올라갔다.

제후들이 일단 주인과 빈객으로 나뉘어 단상으로 올라갔지만, 희생을 진설하고 삽혈하며 하늘과 해를 가리켜 맹서하고 서서誓書에 서명하기 위해서는 패주를 정해야 했다. 누구를 패주로 할 것인가 하는 문제가 남아 있었다.

송양공은 내심 자신이 이번 맹회를 주도한 만큼 초성왕이 입을 열어 자신을 패주로 추대해 주기를 바랐다. 계속 초성왕에게 눈짓을 한 이유다. 그러나 초성왕은 머리를 숙이고 아무런 말도 하지 않았다. 진나라와 채나라 등 나머지 5국 군주도 서로 얼굴만 쳐다볼 뿐 감히 말을 꺼내지 못했다.

송양공이 참고 앉아 있을 수 없었다. 머리를 높이 들고 앞으로 나서면서 말했다.

"오늘의 회맹은 과인이 작고한 패주伯主 제환공의 유업을 잇기 위해 연 것이오. 우리 열국의 제후들은 그 업적을 계승해 주왕실을 높이고, 백성을 편안케 하고, 전쟁을 막아 군대를 쉬게 하여 천하와 더불어 태평성대의 복록을 누려야 할 것이오. 여러 군후는 이를 어떻게 생각하시오?"

여러 제후들이 대답하기도 전에 초성왕이 몸을 일으켜 나서 말했다.

"군후의 말씀이 아주 좋소. 다만 지금 누가 패주인지 모르겠소."

초성왕이 복병을 이용해 송양공을 겁박하다

송양공이 대답했다.

"공이 있으면 공으로 따지고, 공이 없으면 벼슬로 따져 패주를 정해야 할 것이오. 그밖에 무슨 말이 필요하겠소?"

초성왕이 말했다.

"과인이 왕을 칭한 지 오래됐소. 송나라가 비록 상공上公의 작위를 갖고 있으나, 왕보다 앞설 수는 없소. 미안하지만 과인이 맨 윗자리를 차지해야 하겠소."

그리고는 곧바로 맨 윗자리로 가서 섰다. 공자 목이는 송양공의 소매를 살며시 잡아당기며 지금은 인내하고 나중에 다시 조처를 취해야 한다고 속삭였다.

그러나 송양공은 패주의 자리를 거의 손에 넣었다고 생각했는데 막판에 일이 틀어지니 어찌 분하지 않을 수 있겠는가? 가슴 속에서 울화가 벌컥 치밀었다. 안색을 바꾸면서 빠른 말로 항의했다.

"과인은 선대의 은덕을 입어 상공의 벼슬에 있게 됐소. 천자도 우리 송나라를 빈객의 예로 대접하고 있소. 군후가 왕을 자청하지만 그것은 참칭에 불과하오. 어찌 가짜 왕인 가왕假王이 진짜 공작을 누를 수 있단 말이오?"

초성왕이 말했다.

"과인이 이미 가왕이라는 것을 알면서도 누가 그대에게 과인을 이곳으로 청하라고 말했는가?"

송양공이 대답했다.

"군후가 이곳에 온 것은 전에 녹상 땅에서 그리 키로 약속했기 때문이오. 과인이 멋대로 오라고 한 것은 아니오."

성득신이 큰 소리로 외쳤다.

"오늘 일은 여러 제후들에게 물어 보면 알 수 있소. 군후들은 우리 초나라를 위해 이곳에 오셨소, 아니면 송나라를 위해 오셨소?"

진나라와 채나라 등 열국 제후들은 평소 초나라가 두려워 초나라에 복종하고 있었다. 일제히 대답했다.

"우리는 사실 초나라의 명을 받았기에 감히 오지 않을 수 없었소."

초성왕이 가가대소呵呵大笑하며 말했다.

"송군宋君은 할 말이 있으면 해보시오."

송양공은 사세事勢가 불리한 것을 깨달았다. 사리를 따져 말하고 싶었으나 초성왕이 사리를 가려 행동할 것 같지도 않았다. 속히 이곳을 벗어나는 게 상책이라고 생각했다. 그러나 자신의 신변을 보호해 줄 군사가 단 한 명도 없었다.

송양공이 어찌할 바를 모르고 망설이는 참이었다. 성득신과 투발이 예복을 벗어 던졌다. 속옷 전부가 갑옷이었다. 이들은 각각 허리춤에 꽂은 작은 홍기紅旗를 꺼내 단 아래를 향하고 흔들었다. 초성왕을 따라온 무리가 어찌 1천 명에 그쳤겠는가? 이들이 일제히 옷을 벗자 일순 갑옷 입은 군사로 변했다. 갑사들이 각각 손에 무기를 쥐고 벌떼 내지 개미떼처럼 단상으로 올라갔다.

열국 군주들이 이 광경을 보고 크게 놀랐다. 성득신은 우선 송양공의 팔을 꽉 붙잡고 그의 팔을 꼼짝 못하게 비틀었다. 투발이 군사들을 지휘해 단상에 진설한 옥백玉帛과 기명器皿을 닥치는 대로 노략질했다.

일반 집사들은 쥐구멍을 찾듯 마구 달아났다. 송양공은 곁에 붙어 있는 공자 목이에게 작은 소리로 부탁했다.

"그대의 말을 듣지 않다가 이 꼴을 당하게 된 것을 후회하오. 그대는 내 생각일랑 말고 속히 돌아가 나라를 지키도록 하시오."

공자 목이는 송양공 곁에 붙어 있어야 아무 소용이 없다는 걸 알고 혼란한 틈을 타 그곳을 빠져나온 뒤 도성으로 급히 돌아왔다.

송양공이 앞으로 어떻게 몸을 빼낼 것인지 알 길이 없으니 다음 회를 보라.

제34회

67話 송양공이 인의를 좇다 군사를 잃다
-송양공가인실중宋襄公假仁失衆

당시 초성왕은 점잖게 꾸민 수레를 타고 왔지만 따라온 장정들은 모두 속에 갑옷을 입고 무기를 감춰 갖고 왔다. 이들은 성득신과 투발이 미리 훈련시킨 용사들이었다. 게다가 위려신蔿呂臣과 투반鬬班 두 장수가 대군을 이끌고 초성왕을 뒤따라 와 있었다.

초나라가 이처럼 대대적으로 적을 마구 치는 시살厮殺을 할 준비를 갖추고 있었는데도 송양공은 이를 전혀 눈치 채지 못한 채 초나라가 쳐 놓은 그물에 걸려들고 만 것이다. 아무런 마음의 준비도 없는 사람이 한 번 일을 벌이려고 단단히 마음먹은 사람과 만난 격이었다. 송양공이 그 자리를 피하고자 했을 때는 이미 탈신脫身이 불가능한 상태였다.

초성왕이 송양공을 사로잡은 배경이다. 초나라 군사들은 공관에 준비해 둔 잔치 재료와 각국 수행원들을 호궤하기 위해 비축한 창고 안의 식량과 물건 등을 하나도 남기지 않고 모두 노략질했다. 송양공이 타고 온 수레 역시 초나라 소유가 됐다.

진나라와 채나라, 정나라, 허나라, 조나라 등 5국 군주 모두 공포로 인해 누가 하나 감히 초성왕 앞에 나가 말 한마디도 하지 못했다. 초성왕이 5국 군주를 자신이 묵고 있는 공관의 한 구석으로 불러들였다. 이어 제후들 앞에 송양공을 데리고 나와 6가지 죄목을 열거하며 꾸짖었다.

"너에게 6가지 죄목이 있으니 들어 보아라. 첫째, 너는 국상國喪을 틈타 제나라를 치고 멋대로 제나라 군주를 폐립했다. 둘째, 등滕나라 군주가 회맹에 조금 늦게 온 것을 구실 삼아 잡아가두는 욕을 보였다. 셋째, 증鄫나라 군주를 죽인 뒤 희생으로 만들어 음탕한 귀신에게 제사를 지냈다. 넷째, 조曹나라 땅에서 회맹하면서 사소한 것임에도 불구하고 주후曹侯가 주인의 예를 갖추지 않았다는 이유로 조나라 도성을 포위 공격했다. 다섯째, 송나라는 패망한 은나라의 후손임에도 불구하고 덕과 역량을 헤아리지 않고 패업을 도모코자 했다. 여섯째, 과인에게 제후들을 모아달라고 부탁한 처지에 망자존대妄自尊大해 전혀 겸양하는 예절이 없었다. 하늘이 과인을 도와 너로 하여금 수레만 타고 이 맹회에 참석케 했다. 과인은 이제 병거 1천 승과 장수 1천 명을 이끌고 송나라 도성 수양성을 짓밟아 제나라와 증나라의 원수를 갚아 줄 작정이다. 제군諸君은 이곳에 잠시 머물러 계시오. 송나라 도성을 격파하고 돌아와 여러 군후와 함께 통음痛飮한 뒤 10여일 머물다 헤어질 생각이오."

5국 군주가 입을 모아 '네, 네'라고 대답했다. 송양공만 입을 다문 채 아무 말도 하지 못했다. 그는 마치 나무나 만들거나 흙으로 빚은 사람처럼 우두커니 앉아 있었다. 다만 그의 눈에선 두 줄기 눈물이 끊임없이 흘러내렸다.

잠깐 사이 초나라 대군이 그곳으로 몰려들었다. 말로는 병거 1천 승이었으나 실은 500승 정도였다. 초성왕은 병사들을 호궤한 뒤 영채를 뽑고 진군했다. 송양공을 포박한 채 수양성을 향해 쳐들어갔다. 5국 군주는 감히 귀국하지 못하고 우盂 땅에 머물렀다.

사관이 시를 지어 송양공의 실책을 비난했다.

초나라에 아첨하다 재앙 만나니	無端媚楚反遭殃
초나라 불러 도성만 전장 되다	引得睢陽做戰場
제환공은 9번 제후 규합했으나	昔日齊桓曾九合
한 번이라도 초나라 부른 적 있나	何嘗容楚近封疆

당시 송나라 공자 목이目夷는 우 땅의 회맹 자리에서 황급히 달아나 도성인 수양성으로 돌아왔다. 그는 사마司馬인 공손 고固에게 송양공이 겁박당한 경위를 알리고 초나라 군사가 닥칠 터이니 속히 성가퀴로 올라가 파수를 세울 것을 건의했다.

공손 고가 대답했다.

"나라에는 하루라도 군주가 없어서는 안 됩니다. 공자가 잠시 보위를 맡아 섭정을 하십시오. 연후에 호령과 상벌을 분명히 집행할 수 있고 민심도 숙연해질 수 있습니다."

공자 목이가 공손 고의 귀에다 입을 대고 속삭였다.

"초나라가 우리 주공을 사로잡고 우리를 치려고 하오. 주공을 미끼로 삼아 항복을 받아내려는 수작이오. 우리가 여차여차하면 초나라는 틀림없이 우리 주공을 석방해 돌려보낼 것이오."

공손 고가 말했다.

"그 말이 실로 합당합니다."

그러고는 이내 신하들을 향해 말했다.

"우리 군주가 반드시 돌아온다고 기대할 수는 없소. 응당 공자 목이를 옹립해 국사國事를 주도케 해야 하오."

문무백관 모두 공자 목이가 현명하다는 것을 잘 알고 있는 까닭에 흔연히 찬성했다. 그날로 공자 목이는 태묘에 들어가 고한 뒤 보위에 앉아 섭정했다. 곧바로 삼군에게 명을 내리고, 엄정하고 밝게 제반사를 처리했다. 수양성의 네 성문의 파수가 철통같이 견고했다. 군사를 배치하고 싸움 준비를 모두 마쳤을 때 마침내 초나라 군사는 물밀 듯 쳐들어왔다.

초성왕은 수양성 부근에 영채를 세운 뒤 장수 투발을 보내 초나라의 요구를 말하게 했다. 투발이 외쳤다.

"너희 군주가 우리에게 사로잡혀 이곳에 와 있다. 생살生殺 여부는 우리 손에 달려 있다. 속히 나라를 바치고 항복하라. 그러면 너희 군주는 목숨을 보전할 수 있을 것이다."

공손 고가 성루 위에 있다가 대답했다.

"사직 신령의 도움에 힘입어 이미 새 군주를 세웠다. 옛 군주를 죽이든 살리든 그것은 너희에게 맡기겠다. 우리는 결코 항복하지 않을 것이다."

투발이 물었다.

"너희 군주가 아직 살아 있는데 어찌 새 군주를 세운단 말인가?"

공손 고가 대답했다.

"종묘사직을 위해 그리한 것이다. 사직을 맡을 군주가 없는데 어찌 새 군주를 세울 수 없단 말인가?"

투발이 말했다.

"우리가 너희 군주를 돌려보내겠다. 무엇으로 보답할 생각인가?"

공손고가 대답했다.

"옛 군주는 너희들에게 사로잡혀 이미 종묘사직을 욕되게 했다. 비록 돌아온대도 다시 보위에 모실 수는 없다. 돌려보내거나 말거나 초나라 마음대로 하라. 너희가 굳이 싸우겠다면 우리 성안에 용감한 병사와 예리한 무기가 있으니 한바탕 결전을 치르고자 한다."

투발은 공손 고의 대답이 강경한 것을 보자 본진으로 돌아와 초성왕에게 그대로 보고했다. 초성왕이 대로해 곧바로 총공격을 명했다. 초나라 군사가 일제히 수양성을 공격했다. 성 위에서 수많은 포석砲石과 화살이 빗발치듯 내려왔다. 초나라 군사가 많은 사상자를 냈다. 초나라 군사는 3일 동안 계속 공격했으나 아무 성과도 얻지 못했다. 초성왕이 화가 나 말했다.

"송나라가 이미 옛 군주가 필요 없다고 했으니 죽여 버리는 게 어떻겠소?"

성득신이 나서 대답했다.

"대왕은 증나라 군주를 삶아 죽인 송공을 꾸짖었습니다. 이제 그를 죽이면 이는 그의 잘못을 본다는 게 됩니다. 또 그를 죽인들 한낱 필부를 죽이는 것에 지나지 않습니다. 송나라를 취하지도 못하면서 그를 죽여 헛되이 원망을 들을 필요는 없습니다. 차라리 석방하느니만 못합니다."

초성왕이 말했다.

"송나라를 쳐 이기지도 못하고, 더구나 그 군주까지 놓아 주면 이번 전쟁의 명분을 어디서 찾을 수 있겠소?"

성득신이 대답했다.

"신에게 한 가지 계책이 있습니다. 이번 우 땅의 회맹에 참여하지 않은 나라는 노나라와 제나라뿐입니다. 제나라는 우리와 두 번이나 통호通好한 일이 있으니 새삼 탓할 필요는 없습니다. 노나라는 예로부터 예절과 의리를 중시하는 이른바 예의지방禮義之邦으로 알려져 있습니다. 근년에는 제환공의 패업에 큰 도움을 줬습니다. 지금 노후魯侯의 눈에 우리 초나라는 없습

송양공

니다. 우리가 송공과 노획물을 노나라에 바치겠다는 구실을 대고 노후를 옛 은나라 도읍지인 송나라 박亳 땅으로 부르면 노후는 송공이 포로가 된 것을 보고 크게 두려워해 초정에 응할 것입니다. 노나라와 송나라는 전에 규구葵邱 회맹에서 동맹한 사이입니다. 노후는 현명한 사람입니다. 반드시 송공을 풀어줄 것을 요청할 것입니다. 우리는 노후의 요청을 들어주는 척하며 송공을 풀어주면 됩니다. 그러면 송나라와 노나라를 한꺼번에 우리 편으로 끌어들일 수 있습니다. 이는 일거겸득一擧兼得의 계책에 해당합니다."

초성왕이 손뼉을 치며 크게 웃는 고장대소鼓掌大笑하며 말했다.

"자옥子玉의 식견은 실로 대단하다!"

초성왕이 성득신의 건의를 좇아 군사를 박 땅으로 옮겨 주둔했다. 이어 투의신鬪宜申을 사자로 삼아 노나라로 보냈다. 노획물을 수레에 싣고 가 노희공에게 바치면서 동시에 전승의 첩서捷書를 올리게 했다. 첩서의 내용은 대략 이러했다.

> 송공이 오만무례한 까닭에 과인이 그를 사로잡아 박 땅에 유폐시켰소. 감히 그 공을 홀로 차지할 수 없어 삼가 상국에 첩서를 바치오. 원컨대 군후는 이곳으로 왕림해 과인과 함께 이번 옥사獄事를 처결하는 게 어떻겠소?

노희공은 초성왕의 서신을 읽고 크게 놀랐다. 마치 토끼가 죽으면 여우가 슬퍼한다는 토사호비兎死狐悲의 모습이었다. 동류同類의 비극을 안타까워 한다는 뜻이다.

노희공은 초나라 사자가 바친 첩서의 내용이 과장된 것으로 보아 자신을 위협키 위한 것임을 알았다. 그러나 노나라는 약하고 초나라는 강하니 거절할 수가 없었다. 만일 듣지 않았다가 초나라가 군사라도 이끌고 쳐들어오면 훗날 후회해도 소용이 없는 후회무급後悔無及이 아니겠는가?

노희공은 초나라 사자 투의신을 후대한 뒤 답신을 내주면서 먼저 돌아가게 했다. 답신은 초성왕의 명을 따라 곧바로 회맹 장소로 나가겠다는 내용이었다. 노희공은 투의신의 뒤를 따라 수레를 타고 박 땅으로 떠났다. 대부 중수仲遂가 노희공을 수행했다.

노희공 일행이 박 땅에 당도하자 먼저 중수가 투의신과 만났다. 이어 그의 안내로 성득신과 만났다. 중수는 성득신에게 사적으로 많은 예물을 주면서 초성왕 앞에서 매사를 잘 주선해 달라고 부탁했다. 성득신은 노희공이 초성왕과 회견하도록 정중히 인도했다. 노희공과 초성왕이 서로 만나 경모敬慕해 왔다는 취지의 인사말을 나눴다.

당시 우 땅에 붙들려 있다시피 한 진나라와 채나라, 정나라, 허나라, 조나라 등 5국의 군주도 초성왕의 부름을 받고 박 땅으로 옮겨 왔다. 이들과 노희공을 포함한 6국의 제후는 회맹에 관한 일을 상의했다.

정문공이 먼저 말했다.

"초성왕을 우리의 패주로 모시는 게 어떻겠소?"

다른 제후들은 말을 하려다가 머뭇거리며 대답하지 못했다. 노희공이 떨치는 모습으로 분연奮然히 말했다.

"무릇 패주는 인덕과 신의를 세상에 널리 펴야 하오. 또 천하의 인심이 열복悅服해야 하오. 지금 초왕은 병거를 많이 거느린 것만 믿고 상공 벼슬에 있는 송공을 함부로 포획해 감금했소. 이는 위엄만 있고 덕이 없는 짓이오. 지금 천하는 초나라를 의심하며 두려워하고 있소. 우리는 송나라와 동맹을 맺은 사이요. 그런데도 우리가 송공을 구하지 않고 좌시하면서 오직 초나라를 받들기만 하면 아마 천하호걸로부터 부끄러워 웃는 웃음인 치소恥笑[1]를 받을 것이오. 하지만 초나라가 송공을 석방해 준다면, 이 회맹을 우호 속에 끝낼 수 있을 것이오. 과인이 어찌 감히 여러 군후들의 명을 듣지 않을 수 있겠소?"

여러 제후들이 일제히 대답했다.

"노후魯侯의 말씀이 옳습니다."

노나라 대부 중수가 사적으로 성득신을 찾아가 노희공의 말을 전하자 성득신이 다시 초성왕에게 그대로 고했다.

초성왕이 말했다.

"제후들이 패주의 의리를 내세우며 과인을 책망했다. 어찌 그 말을 어길 수 있겠는가?"

그러고는 박 땅의 교외에 단을 쌓게 했다. 이어 그해 12월 계축일을 회맹

1 치소恥笑는 수치스럽게 비웃는 웃음을 말한다. 비난조로 웃는 웃음인 비소誹笑, 조롱하는 웃음인 조소嘲笑, 빈정거리는 웃음인 치소嗤笑와 통한다.

일로 정했다. 그날 제후들과 함께 삽혈한 뒤 하늘에 맹서하면서 송양공의 죄를 용서키로 하는 등 회맹에 관한 여러 일을 미리 약속했다.

초나라는 회맹일을 하루 앞두고 송양공을 석방하면서 여러 제후들과 만나보게 했다. 송양공은 부끄럽고 분한 마음에 크게 불쾌해했다. 하지만 그는 부득이 여러 제후들과 만나 칭사稱謝해야만 했다.

회맹일에 8명의 제후들이 단 아래에 모였다. 정문공이 나서 초성왕으로 하여금 단에 올라 주맹主盟이 될 것을 청했다. 초성왕이 단상으로 올라가 우이牛耳를 잡았다. 송양공 이하 열국 군주 모두 차례로 삽혈하고 맹서했다. 송양공은 분노가 치솟았지만 감히 말로 내뱉지 못했다. 맹회가 끝나자 열국 제후 모두 본국으로 돌아갔다.

송양공은 공자 목이가 즉위했다는 잘못된 소문을 들은 까닭에 위나라에 피신하려던 참이었다. 이때 공자 목이가 보낸 사자가 당도해 공자 목이의 말을 전했다.

"신이 그동안 섭정한 것은 주공을 위해 나라를 지키려고 그리한 것일 뿐입니다. 이 나라는 주공의 나라인데 어째서 들어오지 않는 것입니까?"

얼마 후 법가가 당도했다. 송양공은 법가를 타고 환국했다. 그날 공자 목이는 보위에서 물러나 신하의 열에 서서 소양공을 영접했다.

호증 선생이 이같이 평했다.

> 송양공의 석방은 오로지 공자 목이의 계책을 그대로 실천한 덕분이다. 신神이 맑으면 기氣가 안정되는 법이다. 송나라 신하들은 옛 군주를 전혀 생각지 않는 것처럼 꾸밀 수 있었다. 만일 손발이 멋대로 움직이며 당황한 모습으로 초왕에게 송양공을 돌려달라고 간청했다면 초왕은 이를 기화奇貨로 삼아 이용하려고 했을 것이다. 그러면 초왕이 어찌 쉽게 송양공을 풀어줄 수 있었겠는가?

호중 선생은 또 시를 지어 공자 목이를 찬贊했다.

금주전자가 질그릇보다 왜 나은가	金注何如瓦注奇
새 군주가 능히 옛 군주를 구하다	新君能解舊君圍
군주 위해 앉았던 보위 내놓으니	爲君守位仍推位
공자 목이 천고에 그 이름 남기다	千古賢名誦目夷

당시 6국 군주는 공공연히 초성왕에게 너그럽게 봐달라고 아첨했다. 호중 선생은 '중국의 주도권을 초나라에 내줬으니 초왕의 안중에 어찌 중국이 있었겠느냐?'는 취지로 시를 지었다.

토끼 죽으면 여우가 슬피 울거늘	從來兎死自狐悲
겁박하고 겁박당한 자 누구인가	被劫何人劫是誰
중원 제후가 아첨한 치욕 모르고	用夏媚夷全不恥
도리어 송양공 구했다고 자랑하다	還誇釋宋得便宜

송양공은 패업을 이루려다 오히려 초나라에 사로잡혀 농락을 당한 꼴이었다. 치욕을 당한 후 원한이 골수까지 사무쳤으나 힘이 모자라 설욕하지 못했다. 그는 내심 정문공이 앞장서서 초성왕을 패주로 세운 일을 괴이하게 생각했다. 그에 따른 분노도 참기 어려웠다. 앞으로 정나라를 한바탕 크게 혼내주려고 별렀다.

때는 주양왕 14년인 기원전 638년 봄 3월이었다. 정문공이 초나라로 가 초성왕에게 조례를 올렸다. 이 소문을 듣고 송양공이 대로했다. 마침내 정나라를 직접 치려고 대군을 일으켰다. 송양공은 공자 목이에게 태자 왕신王臣을 보필하며 나라를 잘 지킬 것을 부탁했다. 공자 목이가 간했다.

"초나라와 정나라는 바야흐로 화목한 관계를 유지하고 있습니다. 정나라를 치면 초나라는 틀림없이 구원하러 올 것입니다. 이번에 대군을 이끌고 가도 정나라와 싸워 이기기는 어렵습니다. 당분간 덕을 닦으며 때를 기다리는 게 상책일까 합니다."

대사마 공손 고 역시 간했다. 송양공이 화를 내며 말했다.

"사마가 싸우러 가기 싫다면 과인 혼자라도 가겠소!"

공손 고도 감히 더 간하지 못했다. 송나라 군사가 마침내 정나라를 치러 출발했다. 송양공은 중군, 공손 고는 부장이 됐다. 대부 악복이樂僕伊, 황수로華秀老, 공자 탕蕩, 상자수向訾守 등도 장수가 되어 출정했다.

정나라 첩자가 정문공에게 이를 알렸다. 정문공이 크게 놀랐다. 곧바로 사자를 초나라로 보내 구원을 청했다.

초성왕이 말했다.

"정군鄭君이 나를 아비처럼 섬긴다. 속히 가서 구원해줘야 한다."

성득신이 나서 말했다.

"정나라를 구원하기보다 송나라를 치는 게 더 낫습니다."

초성왕이 물었다.

"어째서 그런가?"

성득신이 대답했다.

"지난날 송공이 우리에게 사로잡힌 일이 있기에 송나라 사람들은 이미 간담이 서늘해졌을 것입니다. 그런데도 송공이 자중할 줄 모르고 또 대군을 일으켜 정나라를 치러 갔으니 지금쯤 송나라는 텅 비었을 것입니다. 이 기회를 이용해 곧바로 공격하면 송나라는 틀림없이 겁이 나 크게 동요할 것입니다. 싸움을 하기도 전에 승부가 난 것이나 다름없습니다. 만일 송공이 급보를 받고 회군한다고 할지라도 그땐 이미 크게 지친 뒤입니다. 편히 쉬며 피로한 적을 기다리는 이른바 이일대로以逸待勞를 통해 곧바로 적을 격파할 수 있습니다."

초성왕이 이를 그럴 듯하게 여겼다. 성득신이 대장, 투발은 부장이 됐다. 곧 군사를 이끌고 송나라로 쳐들어갔다.

당시 송양공은 정나라 군사와 대치중이었다. 문득 초나라 군사가 쳐들어간다는 급보를 받고는 이틀 길을 하루에 주파하는 급속 행군으로 회군했다. 이어 지금의 하남성 자성현 서북쪽을 흐르는 홍수泓水의 북쪽에 진을 치고 초나라 군사와 대치했다.

초나라 대장 성득신이 사람을 시켜 송양공에게 싸움을 청하는 전서戰書를 보냈다.

송나라 사마 공손 고가 송양공에게 말했다.

"초나라 군사가 쳐들어온 것은 정나라를 구하기 위한 것입니다. 우리가 정나라를 치지 않겠다고 약속하면 반드시 물러갈 것입니다. 싸움을 피해야 합니다."

송양공이 말했다.

"지난날 제환공은 군사를 일으켜 초나라를 쳤소. 지금 초나라가 쳐들어왔는데도 싸우지 않으면 내가 무엇으로 제환공의 패업을 이을 수 있겠소?"

공손 고가 다시 간했다.

"신은 '일성부재흥一姓不再興'[2] 얘기를 들은 적이 있습니다. 하늘이 송나라의 전신인 은殷나라를 버린 지 오래됐습니다. 주공은 은나라의 재흥을 꾀하고자 하나 그리되지는 않을 것입니다. 또 우리의 병거는 초나라보다 견고하지 못하고, 우리의 무기는 초나라보다 예리하지 못하고, 우리의 병사는

2 일성부재흥一姓不再興은 하나의 성씨가 왕조를 개창한 뒤 일단 패망하면 다시는 부흥할 수 없다는 뜻이다. 은나라 유민遺民을 구성원으로 한 송나라의 한계를 지적한 말이다. 『춘추좌전』을 쓴 좌구명左丘明의 또 다른 저서인 『국어國語』의 「주어周語 하下」에 '일성부재흥' 구절이 나온다.

초나라보다 강하지 못합니다. 송나라 사람들은 초나라를 독사나 전갈인 사갈蛇蝎처럼 두려워하고 있습니다. 그런 터에 주공은 무엇을 믿고 초나라를 이길 수 있다고 판단하는 것입니까?"

송양공이 대답했다.

"초나라는 비록 군사와 무기는 넉넉하긴 하나 인의仁義가 부족하오. 과인은 군사와 무기는 부족하지만 인의가 넉넉하오. 옛날 주문왕은 호본虎賁 3천 명으로 은나라의 억만 대군을 이겼소.[3] 오직 인의가 있었기 때문이오. 유도有道한 군주인 과인이 무도無道한 초왕의 군사를 피하란 말이오? 그런 일을 당하면 과인이 비록 살아 있을지라도 죽은 것만 못하오."

마침내 송양공이 붓을 들어 초나라가 보내 온 전서의 말미에 11월 초하룻날 홍수의 북쪽인 홍양泓陽에서 교전할 것을 약속했다. 그는 또 자신의 융로戎輅에 '인의'를 새긴 커다란 깃발을 세우도록 했다.

공손 고가 암암리에 괴로운 표정을 지으면서 사적으로 악복이에게 말했다.

"싸움은 살육을 위주로 하오. 인의를 내세우니 주공의 인의가 어디에 있는지 나는 도통 모르겠소. 암만 봐도 하늘이 주공의 맑은 정신을 뽑아간 듯하오. 우리는 어떻게 해서라도 경계하고 대비해 나라가 망하지 않게 하는 것만으로도 다행으로 여겨야 할 것이오."

결전의 날인 11월 초하룻날, 공손 고가 닭 울기 전에 일찍 일어나 송양공에게 대비 태세를 보고했다. 이어 포진을 엄중히 하며 초나라 군사를 기다렸다.

한편 초나라 장수 성득신은 군사를 이끌고 홍수 북쪽에다 진을 쳤다. 투

3 이 대목은 『서경』 「주서周書, 목서牧誓」에서 인용한 것이다. 호본虎賁은 호랑이처럼 용맹한 군사를 가리킨다. 본賁은 분奔과 통한다. 통상 '분'으로 읽으나 '호본'의 뜻으로 사용될 때는 '본'으로 읽는다.

발이 성득신에게 청했다.

"우리는 오고五鼓에 강을 건너야 합니다. 그래야만 송나라 군사가 먼저 포진하고 우리를 요격하는 걸 막을 수 있습니다."

성득신이 웃으며 대답했다.

"송공은 병법도 모르면서 세상 물정을 잘 모르고 실제와 거리가 먼 우활迂闊한 일에 전념하고 있소. 우리가 일찍 건너면 일찍 싸우고, 늦게 건너면 늦게 싸울 뿐이오. 그대는 무엇을 두려워하는 것이오?"

하늘이 훤히 밝은 뒤에야 초나라 군사의 병거가 꼬리를 물고 도강하기 시작했다. 공손 고가 송양공에게 청했다.

"초나라 군사가 날이 밝은 이후 도강하는 것은 우리를 얕보기 때문입니다. 저들이 절반쯤 도강했을 때 공격해야 합니다. 그러면 우리는 전군全軍으로 적의 절반을 치는 셈이어서 이길 수 있습니다. 만일 적이 모두 강을 건너올 때까지 기다리면 적은 많고 아군은 적기 때문에 대적하기 어렵습니다. 어찌할 생각입니까?"

송양공이 손가락을 들어 큰 기를 가리키며 대답했다.

"그대는 저 인의 두 글자가 보지 못했는가? 과인은 당당한 진을 거느리고 당당히 싸울 뿐이다. 어찌 절반만 도강한 적을 칠 수 있는가?"

공손 고는 또 암암리에 괴로운 표정을 지었다. 삽시간에 초나라 군사가 모두 도강했다.

초나라 장수 성득신은 머리에 옥구슬을 단 고깔인 경변瓊弁을 쓰고, 턱에 옥영玉瓔을 매고, 몸에는 연갑軟甲을 입고 그 위에 수놓은 전포戰袍를 껴입었다. 허리에 조각을 한 활인 조궁彫弓을 차고, 손에 긴 채찍을 들고, 군사를 지휘해 동서로 진을 폈다. 그 기우氣宇가 앙앙昂昂하여 마치 옆에 사람이 없는 듯한 방약무인傍若無人한 모습을 보였다.

공손 고가 또 송양공에게 청했다.

"초나라 군사가 아직 진을 모두 치지 못했으니 속히 진격의 북을 울리며 적을 치면 틀림없이 적은 틀림없이 큰 혼란에 빠질 것입니다."

송양공이 문득 공손 고의 얼굴에 침을 뱉으며 꾸짖었다.

"시끄럽다! 너는 일격一擊의 이익만 탐하고, 만세萬世의 인의는 모르는 것인가? 과인이 어찌 대열도 갖추지 못한 적을 칠 수 있는가?"

공손 고는 또 암암리에 괴로운 표정만 지을 뿐이었다.

초나라 군사는 이미 진세陣勢를 이뤘다. 이들은 강건하고 말들 역시 힘이 셌다. 숫자가 많아 산과 들을 가득 메웠다. 송나라 병사들 모두 두려운 기색을 보였다.

그때서야 송양공이 군중에 명해 북을 치게 했다. 초나라 군중에서도 북소리가 일어났다. 송양공은 직접 긴 창을 든 채 공자 탕 및 상자수 두 장수를 비롯해 제후들의 친위대인 문관門官[4]의 무리를 이끌었다. 이들은 일제히 병거를 독촉해 곧바로 초나라 군영으로 돌진했다.

성득신은 송양공 1대一隊의 돌진 기세가 매우 흉맹한 것을 보고 가만히 전령을 내려 진문陣門을 좌우로 활짝 연 뒤 돌진하는 송양공 일대의 병거를 그냥 놓아 보내게 했다. 당초 공손 고는 송양공 일대의 뒤를 좇아가면서 송양공의 융로戎輅를 호위코자 했다. 그러나 송양공 일대는 이미 초나라 군영 안으로 쇄도해 들어가고 말았다.

공손 고가 초나라 군영을 보니 한 상장上將이 초나라 군사의 진문 앞을 가로막고 서 있었다. 초나라 병사들이 저마다 소리쳤다.

"송나라 장수 가운데 무예가 있는 자는 쾌히 나와 우리 장수와 한바탕

4 문관門官은 문을 지키는 관원을 가리킨다. 『춘추좌전』「노희공 22년」조에 대한 두예杜預의 주注는 수문자守門者로 풀이하면서 행군할 때 군주의 좌우에 위치한다고 했다. 당나라 때 공영달孔穎達은 소疏에서 이들 문관은 제후들의 친위대로, 천자가 거느리는 친위대인 호분虎賁과 같은 역할을 한다고 해석했다.

결전을 해보아라!"

그 장수는 바로 투발을 가리켰다. 공손 고가 그 말을 듣고 크게 화를 냈다. 극戟을 높이 쳐들고 바로 투발을 향해 돌격했다. 투발도 즉시 대도를 들고 맞아 싸웠다.

두 사람이 서로 어울려서 20여 합을 싸웠을 때 송나라 장수 악복이가 군사를 이끌고 왔다. 투발이 약간 당황한 기색을 보였다. 이때 초나라 군진 속에서 상장 한 사람이 뛰쳐나왔다. 위려신蔿呂臣이었다. 위려신은 악복이를 맞아 치열한 싸움을 벌였다.

공손 고는 혼전의 틈을 놓치지 않고 다시 손에 칼을 뽑아 들고 초나라 군진 안으로 쳐들어갔다. 투발이 공손 고의 뒤를 쫓아가려고 했다. 이때 송나라 장수 화수로가 들이닥쳐 투발의 앞을 가로막은 뒤 맞붙어 싸웠다.

그 틈을 타 공손 고는 적진 속으로 들어가 좌충우돌하면서 송양공을 찾았다. 동북쪽을 바라보니 초나라 갑사들이 수풀처럼 송나라 군사를 에워싸고 있었다. 형세가 매우 급했다. 공손 고가 급히 병거를 몰아 그곳으로 달려갔다. 마침 그곳에서 송나라 장수 상자수를 만났다. 상자수가 피투성이가 된 얼굴로 다급히 외쳤다.

"사마는 속히 가서 주공을 구하시오!"

공손 고가 상자수를 따라 겹겹이 에워싼 초나라 군진 속으로 뚫고 들어갔다. 보니 친위대인 문관門官들 모두 너나없이 중상을 입었지만 결사의 자세로 초나라 군사와 싸우며 물러서지 않고 있었다.

원래 송양공은 아랫사람들에게 많은 은덕을 베풀어 왔다. 친위대인 문관 모두 사력을 다해 보답코자 한 것이다.

초나라 군사는 공손 고의 용맹을 당하지 못해 조금씩 물러서기 시작했다. 공손 고가 앞으로 달려가 보니 공자 탕이 중상을 입고 병거 밑에 쓰러져 있었다. 인의 두 글자를 쓴 큰 기는 이미 초나라 군사에게 빼앗기고 없었

송양공이 인의를 좇다 군사를 잃다

다. 송양공도 이미 몇 군데 창에 찔리는 부상을 입었다. 오른쪽 넓적다리는 화살을 맞고 힘줄이 끊어진 까닭에 능히 일어서지 못했다.

공자 탕은 공손 고가 달려오는 걸 보자 눈을 부릅뜨고 말했다.

"사마는 어서 주공을 구하시오. 나는 이곳에서 죽을 것이오."

그러고는 곧바로 숨이 끊어졌다. 공손 고는 마음이 아팠으나 어쩔 수 없었다. 곧바로 송양공을 부축해 자신의 병거 위에 태운 뒤 자신의 몸으로 그를 가렸다.

공손고는 용맹을 다해 분전하면서 포위망을 뚫고 나갔다. 상자수가 송양공의 후위後衛가 되었고, 문관들도 일제히 공손 고의 좌우에서 송양공을 호위했다. 공손 고의 1대一隊는 일면 싸우고, 일면 달아나면서 초나라 군영을 벗어났다. 이때 문관은 모두 죽고 단 1명도 살아남지 못했다.

가죽을 씌운 병거인 송나라의 갑거甲車 역시 10 중 8–9를 잃었다. 악복이와 화수로는 송양공이 호혈虎穴에서 탈출한 걸 보고서야 각자 도망쳐 본진으로 돌아왔다.

싸움에 이긴 성득신은 기회를 놓치지 않고 달아나는 송나라 군사를 추격했다. 송나라 군사는 대패하여 치중輜重과 병기를 버리고 뿔뿔이 달아났다. 공손 고는 송양공과 함께 밤을 새워 달아나 간신히 귀국할 수 있었다.

이번의 홍수 싸움에서 송나라 병사들은 거의 모두 전사했다. 전사자들의 부모처자들이 조문朝門 밖에 모여 통곡했다. 사마 공손 고의 말을 듣지 않다가 대패했다고 원망했다. 송양공이 백성들의 통곡과 원망 소리를 듣고 탄식했다.

"군자는 다친 사람을 다시 다치지 않게 하고, 머리털이 반백斑白인 사람은 허물이 있어도 잡아들이지 않는다고 했다. 과인은 전쟁도 인의로 행하고자 했을 뿐이다. 어찌 공손 고의 말을 좇아 남의 약점을 노리거나 수단방법을 가리지 않는 행보를 취할 수 있었겠는가?"

온 나라 사람들이 그 말을 듣고 송양공을 비웃었다. 후대인은 송양공이 어쭙잖은 인의를 행하다가 많은 사람을 죽이고 패한 것을 두고 송양지인宋襄之仁으로 표현했다. 송양공이 홍수 싸움에서 인의를 기치로 내걸고 초나라 군사와 싸우다 참패한 일을 비꼰 것이다.

염옹이 시를 지어 이를 탄식했다.

등나라 증나라엔 왜 가혹 했나	不恤滕鄫恤楚兵
괜히 다리 다치고 허명만 얻다	寧甘傷股博虛名
송양공이 인의를 행했다 하면	宋襄若可稱仁義
도척과 주문왕 중 누가 옳은가	盜跖文王兩不明

당시 대승을 거둔 초나라 군사는 다시 홍수를 건너 개선가를 부르며 철군했다. 막 송나라 경계를 떠났을 때 앞서 달리던 초마哨馬가 돌아와 보고했다.

"대왕이 직접 후군을 이끌고 돌아오는 대군과 접응하러 오는 중입니다. 지금 정나라 가택柯澤 땅에 주둔하고 있습니다."

성득신이 말머리를 돌려 곧바로 가택 땅으로 가 초성왕을 알현하며 승첩을 고했다.

초성왕이 말했다.

"내일 정군鄭君이 부인과 함께 이곳에 와 우리 군사를 위로하겠다고 했소. 그대는 응당 포로와 적의 수급인 부괵俘馘을 군중에 진열해 우리의 위엄을 과시하도록 하시오."

원래 정문공의 부인 미씨羋氏는 초성왕의 누이동생이다. 정나라에서는 그녀를 문미文羋로 불렀다. 초성왕과 문미는 오누이 사이인 까닭에 그녀는 오라비를 만나기 위해 휘장을 드리운 부인용 수레인 이른바 치변輜軿을 타고 남편 정문공을 따라 가택으로 갔다. 문미는 오랜만에 오라비를 만났다.

초성왕은 많은 포로와 노획물을 전시해 놓고 정문공 부부에게 전공을 자랑했다. 정문공 부부는 승리를 축하하면서 금과 비단을 대거 풀어 초나라 삼군에게 상급賞給으로 나눠줬다.

이어 초성왕을 정중히 초청했다.

"내일 우리 도성으로 왕림해 우리가 베푸는 축하연에 참석해 주십시오."

이튿날 아침, 정문공은 직접 성곽 밖까지 나가 초성왕을 영접했다. 정문공은 태묘 안에 큰 연회를 베풀고 초성왕에게 9번에 걸쳐 헌수獻壽하는 구헌례九獻禮를 올렸다. 이는 제후가 천자를 대할 때 하는 예법이다.

잔칫상에 차려 놓은 음식의 종류는 수백 가지에 달했다. 크고 작은 6개의 변두籩豆도 갖췄다. 이런 연회나 잔치는 중원의 열국 내에서 아직까지 한 번도 차린 적이 없었다.

문미 소생으로 두 딸이 있었다. 큰딸은 백미伯芈, 작은 딸은 숙미叔芈였다. 둘 다 출가하기 전이라 규실閨室에 있었다. 문미가 두 딸을 데리고 나와 친정 오라버니인 초성왕에게 인사를 시켰다. 두 조카딸의 절을 받고 초성왕이 크게 기뻐했다. 정문공이 부인 및 두 딸과 함께 연신 번갈아가며 초성왕에게 헌수의 잔을 올렸다. 한낮인 오시午時에 시작한 잔치는 밤이 깊어가는 술시戌時에 끝났다. 크게 취한 초성왕이 문미에게 청했다.

"과인이 너무 후하게 대접을 받다 보니 주량보다 많이 마셨소. 누이와 두 질녀는 나를 한 마장만 전송해 줬으면 하는데 어떻소?"

문미가 대답했다.

"분부대로 하겠습니다."

정문공은 성 밖까지 초성왕을 전송한 뒤 먼저 돌아왔다. 문미와 두 딸이 탄 수레가 초성왕의 수레와 나란히 달렸다. 초나라 병사들은 그 수레를 곧바로 초나라 군사의 영채까지 몰고 들어갔다. 초성왕은 두 질녀의 아름다운 자색을 보고는 그녀들을 억지로 침실로 끌어들인 뒤 침석지환枕席之歡을 맺었다.

그날 밤 문미는 초나라의 군막 안에서 방황하면서 밤새껏 한숨도 자지 못했다. 그녀는 초성왕의 위세에 질려 감히 말 한마디도 못했다. 외숙으로서 질녀를 건드렸으니 실로 금수라 할 것이다!

이튿날 초성왕은 송나라로부터 노획한 전리품의 절반을 문미에게 주어 돌려보냈다. 그러고는 두 질녀를 수레에 싣고 초나라로 돌아가 후궁으로 삼았다.

이를 두고 정나라 대부 숙첨叔詹이 한탄했다.

"초왕이 어찌 아름답게 숨을 거두는 영종令終을 할 수 있겠는가? 우리 정나라가 극진한 예로 대접했지만 그는 짐승 같은 짓으로 응수했다. 그러니 어찌 영종할 수 있겠는가!"

여기서 송나라와 초나라에 관한 일은 여기서 덮어두기로 하자

68話 제강이 술 취한 남편 중이를 떠나보내다
– 제강씨승취견부齊姜氏乘醉遣夫

다시 진晉나라 공자 중이重耳에 관한 얘기를 하면 원래 그는 주양왕 8년인 기원전 644년에 제나라로 갔다. 이후 주양공 14년인 638년까지 있었다. 앞뒤로 7년 동안 제나라에 있었던 셈이다. 그간 중이는 제환공의 참혹한 죽음을 보았고, 5명의 공자들이 보위를 놓고 다툰 탓에 제나라가 크게 어지러운 것도 보았다. 급기야 제효공이 즉위했으나 그는 선군 제환공이 이룬 패업을 지키지 못하고 초나라에 붙어 송나라와 원수 사이가 됐다. 제나라는 제환공 사후 다사다난했고 중원의 열국과 불목不睦했다.

이를 지켜 본 중이 휘하의 조최趙衰 등이 모여 상의했다.

"우리가 제나라에 온 것은 패주伯主인 제환공의 힘을 빌려 귀국을 도모코자 한 것이었소. 이제 새로 보위에 오른 제후齊侯는 선군의 패업을 잃고, 제후들의 인심마저 잃었소. 이제 제나라에 있어도 공자에게 아무런 도움이 되지 않는 게 분명해졌소. 차라리 다른 나라로 가 양책良策을 도모하는 게 나을 듯하오."

의견을 모은 조최 등이 중이를 만나 이를 말하려고 했다. 당시 중이는 제환공이 내준 제강齊姜에게 혹해 있었다. 날마다 술상을 차려 놓고 환락에 빠져 있었다. 바깥일은 알려고 하지도 않았다. 조최 등 호걸들은 공자 중이를 만나기 위해 10일간이나 찾아갔으나 만날 길이 없었다. 위주魏犨가 화를 냈다.

"우리는 공자가 큰일을 이룰 것으로 믿었기에 모든 노고勞苦를 마다하지 않고, 공자가 탄 수레의 말채찍을 잡고 따라다녔소. 이제 제나라에 머문 지

7년이나 되었는데도 공자는 게으름만 피우며 안일에 젖어 있소. 세월이 시냇물처럼 자꾸 흘러가는데 우리는 열흘간이나 찾아갔건만 공자의 얼굴을 한 번도 보지 못했소. 이러고서야 어찌 대사를 이룰 수 있겠소?"

자가 자범子犯인 호언狐偃이 나서 말했다.

"이곳은 우리가 모여 내밀한 얘기를 할 데가 아니오. 그대들은 모두 나를 따라오시오."

그들은 모두 호언을 따라 임치성 동문 밖 10리 쯤 떨어진 상음桑陰으로 갔다. 그곳은 늙은 뽕나무가 많았다. 무성한 잎 때문에 대낮에도 햇빛을 보기 어려웠다. 조최 등 9명의 호걸이 뽕나무 밑에 빙 둘러앉았다.

조최가 먼저 말을 꺼냈다.

"자범子犯이 한번 계책을 말해 보시오."

호언이 대답했다.

"공자 중이가 이곳을 떠날지 여부는 우리의 결심에 달려 있소. 미리 계책을 마련해 여장을 꾸려놓은 뒤 공자를 강제로 모셔가도록 합시다. 공자가 궁 밖으로 나오길 기다렸다가 모처럼 교외로 나가 사냥이나 하자고 유인합시다. 사냥을 좋아하는 공자가 거절할 리 없소. 우리 모두 공자와 함께 임치성을 나온 뒤 한마음으로 일제히 공자를 강압해 길에 오르면 됩니다. 다만 이번 여정에서 앞으로 어디로 가서 도움을 청해야 할지 여부는 아직 생각해 보지는 않았소."

조최가 말했다.

"지금 송나라가 패업을 도모하고 있소. 송양공으로 공명을 좋아하는 사람이오. 송나라로 가는 게 좋을 듯하오. 만일 그곳이 마땅하지 않으면 다시 진秦나라나 초楚나라로 가도록 합시다. 우리를 대접해 주는 나라가 반드시 하나쯤은 있을 것이오."

호언이 말했다.

"나와 송나라 사마 공손 고는 구면입니다. 송공이 우리를 어떻게 대할지 한 번 가봅시다."

이들은 그곳에서 오랫동안 서로 논의한 뒤 흩어져 돌아갔다. 그들은 사람이 없는 유벽幽僻한 곳에서 얘기했으니 아무도 눈치 채지 못했을 것으로 믿었다.

그러나 남이 듣지 않도록 하려면 말을 하지 말아야 하고, 남이 알지 못하게 하려면 움직이지 말아야 한다는 말이 있다. 하필 그때 제강의 몸종 10여 명이 뽕나무 위에서 뽕잎을 따고 있었다. 그들은 여러 사람들이 뽕나무들 가운데 한 그루 밑에 둘러앉아 의논하는 것을 보자 뽕잎 따던 손을 멈추고 몰래 엿들었다. 결국 조최 등이 주고받은 말을 모두 들은 후 행궁으로 돌아와 제강에게 일러 바쳤다.

제강이 이들의 말을 모두 듣고 난 뒤 크게 꾸짖었다.

"조최 등이 그런 얘기를 할 리 있는가? 그리 함부로 말을 해선 안 된다."

그러고는 곧바로 몸종 10여 명을 깊숙한 골방 속에 감금케 한 뒤 그날 한밤중에 일제히 살해해 버렸다. 입을 틀어막기 위해 비상수단을 쓴 것이다.

몸종을 제거한 제강이 누워 있는 공자 중이를 깨운 뒤 말했다.

"공자를 따라온 사람들이 곧 공자를 모시고 다른 나라로 떠날 생각이라고 합니다. 그 모의를 뽕잎을 따러갔던 비첩들이 모두 엿듣고 첩에게 고했습니다. 혹여 공자가 누구의 방해나 받지 않을까 염려돼 모두 제거해 버렸습니다. 공자는 속히 제나라를 떠나 대사를 도모하십시오."

공자 중이가 대답했다.

"인생이란 편안하고 즐겁게 지내는 게 좋소. 나는 그 밖의 다른 일은 알고 싶지도 않소. 나도 이젠 늙었소. 그대를 버리고 다른 곳으로 갈 순 없소."

제강이 말했다.

"공자가 고국을 떠나 망명한 이후 진晉나라는 한시도 편한 날이 없었다고 합니다. 이오는 원래 무도한 사람이어서 진秦나라와 싸워 패전하고 포로로 잡혀 수모를 당했고, 백성들 또한 그를 싫어하고, 이웃 나라들도 그를 좋아하지 않는다고 합니다. 모두 하늘이 공자를 기다리고 있기 때문입니다. 공자가 이번에 떠나면 틀림없이 보위에 오를 것입니다. 조금도 주저 말고 이곳을 떠나십시오."

공자 중이는 제강에게 깊이 빠진 이른바 미련迷戀 때문에 결심하지 못했다.

이튿날 이른 새벽, 조최와 호언, 구계臼季, 위주 등 4인이 행궁의 문 밖에 서성이며 공자 중이가 나오기를 기다렸다. 한참 동안 기다리다가 궁인을 불러 사냥을 나가고자 하는 취지를 중이에게 전하게 했다. 중이가 일어나지도 않은 채 침상에 누워 있으면서 궁인을 시켜 대답케 했다.

"공자는 몸이 불편해 아직 관즐盥櫛[5]도 못한 까닭에 나갈 수 없다고 합니다."

제강이 그 말을 듣자 급히 사람을 시켜 호언 한 사람을 궁 안으로 불러들였다. 좌우를 물리친 후 아침 일찍 온 이유를 물었다.

호언이 대답했다.

"지난날 공자가 적翟나라에 있을 때는 날마다 수레를 타고 말을 몰아 여우와 토끼 사냥을 하지 않은 적이 없었습니다. 지금 제나라에 머문 지 오래됐는데도 사냥을 나가지 않기에 몸이 게을러지지나 않을까 두렵습니다. 사냥을 나가자고 청하러 온 이유입니다. 다른 뜻은 없습니다."

제강이 미소微笑를 지으며 말했다.

"이번에 사냥 나갈 곳은 송나라가 아니라 진秦나라나 초나라겠지요?"

5 관즐盥櫛은 세수하고 머리를 빗는다는 뜻이다. 『남사南史』「사유전謝裕傳」에 '관즐' 표현이 나온다. 소세梳洗와 뜻이 같다.

호언이 크게 놀랐다.

"사냥 한 번 나가는데 어찌 그처럼 멀리 가겠습니까?"

제강이 말했다.

"그대들이 공자 중이를 납치해 달아나려 한다는 걸 내가 이미 알고 있소. 굳이 속이려 하지 마시오. 내가 지난밤에 공자 중이에게 제나라를 떠나라고 권했으나 고집스럽게도 내 말을 듣지 않았소. 내가 오늘밤 연회를 베풀고 공자를 크게 취하게 만들겠소. 그대들은 밤중에 이곳으로 와 수레를 준비하고 기다렸다가 공자를 싣고 성 밖으로 나가시오. 그러면 그대들이 꾀한 일이 틀림없이 이뤄질 것이오."

호언이 머리를 숙이며 말했다.

"부인이 규방인 방위房闈의 애정을 사양하면서까지 공자의 공명을 이루고자 하니 그 어진 덕은 천고에 드문 일입니다."

밖으로 나온 호언은 조최 등에게 이를 자세히 알렸다. 이들은 거마와 수종, 병장기, 마른 양식 등을 일일이 수습하고 완비했다. 조최와 호모 등은 수종과 거마 등을 이끌고 먼저 교외에 나가 머물며 중이를 기다리기로 했다.

호언과 위주 및 전힐 등 3인은 작은 수레 2대를 끌고 행궁으로 가 궁문 좌우에 숨어 있으면서 제강의 전갈이 오기를 기다렸다. 전갈이 오면 계획대로 실천할 참이었다. 이야말로 '천하의 기남자를 위해 세상의 만리 길을 편력한다.'는 말을 실천하는 격이었다.

이날 밤, 제강은 술상을 차리고 술잔을 들어 공자에게 권했다. 중이가 물었다.

"무슨 일로 술상을 차렸소?"

제강이 말했다.

"공자가 천하 사방을 호령코자 하는 것을 첩이 잘 알기에 한 잔 술이나

제강이 술 취한 남편 중이를 떠나보내다

마 올리는 것으로 공자를 전별코자 합니다."

중이가 말했다.

"인생은 백구과극白駒過隙[6]처럼 너무나도 빨리 지나가오. 그대와 함께 이대로 사는 게 내 뜻에 부합하오. 무엇 때문에 다른 일을 찾겠소?"

제강이 대답했다.

"의욕을 잃고 안일이나 탐하는 것은 대장부의 일은 아닙니다. 공자는 추종자들의 충성스런 모의謀議를 반드시 따라야 합니다."

6 백구과극白駒過隙은 마치 문틈으로 달리는 흰 망아지를 보는 것처럼 빨리 지나간다는 뜻이다. '백구'는 태양인 백일白日을 상징한다. 『장자』「지북유知北遊」에서 인용한 것이다. 「지북유」에는 극隙이 극郤으로 나온다.

공자 중이가 발연勃然히 안색을 바꾸며 술잔을 물리쳤다. 제강이 말했다.

"공자는 진정 가지 않으려고 이러는 것입니까? 아니면 첩을 속이려고 그러는 것입니까?"

중이가 대답했다.

"나는 가지 않는다고 여러 번 말했소. 누가 그대를 속인단 말이오?"

제강이 웃음을 띤 모습으로 말했다.

"가야 하는 것은 공자의 뜻이고, 가기 싫어하는 것은 공자의 정입니다. 이 술자리는 공자를 전송하기 위해 차린 것인데 지금은 공자를 머물게 하는 술자리가 되고 말았습니다. 첩은 공자와 함께 기쁨을 나누기 위해 실컷 술을 마실까 합니다."

중이가 제강의 말을 듣고 크게 기뻐했다. 두 부부는 서로 술잔을 권했다. 시녀들이 들어와 춤을 추고 노래를 부르며 술잔을 올렸다. 공자 중이가 대취했는데도 제강이 바짝 붙어 앉아 거듭 잔을 권했다. 중이는 자신도 모르는 사이 몸을 가눌 수 없을 정도로 취하는 명정대취酩酊大醉로 인해 이내 자리 위에 쓰러지고 말았다.

제강이 이불을 꺼내 중이를 덮고 나서 사람을 시켜 호언을 불렀다. 호언은 공자 중이가 이미 대취한 것을 알고 위주 및 전힐과 함께 행궁 안으로 들어갔다. 이어 중이를 이불로 덮은 채 떠메고 나왔다. 다시 담요로 중이를 칭칭 감아 수레 위에 눕히고 떠날 채비를 마쳤다.

호언은 제강에게 정중히 절하고 이별을 고했다. 제강이 자신도 모르는 사이 눈물을 주르르 흘렸다.

옛 사람이 시를 지어 이를 증명했다.

공자는 환락을 탐하건만	公子貪歡樂

가인은 멀리 보내려 한다　佳人慕遠行
홍혹의 뜻 이뤄주기 위해　要成鴻鵠志[7]
봉황의 정을 생짜로 베다　生割鳳鸞情

호언 등은 작은 수레 두 대를 몰아 황혼을 뒤쫓으면서 제나라 도성을 떠났다. 한참 만에 조쇠 일행이 기다리는 곳으로 가 합류했다. 이어 밤을 새워 수레를 몰고 50-60리가량을 내달렸다. 사방에서 닭소리가 들리고 먼동이 트기 시작했다. 그제야 공자 중이는 몸을 뒤척이며 궁인을 불렀다.

"목이 마르니 물을 가져오너라."

호언이 말고삐의 줄을 잡고 곁에 있다가 대답했다.

"물을 마시려면 날이 밝을 때까지 기다려야 합니다."

중이는 몸이 흔들리고 잠자리가 편치 않은 것을 느꼈다.

"침상에서 내려오게 나를 좀 붙들어다오."

호언이 대답했다.

"침상이 아니라 수레입니다."

그제야 공자 중이가 눈을 떴다.

"너는 누구냐?"

호언이 대답했다.

"호언입니다."

공자 중이는 한동안 정신이 얼떨떨했다. 그는 비로소 자신이 호언 등의 계책에 빠진 것을 깨달았다. 곧 이불을 박차고 일어나 자범子犯을 꾸짖

7 홍혹鴻鵠을 흔히 '홍곡'으로 읽고 있으나 이는 잘못이다. 과녁 '적的'의 뜻일 때 '곡'으로 읽는다. 전국시대 중엽 진나라를 최강의 군사대국으로 만든 상앙商鞅의 스승으로 알려진 시자尸子의 저서 『시자』에 "홍혹은 날개가 합쳐지지 않는다. 사해를 품은 마음이 있기 때문이다."라는 구절이 나온다. '홍혹'을 봉황처럼 상서로운 새로 풀이한 것이다.

었다.

"너희가 어째서 내게 알리지도 않고 성을 빠져나온 것인가? 무엇을 하려는 속셈인가?"

호언이 대답했다.

"장차 진晉나라를 바치려는 것입니다."

중이가 말했다.

"진나라는 아직 얻지도 못했는데 먼저 제나라를 잃었다. 나는 가지 않겠다."

호언이 거짓으로 말했다.

"제나라를 떠나 이미 100리나 왔습니다. 공자가 달아난 걸 알면 제후齊侯는 틀림없이 군사를 풀어 추격해 올 것입니다. 돌아갈 수 없습니다."

중이가 그 말을 듣고 발연히 화를 냈다. 위주가 짚고 서 있는 창을 빼앗아 호언을 찔렀다.

호언의 생사가 어찌될지 알 길이 없으니 다음 회를 보라.

제35회

69話 진나라 공자 중이가 열국을 주유하다
– 진중이주유렬국晉重耳周遊列國

당시 공자 중이는 호언의 계책으로 제나라를 떠나게 된 것을 노엽게 생각했다. 위주의 창을 빼앗아 호언을 찌른 이유다. 당시 호언은 재빨리 수레에서 뛰어내려 달아났다. 중이도 수레에서 뛰어내려 창을 들고 뒤쫓았다.

조최와 구계, 호야고狐射姑, 개자추 등도 일제히 수레에서 내려 중이를 말렸다. 중이가 땅바닥에 창을 내던진 뒤에도 호언을 원망해 마지않았다. 호언이 중이 앞에 와 머리를 조아리며 청죄請罪했다.

"신을 죽여 공자가 성공할 수 있다면 저는 사는 것보다 죽는 게 낫습니다."

중이가 외숙인 호언에게 말했다.

"이번에 가서 성공하면 그만두겠지만, 성공하지 못하는 날엔 틀림없이 외숙인 구씨舅氏의 살을 씹어 먹을 것이오."

호언이 웃으며 대답했다.

"만일 일이 뜻대로 이뤄지지 않으면 저 어느 곳에서 죽을지도 모르는데, 어찌 공자가 저의 살을 먹을 수나 있겠습니까? 일이 잘 풀리면 공자는 매일 진수성찬만 먹을 터인데 누린내 나는 저의 살을 어찌 먹을 수 있겠습니까?"

조최가 중이 앞에 나서 말했다.

"저희들은 공자가 나라를 경륜할 큰 뜻을 품었다고 여기기에 일가친척과 고향을 버린 채 공자를 분주히 수종하며 서로 버리지 못하고 있습니다. 공명功名을 죽백竹帛에 남기기를 바라기 때문입니다. 지금 진군晉君이 무도합니다. 진나라 백성치고 그 누가 공자를 보위에 모시지 않으려 하겠습니까? 공자가 스스로 입국하려 하지 않으면 그 누가 제나라까지 모시러 오겠습니까? 오늘 일은 저희 모두가 의논해 결행한 것으로, 자범 한 사람에게서 나온 게 아닙니다. 공자는 이상하게 생각지 마십시오."

위주가 큰 소리로 외쳤다.

"대장부라면 응당 공을 이뤄 그 명성을 후대에 떨치도록 노력해야 한다. 어찌 아녀자와 함께 눈앞의 즐거움에 연연해 종신지계終身之計를 생각지 않는단 말인가?"

중이가 정색하고 말했다.

"일이 이미 이렇게 됐으니 제군諸君의 명을 따르겠소."

호모는 건량乾糧을 내놓고, 개자추가 물을 떠 바쳤다. 중이가 모든 사람과 함께 음식을 배불리 먹었다. 호숙壺叔 등은 꼴을 베어 말을 먹이고, 다시 재갈과 굴레를 씌우고, 수레바퀴와 끌채 등을 손질했다. 이윽고 중이 일행이 수레에 올라 앞길을 향해 출발했다.

이를 뒷받침한 시가 있다.

봉새가 군계 떠나 만길 절벽 날고 鳳脫雞群翔萬仞[1]
범이 표범 굴 떠나 뭇 산 달리다 虎離豹穴奔千山
중이가 패업을 이룬 이유 알려면 要知重耳能成伯
열국 두루 다닌 그의 행적을 보라 只在周遊列國間

며칠 뒤 중이 일행이 조曹나라에 당도했다. 원래 조공공曹共公은 노는 것만 좋아했다. 나라 정사는 다스리지 않고 소인배를 가까이하며 군자를 멀리했다.

벼슬을 분토糞土처럼 헤프게 보았다. 조정에서 대부 이상이 입는 붉은 색의 무릎 가리개인 적불赤芾[2]을 입고, 대부가 타는 초헌軺軒을 타는 자가 무려 3백여 명이나 되었다. 이들 3백여 명 모두 시정의 잡배들로 아첨이나 하고 어깨를 으쓱하며 거드름이나 피는 자들이었다.

그런 자들이 공자 중이가 호걸을 이끌고 나타난 것을 보게 된 것이다. 이는 마치 향내 나는 풀과 썩은 냄새 나는 풀을 한 그릇에 담아 놓은 것과 같았다. 조나라 간신배들은 공자 중이가 오래 머물까 봐 두려웠다. 이들은 조공공이 공자 중이를 영접하지 못하게 가로막았다.

대부 희부기가 간했다.

"진晉나라와 조나라는 모두 주왕실의 혈통으로 성씨가 같습니다. 진나

1 만인萬仞의 인仞은 8척尺이다. '만인'은 곧 2,400미터인 8만 척에 해당한다. 통상 1인仞을 사람 키 정도의 길이인 '길'로 번역한다.

2 적불赤芾은 원래 대부 이상이 입는 붉은 색의 무릎 가리개를 말한다. 『시경』「조풍曹風, 후인侯人」에 '삼백적불三百赤芾' 표현이 나온다. '불'은 무릎가리개인 슬갑膝甲 즉 필韠과 같은 뜻이다. 앞가리개인 폐슬蔽膝을 지칭키도 한다. 공영달에 따르면 제복祭服의 경우는 '불', 다른 옷일 경우는 '필'로 표현한다. 대부 이상의 관원이 입는 조복朝服의 한 부분으로 붉게 염색을 했다. 대부 이상의 관원 모두 붉은 앞가리개를 하고 헌軒을 탔다. '적불'은 천자가 대부에게 하사하는 것이다. 여기서는 적불을 하고 있는 고위관원을 지칭한다.

라 공자가 곤궁한 처지에 놓여 우리나라를 들르게 됐으니 응당 두터운 예로 대접해야 합니다."

조공공이 대답했다.

"우리 조나라는 작은 나라요. 더구나 열국의 중간에 위치해 있어 우리나라를 지나다니는 열국의 자제가 적지 않소. 만일 예를 갖춰 이들을 일일이 대접하면 나라는 미약한데 비용만 많이 들 것이오. 그리되면 장차 무엇으로 나라를 지탱해 나갈 것이오?"

희부기가 말했다.

"공자 중이가 현덕賢德하다는 것은 천하에 널리 알려진 사실입니다. 더구나 그는 중동변협重瞳騈脅의 특이한 신체를 가졌다고 합니다. 크게 부귀할 상입니다. 그를 범상한 공자로 보아서는 안 됩니다."

조공공은 치기稚氣가 많은 사람이다. 중이가 현덕하다는 말을 할 때는 모른 척하다가 '중동변협' 얘기를 듣자 관심을 보였다. 그가 희부기에게 물었다.

"눈동자가 2개 있다는 게 중동이라는 건 과인도 알고 있소. 그러나 변협은 어떤 것이오?"

희부기가 대답했다.

"변협은 원래 갈비뼈가 서로 붙어 하나의 통뼈로 있는 특이한 골상입니다."

조공공이 말했다.

"과인은 믿지 못하겠소. 그를 우선 관사에 머물게 하면서 그가 목욕하기를 기다렸다가 변협이 어떻게 생겼는지 직접 한번 봐야겠소."

그러고는 관인館人에게 명해 공자 중이 일행을 공관으로 안내케 했다. 이어 물에 만 밥인 수반水飯만 대접케 했다. 음식을 보내지도 않고, 잔치도 베풀지 않고, 빈주의 예도 펴지 않았다. 홀대를 받은 공자 중이는 괘씸한 생각이 들어 식사를 하지 않았다.

이윽고 관인이 들어와 더운 물을 채운 욕조를 들여놓으면서 목욕을 권했다. 중이는 먼 길을 오느라 몸이 더러웠다. 마침 몸의 때를 씻고 싶어 하던 참이었다. 곧바로 옷을 벗고 목욕을 했다.

보고를 받은 조공공은 폐신嬖臣 몇 사람과 함께 미복 차림으로 관사에 온 뒤 다짜고짜 욕당으로 들어갔다. 이어 중이 곁으로 다가가 그의 변협이 어떻게 생겼는지 살펴봤다. 서로 몇 마디 주고받으며 왁자지껄하게 떠들다가 나가 버렸다.

호언 등은 낯선 외부인들이 관사로 들어왔다는 말을 듣고 황망하게 중이의 처소로 갔다. 욕탕 안에서 시시덕대며 웃는 소리가 들려왔다. 호언은 관인에게 물어본 뒤에야 그들이 조공공과 그의 신하들이라는 것을 알게 됐다. 공자 중이와 호언 등은 조공공의 무례한 행동에 크게 분개했다.

한편 희부기는 조공공이 공자 중이를 잘 대접해야 한다는 간언을 듣지 않자 이내 집으로 돌아갔다. 그의 아내 여씨呂氏가 남편 얼굴에 수심이 가득한 걸 보고 물었다.

"조정에서 무슨 일이라도 있었습니까?"

희부기는 진나라 공자 중이가 왔는데 조공공이 예를 갖춰 대접하지 않아 걱정이라고 대답했다.

여씨가 말했다.

"첩이 교외에 나가서 뽕잎을 따는데 마침 진나라 공자 일행을 태운 수레가 지나갔습니다. 비록 진나라 공자 중이는 보지 못했으나 시종하는 사람들이 모두 영걸英傑이었습디다. 훌륭한 군주에겐 반드시 훌륭한 신하가 있고, 훌륭한 신하에겐 반드시 훌륭한 군주가 있다는 뜻의 '유기군자有其君者, 필유기신必有其臣. 유기신자有其臣者, 필유기군必有其君' 속담이 있습니다. 그 시종하는 일행을 보건대 진나라 공자 중이는 틀림없이 진나라를 광복光

진나라 공자 중이가 열국을 주유하다

復할 것입니다. 그때 공자 중이는 조나라에서 당한 수모를 갚기 위해 반드시 군사를 일으켜 우리 조나라를 칠 것입니다. 그땐 옥과 돌이 모두 불에 타는 이른바 옥석구분玉石俱焚의 참사가 일어날 것입니다. 후회해 봐야 소용없습니다. 군주가 이미 당신의 충언을 듣지 않았다니 당신은 응당 사적으로 공자와 우호를 맺는 게 좋을 것입니다. 첩이 이미 음식을 준비해 두었습니다. 당신은 그 속에 백벽白璧을 넣은 뒤 이를 진나라 공자를 문안하는 폐백으로 삼아 예를 올리십시오. 친교는 불우할 때 맺어두어야 합니다. 당신은 속히 가서 문안을 올리도록 하십시오."

희부기가 그날 밤 공관으로 갔다. 공자 중이는 배가 고픈데도 분노를 머금은 채 앉아 있었다. 아랫사람이 들어와 조나라 대부 희부기가 음식을 갖고 와서 뵙기를 청한다고 고했다. 공자 중이가 그를 방으로 안내하게 했다.

희부기가 들어와 공자 중이에게 재배한 뒤 조공공을 대신해 사죄했다. 이어 경의를 표하기 위해 찾아왔다고 말했다. 공자 중이가 크게 기뻐했다. 그는 조쇠 등을 돌아보며 감탄했다.

"뜻밖에도 조나라에 이런 현신이 있었소! 내가 망명 다니는 사람이지만 다행히 진나라에 돌아가면 마땅히 보답하도록 하겠소."

중이는 희부기가 갖고 온 음식을 먹다가 소반小盤 안에 백벽이 있는 것을 보고 물었다.

"대부가 망명을 다니는 이 사람에게 지나친 은혜를 베풀고 있소. 이곳에서 굶주리지 않게 해주는 것만으로도 만족하오. 어찌 이런 귀중한 물건까지 받을 수 있겠소?"

희부기가 대답했다.

"이는 외신外臣이 공자에 대한 존경심의 일단을 나타내고자 한 것일 뿐입니다. 물리치지 말아주기 바랍니다."

공자 중이는 굳이 사양하며 받지 않았다.

희부기가 돌아가며 탄식했다.

"진나라 공자는 이렇듯 곤궁한데도 나의 백벽을 탐내지 않는다. 내 요량으로는 그가 품은 뜻을 측량할 길이 없다!"

이튿날 중이 일행은 조나라를 떠났다. 희부기는 도성 밖 10리까지 전송하고 돌아왔다.

사관이 이를 시로 읊었다.

용과 범을 승냥이로 간주하니	錯看龍虎作豺貙
눈먼 조공공의 식견 형편없다	盲眼曹共識見微
초헌 탄 300명 무리 한탄하니	堪歎乘軒三百輩
희부기 아내만한 사람도 없다	無人及得負羈妻

공자 중이 일행은 조나라를 떠나 송나라로 향했다. 호언이 전구前驅가 되어 먼저 송나라로 가 친분이 있는 공손 고와 만났다.

공손 고가 말했다.

"과군은 스스로 역량을 헤아리지 않고 초나라와 싸움을 벌였다가 패전하고 다리까지 다쳐 병상에 누워 있소. 그러나 일찍이 공자의 명성을 듣고 흠모한 지 오래됐소. 틀림없이 관사를 깨끗이 소제하고 공자의 거가車駕를 모실 것이오."

공손 고가 궁중으로 들어가서 송양공에게 이 일을 보고했다. 당시 송양공은 홍수 싸움에서 대패한 후 늘 초나라에 큰 원한을 품고 있었다. 그는 현자의 도움을 얻어 보구報仇할 생각밖에 없었다. 그런 터에 공자 중이가 찾아왔다는 보고를 받은 것이다. 그는 진나라가 대국인데다 공자 중이가 현명하다는 명성을 익히 듣고 있었다. 크게 기뻐한 이유다.

그러나 다리의 상처 때문에 직접 만나기 어려웠다. 공손 공에게 명해 교외까지 나가 마중한 뒤 관사로 모시게 했다. 이어 일국의 군주를 예우하는 예법에 따라 대접케 했다. 공손 고로 하여금 7뢰七牢의 성대한 연회를 베풀어 환대케 했다.

이튿날 중이는 송나라를 떠나려고 서둘렀다. 공손 고는 송양공의 분부를 받은 까닭에 공자 중이에게 편히 머물 것을 권하면서 사적으로 호언에게 물었다.

"공자가 제나라에 있을 때 제환공이 어떻게 대접했소?"

호언이 제나라 종중宗中의 여인을 아내로 삼게 하고 말들을 선물한 일 등을 자세히 알려줬다. 공손 고가 궁중에 들어가 송양공에게 그대로 고했다. 송양공이 말했다.

"공자는 일찍이 우리 송나라 여인과 혼인한 바 있어 다시 여인을 내줄 수는 없소. 그러나 말만큼은 제환공이 내준 만큼 주도록 하겠소."

송양공이 공자 중이에게 말 20승을 보냈다. 중이가 크게 감격해 며칠을 더 머물렀다. 그 사이 음식 공궤供饋와 문안이 그치지 않았다.

호언은 송양공의 상처가 언제 나을지 기약할 수 없는 것을 보고 사적으로 공손 고를 찾아가 진晉나라의 회복방안을 상의했다. 공손 고가 말했다.

"공자가 망명의 풍진風塵을 겪는 괴로움이 싫다면 폐읍이 비록 작지만 여기서 발걸음을 멈춰도 괜찮소. 그러나 큰 뜻을 품었다면 폐읍은 초나라에 패전을 당해 도무지 힘을 쓸 수가 없소. 다른 대국의 힘을 빌려야 그 뜻을 이룰 수 있을 것이오."

호언이 말했다.

"실로 폐부肺腑를 찌르는 말이오."

그날로 공자 중이에게 공손 고의 말을 알린 뒤 떠날 채비를 했다. 송양공이 그 소식을 듣고는 다시 노자와 함께 식량과 의복 및 신발 등을 후하게 내줬다. 중이 일행이 크게 기뻐했다.

공자 중이가 떠난 뒤 송양공의 전창箭瘡이 날로 심해졌다. 얼마 후 송양공은 숨을 거두고 말았다. 그는 죽기 직전 태자 왕신王臣을 불러 유언했다.

"나는 공자 목이의 말을 듣지 않았다가 이 지경에 이르렀다. 나의 뒤를 이어 네가 보위에 오르거든 공자 목이에게 정사를 맡기도록 하라. 초나라는 우리의 큰 원수이니 우호를 맺어서는 안 된다. 진晉나라 공자 중이가 귀국하면 틀림없이 보위에 오를 것이다. 그가 즉위하면 틀림없이 열국의 제후를 규합할 것이다. 나의 자손이 겸손히 그를 섬기면 송나라의 안전을 지킬 수 있을 것이다."

태자 왕신은 재배하고 그 유명遺命을 받았다. 송양공은 재위 14년 만인 기원전 637년에 훙거했다. 태자 왕신이 주상主喪이 되는 것과 동시에 즉위했다. 그가 바로 송성공宋成公이다.

염선은 송양공이 덕과 힘이 모두 부족한데도 춘추오패의 일원으로 간주하는 것은 부당하다는 취지의 시를 지은 바 있다.

한 가지도 못 이루고 몸 다치니	一事無成身死傷
우활한 말 하며 실없이 뽐내다	但將迂語自稱揚
썩은 선비들 그런 사실 모르고	腐儒全不稽名實
송양공을 오패의 명단에 넣다	五伯猶然列宋襄

공자 중이는 송나라를 떠난 후 이내 정나라 지경에 접어들었다. 변경 관원이 이를 속히 정문공에게 보고했다.

정문공이 신하들에게 말했다.

"중이는 자기 아비를 배반하고 도망한 자요. 열국이 그를 용납지 않아 여러 번 굶주림을 당했다고 하오. 그는 불초不肖한 자니 꼭 대접할 필요는 없다고 생각하오."

상경 숙첨叔詹이 간했다.

"진나라 공자에게 하늘이 3가지로 돕는 이른바 3조三助가 있다고 합니다. 그에 대한 대접을 태만하게 해서는 안 됩니다."

정문공이 물었다.

"경이 말한 3조가 무엇이오?"

숙첨이 대답했다.

"동성끼리 혼인하면 자손이 번성하지 못합니다. 중이는 모친인 호씨狐氏 소생입니다. 호씨와 희씨는 조종祖宗이 같은데도 중이와 같은 영특한 인물이 태어났습니다. 그는 또 은둔해 있을 때도 현명하다는 칭송을 들었고 세상에 나와서도 재앙을 당하지 않았습니다. 이것이 1조一助입니다. 중이가 망명을 떠난 후 진晉나라가 늘 불안한 것이 어찌 하늘의 뜻이 아니겠습니까? 진나라의 형편이 마치 나라를 다스릴 사람을 기다리는 것과 같습니다.

이것이 2조二助입니다. 조최와 호언 등은 모두 당대의 영걸입니다. 중이가 이런 인물을 얻었습니다. 이것이 3조三助입니다. 중이가 이런 3가지 도움을 얻고 있으니 주공도 예를 갖춰 대접해야 합니다. 그리 하는 게 동성에 대한 예절이고, 곤궁한 사람을 돕는 것이고, 어진 인재를 존경하는 것이고, 천명에 순응하는 것입니다. 이 4가지는 모두 아름다운 일입니다."

정문공이 말했다.

"중이는 이제 늙었소. 그런 그가 앞으로 무슨 큰일을 하겠소?"

숙첨이 대답했다.

"주공이 그를 극진히 대접할 수 없다면 차라리 그를 죽이십시오. 이번 일로 원한을 품게 되면 훗날 후환이 될까 두렵습니다."

정문공이 웃으며 말했다.

"대부의 말이 너무 심한 듯하오. 처음엔 예를 다해 그를 대접하라고 말했다가 나중에 그를 죽이라고 권하니 그런 변덕이 어디 있소? 과인은 그에게 예를 다해 대접할 만한 은혜를 입은 적도 없고, 그를 죽일 만큼 원한을 맺은 일도 없소."

그러고는 성문의 수문장에게 성문을 닫아 중이 일행을 받아들이지 못하게 했다. 중이는 정나라 성문이 굳게 닫힌 걸 보고는 자신을 거절하는 뜻이란 걸 알았다. 정나라 지경을 그대로 지나쳐 마침내 초나라로 갔다. 초나라 도성인 영도郢都에 당도한 중이가 초성왕을 알현했다.

초성왕 역시 일국의 군주를 대접하는 예우로 대접했다. 큰 연회를 베풀고 중이에게 술잔을 9번 올리는 구헌례九獻禮를 행하고자 했다. 중이가 그런 예우를 받을 수 없다며 사양했다.

조최가 곁에 시립하고 있다가 말했다.

"공자가 타국에 망명한 지 어언 10여년이 지났습니다. 그간 소국도 공자를 소홀히 대접하거나 거절했는데 대국이야 더 말할 게 있겠습니까? 초나라는 대국인데도 공자를 이처럼 융숭히 대접하니 이는 천명입니다. 공자는 사양하지 마십시오."

공자 중이가 이를 좇아 구헌례를 받았다. 잔치 자리가 끝날 때까지 중이를 존중하는 초성왕의 태도엔 전혀 변함이 없었다. 중이의 언사도 더욱 겸손해졌다. 두 사람은 서로 상대방을 존중하게 됐다. 마침내 공자 중이 일행은 초나라에 머물기로 했다.

하루는 초성왕이 공자 중이와 함께 운몽雲夢 땅의 소택지로 사냥을 나가게 됐다. 초성왕은 자신의 무예를 뽐내려고 잇달아 활을 쏴 2대의 화살로 사슴 한 마리와 토끼 한 마리를 모두 맞혀 잡았다. 장수들이 땅에 엎드려 초성왕을 칭하稱賀했다.

이때 문득 사람처럼 두 발로 선 곰 한 마리가 나타나 중이의 수레를 들이받으며 지나갔다. 초성왕이 중이에게 큰 소리로 물었다.

"공자는 어째서 그 곰을 쏘지 않는 것입니까?"

중이가 활시위에 화살을 꽂고 잡아당기면서 암암리에 축원했다.

'하늘이 이 몸을 진나라로 돌아가 보위에 앉히려거든 이 살로 곰의 오른쪽 앞발을 맞히게 해 주십시오'

화살이 '쇄' 하는 바람소리를 내며 날아가 정통으로 곰의 오른쪽 손바닥을 뚫었다. 병사들이 그 곰을 떠메고 와서 중이와 초성왕 앞에 바쳤다. 초성왕이 중이의 활솜씨에 탄복했다.

"공자의 활솜씨는 실로 신전神箭이오!"

이때 문득 저만치 앞쪽의 몰이꾼 내에서 함성이 일어났다. 초성왕이 좌우 시신에게 명해 무슨 일이 일어났는지 살펴보게 했다. 이들이 한참 뒤에 돌아와 보고했다.

"산골짜기에 괴상한 짐승이 나타났습니다. 생김새는 곰 같으나 곰은 아니었습니다. 코는 코끼리 같고, 머리는 사자 같고, 발은 범 같고, 털은 승냥이 같고, 갈기는 멧돼지 같고, 꼬리는 소 같고, 그 몸은 말보다 컸습니다. 온몸엔 검고 흰 반점이 섞여 있는데 칼로 내리치고 활로 쏴도 상처가 나지 않는다고 합니다. 뿐만 아니라 검불을 씹어 먹듯 무쇠를 먹는다고 합니다. 어찌나 사납고 민첩한지 사람의 힘으론 어찌할 도리가 없어 저렇게들 에워싸고 고함만 지르는 중입니다."

초성왕이 중이에게 물었다.

"공자는 중원에서 생장했으니 보고들은 바가 많을 것이오. 틀림없이 그 짐승의 이름을 알 것이오."

중이가 조최를 돌아다보았다. 조최가 나서 말했다.

"신은 그것이 무슨 짐승인지 알고 있습니다. 이는 맥貘이라는 짐승입니다. 맥은 천지의 금기金氣를 받고 태어난 짐승입니다. 머리는 작고, 발은 짧고, 구리와 쇠를 잘 먹습니다. 맥이 똥과 오줌을 누면 곧 5가지 금속으로 변합니다. 온갖 금속을 먹고 소화시켜 물로 만들기 때문입니다. 맥의 뼈는 골수가 없고 온통 단단한 뼈로만 이뤄져 있어 그 뼈를 망치 대신 쓸 수 있습니다. 그 가죽으로 요를 만들어 깔면 질병과 습기를 피할 수 있습니다."

초성왕이 물었다.

"그러면 어찌해야 그 짐승을 잡을 수 있소?"

조최가 대답했다.

"가죽과 살 모두 쇠가 뭉쳐 된 것이기에 어떻게 하기 힘듭니다. 다만 그 콧구멍 속에 빈 구멍이 하나 있는데 그곳을 강철로 찌르면 제압할 수 있습니다. 그 짐승을 불로 지지면 곧바로 죽습니다. 금기金氣는 화기火氣를 두려워하기 때문입니다."

그 말이 끝나기 무섭게 위주가 큰 소리로 말했다.

"신이 무기를 쓰지 않고 그 짐승을 사로잡아 두 분의 거가車駕 앞에 바치겠습니다."

그러고는 병거에서 뛰어내려 나는 듯이 뛰어갔다. 초성왕이 중이에게 말했다.

"과인도 공자와 함께 그곳으로 가 구경하고 싶소."

그러고는 즉시 명을 내려 수레를 그곳으로 몰고 가게 했다.

한편 위주는 몰이꾼들이 에워싼 사냥터 귀퉁이를 통해 안으로 뛰어 들었다. 맥을 보자 정면으로 달려들어 주먹으로 연거푸 쳤다. 하지만 맥은 조금도 두려워하는 기색이 없이 크게 한 번 소 울음소리와 같은 소리를 지르고는 똑바로 서서 위주에게 다가왔다. 긴 혀를 내밀어 위주가 허리에 두른 유금정대鎏金鋥帶를 핥았다. 순간 띠에 붙은 쇳조각이 입 속으로 빨려 들어갔다.

위주가 크게 화를 내며 외쳤다.

"이 짐승이 어찌 이토록 무례한 것인가!"

몸을 날려 땅바닥에서 한 5척가량 솟았다가 내려오며 주먹으로 맥의 정수리를 힘껏 쳤다. 맥이 한 대에 나동그라지더니 한 쪽 구석으로 가 쭈그리고 앉았다. 위주가 더욱 화가 나 달려가며 몸을 솟구쳐 맥의 등 위에 올라탔다. 젖 먹던 힘까지 모두 내어 두 팔로 맥의 목을 끌어안고 힘껏 졸랐다. 맥도 마구 날뛰었다. 위주는 맥의 몸부림에 따라 상하좌우로 심하게 흔들리면서도 손을 놓지 않았다.

한참 동안 몸부림치던 맥의 힘이 점차 줄어들었다. 위주의 흉맹한 힘은 아직 남아 있었다. 그는 두 팔로 더욱 세게 맥의 목을 졸랐다. 마침내 맥은 숨통이 막혔고, 숨을 쉴 수 없게 되자 전혀 움직이지 못했다.

위주가 맥의 등에서 뛰어내려 무쇠 같은 뼈와 구리 같은 근육으로 이뤄진 두 팔을 뻗어 주저앉힌 뒤 코를 한 손으로 비틀어 잡고 마치 개나 염소를 끌듯이 질질 끌고 와 초성왕과 중이 앞에 갖다 놓았다. 실로 호랑이처럼 용맹한 호장虎將이었다.

조최가 병사들에게 명해 불을 가져와 맥의 코끝을 지지게 했다. 불기운이 콧속으로 들어가자 맥이 금방 부드러워지면서 한 무더기의 살덩이가 되었다. 위주가 그제야 비로소 맥의 코를 잡고 있던 손을 놓았다. 이어 차고 있던 보검을 뽑아 맥을 내리쳤다. 그러나 칼날에서 섬광이 번쩍 일어날 뿐 아직도 맥의 몸은 털 끝 하나 상하지 않았다. 조최가 말했다.

"이 짐승을 죽여 가죽을 벗기려면 주위에 불을 놓고 구워야 하오."

초성왕이 병사에게 명해 그대로 시행토록 했다. 맥의 가죽과 살은 무쇠 같았으나 둘레에 불을 놓아 오랫동안 굽자 점차 부드러워져 마침내 가죽을 벗길 수 있었다.

초성왕이 중이에게 말했다.

"공자를 따르는 호걸들 모두 문무를 겸비하고 있소. 우리 초나라엔 그런 인물이 한 사람도 없소."

초나라 장수 성득신이 마땅찮은 표정으로 초성왕에게 말했다.

"주공이 진晉나라 신하의 무예를 칭찬하니 원컨대 신이 그와 한번 겨뤄 보고 싶습니다."

초성왕이 허락치 않았다.

"진나라의 군신은 우리의 빈객이오. 그대는 응당 공경토록 하시오."

이날 사냥을 마친 뒤 초성왕이 중이 일행과 함께 먹고 마시며 크게 즐겼다. 그 자리에서 공자 중이에게 물었다.

"공자가 진나라로 돌아가면 과인에게 무엇으로 보답하겠소?"

중이가 대답했다.

"아름다운 여인과 옥백玉帛은 군왕이 넉넉히 갖고 있을 것이고, 새의 깃털과 상아 및 짐승 가죽 등은 원래 초나라가 주산지입니다. 군왕에게 무엇으로 보답해야 좋을지 모르겠습니다."

초성왕이 웃으며 말했다.

"비록 그렇기는 하나 그래도 틀림없이 과인에게 보답이 있어야 하지 않겠소? 과인은 그게 듣고 싶소."

중이가 잠시 생각하고 나서 말했다.

"만일 군왕의 영험한 덕에 힘입어 진나라의 보위에 오르면 초나라와 우호를 두터이 해 두 나라 백성이 평안히 살도록 하겠습니다. 부득이해서 군왕과 더불어 병거를 이끌고 평원平原이나 광택廣澤에서 대치하는 일이 생기면 군왕을 피해 3사三舍를 물러서겠습니다.[3]"

상고해 보건대 군대가 30리를 행군하면 한 번 쉰다. 그것을 1사舍라고 한다. 3사면 90리 거리이다. 이는 훗날 두 나라가 교전하는 상황이 빚어지면 3사를 물러나 되도록 초나라 군사와 접전하지 않음으로써 은혜를 갚겠다는 취지이다. 그날 잔치가 파하자 초나라 장수 성득신이 성난 말투로 초성왕에게 말했다.

"주공은 오늘도 진나라 공자를 융숭히 대접했습니다. 그가 오늘 한 불손한 말을 보면 훗날 귀국할지라도 틀림없이 우리의 은혜를 저버릴 것입니다. 신은 그를 죽여야 한다고 생각합니다."

초성왕이 대답했다.

"진나라 공자는 현명하고, 그를 시종하는 사람들 모두 나라를 다스릴 만한 그릇인 국기國器에 해당하오. 하늘이 그를 돕는 듯하오. 어찌 우리 초나라가 하늘의 뜻을 어길 수 있겠소?"

성득신이 말했다.

"공자 중이를 죽일 수 없다면 호언과 조최 등 그의 신하 몇 사람이라도

3 여기서 퇴피삼사退避三舍 성어가 나왔다. 은혜를 갚기 위해 먼저 많은 것을 양보하는 것을 의미한다. 『춘추좌전』 「노희공 22년」조에는 '피군삼사辟君三舍'로 되어 있다. 피辟는 피避와 통한다.

억류하십시오. 범에게 날개를 달아주는 이른바 여호첨익與虎添翼[4]을 하면 안 됩니다."

초성왕이 대답했다.

"그들을 억류한들 내 신하로 삼을 수 없고, 한낱 원한만 살 뿐이오. 과인이 지금 공자 중이에게 은덕을 베푸는 마당에 실속도 없이 은덕을 원한으로 바꾸는 것은 득책이 아니오."

초성왕은 성득신의 말을 물리치고 중이를 더욱 후하게 대접했다.

4 여호첨익與虎添翼은 역량을 더욱 강화시켜 강경하게 만든다는 뜻이다. 주로 악인을 돕는 것을 지칭한다. 『일주서逸周書』「오경편寤敬篇」에는 위호부익爲虎傅翼, 『회남자』「병략훈兵略訓」에는 여호부익與虎傅翼으로 나온다. 같은 뜻이다.

70話 진나라 회영이 공자 중이와 재혼하다
– 진회영중혼공자秦懷嬴重婚公子

얘기가 둘로 나뉜다. 주양왕 15년인 기원전 637년은 진혜공 14년에 해당한다. 이 해에 진혜공이 병이 나 병상에 눕게 됐다. 병이 심해 조회에 나갈 수 없었다. 태자 어圉는 진秦나라에 인질로 가 있은 지 오래됐다.

태자 어의 외가는 양梁나라였다. 양나라 군주는 무도해 민력民力을 아끼지 않고 날마다 전각만 짓고 연못을 팠다. 양나라 백성들이 한탄하고 원망하다가 마침내 유랑민이 되어 진秦나라로 흘러 들어갔다. 가혹한 부역賦役 탓이었다.

진목공은 양나라 민심이 변한 걸 알고, 백리해로 하여금 군사를 이끌고가 양나라를 치게 했다. 소국인 양나라는 진나라의 공격을 받자 단숨에 무너져 멸망했다. 양나라 군주는 난민들에게 살해되고 말았다.

태자 어는 양나라가 멸망했다는 소식을 듣고 한탄했다.

"진秦나라가 나의 외가인 양나라를 멸망시킨 것은 나를 업신여긴 탓이다."

속으로 진나라를 원망하고 있는 터에 군부君父인 진혜공이 와병 중이라는 소식을 듣게 됐다. 내심 자신의 앞날을 생각했다.

'타국에 볼모로 있어 밖으론 나의 가련한 처지를 동정해 주는 사람이 없고, 안으론 나를 도와주는 심복 부하 한 사람 없다. 만일 부친이 세상을 떠나면 대부들이 다른 공자를 세울지도 모른다. 그러면 나는 진秦나라에 붙들려 있다가 객사하고 말 터이니 초목의 신세와 다를 게 뭐 있겠는가? 내가 몰래 달아나 부친의 병환을 시중들면서 민심을 다독이는 게 득책이다.'

그날 밤 진목공의 딸인 아내 회영懷嬴과 함께 잠자리에 들어 그 일을 말했다.

"내 이제 달아나 본국으로 돌아가지 않으면 진晉나라는 내 소유가 되지 않을 것이오. 홀로 달아나자니 부부의 정을 끊는 게 되어 난감하기만 하오. 그대도 나와 함께 진晉나라로 갑시다. 그러면 공公과 사私를 두루 온전히 할 수 있소."

회영이 울며 대답했다.

"그대는 일국의 태자입니다. 이곳에 볼모로 와 곤욕을 당하니 돌아가고 싶은 생각이 나는 것도 당연합니다. 과군이 첩으로 하여금 태자의 건즐巾櫛을 시중들게 한 것은 그대의 마음을 이곳에 매어두려는 속셈입니다. 이제 첩이 그대를 따라 진晉나라로 달아나면 관군의 명을 배반하는 게 됩니다. 그 죄가 크다고 하겠습니다. 그대는 스스로 편한 방도를 택하고, 첩에겐 아무 말도 하지 마십시오. 첩이 감히 태자를 따라가지는 못하겠지만 태자의 그 말을 다른 사람에게 누설하지는 않을 것입니다."

태자 어가 마침내 은밀히 달아나 진晉나라로 돌아갔다. 보고를 접한 진목공이 대로했다.

"의리를 배반한 도적이다! 하늘이 결코 너를 돕지 않을 것이다."

이어 여러 대부에게 말했다.

"이오夷吾 부자 모두 과인에게서 신세를 졌다. 그러나 둘 다 과인을 배반했다. 과인이 반드시 보복할 것이다. 애당초 중이를 진나라 군주로 세우지 않은 게 후회스럽다."

그러고는 사람들을 시켜 중이의 종적을 찾게 했다. 이내 중이가 초나라에 있고 그곳에 머문 지도 여러 달이 됐다는 것을 알게 됐다. 진목공이 공손지를 시켜 초나라를 빙문聘問케 했다. 우호를 다지는 김에 중이를 맞아들여 진晉나라 군주로 옹립할 심산이었다.

공자 중이는 자신을 데려가려고 진나라에서 사자가 왔다는 말을 듣고는 짐짓 거짓말로 초성왕의 속마음을 떠봤다.

"이 망명객은 군왕에게 목숨을 맡기겠습니다. 진秦나라엔 가고 싶지 않습니다."

초성왕이 대답했다.

"진晉나라와 초나라는 멀리 떨어져 있소. 공자가 귀국할 계기가 생겨도 반드시 다시 몇 나라를 거쳐야만 하오. 그러나 진진秦晉 두 나라는 서로 경계를 접하고 있어 아침에 떠나면 저녁에 도착할 수 있소. 더구나 진목공은 원래 현군인데다 진晉나라 군주 이오를 증오하고 있다고 하오. 이는 공자에게 하늘이 돕는 기회에 해당하오. 서둘러 가도록 하시오."

중이가 그 말을 듣고 거듭 사례했다. 초성왕은 중이에게 많은 황금과 비단과 거마를 주었다. 중이 일행이 행색을 근사하게 차릴 수 있었던 이유다.

중이 일행은 몇 달 동안 공손지를 따라가다가 마침내 진나라에 당도했다. 진나라에 이르기까지 여러 나라를 들렀다. 그러나 이들 나라 모두 진나라 아니면 초나라의 명을 따르는 나라들이었다. 더구나 공손지와 동행한 까닭에 중이 일행은 정중한 대접을 받으며 편안히 여행할 수 있었다.

진목공은 공자 중이가 온다는 보고를 받고 크게 기뻐했다. 교외까지 나가서 공자 중이를 영접한 뒤 중이 일행이 머물 공관을 내주며 융숭한 예로 대접했다.

진목공의 부인 목희穆姬 역시 친정오라비인 중이를 경애하고 있었던 데다가 자기 딸을 버린 태자 어를 원망했다. 내심 회영과 중이를 결혼시켜 인척의 우호를 맺고자 했다. 진목공이 목희로 하여금 회영의 뜻을 물어보게 했다.

회영이 대답했다.

"첩은 이미 진나라 태자 어에게 몸을 맡기지 않았습니까? 어찌 또 다른 사람에게 시집을 가는 재자再字[5]를 할 수 있겠습니까?"

목희가 말했다.

"태자 어는 결코 돌아오지 않을 것이다. 중이는 현명하고 그를 돕는 사람도 많다. 틀림없이 진晉나라를 차지할 것이다. 그는 너를 정실로 삼을 것이다. 그러면 두 나라는 대대로 혼인한 사이가 된다."

회영이 한동안 말이 없다가 대답했다.

"실로 그렇다면 제가 어찌 저의 한 몸만 아껴 두 나라의 우호에 누를 끼치는 처신을 할 수 있겠습니까?"

진목공이 공손지를 시켜 중이에게 이 일을 알리게 했다. 태자 어와 중이는 숙질叔姪 사이이다. 중이에게 회영은 원래 조카며느리인 질부姪婦에 해당한다. 질부를 아내로 맞이하는 것은 윤리에 어긋나는 것이었다. 청혼을 사절코자 한 이유다.

조최가 말했다.

"듣건대 회영은 아름답고 재주가 있어 진군秦君과 부인이 몹시 사랑한다고 합니다. 공자는 진군의 딸을 받아들이지 않고 어떻게 진秦나라와 우호관계를 맺으려 하는 것입니까? 저는 남이 나를 사랑하도록 하려면 반드시 내가 먼저 사랑해야 하고, 남이 나를 따르도록 하려면 반드시 내가 먼저 남을 따라야 한다는 취지의 '욕인애기欲人愛己, 필선애인必先愛, 욕인종기欲人從己, 필선종인必先從人' 얘기를 들었습니다. 진나라의 환심을 얻지 못하면 진나라의 힘을 빌리고자 해도 도저히 그럴 수 없을 것입니다. 공자는 사양하지 마십시오."

중이가 말했다.

"동성 간의 혼인도 피하는데 하물며 질부를 어찌 취할 수 있겠소?"

5 재자再字는 다시 명호名號를 얻는다는 뜻으로 재자再嫁 내지 개가改嫁와 같은 의미이다.

구계臼季가 말했다.

“예로부터 동성同姓은 덕이 같기에 그리 말한 것이지 동족을 가리킨 말은 아니었습니다. 상고 때 황제黃帝와 염제炎帝는 모두 유웅국有熊國의 군주인 소전少典의 아들이었습니다. 황제는 희수姬水, 염제는 강수姜水 부근에서 태어났습니다. 두 제왕은 각각 지닌 덕이 토덕土德과 화덕火德으로 달랐기에 황제는 희성姬姓, 염제는 강성姜姓을 취했습니다. 씨족이 같은 희씨와 강씨는 대대로 혼인을 했습니다. 황제의 아들은 25명입니다. 다른 성을 취한 아들은 21명이고, 희성과 기성己姓을 취한 아들은 각각 두 아들 뿐이었습니다. 이는 덕이 같기에 그리한 것입니다. 덕이 같고 성이 같으면 비록 촌수가 멀지라도 혼인을 하지 않았고, 덕이 다르고 성이 다르면 비록 촌수가 가까울지라도 서로 피하지 않았습니다. 요堯는 제곡帝嚳의 아들로 황제黃帝의 5대손이고, 순舜은 황제의 8대손이므로 요의 딸은 순에게 조모가 됩니다. 그런데도 요는 두 딸인 아황娥皇과 여영女英을 순에게 시집보냈고, 또 순은 그 혼인을 사양하지 않았습니다. 옛 사람의 혼인 법도가 그러했습니다. 이제 덕으로 말하면 태자 어의 덕이 어찌 공자와 같겠습니까? 또 친한 것으로 말하면 회영과 공자의 사이가 어찌 순과 아황 여영의 관계에 견줄 정도로 무겁겠습니까? 하물며 태자 어가 버린 여인을 거두는 것이지 그가 좋아하는 여인을 빼앗는 것도 아닙니다. 이 어찌 인륜을 손상하게 하는 일이겠습니까?”

중이는 다시 호언에게 그 일을 물어보았다.

“그리해도 되는 것인지 구범舅犯[6]이 의견을 말해 보시오.”

호언이 대답했다.

“공자는 본국으로 들어가기로 마음을 굳힌 듯합니다. 이는 진후晉侯를

6 구범舅犯은 호언을 가리킨다. 호언의 자는 자범子犯이다. 호언은 중이의 외숙이 되는 까닭에 ‘외숙이 되는 자범’이라는 뜻의 ‘구범’ 표현이 나온 것이다.

진나라 회영이 공자 중이와 재혼하다

섬기려는 것입니까, 아니면 대신하려는 것입니까?"

중이가 대답하지 않았다. 호언이 다시 말했다.

"이대로 가면 진晉나라의 법통은 이오의 아들 어에게 돌아갈 것입니다. 공자가 만일 그를 섬길 생각이면 회영은 국모가 되는 셈이고, 만일 그를 대신해 보위에 오를 생각이면 회영은 원수의 아내가 됩니다."

중이가 부끄러운 안색인 참색慚色을 띠었다. 조최가 말했다.

"앞으로 그 나라를 빼앗아야 하는데 그 아내쯤이야 무엇이 대단하겠습니까? 큰일을 하려는 사람이 작은 절의에 얽매이려 하니 나중에 후회한들 어찌 미칠 수 있겠습니까?"

중이가 마침내 결심했다. 공손지가 진목공에게 혼인의 성사를 고했다. 공자 중이는 길일을 택하고 폐백을 전한 뒤 공관에서 회영과 혼인식을 올렸다.

회영의 용모는 제나라에 두고 온 제강보다 아름다웠다. 진목공은 종녀宗女 가운데 4명을 선발해 잉첩으로 보냈다. 그녀들 모두 미모가 뛰어났다. 중이는 바라지도 않았던 처첩을 얻게 돼 기쁨을 감추지 못했다. 마침내 망명 과정의 온갖 고생도 까마득히 잊어버렸다.

사관이 시를 지어 이 일을 평했다.

출가한 뒤 다른 지아비 섬기나	一女如何有二天
더구나 숙질 사이니 더 그렇다	况於叔侄分相懸
오로지 진나라 환심을 사려고	只因要結秦歡好
구설수와 인륜을 가리지 않다	不恤人言禮義愆

진목공은 평소부터 공자 중이의 인품을 사랑했다. 다시 장인 사위 관계를 맺자 정의情誼가 더욱 두터워졌다. 그는 3일마다 작은 잔치를 열고, 5일마다 큰 잔치를 열어 중이를 대접했다. 진秦나라 태자 영罃도 중이를 존경한 까닭에 수시로 음식을 보내며 문안인사를 올렸다.

조최와 호언 등도 건숙과 백리해 및 공손지 등과 깊이 사귀었다. 이들 모두 당장 진晉나라 회복에 나서는 것을 주저했다. 크게 2가지 이유다. 첫째, 공자 중이가 새로 결혼해 신혼의 재미에 빠져 있었다. 둘째, 진晉나라에 아직 빈틈이 생기지 않아 경솔히 거사할 수 없었다.

전해오는 속담에 운과 때가 오면 쇠로 만든 나무에도 꽃이 핀다는 뜻의 '운도시래運到時來, 철수화개鐵樹花開' 속담이 있다. 하늘이 공자 중이를 이 세상에 태어나게 했을 때 진晉나라 군주가 될 분수와 뛰어난 패주伯主가 될 운명을 점지해 주었다. 기회는 자연히 오게 마련이다.

한편 진나라에서 도망쳐 본국으로 돌아간 진나라 태자 어는 병상에 누워 있는 부친을 위로했다. 진혜공이 크게 기뻐했다.

"내가 병이 든 지 이미 오래되었다. 뒷일을 부탁할 사람이 없어 근심하던 참이었다. 네가 갇혔던 울타리를 벗어나 태자의 자리로 복귀했으니 내 마음이 놓인다."

이해 가을 9월, 진혜공의 병이 위독했다. 진혜공이 여생과 극예를 불러 태자 어의 앞날을 부탁했다.

"태자 어를 잘 모셔 주길 바라오. 다른 공자들은 족히 염려할 게 없소. 다만 중이만은 잘 막아야 하오."

여생과 극예가 머리를 조아리며 유명을 받았다. 이날 밤 진혜공이 죽었다. 태자 어가 주상主喪이 되면서 동시에 즉위했다. 그가 바로 진회공晉懷公이다.

진회공은 중이가 국외에 있으면서 변란을 일으키지나 않을까 걱정했다. 이내 이런 명을 내렸다.

"진晉나라 신하로서 중이를 따라 망명한 자들은 앞으로 3달 내에 귀국하도록 그 부모에게 책임을 지워라. 기한 내에 돌아오는 자는 옛 벼슬에 복직시키고 기왕에 저지른 일은 처벌하지 않겠다. 만일 기한이 지나도 돌아오지 않는 자는 관직의 녹적祿籍에서 제명하고 단서丹書[7]에 그 사죄死罪를 기록할 것이다. 또 부자형제로서 불러들이지 않고 좌시한 자는 아울러 사형에 처하고 용서하지 않을 것이다."

당시 늙은 국구國舅 호돌은 두 아들인 호모와 호언 모두 공자 중이를 따르고 있었다. 지금 그들이 진秦나라에 있다는 건 누구나 알고 있었다. 극예가 사적으로 호돌을 찾아갔다. 두 아들에게 서신을 보내 귀국을 종용토록

7 단서丹書는 여러 의미로 사용되나 여기서는 주필朱筆로 범인의 죄상을 기록한 고대 문서를 가리킨다. 『춘추좌전』 「노양공 23년」조에 '단서' 표현이 나온다. 서진의 두예杜預는 대개 관노官奴가 됐다고 풀이했다.

권했다. 호돌이 이를 완강히 거절했다.

극예가 진회공에게 보고했다.

"호모와 호언 두 형제는 장군이나 재상인 장상將相의 재능을 지니고 있습니다. 이들은 지금 중이를 따라다니고 있으니 이는 범에게 날개를 붙여준 격입니다. 이들의 아비 호돌이 두 아들을 소환하려고 하지 않으니 그 마음을 헤아릴 수 없습니다. 주공이 직접 호돌을 불러 명하십시오."

진회공 어圉가 곧바로 사람을 보내 호돌을 불렀다. 호돌이 집안사람에게 마지막 작별을 하듯 인사를 하고 집을 떠났다. 호돌이 궁 안으로 들어가 진회공을 알현한 뒤 말했다.

"노신은 병이 들어 두문불출하고 집안에 있었는데 문득 소환하니 무슨 까닭인지 모르겠습니다."

진회공이 대답했다.

"경의 아들 호모와 호언 형제가 국외에 있다는 말을 들었소. 국구는 진즉 가신家信을 보내 부른 적이 있소?"

호돌이 대답했다.

"가신을 보낸 적이 없습니다."

진회공이 말했다.

"과인이 명하기를, '3달의 기한이 지나도록 귀국하지 않으면 그 부모 친척에까지도 죄가 미친다.'고 했소. 국구는 어찌해서 이를 듣지 못한 것이오?"

호돌이 말했다.

"신이 두 자식을 공자 중이에게 위질委質[8]을 한 지 오래됐습니다. 충신은

8 위질委質은 원래 인질이 된다는 뜻이다. 당나라 때 사마정司馬貞은 『사기색은史記索隱』에서 『춘추좌전』에 대한 복건服虔의 주를 인용해 풀이키를, "옛 사람들은 출사出仕할 때 먼저 책명策命에 자신의 이름을 기입해 군주에게 목숨을 바친 인질이 됐음을 밝혔다. 연후에 비

군주를 섬길 때 죽을지언정 두 마음을 품지 않는 법입니다. 두 자식이 중이에게 충성하는 것은 이제 조정의 제신諸臣이 주공에게 충성을 다하는 것과 같습니다. 만일 두 자식을 돌아오게 한다면 신은 이들의 불충함을 꾸짖고 가묘로 끌고 가 죽여 버릴 것입니다. 하물며 신이 부를 리 있겠습니까?"

대로한 진회공이 큰 소리로 2명의 역사力士에게 명해 하얗게 빛나는 칼날을 호돌의 목에 교차시켜 들이대게 한 뒤 말했다.

"두 자식을 돌아오게 하면 죽음을 면할 수 있을 것이다."

그러고는 죽간을 찾아 호돌 앞에 갖다 놓게 했다. 극예가 호돌의 손을 잡고 서신을 쓸 것을 강요했다. 호돌이 손을 뿌리치며 말했다.

"내 손을 잡지 마라. 내가 응당 스스로 쓸 것이다."

호돌이 붓을 들어 크게 8자를 썼다.

자식에게 두 아비가 없듯이	子無二父
신하에게도 두 군주가 없다	臣無二君

진회공이 대로했다.

"너는 죽음이 두렵지 않은가?"

호돌이 대답했다.

"자식이 부모에게 불효하고 신하가 군주에게 불충한 것을 노신은 두려워합니다. 이런 죽음은 충신과 효자에게 늘 있는 법이니 신이 무엇을 두려워하겠습니까?"

그러고는 목을 늘여 참형을 받겠다는 자세를 취했다. 진회공이 마침내 좌우에 명해 호돌을 저잣거리로 끌고 가 참수케 했다.

로소 신하가 될 수 있었다."고 했다. 이후 예물을 바치고 군주 내지 스승으로 섬기게 된 것을 지칭하는 말이 됐다. 위지委摯 내지 위지委贄로도 표현한다.

태복 곽언郭偃이 호돌의 시신을 보고 탄식했다.

"군주가 보위를 이어받은 지 얼마 되지 않았다. 백성에게 덕을 베푸는 일에 힘쓰지 않고 늙은 대신을 살육했으니 그가 패할 날이 머지않았다!"

그날로 곽언은 병을 핑계로 집안에 틀어박혀 두문불출했다. 호씨의 가신들이 황망히 진秦나라로 달아나 호모 형제에게 이 사실을 알렸다.

호모 형제가 장차 어찌할지 알 길이 없으니 다음 회를 보라.

제36회

71話 여생과 극예가 밤에 궁궐을 불태우다 – 진려극야분공궁晉呂郤夜焚公宮

호모와 호언 형제는 공자 중이를 모시고 진秦나라에 있다가 부친 호돌이 진회공 어圉에게 죽임을 당했다는 소식을 듣고는 가슴을 치며 통곡했다. 조쇠와 구계 등이 몰려가 이들을 위로했다.

조쇠가 말했다.

"돌아가신 분을 다시 살릴 수는 없소. 슬퍼한들 무슨 소용이 있겠소? 함께 공자에게 가서 대사를 상의합시다."

호모 형제는 간신히 눈물을 거두고 조쇠 등과 함께 중이에게 갔다.

호언이 중이에게 진晉나라 사정을 알렸다.

"이오는 죽고 태자 어가 즉위했다고 합니다. 그가 명하기를, '진晉나라 신하로서 망명한 자를 모두 기한을 정해 불러들이고, 소환하지 못하면 부모형제와 친척까지 그 죄를 받아야 한다.'고 했습니다. 신의 늙은 아비도 저희 형제를 부르지 않은 탓에 참형을 당했습니다."

말을 마치자 통분한 마음에 다시 대곡大哭했다. 중이가 말했다.

"두 외숙은 너무 상심하지 마시오. 내가 복국復國하는 날 그대들의 원수를 갚겠소."

공자 중이는 곧바로 수레를 타고 궁으로 들어가서 진목공을 알현하고 진晉나라의 어지러운 사정을 호소했다.

진목공이 대답했다.

"이는 하늘이 진晉나라를 공자에게 주려는 조짐이오. 이런 기회를 잃지 않아야 하오. 과인이 몸소 그 일을 맡겠소."

조최가 말했다.

"군후가 우리 공자를 도우실 생각이면 속히 일을 도모하는 게 다행일까 합니다. 태자 어가 개원改元하고 태묘太廟에 고하면 군신의 관계가 굳어집니다. 그러면 일이 더욱 어려워질까 두렵습니다."

진목공이 그 말을 깊이 새겨들었다. 공자 중이가 궁에서 나와 자신이 머물고 있는 부마駙馬의 공관인 생관甥館으로 돌아왔다. 의관을 벗고 자리에 앉았을 때 호위를 담당한 문관門官이 고했다.

"지금 문 밖에 진晉나라에서 온 어떤 사람이 기밀에 관한 일이라며 알현을 청합니다."

공자 중이가 즉시 불러들여 이름부터 물었다. 그 사람이 절을 한 뒤 말을 꺼냈다.

"신은 진晉나라 대부 난지欒枝의 아들 난돈欒盾입니다. 새로 보위에 오른 태자 어는 시기심이 많은데다 주로 사람을 죽이는 걸로 위엄을 세우고 있습니다. 백성들 모두 그를 원망하고 있고, 신하들 역시 복종하지 않고 있습니다. 신의 아비가 신을 보낸 이유입니다. 태자 어의 심복은 여생과 극예 2인밖에 없습니다. 극보양郤步揚과 한간韓簡 등 여러 나이든 구신舊臣들은 대접을 못 받고 있습니다. 그들이 공자를 반대할까 봐 염려할 일은 없습니다. 신의 아비 난지는 이미 극진郤溱 및 주지교舟之僑 등과 서로 짜고 사병私兵을 모으고 있습니다. 공자가 본국으로 들어오는 즉시 내응할 것입니다."

중이가 크게 기뻐하며 명년 새해 첫날을 거사일로 정하면서, 그날 기필코 하상河上 땅으로 갈 것을 약속했다. 난돈이 타국에서 지체할 몸이 못된다며 그날로 돌아갔다.

중이가 하늘을 향해 축원하고 시초점蓍草占을 쳤다. 「태괘泰卦」의 육효六爻가 모두 안정된 점괘가 나왔다. 하늘이 아래에 있고 땅이 위에 있어 서로 형통하는 「태괘」인데도 육효가 안정되어 있으므로 흔들어도 흔들이지 않는 상象을 나타내기도 한다. 곧바로 호언을 불러 길흉을 물었다.

호언이 절하며 축하했다.

"이는 하늘과 땅이 서로 배합해 작은 것은 가고 큰 것이 온다는 뜻으로 상길上吉의 조짐입니다. 공자가 이번에 가면 나라를 얻을 뿐만 아니라 제후들의 패주가 될 기미마저 보입니다."

중이가 그제야 난돈이 한 얘기를 했다. 호언이 말했다.

"공자는 내일 바로 진공秦公을 만나 군사를 빌려 달라고 청하십시오. 일이란 늦춰서는 안 됩니다."

이튿날 중이는 다시 궁으로 들어가서 진목공을 배알했다. 진목공은 중이가 청하기도 전에 먼저 말했다.

"과인은 공자가 한시바삐 귀국코자 하는 것을 잘 알고 있소. 하지만 이런 일을 신하들에게만 맡기자니 어쩐지 걱정이 되오. 과인이 친히 공자를 황하까지 전송할 생각이오."

중이가 진목공에게 배사하고 궁에서 물러나왔다. 진晉나라에서 망명한 비표丕豹는 진목공이 중이를 진나라로 들여보내겠다고 한 말을 듣고 자신이 선봉이 되어 중이를 돕겠다고 자청했다. 진목공이 이를 허락했다.

진秦나라 태사太史가 출병할 길일을 택했다. 겨울 12월 모일某日이었다. 진목공은 출병일 3일 전에 구룡산九龍山에서 중이를 위한 전별연餞別宴을 크게 열어 주었다. 잔치 자리에서 진목공은 공자에게 백벽白璧 10쌍과 말 400필, 심지어 수레에 칠 장막과 자리 등 모든 기물을 내줬다. 양식과 마초는 더 말할 것도 없었다. 또 조최와 호언 등 9명의 수행인에게도 각각 백벽 1쌍과 말 4필씩을 내렸다. 중이 일행이 진목공에게 재배하며 사례했다.

출병할 날이 되자 진목공이 직접 모신謀臣인 백리해와 유여, 대장인 공자 집과 공손지, 선봉인 비표 등과 함께 노정에 올랐다. 병거 400승을 이끌고 공자 중이를 호위해 보내기 위해 도성인 옹주성雍州城을 떠났다.

이들은 동쪽을 향해 진군했다. 진나라 태자 영罃은 그 사이 중이와 친한 사이가 됐다. 좀처럼 돌아서지 못하고 마침내 위양渭陽[1]까지 전송한 뒤 눈물을 흘리며 작별했다.

후대인이 이를 시로 읊었다.

맹장과 정예군 모두 범 같은데	猛將精兵似虎狼
함께 공자 도와 변경에 이르다	共扶公子立邊疆
진회공 공연히 호돌만 죽이니	懷公空自誅狐突
한 손으로 어찌 태양을 가릴까	隻手安能掩太陽

그때가 주양공 16년이자 진회공 원년인 기원전 636년 춘정월이었다.

1 위양渭陽은 위수의 북쪽을 가리킨다. 양陽은 물의 북쪽, 산의 남쪽을 뜻한다. 음陰은 이와 정반대이다. 통상 남의 외삼촌을 높여 부르는 위양장渭陽丈 표현은 진秦나라 태자 영이 모친인 목희의 오라비인 중이를 위양에서 전별한 이 일화에서 나온 것이다.

진목공은 공자 중이와 함께 행군해 황하 기슭의 나루에 당도했다. 진목공은 그곳에서 다시 한 번 연회를 베풀었다. 진목공이 은근히 부탁했다.

"공자는 고국에 돌아갈지라도 과인 부부를 잊지 마시오."

마침내 진목공은 거느리고 온 군사를 양분한 뒤 절반을 공자 집과 비표에게 내주면서 중이를 호위해 황하를 건너도록 했다. 이어 나머지 군사와 함께 황하의 서안에 주둔했다. 이는 그야말로 눈으로는 승전 깃발을 바라보고 싶고, 귀로는 좋은 소식을 듣고자 한다는 뜻의 '안망첩정기眼望捷旌旗, 이칭호소식耳聽好消息'의 모습이었다.

진秦나라 군사의 승리를 알리는 깃발을 든 전령이 그곳으로 달려오는 것을 직접 목도하고자 한 것이다.

원래 호숙壺叔은 공자 중이 일행의 살림보따리인 행리行李를 맡은 사람이었다. 그는 중이를 따라 망명길에 오른 후 줄곧 중이 일행의 행리를 챙겨왔다. 중이 일행은 그간 조나라와 위나라 등을 방랑하면서 고픈 배를 움켜쥐고 굶주림을 견딘 적이 한두 번이 아니었다. 아껴 입을 옷도 없고, 아껴 먹을 밥도 없는 처량한 처지를 수도 없이 겪었다.

그런 숱한 고생을 겪었던 중이 일행이 이젠 고국으로 가기 위해 황하를 건너게 된 것이다. 호숙은 모든 행리를 수습했다. 전날 고생할 때 쓰던 깨진 밥그릇과 부서진 대소쿠리, 해진 돗자리, 찢어진 차일까지 하나도 버리지 않고 일일이 묶어 배에 실었다. 먹다 남은 술과 건포조각 나부랭이도 보물이나 되는 것처럼 아까워하면서 상자에 담아 배 안으로 갖고 들어왔다.

중이가 이를 보고는 가가대소呵呵大笑하며 말했다.

"내가 이제 고국에 돌아가 군주가 되면 온갖 별미와 좋은 술을 먹을 터인데 저런 다 떨어지고 해진 물건과 먹다 남은 음식 나부랭이를 갖고 가서 무엇에 쓰려는 것인가?"

중이는 그것들을 모두 강기슭에 버리고 배 안으로 갖고 들어오지 말라고 큰 소리로 지시했다. 호언이 몰래 탄식했다.

"공자가 아직 부귀를 얻기도 전에 빈천했던 지난날을 잊으려 한다. 그렇다면 그는 앞으로 새것을 사랑하고 헌것을 버릴 것이다. 지금까지 함께 고생해 온 우리를 저 깨지고 해진 기물처럼 하찮게 볼 것이 아닌가? 내가 19년 동안 공자와 함께 고생해온 지난날을 헛되게 할 수는 없다. 아직 황하를 건너기 전인 지금 공자와 작별하는 것이 좋지 않겠는가? 그러면 훗날 서로 잊지 않고 생각날 때가 있을 것이다."

그렇게 생각한 호언은 중이 앞에 꿇어앉아 진목공이 선물로 건네준 백벽 한 쌍을 꺼내 바치면서 말했다.

"공자는 이제 황하를 건너게 되었습니다. 강을 건너면 바로 진晉나라 지경입니다. 국내에는 공자를 기다리는 많은 신하가 있고, 밖으론 진秦나라 장수와 군대가 공자를 돕고 있습니다. 진晉나라를 얻지 못하실까 염려할 필요는 없게 됐습니다. 이제 이 한 몸이 공자를 모시더라도 더는 아무런 도움을 드리지 못할 것입니다. 원컨대 신은 이곳 진秦나라에 남아 공자의 외신外臣이 되는 게 마지막 소원입니다. 신이 선물 받은 백벽 한 쌍을 바쳐 신의 작은 충정이나마 표하고자 합니다."

공자 중이가 크게 놀라 외쳤다.

"내가 앞으로 구씨舅氏와 함께 부귀를 누리려고 하는데 어째서 그런 말을 하는 것이오?"

호언이 대답했다.

"신은 지금까지 공자에게 3가지 죄를 지은 것을 알고 있습니다. 그러니 감히 공자를 더 모실 수 없습니다."

중이가 물었다.

"3가지 죄라니 그게 무엇이오?"

호언이 대답했다.

"신이 듣건대, '성신聖臣은 능히 그 군주를 높이고, 현신賢臣은 능히 그 군주를 편하게 한다.'고 했습니다. 신은 불초하여 지난날 오록五鹿 땅에서 공자를 곤혹스럽게 만들었습니다. 이게 첫 번째 죄입니다. 또 조나라와 위나라에서 공자로 하여금 그 나라 군주의 모멸을 받게 했습니다. 이게 두 번째 죄입니다. 이어 술에 취한 공자를 수레에 싣고 제나라를 빠져 나와 공자를 진노케 만들었습니다. 이게 세 번째 죄입니다. 지난날엔 공자가 망명길에 나선 떠돌이 신세인 까닭에 신이 차마 공자를 버리고 떠날 수 없었습니다. 그러나 지금은 공자가 고국으로 당당히 쳐들어가는 마당이니 그때와는 사정이 다릅니다. 신도 오랜 세월 동안 분주히 돌아다닌 까닭에 온갖 일을 겪는 과정에서 놀란 혼이 거의 꺼질 듯하고, 심력心力 또한 크게 마모되었습니다. 비유하면 신은 마치 찌그러지고 깨진 제기祭器인 이른바 여변잔두餘籩殘豆와 같아 다시는 제사상에 올릴 수 없습니다. 또한 찢어진 차일과 해진 돗자리인 폐유파석敝帷破席과 같아 다시는 치거나 펼 수 없습니다. 신이 공자 곁에 남아 있다고 해서 이익이 될 것도 없고, 떠난다고 해서 손해될 것도 없습니다. 신이 이제 공자 곁을 떠나려고 하는 이유입니다."

중이가 눈물을 흘리며 말했다.

"구씨가 나를 책망하는 게 당연하오. 내가 잘못했으니 용서해 주시오."

그러고는 호숙에게 명해 방금 내다버린 낡은 물건을 일일이 도로 배에 싣도록 했다. 이어 황하를 향해 맹서했다.

"내가 고국으로 돌아가 구씨의 지난날 노고를 잊고 함께 동심협력해 정사를 다루지 않으면 내 자손이 번성하지 못할 것이다."

이어 호언이 바친 백벽을 황하에 던지면서 다시 다짐했다.

"황하의 신인 하백河伯이여, 이 맹서의 증인이 돼 주십시오!"

그때 개자추介子推는 다른 배를 타고 있었다. 그는 중이가 호언에게 맹서하는 광경을 보았다. 씁쓸히 웃으면서 혼잣말로 중얼거렸다.

"공자가 고국에 돌아가게 된 것은 하늘의 뜻이다. 자범子犯은 하늘의 뜻을 가로채 자신의 공으로 생각하고 있다. 부귀를 탐하는 무리와 내가 같은 조정에서 어울리는 것은 부끄러운 일이다."

이때부터 개자추는 조정에 나아가지 않고 은둔해 살 생각을 품게 됐다.

중이 일행이 황하를 건넜다. 이내 동쪽으로 진군해 영호令狐 땅에 이르렀다. 그곳을 지키는 등혼鄧惛이 성문을 닫고 병사들을 성 위에 배치해 저항했다. 진秦나라 군사가 영호성을 포위했다. 선봉 비표가 용기백배해 맨 먼저 성 위로 올라갔다. 이내 영호성이 함락됐다. 등혼은 사로잡혀 죽었다.

그러나 지금의 산서성 임의현인 상천桑泉과 산서성 운성현 경내의 구쇠臼衰 두 고을은 그 기세에 놀라 성문을 열고 항복했다.

진회공은 첩자로부터 이를 보고받고 크게 놀랐다. 곧바로 국내 병거와 갑병을 모두 동원했다. 여생를 대장, 극예를 부장으로 삼았다. 두 사람은 지금의 산서성 임의현 서북쪽의 여류廬柳 땅에 군사를 주둔시킨 뒤 진秦나라 군사와 맞서고자 했다. 그러나 그의 군사는 진秦나라의 강병이 두려워 감히 교전하려 하지 않았다.

공자 집은 진목공의 이름으로 서간을 쓴 뒤 사자에게 내주면서 진晉나라 군중으로 가서 여생과 극예에게 전하도록 했다. 대략 골자는 이러했다.

> 과인이 지금까지 진晉나라에 베푼 덕은 극진했다. 그런데도 진晉나라의 두 부자 군주는 우리 진秦나라를 마치 원수처럼 대해 왔다. 과인은 그 아비의 소행은 참았지만 이제 그 자식의 소행까지 참을 수는 없는 일이다. 작금昨今 공자 중이는 그 어진 덕이 널리 소문이 나고, 많은 선비가 공자를 보필하고 있다. 하늘과 사람이 서로 공자 중이를 돕고, 나라 안팎의 인심이 그에게 돌아간 증거다. 이에 과인이 직접 대군을 이끌고 하상河上에 주둔하고, 장수인 공자 칩에게 명

> 해 공자 중이를 모시고 진晉나라로 들어가 사직을 맡게 했다. 진晉나라의 여러 공자와 대부들이여, 그대들이 현우賢愚를 분별할 줄 안다면 곧바로 무기를 버리고 공자 중이를 영접토록 하라. 전화위복轉禍爲福의 기회는 이번 일거一擧에 달려 있다.

여생과 극예는 이 서신을 읽고 한동안 서로 말이 없었다. 진秦나라 군사와 싸우자니 도저히 승산이 없어 싸울 마음이 내키지 않았다. 전에 용문산龍門山에서 참패해 진혜공이 사로잡혀 간 것과 같은 일이 다시 벌어질까 겁도 났다.

그렇다고 항복하자니 전날의 원한을 가슴에 품은 중이가 억울하게 죽은 이극과 비정보의 원수를 갚아 주기 위해 자신들을 잡아 죽일 게 분명했다. 두 사람은 오랫동안 주저하다가 여러모로 상의한 끝에 한 가지 계교를 짜냈다. 곧 그 계교에 따라 진秦나라 장수 공자 집에게 답신을 보냈다. 골자는 대략 이러했다.

> 모등某等은 스스로 공자 중이에게 죄를 지었다는 걸 잘 알고 있기에 감히 갑옷을 벗고 무기를 놓을 수 없습니다. 그러나 내심 공자를 도와 추대하고 싶은 게 저희들의 소원입니다. 만일 지금까지 공자와 함께 망명한 분들과 미리 만나 서로 해치지 않겠다고 하늘의 해를 두고 맹서하고, 공자와 대부들이 우리를 탓하지 않기로 보장하면 어찌 감히 명령에 따르지 않겠습니까?

공자 집은 그 답신을 읽고 나서 여생과 극예 두 사람이 자기들의 신변을 염려하고 있다는 걸 알았다. 곧바로 홀로 수레를 타고 여류 땅으로 갔다. 여생과 극예가 흔연히 나와 영접했다. 공자 집에게 솔직히 속마음을 털어놓았다.

"우리가 항복하고 공자 중이를 영접할 생각이 없는 게 아니오. 다만 공자 중이가 우리를 용납하지 않을까 두려울 뿐이오. 답신에서 말한 대로 서로 해치지 않겠다는 맹서를 하고 신표를 보여주어야 하오."

공자 집이 대답했다.

"그대들이 군사를 서북쪽으로 후퇴시키면 내가 책임지고 그대들의 성의를 공자 중이에게 잘 전하겠소. 그러면 이내 맹서도 이뤄질 수 있을 것이오."

여생과 극예가 그 제의를 승낙했다. 두 사람은 공자 집이 떠나자 곧바로 군사를 여류 땅의 서북쪽에 있는 순성郇城으로 퇴각시켜 그곳에 주둔했다.

공자 집의 말을 들은 중이는 호언으로 하여금 공자 집과 함께 순성으로 가서 여생과 극예 두 사람을 만나보게 했다. 이들 4인은 회견한 그날로 짐승을 잡아 삽혈하고 맹서했다.

"우리는 함께 중이를 받들어 군주로 세우고, 각자 두 마음을 품지 않는다."

맹서를 마치자 여생과 극예는 호언을 따라 구최臼衰 땅으로 가 공자 중이를 영접할 사람을 선발해 보냈다. 이들은 진晉나라 군사에게 명해 중이가 순성으로 오면 크게 환영하도록 했다.

한편 진회공은 여생과 극예로부터 승전 소식이 오기를 기다렸으나 아무런 보고도 받지 못했다. 시인 발제勃鞮를 진晉나라 군중에 보내 독전케 했다. 발제가 그날로 출발해 진나라 군중으로 가던 도중 이런 소문을 듣게 됐다.

"여생과 극예가 군사를 순성으로 후퇴시킨 뒤 호언 및 공자 집과 강화를 맺었다. 앞으로 진후晉侯를 배반하고 공자 중이를 맞아들이기로 했다."

발제는 황망히 되돌아와 이를 진회공에게 보고했다. 진회공이 놀라 급히 극보양郤步揚과 한간韓簡, 난지欒枝, 사회士會 등 여러 조신朝臣을 소집했다. 대책을 상의코자 한 것이다. 그러나 이들 조신은 일찍부터 공자 중이 쪽에 선 사람들이었다. 게다가 이들은 평소 진회공이 여생과 극예만 신임하는 것을 보고 내심 큰 불만을 품었다.

이들은 내심 이같이 생각했다.

'이젠 여생과 극예마저 배신하는구나. 그가 쫓겨날 날이 박두했는데 우리를 부른들 무슨 소용이 있겠는가?'

이들은 하나같이 병 또 부득이한 일 등을 핑계로 조정에 나아가지 않았다. 진회공이 한숨을 내쉬며 탄식했다.

"내가 전에 몰래 도망쳐 돌아온 게 잘못이었다. 진秦나라의 환심을 잃어 이 지경에 이르게 됐다."

시인 발제가 말했다.

"신하들이 공자 중이를 영접해 군주로 모실 생각인 듯합니다. 주공은 이곳에 머물 수 없습니다. 청컨대 잠시 고량高粱 땅으로 피신해 재차 계책을 세우도록 하십시오."

그날로 진회공은 발제와 함께 고량 땅으로 달아났다.

한편 공자 중이는 여생과 극예가 보낸 영접사의 안내를 받아 진晉나라 군중으로 들어갔다. 여생과 극예가 중이 앞으로 나와 머리를 조아리며 사죄했다. 중이가 좋은 말로 이들을 위로했다.

여생과 극예는 중이를 따라다닌 조최와 구계 등 여러 사람과도 만나 속마음을 토로하면서 뒷걱정이 없을 것임을 보장받았다. 조최 등으로부터 언질을 받아낸 여생과 극예가 크게 기뻐했다. 이들은 중이를 받들어 우선 곡옥성曲沃城으로 들어갔다. 중이가 조부인 진무공晉武公의 사당에 참배했다.

당시 진晉나라 도성 강도絳都로부터 원로인 난지欒枝와 극진郤溱이 사회

士會와 주지교舟之僑, 양설직羊舌職, 순림보荀林父, 선멸先蔑, 기정箕鄭, 선도先都 등 30여 명의 신하를 이끌고 곡옥 땅으로 달려왔다. 이후 극보양郤步揚과 양유미梁繇靡, 한간韓簡, 가복도家僕徒 등은 따로 일반一斑이 되어 강도의 교외로 나와 중이를 기다렸다. 중이 일행이 교외에 이르자 모든 신하들이 중이를 옹위해 강도로 들어왔다.

중이가 그날로 즉위했다. 그가 바로 진문공晉文公이다. 돌이켜 보건대, 공자 중이는 43세 때 고국을 떠나 적翟나라로 망명했다. 55세 때 제齊나라로 갔고, 61세 때 진秦나라로 갔다. 고국에 돌아와 즉위했을 때는 나이가 이미 62세에 달해 있었다.

보위에 오른 진문공은 이후 사람을 고량 땅으로 보내 진회공 어圉를 척살케 했다. 진회공은 지난해 9월에 보위에 올라 이해 2월에 피살됐다. 보위에 앉아 있던 기간이 겨우 6개월도 못되는 셈이다.

슬프다! 시인 발제는 몰래 진회공의 시신을 수습해 장사지냈다. 이후 발제는 멀리 달아났다.

한편 진문공은 연회를 베풀고 진秦나라 장수 공자 집을 위로하고, 진秦나라 군사를 크게 호궤했다.

이때 비표가 땅에 엎드려 진문공에게 절하면서 호곡號哭했다. 이어 부친 비정보의 무덤을 다른 좋은 곳으로 천장해 줄 것을 청했다. 진문공이 이를 허락했다.

진문공은 원래 비표를 진秦나라에 돌려보내지 않고 자기 신하로 삼으려 했다. 비표가 사양했다.

"신은 이미 진나라 궁정에 위질委質을 한 몸입니다. 감히 두 군주를 섬길 수는 없습니다"

그는 끝내 공자 집을 따라 하서로 돌아갔다. 두 사람이 진목공에게 그간의 일을 보고했다. 진목공이 기쁜 마음으로 이들과 함께 회군했다.

사신이 시를 지어 진목공을 찬미했다.

병거 덜컥대며 하동으로 가니	轔轔車騎過河東
용호 같은 영웅이 때를 얻었지	龍虎乘時氣象雄
만일 진나라 의군이 없었으면	假使雍州無義旅
공자 중이가 어찌 성공했을까	縱然多助怎成功

당시 여생과 극예는 진秦나라 군사의 위세에 눌려 공자 중이를 영접했지만 마음속으로 늘 의혹을 품었다. 그 의혹을 떨칠 수 없었다. 타국에서 오랫동안 온갖 풍상을 모두 겪고 돌아온 조쇠와 구계 등을 대할 때마다 부끄러운 마음을 금할 수 없었다. 진문공은 즉위한 이후 공을 세웠다고 벼슬을 올려주지도 않고, 죄를 지었다고 죽이지도 않았다.

여생과 극예는 진문공의 속마음을 알 길이 없어 더욱 깊은 의심을 품었다. 두 사람이 서로 모여 계책을 짜냈다. 집안에서 기르는 가병을 동원해 반기를 드는 방안이었다. 가병을 이끌고 불시에 궁궐에 돌입해 불을 지르면서 중이를 죽인 뒤 다른 공자를 보위에 세우기로 했다.

결정은 했으나 서로 일할 만한 동지를 얻지 못했다. 이들은 시인 발제를 생각했다. 지난날에 발제는 중이를 죽이러 갔다가 실수해서 옷소매만 끊어 가지고 왔다. 진문공에게 붙들리기만 하면 죽는 사람이었다. 발제는 힘이 천하장사다. 함께 일을 꾸밀만했다.

여생과 극예가 사람을 풀어 발제를 찾았다. 발제가 이들의 부름에 응해 찾아왔다. 여생과 극예가 반란을 일으켜 궁궐에 불을 지르고, 중이를 척살하려는 계책을 말했다. 발제가 흔연히 참여할 것을 수락했다. 이들 3인은 삽혈한 뒤 맹서했다.

이해 2월 그믐날 한밤중에 준비를 갖춰 일제히 거사키로 굳게 약속했다.

이후 여생과 극예는 각각 자신의 봉읍으로 가서 비밀리에 장정들을 끌어 모았다.

한편 시인 발제는 겉으로는 역모에 가담할 뜻을 밝혔으나 내심 다른 생각을 갖고 있었다. 그가 속으로 중얼거렸다.

'당초 나는 진헌공의 명을 받고 중이를 죽이러 포성으로 갔다. 또 진혜공이 중이를 죽이라고 명해 그를 척살하러 적나라로 갔다. 이는 포악한 하나라 걸桀의 개가 성군인 요堯를 보고 짖는 이른바 걸견폐요桀犬吠堯 속담과 같은 것이다. 자기 주인을 위해 할 일을 한 것일 뿐이다. 지금 진회공은 죽고 중이가 즉위해 바야흐로 진晉나라가 안정을 되찾고 있다. 그런 터에 여생이 대역무도한 짓을 저지르려고 하니 이는 있을 수 없는 일이다. 중이에게 하늘과 호걸의 도움이 있다는 것을 감안치 않을지라도 이번 일은 틀림없이 실패할 것이다. 설령 중이를 죽인다고 할지라도 망명에 동행한 호걸들이 이를 묵과하겠는가? 내가 몰래 중이를 찾아가 이번 음모를 알린다면 오히려 벼슬길에 오를 수도 있다. 그리 하는 게 묘책에 해당한다.'

그러나 가만히 생각해 보니 곧바로 궁으로 갈 순 없었다. 이미 많은 죄를 지었기에 곧바로 궁문을 두드리는 게 꺼림칙했다. 이내 한밤중에 호언의 집을 찾아갔다. 호언이 그를 보고 크게 놀랐다.

"너는 새 군주에게 많은 죄를 지은 자가 아닌가? 먼 곳에 숨어 화를 피할 생각은 하지 않고 한밤중에 나를 찾아오다니 어쩐 일인가?"

발제가 대답했다.

"제가 이곳에 온 것은 새 군주를 뵙기 위한 것입니다. 국구國舅가 한번만 저를 궁으로 인도해 주십시오."

호언이 말했다.

"네가 주공을 만나는 것은 스스로 죽으러 가는 것이나 다름없다."

발제가 말했다.

"제가 중대한 기밀을 알고 있습니다. 그 일을 주공에게 알려 온 나라 백성들의 생명을 구하고자 합니다. 그 일은 반드시 주공을 직접 만나야만 말할 수 있습니다."

호언은 한밤중에 발제를 데리고 궁궐로 갔다. 궁문을 두르려 열게 하고는 자신만 먼저 안으로 들어갔다. 진문공을 배알하고 발제가 알현을 청한다는 말을 전하자 진문공이 말했다.

"발제가 무슨 일을 알고 있기에 온 나라 백성의 생명을 구한단 말이오? 이는 필시 그런 말을 구실로 삼아 과인을 만나려는 수작일 것이오. 아마도 그는 구씨舅氏의 동정심과 안면을 빌려 과인에게 목숨을 구걸할 모양이오."

호언이 말했다.

"성인도 목동이나 초부의 말을 듣고 취할 게 있으면 받아들인다고 했습니다. 주공이 새로 보위에 오른 지 얼마 되지 않았으니 응당 작은 분노는 접어두고, 널리 충언을 받아들여야 합니다. 발제라 할지라도 거절해선 안 됩니다."

그러나 진문공의 마음은 아직도 풀리지 않았다. 곧 근시를 시켜 발제에게 그를 책망하는 말을 전하게 했다.

"너는 과인을 죽이려고 하다가 옷소매를 끊은 자이다. 과인은 아직도 그 옷을 간직하고 있다. 과인은 그 옷을 볼 때마다 마음이 떨린다. 또 너는 과인을 죽이려고 적나라까지 왔다. 당시 진혜공은 너에게 3일 안에 떠나면 된다고 했다. 너는 그 이튿날 서둘러 떠나는 열성을 보였다. 다행히 나는 너의 독수에서 벗어났으나 하마터면 큰일 날 뻔했다. 과인이 고국에 돌아온 지금 네가 무슨 면목으로 나를 보자는 것인가? 속히 멀리 달아나 숨도록 하라. 늑장을 부리면 너를 붙잡아 사형에 처하겠다."

발제가 그 말을 듣고 가가대소呵呵大笑하며 근시에게 말했다.

"주공은 19년 동안이나 분주하게 망명을 다녔으면서도 세상물정을 아직 모르십니다. 선군 진헌공은 주공의 부친이고, 진혜공은 주공의 동생입니다. 부친이 자식을 원수로 삼고, 동생이 형을 원수로 생각한 것은 꾸짖지 않고 이 보잘것없는 신하 발제를 탓하는 것입니까? 소신 발제는 당시 진헌공과 진혜공만 군주인 줄 알았지 어찌 다른 군주를 섬길 생각이나 했겠습니까? 옛날 관중은 모시던 공자 규糾를 위해 활로 제환공을 활로 쏴 그 혁대 고리를 맞혔지만 이후 제환공은 관중을 등용해 마침내 패업을 이뤘습니다. 만일 주공이 그런 일을 당했으면 화살에 맞은 원한을 갚는데 얽매이는 바람에 천하의 패주가 되는 대업은 성취하지 못했을 것입니다. 주공이 신을 만나 주지 않아도 신에겐 아무런 손해가 없습니다. 다만 신이 떠나고 나면 머지않아 주공에게 재앙이 닥칠 터이니 실로 그게 걱정입니다."

호언은 근시가 전하는 말을 듣고 진문공에게 말했다.

"발제는 반드시 무슨 말을 들은 게 있어 온 듯합니다. 주공은 꼭 그를 만나십시오."

진문공은 발제를 불러들였다. 발제가 사죄하는 기색도 없이 다만 재배를 한 뒤 즉위를 축하하는 말만 했다.

진문공이 물었다.

"과인이 즉위한 지 이미 오래됐다. 네가 이제야 경하하니 너무 늦은 게 아닌가?"

발제가 대답했다.

"주공이 비록 즉위하기는 했으나 사실 경하하기에는 아직 이릅니다. 이 발제의 말을 들어야만 보위가 비로소 튼튼해질 것입니다. 그때 가서 진정한 경하를 올리겠습니다."

진문공이 그 말을 괴상히 생각해 좌우를 밖으로 물러가게 한 뒤 그 말의 의미를 물었다. 발제가 그제야 여생과 극예의 음모를 자세히 고했다. 발제가 덧붙여 말했다.

"지금 그들의 일당이 도성 안에 가득 퍼져 있습니다. 두 역적은 각각 자신의 봉읍에 가서 병사를 모으는 중입니다. 주공은 이 틈을 타서 호狐 국구와 함께 미복으로 갈아입고 성을 빠져 나간 뒤 다시 진秦나라로 가 군사지원을 요청하십시오. 그래야만 이들을 평정할 수 있습니다. 신은 이곳에 머물러 있다가 내응토록 하겠습니다."

호언이 말했다.

"일이 급합니다. 신이 주공을 수행토록 하겠습니다. 나라 안의 일은 조쇠가 잘 처리할 것입니다."

진문공이 발제에게 정녕丁寧히 부탁했다.

"모든 일을 조심해서 행하도록 하라. 일이 잘되면 응당 중상으로 보답하겠다."

발제가 머리를 조아려 작별을 고하고 궁 밖으로 나갔다. 발제를 보내고 난 뒤 진문공과 호언이 장시간 상의했다. 호언이 곧 온거溫車를 준비해 궁궐 후문에 대기시켰다. 이어 궁인 몇 사람을 골라 수레를 따르게 했다. 진문공이 심복 내시를 불러 밀명을 내린 뒤 밖으로 새는 일이 없도록 입조심 할 것을 당부했다.

그날 밤, 진문공은 평소와 다름없이 취침했다. 오고五鼓쯤 됐을 때 진문공이 일어나 문득 한질寒疾과 복통腹痛을 호소하며 작은 내시에게 등불을 들려 갖고 측간으로 가는 척하다가 궁성 뒷문으로 빠져나갔다. 미리 기다리고 있던 호언과 함께 수레에 올라 무사히 성을 빠져 나가 진秦나라를 향했다.

이튿날 아침 궁중에는 진문공이 병을 앓고 있다는 소문이 퍼졌다. 궁내 사람들이 병문안을 하려고 했으나 내시들로부터 거절을 당해 진문공을 만나볼 수 없었다. 궁중에는 진문공이 성 밖으로 나간 사실을 아는 사람은 측근 내시밖에 없었다.

여생과 극예가 밤에 궁궐을 불태우다

날이 밝자 문무백관이 평소와 다름없이 조문朝門으로 모여 들었다. 진문공이 조회에 나오지 않자 무슨 일이라도 생겼는지 알아보기 위해 공궁公宮으로 갔다. 공궁의 붉은색 문짝인 주비朱扉는 꼭 닫혀 있었고, 문 위에는 조회의 생략을 알리는 면조패免朝牌가 내걸려 있었다. 문을 지키는 수문리守門吏가 말했다.

"주공은 지난밤에 한질에 걸려 침상에서 내려올 수 없습니다. 3월 초하루가 돼야 조회를 받을 수 있다고 했습니다. 그때 여러 대신을 접견하겠다는 전갈이 내려왔습니다."

백관들 가운데 조최가 말했다.

"주공이 즉위한 지 얼마 안 된 까닭에 급히 처결해야 할 사안이 무수히 쌓여 있다. 어찌 갑자기 그런 병에 걸린단 말인가? '하늘에는 예측치 못하는 풍운風雲이 있고, 사람에게는 아침저녁의 화복禍福이 있다.'는 말이 이 경우에 딱 들어맞는 셈이다."

조최를 비롯한 신하들 모두 문지기의 말을 정말인 줄 알았다. 모두 탄식하며 돌아갔다.

당시 여생과 극예 두 사람은 진문공이 병으로 눕게 되었고, 3월 초하루가 되어야 간신히 조회에 나타날 것 같다는 말을 듣고 속으로 크게 기뻐했다. 극예가 여생에게 말했다.

"이는 하늘이 우리에게 중이를 죽이라고 지시하는 것이나 다름없다!"

한편 진문공과 호언은 남몰래 잠행해 진晉나라 국경을 벗어난 뒤 곧바로 진秦나라로 들어갔다. 진문공이 곧 사람을 시켜 밀서를 진목공에게 보냈다. 진秦나라 왕성王城 땅에서 만나자는 내용이었다. 진목공은 진문공이 미복으로 왔다는 내용의 서간을 보고 진晉나라에 변고가 생긴 것을 알아차렸다. 곧 사냥을 핑계로 수레를 몰고 나가 왕성 땅으로 갔다.

왕성 땅에 당도한 진목공은 비로소 진문공으로부터 자세한 내용을 들었다.

진목공이 웃으며 위로했다.

"천명이 이미 정해졌는데 여생과 극예 따위의 무리가 능히 무슨 일을 하겠소? 과인이 요량하기로는 조최 등의 여러 신하들이 반드시 그 역적들을 잘 처리할 것이오. 군후는 과히 염려치 마시오."

그러고는 곧 장수 공손지로 하여금 군사를 이끌고 황하 어귀로 나가 주둔하면서 진晉나라 도성 강도의 소식을 수소문하게 했다. 진문공은 당분간 왕성 땅에 머물렀다.

한편 발제는 여생과 극예에게 혹여 의심을 받지나 않을까 염려했다. 아예 극예의 집으로 들어가 기숙하면서 거짓으로 그들과 거사를 상의했다.

2월 그믐날, 발제가 극예에게 건의했다.

"중이가 조회에 나오겠다는 약속한 날이 내일로 다가왔소. 지금쯤 병이 거의 나았을 것이오. 궁중에 불이 나면 틀림없이 궁 밖으로 나와 살펴볼 것이오. 그때 여대부는 앞문, 극대부는 뒷문을 지키시오. 나는 가병을 이끌고 조문을 점거한 채 불을 끄러 몰려드는 사람들을 막겠소. 중이가 설령 날개가 돋쳤다 할지라도 도망쳐 달아나지는 못할 것이오."

극예가 이를 그럴 듯하게 여겼다. 곧 여생에게 가서 이 계책을 알렸다.

그날 밤, 극예와 여생의 가병들은 각각 무기와 불씨를 휴대한 채 궁궐 주변의 사방에 흩어져 매복했다. 한밤중인 3경이 되면 궁궐의 궁문에 일제히 불을 놓기로 약속해 두었다.

3경이 되자 과연 사방의 궁문에서 불길이 치솟았다. 기세가 몹시 맹렬했다. 궁인 모두 깊이 잠들어 있다가 고함소리에 놀라 깨어났다. 이들은 불 단속을 잘못해 불이 났다고 투덜대며 불길을 피하느라 이리저리 뛰어다녔다. 이어 일제히 궁궐 뜰로 마구 쏟아져 나왔다.

궁인들이 보니 시뻘건 불빛 사이로 창검을 든 병사들이 수없이 뛰어다녔다. 그들은 좌충우돌하며 입을 모아 큰 소리로 외쳤다.

"중이가 달아나지 못하게 하라!"

궁인들 가운데 미처 불길을 피하지 못한 자들은 이마를 데거나 머리를 그을렸다. 창칼을 가진 무리를 만난 자들은 팔다리가 끊기거나 몸에 상해를 입었다. 아수라장이 된 궁궐 사방에서 울부짖는 비명이 차마 귀로 들을 수 없을 정도로 심했다.

여생이 칼을 뽑아 들고 곧바로 침궁으로 쳐들어갔다. 샅샅이 뒤졌으나 어디에도 진문공의 종적은 없었다. 마침 칼을 빼들고 후재인後宰門으로부터 들어온 극예가 여생을 만나자 황급히 물었다.

"일을 끝냈소?"

여생이 대답 대신 머리를 가로저었다. 두 사람이 불길을 무릅쓰고 다시 침궁으로 들어가 샅샅이 뒤졌다. 이때 문득 밖에서 함성이 크게 일어났다.

발제가 황망히 뛰어 들어와 보고했다.

"지금 호모와 조최, 난지, 위주 등이 각각 가병을 이끌고 불을 끄려 몰려들고 있소. 날이 밝으면 백성들도 모두 모여들 터인데 이러고 있다가는 이곳에서 벗어나기 어려울 것이오. 지금 혼란한 틈을 타 당장 성 밖으로 나가야 하오. 날이 샌 뒤 중이의 생사를 알아보고 다시 앞일을 논의토록 합시다."

여생과 극예는 중이를 죽이지 못한 까닭에 안정을 잃고 크게 당황해했다. 완전히 판단력을 잃은 상태였다. 그저 발제의 말에 따라 일당을 불러 모은 뒤 혼란한 틈을 타 조문을 밀치고 성 밖으로 달아났다.

사관이 이를 시로 읊었다.

독한 불은 무정해 무기와 같으니	毒火無情弑械成
뉘 알랴, 군주가 이미 탈출한 걸	誰知車駕在王城
중이가 옛날 원한을 간직했으면	晉侯若記留袂恨
몰래 달아나 장인 못 만났으리라	安得潛行會舅甥

72話 진목공이 진나라 변란을 재차 평정하다
– 진목공재평진란秦穆公再平晉亂

당시 호모와 조쇠, 난지, 위주 등 여러 대부들은 궁중에 불이 났다는 애기를 듣고 실화인 줄 알았다. 황급히 가병을 불러 모은 뒤 갈고리인 요구撓鉤와 물동이인 수통水桶 등을 들고 궁중으로 달려갔다. 원래 누구와 싸우거나 시살廝殺코자 한 게 아니었다.

날이 훤히 밝을 무렵 그들은 가까스로 불을 잡았다. 그때 비로소 여생과 극예가 반란을 일으킨 사실을 알아챘다. 이들은 진문공이 없어진 것을 알고 크게 놀랐다. 그때 며칠 전 진문공으로부터 밀명을 받은 심복 내시가 불 속에서 도망쳐 나와 있다가 조쇠 등에게 다가가 고했다.

"주공은 수일 전 5경에 미복 차림으로 궁을 나갔습니다. 어디로 갔는지는 아무도 모릅니다."

조쇠가 말했다.

"이 일은 호狐 국구에게 물어보면 금방 알 수 있다."

호모가 대답했다.

"내 동생 자범子犯은 며칠 전 궁중으로 들어갔다가 그날 밤부터 돌아오지 않았다고 하오. 내 생각엔 주공을 모시고 어디로 간 모양이오. 주공은 두 역적의 음모를 미리 알고 있었던 듯하오. 우리는 굳게 도성을 지키면서 불에 탄 전각과 침전 등을 수리하며 주공이 돌아올 때까지 차분히 기다리는 게 좋을 듯하오."

위주가 나서 말했다.

"두 적신賊臣이 난을 일으켜 궁궐을 불태우고 주공을 죽이려 했소. 비록 저들이 도망을 갔다고는 하나 멀리 가지는 못했을 것이오. 내게 1려一旅의 군대만 내주면 곧바로 그들을 쫓아가 요절을 내겠소."

조최가 말했다.

"원래 갑병甲兵은 국가의 대권大權이오. 주공이 부재한 상황에서 누가 감히 그것을 움직일 수 있겠소. 두 도적은 비록 달아났으나 머지않아 수급首級을 내놓게 될 것이오."

당시 여생과 극예는 가병을 교외에다 주둔시키고 있었다. 이들은 진문공이 죽지 않았고, 여러 대부들이 도성의 성문을 굳게 지키고 있다는 사실을 수소문해 알게 됐다.

두 사람은 여러 대부들이 교외로 추격해 오지나 않을까 두려웠다. 다른 나라로 달아나려고 마음을 먹었지만 어느 나라로 가야 할지 선뜻 결정을 내리지 못했다.

발제가 속임수를 써서 말했다.

"진晉나라 군주의 존폐는 종래부터 모두 이웃인 진秦나라 뜻에 의해 이뤄졌소. 더구나 두 분은 이전부터 진군秦君과 서로 면식이 있지 않소? 이제 거짓으로 궁중에 불이 나 중이는 타 죽었다고 널리 퍼뜨리시오. 이어 진秦나라로 가서 당분간 진군에게 몸을 의탁하시오. 이어 공자 옹雍을 모셔다가 옹립하면 중이가 비록 죽지 않았을지라도 다시 진晉나라로 돌아오기는 어려울 것이오."

여생이 대답했다.

"우리가 지난날 진군과 왕성王城에서 맹약한 일도 있으니 오늘 우리가 그에게 의탁하는 것도 합당하기는 하오. 하지만 진군이 과연 기꺼이 우리를 용납할지 여부는 여전히 미심쩍소."

발제가 다시 이들을 유인했다.

"그렇다면 내가 먼저 진秦나라에 가서 저쪽의 의사를 타진해 보겠소. 진군이 강개한 태도로 허락하면 우리 모두 즉시 진나라로 가고, 그렇지 않으면 그때 다시 대책을 세우기로 합시다."

발제가 길을 떠나 황하 어귀에 이르렀다. 그는 그곳에서 진秦나라 장수 공손지가 황하 서안에 군사를 주둔시키고 있다는 말을 들었다. 공손지를 만나기 위해 즉시 황하를 건넜다.

곧 공손지를 만나 자신의 진심을 토로하고 그간의 경과를 얘기했다. 공손지가 말했다.

"이미 두 적신賊臣이 자진해 이곳으로 오겠다면 응당 잘 유인해 잡아 죽여야 하오. 그래야만 진晉나라 국법이 바로 설 것이오. 그들이 진秦나라로 오는 이번 기회를 잃지 말고 그들을 반드시 처치해야만 하오."

이어 즉시 서간을 써 발제에게 내주면서 여생과 극예를 진秦나라로 유인해 달라고 부탁했다. 서간의 내용은 대략 이러했다.

> 중이가 귀국으로 들어갈 때 과군에게 진晉나라 땅을 떼어 주겠다고 약속한 일이 있소. 과군이 나에게 군사를 이끌고 하서에 머물며 새로이 설정될 경계를 밝히게 한 것은 중이가 전에 진혜공 때처럼 또 다시 약속을 어기지나 않을까 염려했기 때문이오. 이제 들으니, 중이가 불 속에서 나오지 못했고, 또 두 대부가 다음 군주로 공자 옹에게 뜻을 두고 있다고 하오. 과군이 그 일에 대한 그대들의 견해를 듣고자 하오. 두 대부는 속히 와서 과군과 의논하는 게 좋을 듯하오.

여생과 극예는 발제가 전한 공손지의 서신을 읽고는 크게 기뻐했다. 마침내 하서에 주둔하고 있는 공손지의 군중으로 갔다. 공손지가 영채 밖으로 나와 두 사람을 영접했다. 이어 술자리를 베풀어 크게 환대했다. 여생과 극예는 마음을 놓고 조금도 의심하지 않았다.

진목공이 진나라 변란을 재차 평정하다

하지만 공손지가 사람을 시켜 진목공에게 보고하고, 진목공이 먼저 왕성에 와 두 사람을 기다리고 있을 줄이야 누가 알았겠는가? 여생과 극예는 3일 동안 하서 땅에 머물렀다. 두 사람은 일을 서두르기 위해 공손지에게 속히 진목공을 알현하고 싶다고 말했다.

공손지가 대답했다.

"과군의 어가가 지금 왕성에 와 있습니다. 함께 가서 알현토록 합시다. 두 대부가 거느리고 온 병거와 병사는 잠시 이곳에 두도록 하시오. 일을 마치고 이곳으로 돌아오면 함께 황하를 건너 본국으로 돌아가는 게 좋지 않겠습니까?"

여생과 극예는 조금도 의심치 않고 이를 좇았다. 이들은 하서를 떠나 왕성으로 갔다. 발제는 공손지와 함께 먼저 말을 달려 성안으로 들어가 진목공을 알현했다. 진목공이 비표로 하여금 성 밖으로 나가 여생과 극예를 영접케 했다. 이어 진문공으로 하여금 병풍 뒤에 숨어 있게 했다.

이윽고 비표의 안내를 받아 여생과 극예가 들어와 진목공을 알현했다. 알현을 마친 두 사람은 공자 옹을 진晉나라의 새 군주로 영립迎立할 뜻을 조심스레 내비쳤다.

진목공이 웃으며 대답했다.

"공자 옹은 이미 이곳에 와 있소."

여생과 극예가 일제히 말했다.

"원컨대 속히 만나 뵙게 해주십시오."

진목공이 큰 소리로 불렀다.

"새 군주는 이리로 나오시오!"

병풍 뒤에서 한 사람이 황망한 기색이라곤 전혀 없이 의젓하게 두 손을 맞잡고 걸어 나왔다. 순간 여생과 극예의 두 눈이 크게 부릅떠졌다. 바로 진문공이었다.

여생과 극예는 혼이 몸에서 빠져나가기라도 한 듯 정신이 아찔했다. 앞으로 푹 고꾸라지며 연방 머리를 조아렸다.

"죽을죄를 지었습니다."

진목공은 진문공을 맞이해 나란히 앉았다. 진문공이 큰 소리로 꾸짖었다.

"이 역적逆賊아! 과인이 너희들을 버리지 않았거늘 너희는 오히려 과인을 배반했다. 어찌 그럴 수 있는가? 만일 발제가 자수하지 않았다면 과인은 궁문을 몰래 벗어나지도 못하고 이미 재가 되고 말았을 것이다."

여생과 극예는 그제야 발제가 밀고한 것을 알았다. 두 사람은 발제에게 보복코자 입을 놀렸다.

"실은 발제도 우리와 함께 삽혈하고 맹서하며 음모를 꾀했습니다. 원컨대 우리와 함께 죽여주십시오."

진문공이 웃으며 말했다.

"발제가 삽혈하고 맹서하지 않았으면 어떻게 너희들의 흉계를 훤히 알아낼 수 있었겠는가?"

그러고는 곧 무사들에게 명해 두 사람을 포박케 했다. 이어 발제에게는 두 사람의 참수를 감독케 했다. 잠시 뒤 무사들이 두 사람의 수급을 계하階下에서 바쳤다.

가련하다! 여생과 극예는 진혜공을 섬겼을 때만 해도 사람들이 호걸로 쳐주었다. 이후 군사를 이끌고 여류 땅에 주둔했을 때 결단해서 중이에게 대항해 싸웠더라면 한 군주를 섬긴 충신의 지위를 잃지는 않았을 것이다.

그런데 이들은 중이에게 항복한 뒤 다시 중이를 배반했다. 결국 이날에 이르러 공손지의 유인에 걸려 왕성 땅에서 죽임을 당하고 말았다. 목숨과 공명을 모두 잃고 만 셈이다. 이 어찌 애달픈 일이 아닌가!

진문공은 발제에게 명해 여생과 극예의 수급을 갖고 하서로 가 이들을 따라온 무리에게 보여주고 좋은 말로 회유토록 했다. 또 한편으로 첩서捷書를 소지한 전령을 국내로 보내 두 역적을 죽인 소식을 전했다.

진晉나라의 여러 대부들이 이 소식을 듣고 모두 기뻐하며 말했다.

"두 역적이 호모의 계책에서 벗어나지 못했다!"

조최 등이 서둘러 법가를 준비해 황하의 동쪽 기슭까지 가서 진문공을 영접했다.

뒷일이 어찌됐는지 알고자 하면 다음 회를 보라.

제37회

73話 개자추가 지조를 지켜 면상에서 불에 타 죽다
– 개자추수지분면상介子推守志焚綿上

진문공은 왕성에서 여생과 극예를 죽인 뒤 진목공을 향해 감사의 표시로 재배했다. 또 진秦나라에 온 김에 부인을 친영親迎하는 예로써 회영을 맞아들여 귀국할 뜻을 밝혔다.

진목공이 말했다.

"과인의 여식이 이미 진회공에게 몸을 맡긴 일이 있으니 군후의 종묘에 욕이 되지나 않을까 두렵소. 과인의 딸을 후궁인 빈장嬪嬙의 반열에 넣어만 줘도 만족히 여기겠소."

진문공이 말했다.

"우리 진秦나라는 진晉나라와 대대로 통혼한 사이입니다. 과인도 그리하지 않으면 조종의 제사를 맡아 거행키 어렵습니다. 장인은 겸양치 마십시오. 과인이 본국을 떠나 이곳에 온 사실을 사람들은 아직 모르고 있습니다. 대혼大婚을 위해 이곳에 왔다고 명분을 세우면 그 또한 아름다운 일이 아니겠습니까?"

진목공이 크게 기뻐했다. 곧 진문공과 함께 도성인 옹주雍州로 갔다. 이어 회영 일행이 타고 갈 치변輜軿을 화려하게 꾸민 뒤 회영과 잉첩 4명 등 5명을 태워 진晉나라로 보냈다. 딸 회영을 전송하기 위해 황하 서쪽 기슭까지 갔다. 진秦나라 정예병 3천 명이 이 호화로운 행렬을 앞뒤로 호위하며 따라갔다. 이들 호위부대 병사들을 기강지복紀綱之僕이라고 불렀다. 훗날 사람들이 집안을 다스릴 때 기강紀綱을 세워 다스려야 한다고 말하는 것은 이 일화에서 나온 것이다.

당시 진문공은 회영 등과 함께 황하를 건넜다. 조최 등 신하들은 이미 법가를 준비해 황하 어귀에서 기다리고 있었다. 이들은 진문공 부부를 영접해 법가에 태웠다. 문무백관이 법가를 호종했다. 진晉나라 군사의 정기旌旗는 해를 가리고, 취타吹打하는 군악소리는 온 천하에 가득 퍼졌다. 실로 장관이었다.

얼마 전 진문공이 한밤중에 궁을 빠져 달아났을 때는 땅속으로 기어 들어가는 거북처럼 머리를 움츠리고 꼬리를 내린 듯했다. 그러나 이번에 황하를 건너 영화롭게 돌아가는 그 기상은 마치 산 위에 나타난 봉황이 쌍이 되어 깃들이며 쌍이 되어 나는 듯했다.『맹자』「공손추 하」에 나오는 '피일시彼一時, 차일시此一時'[1] 구절이 바로 이 경우에 딱 맞아떨어지는 것이라고 하겠다.

1 '피일시彼一時, 차일시此一時'는 그때도 한 때이고, 지금도 한 때라는 의미이다. 시간대가 달라 정황情況에 변화가 생긴 만큼 어떤 사건을 같은 차원에서 논할 수 없다는 취지를 담고 있다. 법학에서 말하는 일종의 '사정변경事情變更의 원칙'에 해당한다.

진문공 부부가 강도에 이르자 백성들 모두 손으로 이마를 가리고 칭하했다. 문무백관은 조당으로 나와 조하朝賀를 올렸다.

진문공은 마침내 회영을 정실로 삼았다. 당초 진헌공이 딸 백희伯姬를 진목공에게 출가시킬 때 태복 곽언에게 점을 치게 한 적이 있다. 그때의 주사繇辭에 이런 대목이 있었다.

대를 이어 사위와 장인 되고	世作甥舅
3번 우리 군주를 정해 주리라	三定我君

당시 출가한 백희가 바로 진목공의 부인 목희穆姬이다. 이젠 진목공의 딸 회영이 다시 진헌공의 아들인 진문공의 부인이 되었다. 이 어찌 대를 이어 사위와 장인이 될 것이라는 세작생구世作甥舅 괘사에 딱 들어맞는 경우가 아닌가?

또 진목공이 처음에 이오를 귀국시켜 진나라 군주로 세우고, 다시 중이를 귀국시켜 진나라 군주로 세웠고, 중이가 여생과 극예의 모반으로 진秦나라로 피신하자 여생과 극예를 죽인 뒤 중이를 재차 귀국시켜 고국의 산하를 거듭 차지하게 했다. 이 어찌 진나라 군주를 세 번 정해 줄 것이라는 삼정아군三定我君 괘사에 딱 들어맞는 경우가 아닌가?

이어 옛날 진목공이 일찍이 꿈속에서 보부인寶夫人의 인도를 받아 천상의 궁전으로 가서 상제를 만났을 때 멀리 전상殿上에서 진목공의 이름을 언급하며 '임호任好야, 성지聖旨를 받들라. 너는 진晉나라의 난리를 평정하리라!'라고 예언하는 소리를 2번이나 들었다. 과연 진목공은 이극의 난을 평정한 데 이어 다시 여생과 극예의 난을 평정했다. 돌이켜 보면 점괘와 꿈 모두 그대로 맞아떨어지지 않은 게 없다.

이를 읊은 시가 있다.

만물의 영고성쇠 정해져 있으니 萬物榮枯皆有定
부운 같은 인생 괜히 분주하다 浮生碌碌空奔忙
제 분수 모르는 사람 비웃으니 笑彼愚人不安命
왜 겨울 우레 여름 서리 찾을까 强覓冬雷和夏霜

진문공은 여생과 극예에 대한 원한이 사무쳐 일당을 모두 찾아내 죽이려고 했다.

조최가 나서 간했다.

"진혜공과 진회공은 매사에 엄혹하고 각박했기에 인심을 잃었습니다. 주공도 응당 그 점을 고쳐 관용을 베풀어야 합니다."

진문공이 이를 좇기로 했다. 즉시 대사령을 선포했다. 여생과 극예의 일당이 너무나 많았다. 이들은 비록 사면한다는 글을 보기는 했으나 불안을 떨치지 못했다. 날이 갈수록 헛소문이 크게 나돌았다.

진문공이 헛소문을 잠재우기 위해 골몰했다. 하루는 아침 일찍 문득 소리小吏 두수頭須가 궁문을 두드리며 면회를 청했다. 마침 진문공은 머리를 풀고 목욕을 하려던 참이었다. 두수가 찾아왔다는 말을 전해 듣고 진문공이 성을 내며 말했다.

"그 자는 과인이 적나라에 망명해 있을 때 곳간을 맡은 적이 있다. 도중에 내 노자를 훔쳐 달아났다. 당시 노자가 크게 모자라 조나라 위나라에서는 동냥질까지 했다. 그런 자가 무슨 면목으로 나를 보러 온 것인가?"

문지기가 진문공의 명을 좇아 두수의 요청을 거절했다. 두수가 문지기에게 말했다.

"주공이 지금 머리를 감고 있는 게 아닙니까?"

문지기가 크게 놀라 물었다.

"그걸 어찌 아시오?"

두수가 대답했다.

"무릇 머리를 감는 사람은 얼굴을 숙이고 몸을 굽혀야만 하오. 마음도 자연 엎어지게 마련이오. 마음이 엎어지면 입 밖으로 나오는 말도 엎어지게 되오. 면회를 청했다가 허락을 받지 못하는 것도 당연한 일이오. 주공은 발제와 같은 원수도 용납해 여생과 극예의 난도 모면할 수 있었소. 이제 와서 유독 이 두수만은 용납지 못하겠다니 그 심사를 알 수 없소. 이 두수가 이번에 온 것은 진晉나라를 안정시킬 묘책이 있기 때문이오. 주공이 꼭 거절할 생각이면 나 또한 앞으로 도망이나 다닐 생각이오."

문지기가 급히 두수의 말을 진문공에게 전했다. 진문공이 그 말을 듣고 금방 뉘우쳤다.

'과인이 잘못 생각했다.'

머리를 감다 말고 옷을 입고 관대冠帶를 갖춘 뒤 두수를 불러들여 접견했다. 두수가 머리를 조아려 지난날의 잘못을 사죄했다. 이어 말했다.

"주공은 여생과 극예의 일당이 얼마나 되는지 아십니까?"

진문공이 양미간을 찌푸리며 대답했다.

"매우 많다고 들었다."

두수가 말했다.

"저들은 자기들의 죄가 무겁다는 것을 누구보다도 잘 알고 있습니다. 비록 용서를 받았건만 속으론 아직도 의심하고 있습니다. 주공은 응당 이들을 안심시킬 방도를 생각해야 합니다."

진문공이 물었다.

"저들을 안정시킬 무슨 계책이라도 있는가?"

두수가 대답했다.

"지난날 신이 주공의 재물을 훔쳐 달아난 까닭에 주공이 여러 번 기아飢

餓에 시달렸습니다. 신이 저지른 죄는 이 나라 백성이 모두 알고 있습니다. 주공이 외출할 때 신으로 하여금 수레를 몰게 하면 온 나라 사람들이 그 일을 보고 듣게 될 것입니다. 그리되면 모든 백성들은 주공이 지난날의 잘못 따위는 전혀 마음에 두지 않는다는 사실을 알게 될 것입니다. 여생과 극예 일당도 주공에 대한 의심을 풀게 될 것입니다."

진문공이 말했다.

"옳은 말이다."

그러고는 곧 도성을 순시한다는 핑계를 대고 수레에 올라 궁궐 밖으로 나갔다. 두수가 수레를 몰았다. 여생과 극예 일당이 이를 보고 몰래 속삭였다.

"두수는 주공의 재물을 훔쳐 달아난 자이다. 그런데도 그를 불러다 쓰고 있다. 하물며 다른 사람이야 더 말할 게 있겠는가?"

이후 유언비어가 사라졌다. 진문공이 다시 두수에게 고장庫藏의 일을 맡아보게 했다. 그는 이런 큰 국량을 지닌 덕분에 능히 진나라를 속히 안정시킬 수 있었다.

진문공은 전에 공자였을 때 이미 2번이나 아내를 거느린 바 있다. 첫 번째 아내는 서영徐嬴이었다. 그러나 일찍 죽었다. 두 번째 아내는 핍길偪姞이었다. 그녀는 아들 하나와 딸 하나를 낳았다. 아들은 환驩, 딸은 백희伯姬였다. 핍길은 포성에서 죽었다. 진문공은 포성에서 적나라로 망명할 때 두 자녀가 어린 까닭에 포성 땅에 그대로 두고 망명했다. 두수가 어린 남매를 거두어 포성 땅의 수씨遂氏에게 양육을 맡겼다. 그러고는 해마다 양식과 옷감을 모자라지 않게 대주었다.

하루는 두수가 틈을 타 그 사실을 고했다. 진문공이 크게 놀랐다.

"과인은 지금까지 그 아이들이 난리 통에 죽은 줄만 알았다. 아직도 살아 있단 말인가? 어째서 지금까지 말하지 않은 것인가?"

두수가 말했다.

"신이 듣건대, '모이자귀母以子貴, 자이모귀子以母貴'라고 했습니다. 주공은 열국을 주유할 때 몇몇 나라는 주공에게 여인을 보내주었고 그로 인해 주공의 자녀는 이미 번창합니다. 공자 환이 살아 있기는 하나 주공의 뜻이 어떤지 몰라 감히 고하지 못했습니다."

진문공이 대답했다.

"그대가 사실대로 말해 주지 않았으면 과인이 몹쓸 아비란 말을 들을 뻔했다."

그러고는 곧바로 그 남매를 데려오게 했다. 두수가 포성의 수씨 집을 찾아가 많은 황금을 주어 보답한 뒤 남매를 이끌고 돌아왔다. 진문공은 회영懷嬴으로 하여금 두 남매의 어머니가 되게 했다. 이어 공자 환을 태자로 삼았다. 딸 백희를 조최에게 내려줘 아내로 삼게 했다. 이후 진문공의 딸 백희는 조희趙姬로 불리게 됐다.

당시 적翟나라 군주는 진문공이 즉위했다는 소식을 듣자 사자를 보내 경하하고, 망명 당시 결혼해 함께 살던 계외季隗를 돌려보냈다. 진문공이 계외에게 나이를 물어보았다.

계외가 대답했다.

"생이별한 지 8년이 지났습니다. 이제 32세가 됐습니다."

진문공이 희롱조로 말했다.

"그때 과인이 25년 동안만 기다리다가 오지 않으면 죽은 줄 알라고 말했소. 아직 25년이 지나지 않은 게 천만다행이오."

이후 제효공도 사자를 보내 즉위를 축하하며 겸하여 제강도 호송해 보냈다. 진문공이 제강에게 성공을 이루도록 독려한 은공인 이른바 옥성지미玉成之美에 대해 사의를 표했다. 제강이 말했다.

"지난날 첩이 부부지락夫婦之樂을 탐하지 않은 건 아니지만 군후가 떠나도록 권한 것은 바로 오늘 같은 일이 있기를 바랐기 때문이었습니다."

진문공은 제강과 계외가 옛날부터 현덕賢德한 사실을 희영에게 말했다. 희영이 계외와 제강의 지난날 내조한 공로를 크게 칭찬했다. 이어 정실의 자리를 계외나 제강에게 양보하겠다고 말했다. 이에 중궁中宮의 지위를 다시 정하게 됐다. 제강이 정부인의 지위를 차지하고, 계외가 그 다음이 되고, 희영이 또 그 다음이 됐다.

진문공의 딸 조희는 적나라에서 계외가 왔을 때 남편 조최에게 적나라에 두고 온 숙외叔隗와 그 아들을 진나라로 부를 것을 권했다. 조최가 사양했다.

"주공이 친딸인 그대를 내게 출가시킨 사혼賜婚을 한 터에 어찌 감히 적나라 여인을 데려올 수 있겠소?"

조희가 말했다.

"그건 속인이나 할 박덕한 말씀입니다. 첩은 그런 말을 듣고 싶어 숙외를 데려오자는 말을 한 게 아닙니다. 첩이 비록 귀한 몸이라 할지라도 숙외는 첩보다 먼저 배우자가 됐고, 또 아들까지 두었습니다. 어찌 새 아내를 두었다고 옛 아내를 버릴 수 있겠습니까?"

조최가 입으론 수락했으나 선뜻 결정하지 못했다. 조희가 입궁해 진문공에게 말했다.

"첩의 지아비가 숙외를 부르려 하지 않습니다. 이는 첩에게 어질지 못하다는 누명을 씌우는 것이나 다름없습니다. 바라건대 군부君父가 이를 잘 처리해 주십시오."

진문공이 곧바로 사자를 적나라로 보내 숙외 모자를 데려오게 했다. 숙외가 오자 조희는 내자內子의 지위를 숙외에게 양보할 뜻을 조최에게 밝혔다. 조최가 찬동하지 않았다.

조희가 말했다.

"숙외는 첩보다 나이가 많습니다. 또 먼저 아내가 되었고 첩은 나중에 되었습니다. 장유長幼와 선후의 순서가 있으니 이를 어지럽힐 수는 없습니다. 또 들으니 숙외 소생 조돈趙盾은 이미 장성했고, 재주도 월등하다고 하니 적자로 세워야 합니다. 첩의 청을 들어주지 않으면 궁으로 돌아가 살겠습니다."

조최가 부득이 궁중으로 들어가 조희의 말을 진문공에게 고했다.

진문공이 대답했다.

"과인의 딸이 그처럼 사양할 줄 안다니 비록 주문왕의 모친인 태임太任의 어진 덕일지라도 그보다 낫지는 못했을 것이오."

진문공은 마침내 숙외 모자를 조정으로 불렀다. 이어 친히 숙외를 조최의 내자로 삼고, 조돈을 조최의 적장자로 인정했다. 숙외가 굳이 사양했다. 진문공은 이번 일이 조희의 간곡한 뜻에 따른 것임을 말하고 거듭 권했다. 숙외가 부득이 받아들인 뒤 사은재배하고 물러갔다.

당시 조돈의 나이는 17세였다. 나면서부터 기우氣宇가 헌앙軒昂하고, 행동이 예절에 맞고, 시서詩書에 두루 통하고, 활쏘기와 말 타기인 사어射御에 능했다. 조최는 큰아들 조돈을 크게 사랑했다. 이후 조희도 아들 3명을 낳았다. 큰아들 이름은 조동趙同, 둘째는 조괄趙括, 셋째는 조영趙嬰이었다. 이들 조희 소생은 모두 조돈만 못했다. 이는 다 훗날 얘기다.

사관이 조희의 현덕을 칭송하며 찬贊을 지었다.

여인은 닫히고 음습해	陰姓好閉
질투 아니면 시기하지	不嫉則妒
남편 사랑에 교만하고	惑夫逞驕
적자가 못되면 화내지	篡嫡敢怒
포사는 신후를 내쫓고	褒進申絀

태자 의구를 겁냈으니 服歡臼怖
형세 점차 불리해지자 理顯勢窮
자타를 모두 그르치다 誤人自誤
조희 스스로 겸양하니 貴而自賤
정실 자리를 양보하다 高而自卑
소생을 조돈 밑에 두고 同括下盾
스스로 숙외 밑에 서다 隗壓於姬
겸양하는 아름다운 덕 謙謙令德
군자가 본받을 만하다 君子所師
바로 진문공의 딸이며 文公之女
또한 조최의 아내이다 成季之妻

진문공은 나라를 되찾자 논공행상을 하기 위해 문무백관을 궁으로 불렀다. 신하들의 공을 3등급으로 나눴다. 함께 망명한 신하를 1등인 수공首功, 국내에 있으며 귀국에 힘쓴 신하를 2등인 차공次功, 귀국했을 때 곧바로 항복하고 환영한 신하를 3등인 하공下功으로 삼았다.

3등급으로 나눈 공로 가운데서도 공로의 경중을 따져 다시 상하로 세분해 포상했다. 제1등의 종망공신從亡功臣 가운데 조최趙衰와 호언狐偃을 상급으로 쳤다. 나머지 호모狐毛와 서신胥臣, 위주魏犨, 호야고狐射姑, 선진先軫, 전힐顚頡 등은 차급으로 간주했다. 국내에서 내응한 제2등의 송관공신送款功臣 가운데 난지欒枝와 극진郤溱을 상급으로 쳤다. 나머지 사회士會와 주지교舟之僑, 손백규孫伯糾, 기만祁滿 등은 차급으로 간주했다. 제3등의 영항공신迎降功臣 가운데 극보양郤步揚과 한간韓簡을 상급으로 쳤다. 나머지 양유미梁繇靡와 가복도家僕徒, 극기郤乞, 선멸先蔑, 도격屠擊 등은 차급으로 간주했다.

공신들 가운데 식읍이 없는 자에게는 식읍을 내리고, 식읍이 있는 자에게는 식읍을 더하는 익봉益封을 했다. 진문공이 따로 백벽 5쌍을 호언에게 하사하며 말했다.

"지난날 황하를 건너면서 과인이 그대의 백벽을 강물에 던진 일이 있소. 이것으로 그에 대한 보답을 하겠소."

진문공은 호씨 형제의 부친인 호돌이 원통히 죽은 것을 잊을 수 없었다. 진양晉陽 땅 마안산馬鞍山에다 호돌의 사당을 세웠다. 후대인이 호돌산狐突山으로 고쳐 부른 이유다.

진문공은 다시 성문에 다음과 같은 내용의 방문을 내걸게 했다.

> 만일 공로가 있는데도 논공행상에 빠진 자가 있으면 자언自言을 허락한다.

진문공의 근시 노릇을 한 호숙이 진문공에게 앞에 나아가 호소했다.

"신은 포성에서부터 주공을 따라다녔습니다. 사방으로 따라다니느라 발바닥과 뒤꿈치가 다 닳고 찢어졌습니다. 주공이 망명하는 곳에 있을 때도 줄곧 침식寢食을 맡아보았고, 도망 다닐 때는 수레와 말을 돌보았습니다. 잠시도 주공 곁을 떠난 적이 없었습니다. 이제 함께 망명했던 신하들에게 상을 내리면서도 소신만 제쳐놓으니 혹여 소신에게 무슨 죄라도 있는 것입니까?"

진문공이 말했다.

"앞으로 가까이 오너라. 과인이 그 이유를 말해 주겠다. 인의로 나를 지도해 잘못을 깨닫게 해준 사람에겐 상상上賞을 내렸다. 온갖 계책으로 나를 도와 제후들로부터 모욕을 당하지 않게 한 사람에겐 차상次賞을 내렸다. 적의 시석矢石과 창칼을 무릅쓰면서 몸을 돌보지 않고 과인을 보호해

준 사람에겐 차차상次次賞을 내렸다. '상상'은 그 덕에 대해서 내린 것이고, '차상'은 그 재주에 대해 내린 것이고, '차차상'은 그 공에 대해 내린 것이다. 내 뒷바라지를 위해 분주히 돌아다닌 노고는 필부의 힘으로도 할 수 있는 일이기에 그 공로는 3등급 다음 차례에나 해당한다. 3등급의 공신에 대한 포상이 끝나면 너에게도 상이 돌아갈 것이다."

호숙이 그 말에 승복하며 부끄러운 표정으로 물러나왔다. 진문공은 마침내 황금과 비단을 대거 풀어 마부와 시종, 하인 등에게도 두루 상을 내렸다. 상을 받은 자들은 모두 크게 기뻐했다.

당시 위주와 전힐 두 사람은 스스로 재주와 용기를 자부했다. 조최와 호언 같은 문신文臣이 외교사령外交辭令에 능해 자신보다 높은 상을 탄 것이 불만이었다. 입으로 원망하는 말을 내뱉었으나 진문공은 그들의 공로를 생각해 전혀 탓하지 않았다.

오직 한 사람만이 논공행상에서 빠졌다. 바로 개자추였다. 그는 진문공과 함께 열국을 돌아다니며 망명한 이른바 종망공신從亡功臣 가운데 한 사람이다. 그는 논공행상 자리에도 나가지 않았다. 포상을 신청하지도 않았다. 그는 성품이 고결하고 절의를 굳게 지키는 사람이었다. 자기 뜻을 굽히면서 군주에게 아첨하는 자가 아니었다.

지난날 중이 일행이 황하를 건널 때 호언이 대공이라도 세운 듯이 사퇴의 변을 토로하는 것을 보고 호언 등과 어깨를 나란히 하는 것을 부끄럽고 비루한 일로 여겼다. 그는 귀국한 뒤 문무백관의 반열에 끼어 한 번 진문공에게 조하朝賀를 올린 뒤 병을 핑계로 두문불출했다. 맑고 가난한 것을 달갑게 여기며 살았다. 손수 짚신을 짜서 노모를 봉양하며 생계를 꾸렸다.

진문공은 문무백관을 불러들여 논공행상을 하던 날 개자추가 참석하지 않았는데도 너무 바쁜 나머지 그가 그 자리에 없다는 사실조차 알지 못했다. 마침내 개자추에 관한 일을 묻지도 않은 채 그대로 지나치고 말았다.

개자추의 집 바로 이웃에 해장解張이란 사람이 살고 있었다. 그는 개자추가 논공행상에서 빠진 것을 보고 내심 불만이었다. 그러다가 성문에 내걸려 있는 방문榜文을 보게 됐다. 공이 있는데도 포상에서 빠진 사람이 있으면 자진해서 신고할 것을 허락한다는 내용이었다. 해장은 곧바로 개자추 집으로 달려가서 이 사실을 알렸다. 개자추는 웃기만 할 뿐 대답이 없었다. 당시 그의 노모가 부엌에 있다가 그에게 말했다.

"너는 19년 동안 주공을 모시고 망명을 다니면서 많은 고생을 하지 않았느냐? 더구나 지난날 너는 허벅지 살까지 베어 굶주린 주공을 요기시켜 주었다. 네 노고가 적지 않은데 어째서 조정에 나가 네 공로를 말하지 않는 것이냐? 말을 하면 양식 몇 섬쯤이야 받을 수 있지 않느냐? 그것으로 조석의 끼니라도 때우는 게 짚신을 삼아 파는 것보다야 낫지 않겠느냐?"

개자추가 대답했다.

"선군인 진헌공은 9명의 아들을 두었습니다. 그 가운데 우리 주공이 가장 현명합니다. 진혜공과 진회공은 덕이 없었기에 하늘이 그 자리를 빼앗아 우리 주공에게 준 것입니다. 여러 신하들은 하늘의 뜻은 알려고도 하지 않은 채 마치 자신들의 공로에 의해 주공이 보위에 오른 줄 알고 서로 벼슬을 다투고 있습니다. 저는 평생 짚신을 삼을지언정 하늘의 공을 자신의 공으로 생각하는 탐천지공貪天之功의 행보로 남의 공을 가로채려는 짓을 감히 행하지 않을 것입니다."

노모가 말했다.

"비록 벼슬을 구하지 않을지라도 궁에 들어가 네가 살을 베어 먹인 정성만은 잊지 않게 하는 게 마땅하지 않겠느냐?"

개자추가 대답했다.

"소자가 이미 주공에게 요구할 게 없는데 무슨 이유로 궁에 들어가야 하겠습니까?"

노모가 말했다.

"네가 청렴한 선비의 모습을 보이는데 난들 어찌 그런 선비의 어미 노릇을 못하겠느냐? 우리 모자는 혼탁한 시정市井에 살지 말고 깊은 산속으로 들어가 숨는 게 마땅하겠다."

개자추가 크게 기뻐했다.

"소자는 원래 면상綿上을 좋아합니다. 그곳은 산이 높고 계곡이 깊은 산고곡심山高谷深의 은둔처입니다. 지금 당장 그곳으로 가겠습니다."

개자추는 그날로 노모를 등에 업고 면상 땅으로 들어가 은거했다. 깊은 산골에 초려草廬를 지었다. 풀로 옷을 해 입고 나무 열매를 따먹으며 일생을 마칠 작정이었다.

개자추의 이웃은 그들 모자가 왜 문득 행방을 감췄는지 그 이유를 몰랐다. 오직 해장만이 그 이유를 알았다. 곧 글을 지어 한밤중에 조문에 걸어 놓았다.

이튿날 아침 진문공이 조회에 나갔다. 한 근신이 조문에 걸려 있는 그 글을 떼어 와 바쳤다. 내용은 이러했다.

뛰어난 용 한 마리가	有龍矯矯
자리 잃고서 슬퍼하다	悲失其所
여러 뱀이 용 따르니	數蛇從之
천하를 두루 방랑하다	周流天下
용이 결식해 굶주리자	龍饑乏食
한 뱀이 제 살 먹이다	一蛇割股
용이 못으로 돌아와서	龍返於淵
그 영토를 안정시키니	安其壤土
여러 뱀이 구멍 들어가	數蛇入穴

모두 거처할 집을 짓다	皆有寧宇
한 뱀만 그러지 못하니	一蛇無穴
저 들판에서 울부짖다	號於中野

진문공이 그 글을 모두 읽고 크게 놀랐다.

"이는 개자추가 과인을 원망한 글이다. 전에 과인이 위나라를 지나갈 때 몹시 굶주렸는데 개자추가 자신의 허벅지 살을 베어 나를 먹였다. 이번에 과인이 공신들에게 크게 상을 내렸는데 오직 개자추만이 빠졌다. 과인의 잘못을 변명할 길이 없게 됐다."

곧바로 사람을 개자추에게 보냈다. 하지만 개자추는 오간 데가 없었다. 진문공이 개자추의 이웃사람을 잡아들여 행방을 물었다.

"개자추의 거처를 알려주는 사람이 있으면 그에게 벼슬을 내리겠다."

해장이 나서 말했다.

"그 글은 개자추가 지은 게 아니고 소인이 지은 것입니다. 개자추는 포상을 구하는 것을 수치스럽게 여겨 노모를 등에 업고 면상 땅 깊은 곳으로 숨었습니다. 소인은 그의 공로가 묻혀 사라져 버릴까 걱정이 돼 그런 글을 지어 조문에 붙여 놓은 것입니다 개자추의 고결한 처신을 세상에 널리 알리고 싶어 그리 했을 뿐입니다."

진문공이 말했다.

"만일 네가 그런 글이라도 지어 조문에 걸어놓지 않았다면 과인은 개자추의 공로를 잊을 뻔했다."

그러고는 곧바로 하대부下大夫의 벼슬을 줬다. 그날로 진문공은 수레를 타고 해장의 안내를 받아 직접 면상 땅으로 갔다. 면상 땅에 이르러 보니 높은 산봉우리가 첩첩疊疊하고, 온갖 수목과 잡초가 우거져 있었다. 시냇물은 잔잔하고 구름은 조각조각 무심히 흘러갔다. 숲속에서는 새 떼의 소리가

개자추가 지조 지켜 면상에서 불에 타 죽다

산과 골짜기에 울려 퍼졌다. 그런 막막한 곳에서는 정녕 개자추의 종적을 찾을 길이 없었다. 그야말로 당나라 시인 가도賈島가 쓴 「심은자불우尋隱者不遇」의 '이 산에 있기는 하나 구름이 깊어 어디 있는지 모르겠다.'는 뜻의 '지재차산중只在此山中, 운심부지처雲深不知處' 구절과 딱 들어맞은 형편이었다.

당시 진문공이 데리고 온 병사들이 농부 몇 사람을 잡아가지고 진문공 앞으로 왔다. 진문공이 직접 그 농부들에게 개자추의 행방을 물었다.

한 농부가 대답했다.

"며칠 전에 어떤 사람이 늙은 할미를 업은 한 남자를 보았다고 합니다.

그는 이 산기슭에서 쉬면서 시냇물을 마시고 나자 다시 그 할미를 업고 산으로 올라갔다고 합니다. 소인이 직접 본 것도 아니어서 지금 어디로 갔는지 모르겠습니다."

진문공이 수레를 산기슭에 정차하도록 명한 뒤 병사들을 풀어 개자추를 찾게 했다. 며칠이 지나도록 찾지 못했다.

진문공이 노기를 띠고 해장에게 말했다.

"개자추는 어찌 이다지도 깊이 과인을 원망한단 말인가? 내가 듣건대 개자추는 효성이 지극하다고 하니 만일 불을 놓아 숲을 태우면 틀림없이 노모를 업고 산 속에서 나올 것이다."

위주가 나서 말했다.

"망명 시절 주공을 따라다닌 여러 사람들이 모두 공을 세웠습니다. 어찌 개자추만이 공을 세웠단 말입니까? 오늘날 개자추는 몸을 숨긴 채 군주를 괴롭히고 있습니다. 주공의 수레를 며칠씩 두류逗留시킨 채 시일만 허비케 만들고 있습니다. 불을 피해 나오기만 하면 신이 톡톡히 창피를 주겠습니다."

진문공이 할 수 없이 병사들을 시켜 면산綿山의 전후좌우에 불을 놓게 했다. 불은 강하게 부는 바람을 타고 맹렬히 타올랐다. 수십 리에 달하는 산을 모두 태우고 3일 뒤에야 꺼졌다.

하지만 개자추는 나오지 않았다. 병사들이 수풀이 불에 타 시야가 툭 트인 산 속에 들어가 살펴보니 아들과 어머니가 서로 안고 버드나무 밑에 죽어 있었다. 병사들이 두 시신을 떠메고 산에서 내려왔다. 진문공이 개자추의 처참한 주검을 보고 눈물을 흘렸다.

진문공은 개자추의 시신을 면산 아래에 묻게 했다. 이어 사당을 짓고 해마다 제사를 지내게 했다. 면산 주위의 밭은 모두 제사를 지내기 위한 사전祠田 즉 위토位土로 지정했다. 그 고장의 농부를 뽑아 해마다 제사 지내는 일을 관장케 했다. 또 산 이름을 개산介山으로 고쳤다. 이는 진문공 자신의 잘못을 스스로 드러내려는 취지였다. 후대인 면상 땅에 현縣을 설치하고, 명칭을 개휴현介休縣이라고 불렀다. 개자후의 영혼이 이곳에 쉬고 있다는 뜻이다. 면산의 숲을 불태운 날은 3월 5일이었다. 24절기로는 청명절淸明節에 해당했다.

진晉나라 사람들은 날이 갈수록 개자추를 더욱 추모하게 됐다. 개자추가 불타 죽은 일이 생각나 그때가 되면 차마 불을 땔 수가 없었다. 개자추를 추모하기 위해 청명절 무렵이면 1달 동안 찬 음식을 먹었다. 이후 기간이 점차 줄어들어 3일로 단축됐다. 지금도 옛 진晉나라 땅인 태원太原과 상당上黨, 서하西河, 안문雁門 일대는 해마다 동지 이후 105일째 되는 날에 미리 준비해둔 마른 양식을 냉수와 함께 먹는다. 지역민들은 이를 금화禁火 또는 금연禁煙이라고 했다. 청명 하루 전이 바로 한식寒食이 된 이유다.

한식에는 집집마다 문에 버들을 꽂는다. 버드나무 밑에서 타 죽은 개자추의 넋을 달래기 위한 것이다. 일종의 초혼招魂 의식에 해당한다. 사람들은 또 들에서 제사를 지내기도 하고, 지전紙錢을 불태우기도 했다. 이 또한 개자추를 추모하기 위한 행사이다.

호증 선생이 개자추를 두고 추모한 시가 있다.

고삐 잡고 망명길 수종한 19년　　羈紲從遊十九年
땅 끝까지 달려 곤경 대비하다　　天涯奔走備顚連
살 베어 먹인 일편단심 장하니　　食君刲股心何赤
벼슬 사양하고 불 속에 타 죽다　　辭祿焚軀志甚堅
면산의 연기 그 절개 드러내고　　綿上煙高標氣節
개산의 사당 그 충성 보여주다　　介山祠壯表忠賢
지금도 금화해 찬 음식 먹으니　　只今禁火悲寒食

지전 태워 복비는 것보다 낫다 勝卻年年掛紙錢

진문공은 신하들의 논공행상을 확정한 뒤 나라를 다스리는데 성의를 다했다. 선량한 사람을 추천받아 임용하고, 능력 있는 사람을 정도에 따라 승진시켰다. 형벌을 덜고 조세를 가볍게 했다. 또 통상을 진흥시키고 외국의 빈객을 예우하고, 외로운 사람에겐 배필을 구해 주고, 가난한 사람을 구제했다. 진나라가 크게 다스려진 이유다.

주양왕은 태재太宰로 있는 주공周公 공孔과 내사內史 숙흥叔興을 진晉나라로 보내 제후들의 우두머리로서 곧 패자霸者에 해당하는 이른바 '후백侯伯'에 임명했다. 진문공은 왕실의 두 사자를 융숭히 대접했다. 숙흥이 돌아가서 주양왕에게 보고했다.

"진후晉侯는 틀림없이 천하 제후들을 제패하는 이른바 패제후伯諸侯를 할 것입니다. 앞으로 진나라와 잘 지내지 않으면 안 됩니다."

주양왕은 이후 제나라를 멀리하고 진나라와 가까이 지냈다. 이 얘기는 더 하지 않겠다.

74話 태숙 대가 총애를 믿고 궁궐로 들어가다
– 태숙대호총입궁중太叔帶怙寵入宮中

당시 정문공은 초나라를 섬기며 중원과 거래하지 않았다. 강대국인 초나라만 믿고 자국보다 약한 나라들을 업신여겼다. 약소국인 활滑나라가 위衛나라만 섬기고 정나라를 잘 섬기지 않는다는 이유로 군사를 일으켜 활나라를 친 이유다.

정나라 군사가 쳐들어오자 활나라 군주인 활백滑伯은 겁이 나 곧바로 강화를 청했다. 정나라 군사가 강화를 맺고 곧바로 철군했다. 하지만 활나라는 이전처럼 위나라를 섬기면서 정나라에 잘 복종하지 않았다.

정문공이 대로했다. 곧 아들인 공자 사士와 대부 설도구洩堵寇를 대장, 도유미堵俞彌를 부장副將으로 삼아 다시 활나라를 쳤다.[2]

당시 위문공衛文公은 주왕실과 화목한 관계를 유지하고 있었다. 그는 정나라의 방자한 행태를 주왕실에 하소연했다. 주양왕이 대부 유손백游孫伯과 백복伯服을 정나라로 보내 활나라와 화해를 종용케 했다.

그러나 두 사람이 정나라에 오기도 전에 정문공은 그 소식을 듣고 크게

2 이 대목에서 풍몽룡이 약간 착각을 한 듯하다. 『춘추좌전』「노희공 20년」조에 따르면 기원전 640년 여름, 정문공의 아들인 공자 사士와 대부 설도구洩堵寇가 군사를 이끌고 가 활나라를 쳤다. '설도구'가 「노희공 24년」조에는 설도유미洩堵俞弭로 나온다. 『열국지』가 '설도구'를 대장, '도유미'를 부장으로 표현한 것은 잘못이다. 게다가 2015년에 나온 김영문 번역본을 포함한 여러 번역본이 공자 사士와 대부 '설도구'를 한 사람으로 착각해 "사예士洩를 장수로 삼고, 도유미를 부장으로 삼았다."고 번역해 놓았다. 이는 풍몽룡의 착오에 또 다른 착오를 덧씌운 2중의 착오에 해당한다. 나아가 존재하지도 않는 사예士洩라는 가공의 인물을 멋대로 만들어낸 점에서 커다란 오역을 한 셈이다. 본서의 번역문은 일단 풍몽룡의 원문을 그대로 살려 설도구洩堵寇와 도유미堵俞彌를 별개의 인물인 것처럼 번역해 놓았다.

화를 냈다.

"우리 정나라도 위나라와 마찬가지로 주왕실과 동성同姓의 나라이다. 그런데 주왕은 어째서 위나라만 후대하고, 정나라는 박대하는 것인가?"

그러고는 유손백과 백복이 경계에 이르거든 사로잡아 억류케 했다. 활나라를 격파하고 개선한 뒤 풀어줄 심산이었다. 유손백과 백복은 정나라 경계에 들어서자마자 곧바로 붙들렸다. 수행원들이 황망히 돌아가 이를 주양왕에게 보고했다. 주양왕이 대로했다.

"정나라 첩捷이 과인을 너무 업신여긴다. 반드시 이 모욕을 갚고야 말겠다."

그러고는 신하들에게 물었다.

"누가 감히 과인을 위해 정나라를 문죄問罪할 수 있는가?"

대부 퇴숙頹叔과 도자桃子 두 사람이 나서 주청했다.

"정나라는 지난날 선왕의 군사를 한번 이긴 이후 왕실에 대해 더욱 기탄없이 굴고 있습니다. 지금 형만荊蠻인 초나라의 힘만 믿고 왕실의 사자까지 잡아 가뒀습니다. 응당 군사를 일으켜 정나라의 죄를 물어야 하나 반드시 이긴다고 다짐키 어렵습니다. 신들의 어리석은 생각으로는 적翟나라 군사를 빌려 정나라를 쳐야 할 듯합니다. 그래야만 비로소 정나라에 왕실의 위엄을 보일 수 있습니다."

대부 부신富辰이 황급히 나서 반대했다.

"불가, 불가합니다. 소원한 남을 끌어들여 가까운 친척을 이간해서는 안 된다는 뜻의 소불간친疏不間親 속담이 있습니다. 정나라가 비록 무도하긴 하지만 정환공鄭桓公 우友의 후손으로 왕실과 같은 계열입니다. 옛날 정무공은 주왕실이 동쪽 낙양으로 천도할 때 많은 수고를 했고, 정여공은 왕실을 위해 왕자 퇴頹의 반란을 평정했습니다. 왕실은 그 덕을 잊어서는 안 됩니다. 적나라는 이리 같은 오랑캐들로 승냥이와 같은 무리입니다. 우리와 같은 부류가 아닙니다. 어찌 그런 무리를 끌어들여 동성의 나라인 정나라를 짓밟을 수 있겠습니까? 작은 원한을 씻기 위해 큰 덕을 버리는 짓입니다. 서로 해만 입을 뿐 아무런 이익도 없습니다."

퇴숙과 도자가 함께 다시 말했다.

"옛날 주무왕이 은나라를 칠 때 구이九夷가 모두 와 도왔습니다. 그런데도 대부 부신은 어째서 동성만 두둔하는 것입니까? 주무왕의 동생 주공 단이 동산東山의 정벌을 감행한 것도 형제인 관숙管叔과 채숙蔡叔이 은나라 후손인 무경武庚을 부추겨 반란을 일으켰기 때문입니다. 오늘날 정나라의 횡역橫逆 태도는 옛날 관숙이나 채숙과 다를 바 없습니다. 더구나 적나라는 우리 주왕실을 섬기면서 일찍이 예의를 잃은 적이 없습니다. 순종하는 자를 시켜 거역하는 자를 치는 것이 어째서 불가하다는 것입니까?"

주양왕이 말했다.

"두 경의 말이 옳소."

그러고는 퇴숙과 도자을 사자로 삼아 적나라로 보냈다. 이들은 정나라를 치라는 주양왕의 유시諭示를 전했다. 적나라 군주가 흔연히 수락했다.

적나라 군사는 사냥을 구실로 내세워 군사를 이끌고 정나라 땅으로 쳐들어갔다. 단숨에 정나라 역성櫟城을 함몰시킨 뒤 군대를 주둔시켰다. 적나라 군주가 곧바로 사자를 주양왕에게 보내 승첩을 고했다.

주양왕이 첩서捷書를 받고 말했다.

"적나라가 과인을 위해 공을 세웠소. 과인은 얼마 전 중궁을 여의었소. 차제에 적나라와 통혼코자 하는데 경들의 생각은 어떻소?"

퇴숙과 도자가 함께 대답했다.

"적나라 사람들은 '전숙외前叔隗, 후숙외後叔隗여, 구슬 같고 옥 같아서 빛나고 빛난다.'는 식으로 노래한다고 합니다. 이는 적나라 군주의 두 딸을 두고 노래한 것입니다. 두 딸의 이름 모두 숙외인데, 공히 천하절색입니다.

전숙외는 구여咎如 나라 출신으로 적나라 군주의 양녀입니다.[3] 이미 진문공에게 시집을 갔고, 후숙외는 적나라 군주의 친딸로 아직 출가하지 않았다고 합니다. 주상은 후숙외에게 청혼하십시오."

주양왕은 크게 기뻐했다. 곧바로 퇴숙과 도자를 적나라 군주에게 보내 구혼케 했다. 적나라 군주는 곧바로 숙외를 주왕실로 호송했다. 주양왕은 곧바로 숙외를 계후繼后로 삼고자 했다.

부신이 다시 나서 간했다.

"주상이 공을 세운 적나라를 위무하는 것은 옳습니다. 그러나 지존인 천자가 이적夷狄 출신 여인을 배필로 맞이해야 되겠습니까? 더구나 적나라는 지금 그 공로를 뽐내고 있습니다. 여기에 인척관계까지 맺게 되면 반드시 중원을 넘보려는 불측한 생각을 갖게 될 것입니다."

그러나 주양왕은 부신의 말을 듣지 않고 마침내 숙외를 중궁으로 삼아 중궁의 제반사를 관장케 했다.

외후隗后로 불리게 된 후숙외는 자색은 아름다웠으나 원래 부덕婦德이 없었다. 본국에서 자라날 때부터 오로지 말 타기와 활쏘기만 즐겼다. 부친인 적나라 군주가 사냥 갈 때마다 함께 따라나섰다. 또 날마다 장병들과 함께 말을 타고 광야를 달렸다. 속박이라곤 전혀 모르고 자란 것이다. 그런데 문득 왕후가 되어 궁중 깊숙이 기거하게 되자 마치 새장 속의 새나 우리 안의 짐승 같은 답답함인 이른바 부자재不自在를 느낄 수밖에 없었다.

하루는 외후가 주양왕에게 청했다.

"첩은 어렸을 때부터 활쏘기와 사냥을 익혔습니다. 첩의 아비도 그걸 금한 적이 없습니다. 이제 궁중에 답답하게 앉아 있으려니까 사지가 게을러지

3 적나라 군주의 양녀로는 원래 진문공에게 시집을 간 계외季隗와 조최에게 시집을 간 숙외叔隗가 있다. 그런데도 퇴숙과 도자는 조최에게 시집을 간 숙외가 진문공에게 시집을 간 것처럼 말해 주양왕의 주의를 끈 것이다. 여기의 후숙외는 숙외의 여동생으로 보인다.

고 권태를 느낍니다. 이러다간 팔다리가 마비되지나 않을까 두렵습니다. 주상은 왜 사냥을 크게 하지 않는 것입니까? 첩도 한번 구경하고 싶습니다."

주양왕은 한창 외후를 총애하던 참이라 그녀의 말이면 들어주지 않는 게 없었다. 곧바로 태사에게 명해 사냥할 날짜를 택일토록 했다.

택일한 그날이 되자 주양왕은 수레와 병사들을 대거 소집했다. 이들을 이끌고 북망산北邙山으로 달려가 서로 사냥 솜씨를 겨루게 했다. 유사有司가 산허리에 장막을 쳤다. 주양왕이 외후와 나란히 앉아서 사냥을 구경했다.

주양왕은 외후를 기쁘게 해주려고 이같이 하령했다.

"한낮을 시한으로 하여 30마리를 잡은 자에겐 수비용 수레인 돈거軘車 3승乘, 20마리를 잡은 자에겐 공격용 수레인 충거幢車 2승, 10마리를 잡은 자에겐 척후용 사다리 수레인 초거轈車 1승을 상으로 내릴 것이다. 10마리가 안 되는 자에겐 상이 없다."

주양왕이 영을 내리자 왕자와 왕손, 장수, 병사가 일시에 흩어져 여우를 쫓고 토끼를 쫓느라고 사방으로 내달렸다. 모두 후한 상을 타려고 각각 그 재주를 다했다. 사냥을 시작한 지 상당한 시간이 흘렀다.

태사가 주양왕에게 고했다.

"이제 한낮이 됐습니다."

주양왕이 사냥 중지와 철수를 명했다. 여러 왕족과 장병이 각각 잡은 짐승을 바쳤다. 어떤 자는 10마리, 어떤 자는 20마리 정도였다. 오직 한 귀인만 30마리 이상을 잡았다. 당당한 위장부偉丈夫로 얼굴과 풍채가 뛰어났다.

바로 주양왕의 서제庶弟인 왕자 대帶였다. 백성들은 그를 태숙太叔으로 불렀다. 선왕이 그를 감甘 땅에 봉한 까닭에 감공甘公으로도 불렸다. 전에 그는 적자의 자리를 빼앗으려다 성공하지 못했다. 이후 융족의 군사를 불러들여 왕실을 치려다가 실패해 제나라로 망명했다. 이후 생모인 혜태후惠太

태숙 대가 총애를 믿고 궁궐로 들어가다

后 진규陳嬀가 주양왕 면전에서 재삼 변명하며 용서를 빌고 대부 부신이 형제간의 우애를 생각해야 한다고 간하면서 부득이 그를 불러 이전 지위에 그대로 앉혔던 것이다.

태숙 대는 그날 사냥에서 정신을 가다듬고 활솜씨를 발휘해 으뜸가는 성적을 올렸다. 주양왕은 그가 성실한 모습을 보인 것에 크게 기뻐하며 돈거 3승을 상으로 내렸다. 다른 사람들에게도 잡아온 짐승의 숫자에 따라 각각 상을 내렸다.

당시 외후는 주양왕 곁에 앉아 태숙 대의 비범한 풍모를 바라보면서 그의 뛰어난 활솜씨를 거듭 칭찬하며 치켜세웠다. 그녀는 주양왕에게 물어보고 난 뒤 비로소 그가 금지옥엽의 신분이라는 것을 알게 됐다. 내심 더욱 그를 흠모하게 된 이유다. 외후가 주양왕에게 청했다.

"아직 해가 많이 남아 있으니 첩도 한번 사냥해 느슨해진 근골筋骨을 단속할까 합니다. 주상은 첩을 위해 다시 한 번 영을 내려 주십시오."

사냥을 나온 것은 외후를 기쁘게 해주기 위한 것이었다. 어찌 청을 들어주지 않을 리 있겠는가? 주양왕이 곧바로 장병들에게 명해 다시 사냥할 채비를 갖추도록 했다.

외후가 입고 있던 수포繡袍를 벗었다. 이미 속에 소매가 좁은 단삼短衫을 입고, 그 위엔 가볍고 섬세한 황금 고리로 엮은 쇄자갑鎖子甲을 입고 있었다. 곧 오색의 순사수대純絲繡帶로 허리를 매고, 6척 가량의 가벼운 검정 비단인 현색경초玄色輕綃를 이마에 둘렀다. 머리엔 흙먼지를 뒤집어쓰지 않도록 용 모양의 가리개인 용폐龍蔽를 쓰고, 봉황 모양의 비녀인 봉계鳳笄를 꽂았다. 이어 허리에 화살통인 전복箭箙을 걸치고, 손에 붉은 색 활인 주궁朱弓을 잡았다.

이를 증명한 옛 시가 있다.

꽂 같은 미모와 옥 같은 살결	花般綽約玉般肌
갑옷을 두르니 더욱 기이하다	幻出戎裝態更奇
비빈 반열에선 무예를 뽐내고	仕女班中誇武藝
장군 대열에선 교태를 부리다	將軍隊裏擅嬌姿

외후의 그런 장속裝束과 자태는 여느 사람의 풍채보다 특이하게 돋보였다. 주양왕이 흡족해하며 미소를 머금었다. 좌우 시신들이 말고삐를 잡고 외후가 자신의 융로戎輅에 타기를 기다렸다. 외후가 주양왕에게 말했다.

"수레를 타면 말을 타는 것보다 빠르지 못합니다. 첩을 따라온 궁녀들은 적나라에서 온 까닭에 모두 말을 타는 데 능숙합니다. 청컨대 주상 앞에서 말 타는 재주를 시험해 볼까 합니다."

주양왕이 좌우에 명해 양마良馬를 여러 마리 골라 안장과 굴레를 씌워 대령토록 했다. 외후를 따라 말을 타고 달릴 시비侍婢도 몇 명가량 대기했다. 외후가 말을 타려는데 주양왕이 말했다.

"서두르지 말고 잠깐 기다리시오. 과인과 동성同姓인 경卿들 가운데 누가 말을 잘 타는가? 그가 왕후를 보호해 사냥터로 나가기 바라오."

태숙 대가 선뜻 나서 말했다.

"신이 응당 힘을 다해 모시도록 하겠습니다."

그야말로 암암리에 외후의 뜻에 딱 들어맞은 셈이었다. 시비들은 하나의 기마대를 이뤄 외후를 호위하며 먼저 출발했다. 그 뒤를 따라 태숙 대가 준마를 비껴 타고 그 뒤를 좇았다.

외후를 따라잡은 태숙 대는 그녀의 좌우를 떠나지 않았다. 외후는 태숙 대의 면전에서 재주를 다해 말 타는 솜씨를 뽐냈다. 태숙 대도 외후에게 자신의 무예를 자랑하기 위해 온갖 수단을 다 부렸다. 두 사람은 궁시弓矢를 시험하기 전에 먼저 말달리기를 시험한 셈이다.

외후가 문득 채찍을 높이 들어 연거푸 채찍질했다. 외후가 탄 말이 순간 공중으로 뛰어오르기라도 하듯 앞발을 높이 쳐들더니 쏜살같이 내달렸다. 태숙 대도 말을 급히 몰아 그 뒤를 좇았다.

이들은 언덕을 이리저리 달려 산허리에서 멀리 떨어진 곳에 이르렀다. 그때서야 가까스로 말머리를 나란히 하게 됐다. 외후가 비단실로 꼰 말고삐를 잡아당기며 태숙 대를 칭찬했다.

"오래전부터 왕자의 대재大才를 사모했는데 이제야 비로소 그 솜씨를 보게 됐습니다."

태숙 대가 말 위에서 몸을 굽히며 대답했다.

"신은 이제야 실로 말 타는 법을 왕후로부터 배웠습니다. 왕후의 1만분의 1에도 미치지 못합니다."

외후가 말했다.

"태숙은 내일 일찍이 태후궁으로 문안을 오시오. 제가 긴히 할 말이 있습니다."

외후의 말이 끝나기도 전에 말을 탄 시녀 몇 사람이 그곳에 이르렀다. 외후는 다만 태숙 대에게 정을 듬뿍 실은 눈길을 보냈다. 태숙 대가 가볍게 고개를 끄덕였다. 이들은 각각 말고삐를 당겨 온 길을 되돌아갔다.

마침 산언덕 아래로 한 무리의 고라니와 사슴들이 몰이꾼에게 쫓겨 달려왔다. 태숙 대가 왼쪽의 고라니를 쏜 뒤 잽싸게 몸을 돌려 오른쪽의 사슴도 쐈다. 두 마리 짐승 모두 살을 맞고 쓰러졌다.

외후 역시 사슴 한 마리를 쏘아 맞혔다. 시녀와 몰이꾼들이 그 광경을 보고 일제히 환호성을 올렸다. 외후가 다시 말을 몰아 산허리에 이르렀다. 주양왕이 장막에서 나와 외후를 영접했다.

"왕후는 사냥하느라 고생했소."

외후는 자신이 쏘아 잡은 사슴을 주양왕에게 바쳤다. 태숙 대 역시 고라니와 사슴을 바쳤다. 주양왕이 크게 기뻐했다.

모든 장병들이 다시 한 번 크게 사냥을 했다. 사냥이 끝나자 그곳까지 따라 온 궁중의 숙수들은 잡은 짐승을 요리해 주양왕에게 올렸다. 주양왕은 그 음식을 신하들에게 고루 나눠주고 환음歡飮한 뒤 그날의 사냥을 모두 마쳤다.

이튿날 태숙 대는 입궁해 주양왕에게 상을 하사한 일에 대해 사사謝賜하고, 태후궁으로 가 생모인 혜태후에게 문안을 드렸다. 외후는 이미 태후궁에 와 있었다. 그녀는 이미 많은 뇌물을 써서 자신을 수종하는 궁녀들을 매수해 놓았다. 태후궁에서 외후와 태숙은 시선을 누차 주고받았다. 그럴 때마다 이들은 상대의 뜻을 가늠했다. 이윽고 이들은 혜태후에게 문안을 마치고 나온 뒤 태후궁의 한 측실側室로 들어갔다. 그들은 그 안에서 사통했다.

남자는 탐욕스러웠고, 여자는 애정에 불탔다. 두 남녀는 권련지정眷戀之情을 극진히 나눴다. 떠날 때도 차마 서로를 놓지 못했다.

외후가 당부했다.

"수시로 입궁해 만나줘야 합니다."

태숙 대가 대답했다.

"주상에게 의심을 받을까 두렵소."

외후가 말했다.

"첩이 미리 주선해 둘 터이니 염려하지 마시오."

혜후와 궁녀들은 거의 그 일을 알고 있었다. 하지만 태숙은 혜태후의 사랑하는 아들인데다, 또 사안 자체가 너무 중대해 아무도 함부로 입을 놀리지 못했다. 혜태후도 내심 그 일을 짐작했다. 그녀는 궁녀들에게 함부로 수군덕거리지 못하게 주의를 시켰다.

외후의 궁녀들은 이미 많은 뇌물을 받은 까닭에 한 패거리가 되어 그녀의 눈과 귀 역할을 했다. 태숙 대는 밤마다 궁으로 들어가 새벽까지 머물렀다. 이를 까마득히 모른 사람은 주양왕 한 사람뿐이었다.

사관이 시를 지어 이를 탄식했다.

태숙에게 형 없으니 형수 있으랴	太叔無兄何有嫂
양왕은 동생 사랑해 아내 놔두다	襄王愛弟不防妻
사냥 나간 지 하루 만에 밀약하니	一朝射獵成私約
이적 출신 왕후 맞은 걸 후회하다	始悔中宮女是夷

주양왕이 태숙을 용서하고 다시 불러들여 이런 재앙을 자초한 것을 비난한 시가 있다.

역적질한 버릇 고치기 어려우니	明知篡逆性難悛
태숙을 죽이거나 의절치 못하다	便不行誅也絶親
범을 안으로 부르니 뉜 안 물랴	引虎入門誰不噬
주양왕은 실로 꿈꾸는 사람이다	襄王眞是夢中人

무릇 좋은 일을 하는 마음은 날마다 작아지고, 나쁜 일을 하는 마음은 날마다 커지는 법이다. 외후와 태숙 대의 사통은 날로 이골이 나고 익숙해졌다. 마침내 남의 이목도 피하지 않고, 앞으로 닥칠 위험도 돌아보지 않는 지경에 이르게 됐다.

꼬리가 길면 자연 탄로나기 마련이다. 외후는 나이가 젊어 육욕을 갈구했다. 주양왕이 아무리 사랑한들 50대의 노인으로선 도저히 외후를 감당할 수 없었다. 자주 별침別寢에 가서 몸을 쉰 이유다.

당시 태숙 대는 궁문을 지키는 문지기들에게 상당한 뇌물을 뿌렸다. 이들과 내시들은 눈치가 빠르고 아첨을 잘하는 무리들로 내심 이같이 생각했다.

'태숙은 혜태후가 가장 사랑하는 아들이다. 늙은 주양왕이 세상을 떠나면 태숙이 뒤를 잇게 된다. 태숙이 주는 선물은 차라리 받지 말자. 그가 하는 짓거리에 상관해 무슨 도움이 되겠는가?'

태숙 대가 아침저녁 가릴 것 없이 멋대로 궁성을 드나든 이유다.

하루는 궁중에 소동小東이라는 시비侍婢가 있었다. 얼굴도 아름다웠고 음률에도 능했다. 하루는 태숙 대가 궁중에서 술판을 벌였다. 소동을 불러 옥소玉簫를 불게 했다. 그 소리에 맞춰 노래를 불렀다. 크게 흥이 나 가슴을 풀어헤치고 서슴없이 술을 들이켰다.

대취하자 자신도 모르게 광탕狂蕩한 마음이 일어났다. 벌떡 일어나 소동을 쓰러뜨린 뒤 덮어 누르며 옷을 벗기기 시작했다. 소동은 외후가 그 일을 알까 두려웠다. 태숙 대에게 잡힌 옷을 벗어버리고 뛰쳐나간 이유다. 대로한 태숙이 소동을 죽이려고 칼을 뽑아 들고 뒤를 쫓았다. 소동은 피할 곳이 없어 속옷 차림으로 엉겁결에 주양왕의 별침으로 달아났다. 주양왕 앞에 쓰러져 울며 태숙이 지금까지 저지른 짓을 모두 고해 바쳤다.

"태숙이 이런 망측한 짓을 벌이며 지금 궁중에 있습니다."

주양왕이 대로했다. 침상 머리에 있는 보검을 빼들고 중궁으로 달려갔다. 당장 태숙 대를 죽이고자 한 것이다.

태숙 대의 목숨은 어찌될 것인가? 다음 회를 보라.

제38회

75話 주양왕이 난을 피해 정나라에 머물다
– 주양왕피란거정周襄王避亂居鄭

당시 주양왕은 소동의 말을 듣고 격노한 나머지 황급히 칼을 들고 중궁으로 달려갔다. 그는 뛰어가다 말고 문득 생각을 바꿨다.

'태숙 대는 혜태후가 사랑하는 아들이다. 내가 그를 죽이면 세상 사람은 그의 죄를 모르기 때문에 나를 불효한 사람이라고 할 것이다. 또 태숙 대는 무예에 뛰어나다. 불손하게도 칼을 뽑아 들고 덤벼든다면 불미한 일이 벌어질지 모른다. 잠시 은인隱忍하고 있다가 내일 그의 죄상을 낱낱이 밝히는 게 좋을 것이다. 이어 외후를 궁 밖으로 내치면 태숙 대도 경사에 더 이상 머물 낯이 없어 다른 나라로 달아날 것이다. 그리 처리하는 게 어찌 온편穩便한 방안이 아니겠는가?'

그러고는 한바탕 탄식한 뒤 칼을 던져 버렸다. 그리고 다시 침궁으로 돌아갔다. 그는 즉시 수종 내시에게 명해 태숙 대의 동정을 살펴보고 오게 했다. 얼마 후 내시가 돌아와 고했다.

"태숙 대는 소동이 주상에게 고한 걸 알고 이미 궁 밖으로 빠져나갔다고 합니다."

주양왕이 탄식했다.

"궁문 출입을 어찌 과인에게 알리지도 않고 제멋대로 한단 말인가? 궁중을 엄히 단속하지 못한 탓이다!"

이튿날 아침, 주양왕이 근시들에게 명해 중궁의 시녀들을 모두 잡아들여 심문케 했다. 처음엔 서로 모른다며 잡아뗐다. 소동을 불러내 대질시키자 더는 감추지 못하고 추태를 낱낱이 공술했다.

주양왕이 외후를 폄출貶黜해 냉궁冷宮에 가뒀다. 냉궁의 문을 쇠사슬로 봉한 뒤 시녀들로 하여금 담장의 작은 구멍으로 음식만 들여보내게 했다. 태숙 대는 자신의 죄를 너무나 잘 알고 있었기에 적나라로 달아났다. 이번 일로 큰 충격을 받은 혜태후는 이내 심질心疾을 얻어 자리에 눕고 말았다.

한편 퇴숙과 도자는 외후가 냉궁에 감금됐다는 사실을 듣고 크게 놀랐다.

"당초 적나라에 군사를 요청해 정나라를 치게 한 것도 우리 두 사람의 건의에 따른 것이었소. 또 주상이 외씨를 맞아들여 왕후로 삼은 것도 우리 두 사람의 권유 때문이었소. 이제 외후가 폄척을 당했으니 적나라 군주는 틀림없이 우리를 괴이쩍게 생각할 것이오. 태숙이 지금 적나라로 달아나고 있소. 그는 틀림없이 거짓말을 꾸며대 적나라 군주를 충동질할 것이오. 적나라 군주가 혹여 그의 말을 듣고 군사를 이끌고 와 우리에게 죄를 묻는다면 우리는 주상에게 뭐라고 변명할 수 있겠소?"

두 사람은 그날로 경거輕車에 올라탄 뒤 전력으로 질주해 태숙 대의 뒤를 좇아갔다. 도중에 서로 상의했다.

"적나라 군주를 만나면 반드시 여차여차하게 얘기합시다."

하루가 다 되지 않아 적나라에 당도했다. 당시 태숙 대는 교외에 수레를 멈춘 채 휴식을 취하고 있었다. 이내 서로 만나게 됐다. 태숙 대가 퇴숙과 도자로 하여금 먼저 성 안으로 들어가 적나라 군주를 설득케 했다.

두 사람이 적나라 군주에게 호소했다.

"당초 우리 두 사람은 태숙 대를 위해 귀국에 청혼했습니다. 그런데 주왕은 후숙외가 대단한 미인이란 말을 듣고는 중간에 가로채 정궁正宮으로 삼았습니다. 하루는 정궁이 태후에게 문안을 갔다가 우연히 거기서 태숙과 만나게 됐습니다. 당시 태숙은 외후에게 인사를 한 뒤 우연히 그 얘기를 하게 됐고, 얘기가 약간 길어졌던 모양입니다. 궁인들이 이를 들춰내 숙덕거리면서 주왕에게 고했습니다. 주왕은 이를 경솔히 믿고 귀국이 정나라를 응징해준 공로도 생각지 않은 채 마침내 정궁을 폄척해 냉궁에 가두고, 태숙을 국외로 쫓아냈습니다. 동기간의 우애도 아랑곳하지 않은 짓일 뿐만 아니라 귀국에 대한 배은망덕이기도 합니다. 주왕은 의리도 없고 은혜도 모르는 사람입니다. 청컨대 1려旅의 군사만 빌려주면 경사로 쳐들어가 태숙을 옹립한 뒤, 정궁도 구해내 국모로 모시겠습니다. 군후가 도와주면 귀국의 의거義擧가 될 것입니다."

적나라 군주가 그 말을 곧이듣고 물었다.

"태숙 대는 지금 어디에 있소?"

퇴숙과 도자가 대답했다.

"지금 도성 밖 교외에서 군후의 명을 기다리고 있습니다."

적나라 군주가 태숙 대를 영접해 성내로 돌아왔다. 태숙 대는 장인을 대하는 예로 알현키를 청했다. 적나라 군주는 크게 기뻐했다.

마침내 기병과 보병 각 5천 명을 선발해 적나라 장수 적정赤丁에게 내줬다. 적정이 퇴숙 및 도자와 함께 태숙 대를 받들고 주나라를 향해 출병했다.

당시 주양왕은 책군이 경계로 쳐들어온다는 급보를 받고 곧바로 대부 담백譚伯을 적나라 군중으로 보냈다. 담백은 태숙 대의 죄를 사실대로 알렸으나 적정은 오히려 담백을 죽이고 군사를 휘몰아 왕성 밑으로 들이닥쳤다.

주양왕이 담백이 죽은 사실을 알고는 대로했다. 곧 경사卿士인 원백관原伯貫을 대장, 모위毛衛를 부장으로 삼은 뒤 병거 300승을 이끌고 성 밖으로 나가 적을 치게 했다. 원래 원백관은 적나라 군사가 강하다는 걸 잘 알고 있었다. 그는 수비용 수레인 돈거軘車를 서로 얽어 마치 성처럼 병영을 만들었다. 적나라 장수 적정은 군사를 몰아 누차 주나라 군영을 향해 돌진했으나 도무지 뚫고 들어갈 수가 없었다.

적정은 날마다 싸움을 걸었지만 주나라 군사는 진영만 굳게 지킬 뿐 일절 응하질 않았다. 적정은 마침내 한 가지 계책을 생각해 냈다. 왕성의 서북쪽에 있는 취운산翠雲山에 높은 대를 세우고, 누대 위에 천자의 정기旌旗를 내건 뒤 태숙 대로 가장한 병사로 하여금 여러 사람과 함께 술을 마시게 했다.

주나라 군영에서 빤히 바라다 보이는 산마루의 누대 위에서 푸짐한 주연이 질탕한 가무 속에 펼쳐졌다. 적정은 퇴숙과 도자에게 각각 기병 1천명을 내준 뒤 취운산 좌우에 매복해 있도록 했다. 주나라 군사가 진격해 오면 대 위에서 포를 쏘는 것을 신호로 일제히 뛰쳐나와 적을 격퇴할 것을 명했다.

이어 아들 적풍자赤風子에게 기병 500명을 내준 뒤 주나라 군영 앞으로 가 온갖 욕설로 주나라 군사를 격분케 만들라고 지시했다. 이어 이같이 주문했다.

"주나라 군사가 싸우려고 쏟아져 나오면 짐짓 패한 체하고 달아나 취운산 쪽으로 유인하라. 그러면 너의 공로가 적지 않을 것이다."

그러고는 태숙 대와 함께 나머지 주력부대를 이끌고 뒤쪽으로 물러나 접응할 준비를 갖췄다. 적풍자는 500기騎를 이끌고 주나라 군영 앞으로 가 싸움을 걸었다. 주왕실의 장수 원백관이 누대 위에서 이를 지켜봤다. 적나라 군사가 얼마 되지 않은 것을 보고는 만만히 여겨 곧바로 달려 나가 싸우려고 했다.

부장 모위가 만류했다.

"적나라 사람은 원래 궤사詭詐가 많으니 신중히 대처해야 합니다. 꾹 참고 있다가 그들이 해태解怠해지면 그때 나가서 칩시다."

주나라 군사가 그 말을 좇아 한낮인 오시午時까지 기다렸다. 적나라 군사들도 말에서 내려 땅바닥에 주저앉은 채 큰 소리로 욕설을 퍼붓기 시작했다.

"주왕周王, 이 무도한 군주야! 저런 무능한 장수를 보냈냐! 항복하려면 항복하고, 싸우려면 싸워라! 그리 꾸물대며 뭘 하려는 수작이냐!"

일부는 태평스럽게 아예 땅바닥에 드러누워 차마 들을 수 없는 욕까지 퍼부었다. 원백관이 더는 참을 수 없어 큰 소리로 영문營門을 열게 했다. 영문이 열리자 100승의 병거가 마치 물이 용출湧出하듯 솟구쳐 나갔다. 맨 앞의 병거에는 황금투구를 쓰고 수놓은 전포를 입은 장수가 자루가 긴 대도를 손에 잡고 우뚝 서 있었다. 바로 원백관이었다. 이를 본 적풍자가 황급히 소리쳤다.

"애들아, 빨리 말에 올라타라!"

그러면서 쇠로 만든 긴 창인 철삭鐵揱을 휘두르며 영전迎戰에 나섰다.

적풍자는 싸운 지 10여 합도 안 돼 이내 말머리를 돌려 서쪽을 향해 달아났다. 적나라 군사 가운데 미처 말에 올라타지 못하고 그냥 달아나는 자가 많았다. 주나라 병사들은 그들이 버린 말을 붙잡으려고 이리저리 어지럽게 내달았다. 주나라 군사의 대오가 완전히 흐트러졌다.

적풍자가 다시 말머리를 돌려 몇 합을 싸우다가 달아났다. 그러면서 주나라 군사를 점차 취운산 쪽으로 유인했다. 이들은 주나라 군사가 바짝 추격하자 말과 병기를 거의 모두 내던진 채 사방으로 흩어져 달아났다. 적풍자는 몇몇 기병만 이끌고 황망히 산 뒤편으로 사라졌다.

취운산 밑에 당도한 원백관이 머리를 들어 산 위를 쳐다봤다. 그곳엔 비룡飛龍을 수놓은 천자의 붉은 깃발이 바람에 나부끼고 있었고, 아름답게 수를 놓은 일산日傘 아래서 태숙 대가 술을 마시며 즐기고 있었다. 원백관이 말했다.

"저 도적의 목숨을 내 손으로 끊어 놓고 말겠다!"

그러고는 병사들을 평탄한 곳으로 불러 모은 뒤 병거들을 몰아 산 위로 진격코자 했다. 그러자 산 위에서 통나무 토막과 바윗돌 등이 무수히 쏟아져 내려왔다. 원백관은 더 올라갈 수가 없었다. 이러지도 저러지도 못하고 망설이고 있을 때 문득 산이 우묵 패인 곳에서 연주포連珠砲 소리가 잇달아 일어났다.

이를 신호로 왼쪽에선 퇴숙, 오른쪽에선 도자가 철기鐵騎를 이끌고 광풍에 소낙비 몰려오듯 달려와 원백관을 에워싸기 시작했다. 그제야 원백관은 적의 계책에 빠진 걸 알았다. 급히 회군을 명했다. 그러나 적나라 군사가 마구 베어낸 나무들로 이내 퇴로가 막혀 있었다. 병거가 빠져 나갈 수 없었다. 원백관은 보졸들에게 명해 속히 나무를 치우고 길을 틔우도록 했다. 그러나 보졸들은 이미 간담이 떨어지고 정신이 없는 상황이어서 나무를 치우기는 커녕 사방으로 달아나기 바빴다.

원백관은 어찌할 도리가 없었다. 급히 비단전포를 벗어 버리고 보졸들 사이에 섞여 달아났다.

그때 보졸 하나가 원백관을 알아보고 외쳤다.

"장군이 이쪽으로 온다!"

퇴숙이 그 소리를 듣고 그가 원백관일 것으로 생각했다. 곧 적나라 군사를 지휘해 한 무리의 병사를 추격했다. 달아나는 주나라 군사 20여 명을 사로잡았다. 과연 그 무리 안에 원백관이 끼여 있었다. 적정의 대군이 그곳에 이르렀을 때는 퇴숙과 도자가 이미 대승을 거두고 포로를 비롯해 거마와 병기를 무수히 노획한 뒤였다.

취운산 아래로 도망쳐 돌아온 주나라 군사는 영채로 돌아온 뒤 부장인 모위에게 패전 사실을 보고했다. 모위는 다만 영채를 굳게 지키도록 하령한 뒤 사람을 주양왕에게 보내 구원병을 청했다.

당시 퇴숙은 원백관을 단단히 묶어 태숙 대에게 바쳤다. 태숙 대가 곧바로 원백관을 영내에 가두게 했다.

퇴숙이 태숙 대에게 말했다.

"이제 원백관이 사로잡혔으니 모위는 틀림없이 간담이 서늘해졌을 것이다. 오늘밤 주나라 군사의 영채에 화공火攻을 가하면 가히 모위까지 사로잡을 수 있습니다."

태숙 대도 그리 생각해 적정에게 그 계책을 말했다. 적정이 이를 받아들였다. 곧바로 은밀히 각 부대에 명령을 전달했다.

그날 밤, 3경이 지난 뒤에 적정이 직접 보병 1천여 명을 이끌고 주나라 군영으로 은밀히 다가갔다. 이들 모두 손에 날카로운 도끼를 들고 있었다. 주나라 군영에 이르러 도끼로 수비용 수레인 돈거軘車와 돈거 사이를 얽어맨 쇠사슬을 끊고 영채 안으로 쇄도해 들어갔다.

그들은 들어가자마자 각 병거 위에 갈대다발을 얹고 불을 질렀다. 불길이 삽시간에 사방으로 번졌다. 불덩이인 화구火球가 어지럽게 튀었다. 주나라 군사가 큰 혼란에 빠졌다. 퇴숙과 도자가 각각 정예병을 이끌고 적정을 뒤따라와 공격에 가담했다. 적나라 군사의 예봉은 아무도 당해낼 수 없었다.

진문공

모위는 급히 작은 병거를 타고 영채 뒤쪽으로 빠져나와 달아나기 시작했다. 얼마 안 가 한 무리의 보병과 마주쳤다. 맨 앞에 오는 자가 태숙 대였다. 태숙 대가 큰 소리로 꾸짖었다.

"모위야, 네가 어디로 내빼려 하는가?"

모위가 당황해 어쩔 줄을 몰랐다. 태숙 대가 내지르는 창에 찔려 병거 아래로 굴러 떨어졌다. 적나라 군사는 그 싸움에서 전승全勝을 거두었다.

주양왕은 대장과 부장이 모두 사로잡혔다는 보고를 듣고 부신에게 말했다.

"경의 말을 듣지 않다가 이런 화를 당했소."

부신이 말했다.

"적나라 군사의 기세가 미친 듯이 날카롭습니다. 주상은 잠시 순수巡狩

를 핑계 대고 왕성을 떠나십시오. 그러면 열국 제후들 가운데 반드시 창의군倡義軍을 일으켜 주상을 다시 왕성으로 모실 자가 나타날 것입니다."

주공 공이 반대했다.

"우리 왕군王軍이 비록 패하기는 했으나 문무백관이 거느린 가병들만 동원해도 대세를 판가름할 싸움을 한번 벌일 수 있습니다. 어찌 경솔히 사직을 버리고 열국 제후들에게 명운을 맡긴단 말입니까?"

소공召公 과過가 말했다.

"적나라 군사와 싸우지 말자는 계책은 매우 위험합니다. 신의 우견愚見으로는 이번 사태의 근원이 숙외에게 있습니다. 주상은 올바른 결단을 보여주기 위해 우선 숙외를 참하십시오. 이어 성을 굳게 지키면서 제후들의 구원을 기다려야 합니다. 그것이 만전책이라고 할 수 있습니다."

주양왕이 크게 탄식했다.

"짐이 밝지 못해 스스로 재앙을 불러들였소. 지금 태후의 병환이 대단히 위독하오. 과인이 잠시 다른 곳에 몸을 피하는 방법으로 태후의 마음을 위안해 드릴까 하오. 만일 민심이 과인을 잊지 않으면 그때 제후들의 조언을 좇아 다시 도모하는 것도 가할 것이오."

이어 주공과 소공 두 사람에게 당부했다.

"태숙 대가 이번에 적나라 군사를 이끌고 쳐들어온 것은 외후 때문이오. 태숙이 외후와 만날지라도 백성들의 비난이 두려워 감히 경사에 살지는 못할 것이오. 그는 반드시 다른 곳으로 떠날 것으로 보오. 경 등은 짐을 위해 군사를 모으고, 병기를 수선해 왕성을 굳게 지키시오. 과인이 다시 돌아오기를 기다려 주시오."

주공과 소공이 머리를 조아리며 왕명을 받았다. 주양왕이 다시 부신에게 물었다.

"우리 주나라와 접경한 제후국은 정나라와 진陳나라 및 위나라 등 3국이오. 과연 어디로 가는 게 좋겠소?"

부신이 말했다.

"진나라와 위나라는 약합니다. 정나라로 가시는 게 합당합니다."

주양왕이 말했다.

"과인이 지난번에 적나라로 하여금 정나라를 치게 한 일이 있소. 정나라가 어찌 과인에게 원한이 없겠소?"

부신이 대답했다.

"신이 주상에게 정나라로 가도록 권하는 것은 바로 그 때문입니다. 정나라는 조상 때부터 주왕실에 공을 많이 세웠습니다. 그 후예인 정백鄭伯도 틀림없이 주상을 저버리지 않았을 것입니다. 적나라를 시켜 정나라를 치게 한 것에 대해서는 불만을 품고 있겠습니다만, 바로 그 때문에 적나라가 주왕실을 배반할 때만 기다리고 있었을 것입니다. 그래야만 정나라의 주왕실에 대한 충성이 절로 드러나기 때문입니다. 지금 주상이 정나라로 행행行幸하면 정백은 틀림없이 주상을 기꺼이 맞이할 것입니다. 어찌 주상을 원망할 리 있겠습니까?"

주양왕이 이를 좇아 정나라로 가기로 결심했다.

부신이 또 말했다.

"주상이 적나라 군사의 예봉을 무릅쓰고 가면 적장인 적정은 아마도 휘하의 무리를 이끌고 주상과 싸우고자 할 것입니다. 그 기세를 당하기 어렵습니다. 원컨대 신이 가속을 이끌고 나가 저들과 결전을 벌이겠습니다. 주상은 그 틈을 타 왕성을 빠져나가는 게 좋을 것입니다."

부신이 집으로 돌아와 집안 자제와 친척을 모두 불러 모았다. 수백 명이나 되었다. 이어 충의忠義를 역설한 뒤 이들을 이끌고 성 밖으로 나갔다. 이어 불시에 적나라 군영을 엄습했다. 이들은 용감하게 싸우면서 적나라 군사를 물고 늘어졌다. 주양왕은 그 틈을 이용해 대부인 간사보簡師父와 좌언

保左鄢父 등 10여 명을 이끌고 성을 빠져나온 뒤 정나라를 향해 달아났다.

부신은 적나라 장수 적정과 한바탕 크게 싸웠다. 그의 가병들이 도륙한 적나라 병사가 매우 많았다. 그러나 부신은 이내 많은 상처를 입고 말았다.

퇴숙과 도자가 부신 앞에 나타나 말했다.

"그대의 충성스런 간언諫言은 천하가 모두 알고 있소. 우리는 비록 주왕을 배반했지만 그대를 죽게 내버려 둘 수는 없소."

부신이 대답했다.

"지난날 누차 간했으나 주상이 듣지 않는 바람에 이 지경에 이르게 됐소. 이곳에서 싸우다 죽지 않으면 다음에 나를 대할 때 부끄러운 마음이 들어 오히려 나를 원망할 것이오."

그러고는 한참 동안이나 전력을 다해 싸웠다. 결국 힘이 다하자 전사하고 말았다. 그가 끌고 온 3백여 명 모두 전사했다.

사관이 시를 지어 부신을 찬했다.

적나라 이용한 게 어찌 계책일까	用夷淩夏豈良謀
숙외를 받아들여 화를 자초하다	納女宣淫禍自求
간언을 듣지 않자 싸우다 죽으니	驟諫不從仍死戰
부신의 충의가 춘추시대 빛내다	富辰忠義播春秋

부신이 죽은 뒤에야 적정은 주양왕이 왕성을 빠져나간 사실을 알았다. 그때는 이미 성문이 다시 굳게 닫혀 있었다. 태숙 대가 감금했던 원백관을 풀어주면서 그로 하여금 왕성의 성문 밖에서 주나라 군사의 장수를 부르게 했다. 주공과 소공이 성루 위에 나타나 태숙 대에게 말했다.

"우리는 성문을 열고 태숙 대를 영접하고 싶소. 그러나 적나라 군사가 들어와 노략질을 할까봐 두려워 감히 열지 못하오."

태숙 대가 적정에게 청했다.

"적나라 군사를 성 밖에 주둔시켜 주시오. 내가 성 안으로 들어가 부고府庫를 열고 그 안의 재물을 풀어 적나라 병사를 크게 호궤하겠소."

적정이 이를 수락했다. 태숙 대만 왕성으로 들어갔다.

그는 곧바로 냉궁으로 가 외후를 구해 냈다. 이어 생모인 혜태후를 찾아가 인사를 드렸다. 혜태후는 사랑하는 아들 태숙 대를 보자 기쁨을 이기지 못했다. 병환에 시달린 부실한 몸으로 너무 기뻐 크게 웃다가 그만 절명하고 말았다. 태숙 대는 치상治喪할 생각도 하지 않고 외후와 더불어 오랫동안 만나지 못한 회포를 푸는 데 여념이 없었다.

그는 또 소동小東을 찾아내 죽이려고 했다. 소동은 태숙 대가 두려워 이미 우물에 몸을 던져 자진한 뒤였다. 이 어찌 애달픈 일이 아닌가?

이튿날 태숙 대는 혜태후의 유명遺命을 꾸며 발표한 뒤 스스로 보위에 올랐다. 이어 숙외를 왕후로 삼았다. 연후에 조정으로 나가 신하들의 하례를 받았다.

그는 부고에 있는 재물을 풀어 적나라 군사를 호궤한 뒤 태후의 장례를 치렀다.

백성들이 태숙 대를 비난하는 노래를 지어 불렀다.

어미 죽어도 발상 않고	莫喪母
여인부터 먼저 얻었다	且娶婦
시동생이 형수를 얻고	婦得嫂
신하가 왕후를 취했지	臣娶后
그러고도 수치 모르니	爲不慚
말하기도 추접스럽다	言可醜
뉘라서 그를 내쫓을까	誰其逐之

주양왕이 난을 피해 정나라에 머물다

나와 네가 그리하리라　　　　我與爾左右

태숙 대는 이 노래를 듣고 민심이 자기에게 불복하는 걸 알았다. 혹여 다른 변이 일어나지 않을까 두려웠다. 외후와 함께 온溫 땅으로 가 기거했다.

그는 그곳에서 궁실을 크게 짓고 그 안에 들어앉아 밤낮으로 남녀의 즐거움만 추구했다. 왕성과 나라의 정사는 주공과 소공이 도맡아 처리했다. 태숙 대는 비록 왕을 칭했지만 신민臣民과 접촉하는 일은 거의 없었다.

이때 감금에서 풀린 원백관은 도망치듯 자신의 영지인 원성原城으로 달아났다. 이는 훗날의 얘기다.

당시 주양왕은 왕성을 버리고 비록 정나라로 가면서도 정문공이 자신을 좋아할지 여부를 몰라 망설였다. 주양왕 일행이 범성氾城에 당도했다. 그곳은 대나무가 많고 공관이 없었다. 일명 죽천竹川으로 불리는 곳이다.

주양왕은 그곳 백성에게 묻고 나서야 그곳이 정나라 경계 안에 있는 땅이라는 것을 알았다. 즉시 수레를 멈추게 한 뒤 봉씨封氏라는 농민의 초당을 빌려 유숙했다.

봉씨가 물었다.

"귀인은 왕성에서 무슨 벼슬에 있었습니까?"

주양왕이 대답했다.

"나는 주나라 천자이다. 나라에 난리가 일어나 잠시 피하고자 이곳에 왔다."

봉씨가 크게 놀라 연신 머리를 조아리며 사죄했다.

"저의 집의 이랑二郎이 지난 밤 꿈에 붉은 해가 초당을 비추는 걸 보았다고 했는데, 과연 귀인이 하강下降했습니다."

봉씨가 이랑을 불러 닭을 잡고 기장밥을 짓게 했다.

주양왕이 물었다.

"이랑이 누구인가?"

봉씨가 대답했다.

"저의 계모가 낳은 동생입니다. 그는 소인과 함께 이 집에 함께 살며 농사를 짓고 있습니다. 소인은 그와 함께 계모님을 봉양하고 있습니다."

주양왕이 말했다.

"너희 농가農家의 형제는 실로 화목하게 지내는구나. 과인은 천자의 몸으로 오히려 계모와 동생으로부터 박해를 받고 있다. 과인은 이들만도 못하다."

그러고는 처량한 생각이 들어 눈물을 흘렸다.

대부 좌언보가 말했다.

"주공 단旦은 성인인데도 형제간의 골육지변骨肉之變을 겪었습니다. 주상은 상심하지 마시고 속히 이를 열국 제후들에게 알리십시오. 제후들이 틀림없이 좌시坐視하지는 않을 것입니다."

주양왕은 직접 열국 제후에게 보내는 조서를 지었다. 이어 사람을 시켜 제나라와 송나라, 진나라, 정나라, 위나라 등에 보냈다. 요지는 대략 이러했다.

> 과인이 부덕해 태후의 총애하는 아들 대帶에게 박해를 받고 지금 정나라 범氾 땅에 와 있다. 이를 감히 제후들에게 알리는 바이다.

간사보가 말했다.

"오늘날 제후국 가운데 패업을 성취하려고 하는 나라는 진秦나라와 진晉나라뿐입니다. 진秦나라엔 건숙과 백리해, 공손지 등 현신들이 정사를 돌보고 있습니다. 또 진晉나라 역시 조최와 호언, 서신胥臣 등 많은 현신들이 정사를 돕고 있습니다. 그들은 틀림없이 자기네 군주에게 권해 근왕勤王의 의로운 군사를 일으키게 할 것입니다. 다른 나라에서는 이를 바랄 수 없습니다."

주양왕이 곧 간사보를 진晉나라, 좌언보를 진秦나라로 보내 구원병을 청하게 했다.

한편 정문공은 주양왕이 자국의 범 땅에 와 있다는 보고를 받고는 회심의 미소를 지으며 말했다.

"천자는 이제야 비로소 적나라가 정나라만 못하다는 걸 깨달았을 것이다!"

그날로 목수를 범 땅으로 보내 천자가 기거할 행궁行宮부터 짓게 했다. 이어 직접 범 땅으로 가서 주양왕을 배알하고 주양왕이 사용할 가재도구 등을 살폈다. 이어 때맞춰 바치는 일용품과 공물貢物도 감히 야박하게 하지 않았다. 주양왕은 정문공의 배알을 받고 부끄러운 빛을 띠었다.

얼마 후 노나라와 송나라 등 열국 제후들도 사자를 보내 문안을 올리면서 식량와 공물을 바쳤다. 오직 위문공만은 사자를 보내지 않았다. 자가 문중文仲인 노나라 대부 장손진臧孫辰이 이 사실을 알고는 탄식했다.

"위후衛侯는 오래 살지 못할 것이다. 제후들에게 왕은 비유컨대 나무에 뿌리가 있고, 물에 근원이 있는 것과 같다. 나무에 뿌리가 없으면 죽고, 물에 근원이 없으면 마르는 법이다. 위후는 근본을 무시했으니 어찌 오래 살 수 있겠는가?"

때는 주양왕 16년인 기원전 636년[1] 겨울 10월이었다. 과연 이듬해 봄에 위문공이 세상을 떠났다. 그의 아들 정鄭이 보위를 이었다. 그가 바로 위성공衛成公이다. 노나라 대부 장문중臧文仲의 예언이 딱 들어맞은 셈이다. 물론 이는 훗날의 얘기다.

1 이 대목의 『열국지』 원문은 '양왕십팔년襄王十八年'이다. 그러나 『사기』 「위세가」와 「표」에는 주양왕 16년의 일로 기록돼 있다. 풍몽룡의 착오가 있었던 듯하다. 번역문은 '주양왕 16년인 기원전 636년'으로 바꿔 놓았다.

76話 진문공이 신의를 지켜 원성을 항복시키다
– 진문공수신항원晉文公守信降原

당시 진晉나라에 간 간사보는 진문공에게 왕명을 전했다. 진문공이 곧바로 호언과 상의했다.

호언이 말했다.

"옛날에 제환공이 능히 재후를 규합할 수 있었던 것은 바로 그가 존왕尊王을 했기 때문입니다. 우리 진나라는 그간 보위가 수차례나 바뀌었습니다. 백성들은 이를 예사로 알 만큼 군신간의 대의大義를 모르고 있습니다. 이번 기회에 주공은 주왕을 복위시키고, 태숙 대의 죄를 응징해 백성들로 하여금 천하에 2명의 군주가 있을 수 없다는 걸 인식케 만드십시오. 주공은 전에 주왕실이 동천東遷할 때 대공을 세운 선군 진문후晉文侯의 공훈을 계승하고 우리 진나라를 통합한 조부 진무공晉武公의 위업을 빛내려면 이번 기회를 놓치지 말아야 합니다. 우리 진나라가 이를 제대로 수행하지 못하면 틀림없이 이웃 진秦나라가 우리를 대신해 주왕을 복위시킬 것입니다. 그리되면 진秦나라 홀로 패업을 이루게 됩니다."

진문공이 태복 곽언에게 점을 치게 했다. 태복 곽언이 점을 쳐보고 말했다.

"대길합니다. 옛날에 황제黃帝가 판천阪泉의 들판에서 염제炎帝와 싸워 이겼을 때의 조짐이 나타났습니다."

진문공이 물었다.

"과인이 어찌 그런 과분한 조짐을 감당하겠소?"

곽언이 대답했다.

"주왕실이 비록 쇠잔해졌지만 아직 천명이 바뀐 것은 아닙니다. 오늘날 왕의 지위는 옛날의 제帝와 같습니다. 주공이 이번에 출병하면 틀림없이 태숙 대를 이길 수 있습니다."

진문공이 다시 주문했다.

"과인을 위해 다시 한 번 점을 쳐보시오."

곽언이 점을 친 결과 건하이상乾下離上의 「대유괘大有卦」을 얻었다. 「대유괘」의 제3효爻가 변효變爻이다. 양효陽爻인 제3효가 음효陰爻로 변해 태하이상兌下離上의 「화택규火澤睽」가 나왔다. 곽언이 이를 풀이했다.

"「대유괘」의 구삼효九三爻 효사爻辭는 공작이나 후작이 천자에게 공물을 바친다는 뜻의 공용향어천자公用享於天子로 나와 있습니다. 이보다 더한 길조는 없습니다. 「대유괘」에는 건乾과 이離가 들어 있습니다. '건'은 하늘, '이'는 태양입니다. 해가 하늘에 솟아 모든 만물을 밝게 비추는 상입니다. 또 '건'이 변해 '태'가 됐는데, '태'는 곧 못입니다. 못이 아래에 있어 태양인 '이'의 햇빛을 받는 상입니다. 이는 천자의 은혜로운 빛이 우리 진나라에 조림照臨하는 것을 뜻합니다. 점괘가 이러한데 이 이상 무엇을 의심하는 것입니까?"

진문공이 크게 기뻐했다. 서둘러 병거와 군사를 사열하고, 출정부대를 좌우 양군으로 나눴다. 조최을 좌군 대장, 위주를 좌군 부장으로 삼았다. 또 극진을 우군 대장, 전힐을 우군 부장으로 삼았다. 진문공 자신은 호언과 난지 등을 이끌고 좌우 양군에 접응키로 했다.

진문공이 막 출발하려고 할 때 하동河東 일대를 지키는 관원이 고했다.

"지금 진백秦伯이 대군을 이끌고 근왕하기 위해 이미 하상河上에 나와 있습니다. 아마 수일 내에 황하를 건널 듯합니다."

호언이 진문공에게 말했다.

"진백도 근왕하기 위해 군사를 일으킨 모양입니다. 이들이 하상에서 멈춘 것은 동쪽으로 나오는 길이 막혀 있기 때문입니다. 거마가 통과할 수 있는 길은 융족戎族이 사는 초중草中 땅과 족족狄族이 사는 여토麗土 땅으로만 나 있을 뿐입니다. 진秦나라는 두 족속과 아무 거래가 없었기에 이들이 길을 내줄지 몰라 주저하며 나아가지 못하는 것입니다. 주공은 사람을 두 족속에게 보내 많은 뇌물을 주면서 진군秦軍이 근왕하기 위해 동쪽으로 나오려고 하는 것이니 길을 빌려주라고 부탁하십시오. 그들은 틀림없이 허락할 것입니다. 이어 다시 사람을 진秦나라로 보내 우리 진晉나라 군사가 이미 근왕하기 위해 출발했다고 전하십시오. 그러면 진秦나라 군대는 물러갈 것입니다."

진문공이 이를 좇았다. 호언의 아들 호야고가 진문공의 명을 좇아 많은 황금과 비단을 갖고 가 융족과 적족에게 전했다. 이어 진문공은 서신胥臣을 하상 땅의 진목공에게 보냈다. 서신이 진목공을 알현한 뒤 진문공의 뜻을 전했다.

"지금 천자가 몽진蒙塵 중입니다. 군후의 근심이 바로 과군의 근심입니다. 과군은 이미 본국의 경내를 말끔히 진압하고 안정시켰습니다. 이번에 근왕군을 일으킴으로써 왕실을 도우려는 군후의 노고를 대신하려고 합니다. 군후가 굳이 정나라로 갈 생각이면 그리하십시오. 과군은 이미 융적과 적족에게 길을 열어주도록 부탁해 놓았습니다. 우리 과군은 벌써 승리의 계책도 세워 놓았습니다. 상국의 대군이 멀리 진군하는 번거로움을 취하지 말라고 감히 요청하는 이유입니다."

진목공이 말했다.

"과인은 진군晉君이 새로 즉위한 까닭에 출병이 쉽지 않으리라고 보았소. 천자의 어려움을 구하기 위해 바삐 군사를 이끌고 여기까지 온 이유요. 지금 진군이 대의의 군사를 일으켰다니 과인은 조용히 물러나 진晉나라의 승리 소식을 기다리도록 하겠소."

건숙과 백리해가 진목공에게 말했다.

"진후晉侯는 근왕의 대의를 내세워 공을 독차지한 뒤 제후들을 굴복시키려는 속셈입니다. 그는 이번에 우리가 근왕의 공을 나눠 차지할까봐 우려해 사람을 보내 우리의 진격을 막는 것입니다. 이왕 여기까지 출사出師했으니 계속 진군해 진후와 함께 천자를 영접하십시오. 이 역시 아름다운 일이 아니겠습니까?"

진목공이 대답했다.

"과인도 근왕이 아름다운 일이라는 것을 모르는 바가 아니오. 그러나 동쪽 길이 뚫려 있지 못할 뿐 아니라 진후가 그들에게 길을 열어주라고 부탁했다고는 하나 융족과 적족이 못된 행실을 하는 이른바 작경作梗[2]이라도 부리면 우리는 전진을 하기 힘들게 되오. 더구나 보위에 오른 지 얼마 되지 않는 진후는 대공이라도 세우지 않으면 무엇을 갖고 나라를 안정시킬 수 있겠소? 이번 일은 이들에게 양보하는 것이 좋겠소."

진목공은 다만 공자 집에게 명해 좌보언을 좇아 범 땅으로 가 주양왕을 문안토록 했다. 이어 군사를 이끌고 돌아갔다.

당시 서신은 본국으로 돌아가 진秦나라 군사가 회군한 사실을 보고했다. 진晉나라 대군이 즉시 출발해 양번陽樊 땅에 이르러 영채를 세웠다. 양번 땅의 수신守臣 창갈蒼葛은 양번성의 교외까지 나와 대군을 영접하고 호궤했다.

진문공은 극진이 대장으로 있는 우군을 보내 태숙 대가 있는 온溫 땅을 포위했다. 동시에 좌군 장군 조최 등을 범 땅으로 보내 주양왕을 모셔오게 했다. 주양왕은 조최가 거느린 군사의 호위를 받으며 그해 4월 정사일에 다시 왕성으로 돌아갔다. 왕성을 지키던 주공과 소공이 황망히 주양왕을 성

2 작경作梗은 도중에 소란을 일으켜 진행을 막는 것을 말한다. 경梗은 가시나무를 뜻한다. 『북사北史』「위수전魏收傳」에 '작경' 표현이 나온다.

안으로 영접한 뒤 오랜만에 조회를 열었다.

한편 온 땅의 백성들은 주양왕이 환궁해 복위했다는 소문을 듣자 떼를 지어 몰려가 성을 지키고 있는 퇴숙과 도자를 습격해 죽이고, 성문을 크게 열어 진晉나라 군사를 맞아들였다. 소식을 접한 태숙 대가 황망히 외후와 함께 수레를 오른 뒤 적나라로 달아나기 위해 성문 쪽으로 내달렸다. 그러나 성문을 지키는 병사들이 성문을 닫고 그를 내보내지 않았다. 대로한 태숙 대가 칼을 뽑아 그들 가운데 몇 사람을 쳐 죽였다.

그때 마침 위주가 태숙 대를 뒤쫓아 달려오면서 큰 소리로 외쳤다.

"역적아, 어디로 달아나려 하는가!"

태숙 대가 위주에게 황급히 말했다.

"나를 성 밖으로 나가게 해주면 훗날 후하게 보답하겠소."

위주가 말했다.

"천자가 너를 놓아주라고 하면 그때 인정人情을 베풀도록 하겠다!"

태숙 대가 크게 노해 칼을 잡고 위주를 힘껏 쳤다. 위주가 잽싸게 칼을 피하며 나는 듯이 수레 위로 뛰어올라가 한칼에 태숙 대를 베었다. 병사들이 외후를 사로잡아 위주 앞으로 데려왔다.

위주가 소리를 질렀다.

"이런 음부淫婦를 남겨두어 무엇에 쓰겠는가?"

그러고는 일제히 활로 쏘아 죽이게 했다. 꽃 같은 이적夷狄의 미녀는 태숙 대와 더불어 간신히 반년 동안 환오歡娛하다가 오늘 병사들이 쏜 수많은 화살을 맞고 죽었다.

호증 선생이 이를 시로 읊었다.

형 내쫓고 형수 도둑질하니　　逐兄盜嫂據南陽
반년 즐기다 재앙을 당하다　　半載歡娛並罹殃

음부와 역적에 응보 없으면 淫逆倘然無速報
어찌 인륜이 있다고 말할까 世間不復有綱常

위주는 두 시신을 끌고 가서 우군 대장 극진에게 보고했다. 극진이 말했다.

"왜 두 사람을 사로잡아 함거에 실어 천자에게 보내지 않았소? 역적의 죄를 밝히고 나서 죽여야 하는 게 아니오?"

위주가 대답했다.

"천자가 동생을 죽였다는 말을 듣지 않으려고 우리 진晉나라 손을 빌린 것이오. 속히 죽여 버리느니만 못하오."

극진이 탄식해마지 않았다. 그는 두 시신을 온 땅의 신농간神農澗[3] 곁에 묻게 했다. 이어 온 땅의 백성들을 위무한 뒤 사람을 양번에 있는 진문공에게 보내 승첩을 알렸다.

당시 진문공은 태숙 대와 외후 모두 형벌을 순순히 받아 죽는 이른바 복주伏誅를 당했다는 보고를 받았다. 곧 수레를 올라 왕성으로 갔다. 주양왕을 배알하면서 온 땅 평정 사실을 고했다. 주양왕이 제후에게 연회를 베풀어줄 때 하사하는 예주醴酒를 내렸다. 또 많은 황금과 비단도 하사했다.

진문공이 재배하고 말했다.

"신 중이는 감히 그런 하사품을 받을 수 없습니다. 다만 훗날 사후에 지하에 길을 내고 관을 안치하는 수장隧葬을 행할 수 있도록 허락해 주십시오. 그러면 신은 지하에서라도 주상의 무궁한 은혜를 입은 것으로 생각하겠습니다."

3 신농간神農澗은 전설적인 삼황오제인 신농씨神農氏가 오곡을 심었다는 곳이다. 그가 오곡을 맛보고 지팡이로 땅에 금을 그었는데 그 자국이 시내가 되는 바람에 '신농간'이라는 명칭이 나오게 됐다고 한다.

수장은 왕을 장사지낼 때만 하는 것이어서 주양왕이 한동안 머뭇거리다가 대답했다.

"선왕이 예법을 정할 때 한계를 그어 군신간의 차례를 두었소. 많은 예법이 무너졌으나 장례제도인 생사지교生死之交만큼은 엄격히 지켜지고 있소. 과인은 나 한 사람에 대한 공로에 보답키 위해 천하의 대전大典을 어지럽힐 수 없소. 숙부의 대공大功만은 감히 잊는 일이 없을 것이오."

그러고는 기내畿內에 있는 온溫과 원原, 양번陽樊, 찬모攢茅 등 4개 고을을 진문공에게 하사했다. 진문공이 사은하고 물러났다. 경사의 백성들은 늙은이를 부축하고 어린 것을 업은 채 거리로 몰려나와 진문공을 환영했다. 이들은 이같이 탄성을 올렸다.

"제환공이 오늘 다시 살아서 나온 듯하다!"

진문공이 하령해 좌우 양군 모두 회군케 했다. 그는 돌아가는 길에 태항산太行山 남쪽에 잠시 영채를 세웠다. 이어 위주에게 양번, 전힐에게 찬모, 난지에게 온 땅을 군사를 이끌고 가 접수케 했다. 본인은 직접 조최와 함께 원 땅을 접수하러 갔다.

당시 그는 왜 몸소 원 땅을 접수하러 간 것일까? 원래 원 땅은 주나라 경사 원백관의 봉지이다. 이번 싸움에서 원백관은 적나라 군사에게 패하기만 하고 공을 세우지 못했다. 주양왕이 그 땅을 빼앗아 진晉나라에 내준 이유다. 원백관은 당시 원성原城에 있었다. 진문공은 혹여 그가 불복하지나 않을까 염려해 직접 원 땅으로 간 것이다.

전힐과 난지가 각각 찬모와 온 땅에 당도하자 두 곳의 수신守臣들이 술과 음식을 차려 성 밖까지 나와 영접했다. 위주는 양번 땅에 이르렀으나 양번 땅의 수신 창갈蒼葛은 진군에 명해 성문을 열지 못하게 했다.

그는 휘하 군사들에게 큰 소리로 말했다.

"주나라가 서쪽의 기岐와 풍豊 땅을 버리고 동천한 후 남아 있는 땅이

진문공이 신의를 지켜 원성을 항복시키다

얼마나 되는가! 나와 진晉나라는 모두 똑같은 왕의 신하이다. 우리가 어찌 저들에게 복종할 수 있겠는가?"

그러고는 이내 백성들에게 무기를 나눠준 뒤 이들을 이끌고 성 위로 올라가 방어태세를 취했다. 위주가 대로해 군사를 이끌고 성을 포위했다. 이어 성문 앞에서 큰 소리로 외쳤다.

"속히 항복하고 순종하면 만사가 그만이다. 그러나 성문을 열지 않아 우리가 성문을 부수고 들어가는 날에는 너희를 모두 도륙하고 말 것이다."

창갈이 대답했다.

"내가 듣건대, '중원은 덕으로 회유하고, 사방의 이적은 형벌로 위엄을 세운다.'고 했다. 이곳은 왕기王畿에 속하는 땅이다. 기내畿內의 백성은 거의 모두 왕의 종족이 아니면 왕의 친척들이다. 너희 진나라도 왕의 종족과 신하이다. 그런데 어째서 무력으로 이곳을 겁박하려는 것인가?"

위주가 그 말에 감동했다. 공격을 멈추고 급히 사람을 진문공에게 보내 이를 고했다. 진문공이 창갈에게 보내는 서신을 쓴 뒤 사자를 시켜 창갈에게 전했다. 내용은 대략 이러했다.

> 4개 고을은 천자가 하사한 것이오. 과인은 감히 천자의 명을 어길 수 없소. 장군이 천자의 친인척을 걱정한다면 그들을 이끌고 귀국해도 좋소. 과인은 장군의 명을 다 좇도록 하겠소.

진문공이 또 사자를 위주에게 보내 양번 땅의 백성들이 이사할 수 있도록 성에 대한 공격을 늦출 것을 명했다. 창갈은 진문공의 서신을 읽은 뒤 백성들에게 이같이 명했다.

"주나라로 돌아가길 원하는 자는 이곳을 떠나고, 진나라를 따르고자 하는 자는 이곳에 남도록 하라."

주나라로 돌아가길 원하는 백성이 태반이었다. 창갈은 그들을 이끌고 주나라 영토인 지촌軹村으로 옮겨갔다. 위주가 양번 땅을 접수하고 경계를 획정한 뒤 돌아갔다.

한편 진문공은 조최와 함께 군사를 거느리고 양번 땅의 경계선을 살피며 원 땅으로 갔다. 원성 안에서 원백관이 백성을 모아놓고 거짓으로 선동했다.

"진나라 군사가 양번 땅을 포위한 뒤 백성들을 하나도 남기지 않고 모두 죽여 버렸다."

원 땅의 백성들이 공포에 떨었다. 그들은 죽음으로써 원 땅을 지킬 것을 맹서했다. 이윽고 진나라 군사가 원성을 포위했다.

조최가 진문공에게 말했다.

"원 땅의 백성들이 항복하지 않는 것은 우리를 믿지 않기 때문입니다. 주공이 이들에게 신의를 보이십시오. 그러면 공격하지 않아도 성문은 절로 열릴 것입니다."

진문공이 물었다.

"어찌해야 신의를 보일 수 있겠소?"

조최가 대답했다.

"청컨대 군사들에게 이같이 명하기를, '각자 3일 동안 먹을 양식만 지닌 채 3일 동안 원성을 공격하라. 성이 함락되지 않으면 즉시 포위를 풀고 돌아갈 것이다.'라고 하십시오."

진문공이 이를 좇았다. 이내 사흘째가 됐다. 군리軍吏가 와서 보고했다.

"군중엔 오늘 먹을 양식밖에 없습니다."

진문공이 대답하지 않았다. 그날 한밤중에 원성의 백성 한 사람이 몰래 밧줄을 타고 성을 내려와 진나라 군중을 찾아왔다. 그가 진문공 앞으로 와 고했다.

"성 안의 백성들은 양번의 백성들이 도륙을 당하지 않았다는 걸 수소문해 알게 됐습니다. 우리 백성들은 내일 밤에 성문을 열고 군후에게 성을 바치기로 약속했습니다. 이 사실을 미리 알리려고 이렇게 찾아왔습니다."

진문공이 대답했다.

"과인은 이미 우리 병사들과 약속했소. 성을 치되 3일 안으로 함락시키지 못하면 곧바로 포위를 풀고 철군키로 했소. 오늘이 사흘째 되는 날이오. 내일 아침 바로 회군할 것이오. 원성의 백성들은 성을 지킬 일이나 의논토록 하시오. 이젠 항복 여부를 놓고 두 마음을 품을 필요가 없소."

곁에 있던 군리가 고했다.

"원성의 백성들이 내일 밤에 성을 바치겠다고 하는데 주공은 어째서 하루만 더 머물러 성을 접수하지 않고 돌아가려는 것입니까? 군량이 없어 그러는 것이라면 이곳에서 양번이 멀지 않으니 곧 사람을 보내 군량을 보내오게 할 수 있습니다."

문공이 말했다.

"신의는 나라의 보배이다. 백성이 의지하는 지팡이와 같다. 3일의 기한을 주겠다는 과인의 명령은 모든 병사가 다 들었다. 하루를 더 연장하는 것은 약속을 어기고 신의를 잃는 짓이다. 원 땅을 얻기 위해 신의를 잃는다면 앞으로 그 백성들이 과인을 믿겠는가?"

이튿날 동이 트자 진나라 군사는 지체 없이 원성에 대한 포위를 풀었다. 원성의 백성들이 서로 돌아보며 말했다.

"차라리 성을 잃을지언정 신의만은 잃지 않겠다는 게 진후의 마음인 모양이다. 실로 유도有道한 군주이다."

원성의 백성들이 다퉈 성루에 항기降旗를 꽂았다. 밧줄을 타고 성벽을 내려와 진문공의 군사 뒤를 좇는 자가 계속 줄을 이었다. 원백관도 이들을 막을 수 없었다. 그는 마침내 성문을 열고 항복키로 결심했다.

염선이 이를 시로 읊었다.

약속 지키지 않고 공격하면	口血猶含起戰戈
누가 말로써 산하 움직이랴	誰將片語作山河
원성 떠나자 되레 항복하니	去原畢竟原來服
속임수가 어찌 신의만 하랴	譎詐何如信義多

진나라 군사가 한 30리쯤 떠났을 때 원성의 백성들이 계속 그 뒤를 따라왔다. 이윽고 원백관의 항서까지 당도했다. 진문공은 철군을 멈추게 한 뒤 홀로 수레를 돌려 원성으로 들어갔다. 원성의 백성들이 북을 치고 춤을 추며 환영했다.

원백관도 나와서 영접했다. 진문공이 조정의 경사를 대하는 예로 원백관을 대했다. 이어 원백관이 가속을 이끌고 하북河北 땅으로 옮겨가는 걸 도왔다.

진문공은 새로 얻은 4개 고을의 수신守臣을 선발하는 자리에서 말했다.

"지난날 과인이 망명 다니면서 위衛나라를 지날 때 자여子餘가 항아리 속에 담은 밥인 호손壺飧을 들고 과인을 뒤따라왔소. 그도 크게 시장했지만 그 음식을 조금도 축내지 않았소. 그는 실로 신의 있는 선비였소. 오늘 과인이 신의로써 원 땅을 얻었으니 이 땅을 신의로써 지킬 생각이오."

그러고는 조쇠를 원대부原大夫로 삼은 뒤 겸하여 양번 땅도 다스리게 했다. 이어 극진을 보며 말했다.

"그대는 국내에 있으면서 동족인 극예 등과 어울리지 않았고, 난씨欒氏 등과 함께 과인을 위해 일했소. 더구나 과인에게 국내 사정을 일일이 알려줬소. 과인은 그 공로를 감히 잊을 수 없소."

극진을 온대부溫大夫로 삼고 겸해서 찬모 땅도 다스리게 했다. 진문공은 이들에게 각각 병사 2천 명씩 내주며 4개 고을을 지키게 한 뒤 진나라로 돌아갔다.

후대인이 이를 논한 글이 있다.

> 진문공은 주양왕을 복위시키면서 의義를 내보였고, 원 땅을 치면서 신信을 내보였다. 이것이 그가 패업을 도모하면서 행한 첫 번째 사업이었다.

진문공은 언제 칭패稱伯할 것인가? 다음 회를 보라.

제39회

77話 유하혜가 계책을 내려 적을 물리치게 하다
-유하혜수사각적柳下惠授詞卻敵

당시 진문공은 온溫, 원原, 양번陽樊, 찬모攢茅 등 4개 고을의 경계선을 확정지은 뒤 바로 태항산太行山 남쪽을 통과했다. 그곳을 지나면서 일대를 남양南陽이라고 부르게 했다. 그때가 주양왕 17년인 기원전 635년 겨울이었다.

그 무렵 제효공 역시 선군인 제환공의 패업을 계승할 뜻을 품었다. 그는 큰형인 공자 무휴無虧가 자신 때문에 죽고 난 뒤 무휴를 편들었던 노희공으로부터 미움을 받았다. 또 녹상鹿上 땅에서 회맹할 때 송양공이 내민 간독簡牘에 서명하지 않은 까닭에 자신을 보위에 앉힌 송양공과도 사이가 틀어졌다. 그밖에도 초성왕이 주도한 우盂 땅의 회맹에도 참여하지 않은 까닭에 초성왕과도 등지고 있는 상황이었다. 이런 일들로 인해 제후들의 마음은 제나라를 떠났다. 약소국 제후들의 빙문聘問도 뜸해졌다.

제효공은 이로 인해 내심 커다란 분노를 느꼈다. 그는 중원에서 한바탕 전쟁을 일으켜 선대의 패업을 잇고자 했다. 하루는 신하들을 소집한 뒤 물었다.

"선군이 살아 있을 때는 정벌을 하지 않은 해가 없고, 싸움을 하지 않은 날이 없다시피 했소. 지금 과인은 조당朝堂에 편히 앉아만 있소. 마치 달팽이가 껍데기 속에 틀어박혀 있는 형국이오. 나라 밖의 일을 도무지 알 길이 없소. 과인은 이를 부끄럽게 여기고 있소. 지난날 노후魯侯는 공자 무휴를 도우려고 꾀한 적이 있소. 과인과 척을 진 이유요. 과인은 아직 그 원한을 갚지 못했소. 오늘날 노나라는 북쪽으로 위衛나라와 동맹을 맺고, 남쪽으로 초나라와 통하고 있소. 이들이 연합해 우리 제나라를 치면 우리가 어떻게 이들을 대적하겠소? 요즘 듣자하니 노나라에 크게 흉년이 들었다고 하오. 과인은 이 기회를 놓치지 않고 노나라를 쳐 저들의 침공 야욕을 미리 막고자 하오. 경들의 생각은 어떠하오?"

상경인 고호가 말했다.

"지금 노나라를 도우려는 나라가 많습니다. 노나라를 칠지라도 반드시 승리를 장담할 수는 없습니다."

제효공이 말했다.

"비록 그럴지라도 시험 삼아 한번 해보고자 하오. 제후들이 이합離合하는 상황을 관찰할 수 있을 것이오."

마침내 직접 병거 200승을 이끌고 노나라 경계로 쳐들어갔다. 노나라 변경의 관원이 노희공에게 급보를 올렸다. 한창 기근이 심한 때여서 노나라 백성들은 전쟁를 감당할 수 없었다.

대부 장손진이 노희공에게 말했다.

"제나라는 지금 우리 노나라에 원한을 품고 깊숙이 쳐들어올 모양입니다. 지금 우리 형편으로는 제나라 군사와 승부를 다툴 수 없습니다. 청컨대 구변이 좋고 사리에 밝은 사자를 보내 달래도록 하십시오."

노희공이 물었다.

"그런 막중한 임무를 감당할 사람이 우리 노나라에 있단 말이오?"

장손진이 대답했다.

"신이 한 사람을 천거하겠습니다. 선군 때 사공司空 벼슬을 지낸 무해無駭의 아들로, 이름은 전획展獲이고 자는 자금子禽입니다. 그는 일찍이 사사士師 벼슬을 했고, 유하柳下 땅을 식읍으로 받았습니다. 그는 밖으로 온화하고 안으로 마음이 굳센 사람입니다. 게다가 박식하고 사리에 통달한 현인입니다. 그는 관직에 있을 때 법을 소신대로 집행했습니다. 그러나 그의 이런 공정한 태도가 오히려 세상과 맞지 않아 이내 벼슬을 버리고 지금은 은둔해 산다고 합니다. 만일 이 사람을 사자로 보낼 수 있다면 결코 주공의 명을 욕되게 하지는 않을 뿐만 아니라 제나라 사람들에게도 존중을 받을 것입니다."

노희공이 물었다.

"과인도 전부터 그 사람을 알고 있소. 지금 어디에 있소?"

장손진이 말했다.

"지금 유하 땅에 살고 있습니다. 사람을 보내 부르십시오."

그러나 전획은 노희공을 부름을 받았으나 병이 들어 갈 수 없다는 핑계를 대고 응하지 않았다.

장손진이 다시 대책을 내놓았다.

"전획의 종제에 전희展喜라는 인물이 있습니다. 지금 낮은 벼슬에 있기는 하나 구변에 능합니다. 그를 사자로 쓰되 우선 유하 땅에 보내 조언을 받아오게 하십시오. 귀담아 들을 얘기가 있을 것입니다."

노희공이 이를 좇았다. 전희는 노희공의 명을 좇아 유하 땅으로 가 종형인 전획을 만났다. 군명君命을 받게 된 사정을 말하자 전획이 대답했다.

"제나라가 이번에 우리 노나라를 치려는 것은 제환공의 패업을 계승하려는 욕심 때문이다. 무릇 패업을 도모할 경우 존왕尊王보다 확실한 게 없다. 선왕의 말씀을 예로 들어 책망하면 어찌 제나라 군사가 물러가지 않을까 걱정할 일이 있겠는가?"

전희가 돌아와 노희공에게 말했다.

"신은 이제 제나라 군사를 물리칠 방도를 알았습니다."

노희공은 이미 제나라 군사를 호궤할 물건을 준비하고 있었다. 소와 돼지, 술, 곡식, 비단 등이었다. 실어 나르기 위해 여러 대의 수레가 동원됐다. 노희공은 호궤할 물건을 가득 실은 수레를 전희에게 내주었다. 전희는 수레를 끌고 북쪽 국경지방으로 갔다.

제나라 군사는 아직 노나라 국경에 와 있지 않았다. 전희가 제나라 군사를 맞이하기 위해 국경을 넘어 북쪽으로 갔다. 문남汶南 땅에서 제나라 군사의 전대前隊와 만났다. 전대의 선봉은 공자들의 난 때 태자로 있던 제효공을 모시고 송나라로 달아났던 최요崔夭였다. 전희가 이끌고 온 수레를 최요에게 바쳤다. 최요가 전희를 대동하고 제나라 군사의 본진에 있는 제효공을 알현하러 갔다. 전희가 제효공에게 갖고 온 예물을 바친 뒤 이같이 말했다.

"과군은 군후가 친히 옥지玉趾를 옮겨 욕되게도 폐읍敝邑을 찾는다는 소식을 듣고 하신下臣에게 명해 호궤犒饋의 업무를 관장토록 했습니다."

제효공이 물었다.

"노나라 사람들은 과인이 군사를 일으켰다는 소식을 듣고 두려워하고 있는가?"

전희가 웃으며 대답했다.

■ 유하혜가 계책을 내려 적을 물리치게 하다

"소인들 가운데는 두려워하는 자가 있을지 모르나 군자들은 조금도 두려워하지 않습니다."

제효공이 물었다.

"지금 너희 나라 문신 가운데는 지난날의 시백施伯처럼 지혜로운 자가 없고, 무신 가운데는 노장공 때의 용장 조귀曹劌만한 자가 없다. 더구나 지금 노나라는 흉년이 들어 들에 푸른 풀 한 포기 없다. 무엇을 믿고 우리를 두려워하지 않는다고 말하는 것인가?"

전희가 대답했다.

ㅡ유하혜

"폐읍은 무슨 믿을 만한 것을 갖고 있지 않습니다. 믿는 것은 오직 선왕의 명령뿐입니다. 옛날 주무왕은 건국 원훈인 강태공을 제나라 땅에 봉하고, 문물제도를 제정한 동생 주공 단의 아들 백금伯禽을 노나라 땅에 봉했습니다. 이어 주공과 강태공으로 하여금 희생을 잡아 삽혈하고 맹서케 했습니다. 두 사람은 맹서키를, '노나라와 제나라는 자자손손 함께 왕실을 받들며 서로 해치는 일이 없도록 한다.'고 했습니다. 당시의 맹서를 기록한 문서가 지금도 경사의 맹부盟府에 간직돼 있고, 태사가 그것을 관장하고 있습니다. 지난날 제환공이 9번이나 열국 제후들을 규합했지만 그에 앞서 우리나라 노장공과 가柯 땅에서 먼저 동맹을 맺었습니다. 모두 선왕의 유명遺命을 지키기 위해 그런 것입니다. 군후가 보위에 오른 지도 이제 9년이 됐습니다. 그간 우리 노나라는 군신 할 것 없이 모두 목을 늘이고 군후의 거조만을 주시하고 있습니다. 군후가 제환공의 패업을 계승하고 닦아서 제후들을 화목케 하고 왕실을 높이는 대업을 이끌어 주기를 바라기 때문입니다. 군후가 선왕의 유명을 저버리고, 강태공의 맹서를 어기고, 제환공의 패업을 무너뜨리면서까지 호의를 가진 이웃 나라를 원수로 만드는 일을 하리라고는 도저히 생각할 수 없습니다. 폐읍은 이런 것들을 믿는 까닭에 제나라를 두려워하지 않는 것입니다."

제효공이 말했다.

"그대는 돌아가서 노후魯侯에게 전해 주시오. 과인은 두 나라의 친목을 원할 뿐이오. 앞으로도 다시는 군사를 쓰지 않겠소."

제효공이 그날로 명을 내려 회군했다.

잠연 선생이 시를 지어 장손진을 비난했다. 장손진은 유하혜 즉 전획이 현자인 것을 알면서도 노희공에게 천거하지도 않고 불러서 정사를 논의하지도 않았다는 것이다. 시의 내용이다.

제나라 침공으로 위급할 때	北望烽煙魯勢危
말로써 물리치니 기이하다	片言退敵奏功奇
장손진이 현자 등용 막으니	臧孫不肯開賢路
전획은 끝내 사사에 머물다	柳下仍淹展士師

전희가 도성으로 돌아와 노희공에게 제나라 군사의 철군 사실을 보고했다.

장손진이 말했다.

"제나라 군사가 비록 물러갔으나 그들의 침공은 사실 우리 노나라에 대한 경시에서 비롯된 것입니다. 청컨대 신이 공자 수遂와 함께 초나라로 가 군사를 빌리는 걸사乞師를 통해 제나라를 치도록 하겠습니다. 그래야만 제후齊侯가 앞으로 감히 눈을 바로 뜨고 우리를 쳐다보지 못할 것입니다. 그

것이 단 몇 해 동안이라도 평안을 누릴 수 있는 방안이기도 합니다."

노희공이 장손진의 말을 그럴듯하게 여겼다. 곧 공자 수를 초나라 빙문을 위한 정사正使, 장손진을 부사副使로 삼았다. 빙문하는 길에 군사지원도 겸해 요청케 했다. 장손진은 초나라 장수 성득신成得臣과 아는 사이였다. 그는 먼저 성득신을 찾아가 초성왕에게 잘 말해달라고 부탁했다. 이어 공자 수와 함께 초성왕 앞으로 나가 이같이 말했다.

"지난날 제나라는 귀국과 맺은 녹상鹿上 회맹의 약속을 저버렸고, 송나라는 홍수泓水의 싸움을 일으켰습니다. 두 나라 모두 초나라의 원수입니다. 만일 대왕이 지금이라도 두 나라를 문책코자 하면 과군은 전구前驅가 돼 싸울 생각입니다."

초성왕이 크게 기뻐했다. 곧바로 성득신을 대장, 신공申公 숙후叔侯를 부장으로 삼았다. 성득신이 군사를 이끌고 제나라를 치러 갔다. 초나라 군사가 제나라 양곡陽穀 땅을 점령했다. 지난날 제나라에서 초나라로 망명한 제환공의 아들 공자 옹雍으로 하여금 양곡을 다스리게 했다. 이어 제효공에게 쫓겨났다가 성득신에 의해 초나라로 망명한 제환공의 폐신嬖臣 옹무雍巫 즉 역아易牙로 하여금 공자 옹을 보필케 했다. 또 신공 숙후에게 갑사 1천 명을 주어 그곳에 주둔하며 노나라를 지원케 했다. 성득신이 개선가를 부르며 초나라로 돌아왔다.

당시 초나라 영윤 투자문鬪子文은 이미 나이가 많아 자리를 자가 자옥子玉인 성득신에게 물려줄 생각이었다.

초성왕이 말했다.

"과인은 제나라에 대한 원한보다 송나라에 대한 원한이 더 크오. 이번에 자옥子玉이 과인을 위해 제나라에 대한 보복을 해주었소. 경도 과인을 위해 송나라를 응징해 주시오. 이는 우리 초나라를 따르는 정나라의 원수를 갚는 길이기도 하오. 과인은 경이 개선하는 날을 기다리겠소. 그때 경이 하고 싶은 대로 하는 게 어떻겠소?"

투자문이 사양했다.

"신의 재주는 만에 하나도 자옥을 따를 수 없습니다. 원컨대 신 대신에 자옥을 임용하십시오. 그는 틀림없이 주상이 이루고자 하는 일을 그르치지 않을 것입니다."

초성왕이 말했다.

"지금 송나라는 진晉나라를 섬기고 있소. 우리가 송나라를 치면 진나라는 반드시 송나라를 구할 것이오. 진나라와 송나라를 상대할 경우 경이 아니면 감당할 사람이 없소. 경은 과인을 위해 이번만은 꼭 맡아주기 바라오."

그러고는 곧 규睽 땅으로 가 치병治兵케 했다. 투자문이 거마를 간열簡閱한 뒤 미비점이 있으면 군법에 따라 시정했다.

투자문은 내심 성득신의 능력을 한껏 드러내주고자 했다. 이튿날 행한 군대 사열을 초초草草히 끝냈다. 사열이 정오도 되기 전에 마무리됐다. 단 1명의 병사에게도 군법을 시행하지 않았다.

초성왕이 물었다.

"경은 군대를 사열하며 병사를 1명도 처벌하지 않았소. 그러고서야 어떻게 장수의 위엄을 세우겠소?"

투자문이 대답했다.

"신의 재주는 이제 강노지말强弩之末[1]과 같아 아무런 힘도 쓰지 못합니다. 군기를 바로잡고 위엄을 세우려면 성득신이 나서야 합니다."

1 강노지말强弩之末은 『사기』「한안국전韓安國傳」의 '강한 활에서 나온 화살도 마지막에는 힘이 떨어져 비단조차 구멍을 뚫지 못한다.'는 뜻의 '강노지극彊弩之極, 시불능천노호矢不能穿魯縞' 구절에서 나왔다. 아무리 강한 힘도 마지막에는 결국 쇠퇴하고 만다는 의미이다. 영웅도 늙으면 힘을 쓰지 못한다는 취지를 담고 있다.

초성왕은 성득신으로 하여금 위蔿 땅에서 군대를 사열하게 했다. 성득신은 군대 사열을 정밀하게 했다. 군법의 적용 또한 엄격했다. 군법을 어기면 추호도 용서하지 않았다. 아침부터 군대를 사열해 늦은 저녁때 마쳤다. 이날 7명의 병사가 채찍으로 등을 맞는 형을 받았고, 3명이 화살로 귀를 꿰는 벌을 받았다. 사열장에서 울리는 북소리는 장엄했고, 깃발은 더욱 선명했다.

초성왕이 탄복했다.

"자옥은 과연 장수로다!"

투자문이 기회를 놓치지 않고 영윤 자리에서 물러날 뜻을 밝혔다. 초성왕이 허락했다. 이어 그 자리에서 성득신을 영윤에 임명하면서 중군 원수의 자리까지 맡게 했다.

투자문이 영윤 자리에서 물러나자 다른 대신들이 모두 투자문의 집으로 몰려들었다. 후임으로 적임자를 천거했다고 칭찬했다. 투자문이 술자리를 베풀어 그들을 대접했다 초나라의 모든 대부는 거의 다 참석했다.

오직 대부 위려신蔿呂臣만이 병을 앓는 중이어서 참석하지 않았다. 모두 술이 얼근히 취했을 때였다. 문지기가 들어와 고했다.

"문 밖에 소년 하나가 와서 영윤을 뵙겠다고 합니다."

투자문이 불러들이도록 했다. 곧바로 한 소년이 술자리로 들어와 두 손을 올려 맞잡고 허리를 굽혀 인사하는 거수국궁擧手鞠躬을 한 뒤 말석으로 가 천연덕스럽게 앉았다. 소년은 아무 말 없이 연신 술을 마시고 고기안주를 씹었다. 그 태도가 방약무인했다. 좌중의 대관들 가운데엔 그 소년을 알아보는 사람도 있었다. 그 소년은 위려신의 아들 위가蔿賈였다. 당시 위가의 나이는 겨우 13세였다.

투자문이 기이하게 생각해 물었다.

"내가 나라를 위해 이번에 장수 한 사람을 천거했다. 모든 원로대신들이

내 집에 와 축하했다. 너는 비록 소년이기는 하나 어째서 한마디 경하의 말도 하지 않는 것이냐?"

위가가 술잔을 놓고 대답했다.

"제공諸公은 경하할 일로 생각할지 모르나 저의 우견으로는 오히려 가히 조상弔喪할 일입니다."

투자문이 대로했다.

"조상을 해야 할이라니 어째서 그렇다는 말인가!"

위가가 대답했다.

"제가 보기에 성득신은 자신이 맡은 일에 대해서는 용감하나 기회를 잡고 결단하는 데엔 어둡습니다. 능히 나아갈 줄만 알고 능히 물러설 줄은 모릅니다. 전쟁을 돕는 일을 맡기는 것은 가하나 중책을 전담시켜서는 안 됩니다. 그에게 군정軍政을 맡기면 틀림없이 낭패스런 일을 당할 것입니다. 속담에 너무 강하면 부러진다는 뜻의 '태강즉절太剛則折'이라는 말이 있습니다. 바로 자옥 같은 사람을 두고 말한 것입니다. 그런 사람을 천거했으니 나라가 치패致敗할 일입니다. 그런데 어떻게 경하한단 말입니까? 그가 대사를 그르치지 않는 것을 보고 나서 경하해도 늦지 않을 것입니다."

대신들이 투자문에게 말했다.

"어린애의 미친 소리이니 귀담아 듣지 마십시오."

위가가 한바탕 크게 웃고 밖으로 나갔다. 여러 공경도 모두 흩어져 돌아갔다.

이튿날 초성왕이 성득신을 대장으로 임명했다. 이어 성득신과 함께 대군을 통솔하며 진陳나라와 채나라, 정나라, 허나라 등 4국 제후를 규합했다. 4국 제후들이 군사를 이끌고 회맹 장소로 갔다. 초나라를 비롯한 5국 연합군이 마침내 일제히 송나라로 쳐들어가 민읍緡邑을 포위했다.

송성공이 즉시 사마 공손 고固를 진晉나라로 보내 구원을 청했다. 진문공이 신하들을 소집해 송나라 구원 계책을 상의했다.

선진先軫이 나서 말했다.

“지금 열국 가운데 유독 초나라만 자신들의 힘을 믿고 강포한 짓을 하고 있습니다. 주공은 지난날 비록 사사로운 것이기는 하나 초나라로부터 많은 은혜를 입었습니다. 그렇다고 해서 더 이상 이들의 횡포를 방관할 수는 없습니다. 초나라는 그간 제나라를 쳐 양곡 땅에 군사를 주둔시키고, 이젠 송나라까지 굴복시키려 하고 있습니다. 초나라가 감히 중원에 사단을 일으키니 이는 하늘이 우리에게 천하의 환란과 재앙을 구휼하라는 명분을 준 것입니다. 진나라의 위엄을 세우고 패업을 이루는 일은 이번에 우리가 어떻게 대처하는가 여부에 달려 있습니다.”

진문공이 물었다.

“과인이 앞으로 제나라 및 송나라의 우환을 풀어줄 생각이오. 어찌해야 좋겠소?”

호언이 나서 말했다.

“초나라는 처음에 조나라를 굴복시켰고, 새로이 위나라와 혼인관계를 맺었습니다. 조나라와 위나라 모두 주공이 망명생활을 할 때 박대한 원수들입니다. 우리가 군사를 일으켜 두 나라를 치면 초나라는 반드시 두 나라를 구원하기 위해 군사를 이동시킬 것입니다. 그리되면 제나라와 송나라는 자연스레 외환外患의 위기를 모면할 수 있습니다.”

진문공이 말했다.

“그 계책이 좋소.”

그러고는 송나라 사자 공손 고에게 그 계책을 쓰겠다고 알려주면서 본국으로 돌아가 송성공에게 성을 굳게 지킬 것을 당부토록 했다. 공손 고가 이내 귀국했다.

한편 진문공은 조나라와 위나라를 칠 준비를 하면서 혹여 군사가 적지

나 않을까 우려했다. 조최가 말했다.

"예로부터 제후국들 가운데 대국은 3군, 그 다음 나라는 2군, 소국은 1군을 뒀습니다. 우리 진나라는 곡옥曲沃의 무공武公 때 왕명을 좇아 비로소 1군을 두었고, 진헌공 때 2군을 두었습니다. 진헌공은 그 군사를 이용해 곽霍나라와 위魏나라, 우虞나라, 괵虢나라 등을 차례로 병탄해 영토를 1천여 리나 넓혔습니다. 오늘날 우리 진나라는 중간 크기를 넘어 대국의 모습을 갖추게 됐습니다. 응당 3군을 둬야 합니다."

진문공이 물었다.

"3군으로 확대해 편성하면 곧바로 쓸 수 있겠소?"

조최가 대답했다.

"그렇게는 안 됩니다. 백성들은 아직 예법을 모릅니다. 예법을 모르면 비록 모였다가도 쉽게 흩어집니다. 주공은 크게 사냥을 하며 이들에게 예법을 가르치십시오. 백성들로 하여금 계급의 존비尊卑와 장유長幼의 순서를 알게 하고, 윗사람을 따르며 어른을 위해 죽는다는 마음을 갖도록 해야 합니다. 그런 뒤라야 병사로 쓸 수 있습니다."

진문공이 다시 물었다.

"3군을 두면 그걸 통솔할 원수가 있어야 하오. 누가 그 임무를 맡을 만하오?"

조최가 대답했다.

"무릇 장수에게 용기는 지혜만 못하고, 지혜는 학식만 못합니다. 만일 주공이 지혜와 용기가 있는 장수를 구한다면 어렵잖게 구할 수 있습니다. 그러나 학식이 많은 장수를 구할 경우 신의 소견으론 오직 극곡郤穀 한 사람이 있을 뿐입니다. 극곡은 나이가 50여 세인데도 학문을 좋아하고 늘 배움을 게을리하지 않습니다. 그는 늘 『예기禮記』와 『악기樂記』에 대해 말하고 『시경』과 『서경』에 능통합니다. 무릇 예악禮樂과 시서詩書는 선왕의 법이고,

덕의德義의 보고입니다. 백성의 삶은 덕의를 근본으로 삼고 전쟁의 수행에 선 백성을 그 근본으로 삼습니다. 덕의를 지닌 자만이 백성을 아끼는 휼민恤民을 할 수 있고, 휼민을 할 수 있는 자만이 용병을 잘 할 수 있습니다."

진문공이 말했다.

"옳은 말이오."

이어 즉시 극곡을 불러 원수元帥에 임명코자 했다. 극곡이 사양하며 맡지 않으려고 했다. 진문공이 굳이 권했다.

"과인은 경을 알고 있소. 경은 사양하지 마시오."

극곡은 거듭 사양했으나 진문공의 굳은 결심은 바뀌지 않았다. 결국 원수의 직을 맡게 됐다. 진문공이 택일하여 피려被廬 땅에서 크게 사냥을 시작했다. 사냥을 끝낸 뒤 군사를 상중하의 3군으로 새롭게 편제했다. 극곡은 원수로서 중군을 거느렸고, 극진郤溱이 보좌했다. 기만祁瞞은 대장기와 군령고軍令鼓를 맡게 했다. 진문공이 호언을 상군 대장으로 삼으려 하자 호언이 사양했다.

"신의 형 호모가 지금 주공 앞에 있습니다. 동생인 제가 어떻게 형을 앞설 수 있겠습니까?"

호모를 상군 대장으로 삼은 뒤 호언으로 하여금 호모를 돕게 했다. 진문공이 조최를 하군 대장에 임명하려고 하자 조최가 사양했다.

"신은 신중함이 난지만 못하고, 계략은 선진만 못하고, 학식은 서신만 못합니다."

난지를 하군 대장으로 삼고, 선진으로 하여금 난지를 돕게 했다. 이어 순림보로 하여금 병거를 모는 어융御戎, 위주를 수레의 오른쪽에 타 호위를 담당하는 거우車右로 삼았다. 이어 하군 대장 자리를 사양한 조최를 대사마大司馬로 임명했다.

이내 극곡이 단상으로 올라가 발령發令했다. 북소리가 3번 울리자 진법

훈련에 들어갔다. 젊은 병사가 앞에 서고 나이 많은 병사는 뒤에 섰다. 앉고 일어나고 나아가고 물러서는 것이 진법의 규칙에 맞았다. 간혹 잘못하는 병사가 있으면 가르쳐 주고, 3번 가르쳐 줘도 못하는 자는 군령위반으로 심사한 뒤 적당한 벌을 내렸다.

이렇게 훈련한 지 3일이 지났다. 3군이 모두 기병奇兵과 정병正兵을 뒤섞어 구사하는 이른바 기정병용奇正竝用의 변화에 익숙해져 대장의 지휘를 좇아 차질 없이 움직였다. 장수들 모두 극곡이 엄하면서도 너그러워 절도에 들어맞는 것을 보고 기꺼이 복종했다.

훈련을 끝낼 때가 되어 막 군대를 거두려는 참이었다. 문득 장대將臺 아래서 한 가닥의 회오리바람이 일어났다. 순간 수기帥旗가 두 동강 났다. 장병들의 안색이 일제히 변했다.

극곡이 말했다.

"수기가 꺾어졌으니 대장인 내가 응당 그 조짐에 응할 것이다. 나는 앞으로 여러분과 함께 오랫동안 일하지 못할 듯하다. 그러나 주공은 반드시 대공을 이룰 것으로 믿는다."

여러 장수들이 극곡에게 그 까닭을 물었다. 극곡이 웃기만 할 뿐 대답하지 않았다. 때는 주양왕 19년인 기원전 633년 겨울 12월이었다.

78話 진문공이 위나라를 치고 조나라를 격파하다
– 진문공벌위파조晉文公伐衛破曹

이듬해인 주양왕 20년 봄, 진문공이 군대를 나눠 조나라와 위나라를 칠 생각으로 극곡과 함께 상의했다. 극곡이 말했다.

"신은 이미 선진과 상의해 그 대책을 세웠습니다. 오늘날 조나라와 위나라를 치는 것은 그다지 어려운 일이 아닙니다. 군사를 나눠 두 나라를 칠지라도 능히 그들을 굴복시킬 수 있습니다. 결국 우리의 주적은 초나라입니다. 초나라는 쉽게 굴복시킬 수 없습니다. 그에 대한 대책은 따로 세워야 합니다. 주공은 우선 조나라를 친다는 핑계를 대고 위나라에 조나라로 가는 길을 빌려달라고 하십시오. 위나라와 조나라는 화목한 관계를 유지하고 있기에 틀림없이 우리의 요청을 거절할 것입니다. 그러면 우리는 남쪽 지점에서 군사를 이끌고 도하해 위나라 사람들이 생각지 못한 곳으로 나아가 위나라 국경을 넘어 기습을 가하면 됩니다. 이것이 바로 갑작스런 우레에는 귀를 막을 여우가 없다는 뜻의 이른바 '신뢰불급엄이迅雷不及掩耳'의 전법입니다. 그러면 십중팔구 승리는 우리의 것이 됩니다. 위나라를 이긴 연후 승세를 몰아 조나라를 치십시오. 조백曹伯은 벌써 민심을 잃고 있는데다 위나라를 꺾은 우리의 위세에 놀라 어쩔 줄을 모를 것입니다. 틀림없이 쉽게 조나라도 격파할 수 있습니다."

진문공이 기뻐했다.

"그대는 실로 배운 것이 많은 장수요."

그러고는 즉시 위나라에 사자를 보내 조나라를 치기 위한 길을 잠시 빌려달라고 청했다. 위나라 대부 원훤元咺이 위선공衛成公에게 말했다.

"진군晉君이 전에 망명하면서 우리 위나라를 지날 때 선군인 위문공衛文公이 그에게 예의를 갖춰 대접하지 않았습니다. 이제 진나라가 가도假道를 청했으니 이번만은 거절하지 말고 그 요청을 들어주십시오. 그렇지 않으면 진나라는 먼저 우리 위나라를 친 뒤 조나라를 칠 것입니다."

위성공은 말했다.

"과인은 조나라와 함께 초나라를 섬기는 중이오. 조나라를 치러 가는 길을 빌려 주면 진나라와 친교를 맺기도 전에 초나라의 노여움부터 사게 될 것이오. 진나라 비위를 거스를지라도 초나라를 믿고 살 수 있지만, 초나라의 노여움마저 살 경우 우린 누구를 믿어야 한단 말이오?"

위성공이 마침내 진나라의 요청을 거절했다. 진나라 사자가 본국으로 돌아가 그 일을 보고했다.

진문공이 극곡에게 말했다.

"과연 원수의 짐작에서 벗어나지 않았소."

진문공이 마침내 군사를 이끌고 우회로를 따라 남쪽으로 행군했다. 진晉나라 남쪽 국경지점에서 황하를 건너 위나라 오록五鹿 땅의 평야지대에 이르렀다. 진문공은 오록의 넓은 들판을 보자 불연 듯 탄식했다.

"아, 이곳이 전에 개자추가 자신의 허벅지 살을 베어 먹인 바로 그곳이다!"

자신도 모르는 사이에 처량한 모습으로 처연凄然히 눈물을 흘렸다. 장수들도 눈물을 흘리는 진문공을 보고 탄식했다. 슬픈 기운이 감돌자 위주가 분연히 나서 말했다.

"우리는 응당 성을 치고 고을을 빼앗아 주공의 지난날 치욕을 씻어야 하오. 쓸데 없이 탄식이나 해서 어쩌자는 것이오?"

선진이 말했다.

"위주의 말이 옳습니다. 원컨대 신이 본부의 군사를 이끌고 가서 단독으로 오록 땅을 점령하겠습니다."

진문공이 그 말을 장하게 여겨 허락했다. 위주가 따라 나서며 말했다.

"내가 그대의 한쪽 팔이 되어 돕도록 하겠소."

두 장수가 즉시 병거에 올라 앞으로 나아갔다. 선진은 병사들에게 깃발을 많이 들게 했다. 병사들이 산과 숲과 언덕을 지나갈 때마다 꽂았다. 선진은 멀리서도 잘 보이도록 주의해 꽂도록 했다.

위주가 물었다.

"군대가 행군할 때는 될수록 적을 속여야 한다고 들었소. 지금 이토록 많은 깃발을 꽂아 두면 적에게 우리의 진격을 알려 방비토록 만드는 게 아니오? 무슨 이유로 이러는지 모르겠소?"

선진이 대답했다.

"위나라는 원래 제나라를 섬겼소. 요즘 와서 초나라를 섬기고 있는 까닭에 백성들이 잘 순종하지 않는다고 하오. 중원의 강국이 초나라를 섬기는 위나라를 치러 오지나 않을까 걱정하기 때문이오. 주공이 제환공의 패업을 이어받으려는 마당에 다른 나라 백성들에게 약한 모습을 보여서는 안 되오. 먼저 우리의 위세를 과시한 뒤 공격하기 위해 깃발을 꽂게 한 것이오."

오록 땅의 위나라 백성들은 문득 진나라 군대가 들이닥치자 다퉈 성 위로 올라가 형세를 살폈다. 무수한 깃발이 산과 들에 가득한 것을 보고는 얼마나 많은 군사가 진격해 오는지 알 길이 없었다. 성 안팎의 백성들이 웅성거리다가 다퉈 사방으로 달아나 숨어 버렸다. 오록성의 수신守臣도 이를 막을 수 없었다. 선진의 군사가 오록성에 이르렀을 때는 모두 어디로 숨어 버렸는지 성을 지키는 사람이 아무도 없었다. 진나라 군사는 진격을 명하는 단 한 번의 북소리로 오록성을 함락시킨 셈이다. 선진이 곧바로 사람을 보내 진문공에게 승첩을 알렸다.

진문공이 희색이 가득한 얼굴로 호언에게 말했다.

"지난날 그대가 이곳 땅을 얻을 것이라고 했는데, 과연 그 말이 들어맞았소."

노장인 극보양에게 따로 군사를 떼어주면서 오록성을 지키게 했다. 진나라 대군이 지금의 하남성 복양현 동남쪽의 염우斂盂 땅으로 진격해 영채를 세웠다. 그곳에서 문득 극곡이 병이 나 드러눕게 됐다. 진문공은 극곡을 문병했다. 극곡이 말했다.

"신은 주공으로부터 불세지우不世之遇[2]를 입었습니다. 간뇌도지肝腦塗地[3]를 해서라도 지은知恩에 보답코자 했습니다. 그러나 천명에 한정이 있으니 이를 어찌할 수는 없습니다. 신이 출정할 때 수기帥旗가 부러진 조짐에 응하는 것 같습니다. 신의 죽음이 조석 간에 임박했습니다. 이제 세상을 떠나는 마당에 한 말씀만 건의코자 합니다."

진문공이 말했다.

"경은 무슨 말을 하려고 하오? 경의 가르침이라면 무엇이든 다 듯겠소."

극곡이 말했다.

"주공이 조나라와 위나라를 치는 것은 원래 초나라를 제압하려는 취지에서 나온 것입니다. 초나라를 제압하려면 반드시 먼저 치밀한 계획을 세워야 합니다. 그 일환으로 먼저 제나라 및 진秦나라와 손을 잡는 게 가장 중요합니다. 이곳에서 진나라는 멀고 제나라는 가깝습니다. 속히 사자를 제나라로 보내 제후齊侯와 동맹을 맺으십시오. 제후도 초나라를 미워하고 있

2 불세지우不世之遇는 세상에 비할 바 없는 지우지은知遇之恩을 말한다. '지우지은'은 상대의 재주를 알아주는 은혜를 말한다. '지우지은'의 약자인 지우知遇는 바야흐로 서로 알게 돼 뒤늦게 만난 것을 한탄한다는 의미를 지니고 있다. 『진서晉書』「완유전阮裕傳」에 '지우' 표현이 나온다.

3 간뇌도지肝腦塗地는 간과 뇌를 땅에 칠하고 바른다는 뜻으로 어떤 희생을 치를지라도 변함없는 충성을 바치겠다는 취지이다. 『사기』「유경숙손통열전劉敬叔孫通列傳」에 '간뇌도지' 구절이 나온다.

는 까닭에 우리와 손을 잡고자 할 것입니다. 우리가 제후와 손을 잡으면 위나라와 조나라는 겁이 나 우리에게 강화를 청할 것입니다. 주공은 그리한 뒤 다시 진秦나라와 동맹을 맺으십시오. 이것이 초나라를 제압할 수 있는 완전한 계책입니다."

진문공이 말했다.

"좋은 계책이오."

진문공이 곧바로 사자를 제나라로 보냈다. 사자가 제환공과 망명 시절의 우호관계를 들춰가며 서로 합세해 형만荊蠻의 초나라를 물리칠 것을 역설했다. 당시 제나라는 마침 제효공이 죽고 제효공의 동생인 공자 반潘이 원로대신들에 의해 옹립된 뒤였다. 그가 바로 제소공齊昭公이다. 제환공의 넷째 부인인 갈영葛嬴 소생이다.

제소공은 즉위한 후 초나라에 빼앗긴 양곡 땅을 되찾고자 했다. 내심 진晉나라와 합세해 초나라에 대항할 참이었다. 진나라 사자로부터 진문공이 위나라 염우 땅에 주둔하고 있다는 말을 듣자 곧바로 수레를 몰아 염우 땅으로 가 진문공과 회견했다.

당시 위성공은 오록 땅을 잃었다는 보고를 받자 황급히 영속寧速의 아들 영유寧兪를 진나라 군영으로 보내 진문공에게 사죄하고 강화를 청하게 했다.

진문공이 영유를 꾸짖었다.

"처음엔 길을 빌려 주지 않다가 이제 상황이 절박해지자 강화를 청하는구나. 이는 결코 본심이 아닐 것이다. 과인은 단석旦夕 간에 너희 도읍인 초구楚丘를 짓밟고 말겠다."

영유가 돌아가 위성공에게 진문공의 말을 전했다. 당시 초구성 안에선 진나라 군사가 곧바로 쳐들어온다는 헛소문이 퍼졌다. 백성들은 하룻밤에 깜짝 놀라 5번이나 일어나는 상황이 빚어졌다.

영유가 위성공에게 말했다.

"진후晉侯의 노여움이 극에 달해 있고, 백성들은 공포에 떨고 있습니다. 주공은 성을 빠져 나가 잠시 딴 곳으로 몸을 피하십시오. 진후도 주공이 피신한 걸 알면 군이 초구로 쳐들어오지는 않을 것입니다. 우선 예봉을 비판 뒤 형세를 봐가며 강화를 청하고 사직을 보전하는 게 가할 것입니다."

위성공이 탄식했다.

"불행히도 선군이 망명 중인 진나라 공자를 푸대접하고, 과인 또한 길을 빌려 주지 않는 우를 범해 이 꼴을 당하게 됐다. 백성들에게 누를 끼쳐 대할 면목조차 없다."

그러고는 대부 원훤으로 하여금 동생 숙무叔武와 함께 나라 일을 섭정하게 한 뒤 자신은 지금의 하남성 수현인 양우襄牛 땅으로 피신했다. 이때 대부 손염孫炎을 보내 구언을 청했다. 때는 주양왕 20년인 기원전 632년 봄 2월이었다.

염옹이 이를 시로 읊었다.

여인과 말을 초나라에 바치더니	納姬贈馬怪紛紛
위나라 환난 당해도 오지 않다	患難何須具主賓
뉘 알았으랴 오록 땅 취한 자가	誰知五鹿開疆者
전에 구걸하러 온 사람인 것을	便是當年求乞人

그 달에 진晉나라 원수 극곡은 군중에서 세상을 떠났다. 진문공은 애도해 마지않았다. 이어 많은 사람들로 하여금 영구를 호송해 본국으로 돌아가게 했다.

진문공은 오록 땅을 점령한 선진의 공적을 고려해 그를 원수로 승진시켜 극곡의 후임으로 임명했다. 이어 서신으로 하여금 하군의 보좌 역할을 수행케 함으로써 선진의 예전 직책을 대신토록 했다. 서신을 임용한 것은 전에 조최가 서신을 두고 학식이 많은 사람이라고 천거한 데 따른 것이었다. 진문공은 차제에 위나라를 아주 없앨 작정이었다.

원수가 된 선진이 간했다.

"이번에 군사를 일으킨 것은 사실 초나라의 위협을 받은 제나라와 송나라를 구하기 위한 것입니다. 지금 제나라와 송나라의 위기가 해결되지 않고 있는 상황에서 위나라를 아주 없애 버리고자 하는 것은 패망 위기의 나라를 존속시키고 약소국을 도와주는 패자覇者의 의리에 어긋나는 것입니다. 위후衛侯가 비록 무도하기는 하나만 이미 위나라를 떠나고 없으니 위나라의 존망은 주공의 손에 달려 있습니다. 주공은 덕을 베풀어 위나라를 존치시키십시오. 우리는 속히 군사를 동쪽으로 옮겨 조나라를 쳐야 합니다. 초나라가 위나라를 구하기 위해 이곳으로 달려올 때는 우리가 이미 조나라에 가 있는 까닭에 헛수고만 하게 될 것입니다."

진문공 이를 좇았다.

이해 3월, 진나라 군사가 마침내 조나라를 포위했다. 조공공曹共公이 신하들을 소집해 대책을 물었다. 희부기가 나서 말했다.

"진군晉君의 이번 공격은 지난날 주공이 그의 목욕 장면을 엿본 것에 대한 보복 차원에서 나온 것입니다. 그의 분노가 매우 큰 듯합니다. 우리가 진나라 군사와 힘을 겨뤄 이기기는 어렵습니다. 원컨대 신이 사자가 되어 사죄하고 강화를 청하도록 하겠습니다. 그래야만 백성을 도탄으로부터 구할 수 있습니다."

조공공이 대답했다.

"진후는 위나라가 강화를 청해도 용납하지 않았는데 유독 우리의 강화 요청을 용납하겠는가?"

대부 우랑于郎이 나서 말했다.

"신이 듣건대 희부기는 지난날 진후가 망명객으로 우리 조나라에 들렀을 때 사사로이 많은 음식을 대접했다고 합니다. 지금 그가 사자를 자청하니 이는 분명 우리 조나라를 진문공에게 팔아넘기려는 매국賣國의 계책입니다. 주공은 그의 말을 듣지 말고 먼저 참형에 처하십시오. 신에게 진나라 군사를 물리칠 수 있는 계책이 있습니다."

조공공이 대답했다.

"희부기는 나라에 불충을 저질렀다. 대대로 벼슬을 한 집안 출신인 점을 감안해 사죄死罪를 보류하고 관직만 삭탈토록 하겠다."

희부기는 목숨을 부지한 것도 다행으로 여겨 조공공에게 사은하고 즉시 조정에서 물러났다. 그야말로 문을 닫은 채 창 앞의 밝은 달은 모른 체 하며 매화에게 저 혼자 고운 꽃을 피우라고 한다는 뜻의 '폐문불관창전월閉門不管窗前月, 분부매화자주장吩咐梅花自主張'의 꼴이었다.

조공공이 우랑에게 진나라 군사를 물리칠 계책을 물었다.

우랑이 대답했다.

"진후는 지금까지 거둔 승리에 도취해 그 기세가 틀림없이 교만해졌을 것입니다. 신은 이제 그에게 거짓 밀서를 보내 황혼 무렵 성문을 열고 성을 바치겠다고 약속하겠습니다. 주공은 미리 모든 병사에게 활과 쇠뇌를 주어 성문 주변에 매복시키십시오. 신은 진후를 속여 성안으로 들어오게 한 뒤 즉시 성의 현문懸門을 닫겠습니다. 그때 주공은 병사들에게 명해 일제히 그를 향해 활을 쏘게 하십시오. 그리되면 성안으로 들어온 진나라 군신과 병사 모두 가루가 되고 말 것입니다. 주공은 조금도 걱정하지 마십시오."

조공공은 그 계책에 따르기로 했다. 당시 진문공은 우랑의 항서를 받고는 곧바로 진나라 군사를 이끌고 입성코자 했다. 선진이 나서 말했다.

"조나라 병력은 아직 온전한 상태입니다. 그들이 이처럼 쉽게 항복한 것을 보면 그 항서가 거짓일 가능성이 큽니다. 청컨대 신이 한번 시험해 보겠습니다."

선진은 병사들 가운데 수염이 길고 용모가 당당한 자를 골라 진문공의 옷을 입히고 관을 씌운 뒤 진문공 행세를 하도록 했다. 시인 발제가 나서서 가짜 진문공이 탄 수레의 어자御者가 되겠다고 자청했다.

그날 황혼 무렵, 도성 위에 항복의 깃발 하나가 세워지면서 성문이 크게 열렸다. 가짜 진문공은 500여 명의 군사를 이끌고 꼬리를 이어가면서 성안으로 들어갔다. 진나라 군사가 미처 절반도 성안으로 들어가기 전에 성문 언저리에서 딱따기인 방자梆子를 치는 소리가 어지럽게 났다. 그러자 화살이 마치 메뚜기 떼 날 듯 날았다. 진나라 군사들은 가짜 진문공이 탄 수레를 급히 돌렸다. 하지만 성문은 이미 굳게 닫혀 있었다. 애석하게도 발제와 가짜 진문공을 포함한 300여 명의 진나라 병사들은 화살을 무수히 맞고 한 덩어리가 되어 죽었다. 다행히도 진문공은 들어가지 않았기에 망정이지 만약에 들어갔으면 곤강崑崗에 불이 나 옥석이 모두 불에 타는 옥석구분玉石俱焚의 화를 당할 뻔했다.

지난날 진문공이 망명객 신세로 조나라를 지나간 일이 있었기에 많은 조나라 사람들이 진문공의 얼굴을 알고 있었다. 그날 밤은 어둡기도 하고 창졸간에 빚어진 일이라서 죽은 진문공이 진짜인지 여부를 알지 못했다.

우랑은 진문공이 진짜 죽은 줄 알았다. 조공공 앞에서 자신의 계책이 성공했다며 한껏 입을 놀려 자랑했다. 그러나 이튿날 하늘이 밝은 뒤 진문공 시신을 검시하다가 그것이 가짜인 걸 알았다. 우랑의 도도하던 흥 또한 반감했다.

전날 성안으로 들어가려다가 문이 닫히는 바람에 미처 들어가질 못했고 요행히 도망친 진나라 병사들이 있었다. 이들이 돌아가서 진문공에게 이 사실을 보고했다. 진문공이 대로했다. 급히 성을 공격하라고 엄명을 내렸다.

사세가 다급해지자 우랑이 다시 계획을 말했다.

"활로 쏘아 죽인 진나라 병사들의 시체를 성 위에 내거십시오. 진나라 군사는 처참한 주검을 보면 반드시 사기가 저상되어 공격에 온 힘을 기울이지 못할 것입니다. 그러면 우리는 며칠을 더 버틸 수 있고, 그 사이 초나라 원군이 반드시 이리로 올 것입니다. 이것이 진나라 군사의 군심軍心을 동요시키는 계책입니다."

조공공이 우랑의 말대로 했다. 진나라 병사들은 장대에 매단 동료들이 시체가 성 위에 내걸리자 모두 넋을 잃고 바라보았다. 서로 원망하며 한탄하는 소리를 계속 입 밖으로 냈다.

진문공이 선진에게 물었다.

"혹여 병사들의 마음이 변할까 두렵소. 어찌하면 좋겠소?"

선진이 대답했다.

"조나라 사람들의 분묘가 모두 성의 서문 밖에 있습니다. 청컨대 군사를 나눈 뒤 그 절반의 병력으로 묘지에 진을 치십시오. 이어 나머지 병사들로 하여금 무덤을 팔 태세를 갖추게 하십시오. 성안에 있는 사람들은 이를 보면 틀림없이 자신들의 조상 묘가 파헤쳐질까 봐 두려워할 것입니다. 그런 두려운 마음이 생기면 그들은 반드시 혼란에 빠질 것입니다. 그때를 틈타 성을 공격하면 됩니다."

진문공이 말했다.

"그 계책이 좋겠소."

곧바로 명을 내려 병사들로 하여금 조나라 사람들의 분묘를 파헤치러 간다고 떠들게 했다. 이어 호모와 호언으로 하여금 휘하 군사를 이끌고 가 묘지에 진을 치게 했다. 호모와 호언이 병사들에게 괭이와 가래를 준비시킨 뒤 지시했다.

"내일 오시午時까지 각자 시한을 줄 터이니 각자 무덤을 파헤쳐 시신을 꺼내가지고 와 공을 청하도록 하라."

성안의 조나라 사람들은 그 소문을 듣고는 모두 간담이 찢어지는 아픔을 느꼈다. 소식을 들은 조공공이 황급히 관원을 성 위로 올려 보냈다. 관원이 조공공을 대신해 진나라 군사를 향해 외쳤다.

"무덤을 파지 마시오. 이번엔 진정으로 항복하겠소!"

선진도 부하를 시켜 대신 대답했다.

"너희는 우리 군사를 유인해 죽이고 다시 그 시체를 성 위에 내걸었다. 우리는 치솟는 격분을 참을 수 없어 너희 조상들 분묘를 파헤쳐 원한을 갚고자 한 것이다. 만일 우리의 죽은 군사를 잘 염한 뒤 관에 넣어 돌려주면 우리도 곧바로 군대를 거둘 것이다."

그 말을 들은 조나라 장수가 조공공에게 가서 그대로 고했다. 조공공의 지시를 받은 그가 다시 성 위에 올라와 외쳤다.

"그렇다면 3일의 기한을 주시오."

선진이 직접 나서서 외쳤다.

"만일 3일 안으로 관에 넣어 모든 시체를 돌려보내지 않으면 너희 조상들의 관을 파내 욕을 보일 것이다. 그때 가서 원통하게 생각지 마라."

조공공이 성 위에 매단 시신을 거둬들여 그 숫자를 일일이 점검한 뒤 각각 준비한 관 속에 염습해 넣었다. 입관은 3일 만에 끝났다. 관들이 하나씩 수레 위에 실렸다. 성 밖으로 보낼 채비가 완료됐다.

선진도 미리 계책을 마련했다. 호모와 호언, 난지, 서신 등 4명의 장수를 불러 각각 병거를 정돈케 했다. 이어 휘하의 군사를 이끌고 나가 사방으로 나뉘어 매복케 했다. 4로의 군사로 하여금 조나라 병사들이 성문을 열고 관을 내보낼 때 일제히 공격을 개시해 성안으로 쳐들어갈 생각이었다.

마침내 제4일째가 됐다. 선진이 사람을 시켜 성 밑에서 크게 외치게 했다.

"오늘은 우리 병사들의 시신을 담은 관을 돌려보내 줘야 하지 않는가?"

진문공이 위나라를 치고 조나라를 격파하다

조나라 관원이 성 위에서 대답했다.

“청컨대 포위를 풀고 5리만 후퇴해 주시오. 그러면 즉시 관을 내보내겠소.”

선진은 먼저 진문공에게 고하고 군사를 5리 밖으로 물렸다. 진나라 군사가 5리 밖으로 후퇴하자 조나라 도성의 4개 성문이 모두 열리면서 관을 실은 수레들이 밖으로 나오기 시작했다.

수레들이 3분의 1쯤 성 밖으로 나왔을 때 문득 포성이 크게 터지면서 4로의 복병들이 일제히 뛰쳐나와 성문으로 쳐들어갔다. 성문은 관을 실은 수레들이 열을 지어 나가던 참이어서 곧바로 닫을 수가 없었다. 진나라 복병들은 그 기회를 놓치지 않고 벌떼처럼 성문 안으로 쳐들어갔다.

당시 조공공은 성 위에서 직접 조나라 군사를 독려하고 있었다. 성 밖에서 군사를 지휘하고 있던 위주의 눈에 조공공의 그런 모습이 들어왔다. 그는 나는 듯이 성 밑으로 달려간 뒤 단번에 성 위로 훌쩍 올라갔다. 곧바로 조공공의 가슴을 거머쥐고 쓰러뜨린 뒤 밧줄로 결박했다.

우랑은 사세가 불리한 것을 보고 성을 넘어 달아나려고 했다. 이를 본 전힐이 단숨에 달려가 우랑을 끌어내리고 한칼에 베어버렸다. 진문공이 장수들을 이끌고 성루 위로 올라가 승첩을 보고받았다. 위주는 결박한 조공공 양襄을 바치고, 전힐은 우랑의 목을 바쳤다. 여타 장수들도 각각 사로잡은 조나라 장병 포로들을 바쳤다. 진문공은 조나라의 관원 명부인 사적仕籍을 갖고 오게 했다.

조나라 관리들 가운데 초헌軺軒을 타는 고위 관원만 해도 300명이나 되었다. 진문공은 이들을 모두 잡아들였다. 명단에는 희부기의 이름이 빠져 있었다. 진문공이 그 이유를 묻자 조나라 관원 한 사람이 말했다.

"희부기는 주공에게 진晉나라와 강화할 것을 권하다가 삭탈관직을 당했습니다. 그는 서민이 되어 있습니다."

진문공이 조공공을 굽어보며 그의 잘못을 꾸짖었다.

"너의 나라에 어진 사람이라고는 오직 희부기 한 사람뿐이었다. 너는 그를 제대로 쓰지 못하고 여러 소인배들만 임용했다. 그런 소인배들을 데리고 어린애 장난 같은 짓만 했으니 나라의 패망 이외에 무엇을 바랄 수 있었겠는가?"

조공공이 진나라 군영의 대채大寨에 가두게 했다. 이어 초헌을 타고 다니던 관원 300명을 모두 참형에 처하고 이들의 집과 재산을 몰수했다. 몰수한 집과 재산을 군사들에게 상으로 내려주고 위로했다.

진문공은 망명객으로 조나라를 지났을 때 희부기가 음식을 갖고 와 대접한 은혜를 갚고자 했다. 마침 희부기가 북문 근처에 살고 있었다. 진문공이 희부기를 위해 하명했다.

"북문 일대에서 소요를 일으키지 마라. 만일 희씨 집안의 나무 한 그루 풀 한 포기라도 건드리는 자가 있으면 누구를 막론하고 참형에 처할 것이다."

이처럼 모든 조치를 취한 뒤 군사의 절반은 성안에 남겨 성을 지키게 하고, 나머지 절반은 거가를 따라 성 밖으로 나와 대채에 머물게 했다.

호증 선생이 당시 일을 읊은 영사시詠史詩를 지었다.

조백은 현자 무시하다 잡히고	曹伯慢賢遭縶虜
희부기 은혜 베풀어 사면되다	負羈行惠免誅夷
위기 닥쳤을 때 쓰지 않다가	眼前不肯行方便
나중에 옳고 그름 알게 되다	到後方知是與非

진나라 장수 위주와 전힐은 평소 많은 공을 세웠다고 생각해 교만하고 방자한 마음을 갖고 있었다. 두 사람은 희부기 집을 엄중히 보호하라는 진문공의 명을 듣고 화가 났다.

위주가 분연히 말했다.

"우리 두 사람이 오늘 조백曹伯을 사로잡고, 적장의 목을 바쳤소. 그런데도 주공은 칭찬의 말은 한마디도 하지 않고 희부기만 찾았소. 지난날 음식 대접을 받은 게 뭐 그리 대단하다고 그러는지 모르겠소. 주공이 그런 사정私情을 쓰는 것은 실로 경중을 분간할 줄 모르는 처사가 아니오?"

전힐이 맞장구를 쳤다.

"그 사람이 우리 진나라에서 벼슬을 살게 되면 반드시 중용될 것이고,

우리는 그에게 업신여김을 받게 될 것이오. 차라리 지금 그의 집에 불을 놓아 태워 죽입시다. 그래야 미리 수모를 면할 수 있지 않겠소? 주공이 나중에 이를 알게 될지라도 설마 우리를 참형에 처하기야 하겠소?"

위주가 대답했다.

"그 말에 일리가 있소."

두 사람이 한자리에 앉아 계속 술을 마셨다. 밤이 이슥해지자 사사롭게 병사들을 이끌고 가 희부기의 집을 포위했다. 이어 집 사방에다 불을 질렀다. 삽시간에 그 집이 불길에 휩싸였다. 술이 취한 위주는 용기를 자랑하기 위해 발을 굴러 대문의 문루 위로 뛰어올라갔다. 이어 불길을 뚫고 그 집의 지붕 위로 나는 듯이 뛰어다녔다. 희부기를 찾아내 직접 죽이고자 한 것이다.

그러나 기둥과 서까래들이 불에 타 무너져 내리고 있는 것을 누가 알았겠는가! 위주가 헛발을 디디면서 쿵하는 소리와 함께 땅바닥에 굴러 떨어졌다. 순간 그는 땅을 등지고 뒤로 벌렁 나자빠진 자세가 되었다. 순간 천지가 무너져 내리는 듯한 소리와 함께 불에 탄 기둥 하나가 쓰러지면서 그의 가슴을 내리쳤다. 위주가 소리도 지르지 못한 채 입으로 시뻘건 선혈을 토해냈다. 앞뒤에선 불덩어리가 빗발치듯 떨어졌다.

그는 가까스로 일어나 마당에 비스듬히 서 있는 기둥을 타고 다시 지붕 위로 뛰어올랐다. 불이 붙지 않은 곳을 골라 기다시피 하여 집 밖으로 나왔다. 그의 옷 여기저기에 불이 붙었다. 급히 옷을 벗어 벌거숭이가 된 다음에야 간신히 타죽는 참사를 면했다. 그토록 용맹한 위주였지만 불길을 뚫고 밖으로 나오자마자 땅바닥에 쓰러졌다. 전힐이 곧바로 달려와 위주를 부축하며 공터 쪽으로 갔다. 자신의 옷을 벗어 위주에게 입혔다. 두 사람은 함께 수레를 타고 숙소로 돌아와 그날 밤을 지냈다.

당시 성안에 있던 호언과 서신은 북문 부근에서 불이 난 것을 보고 군변

軍變이 일어난 줄 알았다. 이들은 황급히 군사를 이끌고 불이 난 곳으로 달려갔다. 바로 희부기의 집이었다. 그들은 병사들을 시켜 황급히 불을 끄게 했으나 이미 집 전체가 불덩어리로 변해 있었다. 희부기는 집안사람들과 함께 불을 끄다가 연기에 질식돼 쓰러졌다. 집안사람들이 그를 구출했으나 이미 화독火毒으로 인해 인사불성人事不省이 되어 있었다.

희부기의 아내는 불이 났을 때 말했다.

"희씨 집안의 대가 끊어져서는 안 된다!"

그러고는 5세의 희록僖祿을 안고 후원으로 달려가서 더러운 연못인 오지汚池 속으로 들어갔다. 덕분에 불길을 피할 수 있었다.

불은 5경이 되어서야 간신히 꺼졌다. 그 불로 인해 희부기 집안사람들 여러 명이 죽었다. 이웃집 수십 채도 불타거나 부서졌다.

호언과 서신은 불이 난 원인을 수소문한 끝에 위주와 전힐이 방화한 걸 알고 크게 놀랐다. 감히 숨길 수 없어 사람을 성 밖의 대채에 보내 알렸다. 진나라 군영의 대채는 조나라 도성으로부터 5리 밖에 있었다.

그날 밤 대체에서도 성안에서 불길이 치솟는 것을 보았다. 불빛이 대단하긴 했으나 그리 명백하지 않았기 때문에 지나쳤다가 이튿날 밝은 뒤에야 진문공은 보고를 받았다. 곧바로 수레를 타고 성으로 들어갔다. 먼저 북문으로 가서 희부기의 용태를 살폈다. 희부기는 억지로 눈을 떠 진문공을 보고는 이내 눈을 감았다. 진문공이 크게 탄식했다. 희부기의 아내는 5세의 희록을 안고 진문공 앞에 오자 땅바닥에 쓰러져 통곡했다.

진문공 역시 눈물을 흘리며 물었다.

"현수賢嫂여! 너무 슬퍼하지 마시오. 과인이 현수를 위해 저 아이를 돌보겠소."

그러고는 곧바로 어미 품안에 있는 희록에게 대부 벼슬을 내렸다. 이어 많은 황금과 비단을 하사했다. 진문공은 희부기를 장사지낸 뒤 그의 처자로 하여금 진晉나라로 가서 살도록 조치했다.

조공공은 이후 석방돼 다시 보위를 유지하게 됐다. 희부기의 아내는 본국으로 돌아가 남편의 묘소에 성묘하겠다는 청을 진문공에게 넣었다. 진문공이 사람을 시켜 그녀 모자를 조나라로 호송토록 했다. 희록은 장성한 후 조나라의 대부가 됐다. 하지만 이는 모두 훗날의 얘기다.

한편 방화가 있던 이튿날 진문공은 사마 조최에게 명해 명을 어기고 방화한 위주와 전힐의 죄를 논하게 했다. 진문공은 사죄死罪를 내리고자 했다.

조최가 말했다.

"두 사람은 지난날 주공을 모시고 19년 동안 망명생활을 하며 온갖 고생을 다 했습니다. 이번에도 대공을 세웠습니다. 가히 사면할 만합니다."

진문공이 화를 냈다.

"과인이 백성들로부터 신뢰를 받는 것은 법령을 공평하게 시행하고 있기 때문이오. 신하가 군주의 명을 준수하지 않으면 신하라고 할 수 없고, 군주가 신하에게 명을 시항하지 못하면 군주라고 말할 수 없소. 군주가 군주 노릇을 못하고 신하가 신하 노릇을 하지 않으면 어떻게 나라를 유지하겠소? 과인을 위해 수고한 대부로 말하면 그 수를 헤아릴 수 없을 정도로 많소. 이들이 모두 군명을 어기고 제멋대로 행동한다면 과인은 이후 단 하나의 명도 제대로 내릴 수 없을 것이오."

조최가 말했다.

"주공의 말씀이 지당합니다. 하지만 여러 장수가 있지만 위주의 재능과 용맹은 아무도 따라가지 못합니다. 그를 죽이는 것은 실로 애석한 일입니다. 범죄에는 수괴首魁와 종범從犯이 있습니다. 수괴인 전힐 한 사람에게만 죄를 주어도 많은 사람에 능히 경종을 울릴 수 있다고 생각합니다. 굳이 두 사람을 모두 죽이는 병주幷誅는 필요 없을 듯합니다."

진문공이 대답했다.

"과인이 듣건대, 위주는 가슴에 중상을 입어 다시는 재기할 수 없다고 하오. 무엇 때문에 곧 죽을 사람을 애석히 여겨 과인의 법을 시행치 않으려는 것이오?"

조최가 대답했다.

"청컨대 신이 주공의 명을 받은 것처럼 문병을 가서 그의 병세를 살펴보겠습니다. 그가 살아날 가망이 없으면 주공 말씀대로 죽여 버리십시오. 그러나 다시 싸움터에 나가서 싸울 만하면 범 같은 그를 살려 뒀다가 위급한 상황이 닥쳤을 때 쓰도록 하십시오."

진문공이 고개를 끄덕이는 점두點頭를 했다.

"알겠소."

그러고는 순림보를 보내 전힐을 소환한 데 이어 조최를 시켜 위주의 부상을 살피게 했다.

위주의 목숨이 어찌 될지 알 길이 없으니 다음 회를 보라.

제40회

79話 선진이 궤계를 써 자옥을 격분시키다
–선진궤모격자옥先軫詭謀激子玉

당시 진문공의 밀명으로 조최는 은밀히 수레를 타고 위주가 있는 군막으로 갔다. 위주는 가슴에 큰 상처를 입고 병상에 누워 있었다. 사자가 왔다는 수하의 보고를 받고 물었다.

"몇 사람이나 왔는가?"

수하가 대답했다.

"조趙 사마 홀로 수레를 타고 왔습니다."

위주가 모든 걸 짐작했다.

"내가 죽게 되었는지 여부를 탐지해 법을 시행하려는 게 확실하다."

그러고는 좌우 시종에게 명해 비단을 가져 오게 했다.

"비단으로 불에 탄 내 가슴을 여러 번 감아라. 내가 응당 나가서 군주의 사마를 맞이하겠다."

좌우 시종들이 말했다.

"장군의 상처가 몹시 심합니다. 함부로 움직이면 안 됩니다."

위주가 큰 소리로 꾸짖었다.

"병이 위중하나 아직 죽을 지경에 이르지는 않았다. 잔말 말고 시키는 대로 하라!"

마침내 비단으로 가슴을 칭칭 감고 나가 조쇠를 맞이했다.

조쇠가 물었다.

"장군이 크게 다쳤다고 들었소. 그런데 어떻게 이처럼 일어나 맞이하는 것이오? 주공이 나를 시켜 그대가 얼마나 아파하는지 물어보라고 했소."

위주가 대답했다.

"군명君命이 이곳에 이르게 됐는데 어찌 감히 불경스럽게 맞이할 수 있겠소? 굳이 가슴을 비단으로 감고 마중하러 나온 이유요. 나 또한 이번에 저지른 죄가 사죄死罪에 해당한다는 것을 알고 있소. 만일 주공이 이번 한 번만 용서해 주면 목숨이 붙어 있을 때까지 주공의 은혜에 보답하겠소. 내가 어찌 감히 편히 앉아 그대를 맞이할 수 있겠소?"

그러고는 멀리뛰기를 3번, 높이뛰기를 3번 했다.[1]

조쇠가 말했다.

"장군은 보중保重하시오. 주공에게 잘 말씀드리도록 하겠소."

1 이 대목의 『열국지』 원문은 '거약자삼距躍者三, 곡용자삼曲踴者三'이다. 일부 『열국지』 번역서는 『춘추좌전』을 인용해 역사적 사실에 가깝게 풀이한다고 하면서 '맥百'을 말 그대로 '100'으로 해석해 "멀리뛰기를 300번, 높이뛰기를 300번 했다."고 번역했다. 문맥과 동떨어진 해석이다. 『춘추좌전』「노희공 28년」조에는 앞으로 멀리 뛰기를 3번 하는 거약삼맥距躍三百으로 나온다. 여기의 맥百은 '100'을 뜻하는 게 아니라 차례를 뜻하는 맥陌의 의미이다. 이같이 해석해야 문맥에 부합한다.

이내 돌아가 진문공에게 복명한 뒤 이같이 덧붙였다.

"위주가 비록 부상을 당했지만 멀리뛰기와 높이뛰기를 잘하는 것으로 그리 큰 부상은 아닌 듯합니다. 또한 신하의 예의를 잃지 않았고 은혜에 대한 보답도 잊지 않겠다고 다짐했습니다. 그를 용서하면 훗날 반드시 사력을 다해 주공을 도울 것입니다."

진문공이 대답했다.

"실로 법을 공정히 밝혀 신민을 경계할 수만 있다면 과인인들 어찌 여러 사람을 죽이는 걸 좋아하겠소?"

오래잖아 전힐이 순림보에게 잡혀왔다. 진문공이 꾸짖었다.

"너는 무엇 때문에 희僖 대부의 집에 불을 질렀는가?"

전힐이 대답했다.

"지난날 개자추는 자기 허벅지 살을 베어 주공에게 먹였지만 결국 불에 타 죽었습니다. 희부기가 주공에게 음식을 한 차례 바친 게 뭐 그리 대단하겠습니까? 신은 개자추를 위해 희부기를 죽여 개자추 사당에 바칠 생각이었습니다."

진문공이 대로했다.

"개자추는 스스로 벼슬을 마다하고 달아난 사람이다. 과인이 그를 내쫓기라도 했단 말인가?"

이어 조최를 돌아보며 물었다.

"이번 방화의 주모자는 전힐이다. 군명을 어기고 멋대로 사형私刑을 가했으니 무슨 죄에 해당하는가?"

조최가 대답했다.

"군령에 따라 참수해야 합니다."

문공이 군정軍正에게 큰 소리로 명했다.

"형을 집행하라."

도부수刀斧手들이 전힐을 영채의 원문轅門 앞으로 끌고 나가 참수했다. 진문공이 전희의 머리를 희씨 집으로 갖고 가 희부기에게 제사를 지내게 했다. 이어 그의 목을 북문에 걸고 이같이 호령했다.

"금후 과인의 명을 어긴 자는 이같이 될 것이다."

진문공이 다시 조최에게 물었다.

"위주가 전힐과 함께 갔는데도 전힐을 말리지 못했소. 이는 어떤 죄에 해당하오?"

조최가 대답했다.

"직위를 파면하고 그로 하여금 공을 세워 속죄하게 해야 합니다."

위주는 거우車右의 자리에서 쫓겨났다. 주지교가 그 자리를 대신했다. 장병들이 서로 돌아보며 말했다.

"전힐과 위주 모두 19년 동안 주공을 모시고 망명생활을 하며서 대공을 세운 자들이다. 주공의 명을 단 한 번 어겼는데 한 사람은 참수를 당하고 한 사람은 파면을 당했다. 하물며 다른 사람이야 더 말해 무엇 하겠는가? 국법엔 사정私情이 없는 법이다. 모두 삼가고 조심해야 할 것이다."

이후 진나라 3군의 기강이 바로잡혔다 사관이 이를 시로 읊었다.

혼란할수록 법이 엄해야 하니	亂國全憑用法嚴
사정과 공의를 겸하기 어렵다	私勞公議兩難兼
명을 어기면 공으로도 안 돼	祇因違命功難贖
왜 명을 어겨 희부기 해쳤나	豈爲盤飧一夕淹

여기서 얘기의 방향을 돌리기로 하자.

당시 초성왕은 송나라로 쳐들어가 민읍緡邑을 점령하고 곧바로 승세를 몰아 송나라 도성인 수양睢陽으로 진격했다. 이어 수양성 둘레에 긴 포위망을 구축하고 성안의 백성들이 곤경에 빠지기를 기다렸다. 초성왕은 곤경에 빠진 송나라 사람들을 압박해 항복을 받아낼 참이었다.

이때 문득 이런 보고가 올라왔다.

"위衛나라 사자 손염孫炎이 원군을 청하기 위해 이곳에 왔습니다."

초성왕이 손염을 불러 위나라 사정을 물었다. 손염은 진晉나라 군사가 위나라로 쳐들어와 오록 땅을 점령하고, 위성공이 도성을 떠나 양우襄牛 땅으로 가서 근신하고 있는 일 등을 상세히 고한 뒤 이같이 호소했다.

"구원이 조금이라도 늦으면 위나라 도성 초구楚丘는 이내 함몰되고 말 것입니다."

초성왕이 대답했다.

"위희衛姬의 외숙인 위후衛侯가 곤경에 빠져 있으니 구하지 않을 수 없다."

그러고는 초나라 군사의 주력부대인 신申과 식息 두 고을의 군사를 둘로 나눴다. 절반은 원수 성득신成得臣과 투월초鬪越椒[2], 투발鬪勃, 완춘宛春 등이 이끌면서 진陳나라와 채나라와 정나라와 허나라 등 4국 제후와 함께 계속 송나라를 포위 공격케 했다. 나머지 절반은 초성왕이 직접 위려신蔿呂臣 및 투의신鬪宜申 등과 함께 중군과 양광兩廣[3]의 군사를 이끌고 위나라를 구원하러 갔다.

초성왕이 떠나자 진陳나라와 채나라와 정나라와 허나라 등 4국 제후들

2 투월초鬪越椒를 『춘추좌전』은 자월초子越椒 내지 투초鬪椒 등으로 표현했다. 이름이 초椒이고 자가 자월子越과 백분伯棼인 까닭에 '자월초' 내지 '투월초' 등의 표현이 나온 것이다.

3 양광兩廣은 초나라의 군사제도로 좌광左廣과 우광右廣을 가리킨다. 『춘추좌전』「노선공 12년」조에 따르면 우선 군사를 병거 15승으로 구성된 좌우 두 광廣으로 나눈 뒤 각 광마다 병사 100명인 1졸卒을 두고, 각 졸에는 병사 50명의 편偏과 병사 25명의 양兩을 두었다. 원래 선우先右의 풍습으로 인해 우광을 좌광보다 앞세웠으나 초장왕 이후 좌광을 우광보다 앞세우게 됐다.

은 자국에도 전화戰禍가 미칠까 두려워 각각 성득신에게 인사한 뒤 장수들만 남겨두고 돌아갔다. 진나라 장수 원선轅選과 채나라 장수 공자 인印, 정나라 장수 석계石癸, 허나라 장수 백주百疇 등이 일부 군사를 이끌고 그곳에 남아 성득신을 돕게 했다.

당시 초성왕은 급히 위나라로 가는 도중 진나라 군사가 이미 위나라를 떠나 조나라로 이동했다는 보고를 받았다. 다시 조나라를 구원하기 위해 장수들과 상의했다. 얼마 후 진나라 군사가 이미 조나라를 격파하고 조공공까지 사로잡았다는 급보가 들어왔다. 급보를 접한 초성왕이 크게 놀랐다.

"진후晉侯의 용병이 어찌 이다지도 신속神速한 것인가!"

초성왕은 부득불 송나라와 인접한 초나라 북쪽 고을인 신읍申邑에 영채를 세웠다. 동시에 사람을 제나라 양곡陽穀 땅으로 보내 제환공의 자식인 공자 옹雍과 제환공의 총신이었던 역아易牙를 소환했다. 초나라 군사에 의해 점령된 양곡 땅을 다시 제나라에 반환코자 한 것이다. 초성왕은 이 일을 매듭짓기 위해 신공申公 숙후叔侯에게 명해 제나라로 가 강화한 뒤 초나라 군사를 양곡 땅에서 철수시키게 했다.

또 초성왕은 사람을 송나라로 보내 성득신을 소환하면서 이같이 유시諭示했다.

"진후는 국외에서 19년간 망명생활을 하고 육순이 넘어 나라를 얻었소. 그는 오랫동안 이곳저곳을 방랑한 까닭에 천하의 요충과 지형을 잘 알고 있을 뿐 아니라 민정民情에도 통달하고 있소. 아마도 하늘이 그를 오래 살게 해 진晉나라를 번영케 하려는 듯하오. 우리 초나라가 그에게 대항할 수 없을 듯하오. 이번 일은 그에게 양보하느니만 못하오."

초성왕의 명이 떨어지자 양곡 땅의 초나라 군사는 곧바로 그곳을 떠나 본국으로 철군했다. 신공 숙후는 제나라와 강화했다. 그러나 성득신만은 자신의 재주를 믿고 있었던 까닭에 초성왕의 회군 명령에 불평을 터뜨리며 분노했다. 수하 장수들에게 말했다.

"송나라 도성을 조만간 격파할 수 있었는데 무엇 때문에 돌아가야 하는가?"

장수 투월초도 동조했다. 성득신이 초성왕의 사자에게 돌아가서 자신의 말을 전해줄 것을 부탁했다.

"원컨대 송나라를 격파할 때까지 조금만 기다려 주십시오. 신이 격파한 뒤 개선가를 부르며 돌아가겠습니다. 만일 진나라 군사와 만나면 결사의 각오로 그들과 한번 싸울 생각입니다. 신이 이기지 못하면 그때는 군법을 달게 받겠습니다."

사자가 돌아가 성득신의 말을 전하자 초성왕이 투자문을 불러 물었다.

"고孤가 자옥子玉을 소환코자 하는데 그는 한사코 싸움을 계속하려 하오. 경은 이를 어찌 생각하오?"

투자문이 대답했다.

"진나라가 송나라를 구하려는 목적은 패업의 도모에 있습니다. 진후晉侯의 패업은 초나라에 이롭지 못합니다. 지금 진나라에 대항할 수 있는 나라는 우리 초나라뿐입니다. 우리 초나라가 진나라를 피하면 진나라는 마침내 패업을 성취하게 됩니다. 지금까지 우리 초나라를 섬기던 조나라나 위나라 모두 이를 보고 크게 두려워하며 이내 진나라에게 붙을 것입니다. 잠시 군사를 그대로 두고 진나라와 대치함으로써 조나라와 위나라 사람들의 마음을 든든하게 해주는 것도 가하지 않겠습니까? 다만 사자를 자옥에게 보내 경솔히 싸우지 않도록 경계하십시오. 진나라와 싸우지 않고 강화해 서로 철군하면 우리는 남북의 대치 국면을 잃지 않게 됩니다."

초성왕이 이를 좇았다. 곧 사자를 투월초에게 보내 따로 지시했다.

"자옥이 경솔히 싸우지 못하도록 경계하고 조언토록 하라. 진나라와 강화할 수 있으면 강화토록 하라."

성득신은 투월초로부터 초성왕의 명을 전달받고 크게 기뻐하며 철군하지 않았다. 밤낮 없이 송나라 도성을 공격했다.

당초 송성공은 진晉나라로 가서 구원을 청한 공손 고의 회보를 듣고는 진나라가 위나라와 조나라를 공격하면 초나라가 송나라 도성의 포위를 풀고 그쪽으로 이동할 줄 알았다. 전력을 다해 굳게 성을 지킨 이유다. 그러나 초성왕은 군사의 절반만 이끌고 위나라를 구원하러 떠났다. 성득신이 나머지 절반의 군사를 이끌고 더욱 급하게 공격하자 크게 당황했다. 대부 문윤반門尹般이 송성공에게 말했다.

"진후晉侯는 초나라 군사가 위나라를 구하기 위해 떠난 것만 알고 아직도 도성을 포위한 일부 군사가 물러가지 않은 것을 모르고 있는 듯합니다. 신이 죽음을 무릅쓰고 성 밖으로 나가 진후를 만나 다시 구원을 청하도록 하겠습니다."

송환공이 말했다.

"두 번씩이나 구원을 청하러 가는 터에 어찌 빈손으로 갈 수 있겠는가?"

그러고는 고장庫藏 속에 있는 보옥과 귀중한 제기祭器 등의 목록을 작성했다. 문윤반으로 하여금 그 목록을 진문공에게 바치고 원군을 청하게 했다. 진나라의 도움으로 초나라 군사가 물러가면 목록에 수록된 보물을 모두 헌납한다는 취지였다.

문윤반이 자신을 도와줄 사람 1명과 함께 길을 떠나고자 했다. 송성공이 화수로華秀老로 하여금 동행케 했다. 두 사람이 하직 인사를 올린 뒤 그날 밤 밧줄을 잡고 성 밖으로 나갔다. 이들은 포위망을 빠져나간 뒤 곧바로 진나라 군사가 있는 곳을 찾아갔다. 진나라 군영에 당도하자 이들은 진문공 앞에 가서 울며 애원했다.

"폐읍의 존망이 단석旦夕에 달려 있습니다. 과군은 나라가 망하면 종묘의 중기重器와 보옥도 쓸데가 없다며 차라리 군후에게 바치겠다고 했습니다. 군후는 이 보물을 받고 우리 송나라를 애련哀憐히 여겨주십시오."

진문공이 선진에게 물었다.

"송나라의 사정이 위급한 모양이오. 우리가 가서 도와주지 않으면 송나라는 망할 것이고, 가서 도와주면 틀림없이 초나라 군사와 싸워야 할 것이오. 전에 극곡이 세상을 떠나면서 과인에게 계책을 일러주었소. 초나라와 싸우려면 반드시 제나라 및 진秦나라와 합세해야 한다고 말이오. 지금 초나라는 양곡 땅을 제나라에 돌려주고 우호관계를 맺었소. 또 진秦나라와 초나라는 서로 아무런 원한이 없소. 제나라와 진나라가 우리와 손을 잡지 않으려 들면 어찌해야 좋소?"

선진이 대답했다.

"신에게 한 가지 계책이 있습니다. 제나라와 진秦나라로 하여금 자진해서 초나라 군사와 싸우도록 만드는 계책입니다."

진문공이 흔연欣然한 표정으로 물었다.

"경이 생각하는 묘책이 과연 어떤 것이기에 두 나라로 하여금 자진해서 초나라 군사와 싸우게 만든단 말이오?"

선진이 대답했다.

"이번에 송나라가 우리에게 뇌물로 바치겠다고 약속한 물건은 모두 대단한 보물들입니다. 주공이 그 뇌물을 받고 송나라를 구하면 명분이 서지 않습니다. 주공은 그 뇌물을 사양하십시오. 대신 송나라로 하여금 그 뇌물을 제나라와 진秦나라에 나눠 바치면서 단지 두 나라에 초나라 군사의 철군만 주선해 달라고 애걸토록 권하십시오. 그러면 송나라 뇌물을 받은 제나라와 진나라는 틀림없이 사자를 초나라에 보내 철군을 종용할 것입니다. 초나라가 이를 듣지 않으면 초나라와 두 나라 사이에 틈이 생길 것입니다."

진문공이 물었다.

"만일 초나라 군사가 두 나라의 권고를 받아들여 철군하고, 두 나라가 송나라로 하여금 초나라를 받들게 하면 우리에게 무슨 이득이 있겠소?"

선진이 대답했다.

"신에게 또 한 가지 계책이 있습니다. 이는 초나라 군사로 하여금 두 나라의 권고를 거절하게 만드는 방법입니다."

진문공이 다시 물었다.

"경은 또 무슨 묘한 계책이 있기에 초나라로 하여금 두 나라의 제안을 거절하게 만들 수 있다는 것이오?"

선진이 대답했다.

"조나라와 위나라는 초나라가 아끼는 나라들이고, 송나라는 초나라가 시기하는 나라입니다. 이번에 우리 진나라는 위후衛侯를 몰아내고 조백曹伯을 사로잡았습니다. 위나라와 조나라 땅이 모두 주공의 손에 들어온 셈입니다. 두 나라는 송나라와 접경하고 있습니다. 우리가 두 나라 영토의 상당 부분을 송나라에 할양하면 초나라는 더욱 송나라를 증오할 것입니다. 그러면 제나라와 진秦나라가 아무리 초나라에 권유한들 초나라가 그 권유를 받아들이겠습니까? 결국 제나라와 진秦나라는 송나라를 동정하며 초나라에 분노를 느낄 것입니다. 그리 되면 제나라와 진秦나라는 설령 내심 바라지 않을지라도 우리 진晉나라와 힘을 합치지 않을 도리가 없게 됩니다."

진문공이 손뼉을 치며 '과연 그렇다!'고 극찬하는 무장칭선撫掌稱善을 했다. 곧바로 송나라 대부 문윤반으로 하여금 송나라가 보내온 보옥과 중기重器의 목록을 둘로 나눈 뒤 제나라와 진秦나라에 각각 하나씩 바치게 했다.

문윤반은 진나라, 화수로는 제나라로 가게 됐다. 두 사람은 떠나기 전에 제나라와 진나라 사람과 말하거나 만날 때는 극히 애절한 표정과 간곡한 어조로 상대방을 설득키로 약속했다. 과연 화수로는 제소공을 알현할 때 보물 목록을 바치며 이같이 애원했다.

"진晉나라와 초나라는 지금 사이가 나쁩니다. 이 어려움은 상국上國이 아니면 해결할 길이 없습니다. 상국의 도움으로 우리 송나라가 사직을 보전할 수 있다면 우리가 선조 때부터 내려오는 종묘의 중기重器를 어찌 감히 아끼겠습니까? 해마다 상국을 빙문聘問하고 자손대대로 은공을 잊지 않도록 하겠습니다."

제소공이 물었다.

"지금 초나라 군주는 어디에 있소?"

화수로가 대답했다.

"송나라 도성의 포위를 풀어야 한다며 이미 신申 땅으로 물러갔습니다. 오직 초나라 영윤 성득신만 새로 초나라 정권을 잡은 탓인지 폐읍을 조석간에 격파할 수 있다고 장담하면서 공을 탐해 물러나지 않고 있습니다. 상국에 도와달라고 애원하는 이유입니다."

제소공이 대답했다.

"초군楚君은 전에 우리 양곡 땅을 점령했다가 근자에 그 땅을 돌려준 뒤 강화를 맺고 물러갔소. 이는 그에게 공을 탐하는 마음이 없기 때문일 것이오. 그런데도 영윤 성득신이 포위를 풀지 않으려 하니, 과인이 송나라를 위해 한 번 간곡히 권유해 보도록 하겠소."

제소공이 곧 대부 최요를 송나라 도성을 포위하고 있는 초나라의 군영으로 보냈다. 최요는 성득신을 만나 송나라 도성의 포위를 풀도록 권했다.

당시 송나라 대부 문윤반도 진秦나라로 가 보물 목록을 바치면서 화수로가 제나라에서 말한 것과 똑같은 말로 도움을 간청했다. 진목공이 이를 수락해 공자 집을 성득신에게 보냈다. 제나라와 진秦나라는 사전에 서로 의견을 교환한 적도 없고, 그럴 시간도 없었다. 각자 판단해 사자를 보내 설득을 시도한 것이다.

송나라 대부 문윤반과 화수로는 임무를 마치고 다시 진晉나라 군중으로 돌아와 진문공에게 그 결과를 보고했다. 진문공이 이들에게 말했다.

"과인이 이번에 조나라와 위나라를 멸망시켰소. 두 나라 영토 가운데 송나라와 접경하고 있는 땅들은 과인이 홀로 차지할 수 없소."

그는 호언에게 명해 문윤반과 함께 가서 위나라 땅을 베어 송나라에 넘겨주도록 했다. 이어 서신에게도 명해 화수로와 함께 가서 조나라 땅의 일부를 송나라에 할양토록 했다. 그 땅을 지키고 있던 위나라와 조나라의 수신守臣은 진나라 군사에 의해 모두 쫓겨났다.

당시 제나라 사자 최요와 진나라 사자 공자 집은 초나라 군영에 머물며 성득신을 열심히 설득했다. 이때 쫓겨난 조나라와 위나라의 수신이 초나라 군중을 찾아와 호소했다.

"송나라 대부 문윤반과 화수로가 진晉나라의 위세를 등에 업고 우리의 땅을 모두 빼앗아 갔습니다."

이 말을 듣고 성득신이 격노했다. 제나라 사자 최요와 진秦나라 사자 공자 집을 돌아보며 말했다.

"송나라 사람들이 이처럼 조나라와 위나라를 업신여기는데 어떻게 그들과 강화한단 말이오? 나는 두 사자의 권유를 좇을 수 없소. 나를 더 이상 괴상하거나 특이한 사람으로 여기지 말아 주시오."

최요와 공자 집도 더 이상 설득할 수 없었다. 두 사람은 각각 성득신과 작별하고 본국으로 돌아갔다. 진문공은 성득신이 제나라와 진秦나라의 요청을 받아들이지 않았다는 사실을 정탐을 통해 알았다. 곧 사람들을 두 사자의 귀로에 미리 대기시켰다. 최요와 공자 집을 마중 나가 진晉나라 군중으로 모셔오도록 조치한 것이다.

이내 최요와 공자 집이 오자 성대히 대접했다.

"원래 초나라 장수 성득신은 교만하고 무례한데다 자신의 재주를 과신하고 있소. 당장 우리와 싸우려 드는 이유요. 원컨대 제나라와 진秦나라는 우리와 함께 초나라 군사의 증원 진출을 막아야 할 것이오."

두 사람은 진문공의 부탁을 받고 각각 본국으로 돌아갔다.

한편 초나라 영윤 성득신은 장병들 앞에서 이같이 말했다.

"조나라와 위나라를 회복시키지 못하면 차라리 죽을지언정 회군하지 않을 것이다."

초나라 장수 완춘宛春이 계책을 말했다.

"소장에게 한 가지 계책이 있습니다. 우리가 수고롭게 싸우지 않고도 조나라와 위나라를 회복시킬 수 있습니다."

성득신이 물었다.

"어떤 계책이기에 그리할 수 있는 것이오?"

완춘이 대답했다.

"진후晉侯가 위나라 군주를 축출하고 조나라 군주를 사로잡은 것은 모두 송나라를 돕기 위해서입니다. 원수는 사자를 진나라 군영에 보내 좋은 말로 강화를 청하십시오. 그 조건으로 조나라와 위나라 군주의 복위와 두 나라 땅의 반환을 요구하십시오. 그러면 우리도 송나라 도성의 포위를 즉각 풀겠다고 말하십시오. 우리 초나라와 진나라를 비롯한 여러 나라들이 전쟁을 파하고 평화를 되찾는 것도 아름다운 일 아니겠습니까?"

성득신이 물었다.

"진晉나라가 그 말을 듣지 않으면 어찌해야 하오?"

완춘이 대답했다.

"원수가 먼저 송나라에 대해 도성의 포위를 풀겠다고 명백히 말하고 공격을 당분간 늦추십시오. 지금 송나라 사람들은 우리의 포위에서 벗어나기를 마치 거꾸로 매달린 자가 자신을 풀어줄 사람을 기다리듯이 갈망하고 있습니다. 진후晉侯가 우리의 요구를 허락지 않으면 조나라와 위나라뿐만 아니라 송나라마저 진나라를 원망할 것입니다. 우리는 조나라와 위나라 및 송나라 등 3국의 원망을 한데 모아 진나라와 대결하면 승리할 가능성이 높습니다."

성득신이 물었다.

"누가 사자로 가는 게 좋겠소?"

완춘이 대답했다.

"원수가 허락만 한다면 소장이 직접 다녀오겠습니다."

성득신이 그 말을 좇았다. 송나라 도성에 대한 공격을 늦추고 완춘을 사자로 보냈다. 완춘이 홀로 수레를 타고 진나라 진영으로 가서 진문공에게 성득신의 말을 전했다.

"외신外臣 성득신은 군후 휘하에 재배하고 고합니다. 초나라에 조나라와 위나라가 있는 것은 마치 진晉나라에 송나라가 있는 것과 같습니다. 군후가 위나라와 조나라를 회복시켜 주면 저도 송나라 도성에 대한 포위를 풀고 철군하겠습니다. 두 나라만 화목하면 모든 생령生靈이 도탄塗炭의 고통을 면할 수 있습니다."

그 말이 끝나기도 전에 진문공 곁에 있던 호언이 노기怒氣가 가득한 목소리로 완춘을 꾸짖었다.

"자옥子玉은 어찌 그리도 사리를 모르는 것인가? 그는 망하지도 않은 송나라의 도성을 푸는 조건으로 이미 망한 두 나라의 회복을 요구하고 있다. 너희들 멋대로 하려는 것인가?"

선진이 급히 호언의 발등을 밟으며 완춘에게 부드러운 얼굴로 말했다.

"조나라와 위나라가 꼭 멸망해야 할 만큼 큰 죄를 짓지는 않았소. 과군 역시 두 나라를 회복시킬 마음을 갖고 있소. 청컨대 그대는 잠시 후영後營으로 가서 기다리시오. 과군과 신하들이 이를 상의토록 하겠소."

난지가 완춘을 인도해 후영으로 갔다. 호언이 자가 자재子載인 선진에게 물었다.

"자재는 완춘의 청을 들어줄 셈이오?"

선진이 대답했다.

"완춘의 요청을 들어줄 수도 없고, 그렇다고 안 들어줄 수도 없소."

호언이 물었다.

"그게 무슨 말이오?"

선진이 대답했다.

"완춘이 우리에게 온 것은 자옥의 간계에 따른 것이오. 자옥의 속셈인즉 덕은 자신에게 돌리고 원망은 우리 진나라에게 덮어씌우려는 것이오. 우리가 완춘의 교섭을 들어주지 않으면 우리는 조나라와 위나라는 물론 송나라까지 버리는 셈이 되니 이들 모두 우리를 원망할 것이오. 그렇다고 완춘의 요구를 받아들여 조나라와 위나라를 회복시키고 송나라의 포위를 풀어주게 하면 모두 초나라 덕택이 되는 셈이오. 우리가 먼저 조나라와 위나라를 회복시켜 그들이 공동으로 우리에게 대항하는 것을 막고, 이어 완춘을 이곳에 감금해 자옥의 분노를 촉발시켜야 하오. 그는 성미가 강하고 조급한 사람이오. 틀림없이 군사를 옮겨 싸움을 걸어올 것이오. 그러면 우리가 가서 구원하지 않을지라도 송나라 도성의 포위는 절로 풀리게 되오. 그러나 만일 자옥이 먼저 자진해서 송나라와 강화를 맺게 되면 우리는 송나라를 잃게 되오."

진문공이 이를 전해 듣고 이같이 칭송했다.

"자재의 계책이 매우 좋다. 다만 과인이 망명 시절 초나라에 많은 신세를 졌는데 지금 초나라 사자를 잡아 가두면 보은의 도리에 어긋나는 게 아닐지 두렵다."

난지가 말했다.

"초나라는 이제껏 많은 소국을 씹어 삼키는 탄서呑噬를 행하면서 대국을 능욕凌辱해 왔습니다. 중원의 큰 치욕입니다. 주공이 앞으로 패업을 도모하지 않겠다면 모르겠으나 일단 패업을 도모코자 하면 큰 치욕을 가슴에 담아야지 구구區區한 소혜小惠에 얽매여서야 되겠습니까?"

진문공이 대답했다.

"경이 말해 주지 않았으면 과인은 깨닫지 못할 뻔했소."

그러고는 난지로 하여금 완춘을 오록 땅으로 압송해 그곳을 지키는 극보양에게 인계토록 했다. 극보양은 진문공의 명에 따라 완춘을 감금한 뒤 엄히 감시했다.

진문공은 완춘을 따라 진나라 군영으로 온 초나라 수행원들을 모조리 내쫓았다. 그러면서 돌아가 초나라 영윤 성득신에게 이같이 전하게 했다.

"완춘이 무례하기에 잡아 가두었다. 앞으로 초나라 영윤을 체포하면 그와 함께 참수할 것이다."

완춘의 수행원들은 마치 고양이에게 쫓기는 쥐처럼 허겁지겁 진나라 영채에서 빠져나왔다.

진문공은 완춘을 구금토록 명한 뒤 사람을 조공공에게 보내 이같이 말했다.

"과인이 어찌 망명 때의 소분小忿 때문에 군후를 과하게 다그칠 수 있겠소? 군후를 석방하지 않은 것은 군후가 초나라를 섬기기 때문이오. 군후가 사람을 보내 초나라와 결별하고 우리 진나라와 상종할 뜻을 밝히면 즉시 군후를 석방해 조나라로 돌려보내겠소."

조공공은 한시바삐 석방되고 싶은 생각에 진문공의 제의를 곧바로 받아들였다. 즉시 초나라 영윤 성득신에게 글을 써 보냈다. 내용은 대략 이러했다.

> 고孤는 사직의 폐망과 고의 죽음을 두려워하고 있소. 부득이 진나라에 귀부하지 않을 수 없소. 고는 이제 다시 상국을 섬길 수 없음

을 알려드리오. 상국이 진나라를 쫓아내고 고의 나라를 안정시켜 주면 어찌 감히 초나라에 대해 두 마음을 품겠소?

진문공은 사람을 양우襄牛 땅에도 보내 위성공에게 복국 허용 의사를 전했다. 위성공이 그 말을 듣고 크게 기뻐했다. 영유寧兪가 간했다.

"이는 위나라와 초나라를 이간시키려는 반간계反間計입니다. 이를 믿어서는 안 됩니다."

위성공이 영유의 말을 듣지 않았다. 그 역시 조공공의 말과 거의 같은 내용의 서신을 써서 성득신에게 보냈다.

당시 초나라 원수 성득신은 진문공이 완춘을 구금했다는 보고를 접하고 포효咆哮하며 진문공을 마구 욕했다.

"진나라 중이重耳 이놈! 도망 다니다 간신히 살아남고, 굶어 뒈지기 직전에 용케 살아난 이 늙은 도적놈아! 네가 우리 초나라에 망명 왔을 때 너는 한칼에 죽일 수 있는 도마 위의 한 덩이 고기에 불과했다. 그런데 이제 가까스로 귀국해 보위에 오르더니 이토록 사람을 업신여기는 것인가? 자고로 아무리 싸우는 중일지라도 오가는 사자만큼은 처벌하지 않는 법이다. 그런데도 어째서 우리 사자를 잡아가둔단 말인가? 내가 직접 가서 사리를 따지겠다."

한창 화가 나 떠들고 있을 때 막하의 군졸이 들어와 보고했다.

"조나라와 위나라 군주가 각각 원수에게 서신을 보내 왔습니다."

성득신은 이같이 지레 짐작했다.

'위후衛侯와 조백曹伯이 지금 곤경에 처해 있는 터에 무슨 일로 서신을 보내온단 말인가? 필시 진나라에 무슨 변이 생긴 것을 탐지해 통보한 것이리라. 그렇다면 이는 하늘이 나의 성공을 돕는 것이 아닌가?'

서둘러 두 서신을 급히 뜯었으나 그 내용은 자신의 짐작과는 딴판이었다. 두 서신 모두 초나라와 인연을 끊겠다는 내용이었다. 성득신의 마음속에서 이른바 무명업화無明業火[4]가 3천 장丈이나 치솟아 올랐는데도 그칠 줄 몰랐다. 그가 큰 소리로 외쳤다.

"이 두 서신도 늙은 도적이 쓰게 만든 것이다. 이 늙은 도적, 늙은 도적아, 어디 두고 보자! 내 너와 사생결단을 내고 말리라."

그러고는 곧바로 전 장병을 향해 송나라 도성에 대한 포위를 풀고 진나라와 결전키 위해 속히 진군할 것을 명했다. 그는 오만하게 말했다.

"내가 진나라 군사를 무찌르고 돌아올 때까지 겁먹고 쇠잔해진 송공이 어디로 달아날 수 있겠는가!"

투월초가 말했다.

"전에 우리 주상이 정녕叮寧 당부키를, '경솔히 싸우지 못하게 하고, 싸우고자 할 때는 반드시 먼저 보고한 뒤 싸우도록 하라.'고 했습니다. 제나라와 진秦나라는 얼마 전에 송나라 도성의 포위를 풀 것을 우리에게 권했는데 우리가 듣지 않는 바람에 지금 원수를 원망하고 있을 것입니다. 두 나라가 군사를 보내 진晉나라를 도우면 우리가 아무리 진陳나라와 채나라, 정나라, 허나라 등 4국의 군사를 거느리고 있을지라도 두 나라의 군사를 대적키는 어려울 것입니다. 반드시 조정에 들어가 군왕에게 군사와 장수의 증파를 청해야 합니다. 그래야만 비로소 적과 대결할 수 있습니다."

성득신이 말했다.

"수고스럽겠지만 장군이 한 번 갔다 와 주시오. 속히 다녀와야만 하오."

투월초가 원수 성득신의 장령將令을 받들고 초성왕이 머물고 있는 신읍申邑으로 갔다. 초성왕을 배알한 뒤 성득신이 지시한 대로 진나라 군사와

4 무명업화無明業火는 『잡아함경雜阿含經』에 나오는 불교용어로 노여움으로 인한 울화인 이른바 노화怒火를 가리킨다. 『수호지』에는 '무명업화, 고삼천장高三千丈'으로 표현돼 있으나 『열국지』 원문에는 '무명업화'가 무명화無明火로 표현돼 있다.

■ 선진이 궤계를 써 자옥을 격분시키다

교전할 뜻을 분명히 밝히면서 군대의 증파를 요구했다.

초성왕은 화를 냈다.

"과인이 진나라와 싸우지 말라고 경계했는데도 자옥이 굳이 출사出師코자 하니 반드시 이긴다는 보장이라도 있는가?"

투월초가 대답했다.

"성득신은 저번에 출사할 때 말하기를, '만일 싸워서 이기지 못하면 어떠한 군령도 달게 받겠다.'고 했습니다."

초성왕은 끝내 불쾌한 마음을 가라앉히지 못했다. 마지못해 투의신으로 하여금 서광西廣의 군사를 이끌고 가 합세토록 했다. 원래 초나라에는 친위대 말고도 양광兩廣의 정규군이 있었다. 동광東廣은 왼쪽, 서광西廣은 오른쪽을 담당했다. 오른쪽을 높이는 전통으로 인해 정예병은 동광 소속이었다. 서광은 병사도 불과 1천 명 정도에 불과했고, 정예병도 아니었다. 초성왕이 이런 조치를 취한 것은 성득신이 패하지나 않을까 하는 의구심을 떨쳐버리지 못했기 때문이다. 성득신의 아들 성대시成大心는 일족의 병사 600명을 이끌고 가 부친을 돕고자 했다. 초성왕이 이를 허락했다.

투의신은 투월초와 함께 서광의 군사를 이끌고 송나라에 있는 성득신의 영채로 갔다. 성득신은 증파된 군사가 적은 것을 보자 더욱 화가 났다. 큰 소리로 외쳤다.

"병사를 조금밖에 지원하지 않는다고 해서 내가 어찌 진나라를 이기지 못할 리 있겠는가!"

성득신은 그날로 진陳나라와 채나라, 정나라, 허나라 등 4국 군사와 함께 영채를 뽑은 뒤 진나라 군영채를 향해 일제히 진격했다. 마침내 진나라 원수 선진의 기모機謀에 빠진 셈이다.

염옹이 이를 시로 읊었다.

수양을 공격하다 공을 이루지 못해	久困睢陽功未收
분노 못 참고 제후들과 싸우려하다	勃然一怒戰群侯
득신의 의기 자못 하늘을 찔렀으나	得臣縱有沖天志
선진의 계책서 어찌 벗어날 수 있나	怎脫今朝先軫謀

80話 진나라와 초나라가 성복에서 크게 맞붙다 – 진초성복대교병晉楚城濮大交兵

당시 성득신은 서광西廣의 병거와 성씨 일족의 군대를 이끌고 스스로 중군이 되었다. 투의신에게는 신읍申邑에서 차출한 병사와 함께 정나라와 허나라의 2로군二路軍을 이끌고 좌군이 되게 했다. 투발에게는 식읍息邑에서 차출한 병사와 함께 진陳나라 및 채나라의 2로군을 이끌고 우군이 되게 했다.

성득신의 초나라 군사는 이런 진용을 갖춘 뒤 풍우처럼 내달렸다. 이들은 진나라 군사의 대채大寨가 있는 곳까지 직핍直逼해 들어간 뒤 3곳에 영채를 세웠다.

진문공이 장수들 소집해 대책을 물었다. 선진이 나서 대답했다.

"본래 우리 계책은 초나라 군사를 끌어들여 저들의 기를 꺾는 것이었습니다. 저들은 제나라를 치고 오랫동안 송나라를 포위한 까닭에 지칠 대로 지쳐 있습니다. 이번 기회를 놓쳐서는 안 됩니다."

호언이 말했다.

"망명 시절 주공은 초군楚君의 면전에서 약속키를, '훗날 중원에서 대치하는 일이 생기면 90리에 해당하는 3사舍를 퇴각해 초나라 군사를 피하겠다.'고 했습니다. 단박에 저들과 싸우면 이는 신의를 저버리는 게 됩니다. 주공은 지난번에 원原 땅 사람들에게도 신의를 잃지 않았는데 하물며 초군에게 신의를 잃어서야 되겠습니까? 반드시 초나라 군사를 피해 퇴각해야 합니다."

여러 장수가 분개했다.

"일국의 군주가 일개 신하를 피하다니 그런 치욕이 어디 있소? 불가하오, 불가하오!"

호언이 말했다.

"자옥子玉이 비록 사납고 용감하다 할지라도 주공은 초군楚君의 은혜를 잊어선 안 됩니다. 나는 초군을 피하자는 것이지 자옥을 피하자고 말한 게 아니오."

여러 장수가 물었다.

"혹여 초나라 군사가 그 틈을 타 추격해 오면 어쩔 셈이오?"

호언이 대답했다.

"우리가 물러서면 초나라 군사도 물러갈 것이오. 이들은 여기까지 진격해 왔으니 다시 돌아가 송나라 도성을 포위할 수도 없소. 만일 우리가 물러나는데도 초나라 군사가 진격하면 이는 신하가 군주를 핍박하는 게 되오. 잘못은 그들에게 있소. 우리가 초나라 군사를 피하다가 그들의 진격으로 피할 수 없게 되면 우리 병사들은 크게 분노할 것이오. 초나라 군사를 교만하게 만들고 아군을 분노하게 만들면 그들과 싸울지라도 우리가 반드시 이길 것이오."

진문공이 말했다.

"자범子犯의 말이 옳소."

그러고는 곧바로 명을 내렸다.

"3군은 모두 퇴각하라."

진나라 군사가 30리인 1사舍를 물러났다. 군정軍正이 보고했다.

"이미 1사의 거리를 후퇴했습니다."

진문공이 말했다.

"아직 멀었다. 더 물러나라."

진나라 군사가 다시 1사를 퇴각했다. 그러나 진문공은 주둔을 허락지 않았다. 결국 90리인 3사를 후퇴하게 됐다. 그곳은 성복城濮이라는 위衛나라 땅이었다. 진나라 군사는 비로소 그곳에 영채를 세우고 휴식을 취했다.

이때 제소공은 상경인 국의중國懿仲의 아들 국귀보國歸父를 대장, 최요崔夭를 부장으로 삼은 뒤 그들로 하여금 군사를 이끌고 가 진나라 군사를 돕게 했다.

진목공 역시 차자次子인 소공자 은慭을 대장, 백을병을 부장으로 삼은 뒤 군사를 이끌고 가 진나라 군사를 돕게 했다. 제나라와 진秦나라 군사는 성복 땅에 이르러 각각 영채를 세웠다. 송나라 도성인 수양의 포위가 풀린 까닭에 송성공도 사마 공손 고를 진문공에게 보내 사례하고 그곳에 남아 진문공을 돕게 했다.

한편 초나라 군사는 진나라 군사가 영채를 뽑아들고 피해 후퇴하는 것을 보고는 크게 기뻐했다.

투발이 성득신에게 권했다.

"일국의 군주인 진후晉侯가 신하인 영윤을 피하니 그것은 우리에게 영예로운 일입니다. 이를 구실삼아 회군하는 것이 어떻겠습니까? 비록 공을 세우지는 못할지라도 이기지 못한 죄는 면할 수 있을 것입니다."

성득신이 화를 냈다.

"내가 이미 군사와 장수의 증파를 요청한 터에 한 번도 싸우지 않은 채 돌아가면 군왕에게 뭐라고 복명할 수 있겠소? 진나라 군사가 물러난 것을 보면 우리를 겁내고 있는 게 확실하오. 신속히 그들을 추격하는 게 마땅할 것이오."

성득신이 곧 전군에 '속진速進'을 명했다. 초나라 군사는 90리를 전진한 끝에 진나라 군사와 만나게 됐다. 성득신은 사방의 지세를 살펴본 뒤 산이 있고 앞에 못이 막고 있는 험준한 곳을 골라 영채를 세웠다.

진나라 장수들이 원수 선진에게 고했다.

"초나라 군사가 저렇듯 험준한 곳에 영채를 세우면 공격하더라도 격파하기 어렵습니다. 지금 당장 출격해 저들이 영채를 세우기 전에 싸워야 합니다."

선진이 대답했다.

"무릇 험준한 곳에 영채를 세우는 것은 싸우기보다는 지키기 위해 하는 게 아니겠소? 자옥이 멀리 이곳까지 온 것은 싸우려는 것이지 지키려는 게 아닐 것이오. 그런데 저런 험준한 곳을 택하니 어디에 써먹을 수 있겠소?"

당시 진문공은 승리에 대해 의구심을 품었다. 호언이 말했다.

"지금 초나라 군사와 대치하게 됐으니 형세로 보아 싸우지 않을 수 없게 됐습니다. 싸워 이기면 주공은 열국 제후들을 제패할 수 있습니다. 설령 이기지 못할지라도 우리 진晉나라는 밖으로 황하, 안으로 험준한 산이 있어 스스로 강토를 지킬 수 있습니다.[5] 초나라가 그런 우리를 어찌하겠습니까?"

진문공은 그래도 결심하지 못하고 주저했다. 그날 밤, 진문공이 잠을 자다가 꿈을 꿨다. 꿈속에서 그는 지난날처럼 망명길을 방황하다가 초나라로 들어갔다. 거기서 그는 초성왕과 한바탕 씨름을 했다.

그는 힘이 모자라 얼굴을 하늘로 향한 채 뒤로 나자빠졌다. 초성왕이 그의 몸에 올라타고 앉아 그의 머리를 쳐 깨뜨린 뒤 그의 뇌수腦髓를 입으로 빨아먹었다.

진문공이 문득 잠에서 깨어나 크게 두려워했다. 호언이 진문공의 막사에서 같이 유숙하고 있었다. 주문공이 호언을 불러 꿈 얘기를 했다.

"과인이 꿈속에서 초군楚君과 싸워 이기지 못했소. 더구나 그는 과인의

5 밖으로 황하, 안으로 험준한 산이 있어 족히 스스로 강토를 지킬 수 있다는 대목의 『열국지』 원문은 '아국외하내산我國外河內山, 족이자고足以自固'이다. 이는 『춘추좌전』「노희공 28년」조에 나오는 '표리산하表裏山河, 필무해야必無害也' 구절과 취지를 같이하는 것이다. '표리산하'는 험준한 산천에 둘러싸인 천험天險의 땅을 비유할 때 사용되는 성어이다.

뇌수를 빨아먹었소. 아마도 길조가 아닌 듯하오."

호언이 축하했다.

"그건 대길大吉의 조짐입니다. 주공은 이번 싸움에서 틀림없이 이길 것입니다."

진문공이 물었다.

"무엇이 대길하다는 것이오?"

호언이 대답했다.

"주공이 뒤로 넘어졌으니 이는 하늘의 해를 볼 조짐이고, 초군楚君이 주공의 몸 위에 엎드렸으니 이는 그가 주공에게 항복할 조짐입니다. 뇌는 부드러운 물건입니다. 주공은 부드러운 것을 초나라에 주었으니 이는 부드러운 것으로 굳센 것을 제압하는 이유제강以柔制剛을 상징합니다. 그러니 어찌 초나라에 이기지 못할 리 있겠습니까?"

진문공은 그 말을 듣고 비로소 의심을 거뒀다.

날이 밝자마자 군리가 와 보고했다.

"초나라가 사람을 시켜 전서戰書를 보내 왔습니다."

진문공이 전서를 뜯어보니 이런 내용이었다.

> 청컨대 군후의 병사와 한바탕 놀이를 할 생각입니다. 군후는 수레를 타고 구경토록 하십시오. 이 득신도 눈여겨 볼 생각입니다.

호언이 진문공에게 말했다.

"전쟁은 생사를 가르는 위사危事입니다. 그런데도 이를 '놀이' 희戲로 표현했으니 그는 전쟁을 불경不敬스럽게 생각하고 있는 것입니다. 그러고도 그가 어찌 이길 수 있겠습니까?"

진문공은 난지에게 명해 답서를 쓰게 했다. 내용은 이러했다.

과인은 초군楚君의 은혜를 잊을 수 없소. 약속대로 3사舍를 물러난 이유요. 과인은 영윤과도 감히 대적키를 원치 않소. 그러나 영윤이 이번에 꼭 관병觀兵코자 하면 어찌 그 명에 따르지 않을 수 있겠소! 힐조詰朝[6]에 상견相見키로 합시다.

초나라 사자가 떠난 뒤 진문공은 선진으로 하여금 다시 병거들을 사열케 했다. 진나라 군사의 병거는 700승이었고, 정예병의 숫자는 5만여 명이나 되었다. 거기에 제나라와 진秦나라 군사는 포함되지 않았다.

진문공은 유신산有莘山의 언덕에 올라 병사들을 바라보았다. 상하 간에 질서가 정연하고 진퇴가 법도에 맞았다.

진문공이 탄복했다.

"저들은 모두 극곡이 죽기 전에 훈련시킨 병사들이다. 이만하면 능히 초나라 군사와 대적할 수 있다."

곧 병사들에게 명해 산의 나무를 베어 전투 장비를 준비케 했다. 선진은 공격부대를 편성했다. 호모와 호언은 상군上軍을 이끌며 진秦나라 부장 백을병과 함께 초나라 좌군의 투의신을 치게 했다. 또 난지와 서신은 하군下軍을 이끌며 제나라 부장 최요와 함께 초나라 우군 투발을 치게 했다. 선진은 다시 상하군의 대장에게 계책을 일러주고 작전에 임하게 했다. 선진 자신은 극진 및 기만과 함께 중군을 이끌면서 직접 성득신을 상대키로 했다. 이어

6 힐조詰朝는 원래 천자에 대한 조현朝見을 재촉한다는 취지에서 나온 말이다. 여기의 조朝는 현대 중국어의 '아침'을 뜻하는 zhāo가 아니라 군주에 대한 조배朝拜를 뜻하는 cháo로 읽어야 한다. 『춘추좌전』「노희공 28년」조에 처음으로 '힐조' 표현이 나온다. 서진西晉의 두예杜預는 맑은 아침을 뜻하는 평단平旦으로 풀이했다. '힐조'가 힐단詰旦과 함께 내일 아침의 의미로 사용된 것은 조현을 뜻하는 '힐조'의 조朝가 아침 조朝의 의미와 서로 통한 데 따른 결과로 보인다.

순림보 및 사회로 하여금 각각 군사 5천 명씩 이끌며 좌익과 우익이 되어 상황에 따라 중군에 접응케 했다.

또 제나라 장수 국귀보와 진나라 장수 소공자 은憖은 각각 휘하 군사를 이끌고 샛길로 빠져 나가 초나라 군사의 배후에 매복해 있다가 초나라 군사가 패주하면 곧바로 초나라 군영의 대채를 급습해 점거토록 했다.

당시 위주는 가슴의 상처가 완치된 상태였다. 그는 선봉을 자청했다. 선진이 말했다.

"노장군은 다른 일을 맡아 주시오. 유신산에서 남쪽으로 내려가면 공상空桑이라는 곳이 있소. 그곳은 초나라 연곡連谷 지방과 접경한 곳이오. 노장군은 일지군을 이끌고 그곳에 가 매복하고 있다가 초나라 패잔병의 귀로를 차단하고 초나라 장수들을 사로잡아 주시오."

위주가 흔연히 그곳으로 떠나갔다.

선진은 또 조최와 손백규, 양설돌羊舌突, 모패茅茷 등의 여러 문무관원에게는 진문공을 모시고 유신산으로 올라가 싸움을 관전케 했다. 그는 또 주지교로 하여금 남하南河로 가서 배를 집결시키도록 했다. 초나라 군사가 버리고 간 노획물을 실은 치중을 싣고 돌아올 속셈이었다.

그는 마지막으로 모든 부대에 각각 부여받은 임무를 차질 없이 수행할 것을 엄명했다.

이튿날 여명黎明, 진나라 군사가 유신산의 북쪽에 진을 쳤다. 초나라 군사는 그 남쪽에 진을 쳤다. 마침내 두 나라 군사가 각각 열을 짓고 진열을 가다듬었다.

초나라 원수 성득신이 좌우 양군에 진격명령을 내렸다. 그가 거느린 중군이 그 뒤를 이어 공격에 가담할 계획이었다.

한편 진나라 하군 대장 난지는 첩자로부터 초나라 우군이 진陳나라와 채나라 군사를 선봉으로 삼았다는 얘기를 듣고는 크게 기뻐했다.

"선진 원수가 내게 은밀히 말하기를, '진나라와 채나라 군사는 틀림없이 전투를 겁내고 있기에 쉽게 동요할 것이다.'라고 했다. 내가 먼저 진나라와 채나라 군사를 공격해 패퇴시키면 초나라 우군은 공격하지 않아도 절로 무너질 것이다."

그러고는 진秦나라 장수 백을병을 출전시켰다. 초나라 연합군으로 출전한 진陳나라 장수 원선轅選과 채나라 장수 공자 인印은 초나라 우군 대장 투발 앞에서 첫 공을 세우고자 했다. 두 장수가 앞다퉈 병거를 몰고 돌진한 이유다.

그러나 미처 싸우기도 전에 백을병이 이끄는 진秦나라 군사가 후퇴하기 시작했다. 원선과 공자 인이 막 백을병을 추격하려고 할 때 문득 진晉나라 군진의 진문陣門이 열리면서 깃발이 오르고, 포성이 울렸다.

그 신호에 따라 서신이 1대隊의 병거를 이끌고 나는 듯이 달려 나왔다. 병거를 끄는 말들이 모두 호피虎皮를 뒤집어쓰고 있었다. 원선과 공자 인의 병거를 이끌고 달리던 말들은 진짜 범인 줄 알고 크게 놀라 날뛰었다. 고삐를 잡은 어자御者들이 도저히 병거를 몰 수 없을 지경이었다. 두 장수를 뒤따르던 진陳나라와 채나라 군사의 다른 말들도 마찬가지였다. 이들 말들은 병거를 끌고 뒤돌아서 마구 내달리기 시작했다. 그 바람에 정면에서 달려오는 초나라 군사와 잇달아 충돌했다.

진晉나라 장수 서신과 진秦나라 장수 백을병은 이 틈을 놓치지 않고 병거를 휘몰아 적들을 엄살掩殺했다. 이 와중에 서신은 도끼로 채나라 장수 공자 인을 내리찍어 병거 아래로 굴러 떨어뜨렸다. 백을병은 활로 투발을 쏘아 그 뺨을 맞혔다. 투발은 뺨에 꽂힌 화살을 그대로 매단 채 황급히 달아났다.

결국 초나라 우군은 무수한 사상자를 낸 채 대패하고 말았다. 전사자들은 서로 베개를 베듯 뒤엉킨 모습으로 들판을 뒤덮었다.

진나라와 초나라가 성복에서 크게 맞붙다

난지는 병사들에게 명해 진陳나라와 채나라 병사로 가장한 뒤 그쪽 기를 들고 초나라 중군에 가서 이같이 보고하게 했다.

"우리 우군이 이미 승리를 거뒀습니다. 속히 진격해 함께 대공을 세울 필요가 있습니다."

성득신이 병거의 횡목에 기댄 채 그쪽을 바라보았다. 진晉나라 군사가 북쪽으로 달아나는 모습이 보였다. 연기와 먼지가 피어올라 하늘을 뒤덮고 있었다.

성득신이 이를 보고 크게 기뻐했다.

"진晉나라 하군이 과연 패퇴하는 모양이다!"

곧바로 좌군도 우군과 합세해 전진할 것을 독촉했다. 초나라의 좌군 대장 투의신은 앞쪽의 진晉나라 진영에 대패大旆가 높이 걸려 있는 것을 보고는 그 속에 진晉나라 대장이 있는 것으로 생각했다. 정신을 바짝 차리고 그쪽을 향해 내달렸다.

그러자 진晉나라 진영에서 호언이 달려 나와 투의신을 맞이해 싸웠다. 투의신이 몇 합을 싸우는 와중에 문득 진晉나라 진영의 뒤쪽에서 큰 혼란이 일어났다. 호언이 곧바로 수레의 말고삐를 돌려 달아나기 시작했다. 동시에 패기도 후퇴하기 시작했다.

투의신은 진나라 군진이 무너지기 시작한 것으로 생각했다. 곧 정나라와 허나라 장수를 대동하고 황급히 그 뒤를 쫓아갔다. 이때 어디선가 문득 북소리가 크게 울리면서 진나라 군사의 원수인 선진이 극진과 함께 한 무리의 정예군을 이끌고 나타나 초나라 군사의 측면을 향해 돌진했다. 삽시간에 초나라 군사는 허리가 끊겨 두 동강 나고 말았다.

이를 계기로 달아나던 호언과 호모도 말고삐를 급히 돌려 선진과 호응하며 토막 난 초나라 군사를 협공했다. 정나라와 허나라 군사들이 크게 놀라 먼저 무너지기 시작했다. 초나라 군사도 덩달아 허물어지기 시작했다. 투의신은 사력을 다해 싸운 덕에 간신히 사지에서 벗어날 수 있었다.

그러나 얼마 지나지 않아 문득 제나라 장수 최요가 앞을 막으며 쳐들어왔다. 투의신이 간신히 거느리고 나온 일부 군사마저 제나라 군사의 공격을 받아 모두 궤멸되고 말았다. 초나라 군사가 병거와 마필 및 무기를 모두 버리고 산으로 기어 올라가 달아났다.

원래 진晉나라 하군은 짐짓 패한 척하고 북쪽으로 달아난 것이었다. 연기와 먼지로 하늘을 가리게 한 것은 계교에 불과했다. 난지는 병사들에게 명해 유신산의 나무를 베어 병거 뒤에 매달게 했다. 병거가 달리면서 나무가 땅을 긁어 먼지가 자욱이 일어난 것이다. 당시 난지는 짐짓 패주하는 것처럼 가장함으로써 전공을 탐하는 초나라 좌군을 유인한 것이다. 호언도 거짓으로 패주함으로써 초나라 군사의 추격을 유인했다.

선진은 당시 또 하나의 기만책으로 대부 기만祁瞞으로 하여금 중군에 대패大旆를 세우게 했다. 이어 굳게 지키면서 초나라 군사가 도발할지라도 일절 응하지 못하도록 엄명을 내려놓았다. 그러고는 휘하 군사를 이끌고 은밀히 군진의 뒤쪽으로 빠져나와 초나라 군사의 측면을 급습한 것이다.

결국 그는 호모 및 호언과 함께 초나라 군사에 협공을 가해 대승을 거뒀다. 진나라의 작전은 모두 선진이 미리 세운 계책에 따른 것이었다.

이를 뒷받침하는 옛 사람의 시가 있다.

임기응변으로 진세에 맞서니	臨機何用陣堂堂
선진의 기모를 당할 자 없다	先軫奇謀不可當
호피를 말에 씌운 것만으로도	只用虎皮蒙馬計
초나라 군사 달아나기 바빴다	楚軍左右盡奔亡

당초 초나라 원수 성득신은 비록 자신의 용맹을 믿고 싸움을 벌이기는 했으나 이미 초성왕으로부터 2번이나 경솔히 싸우지 말라는 말을 들은 까닭에 십분十分 신중을 기했다. 그러나 전령으로부터 좌우 양군이 진격해 모두 승리를 거두고 진나라 군사를 추격하고 있다는 보고를 접하고는 마침내 중군의 진격을 명하는 북을 울리게 했다. 아들 성대심에게도 출격을 허락했다.

당시 진나라 중군의 기만은 선진의 명을 좇아 중군의 진문을 닫고 굳게 지키면서 초나라 군사의 도전에 일절 응하지 않았다. 초나라 중군은 3번에 걸쳐 진격의 북을 요란하게 울리며 거세게 도전했다.

성득신의 아들 성대심은 화극畫戟[7]을 휘두르며 무위武威를 자랑했다. 기만은 그 모습을 보고는 더 이상 참기 어려워 곧 휘하를 시켜 그가 누군지 알아보게 했다.

얼마 후 부하가 돌아와 보고했다.

"불과 15세가량의 어린애라고 합니다."

기만이 말했다.

"어린애가 이곳에서 무엇을 하려는 것인가? 내가 당장 저 어린애를 잡아들여 중군이 세우는 공 가운데 하나로 삼을 생각이다."

그러고는 큰 소리로 하령했다.

"북을 울려라!"

전고戰鼓가 한번 울리자 진나라 진영의 진문이 열렸다. 기만이 칼을 휘두르며 달려 나왔다. 성대심이 곧 그를 맞아 교봉交鋒했다.

기만과 성대심은 20여 합을 싸웠으나 승패를 가리지 못했다. 투월초가 초나라 진영의 문기門旗 아래 있다가 성대심이 이기지 못하는 것을 보고는 황망히 병거를 몰고 나가면서 기만을 향해 활을 쏘았다. 살이 기만의 투구를 맞혔다.

기만이 크게 놀라 본진으로 돌아오면서 혹여 진나라 중군을 동요시켜 전열을 흐트러뜨릴까 두려운 나머지 진영을 빙 돌아서 달아났다. 투월초가 크게 외쳤다.

"그까짓 패장 따위는 쫓아갈 필요가 없다. 곧바로 중군 진영으로 쇄도해 들어가 적장인 선진을 사로잡도록 하라!"

승패가 어찌될지 알 길이 없으니 다음 회를 보라.

7 화극畵戟은 창날에 월아月牙라는 날카로운 가지를 단 창을 가리킨다. 창날의 양쪽에 월아를 단 것을 방천극方天戟, 한쪽에만 단 것을 '화극'이라고 한다.

제41회

81話 자옥이 연곡성에서 자살하다
– 연곡성자옥자살連谷城子玉自殺

초나라 대장 투월초는 성대심과 함께 달아나는 기만을 쫓지 않고 곧바로 진나라 중군을 향해 돌진했다. 그는 화살을 뽑아 바람에 나부끼는 진나라 군사의 대장기를 단번에 쏘아 떨어뜨렸다. 진나라 군사들은 대장기가 보이지 않자 곧바로 혼란에 빠졌다. 중군에 접응키로 되어 있는 순림보와 사회의 양로군兩路軍이 달려와 중군의 혼란을 막았다. 순림보는 투월초, 사회는 성대심을 가로막고 싸웠다.

초나라 대채에서 이 싸움을 지켜보던 성득신이 초나라 군사를 휘몰아 바람처럼 달려왔다. 그는 팔을 휘두르며 큰 소리로 외쳤다.

"오늘 진나라 군사를 단 1명이라도 살려 보내면 맹세코 회군하지 않을 것이다."

초나라 군사가 한창 진나라 군사를 치는 와중에 문득 진나라 원수 선진과 극진의 군사가 그곳에 당도했다. 양국의 군사가 한참동안 혼전을 벌였다. 양군이 서로 치열하게 싸우고 있는 동안 호모와 호언의 상군上軍과 난지와 서신의 하군下軍이 일제히 그곳으로 들이닥쳤다. 두 갈래의 진나라 군사가 초나라 군사를 동성철벽銅城鐵壁[1]처럼 에워싼 뒤 공격했다.

성득신은 그제야 비로소 초나라의 좌우 양군이 이미 궤멸된 것을 알았다. 그는 더 이상 싸울 마음이 없었다. 급히 징을 울려 군사들을 후퇴시키려고 했다. 그러나 숫자가 월등히 많은 진나라 군사는 초나라 군사를 열 겹으로 분단해 각각 에워싸고 있었다.

이 와중에 어린 장군 성대심이 화극을 종횡으로 휘두르며 신출귀몰神出鬼沒하듯 싸웠다. 그가 거느린 성씨 일족의 군사 600명 모두 일당백一當百의 용맹을 지니지 않은 자가 없었다. 그는 결사의 자세로 부친 성득신을 보위했다. 진나라 군사의 접근을 차단하며 두터운 포위를 뚫고 나왔다. 하지만 함께 싸우던 투월초의 모습이 보이지 않았다. 그는 다시 말고삐를 돌려 투월초를 찾기 위해 진나라 군사 속으로 달려 들어갔다.

투월초는 전에 영윤으로 있던 투자문의 종제從弟였다. 몸은 웅호熊虎, 목소리는 시랑豺狼을 닮았다. 게다가 그는 1만 명의 사내도 당하지 못할 정도의 막강한 무력인 이른바 만부부당지용萬夫不當之勇을 지니고 있었다. 특히 뛰어난 활솜씨를 자랑했다.

당시 투월초는 진나라 군사의 포위 속에서도 좌충우돌하며 성득신 부자

1 동장철벽銅墻鐵壁은 동으로 된 담과 쇠로 된 벽을 쌓는다는 의미이다. 극히 견고한 방어망을 상징한다. 원나라 때 무명씨의 희곡 『사금오謝金吾』에 '동장철벽' 표현이 나온다. 동성철벽銅城鐵壁과 같은 말이다. 우리나라에서는 송나라 때 서적徐積의 『화예돈복和倪敦復』에 나오는 '금성불가파金城不可破, 철벽불가탈鐵壁不可奪' 구절에서 나온 금성철벽金城鐵壁이 보다 널리 알려져 있다.

를 찾고 있었다. 그러다가 성대심과 마주쳤다.

성대심이 투월초에게 외쳤다.

"원수는 이미 몸을 피하셨습니다. 장군은 속히 이곳을 벗어나십시오."

두 사람이 힘을 합쳐 진나라 군사와 싸웠다. 각각 신위神威를 떨쳐 진나라 군사의 공격을 막으면서 다시 많은 초나라 군사를 구출했다. 이들은 포위를 뚫고 탈출하는 데 성공했다.

당시 진문공은 유신산 위에서 양군이 싸우는 걸 구경하다가 진나라 군사가 이기는 것을 확인하자 급히 전령을 보내 선진에게 유시諭示를 내렸다. 선진이 유시를 각 군에 전달했다.

"초나라 군사를 위나라 경계 밖으로 쫓아내기만 하라. 경계선 밖까지 추격해 생포하거나 살상하지 마라. 양국의 관계가 지나치게 손상되는 것은 바람직하지 않다. 과인은 지난날 초군楚君이 베푼 은혜를 저버릴 수 없다."

선진이 그 유시에 따라 각 군에 초나라 군사에 대한 공세를 늦추고, 초나라 군사의 추격을 금하는 명을 내렸다. 또 명을 위반하고 나가서 싸운 기만祁瞞을 후군後軍에 구금했다. 싸움이 끝나면 죄를 물어 처벌할 작정이었다.

호증 선생이 이를 시로 읊었다.

은혜 갚고자 90리 후퇴하고	避兵三舍爲酬恩
달아나는 적군 추격을 막다	又止究追免楚軍
적과 싸우면서도 그랬는데	兩敵交鋒尙如此
평소에도 배신한 자 누군가	平居負義是何人

초나라와 연합한 진陳나라와 채나라, 정나라, 허나라 등 4국 군사는 많은 사상자를 내고 황급히 본국으로 도망쳐 돌아갔다.

당시 성득신과 성대심, 투월초는 간신히 포위를 뚫고 나가자 즉시 대채大

寨로 향했다. 이때 한 전초前哨가 달려와 보고했다.

"대채에는 이미 제나라와 진秦나라의 기가 나부끼고 있습니다."

원래 제나라 장수 국귀보와 진나라 장수 소공자 은憖은 샛길을 통해 초나라 군사의 뒤로 들어가 대채를 지키고 있던 자들을 내쫓고 대체를 점령한 것이다. 이들은 초나라 군사의 치중輜重을 비롯해 군량과 말먹이 풀인 양초糧草까지 모두 장악했다.

성득신은 감히 본영인 대채로 돌아가지 못하고, 유신산의 뒤쪽으로 우회해 남쪽을 향했다. 수수睢水를 만나자 그 연변을 따라 서둘러 달아났다. 얼마 후 투의신과 투발도 각각 패잔병을 이끌고 와 성득신 일행과 합류했다.

이들이 초나라 경계에서 그리 멀지 않은 공상空桑 땅에 이르렀을 때 문득 앞에서 연주포 터지는 소리가 일어나면서 일지군一枝軍이 나타나 길을 막았다. 일지군이 들고 있는 깃발엔 '대장大將 위魏'라는 3자가 크게 씌어 있었다. 위주魏犨는 전에 중이를 따라 초나라로 망명했을 때 맥貘이란 무서운 짐승을 홀로 싸워 잡은 일이 있었다. 초나라 사람들 모두 그의 신용神勇에 감복했다.

그런데 바로 그토록 무서운 장수가 문득 앞에 나타나 험한 길을 막고 있는 것이었다. 초나라 군사 모두 화살 맞은 새처럼 놀라 간담이 서늘해지고 얼이 빠지고 말았다. 이들은 싸울 생각도 못하고 바람 앞의 낙엽처럼 사방으로 흩어져 달아났다.

투월초가 대로해 성대심에게 원수 성득신을 보호하라고 부탁한 뒤 홀로 정신을 바짝 차리고 위주에 대항했다. 투의신과 투발은 마지못해 그를 도왔다. 위주는 3명의 장수를 상대로 싸우면서 물이 약간이라도 샐 만큼의 길을 틔워주지 않았다.

이들이 있는 힘을 다해 싸울 때 문득 북쪽에서 한 사람이 말을 타고 나는 듯이 달려오며 큰 소리로 외쳤다.

"위 장군은 싸움을 중지하시오. 선先 원수가 주공의 명을 받아 초나라 장병이 살아서 돌아갈 수 있도록 놓아주라는 지시를 내렸소. 주공이 망명 시절 초나라로부터 받은 은혜를 갚기 위한 것이오."

위주가 싸움을 멈춘 뒤 병사들에게 명해 길을 틔워주도록 했다. 이어 눈을 부릅뜨고 초나라 장수들에게 소리를 질렀다.

"너희들을 살려 보내주마."

성득신 일행이 뒤도 돌아보지 않고 서둘러 달아났다. 그들은 연곡連谷 땅에 이르러서야 살아온 군사들을 점검했다. 초나라 중군은 비록 손실은 많았지만 그래도 10의 6-7은 살아남았다. 신읍申邑과 식읍息邑에서 차출돼 양군에 분속된 군사는 10의 2 정도만 살아남았다.

슬프다! 고인古人이 당시 성복대전城濮大戰의 전장을 애도하는 시를 지었다.

승패는 병가의 상사가 아니니	勝敗兵家不可常
수많은 영웅이 전장서 늙었다	英雄幾個老沙場
금수가 놀라 둥지로 숨어들고	禽奔獸駭投坑阱
살점 힘줄 튀겨 칼날 배부르다	肉顫筋飛飽劍鋩
귀신 불 밝고 혼백 뒹구는데	鬼火熒熒魂宿草
비풍에 서리가 해골에 서리다	悲風颯颯骨侵霜
권하건대 제후 될 생각 마라	勸君莫羨封侯事
장수 1인 공훈에 1만 명 죽다	一將功成萬命亡[2]

2 마지막 구절인 '권군막선봉후사勸君莫羨封侯事, 일장공성만명망一將功成萬命亡' 구절은 만당晩唐의 시인 조송曹松이 쓴 「기해세己亥歲」의 2수二首 가운데 제1수인 '택국강산입전도澤國江山入戰圖, 생민하계락초소生民何計樂樵蘇, 빙군막화봉후사憑君莫話封侯事, 일장공성만골고一將功成萬骨枯'의 마지막 두 구절을 차용한 것이다. 「기해세」의 '기해'는 황소黃巢의 난이 일어난 기해년을 가리킨다.

자옥이 연곡성에서 자살하다

당시 초나라 원수 성득신은 참패를 당한 후 크게 통곡했다.

"내 원래 의도는 초나라의 위엄을 1만 리에 널리 떨치는 것이었다. 뜻밖에 진나라 선진의 간특한 꾀에 걸려들고 말았다. 내가 공을 탐하다가 대패하고 말았으니 무슨 말로 변명할 것인가?"

이내 투의신 및 투발과 함께 연곡 땅에서 죄인으로 자처하며 스스로를 연금했다. 이어 성대심에게 명해 패잔병을 이끌고 가 초성왕을 알현하며 사죄死罪를 청하게 했다. 초성왕은 아직 신읍의 읍성인 신성申城에 있었다. 그는 성대심이 나타나자 대로했다.

"네 아비가 전번에 과인에게 말하기를, '이기지 못하면 군령을 달게 받겠다.'고 했다. 이제 와서 무슨 할 말이 있다는 것인가?"

성대심이 머리를 조아리며 말했다.

"신의 아비는 자신의 죄를 알고 있습니다. 바로 자진하려고 하는 것을 신이 말렸습니다. 이제 신의 아비는 국법에 따라 주륙誅戮을 당할 날만 기다리고 있습니다."

초성왕이 말했다.

"전쟁에서 패한 자에게 사죄死罪를 내리는 게 초나라의 국법이다. 이번 전쟁에서 패한 장수들은 속히 자결하여 과인의 도끼와 모탕인 부질鈇鑕을 더럽히지 말라고 전하라."

성대심은 초성왕이 전혀 용서해 줄 마음이 없는 것을 알고 울며 물러났다. 연곡 땅으로 물러나 초성왕의 말을 전했다.

성득신이 탄식했다.

"비록 주상이 나를 사면해 준들 내가 무슨 면목으로 자식을 잃은 신읍과 식읍의 부모를 대하겠는가?"

그러고는 북향하여 재배한 뒤 칼을 뽑아 자신의 목을 찌르고 쓰러졌다.

그즈음 영윤으로 있던 투자문의 술자리에 참석해 성득신의 단점을 지적했던 어린 위가蔿賈는 부친인 위려신蔿呂臣에게 물었다.

"듣건대 영윤 성득신이 싸움에 졌다는데 사실입니까?"

위려신이 대답했다.

"그렇다."

위가가 물었다.

"군왕은 그를 어떻게 조치했습니까?"

위려신이 대답했다.

"자옥이 여러 장수와 함께 죽음을 청하자 주상이 이를 그대로 들어줬다."

위가가 말했다.

"자옥은 성품이 강퍅剛愎하고 교만합니다. 그래서 소자가 전에 큰 임무를 그 사람 혼자만 맡게 해서는 안 된다고 지적한 것입니다. 그러나 그는 의지가 굳세고 불굴의 정신을 갖고 있는 까닭에 지모가 있는 모사謀士의 보필을 받으면 대공을 세울 사람입니다. 지금은 비록 패했지만 훗날 진晉나라에 당한 원수를 갚을 수 있는 유일한 사람이기도 합니다. 부친은 왜 그를 살려주도록 간하지 않은 것입니까?"

위려신이 대답했다.

"군왕의 노여움이 하도 커 간해도 소용없을 줄 알았다."

위가가 말했다.

"부친은 범范 땅에 사는 무당 율사矞似의 말을 잊었습니까?"

위려신이 말했다.

"잘 기억이 나지 않으니 네가 한번 말해 봐라."

위가가 대답했다.

"율사는 관상에 능한 사람입니다. 주상이 공자로 있을 당시 율사가 영윤 성득신과 사마 투의신을 두고 예언키를, '공자를 포함해 자옥子玉과 자서子西 등 3인은 비명非命에 죽을 것이다.'라고 했습니다. 주상은 그 말을 절실히 기억하고 있다가 보위에 오른 날 자옥과 자서에게 어떤 경우에도 죽이지 않겠다는 면사패免死牌를 하나씩 내렸습니다. 이는 율사의 말이 들어맞지 않기를 바랐기 때문입니다. 이번에 주상은 너무 화가 나서 그 일을 깜빡 잊은 듯합니다. 부친이 그 일을 깨우쳐 줬다면 주상은 틀림없이 자옥을 죽이지 않았을 것입니다."

위려신이 곧바로 입궁해 초성왕을 알현했다.

"자옥의 죄는 비록 죽어도 마땅하지만 주상은 일찍이 그에게 면사패를 내렸으니 사면해야 합니다."

초성왕이 크게 놀랐다.

"나의 장래가 범 땅 무당의 말처럼 되어서야 말이 되겠는가? 그대가 말하지 않았으면 까맣게 잊을 뻔했다."

그러고는 곧바로 대부 반왕潘尪에게 명해 속히 연곡 땅으로 가서 성득신을 비롯한 장수에게 죽지 말고 그대로 돌아오라는 왕명을 전하게 했다. 반왕이 연곡 땅을 향해 나는 듯이 달려갔다. 그러나 그가 도착했을 때는 성득신이 죽은 지 반나절이 지난 뒤였다. 좌군장수 투의신은 대들보에 끈을 매고 자진하려 했다. 그러나 몸이 워낙 무거운 까닭에 비단 끈이 끊어지고 말았다. 마침 대부 반왕이 달려온 덕분에 그는 목숨을 건졌다. 투발 역시 성득신과 투의신의 시신을 거둬 염한 뒤 자결키로 한 까닭에 죽음을 면했다. 결국 죽은 사람은 오직 성득신뿐이었다. 이 어찌 비명非命이 아니겠는가?

잠연潛淵 선생이 시를 지어 성득신의 죽음을 조문했다.

초나라에 헌헌장부 있으니	楚國昂藏一丈夫
기개가 진나라 삼킬 만했다	氣呑全晉挾雄圖
허나 일조에 실패해 죽으니	一朝失足身軀喪
너무 강경해도 죽는 법이다	始信堅强是死徒

성대심은 부친의 시신을 염습해 빈소를 차렸고, 투의신과 투발 및 투월초 등은 대부 반왕을 따라 신성으로 갔다. 이들은 초성왕 앞으로 나가 부복하며 살려준 은혜에 감사했다. 초성왕은 성득신이 이미 자진했다는 보고를 듣고 후회해마지 않았다. 초성왕은 오랜만에 군사를 이끌고 신성에서 도성인 영도郢都로 돌아갔다.

초성왕은 위려신을 영윤으로 승진시켰다. 투의신은 상읍商邑의 읍윤邑尹으로 좌천시켰다. 그는 이후 상공商公으로 불렸다. 투발도 양성襄城의 수신守臣으로 쫓겨났다. 그러나 성득신의 죽음을 불쌍히 여겨 그의 아들 성대심과 성가成嘉를 모두 대부로 삼았다.

당시 성득신을 초성왕에게 천거한 전 영윤 투자문은 줄곧 집에 칩거하고 있다가 성득신이 진나라 군사와 싸워 패했다는 소식을 듣고 탄식했다.

"지난날, 어린 위가가 한 말이 틀리지 않았다. 내 안목이 오히려 어린 아이만도 못하니 부끄럽기 짝이 없다."

투자문은 피를 여러 되 쏟고 침상에 누운 뒤 일어나질 못했다. 아들 투반鬪般을 가까이 불러 당부했다.

"나는 곧 죽는다. 죽기 전에 네게 당부할 말이 있다. 너의 숙부 투월초는 웅호熊虎의 몸에 시랑豺狼의 목소리를 갖고 태어났다. 이는 집안을 망칠 상이다. 내가 당시 너의 조부에게 기르지 말고 내다 버리자고 권했으나 너의 조부가 내 말을 듣지 않았다. 내가 보건대 위려신도 오래 살지 못할 것이다. 투발과 투의신도 제명에 죽을 상이 아니다. 앞으로 이 초나라 정사는 네가 아니면 투월초가 맡게 될 것이다. 투월초는 오만하고 사나운 데다 살육을 좋아한다. 그가 정권을 잡으면 틀림없이 터무니없는 야심을 품을 것이다.[3] 투씨 집안도 제사를 지낼 대가 끊어질지도 모른다. 내가 죽은 뒤 너의 숙부인 투월초가 정권을 잡게 되면 너는 반드시 다른 곳으로 달아나 투월초와 함께 재앙을 당하는 일이 없도록 하라."

투반이 재배하고 유명을 받았다. 투자문은 이튿날 세상을 떠났다. 얼마 후 영윤 위려신도 세상을 떠났다. 초성왕이 투자문의 공로를 생각해 투반을 영윤으로 삼았다. 투월초에게는 사마司馬, 위려신의 아들 위가에게는 공정工正 벼슬을 내렸다. 이 얘기는 더 이상 하지 않겠다.

3 낭자야심狼子野心은 얼토당토않은 야심을 가리키는 속담이다. 원래 이리의 새끼는 길들일 수 없어 야심野心을 그대로 지니고 있다는 의미이다. 이후 잘못된 심사를 지닌 자에게는 은혜를 베풀어도 아무 소용이 없는 것을 비유하는 말로 전용됐다. 『춘추좌전』 「노성공 4년」조에 '낭자야심' 표현이 나온다.

82話 진문공이 천토회맹을 주도하다
– 천토단진후주맹踐土壇晉侯主盟

당시 진문공은 초나라 군사와 싸워 대승을 거둔 후 초나라 군사의 본영으로 있던 대채大寨로 갔다. 대채 안에 이들이 버리고 간 군량과 마초가 가득 쌓여 있었다. 군량을 풀어 군사들을 배불리 먹였다. 진나라 병사들이 농담을 했다.

"이는 모두 초나라 사람들이 나를 위해 가져 놓은 것이다."

제나라와 진秦나라 장수들이 진문공을 향해 절을 하며 경하코자 했다. 그러나 진문공은 사양하고 받지 않았다. 오히려 우색憂色을 띠었다. 여러 장수들이 물었다.

"주공은 적군을 물리쳤는데 또 무엇을 걱정하는 것입니까?"

진문공이 대답했다.

"자옥은 남에게 굴복하고 살 사람이 아니오. 그를 두려워하지 않을 수 없소. 이번에 이겼다고 마음을 놓아서는 안 되오."

제나라 장수 국귀보와 진나라 장수 소공자 은이 하직 인사를 올렸다. 진문공이 두 사람에게 초나라 군사로부터 빼앗은 노획물의 절반을 나눠주었다. 두 나라 군사가 개선가를 부르며 각각 본국으로 돌아갔다. 송나라의 공손 고도 본국으로 돌아갔다. 송환공은 사자를 제나라와 진秦나라에 보내 원군을 보내 준 것에 대해 사례했다.

한편 선진은 구금한 기만을 진문공 앞으로 끌고 나왔다. 이어 그가 명을 어기고 군대를 어지럽게 만든 죄를 고했다.

진문공이 말했다.

"만일 우리 상하 양군이 먼저 초나라 군사에게 이기지 않았다면 기만의 경솔한 대응으로 인해 우리 중군을 기습한 초나라의 주력군을 어떻게 제압할 수 있었겠는가?"

그러고는 사마 조최에게 그의 죄를 논하게 했다. 죽을죄에 해당했다. 곧 그를 참형에 처한 뒤 그의 머리를 군중에 돌리면서 호령했다.

"앞으로 원수의 명을 어기는 자는 이같이 되리라."

진나라 장병들은 더욱 조심하며 두려워하는 송구悚懼의 모습을 취하게 됐다. 진나라 대군은 성복 땅의 유신산 아래서 3일 동안 머물렀다. 이어 진문공의 명에 따라 회군했다. 진문공이 대군을 이끌고 남하南河에 이르렀을 때 전초前哨의 임무를 띠고 앞서 갔던 초마哨馬가 돌아와 보고했다.

"남하의 나루터엔 배가 아직 준비돼 있지 않습니다."

진문공이 배를 모으는 임무를 맡은 주지교를 불러오게 했다. 아무리 찾아도 주지교는 간 곳이 없었다. 원래 주지교는 진나라에 투항한 괵虢나라 출신으로 진나라를 섬긴 지 이미 오래되었다.

그는 진나라에서 중용되기를 바랐다. 대공을 세울 기회를 잡으려고 노력했다. 그러나 이번처럼 중대한 싸움에 직접 참여하지 못하고 후방인 남하에서 배를 수집하는 임무를 부여받았을 뿐이다. 내심 불만을 품게 된 이유다.

이때 마침 집으로부터 아내의 병이 위중하다는 내용의 보고를 받게 됐다. 그는 내심 천하의 패권을 놓고 다투는 만큼 이번 싸움이 결코 짧은 시일에 끝나지는 않을 것으로 생각했다. 나아가 진문공이 그렇게 빨리 회군할 줄은 전혀 생각지 못했다. 그는 그 틈을 타 잠시 귀국해 아내의 병을 살펴볼 요량으로 자리를 비웠던 것이다.

이해 여름 4월 무진일에 진나라 군사는 성복 땅에 이르렀고, 기사일에 초나라 군사와 접전해 크게 이겼고, 4일간 쉰 뒤 계유일에 회군해 오리라곤 생각지도 못했다. 초나라 군사와 전쟁을 치르고 회군하기까지 겨우 6일밖에 걸리지 않았다.

남하에 당도한 진문공은 수많은 병마가 황하를 건너는 일에 차질이 생긴 것을 보고 대로했다. 병사들을 사방으로 풀어 민간의 선척船隻을 강제로 끌어오게 했다.

선진이 간했다.

"이곳 남하의 백성들은 우리가 초나라 군사를 패퇴시켰다는 소문을 들었을 것입니다. 그들은 우리를 두렵게 여기고 있을 것입니다. 그들의 마을을 수색하고 잡아들이면 틀림없이 달아나 숨을 것입니다. 후한 상금을 내걸고 배를 모으느니만 못합니다."

진문공이 말했다.

"그 말이 옳소."

곧바로 일대에 상금을 걸고 배를 모은다는 방문을 내걸었다. 백성들이 앞을 다퉈 배를 타고 나루터로 왔다. 극히 짧은 시간에 배들이 개미떼처럼 모여들었다. 진나라 대군은 마침내 그 배들을 타고 황하를 건넜다.

진문공이 황하를 건너기 전에 조쇠에게 물었다.

"이번에 조나라와 위나라로부터 당한 수치는 씻었지만 정나라로부터 당한 수모는 아직 갚지 못했소. 어찌하면 좋겠소?"

조쇠가 대답했다.

"주공은 황하를 건너기 전에 따로 군사를 이끌고 정나라 쪽으로 우회해서 귀국하십시오. 그러면 정백鄭伯이 나오지 않을까 걱정할 일이 없을 것입니다."

진문공이 이를 좇아 일부 군사를 이끌고 며칠 동안 행군했다. 멀리서 1대一隊의 수레가 동쪽으로부터 다가왔다. 그들은 한 사람의 귀인을 호위하고 있었다. 진나라 전대前隊의 장수 난지가 그들을 맞이하며 물었다.

"저 귀인은 누굽니까?"

귀인이 수레 위에서 직접 대답했다.

"나는 주나라 천자의 경사卿士인 왕자 호虎요. 이번에 진후晋侯가 초나라를 정벌해 승리를 거둠으로써 중원을 안정시켰다고 들었소. 이 소문을 듣고 천자가 친히 난여鑾輿를 타고 진나라 3군을 위로한다고 했소. 이를 진후에게 먼저 통보하기 위해 나를 보낸 것이오."

난지는 즉시 왕자 호와 함께 후대後隊로 온 뒤 진문공을 배알케 했다. 진문공이 신하들에게 물었다.

"천자가 친림해 과인을 위로한다고 하오. 행군 중인데 어찌해야 예법에 어긋나지 않을 수 있겠소?"

조최가 말했다.

"여기서 정나라의 형옹衡雍이 멀지 않습니다. 그곳에 천토踐土라는 곳이 있습니다. 땅이 넓고 평탄합니다. 주공은 사람을 보내 그곳에다 급히 행궁을 지으십시오. 연후에 열국의 제후를 이끌고 천토로 가 천자의 어가를 영접하십시오. 행궁에서 천자에게 조례朝禮를 올리면 신하의 도리를 잃지 않을 것입니다."

진문공이 왕자 호에게 천자를 영접하는 날을 5월 길일로 약속했다. 그날 천토 땅에서 천자의 어가를 영접할 뜻을 거듭 밝혔다. 왕자 호는 하직 인사를 올리고 돌아갔다.

진나라 대군은 형옹 땅을 향해 진군했다. 행군 도중 그들을 영접하는 1대一隊의 거마와 마주쳤다. 거마에는 정나라 사자가 타고 있었다. 바로 성은 자인子人이고 이름이 구九인 대부 자인구子人九였다. 당시 정문공은 지난날 망명중인 진문공을 박대한 죄를 묻기 위해 진나라 군사가 쳐들어오지나 않을까 크게 우려했다. 대부 자인구를 보내 강화를 청하게 한 이유다.

진문공이 그가 온 이유를 알고는 화를 냈다

"정나라는 초나라가 패했다는 소문을 듣고 두려운 나머지 강화를 청하는 것인가? 그렇다면 이는 본심이 아닐 것이다. 과인이 천자를 알현한 뒤 직접 군사를 이끌고 가 정나라 도성을 칠 것이다."

조최가 나서 말했다.

"우리는 출사出師한 후 위후衛侯를 몰아내고, 조백曹伯을 사로잡고, 초나라 군사를 격파했습니다. 이만하며 위엄을 크게 떨쳤습니다. 그런데 정나라까지 쳐 군사를 또다시 수고스럽게 하려는 것입니까? 지금 우리 군사는 지쳐 있습니다. 주공은 정나라의 강화 요청을 허락하십시오. 정백鄭伯이 진심으로 귀순하면 용서해야 합니다. 만일 그가 이심貳心을 품고 있다면 그때 다시 쳐도 늦지 않습니다. 우리 군사는 그 사이 몇 달 동안이라도 휴식을 취해야 합니다."

진문공이 이를 좇아 정나라와 강화했다. 진나라 군사가 형옹 땅에 이르러 영채를 세웠다.

당시 호모와 호언은 본부의 병사를 이끌고 천토로 가서 곧바로 왕궁을 짓기 시작했다. 또 난지는 정나라 도성으로 가 정문공과 함께 맹서하고 다시는 배반하지 않겠다는 다짐을 받았다.

정문공은 직접 형옹 땅에 와 진문공에게 선물을 바치고 사죄했다. 진문공이 정문공과 함께 삽혈하고 강화의 준수를 서약했다.

진문공은 서약을 마친 뒤 정문공과 이런저런 얘기를 나누다가 초나라 장수 성득신의 용맹과 능력을 칭찬했다.

정문공이 말했다.

"그는 이미 연곡 땅에서 자진했습니다."

진문공이 그 말을 듣고 한동안 탄식을 금치 못했다. 정문공이 이내 정나라 도성으로 돌아갔다. 진문공이 사사롭게 신하들에게 말했다.

"과인은 오늘 정나라를 굴복시킨 것이 기쁜 게 아니라, 초나라가 자옥을 잃은 것이 기쁘오. 자옥이 죽었으니 나머지 사람은 족히 염려할 게 없소.

경들은 이제 베개를 높이 베고 잘 수 있게 되었소!"

염옹이 이를 시로 읊었다.

성득신은 비록 거친 사내지만	得臣雖是莽男兒
승부란 원래 예측키 어려워라	勝負將來未可知
초나라가 계속 진다고 말하니	盡說楚兵今再敗
연곡에 누운 주검이 가련하다	可憐連穀有輿屍

당시 호모와 호언은 천토 땅에 와서 행궁을 건조했다. 이들은 천자가 정사를 펴는 명당明堂의 법식을 참조해 행궁을 지었다. 그 법식을 어찌 알 수 있는가?「명당부明堂賦」[4]가 이를 증언하고 있다.

> 혁혁한 명당이 나라의 양지 위에 세워져 있다. 높게 솟아 사방을 진압하다. 천자 한 사람이 정령政令을 내리면 만국의 왕후王侯들이 조하朝賀하러 와서 받든다. 동서남북으로 면한 당실堂室이 각각 3개이고, 합치면 모두 9칸이다. 그 가운데 태묘太廟는 정위正位에 있고, 태실太室은 그 중앙에 있다. 여닫는 문은 36개, 나열된 창은 72개이다. 명당의 좌우 협실夾室인 좌개左个와 우개右个는 형제가 늘어서 있는 것과 같고, 궁전이 위는 둥글고 아래가 네모난 것은 하늘과 땅의 홀수와 짝수를 본뜬 것이다. 그 안에 여러 위계를 정연하게 설치했고, 지위가 가장 높은 태사와 태부 및 태보의 3공三公은 그 자리가 중계中階에 배치돼 여타 신하들과 구별된다. 후작侯爵은 동계東階에

4 여기의 「명당부」는 만당晩唐 시기 '율부4대가律賦四大家'의 한 사람으로 거론된 사관謝觀의 「주공조제후어명당부周公朝齊侯於明堂賦」에서 일부를 인용한 것이다. 중간과 끝부분이 생략돼 있다.

서 서면西面하여 천자를 배알하고, 백작伯爵은 서계西階에서 동면東面하여 배알한다. 자작子爵은 문 안의 동쪽에 고니처럼 서고, 남작男爵은 문 안의 서쪽에 학처럼 서서 바라본다. 융이戎夷는 서쪽과 동쪽의 문밖에서 배알하고, 만적蠻狄은 남쪽과 북쪽에 위치해 서 있다. 9주九州의 관장은 바깥 병장屛障의 오른쪽에 줄지어 서고, 4새四塞의 장수는 바깥 병장의 왼쪽에 몰려 있다. 붉은 방패와 옥도끼는 숲처럼 들어서 있고, 용기龍旗와 표범가죽의 활집인 표도豹韜는 높고 낮게 섞여 빽빽하다. 아, 엄숙하고 침중沈重하니 마치 높은 산, 깊은 골짜기 같다. 아침 안개 걷히면 경사卿士들이 일제히 도열하고, 해가 뜨면 천자가 비로소 조회에 임한다. 천자는 면류관을 쓰고 옥좌에 올라 천하 팔굉八紘에서 온 왕후들로부터 머리를 바닥에 대고 절하는 계상稽顙의 배례를 받는다. 천자가 붉은 바탕에 도끼를 그린 병풍인 부의斧扆를 등지고 남면南面하니 만국이 귀순하는 것을 안다.

당시 호모와 호언은 행궁의 좌우에 다시 여러 채의 관사를 지었다. 밤낮을 가리지 않고 공사를 재촉해 1달 반 만에 궁전과 부속건물을 완공했다. 주양왕을 맞이할 준비가 갖춰지자 진문공은 열국 제후들에게 격문을 보내 5월 초하룻날 천토 땅으로 모이라고 통보했다.

이때 송성공 왕신王臣과 제소공 반潘은 진즉부터 진晉나라와 우호관계를 맺고 있어 흔연히 왔다. 정문공 첩捷은 새로 진나라에 귀의한 까닭에 솔선해 왔다. 노희공 신申은 초나라와 사이가 좋았으나 진나라의 환심을 잃기 싫어 참여했다.

진목공陳穆公 관款과 채장공蔡莊公 갑오甲午는 이번에 초나라 편을 들어 성복 땅에서 진나라와 싸운 초나라 당黨이었지만 진나라가 두려운 나머지 모두 참여했다. 주邾나라와 거莒나라는 소국이어서 말할 것도 없이 참여했다.

다만 허희공許僖公 업業은 오랫동안 초나라를 섬긴 까닭에 진나라를 추종하려 하지 않았다. 불참한 이유다. 진목공秦穆公 임호任好는 진晉나라와 사이가 좋았지만 이제까지 한 번도 중원의 회맹에 참여한 적이 없는 까닭에 의구심이 생겨 오지 않았다.

위성공衛成公 정鄭은 아직 양우襄牛 당에 피신 중이었고, 조공공曹共公 양襄은 아직 오록 땅에 연금돼 있었다. 진문공이 두 제후에게 복국復國을 허락하기는 했으나 분명한 사면을 아직 내리지 않았다. 이들이 회맹에 참여치 못한 이유다.

위성공은 진문공이 열국의 제후를 초청했다는 소식을 듣고 대부 영유寧俞에게 말했다.

"회맹에 나오라는 통보가 오지 않은 것으로 미뤄 진후晉侯의 노여움이 아직 가라앉지 않은 모양이오. 과인도 이곳에 계속 머물러 있을 수는 없을 듯하오."

영유가 대답했다.

"주공이 무작정 다른 나라로 출분하면 나중에 누가 주공을 복위시키겠습니까? 차라리 동생 숙무叔武에게 잠시 양위하십시오. 그리고 원훤으로 하여금 숙무를 모시고 천토에 가서 동맹에 들 수 있도록 애걸하라고 하십시오. 이어 대부 원훤元咺으로 하여금 숙무를 모시고 천토로 가 진후에게 동맹을 간청케 하십시오. 주공이 지금 보위를 양보하고 몸을 피할지라도 하늘이 위나라를 돕고 숙무가 동맹결성에 성공하면 후일을 기약할 수 있습니다. 숙무가 나라를 차지하는 것은 주공이 나라를 차지한 것이나 다름없습니다. 숙무는 원래 형제간의 우애가 대단한 분입니다. 그가 어찌 주공을 제쳐놓고 언제까지 계속 보위에 앉아 있겠습니까? 그는 미구에 주공을 복위시킬 계책을 마련할 것입니다."

위성공은 내심 내키지 않았으나 그의 처지에서는 달리 어찌할 방도가 없었다. 그는 대부 손염孫炎에게 명해 영유의 권유대로 숙무에게 나라를 맡긴다고 전하도록 했다. 손염이 명을 받고 위나라 도성인 초구楚丘로 갔다.

위성공이 다시 영유에게 물었다.

"과인은 아무리 생각해도 다른 나라로 출분해야 할 듯하오. 어느 나라가 좋겠소?"

영유가 주저하며 대답치 못했다.

위성공이 물었다.

"초나라로 가면 어떻겠소?"

영유가 대답했다.

"초나라는 우리와 혼인한 사이이긴 하나 진나라의 원수입니다. 얼마 전 초나라에 절교하겠다고 통보하지 않았습니까? 불가합니다. 차라리 진陳나라로 가십시오. 그 나라는 장차 진晉나라를 섬길 판이니 진후陳侯의 힘을 빌리면 능히 진晉나라와 관계개선을 도모할 수 있습니다."

위성공이 말했다.

"그렇지 않소. 내가 전날 초나라와 절교하겠다는 글을 써서 보낸 것은 과인의 본의가 아니었소. 그것을 초나라가 누구보다 잘 알고 있을 것이오. 또 지금은 초나라가 졌지만 앞으로 어찌될지는 아무도 모르오. 숙무에게 진晉나라를 섬기게 하고, 과인은 초나라를 섬기면서 사태를 관망하는 것도 가하지 않겠소?"

그러고는 마침내 초나라로 갔다. 하지만 초나라 변경을 지키는 관원이 그에게 욕을 퍼부으며 내쫓았다. 부득이 진陳나라로 갔다. 그제야 영유의 선견先見에 감복했다.

한편 손염은 초구로 가서 숙무에게 위성공의 분부를 전했다. 숙무가 대답했다.

"나는 섭정으로 나라를 다스리겠소. 어찌 감히 보위를 받을 수 있겠소?"

그러고는 곧 원훤과 함께 천토의 맹회에 참석하러 갔다. 자가 이숙夷叔인 숙무는 손염을 시켜 위성공에게 이같이 전하게 했다.

"내가 진후를 만나면 반드시 형후兄侯가 나라를 회복할 수 있도록 애걸할 것입니다."

원훤이 말했다.

"주공은 시기심이 많습니다. 제가 저의 아들 원각元角이라도 보내지 않으면 어찌 주공이 믿으려 하겠습니까?"

그러고는 아들 원각으로 하여금 손염을 따라 위성공에게 가게 했다. 명분은 문후問候였으나 실은 인질로 보낸 것이나 다름없었다.

하루는 공자 천견歂犬이 원훤을 찾아와 말했다.

"주공이 복위하기 어렵다는 것은 그대도 알 수 있는 일이오. 차라리 주공이 이숙夷叔에게 양위했다는 것을 백성에게 명백히 고한 뒤 이숙을 옹립하고 그대가 직접 재상이 되어 보필하는 게 어떻겠소? 그리하면 진나라도 기뻐할 것이고, 그대 또한 진나라의 위엄을 빌려 이 나라에 임할 수 있을 것이오. 그러면 이 나라는 그대와 숙무의 것이 되지 않겠소?"

원훤이 대답했다.

"숙무에게 감히 형이 없을 수 없는 것처럼 나 역시 어찌 감히 군주가 없을 수 있겠소? 이번에 우리가 천토로 가는 것은 오로지 주공을 복위시키기 위한 것이오."

공자 천견은 더 이상 말을 꺼내지 못하고 물러갔다. 이후 공자 천견은 위선공이 복위하면 원훤이 자신이 한 말을 고해바치지나 않을까 근심했다. 그 경우 반역죄를 면하지 못하게 된다. 은밀히 진陳나라로 가 위성공에게 가 사실을 뒤집어 말했다.

"원훤이 이미 숙무를 군주로 세웠습니다. 그는 천토의 회맹에 참석해 진후晉侯에게 숙무의 보위를 요청할 생각입니다."

위성공이 그 말에 혹해 손염을 불러 물었다.

손염이 대답했다.

"신은 모르는 일입니다. 원각이 이곳에 있지 않습니까? 그 아비가 그런 모의를 했다면 그 역시 틀림없이 들은 바가 있을 것입니다. 주공은 어째서 그를 불러 물어보지 않는 것입니까?"

위성공이 원각을 불렀다. 원각은 결코 그런 일이 있을 리 없다고 주장했다.

영유도 이에 동조했다.

"원훤이 주공에게 불충한 마음을 품었다면 어찌 자기 자식을 주공에게 보내 모시도록 했겠습니까? 주공은 의심하지 마십시오."

공자 천견이 다시 위성공을 찾아가 말했다.

"원훤이 주공을 몰아내려고 계획한 것은 어제 오늘의 일이 아닙니다. 그가 자식을 보낸 것은 주공에게 충성하기 위한 것이 아니라 주공의 동정을 정탐해 만일의 사태에 대비하기 위한 것입니다. 이들이 진후晉侯에게 애걸해 주공을 복위시킬 생각이면 숙무는 제후들의 회맹에 가지 말아야 합니다. 숙무는 제후가 아니기 때문에 그렇습니다. 그런데도 그가 공공연히 회맹에 참석코자 하는 것은 스스로 보위에 오르겠다는 생각을 갖고 있기 때문입니다. 주공은 이를 잘 살펴야 할 것입니다."

위성공이 그 말을 듣고는 은밀히 사람을 천토로 보내 숙무와 원훤의 태도를 살피게 했다.

호증 선생이 이를 시로 읊었다.

동생과 신하 우애하고 충성스럽다	弟友臣忠無間然
어찌 천견의 참소에 귀 기울이나	何堪歂犬肆讒言

자고로 부귀는 시기심을 야기하니	從來富貴生猜忌
충효에는 늘 원통한 일이 생기다	忠孝常含萬古冤

당시 주양왕은 그해 여름 5월 정미일에 천토 땅에 이르렀다. 진문공이 열국의 제후를 이끌고 30리 밖까지 나가 주양왕을 영접했다. 주양왕이 천토의 명당에 어가를 멈추는 주필駐蹕을 한 뒤 그곳에 머물렀다.

이튿날 주양왕이 어전御殿에 들자 제후들이 그 앞에 나가 머리를 조아리며 배알했다. 조례가 끝나자 진문공이 주양왕에게 초나라로부터 노획한 전리품과 포로를 바쳤다. 마갑馬甲을 씌운 말 100승乘인 400마리의 말과 보졸 1천 명, 기계器械와 의갑衣甲을 가득 실은 수레 10대였다.

주양왕이 크게 기뻐하며 친히 진문공을 위로했다.

"과인에게 백구伯舅가 되는 제환공이 세상을 떠난 후 형초荊楚가 다시 강해져 우리 중하中夏를 능멸하더니 이제 숙부叔父가 의로운 군사를 일으켜 저들을 정벌하고 왕실을 높여 주었소. 주문왕과 주무왕 이래 역대 선왕 모두 숙부의 큰 은덕에 의지하게 됐소. 어찌 그 은덕이 과인 한 사람에게만 미치는 것이겠소?"

진문공은 재배하고 머리를 조아리며 말했다.

"신 중이가 비록 중원을 침공한 초나라 군사를 섬멸했으나 이는 모두 천자의 영험靈驗 덕분입니다. 신에게 무슨 공로가 있겠습니까?"

이튿날 주양왕이 크게 연회를 베풀고 진문공에게 예주醴酒를 대접했다. 상경 윤무공尹武公과 내사內史 숙흥叔興에게 명해 진문공을 방백方伯으로 임명하는 의식을 거행케 했다.

주양왕이 진문공에게 천자가 평소 타고 다니는 수레인 대로大輅를 탈 때 입는 예복인 대로복大輅服과 붉은 꿩의 깃털로 장식한 면류관인 별면鷩冕, 천자가 군중軍中을 사열할 때 이용하는 융로戎輅를 탈 때 입는 융로복

진문공이 천토회맹을 주도하다

戎輅服, 가죽으로 만든 붉은 색의 고깔모자인 위변韋弁을 내렸다. 또 붉은 활인 동궁彤弓 1개, 붉은 화살인 동시彤矢 100개, 검은 활인 노궁玈弓 10개, 검은 화살인 노시玈矢 100개, 제주祭酒로 사용되는 검은 기장으로 빚은 술인 거장주秬鬯酒 한 항아리 1유一卣, 의장대를 겸한 호위대인 호분지사虎賁之士 300명도 하사했다.

이어 이같이 선유宣諭했다.

"그대 진후晉侯로 하여금 정벌征伐의 일을 전적으로 맡기니 왕법을 어기는 자들을 규탄하라."

진문공은 재삼再三 사양한 뒤 천자의 명을 받았다. 마침내 진문공이 천하의 제후들에게 이 사실을 왕명으로 포고했다.

주양왕이 왕자 호虎에게 명해 진문공을 천토 회맹의 패주로 책봉冊封한 뒤 맹회를 주관케 했다. 진문공이 천토의 행궁 곁에 단을 쌓았다. 열국의 제후들로 하여금 먼저 주양왕에게 회맹 참여를 고하는 근례覲禮를 올린 뒤 각각 단 앞으로 나오게 했다. 왕자 호가 주양왕의 명에 따라 맹회에 참석해 진행 상황을 살폈다.

진문공은 맨 먼저 단으로 올라가 희생으로 잡은 소의 귀를 잡았다. 열국의 제후들이 차례로 등단했다. 위나라 대부 원훤은 이미 숙무를 인도해 진문공을 알현한 바 있다. 그날 숙무는 위나라 군주의 대행으로 단에 올라가 서서誓書의 맨 끝에 서명했다.

왕자 호가 서서를 낭독했다.

> 이제 동맹을 맺으니 모두 왕실을 받들고 서로 해치는 일이 없어야 한다. 동맹을 배반하는 자는 신명이 도륙할 것이고, 그 재앙이 자손에게 미쳐 목숨을 빼앗고 제사가 끊어질 것이다.

열국의 제후들이 일제히 큰 소리로 외쳤다.

"서로 화목을 도모하라고 명하니 어찌 공경히 받들지 않겠습니까?"

제후들은 서로 삽혈하며 맹서의 신표로 삼았다.

잠연 선생이 이를 시로 읊었다.

진나라 군주와 신하 크게 도모해	晉國君臣建大猷
패업 이루고 제후들 굴복시키다	取威定伯服諸侯
깃발 성복에 드날려 초나라 치고	揚旌城濮觀俘馘
제후들 이끌고 천자 배알하다	連袂王宮覲冕旒
지금 와 또 천토회맹 부러워하니	更羨今朝盟踐土

제환공의 규구회맹 어찌 자랑하랴　　　　　謾誇當日會葵邸
제환공은 죽을 때 유한 남겼지만　　　　　桓公末路留遺恨
중이는 그 뜻을 굽히지 않으리라　　　　　重耳能將此志酬

회맹이 끝나자 진문공은 숙무를 이끌고 주양왕 앞으로 가 위나라 일을 고하고 위성공 대신 그를 보위에 앉히고자 했다.

숙무가 울며 사양했다.

"옛날 영모寧母 회맹 당시 정나라 태자 화華는 부친인 정백鄭伯을 몰아내고 즉위코자 했으나 제환공은 그의 말을 들어주지 않았습니다. 이제 군후가 바야흐로 제환공의 패업을 계승한 마당에 어찌 이 숙무로 하여금 형을 몰아내게 하려는 것입니까? 군후가 이 숙무에게 은혜를 베풀고자 하면 신의 처지를 불쌍히 여겨 신의 형 정鄭을 복위시켜 주십시오. 그러면 신의 형 정이 어찌 감히 온 정성을 다해 군후를 섬기지 않겠습니까!"

원훤 역시 머리를 조아리며 애걸복걸했다. 진문공이 마침내 머리를 끄덕이며 수긍首肯했다.

진陳나라로 출분한 위성공이 복국할지 여부를 알 길이 없으니 다음 회를 보라.

제42회

83話 주양왕이 하양에서 제후들의 조례를 받다
– 주양왕하양수근周襄王河陽受覲

주양왕 20년인 기원전 632년, 주양왕이 천토에서 진문공을 위로한 뒤 대회가 끝나자 경사京師인 낙양으로 돌아갔다. 열국의 제후들 또한 각각 본국으로 돌아갔다.

위성공이 천견의 말을 곧이듣고 천토로 보낸 밀사는 숨어서 제후들이 회맹하는 모습을 세밀히 살폈다. 밀사는 원훤이 숙무를 단상으로 올려 보내고 서서誓書에 기입된 숙무의 이름을 고하는 소리를 들었다. 그는 더 이상 자세한 걸 알아보려고 하지도 않은 채 돌아와 위성공에서 성급히 보고했다. 위성공이 대로했다.

"숙무가 과연 자립自立할 생각이었구나!"

그러고는 원훤을 크게 욕했다.

"원훤은 과인을 배반한 역적이다. 부귀를 탐한 나머지 과인을 배반하고 새 군주를 세우려고 제 자식까지 보내 나의 동정을 살피게 했다. 내가 어찌 너의 부자를 용납할 수 있는가?"

원각은 위성공이 대로한 걸 보고 나름 해명코자 했으나 위성공은 즉석에서 칼을 뽑아 휘둘렀다. 원각의 머리가 땅에 굴러 떨어졌다. 실로 원통한 일이다.

원각의 시종들이 황급히 달아나 원훤에게 이를 알렸다.

원훤이 탄식했다.

"내 아들이 죽은 것은 천명이다. 군주가 비록 나를 버렸지만 내 어찌 군주를 저버릴 수 있겠는가?"

사마 만瞞이 원훤에게 권했다.

"군주가 그대를 의심하고 있소. 그대도 혐의를 피하기 위해 당분간 나라 밖에 나가 있는 게 어떻겠소? 재상의 자리를 사임하는 방식으로 그대의 결백을 천하에 널리 알리도록 하시오."

원훤이 탄식했다.

"내가 사퇴하면 누가 숙무를 도와 이 나라를 지키겠소. 무릇 군주가 내 자식을 죽인 것은 사원私怨이고, 나라를 지키는 것은 대사大事요. 사원이 있다고 해서 대사를 폐하는 것은 나라에 보답하는 신하의 도리가 아니오."

원훤이 숙무로 하여금 위성공 복위를 간청하는 서신을 써 진문공에게 바치게 했다. 실로 원훤은 훌륭한 신하였다. 이 일은 여기서 잠시 덮어 두기로 하자.

당시 진문공은 주양왕으로부터 방백方伯의 책명을 받고 이내 귀국했다. 당시 그는 주양왕이 하사한 호분지사虎賁之士를 앞뒤로 세우고 궁시弓矢를 대열 앞에 걸어두었다. 높은 기상이 넘쳐흘렀다.

진문공이 귀국하는 날 길가에 백성들이 몰려나왔다. 노인을 부축하고 아이의 손을 이끌고 나온 백성들이 성대한 위의를 구경했다. 그들은 갖가지 음식을 갖고 나와 군사들을 대접했다. 개선하는 군사를 칭송하는 탄성이 넘쳐났다.

이들이 이구동성으로 자랑했다.

"우리 군주는 실로 영웅이다!"

모두 희색이 넘쳐났다. 입을 모아 말했다.

"진晉나라는 더욱 흥왕興旺할 것이다!"

진문공을 칭송한 후대인의 시가 있다.

간난 이기고 선조 기상 계승하니　　捍艱復纘文侯緒
초나라 치고 제환공의 뒤를 잇다　　攘楚重修桓伯勳
19년 동안 떠돌아다닌 망명객이　　十九年前流落客
일조에 그 이름을 천하에 떨치다　　一朝聲價上青雲

진문공이 조회에서 문무백관의 하례를 받았다. 논공행상을 하면서 호언을 수공首功, 선진을 차공次功으로 삼았다. 장수들이 이의를 제기했다.

"성복지역城濮之役에서 계책을 세워 초나라 대군을 격파한 것은 모두 선진의 공입니다. 그런데도 오히려 호언을 수공으로 삼은 이유는 무엇입니까?"

진문공이 대답했다.

"이번 싸움에서 선진은 말하기를, '반드시 초나라와 싸워야 하고 적을 격파할 기회를 잃어서는 안 된다.'고 했다. 호언은 말하기를, '반드시 초나라 군사를 피해야 합니다. 주공이 전에 초군楚君 앞에서 3사舍를 후퇴한다고 약속한 신의를 잃어서는 안 됩니다.'고 했다. 무릇 적과 싸워 이기는 것은 한때의 공로이지만 신의를 지키는 것은 만세의 승리가 된다. 어찌 한때의 공로를 만세의 승리보다 앞세울 수 있는가? 호언을 수공으로 삼은 이유다."

제장들 가운데 열복悅服하지 않는 자가 없었다. 호언이 상주했다.

"지난날 순식은 해제와 탁자의 난으로 죽었습니다. 선군인 진헌공의 유명을 지킨 그의 충절은 가상합니다. 주공은 그의 자손을 등용해 군주에게 충성하는 신하의 절의를 장려하십시오."

진문공이 주청을 비준했다. 순식의 아들 순림보荀林父를 대부로 삼았다.

한편 남하南河에서 자리를 멋대로 이탈한 주지교는 자기 집에서 아내의 병을 간호하고 있었다. 그는 진문공이 귀국한다는 소문을 듣고 급히 중도까지 나아가 영접했다. 진문공은 곧바로 그를 구금한 뒤 후거後車에 싣고 귀국했다.

진문공은 논공행상이 끝나자 사마 조최에게 그의 죄를 논하게 했다. 사형에 해당했다. 주지교는 아내의 간병을 위해 부득이 이탈했다며 관용을 호소했다. 진문공이 말했다.

"군주를 섬기는 자는 제 몸도 돌보지 않아야 한다. 하물며 처자이겠는가!"

진문공이 좌우에 명해 주지교를 참수한 뒤 군중軍中에 전시傳尸케 했다. 진문공은 이번 싸움에서 제1차로 전힐, 제2차로 기만, 제3차로 주지교를 참했다. 이들 3인 모두 경험과 공로가 많은 숙장宿將들이었다. 그러나 군령을 어기자 가차 없이 죽였다. 조금도 봐주지 않았다. 진나라 3군이 늘 두려워하며 복종하는 외복畏服의 자세를 보하고 장수들이 명령을 차질 없이 시행된 이유다.

이야말로 상벌이 분명치 않으면 만사를 이룰 수 없고, 상벌이 분명하면 사방을 횡행할 수 있다는 뜻의 '살벌불명賞罰不明, 백사불성百事不成. 상벌약명賞罰若明, 사방가행四方可行' 구절에 꼭 들어맞는 경우라 하겠다. 진문공이 제후들을 제패한 이유가 여기에 있다.

당시 진문공은 선진 등과 상의한 뒤 군사를 증원키로 했다. 그러나 제후국인 진나라는 감히 천자의 6군과 동등한 군대를 둘 수는 없었다. 증설하는 군대를 군軍이 아닌 항行으로 부른 이유다. 순림보는 중항대부中行大夫, 선멸은 좌항대부左行大夫, 도격屠擊은 우항대부右行大夫에 임명됐다. 이들은 실상 3항의 대장에 해당했다. 진나라의 3군3항 군제는 6군이란 명칭만 쓰지 않았을 뿐 사실은 천자의 6군이나 마찬가지였다. 진나라는 많은 장수와 병사를 보유한 덕에 그 어떤 나라도 이와 견줄만한 무력을 보유하지 못했다.

하루는 진문공이 조정에서 호언 등과 함께 조나라 및 위나라 처리 문제를 상의했다.

마침 근신近臣이 다가와 위나라에서 서신이 왔다고 고했다.

진문공이 말했다.

"이는 필시 형을 복위시켜 달라고 간청하는 숙무의 서신일 것이다."

서신 내용은 대략 이러했다.

> 군후가 우리 위나라의 사직을 없애지 않겠다면 이전 군주의 복위를 허락해 주십시오. 이 나라의 모든 신민臣民이 목을 늘리고 군후의 의로운 결단을 바라고 있습니다. 군후의 조속한 조치를 앙망합니다.

진목공陳穆公도 사자를 보내 같은 청을 넣었다. 진陳나라에 망명중인 위성공이 과거의 잘못을 크게 뉘우치고 있다며 너그럽게 관용을 베풀어달라는 내용이었다. 진문공이 마침내 진목공과 숙무에게 위성공의 귀국과 복위를 수락하는 내용의 답신을 보냈다.

이어 사람을 극보양에게 보내 귀국하는 위성공을 도중에서 막지 말고 길을 틔워 주도록 조치케 했다. 숙무는 진문공의 서신을 받고 크게 기뻐했다. 급히 수레와 사람을 진陳나라로 보내 위성공을 모셔오도록 했다. 진목공 역시 위성공에게 속히 귀국해 복위할 것을 권했다.

공자 천견이 또 위성공에게 말했다.

"이제는 태숙太叔으로 불리는 숙무가 보위에 오른 지 이미 오래 됐습니다. 백성들도 그를 따르고 있습니다. 숙무는 천토 회맹 때 열국의 제후들과 함께 맹서까지 한 사람입니다. 그런 그가 주공을 모셔간다며 사람을 보냈으니 경솔히 믿어서는 안 됩니다."

위성공이 말했다.

"과인도 그 점을 염려하고 있소."

그러고는 영유에게 명해 위나라 도성 초구로 가 허실을 살피게 했다. 영유가 곧 위나라로 갔다. 그가 궁으로 돌아갔을 때 마침 숙무는 대신들과 함께 정사를 의논하고 있었다.

영유가 보니 숙무는 보위를 비워 둔 채 전당 동쪽의 작은 자리에 앉아 서쪽을 향하고 있었다. 숙무는 영유를 보자 곧바로 자리에서 내려와 맞이했다. 그 모습이 극히 공손했다.

영유가 물었다.

"태숙이 섭정이 됐는데도 정위正位에 올라 남면南面하지 않고 어째서 서면西面을 하는 것입니까?"

숙무가 대답했다.

"저 보위는 나의 형님이 앉으실 자리요. 내 비록 그 곁에 자리를 잡고 있으나 오히려 송구스럽고 불안하오. 어찌 감히 그 자리에 앉아 있을 수 있겠는가?"

영유가 말했다.

"내 오늘에야 비로소 태숙의 진심을 알겠소."

숙무가 간곡히 부탁했다.

"내가 형님을 생각하는 마음이 간절하오. 날마다 형님이 돌아오길 학수고대하고 있소. 부탁컨대 대부는 형님이 속히 귀국할 수 있도록 권해주시오. 그래야 나도 마음을 놓을 수 있소."

영유와 숙무는 위성공의 귀국 날짜를 상의했다. 가장 가까운 길일인 6월 신미일을 위성공이 입성일로 정했다. 이튿날 영유는 조정에서 나오면서 백관들의 동태를 살폈다. 백관들이 모여 분분히 상의했다.

"옛 군주가 다시 돌아오면 신하들이 이곳에 남은 신하들과 옛 군주를 좇아 진陳나라로 함께 망명한 신하들로 나뉠 것이오. 따라간 자들은 공신, 남은 자들은 죄인이 될 수밖에 없소. 이를 어찌하면 좋소?"

영유가 말했다.

"나는 옛 군주가 그대들에게 전하라는 유시를 받고 왔소. 따라간 신하와 남은 신하를 막론하고 유죄와 무죄를 따지지 않겠다는 유시가 그것이오. 내 말을 믿지 않는다면 삽혈하고 맹서하겠소."

배관들이 대답했다.

"그대가 우리와 함께 맹서하면 다시 무엇을 의심하겠소."

영유가 백관들과 함께 삽혈한 뒤 하늘에 대고 맹서했다.

"따라간 자는 주공을 호위했고, 머무른 자는 나라를 지켰다. 우리 모두 나라 안팎에 있으면서 각각 나라와 군주를 위해 노력했다. 군신이 화합해 사직을 보전한 것이다. 혹여 양자 사이에 서로 속이는 자가 있으면 신명이 그를 죽일 것이다."

백관들이 흔연한 표정으로 흩어지며 말했다.

"영유는 결코 우리를 속이지 않을 것이오."

숙무 역시 대부 장장長牂에게 도성의 문을 지키는 일을 전담케 하면서 이같이 분부했다.

"만일 남쪽에서 오는 분이 있거든 새벽이든 밤이든 곧바로 성 안으로 들이시오."

한편 영유는 진陳나라로 돌아가서 위성공에게 복명했다.

"숙무는 진심으로 주공을 모실 생각입니다. 조금도 모반할 생각이 없습니다."

위성공이 그 말을 믿고 안심했다. 그러나 천견이 다시 훼방을 하고 나서니 어찌 하겠는가? 지금까지 무함을 계속해 온 천견은 위성공이 돌아와 숙무와 만나면 모든 것이 드러날까 우려했다. 곧 위성공을 찾아가 말했다.

"영대부와 태숙 사이에 어떤 약속이 있는지 알 수 없지 않습니까? 태숙은 주공을 해칠 준비를 미리 하고 있는지 모릅니다. 주공은 약속한 날보다 먼저 도성으로 가십시오. 그것이 그 준비를 사전에 무너뜨리는 이른바 출기불의出其不意가 아니겠습니까? 그래야만 주공이 틀림없이 복위할 수 있습니다."

위성공이 이를 좇기로 했다. 즉시 수레를 타고 본국으로 출발한 채비를 갖췄다. 천견은 그 전대前隊가 되었다. 먼저 도성으로 가서 궁전도 소제하고 불의의 변에도 대비해야 한다는 게 구실이었다. 위성공이 허락했다.

영유가 황망히 들어가 말했다.

"신은 이미 국인國人들과 주공이 입성할 날을 약속했습니다. 주공이 만일 그날 이전에 들어가면 국인들이 틀림없이 의심할 것입니다."

천견이 큰 소리로 그를 꾸짖었다.

"그대는 어째서 주공이 속히 입국하는 것을 바라지 않는 것인가? 그 속뜻이 무엇이오?"

영유가 감히 더 간하지 못했다. 그는 다만 이같이 주청했다.

"주공이 굳이 지금 출발하겠다면 청컨대 신이 한나절쯤 먼저 들어가 신민들에게 주공이 약속한 날보다 앞당겨 온다고 알리겠습니다. 그래야만 상하의 인심이 안정될 것입니다."

위성공이 대답했다.

"경은 먼저 가서 국인들에게 알리시오. 과인이 신민들을 하루라도 빨리 보고 싶어 일찍 가는 것이지 다른 이유는 없다고 말이오."

영유가 떠나자 천견이 말했다.

"영유가 먼저 가겠다는 게 수상합니다. 주공은 지체하지 말고 지금 당장 떠나야 합니다."

위성공이 이를 좇았다. 어인御人에게 속히 수레를 몰도록 재촉했다.

영유가 먼저 도성의 성문에 이르렀다. 장장長牂은 그가 위성공의 사자인 것을 익히 알고 있는 까닭에 곧바로 문을 열고 맞이했다.

영유가 말했다.

"주공이 지금 내 뒤를 따라 오는 중이오."

장장이 물었다.

"지난번에 6월 신미일로 정했는데 오늘은 그보다 4일 빠른 무진일이오. 주공은 무슨 일로 이토록 빨리 오는 것이오? 대부는 먼저 조정으로 가서 신하들에게 알리시오. 나는 주공을 영접할 준비를 서두르겠소."

영유가 겨우 몸을 돌리자마자 천견의 전대前隊가 들이닥쳤다.

"주공이 지금 뒤따라오고 있다."

장장은 급히 수레와 수하들을 정돈한 뒤 성 밖으로 나가 위성공을 영접했다. 천견은 곧바로 성안으로 들어갔다. 이때 숙무는 몸소 군주의 가마 등을 나르는 여예輿隷들을 감독해 궁실을 소제하게 한 뒤 그곳의 뒤뜰에서 머리를 감고 있었다.

그는 영유가 위성공의 조속한 입성을 알리기 위해 먼저 왔다는 보고를 받고 일면 놀라면서 일면 기뻐했다. 곧 영유를 만나 약속보다 일찍 오게 된 까닭을 물어보려 했다.

이때 문득 거마가 달리는 소리가 들려왔다. 숙무는 그 소리를 듣고 위성공이 이미 도착한 줄 알았다. 너무 기쁜 나머지 아직 물기가 마르지 않아 상투도 틀지 못한 머리채를 움켜진 채 밖으로 달려갔다.

그러나 당시 궁 안으로 들어온 것은 천견이었다. 천견은 숙무를 살려둘 경우 이들 형제가 서로 만났을 때 자신이 저지른 죄가 금방 탄로 나지 않을까 두려웠다. 달려 나오는 숙무를 보자 즉시 살을 매긴 활시위를 힘껏 당겼다. 화살이 숙무의 가슴 한복판을 꿰뚫었다. 숙무가 그 자리에서 고꾸라졌다. 영유가 앞으로 오다가 이를 보게 됐다. 급히 달려가 숙무를 안아 일으켰으나 숨이 이미 끊어져 있었다. 실로 애달픈 일이었다.

원훤은 숙무가 피살됐다는 소식을 듣고 크게 놀랐다. 혼잣말로 위성공을 꾸짖었다.

'무도하고 혼암한 군주여! 무고한 사람을 억울하게 죽였으니 천도天道가 어찌 너를 용납하겠는가? 내가 당장 진晉나라로 가서 이를 호소할 것이다. 네가 얼마나 보위에 앉아 있을지 두고 보자!'

원훤은 크게 통곡한 뒤 급히 수레를 몰아 진나라로 달아났다.

염옹이 이를 시로 읊었다.

성심껏 형을 위해 나라 지켰건만	堅心守國爲君兄
무정한 화살이 그 우애를 해쳤다	弓矢無情害有情
위성공이 시기만 하지 않았더라도	不是衛侯多忌忮
천견이 어찌 그를 죽일 수 있었나	前驅安敢擅加兵

한편 위성공은 불시에 도성 밑에 이르렀다. 그는 대부 장장이 영접 나온 걸 보고 어찌 그토록 신속히 영접 준비를 했는지 물었다. 정장은 숙무가 분

주양왕이 하양에서 제후들의 조례를 받다

부한 말을 고했다.

"새벽에 오면 새벽에 맞이하고, 늦은 밤에 오면 늦은 밤에 맞이하되 조금도 지체하지 말라는 태숙의 분부를 받았습니다."

위성공이 그 말을 듣고 탄복했다.

"과인의 동생은 과연 딴 뜻이 없었구나!"

그가 도성으로 들어오자 영유가 눈물을 흘리며 달려 나와 말했다.

"태숙은 주공이 오신다는 소식을 듣고 기뻐한 나머지 머리를 감다 말고 머리채를 움켜쥔 채 영접하러 나왔습니다. 이때 전대前隊를 이끌고 온 천견이 태숙을 활로 쏘아 죽일 줄이야 누가 알았겠습니까? 신이 이번 일을 탈

없이 완수하지 못했으니 국인들에게 신의를 지키지 못한 셈입니다. 그 죄는 1만 번 죽어도 마땅합니다."

위성공이 부끄러운 기색을 띠며 말했다.

"과인도 이미 그가 원통하게 죽은 걸 알고 있소. 경은 더 이상 말하지 마시오."

위성공이 수레를 몰아 조당朝堂 앞으로 갔다. 문무백관들은 아직 위성공의 귀환과 숙무의 죽음을 잘 모르고 있었다. 그들은 뒤늦게 소식을 접하고 위성공을 배알하기 위해 조당으로 모여들었다. 그들은 소식을 들은 대로 왔기에 질서가 없었다.

영유는 위성공을 인도해 숙무의 시신이 있는 곳으로 갔다. 위성공이 동생 숙무의 얼굴을 들여다보았다. 그의 두 눈은 살아 있는 것처럼 부릅떠져 있었다. 위성공이 그의 머리를 자기 무릎에 올려놓고 자신도 모르는 사이 통곡했다. 이어 시신을 어루만지며 한탄했다.

"이숙夷叔, 이숙아! 너의 주선으로 돌아왔는데 너는 나 때문에 죽었구나. 아, 슬프고 원통하다."

순간 죽은 숙무의 두 눈에서 광채가 번쩍하고 빛나더니 눈이 점차 감겼다. 영유가 고했다.

"천견을 잡아 죽이지 않고 어떻게 숙무의 영혼을 어찌 위로할 수 있겠습니까?"

위성공은 즉시 천견을 잡아들일 것을 명했다. 천견은 다른 나라로 달아나려다가 영유가 보낸 사람들에게 잡혀서 끌려나왔다.

천견이 위성공에게 말했다.

"신이 태숙을 죽인 것은 모두 주공을 위한 것이었습니다."

위성공이 대로했다.

"너는 지금까지 동생을 무함하고 멋대로 죽였다. 그러고도 지금 그 죄를 과인에게 뒤집어씌울 작정인가?"

곧바로 좌우에 명해 참수케 했다. 이어 숙무를 군주와 동일한 예로 장사 지내도록 했다.

당초 국인들은 숙무가 살해됐다는 소문을 듣고는 크게 분노해 시끄럽게 떠들어댔다. 그러나 천견이 주살되고 숙무의 장례가 후하게 치러졌다는 말을 듣고 나자 점차 민심이 안정을 되찾았다.

84話 위나라 원훤이 공관에서 옥사를 벌이다
– 위원훤공관대옥衛元晅公館對獄

얘기가 둘로 나뉜다. 당시 위나라 대부 원훤은 진晉나라로 달아나 진문공을 알현했다. 알현하는 자리에서 땅바닥에 엎드려 통곡하면서 위성공이 동생을 의심한 나머지 천견을 앞서 보내 동생을 쏘아 죽이게 했다고 호소했다. 원훤이 호소하다가 통곡하고, 통곡하다가 또 호소했다.

진문공은 원훤의 호소에 숙무를 동정하지 않을 수 없었다. 우선 원훤을 좋은 말로 위로한 뒤 관역에 나가 쉬도록 했다. 이어 신하들을 불러 상의했다.

"과인이 경들 덕분에 단 한 번의 싸움으로 초나라 군사를 이겼고, 천토 회맹에서 천자가 과인을 위로하고 열국의 제후들이 과인의 뒤를 따랐소. 패업의 성대함이 제환공의 패업에 비할 만하오. 그러나 진秦나라는 약속만 한 채 오지 않았고, 허나라는 아예 참석하지 않았고, 정나라는 비록 참여해 맹서했음에도 두 마음을 품고 있고, 위나라는 복국하자마자 회맹에 참석해 함께 맹서한 동생을 멋대로 죽였소. 천토 회맹을 어긴 나라에 엄중 문책 또는 토벌을 가하지 않으면 과인이 애써 규합한 나머지 열국의 제후들이 반드시 흩어지고 말 것이오. 경들 생각에는 이를 어찌 대처하는 게 좋겠소?"

선진이 나서 말했다.

"맹회를 소집하거나 두 마음을 지닌 나라를 토벌하는 것은 패주伯主의 직분입니다. 청컨대 신은 병마兵馬를 점검하며 분부만 기다리겠습니다."

호언이 말했다.

"그렇지 않습니다. 패주가 열국의 제후들을 부리려면 우선 천자의 위엄에 기대야 합니다. 지난번 천토 회맹 당시 천자가 친림해 주공을 위로했지만 주공은 아직 경사京師에 가서 근례覲禮를 올리지 못했습니다. 우리가 이런 결례를 하고도 열국 제후들의 복종을 기대할 수 있겠습니까? 차제에 주공이 천자에게 근례를 올린다는 명분을 내세워 제후들을 소집하십시오. 소집에 응하지 않는 제후가 있거든 그때 천자의 명으로 그 나라를 치십시오. 천자에게 근례를 올리는 것은 큰 예절인 대례大禮이고, 멸시한 죄를 토벌하는 것은 큰 명분인 대명大名입니다. 대례를 행하며 대명을 거론하는 것이 대업大業입니다. 주공은 이를 도모하십시오."

조최가 나서 말했다.

"자범子犯의 말이 가장 옳습니다. 하지만 신의 어리석은 생각으로는 경사의 입조入朝가 반드시 이뤄진다고 볼 수는 없어 적잖이 우려됩니다."

진문공이 물었다.

"어째서 그렇다는 것이오?"

조최가 대답했다.

"제후들의 근례가 행해지지 않는 지 이미 오래됐습니다. 그런 상황에서 가장 강한 우리 진나라가 열국의 제후들을 이끌고 경사로 갈 경우 해당 지역 백성들이 놀랄 것이고 천자도 주공의 의도에 의구심을 느껴 입조를 거절하기 십상입니다. 그 경우 주공의 위세만 훼손됩니다. 차라리 천자가 온溫 땅으로 행행行幸하도록 청하고 주공은 제후들을 이끌고 가 근례를 올리십시오. 그리하면 천자와 제후들 사이에 서로 의심할 일도 없습니다. 이게 첫 번째 편리한 점입니다. 그 경우 제후들도 부담이 적을 것입니다. 이게 두 번째 편리한 점입니다. 또 온 땅에는 지난날 태숙太叔 대帶가 지어둔 궁실이 있으니 번거롭게 새로 행궁을 지을 필요가 없습니다. 이게 세 번째 편리한 점입니다."

진문공이 물었다.

"천자를 온 땅으로 오게 할 수 있소?"

조최가 대답했다.

"천자는 우리 진晉나라와 친해지기를 바라고 있고, 제후들의 근례를 기쁘게 여길 터이니 어찌 오지 않겠습니까? 그 일을 걱정하면 신이 시험 삼아 주왕실로 가서 이를 상의하고 천자의 마음을 떠 보겠습니다. 틀림없이 신이 헤아린 바대로 될 것입니다."

진문공이 크게 기뻐했다. 곧바로 조최를 사자로 삼아 주왕실로 보냈다. 조최가 주양왕 앞에 머리를 조아려 재배하고 고했다.

"과군 중이는 전번에 천왕天王이 천토 땅에 하림下臨해 여러 가지로 위로해 주신 은혜에 감격해하고 있습니다. 그에 대한 답례로 열국의 제후를 이끌고 경사로 가 근례를 올리고자 합니다. 성감聖鑑을 복걸伏乞합니다."

주양왕은 아무런 대답도 하지 않고 조최로 하여금 공관에 나가 쉬게 했다. 조최를 내보낸 후 주양왕은 곧바로 왕자 호虎를 불러 상의했다.

"진후晉侯가 열국의 제후를 이끌고 경사로 입조하겠다고 하니 그 속셈을 측량할 수 없소. 무슨 말로써 거절하는 게 좋겠소?"

왕자 호가 대답했다.

"신이 우선 진나라 사자를 만나보고 그 속뜻을 알아본 뒤 사절할 만한 일이 있으면 사절토록 하겠습니다."

왕자 호는 궁성에서 물러나와 공관으로 가 조최를 만났다. 그가 진문공의 입조에 관한 일을 거론했다.

"진후晉侯가 천하의 제후들을 이끌고 입조해 근례를 올리는 것은 여러 대에 걸쳐 오랫동안 폐지된 의전을 다시 일으키는 것이니 왕실로서는 큰 다행입니다. 다만 여러 제후들이 일시에 모여드는 인집鱗集을 하면 말이나 수레 따위에 실은 여러 가지 물품인 행리行李가 너무나 어마어마하고 따르는 자들 또한 매우 많습니다. 그리되면 도성의 백성들이 크게 놀라 동요하거나 헛소문을 퍼뜨리거나 비방을 할 것입니다. 자칫 진후晉侯의 충성심에 누가 될까 두렵습니다. 그렇다면 차라리 그만두는 게 나을 듯합니다."

조최가 대답했다.

"과군이 천자를 배견코자 하는 것은 실로 지성至誠에서 나온 것입니다. 신이 이곳으로 떠나올 때 이미 열국에 격문을 보내 우선 온溫 땅에 모이도록 했습니다. 이제 와서 그 일을 중지하면 천자를 높이기 위한 일이 장난이 되고 맙니다. 나 또한 돌아가서 과군에게 복명할 말이 없게 됩니다."

왕자 호가 물었다.

"그럼 어찌해야 좋겠소?"

조최가 대답했다.

"저에게 한 가지 계책이 있습니다. 하지만 감히 말씀드리지 못하겠습니다."

왕자 호가 말했다.

"자여子餘에게 어떤 양책良策이 있는 것이오? 좋기만 하다면야 어찌 그 명을 좇지 않겠소?"

조최가 대답했다.

"예로부터 천자에게 순수巡狩하는 제도가 있습니다. 천하 사방을 돌아보고 각 지역 백성들의 형편을 살펴보기 위한 것입니다. 이제 천자가 순수를 명분 삼아 어가를 타고 온 땅으로 거동하며 과군이 제후들을 이끌고 근례를 올리면 됩니다. 온 땅은 경사에서 가까운 기내畿內의 하양河陽 땅에 있습니다. 그리하면 경사의 백성을 놀라게 할 일도 없고, 위로는 왕실의 존엄한 체통을 잃지 않고, 아래로는 제후들의 충성심을 펴게 할 수 있습니다. 어찌 생각할지 모르겠습니다."

왕자 호가 말했다.

"자여의 계책이 양쪽 모두 편한 방법인 듯하오. 내가 돌아가 천자에게 고하도록 하겠소."

왕자 호가 돌아가 주양왕에게 조최의 말을 전했다. 주양왕이 크게 기뻐하며 이해 겨울 10월 1일에 하양 땅으로 어가를 타고 행행行幸하는 이른바 가행嘉行을 약속했다. 조최도 본국으로 돌아가서 진문공에게 이를 보고했다.

진문공은 곧바로 열국의 제후에게 사자를 보내 10월 1일 온 땅에 모일 것을 통보했다. 약속한 10월 1일, 온 땅에 제소공齊昭公 반潘과 송성공宋成公 왕신王臣, 노희공魯僖公 신申, 채장공蔡莊公 갑오甲午, 진목공秦穆公 임호任好, 정문공鄭文公 첩捷 등이 육속陸續해 모여들었다.

진목공秦穆公이 진문공에게 말했다.

"지난번 천토 회맹 때는 길이 멀어 기한 내에 도착하지 못할까 우려해 가지 못했소. 이번에 작심하고 왔으니 여러 제후들의 뒤를 따라 회맹에 참여할 생각이오."

진문공이 먼 길을 달려온 진목공에게 사례했다. 마침 그때는 진목공陳穆公 관款이 죽고 그의 아들 진공공陳共公 삭朔이 즉위한 지 얼마 안 된 때였다. 진공공 삭은 진晉나라의 위세가 두려워 상복을 입은 채 온 땅에 왔다. 주邾나라와 거莒나라 등 소국의 군주도 회맹에 참여했다.

당시 위성공 정鄭은 자신이 저지른 죄를 알고 있기에 온 땅으로 가지 않으려고 했다.

영유가 간했다.

"이번에 가지 않으면 또 미움을 사게 됩니다. 진나라는 틀림없이 이를 핑계 삼아 우리를 칠 것입니다."

위성공이 부득불 온 땅으로 갔다. 영유와 감장자鍼莊子, 사영士榮 등 3명의 대부가 위성공을 모시고 갔다. 위성공 일행이 온 땅에 왔으나 진문공은 이들을 만나 주지 않았다. 오히려 병사들로 하여금 이들을 감시하게 했다. 오직 허희공만은 지난번처럼 이번에도 고집을 세우고 진문공의 소집명령에 응하지 않았다.

온 땅에 모인 열국은 진晉나라를 위시해 제나라와 송나라, 노나라, 채나라, 진秦나라, 정나라, 진陳나라, 주邾나라, 거莒나라 등 모두 10국이었다. 10국의 군주들은 서로 인사를 나누고 안면을 익혔다.

하루가 지나자 주양왕의 어가가 당도했다. 진문공이 열국의 제후를 이끌고 주양왕을 영접해 행궁으로 모셨다. 이들은 주양왕 앞에 도열해 함께 재배하고 머리를 조아렸다.

이튿날 5경 때 10국의 제후들이 관을 쓰고, 예복에 패옥을 찬 것이 질서정연해 정정제제整整齊齊했고, 알현 의식에 따라 절하고 무도舞蹈하자 행궁 마루에서 가벼운 먼지가 일어나고 패옥에서 쟁그랑 소리가 나는 것이 쟁쟁제제鏘鏘濟濟했다.

근례가 끝나자 제후들이 자국의 특산물인 방물方物을 진공進貢했다. 제후들 모두 해당 지역 주인으로서 예의를 다했다. 공손히 자신의 자리로 가서 기쁨이 넘치는 천자의 얼굴인 천안天顔을 바라보았다. 이번의 천자에 대한 근례는 천토회맹 때보다 더욱 성대하고 엄숙했다.

옛 사람이 시를 지어 이를 증명했다.

의관 정제하여 하양에 모였으니	衣冠濟濟集河陽
천자의 어가를 다퉈 영접하다	爭睹雲車降上方
범 같은 제후들 절하며 충성하니	虎拜朝天鳴素節
천자가 하림하여 영광을 베풀다	龍顔垂地沐恩光
문왕 무왕 때 흥기한 주나라도	酆宮勝事空前代
낙양천도 이후 권위가 떨어지다	郟鄏虛名慨下堂

양왕 초빙은 의전에 안 맞으나 雖則致王非正典
순수 명분 내세웠으니 무방하다 托言巡狩亦何妨

주양왕에 대한 조례가 끝나자 진문공은 위나라 숙무가 원통하게 죽은 사정을 주양왕에게 호소했다. 왕자 호로 하여금 자신과 함께 해당 의옥疑獄을 판결해 달라고 청했다. 주양왕이 이를 윤허했다.

진문공은 왕자 호를 공관으로 맞아들여 빈주賓主의 자리에 나눠 앉았다. 이어 사람을 시켜 왕명으로 위성공을 불렀다. 위성공이 죄수복을 입고 참석했다. 위나라 대부 원훤 역시 들어왔다.

왕자 호가 말했다.

"군신이 서로 대질하면 불편하게 마련이오. 위성공의 대리인으로 하여금 원훤과 상대토록 하는 게 좋겠소."

위성공이 죄인의 자리에 나가지 않고 공관의 익랑翼廊에 앉아 재판을 지켜보게 됐다. 영유는 위성공 곁에 바짝 붙어 호위했다. 진문공은 위나라 대부 감장자鍼莊子를 위성공의 대리인으로 지정했다. 위나라 대부 사영士榮에게 치옥관治獄官의 임무를 맡겼다. 재판이 공정하게 이뤄지도록 감독케 한 것이다.

재판이 시작되자 원훤은 마치 강물이 쏟아지는 듯한 현하지변懸河之辯을 토했다. 위성공이 나라를 버리고 양우襄牛 땅으로 달아난 일부터 시작해 숙무에게 어떻게 나라를 지켜 달라고 부탁했는지, 이후 원각을 죽이고 마침내 숙무까지 죽인 일을 자세히 설명하고 끝냈다.

감장자가 위성공을 대신해 답변했다.

"이번 일은 모두 천견의 간사한 참소 때문에 생긴 것입니다. 위후衛侯는 그 자의 말을 사실로 믿고 그런 일을 벌인 것입니다. 그가 죄를 모두 뒤집어쓸 순 없습니다."

원훤이 반문했다.

"천견은 원래 나에게 숙무를 옹립하자고 유혹했소. 내가 그의 말대로 했다면 이후 위후가 어떻게 다시 입국할 수 있었겠습니까? 나는 다만 형을 지극히 사랑하는 숙무의 마음을 존경했기에 천견의 제안을 거절한 것입니다. 그런데 뜻밖에도 그는 형제 사이를 이간질하는 간특한 짓을 했습니다. 문제는 위후가 동생을 시기하고 의심한 데 있습니다. 동생을 믿었다면 천견의 참소가 어찌 먹혀들 수 있었겠습니까? 제가 자식 원각을 위후에게 보낸 것만 보아도 저의 본심이 어떤 것인지 분명히 알 수 있었을 것입니다. 숙무와 내가 절대로 배반하지 않겠다는 충성의 표시였습니다. 그런데도 위후는 원각의 해명도 듣지 않고 죽여 버렸습니다. 바로 그런 마음자세로 동생인 숙무까지 죽인 것입니다."

사영이 나서 말을 가로막았다.

"이번 옥사는 그대가 죽은 자식의 원한을 갚기 위해 일으킨 것으로 숙무를 위한 게 아닌 듯하다."

원훤이 말했다.

"저는 늘 말하기를, '자식이 죽은 건 사원私怨이고, 나라를 지키는 건 대사大事이다.'라고 했습니다. 비록 불초하기는 하나 감히 사원으로 인해 대사를 그르칠 사람은 아닙니다. 당시 숙무가 진문공에게 형의 복위를 간청하는 서신을 보냈을 때도 그 서신의 초고를 쓴 사람은 바로 저였습니다. 만일 위후에게 원한을 품었다면 어찌 그리할 수 있었겠습니까? 이는 위후가 한때의 잘못을 후회하고 마음을 바로잡길 바랐기 때문입니다. 그러나 이는 저의 오산이었습니다. 결국 숙무가 살해되는 원통한 일이 빚어지고 말았습니다."

사영이 말했다.

"숙무가 보위를 찬탈할 마음이 없다는 것은 위후도 알고 있었소. 다만 천견의 악독한 꾐에 넘어갔을 뿐이오. 결코 위후가 그리하고자 했던 게 아니오."

원헌이 말했다.

"위후가 이미 숙무에게 보위 찬탈의 마음이 없다는 걸 알았다면 천견의 말이 모두 거짓이란 걸 알았을 것 아닙니까? 그렇다면 곧바로 그를 처벌했어야 하는데 처벌은커녕 약속한 기일보다 먼저 출발했습니다. 더구나 그는 입국하면서 천견으로 하여금 전대前隊를 이끌고 먼저 가게 했습니다. 이는 천견의 손을 빌려 숙무를 제거하려고 한 속셈임을 분명히 보여주고 있습니다. 천견이 숙무를 죽일 줄 몰랐다고 말하기는 어려울 것입니다."

감장자는 머리를 숙인 채 한마디도 대꾸하지 못했다. 사영이 다시 원훤을 반박했다.

"숙무가 설령 억울하게 죽었다 할지라도 숙무는 일개 신하이고, 위후는 군주요. 자고로 군주에게 억울한 죽임을 당한 신하는 이루 헤아릴 수 없을 정도로 많소. 하물며 위후는 이미 천견을 주살했을 뿐만 아니라 숙무를 후한 예로 장사지냈소. 상벌을 분명히 한 셈이오. 그런 위후에게 죄가 있다면 어느 군주인들 죄가 없겠소?"

사영은 이어 하나라 걸桀이 관용봉關龍逢을 죽이고 은나라 주紂가 비간比干을 죽인 일을 들춰내 숙무를 죽인 위성공을 변호했다. 원훤이 말했다.

"옛날 하나라 걸이 무고한 관용봉을 죽이자 은나라 탕왕이 그를 쫓아냈고, 은나라 주가 무고한 비간을 죽이자 주나라 무왕이 그를 토벌했소. 탕왕과 무왕은 원래 걸과 주의 신하였소. 그러나 이들은 충량忠良한 사람이 억울하게 죽는 걸 보고 마침내 의로운 군사를 일으켜 그 군주를 죽이고 그 백성을 위무慰撫했소. 더구나 숙무와 위후는 형제간이고, 숙무는 그간 나라를 지켜준 공로가 있었소. 어찌 관용봉과 비간에 비할 수 있겠소? 또 위후로 말하면 위로는 천자의 분부를 거행해야 하고, 아래로는 방백方伯의 지시를 받아야 하는 처지에 있소. 일개 제후를 존귀하기로는 천자이고 부유하기로는 사해를 소유했던 걸과 주에게 비하는 것 자체가 지나치오. 요컨대 위후는 걸과 주조차 무고한 신하를 죽이고 죄를 받았는데 하물며 일개 제후에 불과한 위후가 어째서 죄가 없다는 것이오?"

사영도 말문이 막히자 말머리를 딴 데로 돌렸다.

"설령 위후가 옳지 않다 할지라도 그대는 그 신하가 아니오? 신하라면 군주에게 충성을 다해야 하는데 그대는 어째서 위후가 귀국하자 곧바로 진晉나라로 출분한 것이오? 그대는 돌아온 위후에게 조례朝禮하지도 않았고 축하의 말도 전하지 않았소. 이것이 어찌 신하의 도리라고 할 수 있겠소?"

원훤이 대답했다.

"내가 숙무를 모시고 나라를 지킨 것도 실은 위후가 그리하라고 명했기 때문이오. 위후는 숙무도 용납하지 않고 죽였는데 이 원훤을 용납할 리 있겠소? 나는 목숨이 아깝고 죽음을 두려워해 달아난 게 아니오. 나라도 살아남아 숙무의 원통한 죽음을 명백히 신원伸寃하기 위해 그런 것이오."

상좌에 앉아 있던 진문공이 왕자 호에게 말했다.

"사영과 원훤의 얘기를 살펴보건대 그 어느 것이나 원훤의 말이 도리에 맞소. 위후 정鄭은 천자의 신하이니 과인이 마음대로 처결할 수 없소. 위나라 신하들에게는 형벌을 내릴 수 있으니 우선 그들부터 처벌합시다."

그러고는 좌우 무사들에게 호령했다.

"위후를 따라온 자들을 모두 참형에 처하도록 하라!"

왕자 호가 진문공에게 권했다.

"내가 듣건대 영유는 위나라의 현대부賢大夫라고 합니다. 그는 그간 형제와 군신 사이에서 일이 잘 풀리도록 조정하느라 크게 애를 썼다고 합니다. 위후가 들어주지 않는 바에야 그인들 어쩌겠습니까? 이번 사건에 영유는 별로 관계가 없으니 그를 연루시켜서는 안 될 줄 압니다. 사영은 사사士

위나라 원훤이 공관에서 옥사를 벌이다

師의 자격으로 이번 재판을 맡아 명백히 단안斷案하지 못했으니 그 죄가 중합니다. 감장자가 위후를 위해 한마디도 변호하지 않은 것은 위후의 행위가 사리에 어긋난다는 것을 이미 알고 있었기 때문인 듯합니다. 그의 죄는 경감해 주어야 합니다. 모든 일은 군후가 살펴 처리토록 하십시오."

진문공은 왕자 호의 의견을 참작해 사영은 참수하고, 감장자는 두 다리를 끊도록 했다. 영유는 문책하지 않고 사면했다.

위성공은 다시 함거에 실렸다. 진문공은 왕자 호와 함께 함거를 이끌고 주양왕에게 갔다. 이어 위나라 군신 사이에 벌어진 이번 사건의 심리 결과인 옥사獄詞를 자세히 보고한 뒤 이같이 말했다.

"숙무의 원통한 죽임이 사실로 밝혀졌으니 위후 정鄭의 죄를 사죄死罪로 다스리지 않으면 하늘이 용납지 않고 인심도 불복할 것입니다. 청컨대 사구司寇에게 형을 집행토록 명해 천자의 법이 엄중한 것을 밝히십시오."

주양왕이 대답했다.

"숙부의 단옥斷獄이 명확했을 것으로 생각하오. 그러나 이를 군주와 신하에 대한 교훈으로 삼게 할 수는 없소. 과인이 듣건대, '경국經國의 대전大典'인 「주관周官」에 고소인과 피고소인의 양쪽을 세우도록 돼 있는 것은 평민을 신문할 때나 해당하오. 군신君臣 사이에는 송사가 있을 수 없고, 부자父子 사이에도 송사가 있을 수 없도록 돼 있소. 만일 신하가 군주를 고소하는 일이 자꾸 생기면 상하의 질서가 무너질 것이오. 더욱 염려스러운 것은 군주의 잘못을 핑계 삼아 신하가 군주를 죽이는 시역弑逆이 더욱 빈번하게 빚어질까 하는 것이오. 과인은 군주에게 벌을 내림으로써 신하들에게 시역을 가르칠 수는 없소. 이는 위후에게 무슨 사사로운 인정을 끼치려는 게 아니오."

진문공이 황공한 모습으로 말했다.

"이 중이의 좁은 소견이 거기까지는 미치지 못했습니다. 천왕天王이 위후를 주살하지 않겠다면 신이 마땅히 그 함거를 경사로 송치해 재결을 받도록 하겠습니다."

진문공이 위성공을 실은 함거를 끌고 공관으로 돌아왔다. 병사들에게 처음처럼 엄중히 감금토록 했다. 이어 원훤에게는 위나라로 돌아가 국내의 난국을 수습케 했다. 진문공은 원훤을 보내면서 위성공 대신 현명한 자를 보위에 앉히는 게 좋겠다는 취지를 밝혔다. 원훤이 귀국한 뒤 신하들과 함께 이 문제를 상의했다. 그는 이 자리에서 거짓말을 했다.

"천자가 위후를 사형에 처하기로 이미 결정했소. 내가 왕명을 받들고 돌아왔으니 현자를 선택해 옹립해야 할 것이오."

신하들이 입을 모아 한 사람을 천거했다. 숙무의 동생인 적適으로, 자는 하瑕였다. 인품이 인후仁厚했다.

원훤이 말했다.

"그 분을 세우면 형이 떠난 자리를 동생이 차지하게 되니 이른바 형종제급兄終弟及[1]의 사리에 합당하다고 할 것이오."

위나라 신하들이 공자 적을 받들어 군주로 세웠다. 원훤이 상경上卿이 됐다. 사마만司馬瞞과 손염孫炎, 주천周歂, 야근冶廑 등 문무 양반의 신하들이 새 군주를 보필했다. 이로써 위나라는 간신히 안정을 이뤘다.

필경 위나라 사태는 과연 어떻게 귀결될 것인가? 다음 회를 보라.

1 형종제급兄終弟及은 동생이 형의 뒤를 이어 즉위하는 것으로 적장자嫡長子 승계가 일반화하기 이전의 보위계승 법칙이었다. 후대에도 위기상황에서는 적장자 계승의 원칙을 보완하는 방안으로 계속 존재했다. 형사제급兄死弟及과 같은 말이다.

제43회

85話 영유가 가짜 짐독으로 위성공을 복위시키다
– 지영유가짐복위智寧兪假酖復衛

한편 제후들의 근례를 받고 주양왕은 경사인 낙양으로 돌아가려고 했다. 제후들이 하양 땅 경계까지 주양왕을 전송했다. 진문공은 주양왕이 떠나기에 앞서 선멸로 하여금 위성공을 경사로 압송케 했다.

당시 위성공은 가벼운 병을 알았다. 진문공은 그를 치료해 준다는 구실로 의원 연衍으로 하여금 위성공과 동행케 했다. 이때 그는 의원 연에게 병을 치료한다는 핑계로 독살할 것을 명했다. 위성공에 대한 가슴 속의 분노를 그런 식으로 풀고자 한 것이다.

진문공이 의원 연에게 거듭 지시했다.

"네가 그 일을 제대로 하지 못하면 용서하지 않을 것이다."

그는 또 선멸에게도 분부했다.

"그 일을 서두르되 조심해야 하오. 일을 끝낸 뒤 곧바로 의원 연과 함께 돌아와 결과를 보고토록 하시오."

주양왕이 경사로 돌아간 후에도 제후들은 곧바로 흩어지지 않았다.

진문공이 제후들에게 말했다.

"과인은 이제 천자의 명을 위임받은 까닭에 왕실을 존중하지 않는 불충한 나라를 과인의 전결專決로 정벌할 생각이오. 지금 허남許男만은 한마음으로 초나라를 섬기면서 중원과 거래를 끊었소. 이번에 천자의 어가가 천토에 이어 하양에도 하림했소. 이로 인해 여러 군후들이 천자를 영접하기 위해 모두 바쁜 걸음을 해야만 했소. 허나라 도성 영양潁陽은 이곳에서 아주 가깝소. 이 기회에 허나라의 무례를 응징하지 않으면 방백의 임무를 태만히 하는 게 될 것이오. 원컨대 과인은 모든 군후들과 함께 허나라를 문죄問罪코자 하오."

열국의 제후들이 대답했다.

"삼가 군후의 명을 좇겠습니다."

진문공이 제나라와 송나라, 노나라, 채나라, 진陳나라, 진秦나라, 거나라, 주邾나라 등 8국의 군주와 함께 병거를 이끌고 일제히 허나라 도성 영양으로 쳐들어갔다.

당시 정문공 첩捷은 원래 초성왕의 인척으로 초나라를 섬겨왔지만 성복대전에서 진나라가 이기자 그 위세를 두려워한 나머지 마지못해 진나라에 귀부했다. 그러나 그는 진문공의 조나라와 위나라에 대한 조치가 너무 가혹한 것을 보고 내심 불만을 품었다. 그는 속으로 이같이 생각했다.

'진후晉侯가 망명 다닐 때 나도 그에게 실례失禮한 적이 있다. 그는 자신의 입으로 조나라와 위나라 군주의 복위를 허락하고도 아직까지 놓아주지 않고 있다. 그는 원한에 대한 집념이 강한 사람이다. 그런 그가 우리 정나라에 대한 원한만 쉽게 잊을 리 없다. 차라리 초나라에 대한 한 가닥 길을 터놓아 궁지에 몰릴 경우를 대비하느니만 못하다. 그래야 나중에 어려움이 닥치면 초나라에 의지할 수 있을 것이다.'

상경 숙첨叔詹은 정문공이 주저하는 것을 보고 진나라를 배반할 뜻을 갖고 있음을 알아챘다.

그가 정문공에게 간했다.

"진나라가 저번에 다행히도 우리 정나라의 강화요청을 받아들였습니다. 그러니 주공은 두 마음을 품지 마십시오. 두 마음을 품은 게 탄로 나면 그는 우리를 용서하지 않을 것입니다."

그러나 정문공은 이를 듣지 않았다. 그는 곧 사람을 시켜 정나라에 전염병이 번지고 있다는 소문을 퍼뜨리게 했다. 전염병을 막기 위해 하늘에 기도를 해야 한다는 핑계를 대고 마침내 진문공에게 작별을 고하고 먼저 귀국했다.

본국으로 돌아간 정문공은 곧바로 초나라와 거래를 트기 위해 밀사를 초나라로 보냈다. 밀사가 초성왕에게 말했다.

"진문공은 허나라가 상국과 가깝게 지내는 것을 싫어합니다. 그는 허나라의 그런 태도를 문죄問罪하기 위해 제후들을 몰고 허나라로 떠났습니다. 과군은 상국의 위엄을 두려워하기에 거기에 가담하지 않았습니다. 이를 감히 고합니다."

당시 허희공도 제후들의 군사가 쳐들어온다는 보고를 받고 곧바로 초나라에 사자를 보내 급히 구원을 청했다. 초성왕이 허나라 사자에게 말했다.

"우리는 전번에 진나라에 패한 까닭에 싸우지 않을 생각이오. 진나라가 싸움에 싫증을 낼 때까지 기다렸다가 강화토록 하시오."

그러고는 허나라의 요청을 거절했다. 제후들의 군사가 허나라 도성 영양을 물샐틈없이 포위했다.

당시 조공공은 아직도 오록성에 억류돼 있었다. 그는 진문공의 사면령이 내리지 않는 것을 보고 진문공을 설득할 수 있는 사람을 구해 진나라로 보내고자 했다. 소신小臣 후누侯獳가 그 일을 맡겠다고 자청했다. 다만 그 일을 하려면 많은 뇌물이 필요하다고 했다. 조공공이 이를 허락했다.

후누는 진문공을 비롯한 제후들이 허나라에 있다는 소식을 듣고 영양으로 가서 여러 경로를 통해 진문공을 만나고자 했다.

당시 진문공은 누적된 피로 때문에 한질寒疾이 나 자리에 누워 있었다. 잠이 든 사이 꿈을 꿨다. 의관을 갖춘 귀신이 나타나 먹을 것을 요구했다. 그는 귀신을 꾸짖어 내보냈다. 이후 그의 병세는 더욱 악화됐다. 침상에서조차 일어나지 못했다.

진문공은 태복 곽언을 불러 그 꿈이 길몽인지 여부를 점쳐보게 했다. 이를 염탐해 알아낸 후누가 황금과 비단 한 수레를 곽언에게 주면서 자신이 온 이유를 밝혔다. 진문공의 꿈속에 나타난 귀신을 빙자해 조공공이 풀려날 수 있도록 도와달라고 간청했다. 곽언이 그 뇌물과 부탁을 받고는 조공공을 위해 적극 주선하겠다고 약속했다.

진문공 앞에 나간 곽언은 꿈 얘기를 듣고 점을 쳤다. '천택리天澤履'의 「리괘履卦」가 나왔다. 음이 변해서 양이 되는 괘였다. 곽언이 점괘의 주사繇辭를 진문공에게 바쳤다.

음이 극에 달해 양이 되니	陰極生陽
동면한 벌레들 굼틀거리다	蟄蟲開張
천하에 대사령을 발포하니	大赦天下
종과 북 소리가 당당하다	鍾鼓堂堂

진문공이 주사를 받아보고 물었다.

"이게 무슨 뜻이오?"

곽언이 대답했다.

"점괘가 몽조와 들어맞았습니다. 제사를 받지 못하는 귀신이 주공에게 용서를 구하는 것입니다."

진문공이 말했다.

"과인은 여러 제사를 빠짐없이 지내고 있소. 그 귀신이 무슨 죄를 지었기에 과인에게 용서를 구한단 말이오?"

곽언이 대답했다.

"신의 어리석은 생각으로 헤아리건대, 그건 조曹나라의 귀신인 듯합니다. 조나라 시조인 조숙曹叔 진탁振鐸은 주무왕의 동생이고, 우리 진나라 시조인 당숙唐叔 우虞는 주무왕의 아들이자 주문왕의 손자입니다. 옛날 제환공은 맹회를 열기 위해 강씨姜氏의 제나라와 성이 다른 형邢나라와 위衛나라를 구해 주었습니다. 그런데 주공은 맹회를 위해 우리 진나라와 성이 다른 조나라와 위나라를 무찔렀습니다. 이후 주공은 이미 두 나라의 회복을 허락해 놓고 천토회맹 때 위나라만 회복시킨 뒤 조나라는 그대로 두었습니다. 이는 같은 죄를 저지른 두 나라를 다르게 벌한 것이 아닙니까? 조숙 진탁이 제사를 받지 못하는 것은 조백曹伯이 자국으로 귀국하지 못하고 갇혀 있기 때문입니다. 그러니 주공의 꿈에 굶주린 귀신이 나타날 법도 하지 않습니까? 주공이 조백을 복위시켜 조숙 진탁의 영혼을 위로하면 그 관인寬仁한 명에 조나라 백성들은 종고鐘鼓를 울리며 즐거워할 것입니다. 그러면 주공의 병환이 어찌 족히 우려할 만한 일이 되겠습니까?"

곽언의 말을 듣자 진문공은 문득 마음이 활짝 열리는 모습으로 활연豁然해지면서 병세가 절반은 사라지는 듯했다.

진문공은 그날로 사람을 오록 땅으로 보내 조공공의 귀국과 복위를 허락했다. 또 송나라에 내어줬던 땅도 도로 찾아서 돌려줬다. 조공공은 마치

영유가 가짜 짐독으로 주군을 구하다

새장의 새가 다시 창공인 소한霄漢을 날 듯, 우리 속의 원숭이가 다시 숲속의 나무인 임목林木을 기어오르듯 곧바로 귀국했다. 이어 조나라 군사를 이끌고 영양으로 와 복위를 허락한 진문공의 은혜에 사례했다.

제후들의 영양 포위에 일조한 셈이다. 이후 진문공의 병세도 점차 완화됐다.

한편 허희공은 초나라 구원병이 오지 않자 마침내 자신의 두 손을 등 뒤로 돌려 결박하고 입에 옥구슬을 문 이른바 면박함벽面縛銜璧을 한 채 진나라 군중으로 와 항복했다. 허나라의 황금과 비단을 모두 갖고 와 제후들의 군사를 호궤했다. 진문공이 이를 받아들였다. 이내 열국 제후들과 함께 영양의 포위를 풀고 허나라를 떠났다.

당시 진목공은 진문공과 작별하면서 이같이 제안했다.

"훗날 만일 군사를 동원할 일이 생길 경우 진秦나라가 출병하면 진晉나라가 반드시 돕고, 진晉나라가 출병하면 진秦나라 역시 돕기로 합시다. 우리 두 나라가 서로 동심협력同心協力해 상대방의 위난危難을 좌시하지 않기로 합시다."

두 사람이 그리키로 약정한 뒤 각자 본국을 향했다. 진문공은 본국으로 돌아가는 도중 정나라가 초나라에 사자를 보내 다시 초나라와 거래하고 있다는 보고를 받았다.

진문공이 발연勃然히 대로했다. 곧바로 방향을 돌려 정나라를 치려고 했다.

조최가 간했다.

"주공의 옥체玉體가 이제야 겨우 병에서 회복했습니다. 무리를 하면 안 됩니다. 병사들 역시 크게 지쳐 있고, 제후들도 흩어졌습니다. 일단 귀국하는 것만 못합니다. 1년쯤 쉰 뒤 정나라를 도모해도 늦지 않습니다."

진문공이 이를 좇아 본국으로 돌아갔다.

한편 주양왕이 하양에서 열국 제후들의 조례를 받고 경사로 돌아가자 경사에 남아 있던 신하들이 주양왕을 알현하며 칭하稱賀했다. 주양왕을 따라간 진나라 장수 선멸도 주양왕을 알현한 뒤 진문공의 품의를 고하며 위성공을 사구司寇에 넘겨 죄를 다스려 줄 것을 청했다.

당시 주공周公 열閱이 태재太宰가 되어 왕실의 정사를 맡고 있었다. 그는 주양왕에게 일단 위성공을 관사에 연금한 뒤 죄를 뉘우치며 반성하는지 여부를 지켜봐야 한다고 주청했다.

주양왕이 말했다.

"감옥에 가두는 것은 너무 심하고, 공관에 있게 하는 것은 너무 경하오."

그러고는 민가의 방 하나를 비우게 한 뒤 그곳을 수인실囚人室로 삼아 가두게 했다. 주양왕은 되도록이면 위성공을 도와줄 생각이었다. 다만 진문공이 그를 크게 원망하고 있고, 또 선멸이 압송해온 뒤 처분을 지켜보고 있는 까닭에 이를 무시할 수 없었다. 당분간 위성공을 별실에 가두게 한 이유다. 그러나 실은 그를 후대한 것이다.

당시 경사까지 따라온 영유는 잠시도 위성공 곁을 떠나지 않았다. 잘 때도 위성공과 함께 자면서 한 걸음도 곁에서 떠나지 않았다. 감시인이 가져다주는 음식도 반드시 먼저 맛을 본 뒤 위성공이 먹게 했다.

한편 선멸은 의원 연에게 속히 위성공을 독살하라고 누차 독촉했다. 의원 연도 영유가 빈틈없이 위성공을 보호하는 까닭에 어찌해 볼 도리가 없었다. 선멸과 영유 사이에 끼어 입장만 난처해졌다. 견디다 못한 그는 마침내 영유에게 실정을 고했다.

"진군晉君의 성품이 강하다는 것은 그대도 잘 알 것입니다. 죄를 지은 자는 반드시 죽이고 한번 원한을 품으면 반드시 보복하는 사람입니다. 내가 이곳 경사까지 따라온 이유 역시 위후를 독살하라는 진군의 명에 따른 것입니다. 위후를 죽이지 못하면 나는 벌을 받아야 합니다. 내가 죽음에서 벗어날 수 있는 계책이 있으면 다른 사람에겐 알리지 말고 내게만 일러주시오"

영유가 의원 연의 귀에다 입을 대고 속삭였다.

"그대가 속사정을 감추지 않고 내게 털어놨으니 내 어찌 그대를 위해 힘쓰지 않을 수 있겠소. 그대의 군주는 이제 늙었소. 사람의 계책인 인모人謀를 멀리하고 귀신의 계책인 귀모鬼謀를 더 믿는 게 그렇소. 들은 소문에 따르면 조백曹伯이 석방된 것도 태복 곽언이 귀신 얘기를 했기 때문이라고 하오. 그대는 선멸에게 맡은 일을 완수하겠다고 말하고, 과군에겐 짐독鴆毒을 해롭지 않게 조금만 탄 술을 올리시오. 그리고 나머지 일은 모두 귀신 핑계를 대시오. 그러면 진군은 틀림없이 그대를 벌하지 않을 것이오. 내가 과군으로 하여금 박하나마 그대에게 사례토록 하겠소."

의원 연이 머리를 끄덕이고 물러갔다. 영유는 이내 위성공의 명을 받은 것처럼 가장하고 의원 연을 찾아왔다. 위성공이 문득 병에 걸렸으니 약주藥酒를 사용해 치료해 달라고 부탁했다. 영유가 이때 은밀히 값진 보옥 상자 하나를 뇌물로 주었다.

의원 연이 먼저 선멸에게 가 장담했다.

"이제 위후는 죽을 때가 됐습니다."

그는 짐새의 독을 넣은 독주를 조제하면서 독을 아주 적게 넣었다. 다른 약을 섞어 술의 빛깔이 독주처럼 보이게 했다. 독주를 담은 사발을 선멸에게 보인 뒤 들고 가서 위성공에게 바쳤다.

영유는 짐짓 그에게 술을 먼저 맛보라고 요구했다. 의원 연도 거짓으로 거절하는 체하다가 문득 누워있는 위성공에게 달려들어 그의 입에 억지로 독주를 흘려 넣었다.

의원 연은 위성공의 입에 독주를 두세 모금 흘려 넣다가 눈을 부릅뜨고 마당 한가운데를 올려다보더니 문득 큰 소리를 지르며 방바닥에 쓰러졌다. 입으로 피를 토하며 금방 인사불성이 됐다. 독주 사발도 내동댕이쳐져 박살이 나면서 바닥에 술이 다 쏟아지고 말았다.

영유는 짐짓 크게 놀란 체하면서 좌우 사람에게 명해 의원 연을 부축해 일으키도록 했다. 의원 연은 반나절 후에야 간신히 깨어났다. 영유가 짐짓 혼절한 이유를 물었다. 의원 연이 대답했다.

"위후에게 억지로 술을 먹일 때 문득 한 신인神人이 나타났습니다. 키가 한 길이 넘고, 머리는 10말 들이 그릇인 곡斛만 했고, 위엄 있는 옷차림을 하고 있었습니다. 그는 하늘에서 내려와 바로 방안으로 들어왔습니다. 그는 말하기를, '나는 진晉나라 시조 당숙唐叔 우虞의 명을 받고 위후를 구하러 왔다.'고 하면서 금방망이로 술 사발을 쳐서 깨뜨렸습니다. 순간 저는 정신을 잃고 말았습니다."

위성공도 그 말을 듣고 넌지시 말했다.

"내가 본 귀신도 이 사람이 말한 것과 같소."

영유가 거짓으로 화를 내며 말했다.

"너는 원래 독약을 써 우리 주공을 해치려 한 것이다. 귀신이 구해 주지 않았던들 우리 주공은 세상을 떠났을 것이다. 나는 결코 이 세상에서 너와 함께 살 수 없다."

영유가 짐짓 팔을 걷어붙이고 의원 연과 싸우려고 했다. 좌우 사람들이 일시에 나서 영유를 말렸다. 선멸은 그 소식을 듣고 즉시 수레를 타고 와 사건의 경위를 살펴보았다

선멸이 영유에게 말했다.

"그대 군주는 귀신의 도움을 받는 듯하오. 조상의 덕이 후대에 미치는 후복後福이 아직 남아 있는 모양이오. 내가 이 일을 과군에게 보고하겠소."

위성공은 독주를 억지로 마시기는 했으나 독을 묽게 탄 술을 아주 적게 마신 까닭에 거의 중독되지 않았다. 그는 한때 가벼운 중독 증세를 느꼈으나 그 증세는 이내 사라졌다.

선멸은 의원 연과 함께 진晉나라로 돌아와 이를 진문공에게 보고했다. 진문공이 이들의 말을 믿었다. 의원 연이 죽지 않고 사면을 받은 이유다.

사신史臣이 이를 시로 읊었다.

왜 독주로 위후 죽이려 했나	鴆酒何名毒衛侯
의원만 공연히 독 사발 깼다	漫教醫衍碎磁甌
진문공의 분노 불과 같으나	文公怒氣雖如火
어찌 영유 계책서 벗어날까	怎脫今朝寧武謀

한편 노희공은 위나라와 대대로 친한 사이였다. 그는 의원 연이 위성공에게 독주를 먹였으나 죽지 않았고, 진문공도 의원 연을 문책하지 않았다는 소문을 들었다.

대부 장손진에게 물었다.

"위후가 다시 보위에 오를 수 있겠소?"

장손진이 대답했다.

"아마 복위하게 될 것입니다."

노희공이 물었다.

"어째서 그러리라고 보는 것이오?"

장손진이 대답했다.

"5형五刑 가운데 가장 큰 것은 온갖 무기와 부월斧鉞로 치는 것이고, 그 다음은 칼과 톱과 송곳 및 화살 통 등으로 신체의 일부를 절단하거나 훼손하는 것입니다. 가장 가벼운 것은 채찍과 몽둥이로 때리거나, 들판에 형틀을 세워 묶어두거나, 저잣거리에서 조리돌리는 식으로 백성과 함께 그 죄를 밝히는 것입니다. 이번에 진후晉侯는 위후를 공개적인 형벌을 가하지 않고 사적으로 독살코자 했습니다. 또 그 일을 맡긴 의원 연이 실패했는데도 그를 죽이지 않았습니다. 위후를 독살했다는 오명을 뒤집어쓸까 우려했기 때문입니다. 위후가 죽지 않은 마당에 주나라에서 그냥 늙어 죽으라고 하겠습니까? 위후는 반드시 복위키 위해 온갖 노력을 기울일 것이고, 진나라는 틀림없이 그를 용서할 것입니다. 위후는 복국復國에 성공하고, 노나라와 더욱 친밀해질 것입니다. 제후들 가운데 누구인들 위후를 살려준 주공의 고의高義를 칭송하지 않겠습니까?"

노희공이 그 말을 듣고 크게 기뻐했다. 우선 장손진으로 하여금 백벽白璧 100쌍을 갖고 경사로 가 주양왕에게 바치고 위성공의 석방을 간청케 했다.

주양왕이 장손진에게 말했다.

"과인은 진후晉侯의 뜻에 따라 억류하고 있을 뿐이오. 만일 진후만 뒷말인 후언後言을 하지 않으면 과인이 무슨 이유로 위후를 싫어할 리 있겠소?"

장손진이 다시 말했다.

"과군도 신에게 진후를 찾아가 간청하라고 분부했습니다. 하지만 천왕의 명이 없으면 하신下臣은 감히 갈 수 없습니다."

주양왕이 백벽 10쌍을 받고 장손진의 주청도 윤허했다. 장손진이 곧바로 진나라로 갔다. 진문공을 알현한 뒤 백벽 10쌍을 바치면서 간청했다.

"과군과 위후는 형제간이나 다름없습니다. 위후가 군후에게 죄를 지었으니 과군은 한시도 마음이 편치 못합니다. 이번에 군후가 조백을 석방했다고 들었습니다. 과군은 군후가 위후도 용서해 주길 바라고 있습니다. 변변치 못한 물건이나마 위후의 죄를 대속代贖한다는 의미에서 백벽 10쌍을 바칩니다."

진문공이 말했다.

"위후는 지금 경사에 있소. 그는 천자의 죄인이오. 과인이 천자의 죄인을 어떻게 임의로 처분할 수 있겠소?"

장손진이 다시 애걸했다.

"지금 군후는 천자를 대신해 열국의 제후에게 호령하고 있습니다. 군후가 죄인의 석방을 명하면 그것이 왕명과 무슨 차이가 있겠습니까?"

선멸이 진문공에게 말했다.

"노후는 원래 위후와 친한 사입니다. 주공이 노후를 위해 위후를 용서하면 이들은 더욱 친해질 것이고, 두 나라는 우리 진나라에 더욱 충성할 것입니다. 주공에게 이익이 있을지언정 무슨 손해가 있겠습니까?"

진문공이 그 말을 듣고 장손진의 청을 허락했다. 이어 선멸로 하여금 장손진과 함께 경사로 가서 주양왕에게 위성공의 석방을 주청케 했다. 주양왕이 곧바로 위성공을 석방했다. 위성공이 서둘러 귀국길에 올랐다.

위나라에선 이미 원훤이 공자 하를 새 군주로 받들어 모시고 있었다. 그는 성곽을 보수하고, 무기를 수리하고, 성문 출입자들을 대상으로 수소문하고 염탐하며 검문하는 기찰譏察을 엄히 실시했다. 위성공의 복국을 두려워한 그는 유사시를 대비해 군사를 일으켜 대항할 준비를 한 것이다.

위성공도 그 점을 우려했다. 귀국하면서 영유에게 그 타개책을 물었다. 영유가 대답했다.

"듣건대 주천周歂과 야근冶廑은 공자 하를 옹립하는 데 공을 세웠다고 하여 상경 벼슬을 청했지만 거절당하자 원훤을 원망하고 있다 합니다. 이들 두 사람과 손을 잡고 내응하게 하면 일을 쉽게 풀 수 있습니다. 성안에 신과 두터운 교분을 지닌 사람이 하나 있습니다. 이름은 공달孔達로 송나라 충신 공보가孔父嘉의 후손입니다. 도량이 넓고 경륜이 높은 사람입니다. 주천과 야근과도 가깝습니다. 주공은 공달에게 서신을 보내 일이 성사되면 주천과 야근에게 상경의 벼슬을 내리겠다는 우리의 약속을 전하게 하십시오. 그리고 이들로 하여금 원훤을 죽이게 하면 그 밖의 사람은 두려울 게 없습니다."

위성공이 대답했다.

"그대는 나를 위해 은밀히 그들을 우리 편으로 끌어들이면 되오. 성사만 된다면 상경 자리를 어찌 아끼겠소?"

영유가 은밀히 심복 한 사람을 위나라 도성으로 들여보내면서 도중에 이런 소문을 퍼뜨리게 했다.

"위후가 비록 풀려났으나 귀국할 면목이 없자 장차 초나라로 피신하려고 한다."

심복은 무사히 성안으로 들어가 공달을 찾아갔다. 공달에게 영유의 말과 함께 위성공의 친서도 전했다. 공달은 곧바로 주천과 야근을 불러 감언이설로 꾀었다.

공달의 말을 들은 주천과 야근 두 사람이 서로 상의했다.

"원훤은 매일 밤 직접 성을 순찰하오. 우리는 밤에 병사를 성문 근처의 으슥한 곳에 매복시켰다가 원훤이 오거든 일제히 뛰쳐나가 척살해 버립시다. 그리고 곧바로 궁으로 쳐들어가 보위에 앉아 있는 공자 하를 처치합시다. 이어 궁실을 소제하고 위후를 영접합시다. 그러면 우리 두 사람보다 더 큰 공을 세운 사람은 없게 될 것이오."

두 사람은 그날 저녁 각각 가병을 이끌고 가 약속한 장소에 매복했다.

그날 밤도 원훤은 수행원과 호위병을 이끌고 성을 순시하며 동문 앞에 이르렀다. 주천과 야근 두 사람이 함께 나타나 원훤을 영접했다. 원훤이 그들을 보고 놀랐다.

"두 분은 무슨 일로 이곳에 와 있소?"

주천이 대답했다.

"성 밖 사람들의 얘기에 따르면 옛 군주가 이미 위나라 경내 안으로 들어왔다고 합니다. 조만간 도성에 당도할 것입니다. 대부는 이런 소문을 듣지 못했습니까?"

원훤이 크게 놀랐다.

"그런 말을 어디서 들었소?"

야근이 대답했다.

"듣자니 대부 영유가 사람을 도성 안으로 들여보냈다고 합니다. 그 사람은 신하들과 만나 옛 군주를 영입키로 약속했다는 것입니다. 대부는 어찌 대처할 생각입니까?"

원훤이 말했다.

"그건 유언비어요! 믿어서는 안 되오. 더구나 이미 새 군주를 옹립한 마당에 어찌 옛 군주를 받아들일 수 있겠소?"

주천이 큰 소리로 말했다.

"대부는 정경 자리에 앉아 있으니 마땅히 1만 리 밖의 일까지 통찰해야 한다. 이런 큰일을 아직도 알지 못하고 있으니 무엇을 하고 있는 것이오?"

야근이 잽싸게 원훤의 두 손을 꽉 잡았다. 원훤은 급히 손을 뿌리쳤으나 주천이 칼을 뽑아 대갈大喝하며 원훤을 쳤다. 머리가 두 조각으로 갈라진 원훤이 즉사했다. 복병이 일시에 뛰어나왔다. 원훤을 시위하고 왔던 자들이 혼비백산해 달아났다.

주천과 야근이 가병을 이끌고 거리를 돌아다니며 외쳤다.

"위후가 제나라와 노나라 군사를 이끌고 성문 밖에 와 있다. 너희 백성들은 안거安居하며 동요動搖하지 마라!"

백성들 모두 집집마다 문을 닫고 빗장을 걸었다. 관원과 대신들은 이 외치는 소리를 듣고 반의반신半疑半信했다. 그들은 밖에서 무슨 일이 벌어졌는지 알지 못했다. 모두 팔짱만 끼고 가만히 앉아 다음 소식만 기다렸다.

주천과 야근 두 사람은 궁중으로 쳐들어갔다. 당시 공자 하는 그 아우 공자 의儀와 함께 술을 마시고 있었다. 술자리가 무르익었을 때 한 내시가 들어와 병변兵變 소식을 전했다.

공자 의가 허실을 알아보기 위해 칼을 뽑아 들고 궁 밖으로 나갔다. 이때 마침 쳐들어오는 주천과 만났다. 칼싸움이 벌어졌으나 공자 의는 주천의 칼을 맞고 즉사했다. 주천과 야근이 공자 하를 잡으려고 궁중을 샅샅이 뒤졌으나 찾지 못했다. 혼란에 빠진 궁에도 아침이 밝아왔다. 우물에 빠져 죽은 공자 하의 시신을 찾아냈다.

주천과 야근은 위성공의 친서를 조당 앞에 내걸고 문무백관을 소집했다. 친서를 본 문무백관이 성문을 열고 위성공을 영접한 뒤 다시 복위시켰다.

후대 사신이 이를 평했다.

영무자寧武子 영유는 온갖 노력을 다한 끝에 위후를 복위시켰으니 가히 지혜롭다고 할 만하다. 하지만 영유는 입성 당시 공자 하에게 권해 양위하게 할 수도 있었다. 공자 하도 위후의 귀국을 알았으면 군사를 동원해 대항하지는 않았을 것이다. 위후가 복위하고 공자 하가 도로 신하가 됐다면 이 어찌 두 사람 모두 온전하게 살아남을 수 있는 방안이 아니었겠는가? 그런데도 그는 주천과 야근을 끌어들여 궁중을 습격하고 마침내 시역弑逆을 저지르게 했을 뿐 아니라 골육상잔의 비극이 되풀이되게 했다. 그리 된 것은 비록 위후가 박덕한 탓이기는 하나 영무자에게도 죄가 없다고 할 수는 없다.

후대 사신은 이를 또 시로 읊었다.

천견의 화살에 숙무 원혼 되고	前驅一矢正含冤
새 군주도 우물에 빠져서 죽다	又迫新君赴井泉
탐욕스런 위후를 간한 자 없어	終始貪殘無諫阻
영유 현명하다는 말도 빈말이다	千秋空說寧俞賢

복위한 위성공은 택일하여 태묘에 제사를 지냈다. 주천과 야근 모두 상경에 제수됐다. 위성공은 두 사람으로 하여금 상경 예복을 입고 종묘 제사에 참여케 했다. 이날 5경에 주천은 수레를 타고 먼저 종묘로 갔다. 종묘 문 앞에 이르자 갑자기 눈을 부릅뜨고 허공을 노려보며 큰 소리로 외쳤다.

"좀도둑 소인배 주천아, 개돼지만도 못한 간적奸賊아! 우리 부자가 나라를 위해 충성을 바쳤는데 너는 상경 벼슬이 욕심나 나를 죽였다. 우리 부자는 구천에서 원한을 품고 있는데, 너는 성복盛服하고 종묘제사에 참례한단 말인가? 너는 그리 영화롭게 살지 못할 것이다. 내가 너를 나포한 뒤 구천으로 데리고 가 숙무와 공자 하에게 대면시킬 것이다. 네가 뭐라고 변명하는지 지켜 볼 것이다. 나는 바로 상대부 원훤이다."

그는 말을 마치자 아홉 구멍으로 피를 쏟으며 수레 속에서 거꾸러져 죽었다. 뒤따라오던 야근은 그 광경을 보고 크게 놀랐다. 황망히 상경의 예복을 벗어 던졌다. 문득 오한에 걸렸다는 핑계를 대고 수레를 되돌려 집으로 돌아갔다. 종묘에 온 위성공은 두 사람 대신 영유와 공달로 하여금 제사에 배석케 했다.

위성공이 조정으로 돌아갔을 때는 이미 상경벼슬을 사퇴한다는 야근의 표문이 올라와 있었다. 위성공은 주천이 기이하게 죽은 걸 알기에 야근의 사표를 수리했다. 이로부터 1달도 안 돼 야근도 시름시름 앓다가 죽었다. 가련한 일이다. 주천과 야근은 상경 벼슬을 탐내 의롭지 못한 짓을 하고 단 하루의 영화도 누리지 못하고 공연히 천추에 걸쳐 침을 뱉고 욕하는 타매唾罵의 대상이 됐다. 어찌 어리석은 일이 아닌가!

위성공은 영유의 공을 감안해 상경에 제수코자 했으나 영유는 공달에게 사양했다. 공달이 상경이 되고 영유는 아경亞卿이 됐다.

공달이 위성공을 위해 새로운 계책을 내놓았다. 공자 하의 죽음을 주천과 야근이 명을 멋대로 어기고 난동을 부린 탓으로 돌리는 계책이었다. 두 사람은 이미 죽은 까닭에 그에 대한 항변이 나올 리도 만무했다.

취성공은 사자를 진晉나라로 보내 공달의 말대로 진문공에게 사죄했다. 진문공 역시 이를 사실로 믿고 이 일을 불문에 붙였다.

86話 촉무가 성을 넘어가 진목공에게 유세하다
–노촉무추성세진老燭武縋城說秦

때는 주양왕 12년인 기원전 640년이었다. 당시 진나라 군사는 1년 남짓 휴식을 취했다. 하루는 진문공이 조회 때 신하들에게 물었다.

"정백鄭伯이 지난날 과인에게 저지른 무례에 대한 원한을 아직 갚지 못했소. 이제 정나라는 우리 진나라를 배반하고 초나라에 충성을 다하고 있소. 과인은 열국의 제후를 불러 그 죄를 물을 생각이오. 경들의 생각은 어떠하오?"

선진이 나서 말했다.

"그간 우리는 열국의 제후를 여러 번 소집했습니다. 이제 또 정나라를 치기 위해 열국의 군사를 징발하면 이는 중원을 평안케 하는 일이 아닙니다. 하물며 우리의 3군軍과 3항行은 결원이 없고, 장병 모두 출병을 고대하고 있습니다. 무엇 때문에 외국의 원군을 청한단 말입니까?"

진문공이 대답했다.

"하양에서 돌아오면서 진군秦君과 약속했소. 두 나라가 타국과 싸우게 되면 서로 돕기로 했소."

선진이 말했다.

"정나라는 중원의 인후咽喉에 해당합니다. 전에 제환공도 천하의 패권을 잡을 당시 매번 정나라를 손에 넣으려고 싸웠습니다. 이제 진秦나라와 함께 정나라를 치면 필경 우리는 정나라 때문에 다시 진秦나라와 다투게 됩니다. 우리 단독으로 치느니만 못합니다."

진문공이 말했다.

"정나라는 우리 진晉나라와 가깝고 진秦나라와는 멀리 떨어져 있소. 진秦나라가 정나라를 얻은들 무슨 이득이 있겠소?"

곧 사자를 진秦나라로 보내 출병 날짜를 약속하게 했다. 약속한 날인 9월 상순, 두 나라 군사가 함께 정나라 접경지대로 모여들었다.

진문공은 출발하면서 정나라 공자 난蘭으로 하여금 종군케 했다. 공자 난은 정문공 첩捷의 서자이다. 지난날 태자 화華의 핍박을 받자 진晉나라로 망명해 대부벼슬을 살았다.

공자 난은 진문공이 즉위하자 좌우를 떠나지 않고 정성껏 모셨다. 그 누구보다 부지런히 진문공의 시중을 들었다. 진문공이 그를 사랑하고 가까이 한 이유다. 이번에 진문공이 그를 데리고 가고자 했다. 겉으로는 고국 땅을 밟게 해준다는 것이었으나 사실은 그를 길잡이로 삼기 위한 것이었다.

공자 난이 사양했다.

"신이 듣건대, '군자는 비록 타향에 있을지라도 부모의 나라를 잊지 않는다.'고 했습니다. 이제 군후가 신의 고국인 정나라를 치러 가는 마당에 신이 어찌 감히 그 일에 참여할 수 있겠습니까?"

진문공이 칭송했다.

"경은 실로 근본을 아는 사람이로다."

그러고는 공자 난으로 하여금 동쪽 변경에 머물게 했다. 이때부터 공자 난을 정나라 군주로 세울 생각을 했다.

진晉나라 군사가 정나라 경내로 쳐들어갔다. 진목공 역시 참모 백리해와 백리해의 아들인 대장 맹명시孟明視, 부장인 기자杞子와 봉손逢孫 및 양손楊孫 등과 함께 병거 2백 승을 이끌고 약속한 장소에 와 진晉나라 군사와 합류했다.

양국 연합군은 국경에 설치한 관문이나 요새인 관새關塞를 격파하고 곡유曲洧 땅으로 육박해 들어갔다. 이어 긴 포위망을 구축하고 그곳을 점거했다. 진晉나라 군사는 정나라 도성의 서쪽인 함릉函陵, 진秦나라 군사는 정나라 도성의 동쪽인 범남氾南에 본영을 세웠다. 양국 연합군은 날마다 정나라 도성 주위를 순찰하며 곡식은 물론 땔나무에 이르기까지 모든 물품의 반입을 차단했다.

성안의 정문공이 크게 당황해 수족을 어디에 놓아야 좋을지 몰랐다. 대부 숙첨이 말했다.

"두 나라가 연합했으니 그 기세가 날카롭습니다. 저들과 싸워서는 안 됩니다. 지금으로선 뛰어난 변사辯士를 구한 뒤 진공秦公을 설득시켜 물러가게 하는 수밖에 없습니다. 진秦나라 군사가 물러가면 진晉나라 군사는 고단해집니다. 그러면 족히 두려워할 게 없습니다."

정문공이 물었다.

"누가 가서 진공을 설득할 수 있는가?"

숙첨이 대답했다.

"일지호佚之狐를 보내는 게 좋을 듯합니다."

정문공이 일지호에게 부탁하자 일지호가 대답했다.

"신은 그런 중책을 감당할 수 없습니다. 그 대신 다른 사람을 천거하겠습니다. 그 사람의 구변은 강물을 거꾸로 매단 것처럼 거침이 없고, 산도 뒤흔들 만큼 호기롭습니다. 다만 늙어서 아무도 그를 써주지 않을 뿐입니다. 주공은 그에게 벼슬을 내리고 진공을 설득하게 하십시오. 진공도 그의 말이면 듣지 않을 수 없을 것입니다."

정문공이 물었다.

"그 사람이 누구인가?"

일지호가 대답했다.

"그는 고성考城 출신으로 이름이 촉무燭武입니다. 나이는 70세가 넘었습니다. 젊어서 말을 키우는 어자圉者를 관리하는 어정圉正 벼슬을 지냈습니

■ 촉무가 성을 넘어가 진목공에게 유세하다

다. 3대에 걸쳐 그 벼슬을 지내며 다른 벼슬자리로 옮긴 적이 없다고 합니다. 원컨대 주공은 그를 예로써 대접하고 진秦나라 군중으로 보내도록 하십시오."

정문공은 촉무를 조정으로 불렀다. 신하들이 조당으로 들어오는 촉무를 보았다. 눈썹과 수염이 백설처럼 희고, 등은 꼽추처럼 구부러져 있었다. 걸음걸이도 비틀거렸다. 좌우 신하들 모두 그 모습을 보고 웃음을 간신히 참았다.

촉무가 정문공에게 배례했다.

"주공은 무슨 일로 이 늙은이를 부른 것입니까?"

정문공이 말했다.

"일지호가 말하기를, 그대의 변설이 매우 뛰어나다고 했소. 번거롭겠지만 진공秦公을 설득해 물러가게 할 수 있겠소? 그리하면 과인은 이 나라를 그대와 함께 다스릴 생각이오."

촉무가 재배하고 사양했다.

"신은 학문과 재주 모두 소졸疏拙합니다. 젊었을 때도 나라를 위해 한 치의 공도 세우지 못했습니다. 더구나 이젠 늙어빠진 터에 무슨 공을 세우겠습니까? 신은 근력을 이미 다 소진했고 말을 할 때면 숨이 가쁩니다. 어떻게 천승千乘의 대국 군주 앞에서 안색을 범하는 범안犯顔을 행하면서까지 설득할 수 있겠습니까?"

정문공이 말했다.

"그대가 3대에 걸쳐 정나라를 섬겼다는데도 늙도록 벼슬다운 벼슬을 한 번도 하지 못한 것은 오로지 과인의 잘못이오. 이제 그대에게 아경亞卿 벼슬을 내리겠소. 억지로라도 과인을 위해 한번 갔다 와 주시오."

일지호도 말했다.

"대장부가 늙도록 때를 만나지 못한 것은 운명이 아닐 수 없습니다. 이제 주공은 선생을 알아보고 임용했으니 선생은 거듭 사양하지 마십시오."

촉무가 그 말을 듣고서야 정문공의 부탁을 수락하고 조정에서 물러났다.

당시 진晉과 진秦 연합군의 정나라 도성 포위는 매우 철통같았다. 촉무는 진秦나라 군사가 동쪽, 진晉나라 군사가 서쪽에 포진하고 있어 서로 마주볼 수 없다는 것을 알았다.

그날 밤 촉무는 장사들에게 굵은 자기 몸을 밧줄에 매달아 동문 밖 성벽 아래로 두레박 내리듯이 내려놓게 했다. 그는 곧바로 진秦나라 군영으로 갔다. 초병들에게 중대사를 알리기 위해 진목공을 만나러 왔다고 말했으나 초병들은 그를 들여보내지 않았다.

촉무가 진영 밖에서 통곡을 했다. 영채를 관리하는 영리營吏가 촉무를 결박해 진목공 앞으로 데려갔다.

진목공이 영리에게 물었다.

"저 사람은 누구인가?"

촉무가 대답했다.

"노신老臣은 정나라 대부 촉무입니다."

진목공이 물었다.

"어째서 그토록 시끄럽게 통곡한 것이오?"

촉무가 대답했다.

"장차 정나라가 망하겠기에 울었습니다."

진목공이 물었다.

"정나라가 망하는데 네가 어째서 내 영채 밖에 와서 통곡하는 것인가?"

촉무가 대답했다.

"노신은 정나라를 위해 통곡한 것일 뿐만 아니라 진秦나라를 위해서도 통곡한 것입니다. 정나라가 망하는 건 아깝지 않으나 진나라가 망하는 것은 애석한 일이기에 더욱 울음이 복받쳤습니다."

진목공이 대로해 꾸짖었다.

"우리나라가 어째서 망하고, 어째서 아깝다는 것인가? 네 말이 도무지 사리에 맞지 않는다. 당장 끌어내 참수토록 하라!"

촉무는 조금도 두려워하는 기색이 없었다. 두 손가락을 겹쳐 동쪽과 서쪽을 가리키며 진나라의 이해관계를 설파했다. 그 모습이 마치 다음 시를 연상케 했다.

유세 펼치니 석상도 눈을 뜨고	說時石漢皆開眼
설파하니 진흙인형도 수긍하다	道破泥人也點頭
아침에 솟는 해 한밤에도 뜨고	紅日朝升能夜出

촉무가 조용히 말했다.

"진秦나라와 진晉나라가 합세해 정나라를 치니 정나라가 망할 것은 정해진 일입니다. 정나라가 망해 진秦나라에 유익하면 이 늙은 것이 감히 무슨 말을 하겠습니까? 그러나 진秦나라는 이익을 볼 수 없을 뿐만 아니라 오히려 큰 손해만 감수할 게 분명합니다. 군후는 왜 병사들을 고생시키고 많은 비용을 써가며 남의 부림을 받고 있는 것입니까?"

진목공이 물었다.

"이익은 없고 손해만 있다고 말하니, 그게 무슨 소리인가?"

촉무가 대답했다.

"정나라는 진晉나라 동쪽, 진秦나라는 진晉나라 서쪽에 있습니다. 진秦나라와 정나라는 동서로 1천 리 떨어져 있습니다. 진秦나라는 동쪽으로 진晉, 남쪽으로 주周나라에 막혀 있습니다. 그런데도 진秦나라는 주나라와 진晉나라를 건너 뛰어 정나라를 차지할 수 있습니까? 정나라가 망할 경우 척토尺土의 땅이라도 모두 진晉나라 소유가 될 것이고, 진秦나라와는 아무 관련이 없습니다. 진秦나라와 진晉나라는 이웃한 강국으로 세력 확장을 위해 경쟁하는 사이가 아닙니까? 진晉나라가 강해질수록 진秦나라는 약해지게 돼 있습니다. 그런 터에 남이 땅을 차지하는 것을 도와주면서까지 자신을 약하게 만드는 일은 지자智者가 할 일이 아닙니다. 지난날 진혜공晉惠公은 공자 시절 하서河西의 5개 성읍을 군후에게 할양한다고 약속했지만 본국으로 돌아가 즉위하자 그 약속을 지키지 않았습니다. 이는 군후가 당사자니 누구보다 잘 알 것입니다. 군후는 진晉나라를 여러 번 도와주었습니다. 하지만 진晉나라 군주가 군후에게 터럭만큼의 보답이라도 했습니까? 지금의 진후晉侯 역시 본국으로 돌아가 즉위한 후 은혜를 갚기는커녕 날마다 군대와 장수를 늘려 이웃나라를 겸병하고 무력을 강화하는 데 골몰하고 있습니다. 오늘 진晉나라가 동쪽을 공략해 정나라를 없애면, 내일 반드시 서쪽을 공략해 땅을 넓히고자 할 것입니다. 그 재앙이 서쪽 진秦나라에 미칠 게 뻔합니다. 군후는 우虞나라와 괵虢나라가 어떻게 패망했는지 들어보지 못했습니까? 진晉나라는 우나라의 길을 빌려 괵나라를 멸망시킨 뒤 창끝을 돌려 우나라마저 쳐 없앴습니다. 우나라 군주가 지혜롭지 못해 진晉나라를 도왔다가 결국 자기 나라까지 잃고 만 것입니다. 이를 거울로 삼아야 합니다. 이런 일들을 참조하면 군후가 진晉나라 은혜를 베푼 것도 믿을 게 못되고, 진晉나라 앞으로 진秦나라를 어떻게 이용할 것인지 여부도 헤아리기 어렵습니다. 군후는 매우 현명한데도 불구하고 지금 진晉나라의 간교한 술수에 넘어가 있습니다. 노신이 진秦나라에 이익은 없고 오직 손해만 있다고 말한 것은 바로 이 때문입니다. 신이 진秦나라를 위해 통곡한 배경이기도 합니다."

진목공은 묵묵히 듣고만 있었다. 점차 안색을 바꾸면서 여러 번 고개를 끄덕였다. 마침내 진목공이 말했다.

"대부의 말이 옳소!"

곁에서 백리해가 간했다.

"촉무는 구변이 좋은 사람입니다. 우리와 진晉나라 사이를 이간하려는 수작입니다. 주공은 그의 말을 듣지 마십시오."

촉무가 다시 말했다.

"군후가 지금의 포위를 풀어 주면 우리 정나라는 초나라를 버리고 진秦나라에 항복할 것을 맹서하겠습니다. 군후가 앞으로 동쪽으로 출병할 일이 생기면 정나라는 그에 필요한 물자와 편의를 제공할 것입니다. 그리 되면 정나라는 군후의 바깥창고인 외부外府나 다름없게 됩니다."

진목공이 크게 기뻐했다. 마침내 촉무와 함께 삽혈하고 맹서했다. 이어

기자와 봉손 및 양손 등 3명의 장수에게 명해 군사 2천 명을 내주면서 정나라를 돕게 한 뒤 철군했다.

정탐을 맡은 기병인 탐기探騎가 이를 진晉나라 영채에 알렸다. 진문공이 격노했다.

호언이 말했다.

"당장 진秦나라 군사를 추격해야 합니다."

진문공이 과연 진秦나라 군사를 추격할 것인지 여부를 알 길이 없으니 다음 회를 보라.

제44회

87話 숙첨이 솥을 잡고 진문공에게 항의하다
-숙첨거정항진후叔詹據鼎抗晉侯

진목공은 사위인 진문공의 요청을 받아들여 정나라로 쳐들어갔다가 정나라 사자 촉무의 유세에 넘어가 단독으로 정나라와 강화하고 철군했다. 소식을 들은 진문공이 대로했다. 호언이 건의했다.

"진秦나라 군대는 아직 멀리 가지 못했을 것입니다. 청컨대 신이 한 무리의 군사인 편사偏師[1]를 이끌고 가 그들을 뒤쫓겠습니다. 저들은 속히 돌아갈 생각을 하고 있기에 틀림없이 싸울 마음이 없을 것입니다. 우리는 싸우기만 하면 바로 이길 수 있습니다. 진秦나라 군사만 이기면 정나라는 크게

1 편사偏師는 『춘추좌전』「노선공 12년」조에 따르면 주력군의 측면에서 날개 역할을 하며 작전을 돕는 군대를 가리킨다.

낙담한 나머지 우리가 공격하지 않아도 절로 무너질 것입니다."

진문공이 말했다.

"그럴 수 없소. 과인은 전에 진秦나라 덕에 귀국해 즉위할 수 있었소. 진군秦君이 도와주지 않았으면 어찌 과인이 여기까지 올 수 있었겠소? 지난번 초나라의 자옥子玉이 과인에게 무례한 싸움을 걸었을 때도 오히려 3사舍의 거리를 후퇴해 초군楚君에게 신세진 은혜를 갚았소. 더구나 진군은 과인의 장인이기도 하오. 진秦나라 군사가 떠났을지라도 우리가 정나라를 치지 못할까 걱정할 일은 없지 않겠소?"

진문공이 군사를 반으로 나눈 뒤 절반의 군사를 진秦나라 군사가 떠나가고 없는 범남氾南으로 보냈다. 정나라 도성에 대한 공격은 전과 다름없이 계속했다.

정문공이 다시 촉무에게 말했다.

"진秦나라 군사가 물러간 것은 그대의 공이오. 그러나 진晉나라 군사가 물러가지 않으니 이를 어찌하면 좋겠소?"

촉무가 대답했다.

"듣건대 공자 난蘭이 진후晉侯의 총애를 받고 있다고 합니다. 공자 난을 영접할 사람을 보내 귀국케 만든 뒤 진후에게 강화를 청하면 진후는 반드시 응할 것입니다."

정문공이 다시 부탁했다.

"이 일도 그대가 아니면 감당할 사람이 없을 듯하오."

대부 석신보石申父가 말했다.

"촉무는 저번 일로 노고가 많았습니다. 원컨대 이번 일은 신이 맡겠습니다."

석신보가 중보重寶를 휴대하고 성 밖으로 나갔다. 곧바로 진晉나라 영채로 가 진문공에 대한 알현을 청했다. 진문공이 들어오게 했다. 석신보가 진문공 앞에 나아가 재배하고 난 뒤 먼저 중보를 바쳤다. 이어 정문공의 뜻을 고했다.

"과군이 오랫동안 형만荊蠻과 가까이 지낸 까닭에 문득 그 관계를 끊을 수 없었습니다. 그러나 정나라가 실제로 군후의 지붕 밑인 우하宇下를 벗어난 적은 없습니다. 군후가 이번에 크게 진노하는 것을 보고 과군이 자신의 죄를 깨닫게 됐습니다. 과군이 성의를 보이기 위해 대단치 않은 물건이기는 하나 대대로 간직해 온 중기를 폐백으로 바칩니다. 과군에게 난蘭이라는 자제子弟가 있습니다.[2] 군후의 좌우에서 총애를 받고 있다고 들었습니다. 바라건대 공자 난의 얼굴을 보아서라도 우리 정나라를 가엽게 여겨주십시오. 군후가 공자 난을 보내 정나라를 감독하게 하면서 조석으로 정나라 조정에 머물게 하면 과군이 어찌 두 마음을 품을 수 있겠습니까?"

진문공이 물었다.

"너희는 우리와 진秦나라를 이간시키면 우리가 단독으로 너희들을 치지 못할 것으로 생각하고 그랬던 것 아닌가? 이제 와서 우리에게 강화를 청하는 것은 공격을 늦춘 뒤 구원병을 기다리는 이른바 완병지계緩兵之計를 구사해 초나라의 도움을 기다리는 속셈이 아닌가? 너희들이 우리 군사가 물러가기를 바란다면 다음 2가지 사항을 반드시 이행해야 가능할 것이다."

석신보가 물었다.

"2가지 사항이 무엇인지 일러 주십시오."

진문공이 대답했다.

"첫째, 공자 난을 맞아들여 반드시 태자로 세워야 한다. 둘째, 정나라의 모신謀臣 숙첨叔詹을 과인에게 보내야 한다."

석신보가 진문공이 요구하는 두 조건을 듣고 도성으로 돌아가서 정문공

2 원문은 과군유제란寡君有弟蘭이다. 여기의 제弟는 남의 집 아들을 높여 부르는 자제子弟의 뜻이다. 김영문 번역본은 이를 '아우'로 번역해 놓았다. 역사적 사실과 동떨어진 해석이다.

에게 복명했다. 정문공이 말했다.

"고孤에게는 적자嫡子가 없소. 공자 난은 나의 서자이지만 비상한 몽조가 있었다고 들었소.[3] 그를 태자로 세우면 종묘사직의 선조들도 반드시 그를 받아들일 것이오. 하지만 숙첨은 나의 수족과 같은 신하인 고굉지신股肱之臣이오. 어찌 내 곁을 떠나게 할 수 있겠소?"

숙첨이 나서 말했다.

"신은 듣건대, '군주가 근심하면 신하는 치욕을 느끼고, 군주가 치욕을 당하면 신하는 목숨을 던진다.'고 했습니다.[4] 이제 진후晉侯가 신을 보내라고 요구하는데 신이 가지 않으면 이들은 포위를 풀지 않을 것입니다. 그리하는 것은 충성을 다하는 게 아닐뿐더러 군주에게 근심과 굴욕을 안기는 것입니다. 청컨대 신은 가고자 합니다."

정문공이 말했다.

"그대가 가면 반드시 죽을 터인데 고孤가 어찌 차마 보낼 수 있겠는가?"

숙첨이 대답했다.

"주공은 이 숙첨 한 사람의 죽음은 참지 못하고, 백성의 위곤危困과 사

3 '고孤에게는 적자嫡子가 없소.'의 원문은 고미유자孤未有子이다. 여기의 자子는 적자嫡子의 뜻이다. 김영문 번역본은 이를 통상적인 의미의 '아들'로 간주해 "과인에게는 아들이 없소."라고 번역해 놓았다. 역사적 사실과 동떨어진 번역이다. 뒤이은 '공자 난은 나의 서자이지만 비상한 몽조가 있었다고 들었소.'에 대한 번역도 엉뚱하기만 하다. 원문은 '문자란석유몽징聞子蘭昔有夢徵'이다. 김영문 번역본은 '소문에 듣기로는 내 아우 난이 태어날 때 꿈에 특별한 징조가 있었다고 하오.'라고 번역해 놓았다. 본문에는 분명 자子로 되어 있는데도 굳이 '아우'로 번역해 놓은 것이다. 앞서 나온 과군유제란寡君有弟蘭의 제弟를 자제子弟로 해석하지 않고 '아우'로 번역한 잘못을 고집한 결과다. 더 황당한 것은 이에 대한 주석이다. 그는 주석키를, "공자 난蘭은 정문공의 아들이다. 원저자의 착오로 보인다."고 했다. 본인의 해석상의 잘못을 엉뚱하게 『열국지』의 저자인 풍몽룡에게 떠민 셈이다.

4 이 대목의 『열국지』 원문은 '주우즉신욕主憂則臣辱, 주욕즉신사主辱則臣死'이다. 이는 『사기』「월왕구천세가越王句踐世家」에 나오는 '주우신로主憂臣勞, 주욕신사主辱臣死'를 약간 변용한 것이다. 원전에 해당하는 『국어國語』「월어越語 하」에는 '군우신로君憂臣勞, 군욕신사君辱臣死'로 나온다.

직의 운추隕墜는 참으려 하는 것입니까? 군주는 신하 한 사람은 버리더라도 백성을 구하고 사직을 안정시켜야 합니다. 주공은 무엇을 아끼려 하는 것입니까?"

마침내 정문공이 눈물을 흘리며 숙첨을 보냈다. 석신보는 대부 후선다侯宣多와 함께 숙첨을 진나라 군영까지 호송했다. 석신보가 진문공에게 말했다.

"과군은 군후의 영험靈驗을 두려워해 2가지 명을 모두 준수하겠다고 다짐했습니다. 지금 숙첨은 막하에 대령시켰습니다. 군후가 처결하십시오. 공자 난을 보내면 분부대로 폐읍의 태자로 삼고 상국의 은덕으로 알겠습니다."

진문공이 그 말을 듣고 크게 기뻐했다. 즉시 호언을 동쪽 변경으로 보내 공자 난을 데려오게 했다. 이어 석신보와 후선다는 진나라 영채에 남아 있게 했다.

한편 진문공은 숙첨을 불러들여 크게 꾸짖었다.

"너는 정나라의 실권을 잡고 있으면서 너희 군주로 하여금 망명시절의 과인에게 결례를 저지르게 했다. 이게 첫 번째 죄이다. 또 너의 군주로 하여금 동맹을 맺고도 두 마음을 품게 했다. 이게 두 번째 죄이다."

진문공이 좌우 장사들에게 호령했다.

"속히 가마솥을 대령하라. 저 자를 삶아 죽이겠다."

그러나 숙첨은 안색이 조금도 바뀌지 않았다. 두 손을 맞잡고 진문공에게 말했다.

"원컨대 신은 할 말은 하고 죽겠습니다."

진문공이 말했다.

"무슨 할 말이 있는가?"

숙첨이 대답했다.

숙첨이 솥을 잡고 진문공에게 항의하다

"군후가 망명시절 폐읍에 욕림辱臨했을 때 과군에게 진언키를, '진晉나라 공자는 현명하고 그분을 따르는 자들 모두 재상의 그릇이니 본국으로 돌아가 보우에 오르면 반드시 천하를 제패할 것이다.'라고 했습니다. 또 하양에서 회맹할 때도 신은 과군에게 진언키를, '끝까지 진나라를 섬기면서 다시는 죄를 짓지 마라. 죄를 지으면 용서받지 못할 것이다.'라고 했습니다. 그런데도 하늘이 우리 정나라에 재앙을 내리려고 그랬는지 우리 과군은 신의 말을 받아들이지 않았습니다. 이제 군후는 신이 정나라 재상으로 있다는 이유로 신에게 죄를 내리려고 합니다. 그러나 과군은 신이 무고한 것을 알기에 이곳으로 보내지 않으려고 안간힘을 썼습니다. 그러나 신은 죽을 줄 뻔히 알면서도 '군주가 굴욕을 당하면 신하는 죽어야 한다.'며 자청해 이곳에 왔습니다. 이 한 목숨 버리더라도 정나라를 위기에서 구해내자는 일념 때문입니다. 일을 미리 헤아려 적중시키는 게 지智, 전심전력으로 나라를 위해 일을 꾀하는 게 충忠, 역경을 피하지 않는 게 용勇, 몸을 던져 나라를 구하는 게 인仁입니다. 신에게는 인, 지, 충, 용이 모두 갖춰져 있습니다. 진나라 국법은 이런 사람을 삶아 죽이도록 돼 있습니까?"

그러고는 끓는 가마솥 앞으로 달려갔다. 이어 가마솥에 몸을 던지려는 자세를 취한 뒤 크게 외쳤다.

"이후 군주를 섬기는 자는 이 숙첨을 경계로 삼아야 할 것이다."

진문공은 모골이 송연했다. 급히 명을 내려 숙첨을 자기 앞으로 데려오게 했다. 숙첨에게 말했다.

"과인이 단지 그대를 시험해 봤을 뿐이오. 그대는 실로 열사烈士요."

그러고는 후한 예로 대접했다. 이튿날 호언이 공자 난을 데리고 진나라 군영으로 왔다. 진문공이 공자 난에게 데려온 취지를 말했다. 이어 숙첨과 석신보 및 후선다에게 태자를 상대하는 예절로 공자 난을 대하게 했다. 이어 숙첨 등에게 명해 공자 난을 모시고 도성으로 돌아가게 했다.

정문공이 곧바로 공자 난을 태자로 책봉했다. 진나라 군사도 정나라에서 물러났다. 그러나 이때의 일로 인해 진秦나라와 진晉나라 사이엔 틈이 생기기 시작했다.

염옹이 시를 지어 이를 탄식했다.

사위와 장인 한뜻으로 출병했는데	甥舅同兵意不欺
촉무의 한마디에 마음이 달라졌다	卻因燭武片言移
동쪽의 파리 같은 이익 탐하다가	爲貪東道蠅頭利
대대로 싸우게 될 줄 뉘 알았으랴	數世兵連那得知

그해에 진나라 장수 위주魏犨는 술에 취해 수레를 타고 가다가 땅에 떨어져 팔을 부러뜨렸다. 지난날 크게 다쳤던 가슴의 상처가 재발했다. 피를 1두斗 가량 토하고 죽었다.

진문공은 그의 아들 위과魏顆에게 아비 벼슬을 잇게 했다. 얼마 후 호모와 호언도 잇따라 세상을 떠났다. 진문공이 두 사람의 죽음을 슬퍼하며 크게 통곡했다.

"과인이 온갖 환란을 벗어나 오늘에 이른 것은 두 구씨舅氏가 애쓴 덕분이다. 나를 버리고 먼저 간단 말인가? 아, 슬프다!"

서신이 나서 말했다.

"주공이 호씨 형제의 재주를 아까워하는데, 신이 그들 못지않은 인물을 천거하겠습니다. 가히 재상으로 쓸 만합니다. 주공이 잘 살펴 결정하십시오."

진문공이 물었다.

"경이 천거코자 하는 인물이 누구인가?"

서신이 대답했다.

"전에 신이 사신이 되어 길을 가다가 기冀 땅에서 잠시 쉰 적이 있습니다. 그때 한 사람이 가래로 밭을 갈고 있었는데 마침 그 아내가 점심밥을 갖고 나왔습니다. 아내가 점심밥과 반찬을 일일이 두 손으로 들어 공손히 바쳤고, 남편 역시 정중한 얼굴로 밥 쟁반을 받았습니다. 이어 땅에 제사를 지내고 밥을 먹었습니다. 아내는 남편이 식사를 마칠 때까지 그 곁에서 모시고 서 있었습니다. 남편은 집으로 돌아가는 아내가 안 보일 때까지 바라본 연후에 다시 밭을 갈기 시작했습니다. 그 사람의 행동에는 게으른 구석이 전혀 없었습니다. 부부간에도 서로 대하는 기품이 마치 귀빈을 대하는 것과 같은 이른바 상경여빈相敬如賓[5]의 모습을 보였습니다. 하물며 다른 사람이야 더 말할 게 있겠습니까? 능히 공경할 줄 아는 사람에게 덕도 있다는 뜻의 '능경자能敬者, 필유덕必有德' 얘기를 들은 적이 있습니다. 신이 그 사람에게 가서 성명을 물었더니 그는 바로 극예郤芮의 아들 극결郤缺이었습니다. 주공은 그를 조정으로 불러 임용하십시오. 자범子犯보다 못하지 않을 것입니다."

진문공이 말했다.

"그 아비가 극예는 과인에게 반역의 대죄를 지었다. 어찌 그 자식을 쓴단 말인가?"

서신이 대답했다.

"성군인 요순堯舜에게도 불초한 자식인 단주丹朱와 상균商均이 있었고, 곤鯀처럼 패덕한 아비에게도 성군인 우禹 같은 자식이 있었습니다. 현불초賢不肖와 부자관계는 아무 상관이 없습니다. 주공은 어찌하여 지난날의 죄악에 집착해 유용한 인재를 버리려는 것입니까?"

진문공이 말했다.

"경의 말이 옳소. 경은 나를 위해 그를 불러주시오."

서신이 대답했다.

"신은 그가 다른 나라로 가 임용될까 우려해 이미 신의 집에 데려다 놓았습니다. 이제 주공이 그를 부르고자 하면 사람을 보내 맞이하십시오. 그것이 현자를 예우하는 방법입니다."

진문공이 이를 좇아 내시로 하여금 비녀와 갓끈인 잠영簪纓과 두루마기 예복인 포복袍服을 갖고 가 극결을 모셔오게 했다. 극결은 재배하고 머리를 조아리며 사양했다.

"신은 기冀 땅의 농부에 불과합니다. 주공이 신의 아비가 지은 죄를 신에

5 상경여빈相敬如賓은 서로 빈객을 대하듯 공경하는 것을 말한다. 『춘추좌전』 「노희공 33년」 조에는 '상대여빈相待如賓'으로 나온다. '상경여빈'과 '상대여빈' 모두 서로 예의를 잃지 않고 지극히 공경하는 모습을 가리킨다.

게 연좌시키지 않은 것만도 이미 그 은혜가 큽니다. 하물며 감히 주공의 부름을 받아 조정을 욕되게 할 수 있겠습니까?"

내시는 거듭 진문공의 명을 전하러 왔을 뿐이라며 재삼 수레에 오를 것을 권했다. 극결이 그제야 진문공이 보낸 잠영과 조복을 착용하고 조정으로 들어갔다. 극결은 키가 9척이나 되고 코가 크고 턱이 풍만했다. 목소리는 큰 종소리와 같았다.

진문공은 체격이 당당한 극결을 보고 크게 기뻐했다. 서신을 하군下軍 원수에 임명한 뒤 극결로 하여금 서신을 돕게 했다. 여세를 몰아 전군을 개편했다. 2항行을 고쳐 2군으로 삼고, 2군에 신상군新上軍과 신하군新下軍의 명칭을 붙였다. 조최가 신상군의 대장, 기정箕鄭이 부장이 되었다. 또 서신의 아들 서영胥嬰은 신하군의 대장, 선도先都가 부장이 됐다.

당시 진나라는 3군을 보유한 위에 다시 2군을 추가해 모두 5군을 보유하고 있었다. 천자가 거느리는 6군에 버금가는 군대의 편제였다. 진문공은 그 위에 다시 인재와 호걸을 불러 임용하고, 군사와 정치 양면에서 빈틈없는 정사를 펼쳐나갔다.

초나라 초성왕은 이 소식을 듣고 진나라를 두려워했다. 그는 대부 투장을 진나라로 보내 우호조약을 맺자고 청했다. 진문공도 지난날 초성왕에게 받은 환대를 생각해 통호通好를 허락했다. 대부 양처보陽處父를 초나라에 보빙사로 보낸 이유다.

세월이 흘러 주양왕 24년인 기원전 628년이 됐다. 이해에 정문공이 세상을 떠났다. 정나라 신하들은 정문공의 아들인 공자 난을 군주로 모셨다. 그가 바로 정목공鄭穆公이다. 그의 즉위는 지난날 생모 연길燕姞이 꾼 난초 꿈의 몽조에 응한 셈이다.

이해 겨울에 진문공도 병이 났다. 그는 병석에서 조최, 선진, 호야고, 양처보 등 신하들을 불러들였다.

진문공이 고명顧命을 내렸다.

"과인이 세상을 떠나면 경들은 태자 환驩을 군주로 섬기고, 과인의 패업伯業을 결코 다른 나라에게 빼앗기지 않도록 각별히 노력해 주기 바라오."

그는 자신이 죽은 후 여러 자식들이 제환공의 자식들처럼 나라를 어지럽히지나 않을까 염려해 모든 조처를 취했다. 공자 옹雍은 진秦나라에서 벼슬을 살게 하고, 공자 낙樂은 진陳나라에 가서 벼슬을 살게 했다. 공자 옹은 두기杜祁, 공자 낙은 진영辰嬴[6]의 소생이었다.

진문공은 어린 아들 흑둔黑臀까지 이미 주왕실로 보내 주양왕을 섬기게 했다. 이는 주왕실과 친목을 도모하기 조치이기도 했다. 자신의 사후 자식들 때문에 나라가 어지럽지 않도록 미리 만단의 조처를 취한 뒤 진문공은 세상을 떠났다. 보위에 앉은 지 8년째 되는 해였다. 당시 그의 나이는 68세였다.

사신이 시를 지어 진문공을 찬했다.

망명 길 돌아다닌 지 19년 만에	道路奔馳十九年
신룡이 굴로 돌아와 권력 잡다	神龍返穴遂乘權
하양서 천자에게 충성 나타내고	河陽再覲忠心顯
성복 싸움서 초나라를 격파하다	城濮三軍義問宣
설치하고 보은하는데 통쾌했고	雪耻酬恩終始快
상벌의 시행과 정사가 공정했다	賞功罰罪政無偏
넓고 험한 땅 하늘이 주었지만	雖然廣儉繇天授
패업은 현신들 덕분에 이뤘다	左右匡扶賴衆賢

6 진영辰嬴은 진회공의 부인 회영懷嬴을 말한다. 회영은 진문공에게 개가해 '진영'으로 개칭한 뒤 공자 낙을 낳았다.

태자 환驩은 주상主喪이 되면서 곧바로 즉위했다. 그가 바로 진양공晉襄公이다. 진양공이 부친 진문공의 관을 받들고 조상의 발상지인 곡옥曲沃 땅으로 가서 빈소를 차리려고 했다.

그가 막 도성인 강도絳都를 출발하려고 할 때 관 속에서 문득 큰 소리가 일어났다. 소의 울음과 같았다. 관이 문득 태산처럼 무거워졌다. 수레가 움직이질 않았다. 신하들이 크게 놀랐다. 곧바로 태복 곽언이 점을 쳐봤다. 그 주사는 이러했다.

쥐가 서쪽에서 달려와	有鼠西來
나의 담장을 뛰어넘다	越我垣牆
내게 큰 막대기 있어	我有巨梃
한 번 치자 세 번 상하다	一擊三傷

곽언이 주사를 풀이했다.

"수일 안에 반드시 적의 침공이 있습니다. 적군은 서쪽에서 옵니다. 아군이 이들을 쳐 대승을 거둡니다. 선군인 진문공의 영혼이 우리에게 미리 그 조짐을 일려주는 것입니다."

신하들이 진문공의 영구靈柩 앞에 엎드려 절했다. 그제야 이상한 소리가 나지 않았다. 관도 예전처럼 가벼워졌다. 진양공이 부친의 영구를 모시고 곡옥 땅으로 갔다.

선진이 말했다.

"서쪽에서 오는 적이라면 진秦나라밖에 없다."

그러고는 곧바로 첩자들을 진秦나라로 보내 실정을 은밀히 살펴보게 했다.

88話 현고가 거짓 어명으로 진군을 호궤하다
– 현고가명호진군弦高假命犒秦軍

얘기가 둘로 나뉜다. 당시 진秦나라 장수 기자杞子와 봉손逢孫 및 양손陽孫 3인은 진목공의 명을 받고 정나라를 돕기 위해 정나라 도성 북문 밖에 진을 치고 있었다. 거기서 진晉나라가 공자 난을 정나라로 돌려보내 태자로 세우게 했다는 보고를 들었다.

기장 등이 분개했다.

"우리는 동맹군이었던 진晉나라 군사에 대항하면서 정나라를 지켜주고 있다. 그런데 정나라는 진晉나라에 항복하고 말았다. 결국 우리는 아무런 공도 세우지 못한 게 아닌가?"

곧바로 이를 은밀히 진목공에게 보고했다. 진목공이 대로했다. 그러나 진문공과의 친분 때문에 화는 나지만 감히 말은 하지 못하는 처지에 놓여 있었다. 그런 상황에서 정문공이 죽고 공자 난이 즉위했는데도 새로 즉위한 정목공 난은 이제까지 애써온 진나라 장수 기자 등에게 상사賞賜는커녕 위로의 말 한마디조차 없었다.

기자가 봉손 및 양손과 상의했다.

"우리가 정나라 도성 밖에서 언제까지 이처럼 진을 치고 있어야 하오? 차라리 우리 주공에게 은밀히 군사를 이끌고 와 정나라 도성을 치도록 권하는 게 나을 듯하오. 그러면 우리는 정나라로부터 많은 노획물을 약탈해 수레에 싣고 돌아갈 수 있을 것이오."

그들이 한창 상의하고 있을 때 진문공이 죽었다는 소식이 들렸다. 이들이 이마에 손을 대고 말했다.

"하늘이 우리의 성공을 도우려는 것이다."

곧바로 심복 한 사람을 본국으로 보내 진목공에게 고했다.

"정백鄭伯이 우리에게 도성의 북문을 관장하게 했습니다. 차제에 주공이 몰래 군사를 이끌고 와 정나라를 엄습하면 저희들이 내응하겠습니다. 그러면 정나라를 멸할 수 있습니다. 더구나 진晉나라는 국상 중이니 틀림없이 정나라를 구하러 오지 못할 것입니다. 더구나 정백은 이제 막 즉위한 만큼 아직 수비태세를 갖추지 못했을 것입니다. 이 기회를 잃지 말아야 합니다."

진목공은 비밀보고를 받자 건숙과 백리해를 불러 상의했다.

두 사람이 똑같이 간했다.

"정나라는 우리 진秦나라에서 1천 리나 떨어져 있습니다. 정나라를 이길지라도 그 땅을 손에 넣을 수 없습니다. 얻을 수 있는 이익이라고 해봐야 겨우 포로나 노획물일 뿐입니다. 군사가 1천 리를 행군하면 많은 시일이 걸립니다. 어떻게 남의 이목을 피할 수 있겠습니까? 만일 저들이 우리의 행군소식을 듣고 그에 대비하면 우리는 수고만 하고 공은 세우지 못할 것입니다. 가는 도중에 변을 당할 수도 있습니다. 무릇 군사를 남겨 두어 남의 나라를 지켜주기로 했다가 오히려 그 나라를 도모하는 것은 신信이 아닙니다. 남의 초상을 틈타 그 나라를 치는 것은 인仁이 아닙니다. 성공할지라도 이익은 적고 실패하면 손해가 큰일을 감행하는 것은 지智가 아닙니다. 이번에 출병하면 이들 3가지를 잃게 됩니다. 신들은 왜 그리하는지 알 길이 없습니다."

진목공이 발끈 화를 냈다.

"과인은 지금까지 진晉나라를 위해 3번이나 군주를 세워주고, 2번이나 저들의 내란을 평정해줘 과인의 위엄을 천하에 떨쳤소. 다만 진후晉侯가 성복에서 초나라 군사를 크게 이기고 중원을 안정시킨 까닭에 패업을 양보했을 뿐이오. 이제 진문공은 세상을 떠났소. 이 마당에 천하에 누가 과인과 겨루겠소? 정나라가 저번에 우리에게 굴복한 것은 곤경에 처한 새가 사람에게 의지하는 이른바 곤조의인困鳥依人[7]과 같은 것이오. 결국 날아가 버리고 말 것이오. 이번 기회를 틈타 정나라를 멸한 뒤 정나라 땅을 진晉나라의 하동河東 땅과 바꾸자고 제안하면 반드시 받아들일 것이오. 그런데 무슨 불리함이 있다는 것이오."

건숙이 말했다.

"정나라와 진晉나라가 앞뒤로 국상을 당했으니 주공은 먼저 조문사절을 가까운 진나라에 보냈다가 다시 정나라로 보내십시오. 그 사절이 정나라에 대한 공격 가능성을 차분히 살필 수 있지 않겠습니까? 기자 등의 허황한 말에 흔들리지 마십시오."

진목공이 힐난했다.

"조문사절이 다녀오려면 거의 1년은 걸릴 것이오. 무릇 용병은 귀를 막을 새도 없을 만큼 내리치는 벼락처럼 신속해야 하오. 그때 가서 조문사절의 보고를 들은 뒤 출병하면 기회를 잃고 말 것이오. 늙은 경이 어찌 이를 알겠소?"

진목공은 기자 등이 보낸 사람과 밀약했다.

"올 2월 상순에 우리 군사가 정나라 도성의 북문에 이를 것이다. 그대들은 거기서 대기하다가 내응하라. 착오가 있어서는 안 된다."

그러고는 맹명시孟明視를 대장, 서기술西乞術과 백을병白乙丙을 부장으로 삼았다. 이어 정예군 3,000명과 병거 300승을 내주며 정나라 도성 북문 밖으로 출동케 했다. 대장 맹명시는 백리해, 부장 백을병은 건숙의 아들이었다.

출병하는 날 건숙과 백리해가 울며 전송했다.

"애통하고, 애통하다! 나는 네가 가는 것을 보지만 네가 돌아오는 것을

7 곤조의인困鳥依人은 막다른 길에 몰린 새가 사람의 가슴으로 뛰어드는 것을 지칭한다. 진수陳壽의 『삼국지』「위지, 병원전邴原傳」에 나오는 궁조입회窮鳥入懷와 같은 말이다.

보지 못할 듯하다."

진목공은 이 얘기를 전해 듣고 대로했다. 곧바로 사람을 두 사람에게 보내 꾸짖었다.

"그대들은 어찌하여 과인의 군사를 전송하면서 눈물을 흘려 군심軍心을 저상沮喪케 만드는 것인가?"

건숙과 백리해가 함께 대답했다.

"신들이 어찌 주공의 군사 때문에 울었겠습니까? 신 등은 저희 자식에 대해 울었을 뿐입니다."

백을병 역시 부친 건숙을 보자 울음을 터뜨렸다. 그는 장수의 직책을 사퇴하고 가지 않으려고 했다.

건숙이 말했다.

"우리 부자는 진나라에서 후한 녹을 받고 있다. 네가 죽고 사는 것은 자신의 운명이다."

그러고는 단단히 봉한 간찰簡札을 건네주며 당부했다.

"이 간찰에 쓴 내 말을 명심하라."

백을병이 부친의 명을 받고 떠났다. 그러나 그의 마음은 황망하고, 처량했다. 백리해의 아들 맹명시는 자신의 재주와 용기를 믿은 까닭에 성공을 장담하면서 부친 백리해의 걱정을 마음에 두지 않았다.

진秦나라 원정군이 정나라로 떠나자 건숙은 병을 핑계로 조정에 나가지 않았다. 이어 벼슬자리서 아예 물러나겠다고 청했다.

진목공이 이를 허락지 않았다. 조정에 나올 것을 강요하자 건숙은 병이 위독해 고향인 제나라 질銍 땅으로 돌아가겠다고 말했다. 백리해가 건숙의 집으로 문병을 가서 가르침을 청했다.

"저는 어떤 일의 기미를 알아차리는 데 서툽니다. 그러나 내가 구차하게 여기 남아 있으려고 하는 것은 아직도 내 자식이 살아서 돌아오기를 바라기 때문입니다. 현형賢兄은 제가 어찌해야 좋은지 가르쳐 주십시오."

건숙이 대답했다.

"우리 진나라 군사는 틀림없이 패할 것이오. 현제賢弟는 은밀히 대부 공손지公孫枝에게 말해 미리 황하 하류에 배를 준비토록 해 주시오. 만일 우리 군사가 탈출해 오거든 곧바로 접응해 강 건너 서쪽으로 돌아오게 해야 하오. 내 말을 부디 잘 기억해 주시오."

백리해가 말했다.

"현형의 말대로 행하겠습니다."

진목공은 전원으로 돌아가려는 건숙의 결심이 굳은 것을 보고 황금 20근斤과 채단 100속束[8]을 내렸다. 건숙이 떠나는 날 진목공이 신하들을 이끌고 교외까지 나가 전송했다. 돌아오는 길에 백리해는 자가 자상子桑인 공손지의 손을 붙들고 건숙의 말을 전하면서 이같이 덧붙였다.

"건숙이 다른 사람에게 부탁하지 않고 자상에게 부탁하라고 한 것은 장군이 충용忠勇하고 나라의 우환을 능히 나눠질 만하다고 생각했기 때문이오. 이 일을 남에게 누설하지 말고 은밀히 시행해 주시오."

공손지가 대답했다.

"삼가 명대로 하겠습니다."

그러고는 배를 준비하기 위해 황하 강변으로 갔다.

한편 맹명시는 떠날 때 백을병이 그의 부친인 건숙으로부터 남몰래 간찰을 건네받는 것을 보았다. 그는 그 안에 정나라를 격파할 수 있는 기이한 계책이 담겨 있는 것으로 생각했다. 행군 도중 야영을 하게 되자 짐짓 백을병을 찾아가 간찰을 뜯어보자고 청했다.

백을병은 대장인 맹명시의 요청을 거부할 수 없었다. 함께 간찰을 뜯어

8 1속束은 5필疋에 해당한다. 1필은 30척尺이다. 필疋은 필匹과 통한다.

보았다. 거기에는 두 줄의 글이 적혀 있었다.

> 이번 싸움에 정나라는 염려할 게 없다. 염려되는 것은 진晉나라다. 진나라의 효산崤山은 지형이 험준한 곳이다. 너는 삼가고 조심하라. 나는 네 시신을 효산에서 수습할 것이다.

맹명시가 그 글을 보자 두 손으로 눈을 가리며 자리에서 벌떡 일어났다.

"이런, 이런! 재수 없다, 재수 없어!"

백을병도 설마 그럴 리 있겠느냐며 미심쩍게 생각했다.

맹명시 등 3명의 장수는 주양왕 24년인 기원전 628년 겨울 12월 병술일에 출병해 이듬해인 주양왕 25년 봄 정월에 주나라 경사의 북문 곁을 지나게 됐다. 맹명시가 말했다.

"저곳에 천자가 계시니 감히 성려聖慮를 끼칠 전쟁 일로 알현할 수는 없다. 그렇다고 어찌 경의를 표하지 않을 수 있겠는가?"

그러고는 전령을 통해 모두 투구를 벗고 병거에서 내리도록 명했다. 전초前哨의 아장牙將 포만자褒蠻子는 효용驍勇이 뛰어났다. 도보로 경사의 북문을 지나자마자 땅에서 잽싸게 뛰어올라 병거를 탔다. 이어 거침없는 솜씨로 병거를 몰았다. 병거가 나는 새처럼 내달리면서 한 번도 멈추지 않았다.

맹명시가 탄복했다.

"다른 병사들이 모두 포만자와 같다면 무슨 일인들 이루지 못하겠는가!"

장병들이 시끌벅적한 모습으로 화연譁然히 떠들었다.

"우리들이 어찌 저 포만자만 못하단 말인가?"

이들은 다퉈 소매를 걷어 올리는 양비攘臂를 행하며 외쳤다.

"땅에서 뛰어올라 병거 위로 뛰어올라 타지 못하는 자는 후대後隊의 맨 뒤로 빠져라!"

진격할 때 후대로 빠지는 것은 비겁을 뜻하고, 퇴각할 때 적의 추격을 막아야 하는 후대에 남는 것은 용맹을 상징한다. 뒤로 빠지라는 언급은 모욕에 해당한다.

진秦나라 병거 3백 승의 모든 병사들은 경사의 북문 앞을 도보로 행진하다가 그 말을 듣자 일거에 병거 위로 뛰어올랐다. 이어 질풍과 번개처럼 쏜살같이 내달렸다. 삽시간霎時間에 멀리 앞쪽으로 사라졌다.

당시 주양왕은 왕자 호虎 및 왕손 만滿으로 하여금 북문의 성루 위로 올라가 진秦나라 군사의 행군을 지켜보게 했다. 두 사람은 왕궁으로 돌아와 진나라 군사의 군용軍容을 보고했다.

왕자 호가 탄식했다.

"신이 살펴보건대 진나라 군사는 효용하기가 그지없습니다. 누가 그런 군사를 대적하겠습니까? 이들이 정나라를 공격하면 정나라는 반드시 불행한 일을 당할 것입니다."

왕손 만은 나이가 어렸다. 그는 웃음을 띤 채 아무 말도 하지 않았다. 주양왕이 물었다.

"동자童子는 어찌 생각하느냐?"

왕손 만이 대답했다.

"예법에는 '천자가 있는 곳을 지날 경우 군사는 반드시 갑옷을 벗고 병기도 거둔 뒤 종종걸음으로 가야 한다.'고 되어 있습니다. 진나라 군사는 투구만 벗었습니다. 무례한 짓입니다. 또 몸을 날려 병거에 올라탔습니다. 이는 몹시 경솔한 짓입니다. 경솔하면 신중한 계책을 세우지 못하고, 무례하면 혼란에 빠지기 쉽습니다. 진나라 군사는 이번 출병에서 틀림없이 패전의 굴욕을 당할 것입니다. 남을 해치기 전에 스스로를 해칠 뿐입니다."

당시 정나라에 한 장사꾼이 있었다. 이름이 현고弦高였다. 소를 매매하는 것으로 업을 삼았다.

전에 주왕실의 왕자 퇴頹는 소를 지나치게 사랑했다. 주왕실과 가까운 정나라와 위나라 상인들은 낙양으로 가서 소를 팔았고, 많은 이익을 봤다. 현고도 당시 왕자 퇴에게 소를 판 상인의 자손으로 그 직업을 잇고 있었다.

그는 비록 장사꾼이지만 충군애국忠君愛國 하는 마음과 어려운 일을 해결하는 지략도 지니고 있었다. 다만 그를 천거해 주는 사람이 없어 시정에 묻혀 지내고 있었다.

현고는 그날도 살찐 소인 비우肥牛 수백 마리를 팔려고 주나라로 가는 길이었다. 여양진黎陽津 부근에서 한 친구를 만났다. 이름이 건타蹇他였다. 건타는 진秦나라에 갔다가 돌아오는 길이었다.

현고가 반갑게 인사한 뒤 물었다.

"요즘 진나라에 무슨 일이 있었소?"

건타가 대답했다.

"진나라가 정나라를 치기 위해 3명의 장수를 보냈소. 작년 12월 병술일 출병했소. 오래잖아 이곳에 도착할 것이오."

현고가 크게 놀라 속으로 말했다.

'나의 부모지방父母之邦인 정나라가 문득 큰 위기에 놓였다. 내가 그런 사실을 듣지 않았으면 모르지만 들은 이상 어찌 구하지 않을 수 있는가? 만일 종묘사직이 불에 타면 내가 무슨 면목으로 고향에 돌아갈 수 있겠는가?'

그러고는 마침내 한 가지 꾀를 냈다. 건타와 작별한 뒤 곧바로 사람을 시켜 밤을 새워 정나라 조정으로 가 이 일을 보고하고 속히 대책을 마련하라고 당부케 했다. 이어 진나라 군사를 호궤하기 위한 비우肥牛 20두頭를 고른 뒤 나머지는 모두 근처 객사에 맡겼다. 그는 종자들로 하여금 그 소를 몰고 자신의 뒤를 따르게 했다. 자신은 작은 수레를 타고 진나라 군사를 영접하러 갔다. 그가 활滑나라 연진延津 땅에서 진나라 군사의 전초대와 만

현고가 거짓 어명으로 진군을 호궤하다

났다.

현고가 길을 막고 서서 큰 소리로 외쳤다.

"정나라에서 온 사자가 여기에 있소. 원컨대 귀국의 대장을 한번 만나게 해주시오."

전초대의 전령이 중군中軍으로 달려가 맹명시에게 이를 보고했다. 맹명시는 정나라 사자가 왔다는 얘기를 듣고 크게 놀랐다. 그는 속으로 생각했다.

'정나라가 어떻게 우리가 오는 걸 미리 알고 멀리 떨어진 이곳까지 사자를 보낸 것일까? 그 사신을 불러 뭐라고 말하는지 한번 들어보도록 하자.'

곧 자신의 병거 앞에서 현고와 대면했다. 현고는 정목공의 명이라면서 거짓으로 맹명시에게 말했다.

"과군은 세 분의 장군이 수고롭게 폐읍으로 오는 것을 알고 하신下臣으로 하여금 넉넉지 못한 것이나마 갖고 가서 상국의 군사를 호궤하라고 했습니다. 이렇게 멀리까지 나온 이유입니다. 폐읍은 대국들 사이에 끼어 있어 늘 타국의 수모를 번갈아 가며 받고 있습니다. 우리는 나라를 지키기 위해 오랫동안 노력해 오고 있습니다. 우리가 두렵게 생각하는 것은 하루라도 경계를 소홀히 했다가 불측지변不測之變이 일어날 경우 상국上國에 죄를 짓게 될지도 모른다는 점입니다. 밤낮없이 경비하며 감히 잠을 편히 자지 못하는 것은 바로 이 때문입니다. 장군은 이를 깊이 살펴주십시오."

맹명시가 물었다.

"정군鄭君이 우리 군사를 호궤하도록 하면서 국서는 왜 보내지 않은 것이오?"

현고가 대답했다.

"장군이 지난 해 겨울 12월 병술일에 출병하지 않았습니까? 과군은 진나라 병사가 매우 빠르게 달려온다는 것을 알고, 서둘러 신으로 하여금 영접케 했습니다. 혹여 영접이나 호궤할 시기를 놓칠까 염려한 나머지 구두로 신에게 하명했습니다. 신이 국서를 갖고 오지 못한 죄를 땅에 포복匍匐하여 빌도록 하겠습니다. 그밖에 다른 이유는 없었습니다."

병사들을 호궤할 소떼를 받은 맹명시는 현고의 귀에 대고 속삭였다.

"과군이 나를 보낸 것은 활滑나라 때문이오. 어찌 감히 정나라를 도모하겠소!"

마침내 전군에 명을 내렸다.

"이곳 연진에 주둔하라."

현고는 맹명시에게 사례하고 물러났다.

서기술과 백을병이 와 맹명에게 물었다.

"이곳 연진에 주둔하는 이유가 무엇입니까?"

맹명시가 대답했다.

"우리 군사가 1천 리 먼 길을 온 것은 정나라에 불의의 기습을 가하기 위한 것이었소. 그래야만 이길 수 있소. 정나라는 우리의 출군出軍 날짜까지 알고 있소. 오래전부터 방비하고 있을 것이오. 정나라 도성을 칠지라도 그들은 성을 굳게 지킬 것이오. 이기기도 어렵고 설령 포위할지라도 우리 군사가 적어 포위를 계속할 수도 없소. 지금 활나라는 아무런 방비도 하지 않고 있을 것이오. 차제에 차라리 활나라를 쳐 노획물이라도 갖고 가 주공에게 바칩시다. 그러면 명분 없는 출병이라는 지적도 면할 수 있소."

그날 밤 3경, 진나라의 세 장수가 군사를 3로로 나눠 활나라를 쳤다. 활나라 도성인 활성滑城이 이내 함몰됐다.

활나라 군주인 활백滑伯이 그날 밤 적翟나라로 달아났다. 진나라 군대가 닥치는 대로 노략질했다. 여인과 금옥과 비단 등이 약탈 대상이었다. 활성은 텅 비고 말았다.

후대 사신이 이같이 평했다.

> 원래 진나라 장수의 안중에는 이미 정나라가 없었다. 현고가 속임수를 써 진나라 군사를 호궤하며 세 장수의 기습계책을 막지 않았다면 정나라는 멸망하고 말았을 것이다. 그 재앙은 정나라에 떨어지고 활나라가 까닭 없이 문득 멸망하는 일도 없었을 것이다.

또 시를 지어 현고를 찬했다.

1천 리 달려온 늑대 같은 군사들	千里驅兵狠似狼
어찌 활나라에 창칼 들이댔을까	豈因小滑逞鋒鋩

현고가 나서 호궤하지 않았던들 弦高不假軍前犒
정나라가 어찌 패망을 면했을까 鄭國安能免滅亡

활나라가 격파당한 뒤 활백은 이내 복국復國하지 못했다. 진나라 군사가 떠나자 위衛나라가 활나라 땅을 병탄해 버렸다. 그러나 이는 모두 훗날의 얘기다.

당시 정목공은 상인 현고의 밀서를 받기는 했으나 반신반의하며 그대로 믿지 못했다. 그때는 2월 상순이었다. 그는 사람을 객관에 보내 진나라 장수 기자와 봉손 및 양손의 동태를 엿보고 오게 했다. 과연 그들은 병거를 잘 수속收束해 두었다. 또 무기를 날카롭게 갈며 말을 배불리 먹였다.[9] 다른 장비도 잘 정돈整頓했다. 병사들 모두 갑옷으로 몸을 단속하고 분발하는 모습이었다. 진나라 군사가 진격해 오면 곧바로 북문을 열고 내응할 태세였다.

정목공이 이 보고를 듣고 크게 놀랐다. 곧 노대부 촉무를 시켜 기자 등 세 장수를 만나보게 했다. 촉무가 북문으로 가서 비단 한 보따리씩 노자로 주면서 말했다.

"장군들은 폐읍에 오랫동안 머물러 있었소. 폐읍은 그대들과 휘하 병사들에게 의식과 일용품을 공급하느라 물자가 거의 고갈됐소. 이제 듣자니 그대들이 병거와 병사들을 점검하는 등 계엄戒嚴을 펼치고 있다니 어디로 행군할 생각이오? 지금 맹명시를 비롯한 세 장수가 주나라와 활나라 사이에 주둔하고 있다고 하는데 혹여 그리로 가서 합치려는 것이오?"

기자가 이 말을 듣고 크게 놀랐다. 내심 이같이 생각했다.

'우리의 계책이 들통 났으니 맹명시가 이끄는 군사가 올지라도 공을 세우

9 이 대목의 원문은 여병말마厲兵秣馬이다. 『춘추좌전』「노희공 33년」조에서 인용한 것이다. '여병말마' 성어는 앞으로 닥쳐올 전투를 철저히 대비하는 것을 비유할 때 사용한다.

기가 어렵지 않겠는가? 오히려 문책을 당하게 됐다. 정나라에 머물 수도, 그렇다고 진나라로 돌아갈 수도 없게 됐다!'

기자가 짐짓 느긋한 모습으로 촉무를 대하면서 확답을 미뤘다. 촉무가 돌아가자 그날로 심복 수십 명만 데리고 제나라로 달아났다. 봉손과 양손도 송나라로 달아났다.

장수를 잃은 진나라 병사들이 북문에 모여 난을 일으키려고 했다. 정목공이 대부 일지호에게 명해 많은 식량을 갖고 북문으로 가 진나라 병사에게 나눠주게 했다. 일지호가 이들의 귀향을 설득했다.

정목공은 현고의 공로를 사적史籍에 기록케 하고, 군위軍尉에 임명했다. 이후 정나라는 안정을 되찾게 됐다.

한편 진양공은 상례를 주관하느라 곡옥의 빈궁에 머물러 있었다.

이때 첩자가 와서 고했다.

"진나라 장수 맹명시가 군사를 이끌고 동쪽으로 떠났습니다. 그러나 어디로 갔는지는 모르겠습니다."

진양공이 크게 놀랐다. 즉시 근시를 시켜 신하들을 소집케 했다. 이때 중군 원수 선진先軫이 정나라를 기습코자 하는 진목공의 계책을 탐지하고 곡옥으로 진양공을 찾아왔다.

선진의 계책이 어찌될지 알 길이 없으니 다음 회를 보라.

보설 - 진문시대의 등장인물과 약사

1. 순식荀息

진晉나라 대신으로 진헌공으로부터 여희 소생 해제를 충심으로 보필해 달라는 유명遺命을 받고 충성을 다했으나 유명을 완수하지 못했다. 원래 그는 진헌공에게 이른바 가도멸괵假道滅虢의 계책을 건의한 당대의 책사였다. 덕분에 진헌공은 사방으로 영토를 크게 넓힐 수 있었다. 기원전 651년 9월, 진헌공은 제환공이 주도하는 규구의 회맹에 참가하려다가 돌아오던 도중 병만 얻고 환궁했다. 여희가 와병한 진헌공 옆에 앉아 울며 자기 소생인 해제의 앞날을 걱정하자 진헌공이 순식을 침궁으로 불러 보필을 당부했다. 순식이 해제를 주상主喪으로 삼았으나 이극의 심복 역사力士가 명을 받고 변복한 뒤 궁중의 시위侍衛와 역인役人들 틈에 섞여 궁 안으로 들어와 해제를 척살했다. 순식이 곧바로 백관회의를 열고 같은 여희 소생의 탁자를 옹립했다. 그러나 이극의 사주를 받은 자객 도안이屠岸夷가 이내 순식의 품 안에 있는 탁자를 빼앗은 뒤 섬돌 위로 세게 내던졌다. 대로한 순식이 칼을 뽑아들고 달려들었으나 이내 도안이의 칼을 맞고 쓰러져 죽고 말았다. 여희 역시 연못에 몸을 던져 자진했다. 진나라는 이로 인해 공자 중이가 귀국해 진문공으로 즉위할 때까지 내란의 소용돌이에 휘말리게 됐다. 여희가 춘추시대에 빚어진 대표적인 여화女禍로 손꼽히게 된 이유다.

2. 송양공宋襄公

송환공의 아들로 제환공 사후 패자가 되어 열국의 제후들을 호령코자 했으나 오히려 초성왕에게 대패해 후대인들의 웃음거리가 됐다. 그럼에도 한대漢代 및 남송대의 유학자들은 그의 의전義戰을 높이 평가해 춘추오패의 일원으로 평가하기도 한다. 당초 제환공이 세상을 떠났을 때 중원의 제후들 가운데 제환공을 대신할 수 있는 사람은 진목공秦穆公 정도밖에 없었다. 그러나 서쪽의 진나라는 중원의 기준에서 볼 때 너무 한 쪽에 치우쳐 있었다. 이 와중에 제환공의 뒤를 이어 패자를 자처한 자가 훗날 성리학자들에 의해 '춘추5패'의 일원으로 떠받들어진 송양공이다.

당초 제환공이 기원전 651년에 왕실의 집정으로 있는 재공宰孔을 비롯해 여러 제후들과 규구葵丘에서 만나 우의를 다질 때 송양공이 상복을 입은 채 참석했다. 관중이 제환공에게 건의키를, "상복을 입고 회맹에 나온 것은 우리 제나라를 공경한다는 뜻입니다. 가히 공자 소昭의 앞날을 부탁할 만합니다."라고 했다. 송양공이 제2의 패자를 자처케 된 배경이 여기에 있다. 기원전 643년 겨울 12월, 제환공이 숨을 거두자 제나라에서 후계 자리를 놓고 혼란스런 양상이 나타났다. 후사 문제를 제대로 매듭짓지 않은 탓이다. 제환공은 여색을 좋아했다. 왕실에서 시집 온 공희共姬를 비롯해 서나라 군주의 딸 서영徐嬴과 채나라 군주의 딸 채희蔡姬 등 3명의 부인을 두었다. 그러나 이들 정실부인은 모두 아들을 낳지 못했다. 그러나 이들 정실부인 이외에 제환공이 총애했던 후궁들이 매우 많았다.

『사기』「제태공세가」에 따르면 후궁 가운데 정실부인과 같은 대우를 받은 여인이 무려 6명이나 있었다. 위나라 출신 장위희長衛姬는 공자 무휴無虧을 낳았다. 무휴는 보위에 오른 지 불과 3 달 만에 피살되었다. 장위희의 동생 소위희少衛姬는 제혜공인 공자 원元, 정나라의 정희鄭姬는 제효공인 공자 소昭, 갈나라의 갈영葛嬴은 제소공인 공자 반潘, 밀나라의 밀희密姬는 제의공인 공자 상인商人을 낳았다. 송나라 권신의 딸인 화씨華氏는 공자 옹雍을 낳았다. 제환공은 공자 소가 총명하고 어진 것을 높이 사 그를 후사로 삼고자 했으나 많은 공자들이 있어 죽을 때까지 이를 결정치 못했다. 관중은 이를 염려해 죽을 때까지 속히 후계자를 세우라고 신신당부했으나 제환공은 끝내 이를 행하지 않았다.

제환공 사후 제나라의 공자 소가 송나라로 달려와 역아와 수초가 변란을 일으킨 전말을 보고하면서 도움을 청했다. 송양공이 곧바로 군신들을 모은 뒤 제환공의 패업을 계승할 뜻을 밝혔다. 이듬해인 기원전 642년 봄, 송양공이 공자 소를 앞세우고 제나라로 쳐들어갔다. 덕분에 공자 소가 보위에 오를 수 있었다. 그가 바로 제효공齊孝公이다. 구더기가 문밖으로 나올 정도로 방치됐던 제환공의 시신도 이해 8월에 도성 인근의 우수산牛首山에 안장됐다. 당시 약소국인 송나라가 첫 패업을 이룬 제나라의 보위를 확정지은 것은 높이 평가할 만하다. 그러나 사실 그게 전부였다. 그럼에도 송양공은 의기양양해진 나머지 중원의 제후들을 호령코자 했다. 패자가 되기 위해서는 형식상 제후들을 불러 모은 뒤 먼저 삽혈해야 했다. 대국의 제후들이 올 리 없었다. 송양공은 편법을 동원했다. 등滕, 조曹, 주邾, 증鄫 등 이웃한 소국의 군주만을 불러들였다.

기원전 641년 봄, 약속 기일에 맞춰 회맹장소로 온 사람은 조·주 두 나라 군주뿐이었다. 등선공滕宣公은 참석여부를 쉽게 결정짓지 못하고 망설이다가 뒤늦게 회맹장소에 나타났다. 대로한 송양공이 곧 그를 억류했다. 이해 여름, 증나라 군주는 등선공이 별관에 억류돼 있다는 소문을 듣고 크게 놀라 뒤늦게 회맹장소로 달려갔다. 송양공이 주문공邾文公에게 명해 증나라 군주를 죽여 차수의 토지신 사당의 제물로 쓰게 했다. 『열국지』는 송양공이 이내 공자 탕의 진언을 좇아 주문공을 시켜 증나라 군주를 펄펄 끓는 가마솥에 넣어 삶게 한 뒤 토지신의 희생으로 바쳤다고 기록해 놓았다. 이는 사서의 기록을 토대로 한 것이다.

『춘추좌전』「노희공 19년」조는 기원전 641년 6월에 주문공이 송양공의 명을 받아 증나라 군주를 희생으로 사용했다고 기록해 놓았다. 『열국지』처럼 과연 가마솥에 삶아 죽였는지 여부는 확인할 길이 없으나 희생물로 바친 것만은 분명하다. 그럼에도 성리학자들은 그를 춘추5패의 일원으로 꼽은 것이다. 송양공처럼 실력도 없이 천하를 호령코자 할 경우 반드시 그 대가를 치를 수밖에 없다. 그 대가가 바로 인구에 회자하는 '송양지인宋襄之仁'으로 나타났다. 증나라 군주를 팽살烹殺한 지 2년 뒤인 기원전 639년 봄, 송양공이 제효공 및 초성왕과 지금의 안휘성 부양시인 녹상鹿上에서 만났다. 『춘추좌전』「노희공 21년」조는 "녹상의 회맹 직후 송양공이 초성왕에게 회맹의 주선을 부탁하자 초성왕이 이를 응낙했다."고 기록해 놓았다.

이해 가을, 마침내 송양공과 초성왕이 지금의 하남성 수현인 우盂 땅에서 만났다. 진목공陳穆公, 채장공, 정문공, 허희공, 조공공이 참석했다. 제효공은 참석치 않았다. 도중에 무슨 핑계를 대고 참석치 않았을 공산이 크다. 이 회맹은 천하의 패자가 송양공이 아닌 초성왕이라는 사실을 만천하에 널리 알리는 결정적인 계기로 작용했다. 『춘추좌전』과 『사기』「송미자세가」 모두 우 회맹의 결과를 "초성왕이 송양공을 포로로 잡은 뒤 송나라를 쳤다."고 약술略述해 놓았다. 『사기』「초세가」에 "초성왕 33년(기원전 639), 송양공이 우 땅의 회맹에 초성왕을 불렀다. 초성왕이 화를 내며 말하기를, '과인이 참석한 뒤 그를 습격해 욕을 보여주고야 말 것이다.'라고 했다. 마침내 우 땅으로 간 뒤 송양공을 포로로 잡아 욕을 보인 뒤 귀국했다."는 기록이 나온다. 그러나 더 이상의 설명은 없다.

『열국지』는 당시 송양공이 이해 겨울에야 겨우 포로의 신세에서 벗어났고, 초성왕은 송나라 도성 수양성睢陽城 부근인 박亳 땅에서 제후들과 회동한 뒤 그를 풀어주었다고 묘사해 놓았다. 송양공은 이런 망신을 당하고도 조금도 반성하지 않았다. 이는 초성왕이 비록 송양공을 포로로 잡기는 했으나 나름 매우 관대히 대했음을 반증한다. 박 땅의 회맹이 끝난 지 얼마 안 되는 이듬해인 기원전 638년 여름, 송양공이 위·허·등 3국 군주와 함께 연합군을 결성해 정나라를 쳤다. 정문공이 초성왕에게 도움을 청하기 위해 재차 초나라로 갔다. 초성왕이 이내 좌우에 명해 군사를 이끌고 가 송나라를 치게 했다. 송양공은 초나라 군사가 쳐들어온다는 급보를 받고 즉시 회군했다. 『열국지』는 송나라 군사가 회군 도중 초나라 군사와 조우한 것으로 묘사해 놓았다. 그러나 송양공은 내친 김에 초성왕과 자웅을 가리고자 했다. 그러나 수레바퀴에 맞서는 식의 당랑거철螳螂拒轍에 지나지 않았다. 화를 자초한 것이다.

양측 군사는 지금의 하남성 자성현 서북쪽을 흐르는 홍수泓水 일대에서 충돌했다. 『춘추좌전』「노희공 22년」조는 기록키를, "겨울 11월 초하루, 송공이 초나라 사람과 홍수에서 싸웠다. 송나라 군사가 크게 패했다."고 해 놓았다. 『열국지』는 『춘추좌전』의 기록을 토대로 당시의 상황을 생생하게 그려 놓았다. 이에 따르면 당시 송나라 군사는 홍수 남쪽에 진을 치고 초나라 군사와 대치하고 있었다. 초나라 군사가 배를 타고 도강하기 시작하자 공손 가固가 간하기를, "저들은 병력이 많고 우리는 적습니다. 저들이 반쯤 건너왔을 때 우리가 공격하면 우리가 이길 수 있습니다. 만일 저들이 모두 상륙하게 되면 중과부적으로 당하기 어렵습니다. 그러니 저들이 아직 물을 다 건너지 못하고 있을 때 공격해야 합니다."라고 했다. 송양공이 대답키를, "과인은 진을 펴고 당당히 싸울 뿐이오. 어찌 적이 반쯤 건너오는 것을 칠 수 있겠소?"라고 했다. 초나라 군사가 도강을 끝낸 뒤 아직 진형을 갖추지 못했을 때 공손 고가 또 다시 간하자 송양공이 화를 내며 꾸짖기를, "그대는 어찌하여 일시적인 이익만 탐하고 만세의 인의를 모르는 것이오?"라고 했다. 송양공이 직접 군사를 지휘하며 초나라 진영 쪽으로 진격해 들어갔다가 오른쪽 넓적다리에 화살을 맞고 힘줄이 끊어지는 큰 부상을 입었다. 송양공을 시위하던 군사들은 초나라 군사와 접전하다 모두 전사했다. 공손 고가 급히 달려가 송양공을 부축해 자신이 병거 위에 태운 뒤 좌충우돌하며 포위망을 뚫고 나갔다. 송나라 군사들이 그 뒤를 쫓아 일시에 퇴각하자 초나라 군사가 급히 그 뒤를 쫓았다. 이로 인해 송나라 군사는 대패하고 말았다. 사가들은 이를 두고 통상 '홍수지전泓水之戰' 내지 홍수지역泓水之役으로 부르고 있다.

'홍수지전'의 패배 소식이 전해지자 전사한 송나라 병사들의 부형과 처자들이 공궁 밖으로 몰려와 대성통곡하며 송양공을 원망했다. 송양공은 이들의 통곡과 원망 소리를 듣고도 변명키를, "군자는 부상당한 적을 죽이지 않고 머리가 희끗희끗한 반백斑白의 나이 많은 적군은 포획하지 않는 법이다. 옛날 용병의 도리는 적이 불리한 처지에 처한 것으로써 승리를 도모하지 않았다. 과인은 비록 패망한 은나라의 후손이기는 하나 대열을 다 이루지 못한 적을 향해 진격을 명할 수는 없었다."고 했다. '송양지인' 성어가 나오게 된 배경이다. 후대에는 치세와 난세를 구분하지 못하는 고지식한 도덕론자의 행태를 비난하는 뜻으로 사용됐다. '홍수지역' 이듬해인 기원전 637년 여름 5월, 송양공이 상처가 악화돼 이내 숨을 거두었다. 보위에 오른 지 14년 만이다. 송양공 사후 태자가 뒤를 이어 송성공宋成公으로 즉위했다. 후대의 성리학자들은 전장에서조차 인의를 잊지 않았다는 식의 억지 해석으로 '송양지인'을 높이 평가했으나 이는 역사적 사실을 호도한 것이다. 송양공은 융통성이 없는 외곬수의 소인배에 지나지 않았다. 난세는 붓이 아닌 칼로 말하는 시기다. 실력과 덕행을 겸비한 게 가장 바람직하나 그게 불가능하다면 우선 실력만이라도 갖춰야 한다.

3. 진문공晉文公

진문공은 제환공에 이어 사상 두 번째로 패업을 이룬 인물로, 원래 이름은 중이重耳이다. 그가 패업을 이룬 후 진나라는 초장왕이 등장한 때를 제외하고는 춘추시대 말기까지 무려 200여 년 동안 줄곧 중원의 패자를 자처했다. 제환공이 패업을 이룰 당시 진나라는 중이의 부친인 진헌공晉獻公이 다스리고 있었다. 진헌공 사후 후계자 문제로 나라가 시끄러워지자 진문공 중이가 이내 망명을 떠나게 됐다. 19년에 걸친 망명 끝에 진목공秦穆公의 딸인 문영文嬴과 결혼한 뒤 장인인 진목공의 도움을 받아 가까스로 보위에 오를 수 있었다. 이후 그는 사방으로 정복전쟁을 활발히 전개했다.

가장 대표적인 것이 기원전 632년 4월 지금의 하남성 진류현인 성복城濮에서 남방의 강국 초나라 군사를 격파하고 명실상부한 중원의 패자로 등장한 싸움이다. 당초 진문공은 초나라의 침공을 받은 송나라를 구원하기 위해 군대를 일으켰다. 초성왕이 이내 퇴각을 명했다. 이때 초나라 장수 성득신成得臣이 결전을 주장하며 이를 거부했다. 초성왕도 부득불 이를 받아들이지 않을 수 없었다. 당시 중원의 진晉나라는 동쪽 제나라와 서쪽 진秦나라와 연합군을 결성하고 있었다. 3국 연합군은 근 4만 명가량이었다. 성득신이 이끄는 초나라 군사는 진陳, 채蔡, 정鄭, 허許 등 5국 연합군으로 총 11만 명가량이었다. 초나라 연합군이 수적으로 우세했다. 싸움이 시작되자 진문공은 망명 시절 은혜를 베풀었던 초성왕과 약속한 바대로 전군을 90리가량 뒤로 물려 영채를 차렸다. 그러나 기고만장한 성득신은 대군을 이끌고 곧바로 쳐들어갔다가 진나라 군사의 협공작전에 말려 대패하고 말았다. 결국 성득신은 패잔병을 이끌고 퇴각하던 중 자진하고 말았다. 이 싸움은 개전한 지 6일 만에 진나라 군사의 일방적인 승리로 끝났다. 사가들은 이를 성복지역城濮之役으로 부른다.

이해 5월 진문공이 지금의 하남성 무척현인 천토踐土에 행궁을 지은 뒤 주양왕을 초대했다. 주양왕은 초나라의 포로 등을 헌납받자 연회를 베풀어 진문공을 대접한 뒤 제후들의 영수인 후백侯伯으로 임명했다. 사가들은 천토에서 진문공이 제후들과 함께 주양왕을 알현한 뒤 제후들로부터 패자로 공식 승인을 받는 이 모임을 이른바 천토지맹踐土之盟으로 칭하고 있다. '천토지맹'은 말할 것도 없이 제환공도 이루지 못한 '성복지역'의 혁혁한 무공 덕분이다. 진문공은 기원전 628년에 사망했다.

진문공은 재위기간은 비록 9년에 지나지 않았으나 '성복지역'에서 초나라를 대파한 덕분에 중원 진나라의 패업은 춘추시대 말기까지 근 200년 가까이 지속됐다. 그러나 진문공의 패업에 대한 공자의 평가는 그다지 높지 않다. 그는 『논어』「헌문」에서 제환공과 진문공의 패업을 비교하며 "진문공은 술수를 부리면서 바르지 않았고, 제환공은 바르면서 술수를 부리지 않았다."고 평했다. 제환공의 패업을 정패正覇, 진문공의 패업을 휼패譎覇로 나눈 것이다.

훗날 남송대의 주희는 그 배경과 관련해 "제환공은 초나라를 칠 때 대의를 내세워 말하고 속임수를 쓰지 않았다. 그러나 진문공은 위衛나라를 쳐 초나라를 싸움으로 끌어들이고 음모로써 승리를 취했으니 그 속임이 매우 심했다. 두 사람의 다른 일도 이와 같은 것이 많다. 공자가 이를 언급함으로써 그 숨은 사실을 드러낸 것이다."라고 분석한 바 있다. 그러나 전국시대 말기 법가사상을 집대성한 한비자韓非子는 진문공을 제환공 못지않게 높이 평가했다. 『한비자』「외저설 좌하」에서 제환공이 생전에 관중에게 너무 많은 권한을 주는 바람에 자칫 위험에 빠질 소지가 컸다고 지적하고, 진문공이 신하의 충성심에 대한 믿음에 기대지 않고 자신이 남에게 배신당하지 않는 법술에 의지한 것을 높이 평가한 게 그렇다. 난세의 군주리더십에 대한 평가는 한비자가 공자보다 훨씬 합리적이다.

4. 조최趙衰

진문공의 최측근으로 춘추시대 말기 진晉나라가 조나라와 위나라 및 한나라로 3분될 당시 조나라의 시조가 된 인물이다. 조최趙衰의 '최'는 통상 '쇠'로 읽으나 사람으로 쓸 때는 '최'로 읽는다. 당초 진문공 중이가 19년간에 걸친 망명생활을 그치고 귀국할 때 진秦나라 군사가 중이 일행을 호송했다.

기원전 636년 2월, 중이의 조카인 진회공晉懷公이 이들의 입국을 저지키 위해 좌우에 명해 여류廬柳에 군사를 주둔시켰다. 중이를 돕기 위해 좇아온 진秦나라 대부 공자 집縶이 진회공의 진영으로 가서 저항치 말 것을 설득했다. 덕분에 쉽게 입국할 수 있었던 중이는 곧 조상들의 묘가 있는 곡옥曲沃으로 가서 진무공의 사당인 무궁武宮을 참배했다. 이해 2월 18일, 중이가 사람을 보내 마침내 지금의 산서성 임분현 동북쪽에 있는 고량高粱에서 진회공을 척살케 했다. 이때 대부 여생과 극예는 중이에게 핍박을 받을까 두려워한 나머지 궁실을 불태워 중이를 죽이려고 했다.

이를 안 환관 발제勃鞮가 알현을 청했다. 진문공이 사람을 보내 질책키를, "너는 내가 포성으로 달아났을 때 나의 부친인 진헌공이 너에게 하룻밤이 지난 뒤 공격하라고 명했는데도 바로 그날에 나를 공격했다. 이후 내가 적인의 땅으로 가 적군狄君을 좇아 위수 가에서 사냥하고 있을 때는 진혜공이 너에게 사흘 밤이 지난 뒤 나를 척살토록 명했는데도 너는 이틀 만에 이르렀다. 비록 군명君命을 받들었다고는 하나 어찌해 그토록 빨리 나를 죽이려고 했던 것인가? 당시 네가 내리친 칼에 잘린 옷소매를 아직도 내가 가지고 있다. 너는 어디로든 빨리 떠나도록 하라!"고 했다.

발제가 항변키를, "신은 군주가 이미 보위에 올라 군주의 도리를 다 알고 있는 것으로 여겼습니다. 만일 아직도 다 알지 못하고 있다면 장차 재난을 만날 수밖에 없을 것입니다. 신하로서 군명을 받들 때는 두 마음이 없어야 하니 이는 고래의 법도입니다. 신하는 군주가 미워하는 자를 제거하는 데에 오직 모든 힘을 다해 이를 완수할 뿐입니다. 그러니 포성으로 도망했을 때는 포성 사람, 적인의 땅으로 도주했을 때는 적인으로 보일 뿐입니다. 일개 포성 사람이나 적인을 죽이는 것이 저와 무슨 관계가 있겠습니까? 지금 군주는 보위에 올랐다고 해 포성 사람이나 적인들과 같이 자신을 해칠 사람은 이제 있을 수 없다고 생각하는 것입니까? 전에 제환공은 관중이 자신을 죽이기 위해 활을 쏘아 허리띠의 고리를 맞춘 사구射鉤 사건의 원한이 있음에도 재상으로 발탁했습니다. 군주가 만일 사람 쓰는 방법을 제환공과 달리해 제가 군주의 소매를 자른 참거斬袪 사건에 원한을 품고 있었다면 제가 벌써 떠났지 구태여 떠나라는 명이 나오기를 기다렸겠습니까? 그러나 그리 되면 전에 저지른 죄로 인해 떠날 사람이 매우 많을 것입니다. 어찌 형을 받아 환관이 된 저 한 사람에 그치겠습니까?"라고 했다.

여기서 사구참거射鉤斬袪 성어가 나왔다. 제환공과 진문공이 대업을 이룬 자들이 젊었을 때 죽기 직전의 위기를 겪는 것처럼 커다란 위기에 처하는 것을 가리키는 성어이다. 당시 공자 중이는 이 말을 듣고 곧바로 환관 발제를 만났다. 이해 3월, 진문공이 은밀히 진秦나라의 황하 서안에 있는 왕성王城으로 가서 진목공을 만났다. 이내 진문공 중이의 공궁에서 불이 났다. 여생과 극예는 진문공을 죽이려고 사방을 뒤졌으나 결국 찾지 못하고 황하 연안인 하상河上으로 달아나게 됐다. 진목공이 그들을 속여 끌어들인 뒤 죽여 버렸다. 진문공이 진나라로 돌아 올 때 진회공에게 시집을 갔다가 다시 공자 중이에게 시집을 간 진목공의 딸인 문영文嬴을 부인으로 맞아 함께 귀국했다. 당시 진목공이 진문공의 호송을 위해 파견한 군사는 모두 3천 명이었다. 이들은 모두 훈련이 잘 된 능력 있는 병사와 노복들이었다. 여기서 기강지복紀綱之僕 성어가 나왔다.

당초 진문공 밑에서 잔일을 하던 소신小臣 두수頭須는 창고를 지키는 인물이었다. 진문공이 외국에 망명해 있을 때 창고 안의 재물을 절취해 도망간 뒤 진문공의 귀환을 위해 훔친 재물을 모두 요긴하게 썼다. 진문공이 귀국하자 두수가 알현을 청했다. 진문공은 머리를 감고 있다는 핑계로 이를 거절했다. 두수가 심부름을 한 노복에게 말하기를, "진나라 안에 있던 사람들은 사직을 지켰고 군주를 따라 망명한 사람들은 말고삐를 잡고 군주를 위해 열심히 뛰어다니며 일했소. 나라 안에 있던 사람과 같이 망명한 사람 모두 자신이 해야 할 일을 한 것인데 어찌하여 나라 안에 있던 사람들만 벌을 받아야 하오? 일국의 군주로서 일개 필부에 대한 작은 원한을 가슴 속에 품고 있다면 죄를 두려워할 사람이 매우 많을 것이오."라고 했다. 노복이 이 말을 진문공에게 고하자 진문공이 곧바로 두수를 불러 만나보았다.

공자 중이가 오랫동안 망명생활을 하며 자식들을 낳으며 가까이 지냈던 적인狄人들은 중이가 진문공으로 즉위했다는 소식을 듣자 중이에게 시집을 갔던 계외季隗를 진나라로 돌려보내면서 진문공의 두 아들인 백숙伯儵과 숙류叔劉를 적인의 땅에서 양육할 수 있도록 허락해 줄 것을 청했다. 앞서 진문공은 자신의 딸 조희趙姬를 조최에게 주어 아내로 삼게 했다. 조희는 봉읍이 원原인 조동趙同과 봉읍이 병屛인 조괄趙括, 봉읍이 누樓인 조영趙嬰을 낳았다. 이때에 이르러 조희가 조최에게 적인의 땅에 있을 때 맞아들인 숙외叔隗와 그녀 소생의 조돈趙盾을 불러들일 것을 청했다. 조최가 이를 거절하자 조희가 설득키를, "집정하는 사람이 새로 총애하는 사람을 얻었다고 해서 옛 사랑을 잊는다면 어찌 사람을 신복信服케 할 수 있습니까? 반드시 그들을 맞이해야 합니다."라고 했다. 조돈은 진문공 사후 진나라의 최고 실세가 된 인물이다. 당시 조최의 허락으로 숙외와 조돈이 진나라로 들어오자 조희는 조돈이 재주가 있는 것을 알고 누차 진문공에게 청해 조돈을 조최의 적자로 삼은 뒤 자신이 낳은 세 아들을 조돈의 밑에 서게 했다. 이어 조최로 하여금 숙외를 정실로 삼게 한 뒤 자신은 그 밑의 사람이 됐다. 조돈이 진문공 사후 권력을 장악케 된 근본 배경이 여기에 있다.

5. 개자추介子推

19년간에 걸쳐 조최趙衰 및 호언壺偃, 전힐顚頡, 위주魏犨 등과 함께 진문공으로 즉위한 공자 중이의 망명생활을 보필한 진문공의 측근이다. 망명 도중 자신의 허벅지 살을 베어내 공자 중이를 대접한 일화는 유명하다. 그의 이름이 사서마다 약간씩 다르다. 『여씨춘추呂氏春秋』와 『한비자』 및 『사기』「진세가」 등에는 개자추介子推, 『춘추좌전』에는 개지추介之推, 굴원의 「구장九章, 석왕일惜往日」에는 개자介子, 채옹蔡邕의 「금조琴操」에는 개자수介子綏, 『사기』「중니제자열전」에는 개산자연介山子然, 당나라 고황顧況의 「의고삼수擬古三首」에는 개추介推, 유향劉向의 「열선전列仙傳」에는 왕광王光으로 나온다.

『춘추좌전』「노희공 24년」조에 따르면 기원전 636년 초, 중이 일행이 황하에 이르렀을 때 중이의 외숙인 호언이 지니고 있던 구슬을 중이에게 건네며 말하기를, "신은 말고삐를 잡고 군주를 좇아 천하를 도는 와중에 그간 저지른 죄가 너무 많습니다. 신도 이를 잘 알고 있거늘 하물며 군주야 더 말할 필요가 있겠습니까? 청컨대 여기서 달아날 수 있게 해 주십시오."라고 했다. 중이가 만류키를, "내가 외숙과 마음을 함께 하지 않을 리가 있겠습니까? 황하에 맹세하겠습니다."라고 했다. 그러고는 구슬을 강물로 던져 하신河神 앞에 맹세했다. 당시 망명생활을 함께 하며 진문공을 보필했던 사람들 모두 상을 받을 때 오직 개지추介之推만이 포상을 청하지 않았다.

이때 개지추가 말하기를, "당초 진헌공의 아들은 모두 아홉이었는데 지금은 오직 주공 한 사람만 남았다. 진혜공과 진희공은 모두 보위에 올랐지만 가까운 사람마저 떠나 결국 제후와 신민 모두 그들을 버렸다. 그러나 하늘은 진나라를 버리지 않고 현군을 보내 보위를 잇게 했다. 진나라의 제사를 주관할 분은 지금의 군주가 아니고 누구겠는가? 하늘이 실로 군주를 시켜 보위를 잇게 했는데도 몇 사람이 자기들의 공에 힘입은 것이라고 하니 이는 사람을 속이는 것이 아닌가? 남의 재물을 훔쳐도 도둑이라 하거늘 하물며 하늘이 공을 탐해 자기의 공이라고 하니 더 말할 게 있겠는가? 신하는 자신의 죄를 오히려 의로운 행동이라 하고 군주는 그들의 간사한 행동을 포상해 상하가 서로 속이면서 덮어주고 있으니 나는 그들과 더불어 처신할 수 없다."고 했다. 그의 모친이 말하기를, "어찌하여 포상을 구하지 않는 것이냐? 이대로 죽게 되면 누구를 원망할 수 있겠느냐?"고 했다. 개자추가 응답키를, "남을 책망하고 그들을 본받는다면 죄가 더 큽니다. 게다가 저는 조정을 원망하는 말을 했으니 그 녹을 먹지 않을 것입니다."라고 했다. 개자추의 모친이 이에 동의해 함께 숨어 살다가 죽었다.

진문공은 뒤늦게 이 얘기를 듣고 개지추가 숨어 사는 곳을 찾으려고 백방으로 노력했으나 결국 그들 모자를 찾지 못했다. 지금의 산서성 개휴현 남쪽의 면상綿上 땅을 그를 추모하기 위한 제전祭田으로 삼게 한 뒤 "이로써 나의 잘못을 기록하고 훌륭한 인재인 선인善人을 널리 표창코자 한다."고 선언했다. 전설에 따르면 진문공이 그를 찾아내기 위해서 산에 불을 질렀으나 모친을 감싸 안고 불에 타 죽었다고 한다. 그의 충정을 기리기 위해 그가 불타 죽은 음력 3월 초닷새 날에는 모든 화식火食을 금하는 풍습인 한식절寒食節이 생겨 오늘날까지도 이어지고 있다.

6. 초성왕楚成王

초나라는 초무왕楚武王 웅통雄通 때 처음으로 칭왕稱王했다. 초무왕이 죽자 아들 웅자熊貲가 초나라의 18대 군주인 초문왕楚文王으로 즉위했다. 그는 영성郢城에 도읍한 뒤 강력한 북진정책을 추진해 장강 유역을 확보했다. 등鄧나라를 멸하고, 권權나라를 공략하고, 수隨나라를 굴복시키고, 운鄖나라를 격파하고, 교絞나라와 동맹을 맺고, 식息나라를 부려먹은 게 그렇다. 한수 동쪽인 한동漢東 소국들은 거의 모두 초나라의 신하를 칭하며 조공을 바친 이유다. 다만 채蔡나라는 제나라와 혼인관계를 맺고 있고, 중원의 제후들과 동맹해 함께 출병하는 까닭에 초나라에 굴복하지 않았다.

당시 초문왕 곁에는 투기鬪祁, 굴중屈重, 투백비鬪伯比, 위장薳章, 투렴鬪廉, 육권鬻拳 등 뛰어난 신하들이 보필했다. 초문왕은 이들을 이끌며 중원을 노렸다. 채애공蔡哀公 헌무獻武는 식나라 군주 식후息侯와 마찬가지로 진선공陳宣公의 딸을 부인으로 삼고 있었다. 채애공은 진선공의 장녀, 식후는 차녀에게 장가들었다. 식후의 부인 규씨嬀氏는 천하절색이었다. 한번은 식후의 부인 규씨가 친정인 진나라에 귀녕歸寧을 가는 도중 형부인 채애공에게 희롱을 당했다. 식후는 채애공이 자기 아내를 만만하게 희롱했다는 말을 듣고는 보복할 마음을 품었다. 이내 사자를 초나라에 보내 조공을 바치며 채나라 토벌을 사주했다. 초문왕이 크게 기뻐하며 군사를 일으킨 뒤 짐짓 식나라를 치는 체했다. 식나라가 사람을 채나라에 보내 원조를 청했다. 과연 채애공은 대군을 일으킨 뒤 몸소 군사를 이끌고 구원에 나섰다. 그러나 채나라 군사가 영채를 세우기도 전에 초나라 복병에게 습격을 당했다. 채애공은 초나라 군사를 당할 길이 없어 급히 식나라 도성으로 들어가 위급을 피하고자 했다. 그러나 식후가 성문을 굳게 닫고 받아들이지 않았다. 채애공은 허둥지둥 달아나다가 신야莘野에서 잡힌 뒤 비로소 속임수에 빠진 걸 알았다.

초나라로 잡혀간 채애공은 식후에 대한 원한이 골수에 사무쳤다. 그는 초문왕이 자신을 위해 전송 차원에서 크게 연회를 베풀자 초문왕에게 "천하의 여인 가운데 식후의 부인처럼 아름다운 여인은 없다."며 초문왕을 부추겼다. 이내 식부인 규씨를 손아귀에 넣기 위해 사방을 순수巡狩한다는 구실로 이내 식나라로 갔다. 식후가 초문왕의 위세에 눌려 감히 거역하지 못하고 규씨로 하여금 술을 가득 부어 올리게 했다. 이튿날 답례의 명목으로 직접 관사에서 연회를 베풀고 식후를 청한 뒤 사방에 몰래 무장한 병사를 매복시켰다. 주흥이 무르익었을 때 식후를 포획한 뒤 식부인 규씨를 수레에 싣고 초나라로 돌아갔다. 초문왕은 식후를 여수汝水 땅에 안치하고 간신히 10호의 읍을 식읍으로 내주면서 식나라 선조의 제사를 받들게 했다. 식후는 아내를 빼앗긴 원한과 울분으로 이내 죽고 말았다.

초문왕은 식규 사이에서 웅간熊艱과 웅운熊惲 두 아들을 낳았다. 『춘추좌전』에는 웅운의 이름이 웅군熊頵으로 나온다. 초문왕은 식규의 부탁을 받고 군사를 일으켜 채나라로 쳐들어갔다. 채애후

헌무가 항복의 취지로 윗옷을 벗어 어깨를 드러내는 육단肉袒을 한 채 초문왕 앞에 엎드려 사죄했다. 이어 부고에 있는 보물과 금옥을 모두 꺼내 바쳤다. 초문왕이 비로소 채나라에서 물러갔다. 이후 초문왕이 죽자 웅운이 친형 웅간을 죽이고 보위에 올랐다. 그가 바로 제환공 및 진문공과 자웅을 다툰 초성왕楚成王이다. 그는 보위에 오른 후 한수 동쪽인 한동漢東과 회수淮水 일대 소국들을 점령해 사방으로 영토를 크게 넓히며 남방의 맹주로 발돋움했다. 『열국지』에서는 제환공과 진문공 등 중원의 패자에 초점을 맞춰 기술한 까닭에 초성왕을 다소 신의 없는 인물로 그려 놓았으나 사실 그는 훗날 초장왕이 패업을 이루는 데 초석을 놓은 웅주로 일컬을 만하다.

7. 투자문鬪子文

초나라의 3대 유력 가문 중 하나인 투씨鬪氏의 후손으로 투백비鬪伯比의 아들이다. 원래 그의 조부는 투약오鬪若敖이다. 운鄖나라 군주인 운자鄖子의 딸을 아내로 맞이해 투백비를 낳았다. 투약오는 투백비가 아직 어릴 때 죽었다. 청상과부가 된 투약오의 아내는 친정인 운나라로 돌아갔고, 어린 투백비는 어머니를 따라 운나라로 가서 살게 됐다. 운나라 군주의 부인인 운부인鄖夫人은 투백비를 자신의 아들처럼 사랑했다. 투백비에게 외숙모에 해당하는 운부인에게도 딸이 하나 있었다. 투백비에게 그 소녀는 외종누이에 해당했다. 이들은 어릴 때부터 궁중에서 짝을 지어 놀았다. 어른들은 이들이 장성한 뒤에도 함께 노는 것을 내버려 뒀다. 운부인은 그들이 장성한 뒤에도 같이 노는 것을 금지하지 않았기에 두 남녀는 몰래 정을 통해 아이를 뱄다.

운부인은 뒤늦게 이를 알고 투백비의 궁중 출입을 금했다. 이어 딸에게 신병이 있다는 핑계를 대고 밖에 나가지 못하도록 방 안에 가둬 두었다. 그녀는 아들을 낳았다. 운부인은 은밀히 시녀를 시켜 갓난아기를 의복에 싸서 늪지대인 몽택夢澤에 버리게 했다. 남편을 속이고 딸의 추문이 밖으로 새나가는 것을 막고자 한 것이다. 투백비는 외종누이와의 불륜관계가 부끄러워 모친과 함께 초나라로 돌아가 버렸다. 하루는 운자가 몽택으로 사냥을 갔다. 몽택에 이르니 맹호 한 마리가 쭈그리고 앉아 있는 걸 봤다. 운자가 좌우에 명해 활을 쏘게 했다. 그러나 화살은 한 대도 맞지 않았다. 범 또한 전혀 움직이지 않았고 피하는 기색도 없었다. 운자가 이를 괴이쩍게 생각했다. 사람을 시켜 가까이 다가가 살펴보고 오게 했다. 그 사람이 돌아와 보고하기를, "범이 갓난아기에게 젖을 빨리고 있습니다. 사람을 봐도 무서워하거나 피하려 하지 않습니다."라고 했다. 운부인이 이를 남편인 운자에게 말하자 운자가 몽택에 있는 갓난아기를 다시 데려오게 한 뒤 딸에게 내주어 기르게 했다. 이어 자신의 딸을 초나라로 보내 투백비와 결혼시켰다. 초나라 사람들은 젖을 누穀, 범을 오도於菟

라고 불렀다. 투백비의 이름을 범이 젖을 먹였다는 뜻에서 '누오도'라고 지은 이유다.

투자문은 점차 자라면서 백성을 편안하게 하고 나라를 다스리는 안민치국安民治國의 능력과 종횡으로 문무를 겸전한 경문위무經文緯武의 재략을 지닌 인물이 되었다. 이후 부친 투백비가 초나라 대부로 있다가 죽자 그 뒤를 이어 대부가 됐다. 이후 초문왕의 동생인 영윤 자원子元이 찬역을 꾀하다 죽자 영윤 자리가 비게 됐다. 초성왕은 투렴鬪廉을 영윤으로 삼으려고 했다. 투렴이 투자문에게 자리를 양보했다. 투자문은 영윤으로 있으면서 부국강병책을 적극 추진해 초나라를 마침내 남방의 강국으로 만들어냈다. 후대 사가들이 그를 제나라의 관중과 비견되는 명재상으로 칭송한 이유다.

8. 진목공秦穆公

진목공秦穆公은 이름이 임호任好로 진문공의 장인이기도 하다. 당초 그는 즉위한 지 6년이 지나도록 중궁中宮을 맞이하지 못했다. 그는 대부 공자 집縶으로 하여금 진晉나라로 가 구혼하게 했다. 진헌공의 큰 딸로 태자 신생의 동복누이인 백희伯姬를 아내로 맞이했다. 훗날 19년간에 걸쳐 천하를 주유하며 망명생활을 한 진나라 공자 중이重耳가 진秦나라에 들렀을 때 자신의 딸인 문영文嬴을 시집보내면서 그를 진문공으로 옹립하는 데 결정적인 도움을 주게 된 배경이 여기에 있다. 그는 사위인 진문공이 죽고 천하가 다시 어지러운 모습을 보이자 중원으로 진출해 명실상부한 패자가 되고자 했다.

당초 기원전 628년 겨울에 정나라가 서쪽 진秦나라와 맺은 우의를 깨고 중원의 진晉나라와 화친하자 진목공이 대로했다. 얼마 후 진문공이 숨을 거두었다. 사위가 죽은 마당에 머뭇거릴 이유가 없었다. 곧 정나라 토벌을 결정했다. 그러자 대부 건숙蹇叔이 반대했다. 멀리 떨어진 정나라를 치려면 반드시 중원의 진나라를 거쳐 가야 하니 힘들 뿐만 아니라 오히려 화를 부를 수 있다는 것이 이유였다. 진목공이 질타하기를, "과인은 지금까지 중원의 진나라를 위해 3번이나 보위를 안정시켜 주었고 2번이나 진나라의 내란을 평정시켜 주었다. 진문공이 성복 땅에서 초나라 군사와 싸워 이긴 후 우리는 천하의 패권을 중원의 진나라에 양보하게 되었다. 그러나 이제 사위도 죽고 없는 상황이다. 천하에 그 어느 나라가 감히 우리나라와 겨룰 수 있겠는가? 정나라는 곤궁한 새가 형편에 따라 이리저리 날아다니는 처지에 지나지 않는다. 멀리 동쪽에 있는 정나라를 쳐 우리 손에 넣게 되면 중원의 진나라는 고립될 것이고 이내 우리의 뜻대로 부릴 수 있게 될 것이다."라고 했다. 그러고는 곧 재상 백리해百里奚의 아들 맹명시孟明視와 건숙의 아들 백을병白乙丙 및 서기술西乞術 등 3

명의 장수에게 군사를 이끌고 출진하게 했다.

출정하는 날 건숙이 맹명시와 참전하는 자식들을 전송하며 울먹이는 소리로 말하기를, "중원의 진나라는 반드시 효산殽山에서 우리 군사를 저지할 것이다. 너희는 반드시 그 사이에서 죽을 것이다. 장차 그곳으로 가 너희의 뼈를 거둘 수밖에 없을 것이다."라고 했다. 효산은 예로부터 수레 2대가 동시에 지나지 못할 정도로 험한 곳이다. 결국 이들은 크게 패해 포로로 잡혔다가 진목공의 딸인 문영 덕분에 간신히 귀환할 수 있었다.

주양왕 27년인 기원전 625년 봄 2월, 맹명시가 진목공에게 청해 지난번 효산 싸움의 패배를 설욕할 뜻을 밝혔다. 진목공이 이를 허락해 출병을 명했다. 그러나 이들은 또다시 패해 결국 패잔병을 이끌고 귀국할 수밖에 없었다. 진목공은 맹명시가 패했다는 보고를 받았으나 조금도 맹명시를 원망하지 않았다. 그는 이전처럼 신하들을 교외로 보내 영접케 했다. 그리고 여전히 나라 일을 맡겼다. 맹명시는 그런 후대를 받자 마음에서 우러나오는 부끄러움을 이기지 못했다. 더욱 나라 일에 힘썼다. 그는 자기 재산을 모두 투입해 전사자 유가족의 집안을 구휼했다. 매일 군사훈련에 매진하면서 충의忠義를 역설했다. 명년에 다시 한 번 군사를 일으켜 진晉나라를 칠 심산이었다.

이듬해인 기원전 624년 여름 5월, 맹명시가 군사를 보충하고 병거를 모으는 일을 마무리한 뒤 진목공에게 직접 참전해 독전督戰해 줄 것을 청했다. 진목공이 다시 병거 500승을 선발한 뒤 길일을 택해 군사를 일으켰다. 진晉나라는 기필코 설욕코자 하는 진秦나라 군사의 예기를 두려워한 나머지 굳게 지킬 뿐 교전하지 않았다. 마침내 진목공이 병사를 풀어 효산 일대에 흩어져 있는 백골을 수습해 제사를 올린 뒤 개선했다. 그는 귀환한 뒤 맹명시 등을 전폭 지지하며 국정을 다스리게 했다. 그가 죽을 때까지 서융의 패자를 뜻하는 서백西伯으로 군림하게 된 근본배경이 여기에 있다.

9. 백리해百里奚

백리해는 우虞나라 대부로 자는 정백井伯이다. 진헌공이 우나라를 멸망시키자 포로가 되어 진晉나라로 들어왔다. 진헌공이 백희伯姬를 진목공에게 시집보내면서 백리해로 하여금 잉신媵臣이 되어 뒤를 따라가게 했다. 백리해가 도중에 초나라 완성宛城으로 달아났다가 초나라 사람에게 붙잡혀 소를 사육하게 됐다. 이 소식을 들은 진秦나라 대부 공손지가 진목공에게 이같이 건의키를, "초나라 군주가 백리해에게 말을 기르게 한 것을 보면 아직 백리해의 현명함을 모르고 있는 듯합니다. 주공은 달아난 잉신을 잡아다 치죄治罪한다며 하찮은 물건을 몸값 명목으로 보내십시오. 전에 관중도 이런 계책을 써서 노나라를 무사히 벗어난 적이 있습니다." 진나라 사자가 진목공의 지시에 따라 숫염소 가죽 다섯 장을 갖고 초나라로 갔다. 사자가 이를 초왕에게 바치면서 말하기를, "폐읍敝邑에 천신賤臣 백리해란 자가 있습니다. 지금 상국에 도망쳐 와 있습니다. 과군寡君은 그를 잡아 죄를 다스림으로써 앞으로 달아나려는 자들을 경계하고자 합니다. 청컨대 염소 가죽 5장을 바쳐 그를 되돌려 받는 대속전代贖錢으로 삼을까 합니다." 초왕이 이를 들어주었다. 여기서 오고대부五羖大夫 성어가 나왔다. 양가죽 5장으로 천하의 인재를 사왔다는 뜻이다.

이후 백리해는 건숙蹇叔을 천거하고 서융의 책사 유여繇余를 포섭하는 등 여러 현자를 진나라로 불러들였다. 이들과 함께 진목공을 보필해 진나라를 서융의 패주霸主로 만드는 데 결정적인 공헌을 했다. 후대 사가들은 그를 제나라의 관중에 비견될 만한 인물로 간주했다. 건숙蹇叔은 제나라 출신 책사로, 백리해의 뛰어난 능력을 단박에 알아챘다. 백리해가 주인을 찾아 나설 때마다 신중할 것을 거듭 충고한 이유다. 백리해의 천거로 진목공을 섬기게 됐다. 진목공이 서융의 패주로 올라설 때 결정적인 공헌을 한 책사로 백리해와 건숙 이외에도 진秦나라 대부 출신 공손지公孫枝가 있었다. 농부로 지내다가 공자 집縶의 천거로 진목공에게 발탁된 후 백리해 및 건숙과 함께 진목공을 보필했다. 그의 후손들은 공손지의 자字인 자상子桑을 본받아 상씨桑氏의 시조가 됐다.

10. 성득신成得臣

초나라의 현신으로 자가 자옥子玉이다. 투자문의 종제로 초나라 3대 유력 가문인 성씨成氏의 개조가 됐다. 투자문이 영윤의 자리에서 물러난 뒤 영윤을 역임하면서 초나라의 군사 대권까지 장악했다. 용맹과 지략을 겸비해 유명한 홍수지전泓水之戰에서 송양공을 격파하는 큰 공을 세웠다. 그러나 조급한 성미로 인해 진문공이 이끄는 연합군에게 대패해 자진했다. 당초 제환공도 초성왕과 자웅을 겨룬 적이 있으나 그때는 상호 체면을 살리는 선에서 끝났다. 당시 진문공과 초성왕의 격돌은 천하의 판세를 좌우하는 일대 분수령으로 작용했다. 그것이 바로 그 유명한 성복지역城濮之役이다.

기원전 632년 봄, 진문공이 사람을 위성공衛成公에게 보내 가도假道를 청했다. 위성공이 이를 허락지 않았다. 진문공이 당초의 계책대로 길을 돌아 남쪽으로 내려가 황하를 건넜다. 이어 조나라의 변경을 치면서 위나라의 오록五鹿 땅으로 진공했다. 오록 땅의 위나라 군사들이 곧바로 항복했다. 진문공이 다시 대군을 이끌고 지금의 하남성 복양현 동남쪽인 염우斂盂로 나아가 영채를 세웠다. 곧 사자를 제나라로 보냈다. 제효공의 뒤를 이은 제소공齊昭公은 초나라의 예봉이 제나라를 겨냥하고 있는 것을 익히 아는 까닭에 즉시 수레를 몰아 염우 땅으로 향했다. 두 나라가 동맹을 맺었다.

위성공은 오록 땅을 잃은 데다 제나라마저 진나라 군사와 합세하자 곧 강화를 청했다. 진문공이 이를 허락지 않았다. 이 와중에 진문공의 보복을 두려워한 위나라 백성들이 위성공을 몰아냈다. 진문공이 곧 군사를 조나라 쪽으로 돌렸다. 진나라 군사가 이내 조나라 도성을 포위하자 조공공이 사자를 초나라로 보내 구원을 청하면서 굳게 성을 지켰다. 진문공이 맹공을 퍼부었으나 조나라의 수비는 의외로 견고해 죽거나 다친 진나라 병사가 매우 많았다.

병사들이 입을 모아 건의키를, "우리 군영을 조나라 사람들의 선조들 무덤 위에 세우십시오!"라고 했다. 진나라 군사들이 큰소리로 무덤을 파러 가자고 외치자 크게 놀란 조나라 백성들이 성 위로 올라가 외치기를, "무덤을 파지 마시오. 진나라 군사들의 시신을 돌려주겠소!"라고 했다. 진나라 측은 죽은 군사들을 잘 염하고 관에 넣어 돌려주면 무덤을 파는 일을 그치겠다고 약속했다. 결국 조공공曹共公은 포로가 되고 말았다. 진문공이 망명하던 시절 홀대한 보복을 받게 된 셈이다. 진문공은 조나라 관원 3백 명을 모두 참하고 그들의 집과 재산을 몰수하면서 하령키를, "대부 희부기喜負羈의 집에는 들어가지 말라. 만일 그곳의 풀 한 포기라도 건드리는 자가 있으면 참형에 처할 것이다!"라고 했다. 이는 지난날 희부기가 진문공을 알아보고 구슬을 담은 밥을 바친 은혜에 보답키 위한 것이었다. 대부 위주魏犨와 전힐顚頡이 서로 불만을 털어놓으며 희부기의 집을 불태웠다. 대로한 진문공이 좌우에 명해 전힐을 참한 뒤 군중軍中에 시체를 돌려가며 보여주는 이른바 전시傳尸를 행하게 했다. 전힐은 진문공과 함께 망명생활을 한 신하들 가운데 최초의 희생자에 해당한다. 사실 그간의 공을 생각해 전힐을 살려 줄 수도 있었으나 군기는 형편없이 흐트러질 소지가 컸다. 진문공은 나름 삼국시대의 제갈량처럼 '읍참마속泣斬馬謖'을 행한 셈이다.

당시 송나라는 굳게 성을 지켰으나 초성왕의 강공으로 인해 이내 도성인 수양睢陽까지 포위되는 위기상황에 몰리게 되었다. 초성왕은 성 안의 양식이 떨어질 때까지 기다렸다가 일거에 함락시킬 생각이었다. 이때 마침 위나라 사자가 찾아와 구원을 청했다. 초성왕이 곧 성득신과 투월초鬪越椒 등에게 명해 계속 송나라를 포위케 한 뒤 자신은 절반의 군사를 이끌고 위나라로 달려갔다. 위나라로 가던 도중 진나라 군사가 이미 위나라를 떠나 조나라로 갔다는 소식을 듣게 되었다. 얼마 후 다시 조공공이 포로로 잡혔다는 소식이 들려왔다. 곧 신申 땅으로 철군한 뒤 제나라와 강화했다. 이어 송나라에 주둔하고 있는 성득신에게도 철군을 명하는 서신을 전달했다. 성득신이 반발키를, "송나라 도성이 곧 함락될 판국인데 어찌 돌아갈 수 있는가!"라고 했다. 이어 사람을 초성왕에게 보내 결전의 뜻을 전했다. 초성왕이 크게 노했다.

도성에 남아 있던 원로대신 투자문에게 자문을 구하자 투자문이 회답키를, "진나라가 송나라를 구원하려는 것은 천하의 패권을 잡기 위해서입니다. 우리 초나라가 진나라를 피하면 패권은 진나라에게 돌아가고 맙니다. 우선 군사를 철수시키지 말고 그냥 송나라를 포위케 하십시오. 그래야만 조·위 두 나라도 우리 초나라에 대해 변심하지 않고 진나라 군사에게 대항할 것입니다. 다만 성득신에게 경솔히 진나라 군사와 싸우지 말게 하고 때를 보아 적당히 송나라와 강화한 후 돌아오게 하십시오."라고 했다. 초성왕이 이를 좇았다. 성득신은 초성왕의 전갈을 듣고 크게 기뻐하며 맹공을 퍼부었다. 당황한 송성공이 사자를 진나라 군영으로 보내 구원을 청했다.

진문공이 대부들을 모아놓고 묻기를, "지난날 극곡이 세상을 떠날 때 동쪽 제나라와 서쪽 진나라의 힘을 빌리기 전에는 결코 초나라 군사와 싸우지 말라고 했소. 이번에 초나라는 곡 땅을 제나라에 돌려주고 우호를 맺었소. 또 서쪽 진나라는 원래부터 초나라와 아무런 혐의가 없소. 두 나라가 우리와 손을 잡지 않겠다고 하면 어찌해야 좋겠소?"라고 했다. 중군 원수 선진이 대답키를 "송나라로 하여금 우선 제나라와 진나라에게 많은 뇌물을 보낸 뒤 초나라 철군의 주선을 청하게 하십시오. 그러면 두 나라는 반드시 사자를 보내 군사를 초나라의 철군을 권할 것입니다. 이때 우리가 조나라와 위나라 땅의 일부를 송나라에 주면 초나라는 조나라와 위나라의 처지를 애석하게 생각해 반드시 제나라와 진나라의 주선을 받아들이지 않을 것입니다. 송나라의 뇌물을 받고 싶어 하는 제·진 두 나라는 초나라의 완고한 태도에 크게 노할 것입니다. 그리 되면 두 나라가 참전하지 않을 도리가 있겠습니까?"라고 했다. 진문공이 이를 실행에 옮겼다. 진문공의 압력을 견디지 못한 위·조 두 나라의 사자가 초나라와 절교를 선언하는 서신을 전하자 성득신이 격노했다.

송나라 도성에 대한 포위를 풀고 곧 진나라 군사들이 있는 곳으로 진격하려고 하자 투자문의 조카인 투월초鬪越椒가 만류하며 먼저 증원군을 청한 뒤 진나라 군사를 치는 방안을 제시했다. 성득신이 이를 받아들여 초성왕에게 군사 증원을 청하자 초성왕이 대로했다. 그렇다고 이를 전혀 모른 척 할 수도 없는 일이었다. 할 수 없이 태자궁을 지키는 좌군과 투의신鬪宜申이 이끄는 우군을 보내주었다. 좌군은 정예병으로 이뤄져 있으나 우군은 정병도 아닌데다가 군사도 불과 1천 명밖에 안 되었다. 성득신의 아들 성대심成大心이 성씨 일족 휘하의 무리 600명을 모아 싸움을 도우러 간 이유다.

성득신은 새로 증원된 군사가 얼마 되지 않는 것을 보고 화가 났으나 그날로 진陳·채蔡·정鄭·허許 등 4국 군사까지 합쳐 영채를 뽑고 일제히 출발했다. 이들은 진문공의 대영大營이 있는 곳으로 육박해 3곳에 영채를 세웠다. 진문공이 태자시절 초성왕과 맺은 약속을 지키기 위해 마침내 '3사'를 후퇴해 지금의 산동성 복현 남쪽인 성복城濮에 군사를 주둔했다. 동쪽 제나라와 서쪽 진나라의 지원군이 합세했다. 송성공도 포위에서 풀려나자 군사들을 이끌고 와 진문공을 도왔다. 이해 4월 3일, 4국 연합군이 성복 땅에 주둔하며 초나라 군사와 대치케 되었다.
당시 초나라 군사는 진나라 군사가 후퇴하는 것을 보고 크게 기뻐했다. 성득신이 총진군의 영을 내렸다. 90리를 전진하자 진나라 군사의 영채가 보였다. 성득신이 산을 등지고 앞에 못이 있는 성복 근처의 요충지 휴酅 땅에 영채를 세웠다. 진나라 군사가 북쪽에 진세를 펼치자 초나라 군사는 반대편 남쪽에 진을 벌렸다. 성득신은 정예병 600명을 주력군으로 삼아 친히 중군을 이끌면서 호언키를, "오늘 반드시 진나라 군사를 모두 없애 버릴 것이다!"라고 했다. 그리고는 드디어 진격 명령을 내렸다. 이로써 역사적인 성복의 대회전이 시작되었다.
진나라의 상군 주장 호모가 기폭이 큰 대장기인 패旆를 2개나 세우고는 거짓으로 후퇴하는 모습을 보였다. 초나라의 좌군을 이끌고 있는 투의신이 진나라 군사들을 잡기 위해 급히 군사들을 휘몰아 뒤쫓아 왔다. 진나라의 중군 주장 선진과 부장 극진이 중군의 정예부대를 이끌고 초나라 군사의 옆을 치고 들어갔다. 초나라 군사는 두 동강 나고 말았다. 호모와 호언도 말머리를 돌려 중군과 함께 투의신의 군사를 협격했다. 이로써 매복에 걸려 패한 우군에 이어 좌군도 궤멸되고 말았다. 초나라에 합세한 진陳·채蔡·정鄭·허許 등 4국 군사들이 각기 본국으로 뿔뿔이 도주했다. 당시 동쪽 제나라와 서쪽 진나라 연합군은 성득신이 싸우러 나간 사이 초나라 군사의 본영으로 쳐들어가 치중과 양초를 모두 빼앗았다. 성득신이 휘하 군사들을 수습해 움직이지 않은 까닭에 초나라의 중군만은 무사했다. 중군이 황급히 성득신을 호위해 달아났다. 성복의 싸움은 개전한 지 불과 6일 만에 진나라의 승리로 끝났다.
이 싸움을 계기로 천하의 패권이 중원의 진나라에 귀속되었다. 춘추시대에 처음으로 남북을 아우른 진정한 의미의 패자가 등장한 셈이다. 호언장담을 하던 성득신이 패하자 초성왕이 대로했다. 곧 사자를 보내 힐난키를, "그대가 만일 그대로 귀국하면 신申과 식息 땅의 부로父老들을 어떻게 대할 셈인가?"라고 했다. '신'과 '식' 땅의 자제들이 대거 참전했다가 고혼孤魂이 된 것을 비난한 것이다. 당시에는 장수가 패하면 병사들의 부형자제를 볼 면목이 없다는 이유로 자진하는 것이 하나의 관행이었다. 성득신은 철군 도중 사면령을 받지 못하자 이내 칼을 뽑아 자신의 목을 쳤다. 초나라 사람들은 매우 격정적인 성정의 소유자들이었다. 전국시대 말기에 초나라 대부 굴원屈原이 멱라수汨羅水에 몸을 던지고, 초한전 당시 항우가 자진의 길을 택한 것도 같은 차원에서 이해할 수 있다.
성득신이 자진했을 때 가장 기뻐한 사람은 진문공이었다. 그는 들뜬 목소리로 주변 사람들에게 말하기를, "이로써 다시는 나와 대적하려는 자가 없을 것이다!"라고 했다. 성득신을 천거했던 투자문도 크게 낙담한 나머지 얼마 후 죽고 말았다. 초성왕은 투자문의 아들 투반鬪班을 영윤으로 삼았다. 당시 진문공이 승리할 수 있었던 데에는 여러 원인을 들 수 있기는 하나 엄정한 군령 집행을 빼놓을 수 없다.

훗날 불행하게도 성득신의 아들 초나라 공자 측側은 초공왕 때 술을 매우 좋아한 나머지 싸움에 패하는 바람에 자진을 하고 말았다. 초공왕은 그의 이러한 술버릇을 알고 있기 때문에 전쟁에 나갈 때마다 술을 끊게 했다. 마침내 중원을 호령하는 진晉나라와 천하의 패권을 놓고 다투게 되자 초공왕은 공자 측에게 일절 술을 입에 대지 못하게 했다. 공자 측도 진나라와의 일전을 앞장서 주장한 만큼 이를 거듭 다짐했다. 대군을 이끌고 출전한 공자 측이 하루는 계책을 짜내느라 골몰하다가 자정이 넘도록 잠을 자지 못했다. 이때 진중에 그의 수발을 드는 시종 곡양수가 있었다. 곡양수는 공자 측이 잠을 이루지 못하고 깊은 생각에 잠겨 있는 것을 보고 안타깝게 생각해 곧 술 한 병을 따뜻이 데워서 바쳤다. 공자 측이 술 냄새를 맡고는 깜짝 놀라 묻자 곡양수는 대답키를, "술이 아니라 차입니다."라고 했다. 공자 측이 곡양수의 배려에 내심 흐뭇해하며 차 아닌 술을 단숨에 들이켰다. 주향酒香에 혀끝이 얼얼해진 공자 측이 곡양수에게 채근하듯 묻기를, "차 한 잔 더 없는가?"라고 했다. 이내 공자 측이 대취해 쓰러졌다. 이 소식을 들은 초공왕이 탄식키를, "이는 하늘이 초나라를 패하게 만들려는 것이다!"라고 하며 야음을 이용해 철군했다. 이로 인해 공자 측은 이내 자진하고 말았다. 춘추전국시대를 통틀어 부자 2대에 걸쳐 패전의 책임을 지고 자진한 것은 성득신과 공자 측 부자가 유일했다. 이는 위기상황에서 개인적인 선량과 관용이 나라의 흥망을 좌우하는 결과를 초래할 수 있음을 경계하는 일화로 자주 거론되고 있다.

11. 주양왕周襄王

주혜왕의 태자로 이름은 정鄭이다. 기원전 676년 봄, 왕실의 경사인 원장공原莊公이 진陳나라로 보내 왕후를 맞이했다. 진규陳嬀가 왕실로 시집오게 됐다. 그녀가 바로 혜후惠后이다. 기원전 653년 겨울 윤 12월, 주혜왕이 붕어했다. 태자 정은 혜후가 자기 소생인 이복동생 태숙大叔 대帶의 옹립을 위해 반란을 일으킬까 두려워했다. 곧 주공周公 공孔 및 소백召伯 요廖와 상의한 뒤 주혜왕이 붕어 사실을 발표하지 않았다. 그러고는 사자로 하여금 밤낮을 가리지 않고 말을 달려 제나라에 가 있는 왕자 호에게 이 사실을 은밀히 알리게 했다. 왕자 호가 태자 정의 밀서를 보고는 곧바로 제환공에게 가서 이를 은밀히 고했다. 제환공이 곧 열국의 제후를 도洮 땅에 소집했다. 태자 정이 소백 요를 보내 8국 대부의 노고를 치하한 뒤 비로소 국상을 발표했다. 8국 대부가 경사에 온 김에 새 천자에 대한 알현을 청했다. 주공 공과 소백 요는 태자 정을 받들어 주상主喪으로 삼았다. 8국 대부가 권도權道로 자국 군주를 대신해 국상에 참석했다. 주혜왕에 대한 조문을 마친 8국 대부는 일제히 태자 정에게 보위에 오를 것을 주청했다.

마침내 태자 정이 보위에 올랐다. 그가 바로 주양왕周襄王이다. 조정 백관이 모두 신왕에게 조하朝賀했다. 혜후와 태숙 대는 암암리에 원통한 심정을 토로할 뿐 감히 다른 생각을 품지 못했다. 주양왕은 이듬해에 개원改元키로 하고 열국에 새 천자의 유시諭示를 하달했다. 이듬해인 주양왕 원년인 기원전 651년 봄, 주양왕이 춘제春祭를 마친 후 태재인 주공 공에게 명해 제사지낸 고기인 조육胙肉을 제환공에게 하사하게 했다. 이는 주양왕이 자신의 즉위에 결정적인 도움을 준 제환공의 공을 표창키 위한 것이다. 제환공은 이 소식을 듣자 다시 열국의 제후를 규구葵邱 땅에 소집했다. 이 '규구회맹'은 제환공이 춘추시대의 첫 패자로 공식 승인을 받은 뜻깊은 모임이었다. 제환공은 주장왕 12년인 기원전 685년 5월에 즉위해 주양왕 9년인 기원전 643년에 세상을 떠났다. 보위에 있은 지 43년이고, 향년은 73세였다.

주양왕 3년인 기원전 649년 여름, 태숙 대가 양거揚拒와 천고泉皐, 이락伊雒에 사는 융인을 불러들였다. 이들이 왕성으로 쳐들어간 뒤 동문東門을 불태웠다. 진秦·진晉이 이들을 치고 왕실을 구해냈다. 이듬해인 기원전 648년 여름, 태숙 대는 외침을 유도한 사실이 드러나자 곧 제나라로 달아났다. 이해 겨울, 제환공이 관중을 보내 융인과 왕실을 화친케 하고 습붕을 시켜 융인과 진晉나라를 화친케 했다.

기원전 636년 여름, 적인이 정나라를 치자 정나라에 원한을 품고 있던 주양왕이 크게 기뻐하며 적군狄君의 딸인 외후隗氏을 왕후로 삼았다. 이후 대부 부신富辰의 건의를 받아들여 태숙 대를 왕성으로 불러들이는 은혜를 베풀었으나 왕후 외씨와 정을 통했다. 주양왕이 이 사실을 알고 외씨를 왕후의 자리에서 쫓아내자 대부 퇴숙頹叔과 도자桃子가 탄식키를, "우리가 적인을 이용했는데 이제 적인이 이 일로 인해 우리를 크게 원망하게 됐다."고 했다. 이들은 태숙 대를 받들어 적인의 군사를 이끌고 주양왕을 공격했다. 이때 왕을 모시는 위사衛士인 어사御士들이 대항하려고 하자 주양왕이 만류키를, "태숙을 죽이면 선후先后인 혜후가 장차 나에게 뭐하고 말하겠는가? 차라리 제후들에게 맡기는 것이 나을 것이다."라고 했다. 주양왕이 바로 몸을 피해 지금의 하남성 공현 동쪽 감감坎欿으로 달아났다. 이해 가을, 퇴숙과 도자가 태숙을 받들어 적인의 군사들을 이끌고 낙읍으로 쳐들어가 왕실의 군사를 대파했다. 주양왕의 근신인 주공 기보忌父와 원백原伯, 모백毛伯, 부신富辰 등이 모두 사로잡히게 됐다. 주양왕이 급히 낙읍을 빠져나와 정나라로 도망쳐 지금의 하남성 양성현 남쪽인 범氾 땅에 머물게 됐다. 이때 태숙은 외씨를 이끌고 온溫 땅에 머물렀다. 주양왕이 열국의 제후에게 사자를 보내 왕실의 변란 사실을 통보하며 도움을 청했다. 이듬해인 기원전 635년 3월 19일, 진문공의 군사가 양번陽樊에 하채했다. 진문공은 이어 군사를 둘로 나눠 우사右師는 왕자 대가 머무르고 있는 온 땅을 포위케 하고, 좌사左師는 주양왕을 맞이하게 했다. 이해 여름 4월 3일, 주양왕이 다시 낙읍으로 들어갔다. 이때 온 땅에서 포획한 태숙 대를 습성隰城으로 끌고 가 주살케 했다. 전적으로 진문공 덕분이었다. 기원전 632년 5월, 주양왕이 태재太宰로 있는 주공周公 공孔과 내사內史 숙흥叔興을 진晉나라로 보내 진문공을 후백侯伯에 임명케 했다. 진문공의 공을 높이 산 결과다. 진문공이 제환공에 이어 두 번째 패자로 공식 승인을 받는 순간이었다. 주양왕은 재위 기간 내내 줄곧 제환공과 진문공의 도움 덕분에 보위를 유지할 수 있었다. 주나라 왕실이 춘추오패에게 사실상 종속되는 빌미를 제공한 배경이 여기에 있다.

풍몽룡의 동주열국지 2 – 진문시대

발행일 1쇄 2018년 7월 30일
지은이 풍몽룡
역　주 신동준
펴낸이 여국동
펴낸곳 도서출판 인간사랑
출판등록 1983. 1. 26. 제일 - 3호
주소 경기도 고양시 일산동구 백석로 108번길 60 - 5 2층
물류센타 경기도 고양시 일산동구 문원길 13 - 34(문봉동)
전화 031)901 - 8144(대표) | 031)907 - 2003(영업부)
팩스 031)905 - 5815　**전자우편** igsr@naver.com
페이스북 http://www.facebook.com/igsrpub
블로그 http://blog.naver.com/igsr
인쇄 하정인쇄　**출력** 현대미디어　**종이** 세원지업사

ISBN 978-89-7418-774-3 04910
978-89-7418-772-9 (세트)

* 책값은 뒤표지에 있습니다.　* 잘못된 책은 바꿔드립니다.

이 도서의 국립중앙도서관 출판시도서목록(CIP)은 서지정보유통지원시스템 홈페이지(http://seoji.nl.go.kr)와 국가자료공동목록시스템(http://www.nl.go.kr/kolisnet)에서 이용하실 수 있습니다.(CIP제어번호: CIP2018022094)